Die Reihe „Controlling und Management“
wird herausgegeben von

Prof. Dr. Stefan Dierkes, Georg-August-Universität Göttingen
Prof. Dr. Gunther Friedl, Technische Universität München
Prof. Dr. Burkhard Pedell, Universität Stuttgart

Band 19

Evelyn Raths

Restwertermittlung in der Unternehmensbewertung

Nomos

Vahlen

Die Deutsche Nationalbibliothek verzeichnet diese Publikation in der Deutschen Nationalbibliografie; detaillierte bibliografische Daten sind im Internet über http://dnb.d-nb.de abrufbar.

Zugl.: Göttingen, Univ., Diss., 2018

ISBN 978-3-8487-5040-5 (Print)
ISBN 978-3-8452-9212-0 (ePDF)

1. Auflage 2019

The value of an instant.
The fascination of independence.
The blessing of an attention to detail.
The ambition to go further
– sensing a pure delight in growing and being oneself.

The value of memories.
The strength of moments that will live in my mind forever
– values not quantifiable with any mathematical formulas.

These invaluable assets and their most worthwhile net investments,
an appreciated return on personal investment and mutual benefit
in shaping a great future
– fundamentals worth struggling for.

Written with richness of detail.
Dedicated to a strong, respectful, conscious life
– with an *infinitely high Continuing Value*.

Inhaltsübersicht

Inhaltsverzeichnis

Anhangsverzeichnis

Abkürzungsverzeichnis

Abb.	Abbildung
Anm.	Anmerkung
APV	Adjusted Present Value
Aufl.	Auflage
bzw.	beziehungsweise
CAPM	Capital Asset Pricing Model
CF biz	Corporate Finance biz (Zeitschrift)
d. h.	das heißt
DCF	Discounted Cashflow
DIH	Days Inventory Held (Vorratsdauer, Lagerbestandsreichweite)
DPO	Days Payables Outstanding (Kreditorenlaufzeit, Verbindlichkeitenreichweite)
DSO	Days Sales Outstanding (Debitorenlaufzeit, Forderungsreichweite)
e. V.	eingetragener Verein
ebd.	ebenda
EBIT	Earnings Before Interest and Taxes (Gewinn vor Zinsen und Steuern; operatives Ergebnis)
EBITDA	Earnings Before Interest, Taxes, Depreciation and Amortization (Gewinn vor Zinsen, Steuern, Abschreibungen und sonstigen Finanzierungsaufwendungen)
edn.	edition (Auflage)
EStG	Einkommensteuergesetz
et al.	und andere (lat. et alii) (Autoren)
f.	folgende (Seite)

FAUB	Fachausschuss für Unternehmensbewertung und Betriebswirtschaft (des IDW)
FB	Finanz-Betrieb (Zeitschrift)
FCF	Free Cashflow
ff.	folgende (Seiten)
Fn.	Fußnote
FtE	Flow to Equity
GE	Geldeinheiten
GuV	Gewinn- und Verlustrechnung (en)
Hrsg.	Herausgeber
http	Hypertext Transfer Protocol
i. d. F.	in der Fassung
i. V. m.	in Verbindung mit
IDW	Institut der Wirtschaftsprüfer in Deutschland e. V.
IDW ES	Entwurf eines IDW Standards
IDW S	IDW Standard
Kap.	Kapitel
LuL	Lieferungen und Leistungen
m. w. N.	mit weiteren Nennungen / Nachweisen
MVA	Market Value Added (Marktwertbeitrag)
n. a.	nicht angegeben, nicht verfügbar (not available)
n. F.	neue Fassung
NOPLAT	Net Operating Profit Less Adjusted Taxes
RNOA	Return on Net Operating Assets
ROCE	Return on Capital Employed
ROE	Return on Equity
ROIC	Return on Invested Capital
RONIC	Return on New Invested Capital
ROTIC	Return on Total Invested Capital
S.	Seite (n)

SolZ	Solidaritätszuschlag
SSRN	Social Science Research Network
Tab.	Tabelle
TCF	Total Cashflow
Tz.	Teilziffer
u. a.	und andere (Orte)
URL	Uniform Resource Locator
Verf.	Verfasserin
Vgl.	Vergleiche
WACC	Weighted Average Cost of Capital
WPg	Die Wirtschaftsprüfung (Zeitschrift)
WPH	Wirtschaftsprüferhandbuch (Edition 2018)
z. B.	zum Beispiel

Verzeichnis der Symbole, Indizes und Zeichen

Bei Symbolen und Indizes mit zwei Bedeutungen ist die häufiger verwendete Bedeutung an erster Stelle genannt.

A. *Symbole*

A.1 Symbole des lateinischen Alphabets

BCF	Basiscashflow
d	(1) Nenner (denominator)
	(2) Erwartete (r) Dividendenrendite, Dividendenanteil
D	Marktwert des Fremdkapitals (Market Value Debt) und Buchwert des Fremdkapitals (Book Value Debt)
Div	Dividende (Dividend)
E	Marktwert des Eigenkapitals (Market Value Equity)
FCF	Freier Cashflow (Free Cashflow)
FTE	Flow to Equity
g	Reale Wachstumsrate
I	Fremdkapitalzinsen (Interest)
IC	Gesamtkapitalbestand (Invested Capital)
IE	Eigenkapitalbestand (Invested Equity), Buchwert des Eigenkapitals (Book Value Equity)
IRR	Ökonomische Reinvestitionsrendite (Internal Rate of Return)
k	(1) Gesamtkapitalkostensatz (Gewichteter / gewogener durchschnittlicher Kapitalkostensatz)
	(2) Erwartete (r, s) Kursrendite, Kurssteigerungsanteil, Kurswachstum
kd	Fremdkapitalkostensatz (Cost of Debt)

ke	Eigenkapitalkostensatz (Cost of Equity)
L	Verschuldungsgrad (Leverage, Gearing)
MVA	Marktwertbeitrag (Market Value Added)
n	(1) Nettoinvestitionsrate (Net Investment Rate)
	(2) Anzahl der intermediären Zeitpunkte einer Investitionsfolge
NI	Nettoinvestitionen (Net Investments)
NOPLAT	Jahresüberschuss des unverschuldeten Unternehmens oder -bereichs (Net Operating Profit Less Adjusted Taxes)
OP	Jahresüberschuss des verschuldeten Unternehmens oder -bereichs (Operating Profit)
q	Ausschüttungsquote
r	Risikoloser Zinssatz (Riskless Rate of Return)
RE	Thesaurierung (Retained Earnings)
RI	Residualgewinn (Residual Income)
ROE	Eigenkapitalrendite (Return on Equity)
ROIC	Rendite des investierten Kapitals (Return on Invested Capital)
RONIC	Rendite des Zusatzkapitals (Return on New Invested Capital)
ROTIC	Gesamtkapitalrendite (Return on Total Invested Capital)
s	(1) Persönlicher Steuersatz (Personal Tax Rate)
	(2) Investitionsfolge
S	Menge von Investitionsfolgen
T	Unternehmensteuern (Corporate Taxes)
TS	Tax Shield (Fremdfinanzierungsbedingter Steuervorteil)
V	(1) Restwert (Continuing Value, Terminal Value)
	(2) Marktwert (Market Value)
w	Nominale Wachstumsrate
x	Zahlung

A.2 Symbole des griechischen Alphabets

α	Konvergenzfaktor, Widerstandsfähigkeit („Persistence"); $0 < \alpha < 1$
β	Betafaktor
Δ	Veränderung
Θ	Fremdkapitalquote
π	(Unternehmensspezifische) inflationsbedingte Wachstumsrate
τ	(1) Unternehmensteuersatz (Corporate Tax Rate) (2) Teilsteuersatz (als Solidaritätszuschlagssatz)

B. Indizes zur Spezifikation der Symbole

B.1 Indizes des lateinischen Alphabets

a	(1) auf den Operating Profit der Anlage A bezogen (als Index der Ausschüttungsquote *q* oder der Nettoinvestitionsrate *n*) (2) die Abgeltungsteuer betreffend (als Index des persönlichen Steuersatzes *s*)
A	des Unternehmensbereichs A bzw. des Kernbereichs
Ā	des Unternehmensbereichs A bzw. des Kernbereichs nach Abzug von Zusatzinvestitionen
ab	auf den Flow to Equity der Anlage A bezogen (im Zusammenhang mit der Bemessung des zu investierenden Anteils in die Anlage B)
AB	auf den freien Cashflow der Anlage A bezogen (im Zusammenhang mit der Bemessung des zu investierenden Anteils in die Anlage B)
ac	auf den Flow to Equity der Anlage A bezogen (im Zusammenhang mit der Bemessung des zu investierenden Anteils in die Anlage C)

AC	auf den freien Cashflow der Anlage A bezogen (im Zusammenhang mit der Bemessung des zu investierenden Anteils in die Anlage C)
ad	auf den Flow to Equity der Anlage A bezogen (im Zusammenhang mit der Bemessung des zu investierenden Anteils in die Anlage D)
AD	auf den freien Cashflow der Anlage A bezogen (im Zusammenhang mit der Bemessung des zu investierenden Anteils in die Anlage D)
b	auf den Operating Profit der Anlage B bezogen
B	des Unternehmensbereichs B bzw. des Zusatzbereichs
bc	auf den Flow to Equity der Anlage B bezogen (im Zusammenhang mit der Bemessung des zu investierenden Anteils in die Anlage C)
BC	auf den freien Cashflow der Anlage B bezogen (im Zusammenhang mit der Bemessung des zu investierenden Anteils in die Anlage C)
BCF	auf den Basiscashflow bezogen
c	auf den Operating Profit der Anlage C bezogen
C	des Unternehmensbereichs C bzw. des Zusatzbereichs
cg	mit einer periodenunabhängigen Gesamtwachstumsrate („constant growth policy“)
cp	mit einer bereichseinheitlichen periodenunabhängigen Ausschüttungsquote („constant payout policy“)
cR	mit einer bereichseinheitlichen periodenunabhängigen Reinvestitionsrendite („constant Return on Invested Capital (ROIC)“)
d	(1) auf Dividenden bezogen (als Index des persönlichen Steuersatzes s) (2) auf den Operating Profit der Anlage D bezogen (als Index der Ausschüttungsquote q oder der Nettoinvestitionsrate n)
D	der Anlage D
Dav	nach *Daves* et al. (2004) und *Ehrhardt* (2005a, b)

DS	nach *Dierkes/Schäfer* (2017)
f	Fremdkapitalkategorie; $f = 1, \ldots, F$
FCF	auf den freien Cashflow bezogen
FtE	auf den Flow to Equity bezogen
g	(1) auf Kursgewinne bezogen (als Index des persönlichen Steuersatzes *s*) (2) für reales Wachstum
ges	gesamt
GS	nach *Gordon/Shapiro* (1956)
k	auf das Kernkapital bezogen
KN	Kapitalwertneutralität auf Unternehmensebene
KNB	Kapitalwertneutralität in dem Geschäftsbereich B
KNz	Kapitalwertneutralität der Investition in die Zusatzanlage
Kol	nach *Koller* et al. (2015)
ℓ	des verschuldeten Unternehmens oder -bereichs
Mei	nach *Meitner* (2008, 2013)
OP	auf den Operating Profit bezogen
P	„Praktikermethode" nach *Pawelzik* (2010) und *Tschöpel* et al. (2010a, b)
q	(1) das Ausschüttungsverhalten berücksichtigend (2) bei gewinnorientierter Ausschüttung
qB	Identität der Ausschüttungsquoten $q_{\mathrm{II}}^{\mathrm{AB}}$ und $q_{\mathrm{II}}^{\mathrm{B}}$
r	bei residualer Ausschüttung
Ref	der Referenzanlage
s	nach persönlichen Steuern
SZ	auf den Solidaritätszuschlag bezogen
t	Periode oder Zeitpunkt des mehrphasigen Prognosezeitraums einschließlich Detailprognosephase; $t = 0, \ldots, T_{\mathrm{I}}, \ldots, T_{\mathrm{II}}, \ldots, +\infty$
u	des unverschuldeten Unternehmens oder -bereichs
z	auf das Zusatzkapital bezogen

z	Periode oder Zeitpunkt der Bemessung zusätzlicher Investitionen; $z = 1, \ldots, +\infty$; $z_{\mathrm{I}} = 1, \ldots, \Phi_{\mathrm{I}}$; $z_{\mathrm{II}} = 1, \ldots, +\infty$

B.2 Indizes des griechischen Alphabets

θ	Informationsstand
κ	Bereichsindex; $\kappa = \{A, B, C, D\}$ (der Bereich, der zusätzlich investiert (A, B) oder in den zusätzlich investiert wird (B, C, D))
λ	Bereichsindex; $\lambda = \{B, C, D\}$ (der Bereich, in den zusätzlich investiert wird)
ν	Laufparameter für Periode oder Zeitpunkt
π	inflationsbedingt (-getrieben, -induziert)
τ	unter Berücksichtigung des unternehmensteuerbedingten Tax Shields
ϕ	Periode oder Zeitpunkt einer Prognosephase; $\phi = 1, \ldots, +\infty$; $\phi_{\mathrm{I}} = 1, \ldots, \Phi_{\mathrm{I}}$; $\phi_{\mathrm{II}} = 1, \ldots, +\infty$

B.3 Indizes des römischen Alphabets

I	der Restwertphase I (Grobplanungsphase)
II	der Restwertphase II (Rentenphase, ewige Rente)

C. Zeichen

C.1 Spezielle mathematische Zeichen

$\sim$	Kennzeichnung als Zufallsvariable
$\mathrm{E}[\cdot]$	Erwartungswertoperator
$\forall$	„für alle“
$\in$	„Element von“

$[a; b)$	(rechtsseitig) halboffenes Intervall mit der eingeschlossenen Untergrenze a und der nicht-eingeschlossenen Obergrenze b
∞	Unendlich
$\mathbb{Z}$	Menge der ganzen Zahlen; $\{0; \pm 1; \pm 2; \pm 3; \dots\}$
$\cup$	Vereinigung disjunkter Teilmengen
$\dots$	usw., logische Fortsetzung

C.2 Seitenwechsel anzeigende Zeichen

⤵	„Fortsetzung auf der Folgeseite“, „Fortsetzung unten“
(⤵)	„mit Fortsetzung auf der / den Folgeseite(n)“, „mit Fortsetzung unten“
⤴	„Ende der Fortsetzung“

Abbildungsverzeichnis

— Kapitel 2 —

— Kapitel 3 —

Tabellenverzeichnis

— Kapitel 2 —

— Kapitel 3 —

— Kapitel 4 —

— Anhang C —

— Anhang D —

1. Einleitung

1.1 Problemstellungen und Zielsetzungen

Zur Ermittlung des Marktwertes eines Unternehmens existiert inzwischen eine umfangreiche Literaturfülle, die viele grundlegende Beiträge, etwa zu deren Anlässen und zur allgemeinen Konzeption von Bewertungsverfahren, sowie weiterführende Ansätze, die sich z. B. auf eine präzise Ermittlung des Restwertes[1] beziehen, umfasst. Die wissenschaftliche Auseinandersetzung mit diesem vielschichtigen Spezialproblem der Unternehmensbewertung ist deshalb so bedeutsam, weil der Restwert als der Barwert aller nach einer nur wenige der annahmegemäß unendlich vielen Planungsperioden überspannenden Detailprognosephase bestehenden erwarteten Zahlungsansprüche der Eigen- und – je nach zugrunde gelegter Marktwertdefinition – gegebenenfalls auch der Fremdkapitalgeber regelmäßig einen hohen quantitativen Anteil am Marktwert des Eigenkapitals bzw. am Gesamtwert eines zu bewertenden Unternehmens ausmacht.[2] Wenngleich der diesbezügliche Literaturbestand in den vergangenen Jahren bis zum gegenwärtigen Zeitpunkt stetig an inhaltlicher Tiefe und Breite hinzugewonnen hat, sind weiterhin praxisrelevante Problemstellungen identifizierbar, die bislang nicht ausreichend tiefgründig geklärt worden sind. In diesem einführenden Kapitel werden diejenigen Problemstellungen skizziert, für die in dieser Arbeit unter der

1 „Fortführungswert" („Continuing Value") und „Endwert" („Terminal Value") sind häufig verwendete Synonyme für den Restwert. Gelegentlich finden sich auch die Bezeichnungen „Zukunftserfolgswert" oder „Horizon Value" sowie „Residualwert" („Residual Value").

2 Empirische Studien zum Gewicht des Restwertes, dessen Bezeichnung zunächst auf einen geringen Wertanteil hinzudeuten vermag, beinhalten z. B. die Quellen *Henselmann* (2000), S. 151, *Bausch/Pape* (2005), S. 474, *Henselmann/Weiler* (2007), *Schüler/Lampenius* (2007), *Knoll* et al. (2009) m. w. N., *Sievers* (2009), *Hachmeister* et al. (2014), S. 1214 und *Schieszl* et al. (2015). Bei zu Beginn des Bewertungszeitraums negativen finanziellen Überschüssen kann sich der Anteil des Restwertes am Unternehmenswert auf über 100 % belaufen. Empirische Analyseergebnisse zum Wachstum von Unternehmen liefern auf gegenwärtigem Stand *Laun/Mölls* (2018) und bereits früher *Tinz*; vgl. *Tinz* (2010), S. 89–112.

Going-Concern-Prämisse[3] Lösungsbeiträge geleistet werden. Zugleich entsteht Raum für weiterführende Forschungsleistungen, denn auf der Basis der vorliegenden Arbeit lassen sich wiederum neue Problemstellungen formulieren, die weitere Spezialgebiete der Unternehmensbewertung tangieren, wie z. B. die Herleitung von Anpassungsformeln für Kapitalkostensätze und die Integration von Liquidationswahrscheinlichkeiten einzelner Unternehmensteile in die Bewertungskalküle. Diese aus den Lösungsbeiträgen dieser Arbeit heraus aufgeworfenen offenen Fragestellungen werden im Schlusskapitel zusammengefasst.

Vielen Forschungsbeiträgen liegt die Annahme zugrunde, dass sich das zu bewertende Unternehmen mit Blick auf die Finanz-, Vermögens- und Ertragslage in einem sogenannten eingeschwungenen Zustand befindet.[4] Diese ewige Rente ist durch den kontinuierlichen Anstieg aller bewertungsrelevanten Größen, wie der Erwartungswerte des NOPLAT, des freien Cashflows und der Nettoinvestitionen, mit einer periodenunabhängigen einheitlichen nominalen Wachstumsrate gekennzeichnet, in welcher das durch Preissteigerungen hervorgerufene inflationäre sowie ein durch gegebenenfalls geplante Kapazitätsausweitungen bedingtes reales Wachstum abgebildet werden.[5] In jüngerer Vergangenheit wurde jedoch häufiger – vorrangig in der österreichischen Fachliteratur bzw. in Bezug auf die Neufassung des österreichischen Fachgutachtens zur Unternehmensbewertung KFS / BW 1 und die ergänzenden Empfehlungen zur Grobplanungsphase und zur Rentenphase[6] – auf die Relevanz der Modellierung einer zwischen der vergleichsweise kurzen

---

3 Unter der Going-Concern-Prämisse wird bei der Bewertung von einer zeitlich unbegrenzten Fortführung der Unternehmenstätigkeit ausgegangen, sofern dieser Annahme nicht durch eine entsprechende Sachlage, wie z. B. die Eröffnung eines Insolvenzverfahrens, widerlegt werden kann. Empirische Untersuchungen zur damit verbundenen Prognoseproblematik stellen z. B. *Hachmeister*, *Ruthardt* und *Mager* an; siehe zum einen *Hachmeister* et al. (2014) und zum anderen *Ruthardt / Hachmeister* (2014).

4 Der eingeschwungene Zustand wird häufig auch als „Beharrungszustand“ oder „Gleichgewichtszustand“ bzw. anglophon als „Steady State“ bezeichnet. Siehe weiterhin S. 56 und Fn. 39. Vgl. IDW S 1 i. d. F. 2008, Tz. 78, *Aders / Schröder* (2004), *Lobe* (2006), S. 22 f., *Kuhner / Maltry* (2013), S. 749, *Penman* (2013), S. 558–565, *Knoll* (2014b), S. 4 und *Koller* et al. (2015), S. 221 f.

5 Siehe überblickshaft *Creutzmann* (2011) sowie *Lobe* (2006), S. 22 und *Knoll* (2016a), S. 33.

6 Die Beschlussfassung des Bewertungsstandards erfolgte am 26. 03. 2014 durch den Fachsenat für Betriebswirtschaft und Organisation der österreichischen Kammer der Wirtschaftstreuhänder. Auf dessen Basis hat die Arbeitsgruppe Unternehmensbewer-

Detailprognosephase und der ewigen Rente liegenden Grobplanungs- bzw. Konvergenzphase („Fading Period“) hingewiesen, um dem Missverhältnis zwischen der vom Bewertungszeitpunkt ausgehend auf wenige Perioden beschränkten Detailprognostizierbarkeit der Bewertungsgrößen und dem in der Regel nicht nach wenigen Perioden vorliegenden eingeschwungenen Zustand zu begegnen.[7] Diese Zwischenphase dient der Anpassung der Planung infolge außerordentlicher Effekte und der Überführung der Plangrößen in ihre nachhaltigen Ausprägungen.

Der Wert der in der Grobplanungsphase erwarteten Zahlungsüberschüsse gilt als Bestandteil des Restwertes. Folglich sind Annahmen darüber zu treffen, wie sich die Werttreiber des Cashflows nach deren Detailprognose bis zum Erreichen ihrer langfristig konstanten Ausprägungen fortentwickeln. Die Anpassungsprozesse der unternehmensspezifischen Werttreiber – hier sind beispielhaft das Wachstum der Umsatzerlöse, Umsatzrenditen wie die EBIT- oder EBITDA-Marge, Wiederanlagerenditen, Nettoinvestitionsraten bzw. Thesaurierungsquoten und die Kapitalstruktur zu nennen – sind aus ökonomischer Sicht plausibel aufeinander abzustimmen.[8] Gleichwohl können sich hieraus bei der Modellierung individuell unterschiedliche Verläufe ergeben, die jedoch untereinander im Einklang stehen, wie nachfolgend anhand des Zusammenspiels von Renditeerwartung und Investitionstätigkeit erläutert wird.

Der Anpassungsbedarf des Rentabilitätsniveaus im Zeitablauf geht auf Erkenntnisse aus der Wettbewerbstheorie zurück. Bedingt durch dynamische Wettbewerbsprozesse ist über die Fortschreibung der Renditeerwartung nach der Detailprognosephase genau zu befinden.[9] In einer Minderheit von Bewertungsfällen wird es plausibel sein davon auszugehen, dass ein

---

tung des Fachsenats am 04. 11. 2015 ergänzend eine Empfehlung zur Phasenmethodik verabschiedet. Siehe überblickshaft *Rabel* (2016).

7 Vgl. z. B. *Saur* et al. (2011), S. 1018, *Knoll* (2014a), *Meitner* (2015), S. 649–651, *Purtscher/Sylle* (2015), *Karami/Schuster* (2016), S. 4–6, 18, *Knoll* (2016b), *Rabel* (2016) und *Karami* (2017), S. 165 m. w. N. Eine Gegenüberstellung unterschiedlicher Modelle findet sich in *Lobe* (2006), siehe ebd., S. 65–104.

8 Vgl. z. B. *Rabel* (2016), S. 15–17. Der EBIT (Earnings Before Interest and Taxes) bezeichnet den Gewinn vor Zinsen und Steuern. Der EBITDA (Earnings Before Interest, Taxes, Depreciation and Amortization) enthält im Unterschied zum EBIT noch die Abschreibungen und gegebenenfalls weitere Finanzierungsaufwendungen.

9 Vgl. *Koller* et al. (2015), S. 93–113, *Ehrhardt* (2005b), S. 81, 86, *Daves* et al. (2004), S. 269–271.

Unternehmen Wettbewerbsvorteile auf Dauer vollständig erhalten kann,[10] was die Voraussetzung für die Annahme eines zu der letzten Periode der ersten Prognosephase unveränderten Renditeniveaus wäre.[11] In Abhängigkeit von der Beständigkeit gegenüber Konkurrenzunternehmen vorhandener Wettbewerbsvorteile, wie z. B. Prozess-, Größen- und Standortvorteile, ein hoher Spezialisierungsgrad, eine hohe Produktionseffizienz[12] oder ausgebaute Vertriebs- und Kundenstrukturen, kann die Annahme einer langfristig oberhalb des (marktwertbasierten) Kapitalkostensatzes liegenden konstanten (buchhalterischen) Zielrendite angemessen sein.[13] Deren nachhaltige Höhe hängt indes von der Fähigkeit des Unternehmens ab, hohe Preisniveaus sowie Kosten- und Kapitaleffizienzen durch geeignete Strategien, wie die Aufrechterhaltung von beeinflussbaren Markteintrittsbarrieren und eine hohe Marketingintensität, unter regulatorischen Einflüssen und sich wandelnden gesamtwirtschaftlichen, branchen- und unternehmensbezogenen Bedingungen auf lange Sicht zu wahren.[14] Zu den die Marktpositionierung stärkenden Faktoren gehören beispielsweise die Unternehmensreife, ein identitätsbasiertes Markenmanagement, die Durchsetzung eines zeitlich befristeten Patentschutzes für innovative Produkte, die Erschließung neuer geografischer Märkte durch eine Internationalisierung ausgewählter Produkte oder durch hohe Wechselbarrieren, wie z. B. die Verpflichtung zur Einhaltung von Vertragsvereinbarungen oder die Inanspruchnahme von individualisierten Pro-

---

10 Die Gründe können z. B. ein hoher Sättigungsgrad, fehlende Möglichkeiten zusätzlicher Kostensenkungen, begrenzte Anpassungsmöglichkeiten langfristig steigender Einkaufspreise, eine geringe Überwälzbarkeit von Preissteigerungen über eine Anpassung der Absatzpreise an die Kunden oder ein nachhaltiger Preiserosionsmechanismus sein.

11 Siehe *Rabel* (2016), S. 16.

12 Eine effiziente Produktion zeichnen z. B. reduzierbare Ausschussquoten, realisierbare Erhöhungen der Outputmengen bei gleichbleibenden oder geringeren Inputmengen, erzielbare Kosteneinsparungen und optimierbare Produktionsabläufe aus, die beispielsweise von der Nutzung fortschrittlicher Technologien ausgehen.

13 Vgl. z. B. *Meitner* (2008b), S. 10. Auch eine langfristige Unterrendite schließt *Meitner* aus ökonomischer Sicht nicht aus; vgl. ebd. Siehe weiterführend die Analyse von *Karami* und *Schuster* zu den Bedingungen einer Marktwert-Buchwert-Identität zu Beginn der ewigen Rente in *Karami* (2017) und *Karami/Schuster* (2016), S. 15–17.

14 Vgl. *Rabel* (2016), S. 17 f. i. V. m. *Kreyer* (2009), S. 126 und *Purtscher/Sylle* (2015), S. 180 f.

duktleistungen, bestehende Herstellerabhängigkeiten, die gemeinhin unter dem Begriff Lock-in-Effekt subsumiert werden.[15]

Die teilweise Erhaltung komparativer Vorteile kann durch eine graduelle Abnahme der Rentabilitätserwartung auf deren nachhaltiges Niveau modelliert werden.[16] Bei einer hohen Anzahl agierender Konkurrenten ist davon auszugehen, dass die Wettbewerbsvorteile im Laufe der Zeit erodieren und sich die Preise den Grenzkosten annähern. Die erzielbare Rendite sinkt folglich auf das in der Höhe des marktwertbasierten Kapitalkostensatzes zum Ausdruck kommende Mindestniveau. Infolge dieser sogenannten kapitalwertneutralen Verzinsung erbringt der künftige Kapitaleinsatz dann keinen zusätzlichen Wertbeitrag.[17]

Zu der zeitbezogenen Differenzierung der Renditen kommt noch eine objektbezogene Differenzierung hinzu, die wiederum die Entwicklung weiterer Bewertungsparameter beeinflussen kann. Betrachtet man ein Unternehmen als eine Einheit mehrerer Geschäftsbereiche, die in unterschiedlichem Maße über robuste Strategien zur Erhaltung von Wettbewerbsvorteilen verfügen, liegt es nahe, bei der Restwertermittlung spezifische Renditen auf der Ebene einzelner Bereiche anzusetzen.[18] Bei sinkenden Renditeerwartungen infolge eines auslaufenden Produktlebenszyklus oder aufgrund zunehmender Marktsättigung strebt eine Geschäftseinheit alternative Verwendungsmöglichkeiten ihres finanziellen Überschusses an. Einerseits kann sie in eine andere Geschäftseinheit oder mehrere andere bereits existierende Geschäftseinheiten

---

15 Siehe zu weiteren möglichen Erhaltungsstrategien in Bezug auf die Renditestabilität primär *Koller* et al. (2015), S. 96–102 (mit Beispielen) und *Held* (2013a), S. 125 f. i. V. m. *Held* (2013b), S. 103–109, sekundär *Daves* et al. (2004), S. 270.

16 Vgl. grundlegend die empirischen Ergebnisse der Untersuchung von Variation und Stabilität des Return on Invested Capital (ROIC) in Abhängigkeit von der Branche in *Koller* et al. (2015), S. 104–113 und *Held* (2013a, b). Signifikant negative Effekte auf die langfristige normalisierte (d. h. um konjunkturelle Einflüsse bereinigte) Rendite weist *Held* z. B. der Branchenkonzentrationsrate und der Branchenwachstumsrate in empirischen Studien nach; siehe überblickshaft *Held* (2013a), S. 125 f. i. V. m. *Held* (2013b), S. 62–67. Siehe auch *Purtscher/Sylle* (2015), S. 179 ff. und kritisch *Knoll* (2016b), S. 547.

17 Vgl. z. B. *Meitner* (2008b), S. 11, *Rabel* (2016), S. 18 f.

18 Vgl. *Koller* et al. (2015), S. 96. *Koller* et al. weisen darauf hin, dass sich diese Anforderung an alle Unternehmenstypen stelle und auch hochspezialisierte Unternehmen einschließe, deren Betriebsstrukturen sich gleichermaßen in „individual businesses and product lines with very different degrees of competitive advantage, and therefore different ROICs“ aufgliedern ließen; ebd.

mit einer positiven erzielbaren Rendite investieren, um deren Wachstum zu fördern. Ein finanzielle Mittel empfangender Bereich verringert durch die Nutzung dieser internen Investitionsrelationen seine Abhängigkeit von den Finanzierungskonditionen am externen Kapitalmarkt. Andererseits kann das Unternehmen zur Vergrößerung der Marktreichweite auf einen noch nicht erschlossenen Markt vordringen, indem es ein neues Geschäftsfeld als eine weitere Investitionsoption etabliert.[19] Die Abbildung letzterer Alternative erfordert ein hohes Maß an Planbarkeit der künftigen periodischen Investitionsvolumina und somit eine relative zeitliche Nähe des Investitionsvorhabens zum Bewertungszeitpunkt. Eine eingeschränkte Prognosefähigkeit der künftigen Einzahlungsüberschüsse, bedingt durch deren charakteristisch hohe Streuung in der Gründungsphase, kann der Berücksichtigung im Rahmen der Restwertermittlung gegebenenfalls entgegenstehen. Die jeweilige aus der Kapitalmarktperspektive geforderte Mindestrendite, nach der sich die werterhöhenden Investitionsentscheidungen richten, entspricht dem bereichsspezifischen Kapitalkostensatz. Hierbei ist wiederum zu beachten, dass Unternehmensausdehnung und Renditehöhe negativ korreliert sind, d. h. das auf der Durchführung von neuen Investitionsprojekten beruhende Unternehmenswachstum ist mit sinkenden Reinvestitionsrenditen verbunden.[20]

Aus den vorstehenden Überlegungen folgt, dass ein nach der Detailprognosephase erwartetes stagnierendes oder langfristig geringeres Renditeniveau in einem Geschäftsbereich zugleich mit einer Steigerung der Investitionstätigkeit dieses Bereichs verbunden sein kann, wenn finanzielle Mittel nicht nur in denselben, sondern zusätzlich in einen anderen Geschäftsbereich reinvestiert werden. Der Anteil der zusätzlich investierten finanziellen Überschüsse hängt hierbei auch von den Renditeerwartungen des Bereichs ab, in den die Mittel angelegt werden.

Während hinsichtlich der Spaltung des Planungszeitraums in Prognosephasen bereits eine Reihe von Überlegungen angestellt wurden, so liegt den Ansätzen dennoch zumeist ein Unternehmen in seiner Gesamtheit als Be-

---

19 Vgl. *Koller* et al. (2015), S. 103 f. *Koller* et al. heben den hohen Stellenwert einer etablierten Marke hervor, welcher den Erfolg bei der Einführung eines neuen Produkts zur Schaffung neuer Wettbewerbsvorteile wesentlich beeinflussen kann; ebd. Siehe auch den Beitrag der Autoren *Homburg*, *Lorenz* und *Nasev*, die die Auswirkungen des Zusammenspiels von Wachstum und Profitabilität auf den Unternehmenswert untersuchen; vgl. *Homburg* et al. (2011).

20 Vgl. *Koller* et al. (2015), S. 256.

wertungsobjekt zugrunde. Die Tatsache, dass sich ein Unternehmen real aus mehreren Geschäftseinheiten zusammensetzt und zwischen diesen Investitionsverflechtungen bestehen können, wird modelltheoretisch in der Regel außer Acht gelassen. Nur eine geringe Anzahl von Forschungsbeiträgen befasst sich derweil mit der Ermittlung des Restwertes unter Berücksichtigung bereichsspezifischer Merkmale in einer Modellökonomie ohne persönliche Steuern (Vorsteuerrechnung). Dieses erfolgt jedoch mit alleinigem Bezug auf die Rentenphase.[21] Ein geschlossener kombinierter Ansatz ist indes noch nicht vorgelegt worden. Darüber hinaus existieren bisher keine Beiträge zur bereichsdifferenzierenden Restwertermittlung in einer Modellökonomie mit persönlichen Steuern (Nachsteuerrechnung), in die die Besteuerung von Ausschüttungen und Kursgewinnen einbezogen wird. So kann festgestellt werden, dass bislang noch nicht ausreichend erforscht ist, wie ein Unternehmen ausgehend von einer disaggregierten Ebene zu bewerten ist. Eine Aufgabe dieser Arbeit besteht somit darin, diesbezüglich erweiterte Restwertformeln auf der Basis ausgewählter Discounted Cashflow (DCF) Verfahren zu entwickeln.

Folgende Zielsetzung kann hieraus formuliert werden: Das erste wesentliche Ziel dieser Arbeit ist die Herleitung von Restwertkalkülen, die zur Bewertung eines sich aus mehreren Geschäftsbereichen zusammensetzenden Unternehmens einsetzbar sind. Bei der Erreichung dieses Ziels sind differenziert geplante Ausprägungen der Bewertungsparameter, wie Reinvestitionsrenditen, Ausschüttungsquoten und Nettoinvestitionsraten, sowie zwischen den Bereichen bestehende Investitionsbeziehungen zu berücksichtigen. Es sollen Restwertkalküle sowohl für eine Vor- als auch für eine Nachsteuerrechnung hergeleitet werden, welche die Grobplanungs- und die Rentenphase des Prognosezeitraums umfassen. Die Kalküle sollen von der Anzahl der Geschäftsbereiche unabhängig einsetzbar sein und den Anwendern hinsichtlich der Grobplanungsphase den Freiraum gewähren, über die Modellierung der Anpassungsprozesse der Bewertungsparameter an ihre nachhaltigen Werte individuell zu entscheiden. Der letztgenannte Freiheitsgrad bietet insbesondere die Möglichkeit, künftige Forschungsansätze zur Wertermittlung in der Grobplanungsphase bei der Anwendung der in dieser Arbeit entwickelten Restwertformeln aufzugreifen.

Bezüglich der Bewertungsmethode soll an die weitverbreiteten DCF Verfahren angeknüpft werden, wie sie standardmäßig gelehrt und in der Bewertungspraxis eingesetzt werden. In einer Rangordnung der in der Praxis

21 Vgl. insbesondere *Meitner* (2013) und *Dierkes/Schäfer* (2017).

zur Anwendung gelangenden Verfahren nehmen die DCF Verfahren den ersten Rang ein.[22] Die oben beschriebene Zielsetzung ist dahingehend zu konkretisieren, dass in dieser Arbeit mit dem Free Cashflow (FCF) und dem Flow to Equity (FtE) Verfahren auf zwei der DCF Verfahren Bezug genommen wird. Die Anwendung der auf theoretischer Ebene teils komplex werdenden Bewertungsformeln soll in Fallstudien illustriert werden. Insbesondere aus der Gegenüberstellung im Rahmen der Fallstudien wird deutlich, dass die eingesetzten Verfahren bei konsistenter Anwendung zu demselben Bewertungsergebnis führen.

Ein noch nicht ausgereifter Stand der Literatur war bislang auch in Bezug auf die Ermittlung eines hinsichtlich des Ausschüttungsverhaltens objektivierten Restwertes in einer Nachsteuerrechnung zu konstatieren. Die Anforderung der Äquivalenz der Ausschüttungsquote des zu bewertenden Unternehmens zu der am Kapitalmarkt beobachtbaren Ausschüttungsquote einer Alternativanlage spiegelt die Erwartung wider, dass auf lange Sicht keine Wertentstehung aufgrund eines unterschiedlichen Ausschüttungsverhaltens realisierbar sein sollte (sogenanntes Ausschüttungsäquivalenzprinzip).[23]

Wird der Wertermittlung in der Rentenphase ein an der branchentypischen Ausschüttungsquote orientiertes nachhaltiges Ausschüttungsniveau auf Unternehmensebene zugrunde gelegt, wird die Angleichung einer gegebenenfalls höheren unternehmensindividuellen Ausschüttungsquote durch zusätzliche Thesaurierungen erreicht. Den Verlautbarungen des Berufsstands der Wirtschaftsprüfer zufolge und im Einklang mit der Investitionstheorie sind diese zusätzlich zu thesaurierenden finanziellen Mittel mindestens kapitalwertneutral zu reinvestieren.[24] In einer Vorsteuerrechnung würde eine wertneutrale

---

22 Siehe für einen Vergleich der Anwendungshäufigkeiten einzelner Bewertungsverfahren *Welfonder/Bensch* (2017). Die Praxis zeigt zudem, dass bei der Bewertung zumeist mindestens zwei Verfahren zur Anwendung gelangen, um die von Ermessensspielräumen und subjektiven Einschätzungen der Bewerter geprägten Unternehmenswerte zu plausibilisieren. So wird ergänzend zu den DCF Verfahren häufig das Multiplikatorverfahren als sekundäre Methode zur Plausibilitätskontrolle herangezogen. Vgl. ebd., S. 175 f., 179. Siehe auch die diesbezügliche Argumentation in *Wiesner/Wobbe* (2017), S. 1725.

23 Vgl. z. B. *Held* (2013a), S. 129 f.

24 Vgl. *IDW* (Hrsg.) (2018), Kap. A, Tz. 278 und allgemeiner im Hinblick auf die Beschreibung des eingeschwungenen Zustands ebd., Tz. 433, 442 i. V. m. IDW S 1 i. d. F. 2008, Tz. 37. Siehe auch *Tinz* (2010), S. 121 f. sowie *Kuhner/Maltry* (2013), S. 749.

Wiederanlage keinen zusätzlichen Wertzuwachs hervorrufen; eine Objektivierung des Ausschüttungsverhaltens bei Unternehmensbewertungen im internationalen Kontext, die von der Durchführung einer Vorsteuerrechnung geprägt sind, ist demnach aus bewertungspraktischer Sicht von untergeordneter Relevanz. In einer im nationalen Bewertungskontext vorrangig durchgeführten Nachsteuerrechnung haben zusätzliche Thesaurierungen auch bei kapitalwertneutraler Verzinsung einen werterhöhenden Effekt, da durch thesaurierte Gewinne erzielbare Kursgewinne im Vergleich zu Dividenden, wie nach dem deutschen Steuersystem zur Abbildung des Steuerstundungseffektes gemeinhin üblich, mit einem geringeren effektiven persönlichen Steuersatz belegt werden.[25] Die objektivierte Restwertermittlung fußt daher auch auf der Erwägung, mit zusätzlichen (kapitalwertneutralen) Thesaurierungen steuerinduzierte Wertsteigerungen zu erzielen.

Wenige Autoren haben sich bislang mit dieser Bewertungsproblematik auseinandergesetzt.[26] Sowohl der gemeinsame Ansatz von *Tschöpel*, *Wiese* und *Willershausen* als auch der Ansatz von *Pawelzik* und jener von *Meitner* vernachlässigen hierbei die mit einer zusätzlichen Thesaurierung einhergehenden Finanzierungsfolgen, denen die Leserin bzw. der Leser dieser Arbeit erstmals im Rahmen der bereichsdifferenzierenden Restwertermittlung auf der Basis des FtE Verfahrens begegnen wird. Mit *Diedrich* et al. (2018) wurde von den Autoren *Diedrich*, *Dierkes*, *Sümpelmann* sowie *Raths* als Verfasserin dieser Arbeit jüngst ein korrigierender Beitrag vorgelegt, in dem diese bislang verborgen gebliebene Bewertungsinkonsistenz aufgezeigt und durch die Entwicklung neuer Restwertkalküle aufgehoben wird.

Aus der geringen Anzahl von Literaturbeiträgen, die die sachgerechte Bestimmung des Restwertes eines Unternehmens zum einen auf einer disaggregierten Ebene und zum anderen im Hinblick auf die Einhaltung einer objektivierten Ausschüttungsquote auf Unternehmensebene erforschen, leitet sich das zweite wesentliche Ziel dieser Arbeit ab: Eine tiefgehende Analyse von jeweils vier Beiträgen im Rahmen der Vor- und der Nachsteuerrechnung soll die inhaltlich teilweise unverbunden nebeneinanderstehenden Literaturquellen verknüpfen und zur Erreichung des erstgenannten Ziels wichtige Erkenntnisse liefern, die in die Entwicklung neuer Restwertformeln einfließen.

---

25 Siehe Abschnitt 2.1.4, S. 71–73.

26 Vgl. *Tschöpel* et al. (2010a) i. V. m. *Tschöpel* et al. (2010b) sowie *Pawelzik* (2010) und *Meitner* (2008a, b).

Ein übergeordnetes didaktisches Ziel dieser Arbeit besteht darin, der aus Bewertungspraktikern, Wissenschaftlern, Dozierenden und Studierenden bestehenden Zielgruppe dieses Buchs, die sich aus einer theoretischen oder anwendungsorientierten Perspektive mit Fragen der Bewertung von Unternehmen oder Unternehmensteilen befasst, die hervorgebrachten Weiterentwicklungen der Restwertermittlung anhand von Fallstudien näher zu bringen. Auf die oben erwähnten und zu vertiefenden Finanzierungsfolgen im Zusammenhang mit dem FtE Verfahren stößt man gerade durch die parallele Betrachtung des FCF Verfahrens, was den hohen Nutzen der Abhandlung beider Verfahren auf theoretischer und angewandter Ebene für die Leserinnen und Leser dieses Buchs bestätigt.

1.2 Gang der Untersuchung

In Kapitel 2 werden zunächst die wesentlichen theoretischen Grundlagen der kapitalmarktorientierten Unternehmensbewertung vermittelt, die für die unter Teil II zusammengefassten Kapitel 3 und 4 benötigt werden. Der Schwerpunkt liegt hierbei auf dem Abschnitt 2.3, welcher die Konzeption und den Aufbau des FCF und des FtE Verfahrens jeweils in einer Vor- und einer Nachsteuerrechnung adressiert. Die integrierte formelbasierte Darstellung und Erläuterung der Zusammenhänge zwischen den Bewertungsverfahren wird in dem genannten Abschnitt begonnen und in Teil II der Arbeit fortgeführt. Andere Themenbereiche, wie die Ermittlung von Eigen- und Fremdkapitalkostensätzen und die Bewertung auf der Basis von Residualgewinnen, werden stringenter behandelt, wobei in den jeweiligen Abschnitten auf einschlägige vertiefende Literatur hingewiesen wird. Zum dritten Kapitel überleitend wird in Abschnitt 2.4 die für die Analyse der verschiedenen Ansätze zur Restwertermittlung wesentliche Abgrenzung der Wachstumsursachen zusammengefasst.

Das Kapitel 3 beginnt mit einem kompakten Einblick in die Modellierung der Cashflow-Entwicklung in einer Grobplanungsphase.[27] In der Literatur finden sich einige Beiträge, die sich mit Anpassungsprozessen der einzelnen Bewertungsparameter, wie des Return on Invested Capital, der Nettoinvesti-

27 Da in dieser Arbeit die bewertungsmethodische Problematik, die aus der Aufgliederung des Bewertungsobjektes in Teileinheiten erwächst, im Vordergrund steht, wird die Prognose der bewertungsrelevanten Cashflows nur am Rande behandelt.

tionsrate oder des Verschuldungsgrades („Gearing“), an ihre nachhaltigen Werte befassen. Der sich auf die Grobplanungsphase beziehende Teil der entwickelten Bewertungskalküle ist jedoch unabhängig von spezifischen Anpassungsprozessen formuliert, sodass sich dieser ohne weitere bewertungstechnische Probleme auch auf die Gegebenheiten der Detailprognosephase transferieren lässt, um den Marktwert eines Unternehmens zu Beginn des Planungszeitraums zu bestimmen.[28]

Sehr detailliert herausgearbeitet und kritisch miteinander verglichen werden anschließend die Annahmen und Bewertungsformeln der differenzierte Verzinsungen zulassenden Rentenmodelle nach *Koller* et al. (2015), *Daves* et al. (2004), *Meitner* (2013) sowie *Dierkes / Schäfer* (2017). Letzterer Ansatz leitet zu der phasen- und geschäftsbereichsdifferenzierenden Restwertmodellierung über, bei der die im zweiten Kapitel eingeführten Kalküle des FCF und des FtE Verfahrens diesbezüglich erweitert und in zwei umfangreichen Fallstudien angewandt werden. Aufgrund der im Anwendungsfall zu erwartenden Möglichkeit, dass die Anfänge der ewigen Rente in den Geschäftsbereichen zeitlich divergieren, erweist sich bei beiden Verfahren eine rekursive Ermittlung des Restwertes als vorteilhaft. Aus diesem Grunde beginnt die Herleitung der Restwertkalküle beider Verfahren mit der Wertermittlung in der Rentenphase, welcher erst anschließend die Wertermittlung in der Grobplanungsphase vorangestellt wird. Die Hervorhebung der Verbindungen zwischen den alternativ anwendbaren Verfahren steht auch in diesem Abschnitt 3.2 wiederum im Fokus.

Mit der Darstellung der Ermittlung eines bezogen auf das Ausschüttungsverhalten objektivierten Restwertes ohne Berücksichtigung von persönlichen Steuern greift schließlich der letzte Abschnitt des dritten Kapitels dem nachfolgenden Kapitel vor, indem die mit der Objektivierung des Ausschüttungsverhaltens einhergehenden, aber von der persönlichen Besteuerung unabhängigen Besonderheiten bei der Bewertung unter einer insoweit reduzierten Komplexität behandelt und in einer dritten Fallstudie veranschaulicht werden. Die vereinfachende vorläufige Ausblendung von persönlichen Steuern erlaubt zugleich, zum Abschluss des dritten Kapitels die methodischen Parallelen zwischen den Rentenkalkülen des bereichsdifferenzierenden Restwertmodells einerseits und den Kalkülen zur Ermittlung eines objektivierten Restwertes andererseits herauszustellen.

28 Der sich an diese Arbeit anlehnende Beitrag *Raths* (2019b) behandelt in einem Zwei-Phasen-Modell die Wertermittlung in der Detailprognose- und der Rentenphase.

In Kapitel 4 werden in einem ersten Schritt die Vorsteuerkalküle aus dem dritten Kapitel um persönliche Steuern erweitert und diese in zwei Fallstudien, die jene aus der Vorsteuerrechnung fortsetzen, angewandt. In einem zweiten Schritt rücken die vier oben angeführten das Ausschüttungsverhalten objektivierenden Nachsteuermodelle, die aus den Quellen *Tschöpel* et al. (2010a, b), *Pawelzik* (2010), *Meitner* (2008a, b) sowie *Diedrich* et al. (2018) stammen, in den Mittelpunkt. Von diesen sind die drei erstgenannten Ansätze auf der Basis des FtE Verfahrens vorwiegend im Hinblick auf eine nicht erfolgende Abstimmung zwischen der gewinnorientierten Ausschüttungs- und der wertabhängigen Finanzierungspolitik zu kritisieren. Das wie diese drei Modelle auf kapitalwertneutralen zusätzlichen Thesaurierungen beruhende Rentenmodell von *Diedrich* et al. widmet sich dieser Inkonsistenz und ihren Bewertungsfolgen. Die einzufügenden unerlässlichen korrigierenden Terme sind den Leserinnen und Lesern an dieser Stelle der Arbeit bereits aus den Ausführungen einerseits zum bereichsdifferenzierenden Restwertmodell in einer Vor- und einer Nachsteuerrechnung und andererseits zur objektivierten Restwertermittlung ohne den Einfluss der persönlichen Besteuerung vertraut. Daher kann in Abschnitt 4.2.4.1 weiterführend auch auf den Fall einer kapitalwerterhöhenden Verzinsung sowie auf das modifizierte FCF Verfahren eingegangen werden, die sich in *Diedrich* et al. (2018) nicht wiederfinden.[29] Das Nachsteuermodell und seine Erweiterungen werden anschließend in einer entsprechenden Fortsetzung der dritten Fallstudie aus Kapitel 3 illustriert.

Die Arbeit schließt mit einer Zusammenfassung sowie einem Ausblick auf künftige Forschungsgegenstände bei der Restwertermittlung in Kapitel 5.

29 Aufgrund der aus den vorhergehenden Ausführungen erlangten Kenntnisse der Leserinnen und Leser über die Zusammenhänge zwischen den Bewertungsverfahren werden in Abschnitt 4.2.4.1 die Inhalte des verfassereigenen Beitrags und dessen Erweiterungen ineinander übergehend in einem gemeinsamen Abschnitt behandelt.

Teil I

Theoretische Grundlagen

2. Theoretische Grundlagen der kapitalmarktorientierten Unternehmensbewertung

2.1 Bewertungsmethodische, konzeptionelle und steuerliche Grundlagen

2.1.1 Phasenmethodik

Die nachstehende Abbildung 2–1 zeigt die Spaltung des Prognosezeitraums in zunächst zwei Prognosephasen: die T Perioden umfassende Detailprognosephase und die unendlich lange Rentenphase. Der Zeit- und Periodenindex t bezieht sich auf den gesamten Planungshorizont. Die Anzahl der Perioden der Detailprognosephase T beläuft sich in der Regel auf nicht mehr als drei bis fünf Jahre. Bereits nach diesem kurzen Zeitraum ist eine annähernd verlässliche integrierte Planungsrechnung, die eine aufeinander abgestimmte Planung von Bilanzposten, der Gewinn- und Verlustrechnung (GuV) und der künftigen bewertungsrelevanten Überschüsse im Rahmen einer Kapitalflussrechnung beinhaltet, kaum mehr durchführbar.

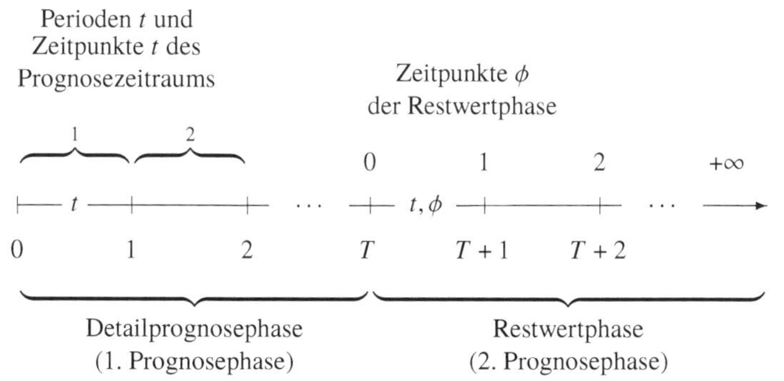

Abb. 2–1: Gliederung des Prognosezeitraums in Phasen, Perioden und Zeitpunkte

Zugleich kann nicht davon ausgegangen werden, dass die Charakteristika der Rentenphase bereits im Anschluss an die kurze Detailprognosephase erfüllt sind.[30] Im Zuge der daraus folgenden Spaltung der zweiten Prognosephase in eine zeitlich begrenzte Grobplanungsphase und in die ewige Rente werden die Phasenindizes „I“ und „II“ eingeführt. Infolgedessen wird T in T_{I} umbenannt, wie Tabelle 2–1 zeigt. In diesem Zeitpunkt endet die T_{I} Perioden andauernde Detailprognosephase und beginnt die $T_{\mathrm{II}} - T_{\mathrm{I}}$ Perioden umfassende Grobplanungsphase, die im Lichte der begrenzten Prognostizierbarkeit der künftigen und damit unsicheren Bewertungsgrößen als eine Übergangsphase zwischen Detailplanung und pauschalierter Fortschreibung dient. Ihre Länge wird durch die anhand unternehmensspezifischer Analysen festgelegten Geschwindigkeiten der Konvergenzprozesse der Bewertungsparameter bestimmt. Der Zeitpunkt T_{II} markiert den Beginn der ewigen Rente, in welcher sich das Bewertungsobjekt in einem sogenannten eingeschwungenen (stabilen, stationären) Zustand[31] befinden soll.

Tab. 2–1: Abgrenzung der Prognosephasen

	Restwertphase(n)	
Detailprognosephase	Grobplanungsphase	Ewige Rente
$t \in [0, T]$	$t \in [T, +\infty)$	
$t \in [0, T_{\mathrm{I}}]$	$t \in [T_{\mathrm{I}}, T_{\mathrm{II}}]$	$t \in [T_{\mathrm{II}}, +\infty)$
—	$\phi \in [0, +\infty)$	
—	$\phi_{\mathrm{I}} \in [0, \Phi_{\mathrm{I}}]$	$\phi_{\mathrm{II}} \in [0, +\infty)$

In den beiden Hauptkapiteln werden die Zeitpunkte und Perioden bei Null beginnend neu nummeriert. Diese Vorgehensweise vereinfacht die Kennzeichnung der Bewertungsgrößen und -parameter. Zur Unterscheidung von t werden die Zeitpunkte und Perioden des Restwertzeitraums in dieser Arbeit im Allgemeinen, d. h. ohne eine weitere Phasendifferenzierung, mit dem Index ϕ bezeichnet. Im Hinblick auf eine Spaltung des Restwertzeitraums

30 Vgl. z. B. *Held* (2013a), S. 127, *Karami/Schuster* (2016), S. 4, *Knoll* (2017).
31 Vgl. *Karami* (2017), S. 164.

in zwei Phasen wird ϕ mit den Phasenindizes „I“ und „II“ versehen, was eine bei $\phi_{II} = 0$ beginnende fortlaufende Nummerierung der Zeitpunkte und Perioden der ewigen Rente ermöglicht. Währenddessen stimmen die Nummerierungen mit ϕ_I und ϕ für die Φ_I Perioden lange Grobplanungsphase überein. Tabelle 2–1 grenzt die Prognosephasen auf der Basis der Schreibweisen mit t und ϕ voneinander ab.

Während in Teil I dieser Arbeit die Notation mittels t erfolgt, um den gesamten Prognosezeitraum abzubilden, wird in Teil II, der sich alleinig der Wertermittlung im Restwertzeitraum widmet, der Index ϕ verwendet.

2.1.2 Ableitung der finanziellen Überschüsse und Abgrenzung der Ausschüttungspolitiken

Der Marktwert eines Unternehmens stellt den Wert aller nach dem Bewertungsstichtag[32] erzielbaren künftigen finanziellen Überschüsse dar. Kapitalmarktorientierte Bewertungskalküle sind dadurch gekennzeichnet, dass der bewertungsrelevante Cashflow mit einem auf diesen abgestimmten kapitalmarktbasierten Diskontierungssatz auf den Bewertungsstichtag abgezinst wird. In Abhängigkeit davon, ob z. B. die Verschuldung des zu bewertenden Unternehmens oder die steuerliche Abzugsfähigkeit der Fremdkapitalzinsen von der Bemessungsgrundlage der Unternehmensteuern in der Zähler- oder der Nennergröße des Bewertungskalküls abgebildet werden soll, stehen verschiedene Bewertungsverfahren zur Auswahl, die bei konsistenter Anwendung zu demselben Bewertungsergebnis führen.

In dieser Arbeit werden zwei der Discounted Cashflow (DCF) Verfahren behandelt: das Free Cashflow (FCF) und das Flow to Equity (FtE) Verfahren.[33] Bei dem FCF Verfahren werden sowohl die Finanzierung als auch der fremdfinanzierungsbedingte Steuervorteil in dem Kapitalkostensatz berücksichtigt, während der im Zähler angesetzte freie Cashflow eine finan-

---

32 Der Bewertungsstichtag ist der gegebenenfalls in der Zukunft liegende Zeitpunkt, auf den sich das Bewertungsergebnis bezieht, z. B. der Tag der beschlussfassenden Hauptversammlung bei gesellschaftsrechtlichen Bewertungsanlässen wie dem Ausschluss von Minderheitsaktionären („Squeeze out“). Inwieweit der Bewertungszeitpunkt und der Bewertungsstichtag zeitlich auseinanderfallen, hängt insofern von dem Anlass der Bewertung ab. Zu Bewertungsanlässen siehe z. B. *Nölle* (2009), S. 9 ff., *Peemöller* (2015), *Drukarczyk/Schüler* (2016), S. 3–8, überblickshaft *Tinz* (2010), S. 14–17.

33 Siehe Abschnitt 2.3, S. 79 ff.

zierungsunabhängige Größe darstellt. Damit ist der freie Cashflow der an die Eigner fließende Zahlungsstrom, wenn das Unternehmen unverschuldet wäre. Der mit dem FCF Verfahren ermittelte Marktwert spiegelt den Wert des von den Eigen- und den Fremdkapitalgebern investierten Kapitals wider. Von diesem ausgehend kann durch Abzug des Marktwertes des Fremdkapitals[34] der Barwert der mit dem Eigentum an dem Unternehmen verbundenen Nettoeinnahmen der Unternehmenseigner (Marktwert des Eigenkapitals) bestimmt werden.

Die Anwendung des FtE Verfahrens, bei dem die Zahlungsansprüche der Eigner bei Verschuldung (Flow to Equity) mit einem finanzierungsangepassten Eigenkapitalkostensatz diskontiert werden, führt dahingegen direkt zu dem Marktwert des von den Eignern zur Verfügung gestellten Kapitals. Von diesem ausgehend kann durch Addition des Marktwertes des Fremdkapitals wiederum auf den Marktwert des Gesamtkapitals geschlossen werden. Im Folgenden wird gezeigt, wie der freie Cashflow und der Flow to Equity aus dem investierten Kapital hervorgehen und mit weiteren Bewertungsgrößen zusammenhängen.[35]

Aus der Verzinsung des Buchwertes des investierten Kapitals am Ende einer Periode $t-1$ bzw. zu Beginn einer Periode t $\mathrm{E}\left[\widetilde{IC}_{t-1}\right]$ mit dem buchhalterischen nominalen ROIC $ROIC_t$ ergibt sich der Net Operating Profit Less Adjusted Taxes (NOPLAT) $\mathrm{E}\left[\widetilde{NOPLAT}_t\right]$ als der Jahresüberschuss eines unverschuldeten Unternehmens:

$$\mathrm{E}\left[\widetilde{NOPLAT}_t\right] = \mathrm{E}\left[\widetilde{IC}_{t-1}\right] \cdot ROIC_t \qquad \forall t \in [1, +\infty). \quad (2.1)$$

In den NOPLAT als eine folglich finanzierungsunabhängige Größe gehen die Unternehmensteuern des unverschuldeten Unternehmens ein. In jeder Periode t werden zunächst Investitionen in Höhe der Abschreibungssumme getätigt, die sich an den historischen Anschaffungs- und Herstellungskosten der im Unternehmen vorhandenen Vermögensgegenstände bemisst. Diese

34 Dieser Arbeit liegt die Annahme zugrunde, dass der Buchwert und der Marktwert des verzinslichen Fremdkapitals übereinstimmen.

35 Vgl. bezüglich der grundlegenden Zusammenhänge zwischen den Bewertungsgrößen z. B. *Nieswandt/Seibert* (2004), *Koller* et al. (2015), S. 29–32, *Drukarczyk/Schüler* (2016), S. 110–119. Siehe zu den Werttreibern des freien Cashflows auch *Aders/Schröder* (2004), S. 107–109, *Kreyer* (2009), S. 41–46, *Pape/Kreyer* (2009), S. 285 f. und ausführlicher *Drefke* (2016), S. 115–128.

zur nominalen Kapitalerhaltung (Geldkapitalerhaltung) notwendigen Ersatzinvestitionen sind bereits in der Gewinngröße berücksichtigt; durch eine Subtraktion vom NOPLAT würden diese ein zweites Mal erfasst. Unter dem fortwährenden Einfluss von Inflation reichen anhand historischer Kosten festgesetzte Ersatzinvestitionen jedoch nicht aus, um die Unternehmenssubstanz in einer Periode t real zu erhalten. Aus diesem Grunde sind in jeder Periode t neue, regelmäßig teurere Vermögensgegenstände zu beschaffen; das erforderliche Investitionsvolumen leitet sich aus der Differenz zwischen der zu prognostizierenden Summe der Wiederbeschaffungspreise der vorhandenen Aktiva $\mathrm{E}\left[\widetilde{IC}_{t-1}\right] \cdot (1+\pi_t)$ und ihrer niedrigeren Bilanzsumme zu Beginn der Periode $\mathrm{E}\left[\widetilde{IC}_{t-1}\right]$ ab:

$$\mathrm{E}\left[\widetilde{NI}_t^{\pi}\right] = \mathrm{E}\left[\widetilde{IC}_{t-1}\right] \cdot (1+\pi_t) - \mathrm{E}\left[\widetilde{IC}_{t-1}\right] = \pi_t \cdot \mathrm{E}\left[\widetilde{IC}_{t-1}\right] \qquad \forall t \in [1, +\infty). \quad (2.2a)$$

Die Summe der Wiederbeschaffungspreise in der Periode t folgt gemäß (2.2a) aus dem Anstieg des zu Beginn der Periode erwartungsgemäß existierenden Kapitalbestands $\mathrm{E}\left[\widetilde{IC}_{t-1}\right]$ mit der perioden- und unternehmensspezifischen Inflationsrate π_t. Die über die zur Kompensation der periodischen Abschreibungssumme getätigten Ersatzinvestitionen hinausgehenden und die Realerhaltung der Unternehmenssubstanz in der Periode t sicherstellenden zusätzlichen, inflationsbegründeten Ersatzinvestitionen $\mathrm{E}\left[\widetilde{NI}_t^{\pi}\right]$ erhöhen wiederum die Abschreibungsbasis der Folgeperiode und damit die als Bemessungsgrundlage der Wiederbeschaffungspreise dienende Kapitalsubstanz. Finanziert werden sie durch die Einbehaltung eines mit der Nettoinvestitionsrate n_t^{π} festgelegten prozentualen Anteils des erwarteten NOPLAT (2.1), sodass für (2.2a) auch gilt:

$$\mathrm{E}\left[\widetilde{NI}_t^{\pi}\right] = \pi_t \cdot \mathrm{E}\left[\widetilde{IC}_{t-1}\right] = n_t^{\pi} \cdot \mathrm{E}\left[\widetilde{NOPLAT}_t\right] \qquad \forall t \in [1, +\infty). \quad (2.2b)$$

Durch die Addition der zusätzlichen Ersatzinvestitionen $\mathrm{E}\left[\widetilde{NI}_t^{\pi}\right]$ gemäß den beiden unter (2.2b) angegebenen Berechnungsweisen zu dem Invested Capital zu Beginn der Periode $\mathrm{E}\left[\widetilde{IC}_{t-1}\right]$ steigt der Kapitalbestand nominal auf einen Betrag in Höhe von

$$\mathrm{E}\left[\widetilde{IC}_{t-1}\right] \cdot (1+\pi_t) = \mathrm{E}\left[\widetilde{IC}_{t-1}\right] \cdot \left(1 + n_t^{\pi} \cdot ROIC_t\right) \qquad \forall t \in [1, +\infty). \quad (2.3)$$

Die Inflationsrate π_t ist demnach das Produkt aus der inflationsbedingten Nettoinvestitionsrate n_t^{π} und dem ROIC $ROIC_t$:

$$\pi_t = n_t^{\pi} \cdot ROIC_t \qquad \forall t \in [1, +\infty). \quad (2.4)$$

Dieses auf Preissteigerungen beruhende nominale Wachstum des Invested Capital bedeutet jedoch nicht zugleich ein reales Wachstum. (2.3) gibt die Höhe des Invested Capital in der Periode t an, bei welcher das investierte Kapital real (bzw. synonym materiell / substanziell) gerade erhalten bleibt.

Über die inflationsbedingten Ersatzinvestitionen (2.2) hinaus kann ein mit der periodenspezifischen Nettoinvestitionsrate n_t^{g} festgelegter Anteil des nach inflationsbedingter Kürzung verbleibenden NOPLAT

$$\left(1 - n_t^{\pi}\right) \cdot \mathrm{E}\left[\widetilde{NOPLAT}_t\right]$$

für sogenannte Erweiterungsinvestitionen

$$\mathrm{E}\left[\widetilde{NI}_t^{g}\right] = n_t^{g} \cdot \left(1 - n_t^{\pi}\right) \cdot \mathrm{E}\left[\widetilde{NOPLAT}_t\right] \qquad \forall t \in [1, +\infty) \quad (2.5)$$

in der Periode t verwendet werden, die über das zur realen Kapitalerhaltung notwendige Maß hinausgehen und demzufolge ein reales Wachstum des Invested Capital (2.3) mit der Rate g_t auf einen Gesamtbestand in Höhe von

$$\mathrm{E}\left[\widetilde{IC}_t\right] = \mathrm{E}\left[\widetilde{IC}_{t-1}\right] \cdot (1 + \pi_t) \cdot (1 + g_t) \qquad \forall t \in [1, +\infty) \quad (2.6)$$

bewirken. Aus der Summation von (2.2b) und (2.5) geht hervor, dass die gesamten nominalen Nettoinvestitionen $\mathrm{E}\left[\widetilde{NI}_t\right]$, d. h. sämtliche die periodische Abschreibungssumme übersteigenden (Ersatz- und Erweiterungs-) Investitionen $\mathrm{E}\left[\widetilde{NI}_t\right]$, einen prozentualen Gesamtanteil von

$$n_t = n_t^{\pi} + n_t^{g} - n_t^{\pi} \cdot n_t^{g} \qquad \forall t \in [1, +\infty) \quad (2.7)$$

des NOPLAT des Unternehmens in t ausmachen:

$$\mathrm{E}\left[\widetilde{NI}_t\right] = \mathrm{E}\left[\widetilde{NI}_t^{\pi}\right] + \mathrm{E}\left[\widetilde{NI}_t^{g}\right] = n_t \cdot \mathrm{E}\left[\widetilde{NOPLAT}_t\right] \qquad \forall t \in [1, +\infty). \quad (2.8)$$

Die reale Bestandserweiterung (2.5) führt neben (2.2) zu einer weiteren Erhöhung des nominalen Kapitalbestands in einer Periode t. Unter Berücksichtigung von (2.1) und (2.8) beläuft sich der (2.6) entsprechende Gesamtkapitalbestand am Ende der Periode t auf

$$\mathrm{E}\left[\widetilde{IC}_t\right] = \mathrm{E}\left[\widetilde{IC}_{t-1}\right] + \mathrm{E}\left[\widetilde{NI}_t\right] = \mathrm{E}\left[\widetilde{IC}_{t-1}\right] \cdot (1 + w_t) \qquad \forall t \in [1, +\infty) \quad (2.9)$$

mit der periodenspezifischen nominalen Wachstumsrate w_t, die aus dem Produkt aus der Nettoinvestitionsrate n_t gemäß (2.7) und dem ROIC $ROIC_t$ oder, wie nachfolgend angegeben, aus der Inflationsrate π_t und der realen Wachstumsrate g_t zu berechnen ist (*Fisher*-Gleichung):[36]

$$w_t = n_t \cdot ROIC_t = (1 + \pi_t) \cdot (1 + g_t) - 1 \qquad \forall t \in [1, +\infty). \quad (2.10)$$

Nach Abzug der gesamten Nettoinvestitionen (2.8) vom NOPLAT (2.1) verbleibt der freie Cashflow $\mathrm{E}\left[\widetilde{FCF}_t\right]$:

$$\mathrm{E}\left[\widetilde{FCF}_t\right] = \mathrm{E}\left[\widetilde{NOPLAT}_t\right] - \mathrm{E}\left[\widetilde{NI}_t\right] = (1 - n_t) \cdot \mathrm{E}\left[\widetilde{NOPLAT}_t\right] \qquad \forall t \in [1, +\infty). \quad (2.11)$$

Auf der Basis von (2.11) wird eine sich auf den NOPLAT beziehende Ausschüttungsquote q_t definiert:

$$q_t = 1 - n_t \qquad \forall t \in [1, +\infty). \quad (2.12)$$

Nach Einsetzen von (2.1) und (2.12) in (2.11) ergibt sich die in Bewertungskalkülen auf der Basis des FCF Verfahrens häufig wiedergegebene Berechnungsweise des freien Cashflows:

$$\mathrm{E}\left[\widetilde{FCF}_t\right] = q_t \cdot \mathrm{E}\left[\widetilde{IC}_{t-1}\right] \cdot ROIC_t \qquad \forall t \in [1, +\infty). \quad (2.13)$$

Der bewertungsrelevante Cashflow bei Anwendung des FtE Verfahrens ist der Flow to Equity. Um zu zeigen, wie dieser mit dem NOPLAT, dem freien Cashflow und anderen Bewertungsgrößen zusammenhängt, soll zunächst der Operating Profit definiert werden. Der erwartete Operating Profit in einer Periode t $\mathrm{E}\left[\widetilde{OP}_t\right]$ als der Jahresüberschuss des verschuldeten Unternehmens – und damit eine finanzierungsabhängige Größe – folgt aus dem NOPLAT (2.1) durch Subtraktion der Fremdkapitalzinsen $\mathrm{E}\left[\tilde{I}_t\right]$ und Addition des fremdfinanzierungsbedingten Steuervorteils (Tax Shield) $\mathrm{E}\left[\widetilde{TS}_t\right]$:

$$\mathrm{E}\left[\widetilde{OP}_t\right] = \mathrm{E}\left[\widetilde{NOPLAT}_t\right] - \mathrm{E}\left[\tilde{I}_t\right] + \mathrm{E}\left[\widetilde{TS}_t\right] \qquad \forall t \in [1, +\infty). \quad (2.14)$$

36 Vgl. *Fisher* (1896). Weiterführend *Kiechle* (2013), S. 13–23. Außerdem *Friedl/Schwetzler* (2009), *Friedl/Schwetzler* (2010), S. 421 f., *Friedl/Schwetzler* (2011a), S. 104, 111 f., *Friedl/Schwetzler* (2011b), S. 352, 355, *Kuhner/Maltry* (2013), S. 752 und *Diedrich/Dierkes* (2015), S. 237–240. In Anhang B.2.1, S. 399 finden sich die mathematischen Umformungen, die zu den unter (2.10) angegebenen alternativen Berechnungsweisen führen.

Die in einer Periode t erwartungsgemäß anfallenden Fremdkapitalzinsen ergeben sich aus der Multiplikation des Bestands des verzinslichen Fremdkapitals zu Beginn der Periode t $\mathrm{E}\left[\widetilde{D}_{t-1}\right]$ mit dem periodenspezifischen Fremdkapitalkostensatz vor persönlichen Steuern kd_t:

$$\mathrm{E}\left[\tilde{I}_t\right] = \mathrm{E}\left[\widetilde{D}_{t-1}\right] \cdot kd_t \qquad \forall t \in [1, +\infty). \quad (2.15)$$

Der erwartete Tax Shield in der Periode t ist das Produkt aus den Fremdkapitalzinsen (2.15) und dem Unternehmensteuersatz τ:

$$\mathrm{E}\left[\widetilde{TS}_t\right] = \mathrm{E}\left[\tilde{I}_t\right] \cdot \tau = \mathrm{E}\left[\widetilde{D}_{t-1}\right] \cdot kd_t \cdot \tau \qquad \forall t \in [1, +\infty). \quad (2.16)$$

Der Operating Profit (2.14) kann teils einbehalten und reinvestiert und teils an die Eigenkapitalgeber ausgeschüttet werden. Bei den Thesaurierungen (Retained Earnings) in einer Periode t $\mathrm{E}\left[\widetilde{RE}_t\right]$ handelt es sich um den innenfinanzierten Teil der Nettoinvestitionen (2.8):

$$\mathrm{E}\left[\widetilde{RE}_t\right] = \mathrm{E}\left[\widetilde{NI}_t\right] - \left(\mathrm{E}\left[\widetilde{D}_t\right] - \mathrm{E}\left[\widetilde{D}_{t-1}\right]\right) \qquad \forall t \in [1, +\infty). \quad (2.17)$$

Mit der Veränderung des Fremdkapitals $\mathrm{E}\left[\widetilde{D}_t\right] - \mathrm{E}\left[\widetilde{D}_{t-1}\right]$ wird die anteilige Fremdfinanzierung ausgedrückt. Die Bildung der Differenz zwischen (2.14) und (2.17) führt demnach zu dem zur Ausschüttung an die Eigner verfügbaren finanziellen Überschuss, dem Flow to Equity $\mathrm{E}\left[\widetilde{FTE}_t\right]$:

$$\mathrm{E}\left[\widetilde{FTE}_t\right] = \mathrm{E}\left[\widetilde{OP}_t\right] - \mathrm{E}\left[\widetilde{RE}_t\right] \qquad \forall t \in [1, +\infty). \quad (2.18a)$$

Unter Berücksichtigung von (2.11), (2.15) und (2.16) gilt:

$$\mathrm{E}\left[\widetilde{FTE}_t\right] = \mathrm{E}\left[\widetilde{FCF}_t\right] - \mathrm{E}\left[\widetilde{D}_{t-1}\right] \cdot kd_t \cdot (1 - \tau) + \left(\mathrm{E}\left[\widetilde{D}_t\right] - \mathrm{E}\left[\widetilde{D}_{t-1}\right]\right)$$

$$\forall t \in [1, +\infty). \quad (2.18b)$$

Auf der Basis der in den nachfolgenden Abschnitten noch zu erläuternden Zusammenhänge wird unter dem Gliederungspunkt 2.3.3 gezeigt, wie der Marktwert des Eigenkapitals mit Hilfe von (2.18) bestimmt und daraufhin auf den Markt- bzw. Buchwert des Fremdkapitals geschlossen werden kann.[37]

37 Da der Fremdkapitalbestand zur Ermittlung des Flow to Equity gemäß (2.18) bereits bekannt sein muss, um die Fremdkapitalzinsen, den Tax Shield und die Fremdkapitalveränderung ermitteln zu können, liegt eine finanzierungsbedingte Zirkularität vor. Auf diese wird in Abschnitt 2.3.3.1 auf der Seite 87 eingegangen. In diesem Abschnitt werden zunächst die definitorischen Zusammenhänge aufgezeigt, ohne gegebenenfalls aufkommende Probleme zu behandeln.

Zieht man den Fremdkapitalbestand $\mathrm{E}\left[\widetilde{D}_t\right]$ von dem Invested Capital $\mathrm{E}\left[\widetilde{IC}_t\right]$ ab, so erhält man das Invested Equity $\mathrm{E}\left[\widetilde{IE}_t\right]$, den Buchwert des investierten Eigenkapitals. Die mit dem ROIC $ROIC_t$ abgestimmte Buchwertrendite Return on Equity (ROE) ROE_t ist mit dem Invested Equity zu multiplizieren, um die entsprechende Gewinngröße, den zu erwartenden Operating Profit (2.14), zu erhalten. Analog zu (2.1) gilt:

$$\mathrm{E}\left[\widetilde{OP}_t\right] = \mathrm{E}\left[\widetilde{IE}_{t-1}\right] \cdot ROE_t \qquad \forall t \in [1, +\infty). \quad (2.19)$$

Da sich die Nettoinvestitionen (2.8) aus einem Eigen- und einem Fremdfinanzierungsbeitrag zusammensetzen, ließe sich die oben geschilderte Spaltung der Nettoinvestitionen in inflationsbedingte Ersatzinvestitionen und ein reales Wachstum induzierende Erweiterungsinvestitionen auch allein in Bezug auf die Thesaurierungen vornehmen. Hierauf wird an späterer Stelle eingegangen.[38] Anhand einer zu (2.7) analogen Thesaurierungsquote n_t^{OP}, die sich nicht auf den NOPLAT, sondern auf den Operating Profit bezieht, können die Thesaurierungen (2.17) bemessen werden. Analog zu (2.8) bedeutet dies:

$$\mathrm{E}\left[\widetilde{RE}_t\right] = n_t^{\mathrm{OP}} \cdot \mathrm{E}\left[\widetilde{OP}_t\right] \qquad \forall t \in [1, +\infty). \quad (2.20)$$

Die periodischen Thesaurierungen (2.20) erhöhen den nominalen Eigenkapitalbestand in einer Periode t:

$$\mathrm{E}\left[\widetilde{IE}_t\right] = \mathrm{E}\left[\widetilde{IE}_{t-1}\right] + \mathrm{E}\left[\widetilde{RE}_t\right] = \mathrm{E}\left[\widetilde{IE}_{t-1}\right] \cdot (1 + w_t)$$
$$\forall t \in [1, +\infty). \quad (2.21)$$

Der zweite Term in (2.21) resultiert nach Einsetzen von (2.19) und (2.20) in den ersten Term. Die nominale Wachstumsrate w_t gemäß

$$w_t = n_t^{\mathrm{OP}} \cdot ROE_t \qquad \forall t \in [1, +\infty) \quad (2.22)$$

stimmt mit (2.10) überein. Das Produkt aus der auf den Operating Profit bezogenen Ausschüttungsquote

$$q_t^{\mathrm{OP}} = 1 - n_t^{\mathrm{OP}} \qquad \forall t \in [1, +\infty) \quad (2.23)$$

---

38 Diese Zusammenhänge werden in Abschnitt 4.2.2.2 im Rahmen der Restwertermittlung nach *Pawelzik* (2010) geschildert. Siehe S. 285 ff.

und (2.14) bzw. (2.19) ist der Flow to Equity (2.18):

$$\mathrm{E}\left[\widetilde{FTE}_t\right] = q_t^{\mathrm{OP}} \cdot \mathrm{E}\left[\widetilde{OP}_t\right] \qquad \forall t \in [1, +\infty). \quad (2.24)$$

Die dargestellten Zusammenhänge zwischen den bewertungsrelevanten Größen wurden bislang auf den gesamten Prognosezeitraum bezogen. Eine detaillierte Prognose ist jedoch nur für wenige Perioden nach dem Bewertungsstichtag durchführbar, sodass der unendliche Bewertungshorizont in Prognosephasen zu gliedern ist. Für die sich an die Detailprognosephase und gegebenenfalls eine Grobplanungsphase anschließende Rentenphase sind Annahmen über die nachhaltigen Werte der Nettoinvestitionsraten, Ausschüttungsquoten und Reinvestitionsrenditen zu treffen. Die Rentenphase setzt demnach das Erreichen eines eingeschwungenen Zustands voraus, welcher durch einen gleichmäßigen Anstieg aller bewertungsrelevanten Größen der Rechnungslegung mit der konstanten nominalen Wachstumsrate w gemäß

$$w = n \cdot ROIC = n^{\mathrm{OP}} \cdot ROE \qquad \forall t \in [T_{\mathrm{II}} + 1, +\infty) \quad (2.25)$$

gekennzeichnet ist. Die Annahme der Konstanz der Rechnungslegungsgrößen steht einer realitätsnahen Modellierung mindestens inflationsbedingt entgegen.[39] Da auch die in die Bewertungskalküle eingehenden Kapitalkostensätze in der ewigen Rente konstant sind, steigt auch der Marktwert des Eigenkapitals mit der Rate (2.25) an. Wie noch gezeigt wird, gilt dieses unter der in dieser Arbeit zugrunde gelegten wertabhängigen Finanzierungspolitik auch für den Marktwert des Fremdkapitals. Hieraus folgt für den in der Rentenphase $[T_{\mathrm{II}} + 1, +\infty)$ erzielbaren Flow to Equity

$$\mathrm{E}\left[\widetilde{FTE}_t\right] = \mathrm{E}\left[\widetilde{FCF}_t\right] - \mathrm{E}\left[\widetilde{D}_{t-1}\right] \cdot (kd \cdot (1 - \tau) - w) \qquad \forall t \in [T_{\mathrm{II}} + 1, +\infty)$$

39 Vgl. *Friedl/Schwetzler* (2010), S. 417, 421 ff., *Friedl/Schwetzler* (2011a), S. 104, 107, *Friedl/Schwetzler* (2011b), S. 352, 354 und *Friedl/Schwetzler* (2013), S. 732 sowie differenzierter *Sievers* (2009), S. 55–59. Die notwendigen ökonomischen Bedingungen für das Bestehen eines Gleichgewichtszustands und ihre Kompatibilität mit den Grundsätzen des Instituts der Wirtschaftsprüfer (IDW) analysierte jüngst *Schwetzler*; vgl. *Schwetzler* (2018). Zuvor befassten sich unter anderen *Drefke*, *Knoll* und *Tinz* mit dieser Problemstellung; siehe *Drefke* (2016), S. 111 ff., *Knoll* (2017), *Knoll* (2016a), S. 33, *Knoll* (2014b), S. 4 ff. und *Tinz* (2010), S. 135 ff.

unter Berücksichtigung von (2.25):

$$\mathrm{E}\left[\widetilde{FTE}_t\right] = \left(\mathrm{E}\left[\widetilde{FCF}_{T_{\mathrm{II}}+1}\right] - \mathrm{E}\left[\widetilde{D}_{T_{\mathrm{II}}}\right] \cdot (kd \cdot (1-\tau) - w)\right) \cdot (1+w)^{t-(T_{\mathrm{II}}+1)} \quad \forall t \in [T_{\mathrm{II}}+1, +\infty). \quad (2.26)$$

Man spricht von einer residualen Ausschüttungspolitik, wenn der freie Cashflow (2.13) bzw. der Flow to Equity (2.24) (bzw. (2.11) und (2.18)) vollständig an die Kapitalgeber ausgeschüttet wird. Im Rahmen des in den Hauptkapiteln dargestellten bereichsdifferenzierenden Restwertmodells und der objektivierten Restwertermittlung werden jedoch Anteile des ausschüttungsfähigen Cashflows einbehalten und in eine Anlage mit einem im Allgemeinen abweichenden Verzinsungssatz investiert. Soll durch die zusätzliche Gewinneinbehaltung eine marktbasiert abgeleitete, auf die Gewinngröße bezogene Gesamtausschüttungsquote in der Rentenphase eingehalten werden, so spricht man von einer gewinnorientierten Ausschüttungspolitik.[40] Das veränderte Ausschüttungsverhalten auf Bereichsebene infolge einer Disaggregation des Bewertungsobjektes stellt aus Unternehmenssicht dahingegen weiterhin eine residuale Ausschüttung dar, die durch eine unternehmensindividuelle Ausschüttungsquote auf Unternehmensebene gekennzeichnet ist.

2.1.3 Überblick über wesentliche Kennzahlen bei der Cashflow-Prognose

Die Prognose der in allen künftigen Planungsperioden erzielbaren Cashflows setzt eine weitreichende Kenntnis der Unternehmensspezifika und eine differenzierte Umfeldanalyse voraus. Hierbei machen sich Bewertende üblicherweise absolute und relative Kennzahlen zunutze, um ihre Prognosen zu plausibilisieren. Ein noch rudimentärer Stand der Bewertungsliteratur hinsichtlich der Wirkungszusammenhänge zwischen den Kennzahlen spiegelt sich in der Bewertungspraxis regelmäßig darin wider, dass vereinfachte Vorgehensweisen gewählt und mitunter Branchendurchschnitte (Median,

40 Bezüglich anderer Ausschüttungspolitiken, wie die rendite- oder die wertorientierte Ausschüttungspolitik, siehe z. B. *Diedrich/Dierkes* (2017), S. 210 f. Bei der renditeorientierten Ausschüttungspolitik gelangt in jeder Periode derselbe Anteil des Marktwertes zu Beginn einer Periode t zur Ausschüttung. Investoren erhalten somit eine konstante Rendite auf den Wert des Unternehmens. Die wertorientierte Ausschüttungspolitik ist dahingegen durch eine zwischen Dividenden und Kursgewinnen bestehende gleichbleibende Proportionalität gekennzeichnet.

Mittelwert) bewertungsrelevanter Parameter auf das zu bewertende Unternehmen projiziert werden. Nur eine geringe Anzahl an Autoren hat sich bislang der Frage zugewandt, wie eine phasenspezifische integrierte Planungsrechnung auszugestalten ist. So sind, sofern sich das Unternehmen – wie in der Mehrzahl der Bewertungsfälle – nach der Detailprognosephase noch nicht in einem Zustand nachhaltigen Wachstums befindet, in einer sich anschließenden Anpassungsphase konvergierende Prozesse in den aufzustellenden Plan-Bilanzen, Plan-GuV und Plan-Kapitalflussrechnungen zu modellieren, um die detailliert geplanten Schätzgrößen in ihre nachhaltigen Ausprägungen zu überführen. Hierzu wird in diesem Abschnitt ein Überblick über wesentliche bewertungsrelevante Kennzahlen gegeben. Bezüglich ihrer Verwendung zur Cashflow-Prognose und Planungsplausibilisierung sei auf *Karami* (2017), *Nissim* (2017) und weitere Quellen[41] verwiesen.

In der nach Bilanzaktiva und -passiva gegliederten Tabelle 2–2 auf der Seite 69 werden Bilanzposten absolute und relative Kennzahlen zugeordnet. Da sich unternehmensspezifische Analysen der Wachstumsaussichten des Produktportfolios innerhalb des Wettbewerbsgefüges unter Berücksichtigung des Absatzpotenzials in den Erwartungen hinsichtlich der Entwicklung der Umsatzerlöse niederschlagen, bilden diese eine wesentliche Bezugsgröße anderer absoluter Kennzahlen. Wachsenden Umsatzerlösen im Zeitablauf stehen demnach z. B. steigende Investitionen in das Anlagevermögen gegenüber, die wiederum mit dem periodischen Abschreibungsvolumen abzustimmen sind.

In Bezug auf das Umlaufvermögen spielen die Kennzahlen Vorratsdauer bzw. Lagerbestandsreichweite (Days Inventory Held, DIH) und Debitorenlaufzeit bzw. Forderungsreichweite (Days Sales Outstanding, DSO) eine wesentliche Rolle. Mit ihrer Aussage über die Länge des Zeitraums, in dem das Unternehmen Kapital in Lagerbeständen bindet (DIH), und über die durchschnittliche Anzahl an Tagen vom Zeitpunkt der Rechnungsstellung bis zur Begleichung der Rechnung durch den Kunden (DSO) geben sie Aufschluss über die Kosteneffizienz im Unternehmen und sind sie neben der operativen Mindestkasse somit wichtige Maßstäbe der Liquidität.

Auf der Passivseite gibt die Kreditorenlaufzeit bzw. Verbindlichkeitenreichweite (Days Payables Outstanding, DPO) die durchschnittliche Anzahl an

41 Vgl. *Karami/Schuster* (2016), S. 4–15, *Kuhner/Maltry* (2017), S. 121–155 sowie *Brauneis* (2016) im Hinblick auf eine stochastische Modellierung. Siehe ausblickgebend auch S. 324 f. in Kapitel 5.

Tagen an, die das Unternehmen seinerseits zur Begleichung seiner Rechnungen benötigt. Sowohl ein hoher als auch ein niedriger Wert können als effizient interpretiert werden: Im ersten Fall macht sich das Unternehmen Lieferantenkredite ohne zusätzlich anfallende Kosten zunutze und hält auf diese Weise Liquidität vor. Im zweiten Fall signalisiert es eine hohe Zahlungsfähigkeit insbesondere an externe Bilanzadressaten.

Die Umsatzerlöse als absolute Kennzahl bilden auch eine bedeutsame Bezugsgröße bei den der GuV-Planung zurechenbaren Kennzahlen. Im ersten Teil der Tabelle 2–3 auf der Seite 70 werden Gewinngrößen wie EBITDA und EBIT ins Verhältnis zu den in derselben Periode erzielten Umsatzerlösen gesetzt.[42] In den Erwartungswerten dieser Gewinngrößen spiegeln sich die künftigen Entwicklungen der Kostenarten, wie Vertriebs- und allgemeine Verwaltungskosten, Forschungs- und Entwicklungskosten sowie Abschreibungen, und damit die Maßnahmen des Unternehmens zur Effizienzsteigerung auf der Kostenseite wider. Da bspw. die EBIT-Marge um Finanzierungs- und Steuereffekte bereinigt ist, eignet sich sich besser zur Messung operativer Maßnahmen im Unternehmen als die den gesamten Jahresüberschuss nach Steuern ins Verhältnis zu den Umsatzerlösen setzende Umsatzrentabilität. Das Verhältnis von Gewinngröße zu Umsatzerlösen ist ein Maßstab für die Profitabilität des zu bewertenden Unternehmens nach Abzug aller Kosten. Ein Unternehmen ist demnach umso profitabler, je höher die Gewinnmargen sind.

Die Erwartungen hinsichtlich der Profitabilität finden sich bei einer konsistenten Planung von Bilanz und GuV folglich auch in den Rentabilitätsmaßen wieder. Im zweiten Teil der Tabelle 2–3 wird zunächst die Kapitalumschlagshäufigkeit aufgeführt, die die Nutzungsintensität des investierten Kapitals zur Erzielung von Umsatzerlösen wiedergibt. Anschließend werden Kennzahlen genannt, die Gewinngrößen ins Verhältnis zu dem am Beginn einer Periode existierenden (Eigen-) Kapitalbestand setzen.[43] Die langfristigen Renditen

42 Bezüglich EBITDA und EBIT siehe Fn. 8. Das Verhältnis unterschiedlicher Größen zueinander aufzeigende Kennzahlen werden als Beziehungszahlen bezeichnet. Als Indexzahlen, die eine zeitliche Entwicklung aufzeigen, dienen das durchschnittliche EBIT-Wachstum der Branche bspw. der Plausibilisierung des erwarteten Dividendenwachstums des zu bewertenden Unternehmens oder das durchschnittliche Umsatzwachstum der Branche der Plausibilisierung des unternehmensspezifischen Umsatzwachstums.

43 Das eingesetzte Kapital umfasst das Eigenkapital und das langfristige Fremdkapital, wie Anleihen und Pensionsrückstellungen.

auf das Kapital sollen zu Beginn der ewigen Rente innerhalb der langfristigen branchenüblichen Bandbreiten liegen.[44]

Bei der Modellierung von Konvergenzprozessen in einer Grobplanungsphase spielt außer den die Entwicklung der Rechnungslegungsgrößen determinierenden Kennzahlen auch die Geschwindigkeit („Persistence") eine Rolle, mit welcher sich die Approximation der Verhältniszahlen an ihren jeweiligen Zielwert vollzieht.[45] Als Richtgrößen für diese sogenannten Konvergenzfaktoren dienen in der Regel der langfristige Branchenmedian oder der langfristige Branchenmittelwert der betreffenden Kennzahl. Eine unternehmensspezifische Angleichung hängt unter anderem von der Beurteilung der Intensität der Wettbewerbssituation ab.[46]

Während die Rechnungslegungsgrößen in der ewigen Rente definitionsgemäß mit einer einheitlichen Wachstumsrate ansteigen, nehmen die Verhältniszahlen mit Eintritt in die ewige Rente folglich konstante Werte an.[47]

---

44 Auf weitere Kennzahlen, wie den Return on Net Operating Assets (RNOA), geht *Nissim* ein; vgl. *Nissim* (2017), S. 16–24. Siehe grundlegend auch *Rappaport* (1999), S. 40 ff.

45 Die „ ‚Geschwindigkeit' der Konvergenz" bezeichnet *Held* auch als Maß für die „Widerstandsfähigkeit gegen Konvergenzprozesse" (beide Zitate *Held* (2013a), S. 126).

46 Ein Konvergenzfaktor von z. B. 30 % in Bezug auf den ROIC bedeutet demnach, dass 30 % der Vorjahresüberrendite gehalten werden können, während 70 % innerhalb einer Periode eliminiert sind.

47 Vgl. *Karami/Schuster* (2016), S. 5.

Tab. 2–2: Wesentliche Kennzahlen bei der Aufstellung der Plan-Bilanz

Bilanzposten	Kennzahlen und Berechnung
Aktiva	
Anlagevermögen	$\text{in \% der Umsatzerlöse} = \frac{\text{Anlagevermögen}_t}{\text{Umsatzerlöse}_t}$
	$\text{Investitionsquote}_t = \frac{\text{Investitionsausgaben}_t}{\text{Umsatzerlöse}_t}$
	$\text{Reinvestitionsrate}_t = \frac{\text{Investitionsausgaben}_t}{\text{Abschreibungen}_t}$
Umlaufvermögen	
Vorräte	$\text{DIH}_t = \frac{\text{Vorräte}_t \cdot 365}{\text{Umsatzerlöse}_t}$
Forderungen	$\text{DSO}_t = \frac{\text{Forderungen aus LuL}_t \cdot 365}{\text{Umsatzerlöse}_t}$
Liquide Mittel	$\text{Operative Mindestkasse}_t = \frac{\text{Liquide Mittel}_t \cdot 365}{\text{Umsatzerlöse}_t}$
Passiva	
Eigenkapital	Jahresergebnis_t, Dividenden_t
Fremdkapital	
verzinsliches	$\text{Verschuldungsgrad}_t = \frac{\text{Marktwert des Fremdkapitals}_t}{\text{Marktwert des Eigenkapitals}_t}$
unverzinsliches	$\text{DPO}_t = \frac{\text{Verbindlichkeiten aus LuL}_t \cdot 365}{\text{Umsatzerlöse}_t}$

LuL: Lieferungen und Leistungen

Tab. 2–3: Wesentliche Kennzahlen bei der Aufstellung der Plan-GuV

Kennzahlen	Berechnung
Bezugsgröße Umsatzerlöse	
EBITDA-Marge$_t$	$\frac{\text{EBITDA}_t}{\text{Umsatzerlöse}_t}$
EBIT-Marge$_t$	$\frac{\text{EBIT}_t}{\text{Umsatzerlöse}_t}$
Umsatzrentabilität$_t$	$\frac{\text{Jahresüberschuss / -fehlbetrag}_t}{\text{Umsatzerlöse}_t}$
NOPLAT-Marge$_t$	$\frac{\text{NOPLAT}_t}{\text{Umsatzerlöse}_t}$
Bezugsgröße (Eigen-) Kapitalbestand	
Kapitalumschlagshäufigkeit$_t$	$\frac{\text{Umsatzerlöse}_t}{\text{Invested Capital}_{t-1}}$
Rendite des eingesetzten Kapitals (ROCE)$_t$	$\frac{\text{EBIT}_t}{\text{Invested Capital}_{t-1}}$
Rendite des investierten Kapitals (ROIC)$_t$	$\frac{\text{NOPLAT}_t}{\text{Invested Capital}_{t-1}}$
Eigenkapitalrendite (ROE)$_t$	$\frac{\text{Jahresüberschuss}_t}{\text{Invested Equity}_{t-1}}$

ROCE: Return on Capital Employed

2.1.4 Charakterisierung des Steuersystems

In Abhängigkeit von der Durchführung einer Vor- oder einer Nachsteuerrechnung gehen die abgeleiteten Cashflows entweder ohne Steuerminderung oder nach Abzug der persönlichen Steuerlast in den Bewertungskalkül ein. In dieser Arbeit wird von einer unbeschränkt steuerpflichtigen, im Inland ansässigen Kapitalgesellschaft als Steuersubjekt ausgegangen. Die in die Bewertung einfließenden Ertragsteuern sind somit die an den Staat zu zahlenden Unternehmensteuern, die sich aus der Gewerbesteuer und der Körperschaftsteuer zuzüglich des Solidaritätszuschlags (SolZ) zusammensetzen und anhand des kombinierten Unternehmensteuersatzes τ bemessen werden, sowie die von den Kapitalgebern zu tragenden persönlichen Steuern, d. h. die Einkommensteuer zuzüglich des Solidaritätszuschlags.[48]

Nach dem seit 2009 geltenden Abgeltungsteuersystem für Beteiligungs- und Forderungstitel im Privatvermögen werden die Einkünfte der Eigner und Gläubiger, mithin Fremdkapitalzinsen, Dividenden und realisierte Kursgewinne, gemäß § 32 d Abs. 1 EStG i. V. m. § 43 a Abs. 1 Nr. 1 EStG mit einem einheitlichen Abgeltungsteuersatz s_a in Höhe von 25 % in Kombination mit dem Solidaritätszuschlagssatz τ_{SZ} von 5, 5 % besteuert, was einen persönlichen Steuersatz s_d in Höhe von 26, 375 % ergibt. Spezifische rechtliche Grundlagen geben vor, dass Zinsen und Kursgewinne nur bei einer Beteiligungsquote von weniger als 10 % (Zinsen) bzw. 1 % (Kursgewinne) an der Kapitalgesellschaft dem Abgeltungsteuersystem unterliegen.[49] In dieser Arbeit wird davon ausgegangen, dass diese Werte von den Eigen- und den Fremdkapitalgebern, bei denen es sich um natürliche Personen handeln soll, nicht überschritten werden.

Die tatsächliche Besteuerung von Kursgewinnen zum Realisationszeitpunkt wird in der Unternehmensbewertung bezüglich der Höhe und des Zeitpunktes vereinfacht berücksichtigt. Es wird von einer periodenbezogenen Besteuerung von Marktwertzuwächsen ausgegangen, sodass die Kursgewinnsteuer nicht anhand des persönlichen Steuersatzes s_d, sondern mit einem niedrigeren Steuersatz, dem sogenannten Kursgewinn- oder Veräußerungsgewinnsteuersatz s_g, bemessen wird, um der aus den abweichenden Besteue-

48 Von der gegebenenfalls hinzuzurechnenden Kirchensteuer wird in dieser Arbeit abstrahiert.

49 Siehe zu den steuerrechtlichen Regelungen in Deutschland im Einzelnen *Diedrich/ Dierkes* (2015), S. 163–183.

rungszeitpunkten resultierenden Steuerstundung durch die Eigenkapitalgeber im Bewertungskalkül Rechnung zu tragen.[50] Der Kursgewinnsteuersatz s_g wird häufig in Höhe des hälftigen persönlichen Steuersatzes s_d bzw. gleichbedeutend in Höhe des hälftigen Abgeltungsteuersatzes s_a unter zusätzlicher Berücksichtigung des Solidaritätszuschlags angesetzt. Der Steuersatz s_d bezieht sich dann alleinig auf die Fremdkapitalzinsen und Dividendeneinkünfte.

Die Festlegung des Kursgewinnsteuersatzes in dieser Höhe beruht auf einer Studie von *Wiese* zur effektiven Veräußerungsgewinnbesteuerung als Funktion der Kursrendite (d. h. des Kurswachstums) und der Haltedauer. Hiernach ist die Höhe des Kursgewinnsteuersatzes unabhängig von der Kursentwicklung in zwei Fällen eindeutig: Eine Haltedauer der Unternehmensanteile von einem Jahr mit einer demzufolge jährlichen Realisation der Kursgewinne bedeutet einen Kursgewinnsteuersatz s_g in Höhe von 25 % zuzüglich des Solidaritätszuschlags.[51] Demgegenüber impliziert eine unendliche Haltedauer, bei der mithin keine Realisation von Kursgewinnen erfolgt, dass keine entsprechende steuerliche Belastung anfällt; der effektive Steuersatz s_g beträgt 0 %. Aufgrund des mehrperiodigen bzw. unendlichen Zeithorizonts von Bewertungskalkülen stellen diese Werte die Ober- und die Untergrenze des Kursgewinnsteuersatzes dar. Hieraus folgt, dass der Kursgewinnsteuersatz bei vom Fachausschuss für Unternehmensbewertung und Betriebswirtschaft (FAUB) des IDW typisierend angenommenen mittel- bis langfristigen Haltedauern unterhalb des Abgeltungsteuersatzes liegen muss. In einer typisierenden Betrachtungsweise stellt sich der als sachgerecht erachtete Kursgewinnsteuersatz in Höhe von 12,5 % zuzüglich des Solidaritätszuschlags (im Ergebnis 13,1875 %) der Studie zufolge bei einem Kurswachstum in Höhe

50 Der Steuerstundungseffekt beschreibt den Effekt, dass der Barwert von vom steuerpflichtigen Anteilseigner in spätere Perioden verlagerten Steuerzahlungen niedriger ist als der Barwert periodisch anfallender Steuerzahlungen. Siehe z. B. *Wiese* (2007b), S. 9 f., *Zeidler* et al. (2008), S. 281, *Pawelzik* (2010), S. 965, *Tschöpel* et al. (2010a), S. 352, *Schultze/Fischer* (2013), S. 423 f. und *Diedrich/Dierkes* (2015), S. 177 f., 253, 335 f. Vgl. bezüglich der Annahme zur Haltedauer *IDW* (Hrsg.) (2018), Kap. A, Tz. 292 f.

51 Im Einperiodenfall hat das Ausschüttungsverhalten aufgrund des einheitlichen Steuersatzes, wodurch sich die Steuerlast aus Zähler und Nenner des Bewertungskalküls herauskürzt, demnach keinen Einfluss auf den Unternehmenswert. Vgl. *Wiese* (2007c), S. 372 f., *Schultze/Fischer* (2013), S. 423.

von 5 % und einer mit 40 Jahren ausreichend lange bemessenen Haltedauer ein.[52]

2.2 *Finanzierungstheoretische Grundlagen und Bestimmung von Kapitalkostensätzen*

2.2.1 Charakterisierung des Kapitalmarktes und Abgrenzung der Finanzierungsannahmen

In diesem Abschnitt wird zunächst auf die Charakteristika des dieser Arbeit annahmegemäß zugrunde liegenden vollkommenen Kapitalmarktes als modelltheoretischen Handelsortes künftiger Zahlungsansprüche von Eigen- und Fremdkapitalgebern eingegangen. Als vollkommen gilt ein Kapitalmarkt, wenn mehrere Bedingungen gleichzeitig erfüllt sind. Zu diesen gehören, dass keine Markteintrittsbarrieren bestehen und vollständiger Wettbewerb unter den Marktteilnehmern herrscht, der Handel ohne Transaktionskosten stattfindet und individuelle rationale Entscheidungen von Seiten der Marktteilnehmer auf der Grundlage homogener Erwartungen über zukünftige Zahlungen getroffen werden, außer Informationsasymmetrien auch eine asymmetrische Besteuerung ausgeschlossen ist sowie Kapital in unbegrenzter Höhe und eine sichere Anlage- und Verschuldungsmöglichkeit verfügbar ist. In der Folge kann von einem gleichgewichtigen, arbitragefreien Kapitalmarkt ausgegangen werden, den z. B. das Capital Asset Pricing Model (CAPM) voraussetzt.[53]

Bezüglich der in den Prognosephasen anzunehmenden Finanzierungspolitik kann zwischen einer autonomen und einer wertabhängigen Finanzierung unterschieden werden. Erstere ist durch eine deterministische Festlegung der zu verzinsenden künftigen Fremdkapitalbestände D_t im Bewertungszeitpunkt gekennzeichnet und daher die in der Detailprognosephase zumeist

52 Vgl. ausführlich *Wiese* (2007c), S. 369–371 m. w. N., ergänzend *Jonas* (2008), S. 830, *Wagner* et al. (2008), S. 735 f., *Zeidler* et al. (2008), S. 280 f., *Diedrich/Stier* (2013), S. 29 f. und *Knoll* (2018), S. 1934 sowie *IDW* (Hrsg.) (2018), Kap. A, Tz. 293 als Beleg dafür, dass sich die Überlegung von *Wiese* in der Bewertungspraxis durchgesetzt hat. *Diedrich* und *Stier* stellen dahingegen fest, dass ein höherer als der hälftige Abgeltungsteuersatz anzusetzen sei; siehe die kritische Argumentation in *Diedrich/Stier* (2013), S. 33–36.

53 Siehe weiterführend z. B. *Diedrich/Dierkes* (2015), S. 38–45.

unterstellte Finanzierungspolitik. Auf die im Zeitablauf abnehmende Planungsgenauigkeit ist zurückzuführen, dass in der Restwertphase die wertabhängige Finanzierung eine plausiblere Annahme darstellt, der zufolge die Fremdkapitalquote Θ_t einer Restwertperiode $t \in [T, +\infty)$ als Anteil des erwarteten Fremdkapitals $\mathrm{E}_\theta\left[\widetilde{D}_t\right]$ am erwarteten Marktwert des verschuldeten Unternehmens $\mathrm{E}_\theta\left[\widetilde{V}_t^\ell\right]$ der Periode t beim Informationsstand $\theta \leq t$ gemäß

$$\Theta_t = \frac{\mathrm{E}_\theta\left[\widetilde{D}_t\right]}{\mathrm{E}_\theta\left[\widetilde{V}_t^\ell\right]} \qquad \forall t \in [T, +\infty) \quad (2.27)$$

oder der Verschuldungsgrad L_t als Anteil des erwarteten Fremdkapitals am erwarteten Marktwert des Eigenkapitals des verschuldeten Unternehmens $\mathrm{E}_\theta\left[\widetilde{E}_t^\ell\right]$ gemäß

$$L_t = \frac{\mathrm{E}_\theta\left[\widetilde{D}_t\right]}{\mathrm{E}_\theta\left[\widetilde{E}_t^\ell\right]} \qquad \forall t \in [T, +\infty) \quad (2.28)$$

deterministisch festgelegt wird, sodass (2.27) und (2.28) als vom Informationsstand unabhängige Größen definiert sind.[54] Da das erwartete verzinsliche Fremdkapital von den Marktwertgrößen $\mathrm{E}_\theta\left[\widetilde{V}_t^\ell\right]$ bzw. $\mathrm{E}_\theta\left[\widetilde{E}_t^\ell\right]$ und damit vom Informationsstand abhängt, ist dieses im Gegensatz zur autonomen Finanzierung eine Zufallsvariable. Für die Eigenkapitalquote $1 - \Theta_t$ einer Restwertperiode $t \in [T, +\infty)$ gilt in Anlehnung an (2.27):

$$1 - \Theta_t = \frac{\mathrm{E}_\theta\left[\widetilde{E}_t\right]}{\mathrm{E}_\theta\left[\widetilde{V}_t^\ell\right]} \qquad \forall t \in [T, +\infty). \quad (2.29)$$

Ausgehend von (2.27) und (2.28) lässt sich mit

$$\Theta_t = \frac{L_t}{1 + L_t} \qquad \forall t \in [T, +\infty) \quad (2.30)$$

bzw.

$$L_t = \frac{\Theta_t}{1 - \Theta_t} \qquad \forall t \in [T, +\infty) \quad (2.31)$$

54 Bezüglich der von der Finanzierungspolitik und der Restwertphase unabhängigen Definitionen der Fremdkapitalquote und des Verschuldungsgrades siehe *Diedrich/ Dierkes* (2015), S. 74 f. und bei autonomer Finanzierung ebd., S. 76. Im Bewertungszeitpunkt $\theta = t = 0$ sind die Quotienten (2.27) und (2.28) aus den tatsächlichen anstatt aus den erwarteten Größen zu bilden.

der Zusammenhang zwischen der Fremdkapitalquote und des Verschuldungsgrades ausdrücken.

2.2.2 Bestimmung von Fremdkapitalkostensätzen

In den Kapitalkostensätzen spiegeln sich die Verzinsungserwartungen der Kapitalgeber wider. Dieser Abschnitt gibt einen stringenten Überblick über die Ermittlung des Fremdkapitalkostensatzes vor und nach persönlichen Steuern, kd_t und kd_t^{s}, als Verzinsungserwartung der Fremdkapitalgeber, der z. B. in den gewichteten durchschnittlichen Kapitalkostensatz gemäß (2.48) und (2.58) i. V. m. (2.59) einfließt.

Ein auf dem FCF Verfahren basierender Bewertungskalkül bildet die steuerliche Abzugsfähigkeit der Fremdkapitalzinsen von der Bemessungsgrundlage der Unternehmensteuern durch den Ansatz eines Fremdkapitalkostensatzes nach Unternehmensteuern in dem Gesamtkapitalkostensatz ab. In einen Vorsteuerkalkül geht demnach der Fremdkapitalkostensatz nach Unternehmensteuern kd_t^{τ} gemäß

$$kd_t^{\tau} = kd_t \cdot (1 - \tau) \qquad \forall t \in [1, +\infty) \qquad (2.32)$$

ein.[55] In einer Nachsteuerrechnung hängt der Fremdkapitalkostensatz nach persönlichen Steuern kd_t^{s} nur von dem kombinierten Satz aus Abgeltungsteuer und Solidaritätszuschlag s_{d} ab, wenn angenommen wird, dass Kursgewinne beim Fremdkapitalgeber entweder nicht anfallen oder in derselben Periode ihres Entstehens realisiert werden:

$$kd_t^{\mathrm{s}} = kd_t \cdot (1 - s_{\mathrm{d}}) \qquad \forall t \in [1, +\infty)\,. \qquad (2.33)$$

Der entsprechende Fremdkapitalkostensatz nach Unternehmen- und persönlichen Steuern $kd_t^{\tau,\mathrm{s}}$ errechnet sich aus dem Produkt aus (2.33) und der Differenz $1 - \tau$ bzw. zu demselben Ergebnis führend aus dem Produkt aus (2.32) und $1 - s_{\mathrm{d}}$:[56]

$$kd_t^{\tau,\mathrm{s}} = kd_t \cdot (1 - s_{\mathrm{d}}) \cdot (1 - \tau) = kd_t^{\tau} \cdot (1 - s_{\mathrm{d}}) \qquad \forall t \in [1, +\infty)\,. \qquad (2.34)$$

---

55 Vgl. *Diedrich/Dierkes* (2015), S. 303.
56 Vgl. *Diedrich/Dierkes* (2015), S. 297, 303.

Bei den obigen Vorsteuersätzen kd_t und kd_t^{τ} sowie den Nachsteuersätzen kd_t^{s} und $kd_t^{\tau,s}$ handelt es sich um aggregierte Größen, die sich aus den Fremdkapitalkostensätzen aller Fremdkapitalkategorien $f = 1, \ldots, F$ des zu bewertenden Unternehmens zusammensetzen. In Abhängigkeit von der Prognosephase werden periodenspezifische oder konstante Fremdkapitalquoten je Fremdkapitalkategorie, Θ_t^f bzw. Θ^f, deterministisch festgelegt, deren Summe der Fremdkapitalquote des Unternehmens in einer Periode t entspricht:[57]

$$\Theta_{t-1} = \sum_{f=1}^{F} \Theta_{t-1}^{f} \qquad \forall t \in [1, +\infty). \quad (2.35)$$

Der Anteil einer Fremdkapitalquote Θ_{t-1}^f an (2.35) dient als Gewichtungsfaktor für einen Fremdkapitalkostensatz kd_t^f, welcher sich aus dem aus der Zinsstrukturkurve am Bewertungsstichtag abzuleitenden risikolosen Zinssatz r_t und einem kategoriespezifischen Risikoaufschlag (Credit Spread) zusammensetzt.[58] Der Fremdkapitalkostensatz des Unternehmens kd_t ergibt sich demnach als gewogenes Mittel aller Fremdkapitalkostensätze kd_t^f:[59]

$$kd_t = \sum_{f=1}^{F} \frac{\Theta_{t-1}^{f}}{\Theta_{t-1}} \cdot kd_t^f \qquad \forall t \in [1, +\infty). \quad (2.36)$$

Die Bestimmung des Fremdkapitalkostensatzes nach Unternehmensteuern kd_t^{τ} erfolgt genau genommen unter Berücksichtigung kategoriespezifischer Teilsteuersätze τ^f (vgl. (2.32)):

$$kd_t^{\tau} = \sum_{f=1}^{F} \frac{\Theta_{t-1}^{f}}{\Theta_{t-1}} \cdot kd_t^f \cdot \left(1 - \tau^f\right) \qquad \forall t \in [1, +\infty). \quad (2.37)$$

Der Nachsteuersatz kd_t^{s} ergibt sich (2.33) zufolge aus der Multiplikation von (2.36) mit der Differenz $1 - s_{\mathrm{d}}$. Zur Ermittlung des Fremdkapitalkostensatzes nach Unternehmen- und persönlichen Steuern $kd_t^{\tau,s}$ ist (2.37) gemäß dem zweiten Ausdruck unter (2.34) mit $1 - s_{\mathrm{d}}$ zu multiplizieren.

57 Vgl. *Diedrich/Dierkes* (2015), S. 313.

58 Mit den Wirkungsmechanismen des gegenwärtig niedrigen Zinsniveaus auf die Parameter der Unternehmensbewertung und den Auswirkungen auf den Unternehmenswert befassen sich *Wiesner* und *Wobbe* in ihrem Beitrag *Wiesner/Wobbe* (2017).

59 Bezüglich (2.36) und (2.37) siehe *Diedrich/Dierkes* (2015), S. 314 f.

2.2.3 Bestimmung von Eigenkapitalkostensätzen

Dieser Abschnitt, zu dem die Anhänge A.1.1 und A.1.2 gehören, gibt – jeweils in einer Vor- und einer Nachsteuerrechnung – einen Überblick über die Ermittlung des Eigenkapitalkostensatzes, der die Rendite aus einer zur Investition in das zu bewertende Unternehmen adäquaten Alternativanlage repräsentiert, sowie die Anpassung des Eigenkapitalkostensatzes des unverschuldeten Unternehmens an die Kapitalstruktur bei wertabhängiger Finanzierung.[60]

Modelltheoretisch liegt der Bestimmung des Eigenkapitalkostensatzes vor und nach persönlichen Steuern das CAPM zugrunde, das in einer Vorsteuerrechnung auch als Standard-CAPM und in einer Nachsteuerrechnung als Tax-CAPM bezeichnet wird.[61] Hiernach setzt sich ein Eigenkapitalkostensatz vor oder nach persönlichen Steuern, ke_t bzw. ke_t^{s}, aus dem risikolosen Zinssatz r_t (r_t^{s}) und dem Produkt aus der periodenunabhängigen Marktrisikoprämie MRP (MRP^{s}) und einem noch näher zu definierenden Betafaktor β_t (β_t^{s}) zusammen.[62] Für den Eigenkapitalkostensatz des unverschuldeten Unternehmens folgt demnach in einer Vorsteuerrechnung

$$ke_t^{\mathrm{u}} = r_t + MRP \cdot \beta^{\mathrm{u}} \qquad \forall t \in [1, +\infty) \quad (2.38)$$

und in einer Nachsteuerrechnung

$$ke_t^{\mathrm{u,s}} = r_t^{\mathrm{s}} + MRP^{\mathrm{s}} \cdot \beta^{\mathrm{u,s}} \qquad \forall t \in [1, +\infty). \quad (2.39)$$

Bei Verschuldung ist ein entsprechender, von dem Betafaktor des unverschuldeten Unternehmens abhängiger Betafaktor anzusetzen; für den Eigenkapitalkostensatz des verschuldeten Unternehmens in einer Vorsteuerrechnung ke_t^{ℓ} gilt sodann:[63]

$$ke_t^{\ell} = r_t + MRP \cdot \beta_t^{\ell} \qquad \forall t \in [1, +\infty). \quad (2.40)$$

---

60 Siehe Anhang A.1.1, S. 327–332 sowie Anhang A.1.2, S. 333–342.

61 Bei beiden Modellvarianten wird davon ausgegangen, dass die an eine mehrperiodige Anwendung der Wertpapiermarktlinie gestellten Bedingungen erfüllt sind. Siehe zum CAPM und Tax-CAPM ausführlich z. B. *Röder/Müller* (2001), *Schmitt/Dausend* (2006), *Gröger* (2007), *Hachmeister/Ruthardt* (2016). Kritisch hierzu z. B. *Henke* et al. (2010), *Zimmermann/Meser* (2013). Kontrovers diskutierend siehe *Wiese* (2006) i. V. m. *Rapp/Schwetzler* (2007) und *Wiese* (2007a).

62 In Klammern sind die jeweiligen Einflussgrößen nach persönlichen Steuern angeführt.

63 Siehe bezüglich (2.40) bis (2.42) *Diedrich/Dierkes* (2015), S. 314 f.

Der Betafaktor β_t^ℓ ist ausgehend von dem konstanten Asset Beta β^u und einem Beta Debt β_t^D des zu bewertenden Unternehmens zu bestimmen. Letzteres setzt die Spanne zwischen dem höheren Fremdkapitalkostensatz des Unternehmens vor Unternehmensteuern kd_t gemäß (2.36) und dem niedrigeren risikolosen Zinssatz ins Verhältnis zu der Marktrisikoprämie:

$$\beta_t^\mathrm{D} = \frac{kd_t - r_t}{MRP} \qquad \forall t \in [1,+\infty). \quad (2.41)$$

Unter Berücksichtigung von (2.36), (2.37) und (2.41) kann das Asset Beta β^u an den Verschuldungsgrad L_t gemäß (2.31) angepasst werden, was als Relevering bezeichnet wird. Bei wertabhängiger Finanzierung ergibt sich der in (2.40) eingehende Betafaktor β_t^ℓ wie folgt:

$$\beta_t^\ell = \beta^\mathrm{u} + \left(\beta^\mathrm{u} - \beta_t^\mathrm{D}\right) \cdot \frac{1 + kd_t^\tau}{1 + kd_t} \cdot L_{t-1} \qquad \forall t \in [1,+\infty). \quad (2.42)$$

In einer Nachsteuerrechnung gilt anstelle von (2.40):[64]

$$ke_t^{\ell,\mathrm{s}} = r_t^\mathrm{s} + MRP^\mathrm{s} \cdot \beta_t^{\ell,\mathrm{s}} \qquad \forall t \in [1,+\infty) \quad (2.43)$$

mit dem risikolosen Zinssatz nach persönlichen Steuern

$$r_t^\mathrm{s} = r_t \cdot (1 - s_\mathrm{d}) \qquad \forall t \in [1,+\infty).$$

Analog tritt an die Stelle von (2.41) das Beta Debt einer Nachsteuerrechnung:

$$\beta_t^{\mathrm{D,s}} = \frac{kd_t^\mathrm{s} - r_t^\mathrm{s}}{MRP^\mathrm{s}} \qquad \forall t \in [1,+\infty). \quad (2.44)$$

(2.44) sowie die mit $1 - s_\mathrm{d}$ multiplizierten Fremdkapitalkostensätze (2.36) und (2.37) gehen in den von persönlichen Steuern beeinflussten, in (2.43) benötigten Betafaktor $\beta_t^{\ell,\mathrm{s}}$ ein, für den die folgende Bestimmungsformel hergeleitet werden kann:

$$\beta_t^{\ell,\mathrm{s}} = \beta^{\mathrm{u,s}} + \left(\beta^{\mathrm{u,s}} - \beta_t^{\mathrm{D,s}}\right) \cdot \frac{1 - s_\mathrm{d} + kd_t^{\tau,\mathrm{s}}}{1 - s_\mathrm{g} + kd_t^\mathrm{s}} \cdot L_{t-1} \qquad \forall t \in [1,+\infty). \quad (2.45)$$

In den Anhängen A.1.1 und A.1.2 werden die Vor- und Nachsteuerformeln für den Eigenkapitalkostensatz und den Gesamtkapitalkostensatz ausgehend

64 Siehe bezüglich (2.43) bis (2.45) *Diedrich/Dierkes* (2015), S. 335–337.

von den Eigenkapitalkostensätzen des unverschuldeten Unternehmens (2.38) und (2.39) hergeleitet (Relevering nach *Miles / Ezzell*). In einer Vorsteuerrechnung gilt für (2.40) i. V. m. (2.32) bzw. (2.37):

$$ke_t^{\ell} = ke_t^{\mathrm{u}} + \left(ke_t^{\mathrm{u}} - kd_t\right) \cdot \frac{1 + kd_t^{\tau}}{1 + kd_t} \cdot L_{t-1} \qquad \forall t \in [1, +\infty). \quad (2.46)$$

In einer Nachsteuerrechnung folgt für (2.43):

$$ke_t^{\ell,\mathrm{s}} = ke_t^{\mathrm{u,s}} + \left(ke_t^{\mathrm{u,s}} - kd_t^{\mathrm{s}}\right) \cdot \frac{1 - s_{\mathrm{d}} + kd_t^{\tau,\mathrm{s}}}{1 - s_{\mathrm{g}} + kd_t^{\mathrm{s}}} \cdot L_{t-1} \qquad \forall t \in [1, +\infty). \quad (2.47)$$

(2.46) und (2.47) entsprechen den hergeleiteten Anpassungsformeln (A.12b) und (A.37).[65] In den Anhängen sind auch die modifizierten Bestimmungsformeln des Eigen- und des Gesamtkapitalkostensatzes aufgeführt, auf die im Rahmen der modifizierten Nachsteuerrechnungen im nächsten Abschnitt Bezug genommen wird (vgl. (2.58) und (2.73)).

2.3 *Bewertung mittels des Free Cashflow (FCF) und des Flow to Equity (FtE) Verfahrens sowie des Residualgewinn-Ansatzes*

2.3.1 Systematisierung der Discounted Cashflow Verfahren

Die Discounted Cashflow (DCF) Verfahren – ein Oberbegriff für vier kapitalmarktorientierte Bewertungsverfahren – verbindet die Gemeinsamkeit, dass mit ihnen der Marktwert des Eigenkapitals eines Unternehmens durch die Diskontierung von erwarteten Cashflow-Größen mit vom Kapitalmarkt abgeleiteten Kapitalkostensätzen ermittelt wird. In Abhängigkeit davon, ob aus der Anwendung eines Bewertungsverfahrens in einem ersten Schritt der Marktwert des Gesamtkapitals des Unternehmens hervorgeht und in einem

---

65 Im Rahmen der Herleitungen wird vereinfachend von risikolosem Fremdkapital ausgegangen. Sind die an die Fremdkapitalgeber fließenden Zahlungen, die Zins- und die Tilgungszahlungen, jedoch nicht sicher, fordern die Fremdkapitalgeber für die Übernahme dieses Finanzierungsrisikos einen Ausgleich, der sich in einem gegenüber dem risikolosen Zinssatz r höheren Fremdkapitalkostensatz kd niederschlägt. Diese Arbeit folgt der herrschenden Meinung, nach welcher der risikolose Zinssatz r in den unter der Annahme risikolosen Fremdkapitals hergeleiteten Formeln ohne weitere Anpassungen durch den Fremdkapitalkostensatz kd ersetzt werden kann. Siehe diesbezüglich auch die Anmerkung in *Diedrich / Dierkes* (2015), S. 251.

zweiten Schritt der Marktwert des Eigenkapitals berechnet wird oder ob letzterer in einem einzigen Bewertungsschritt ermittelbar ist, ist ein Verfahren entweder den Entity oder den Equity Verfahren zuzuordnen, wie die Abbildung 2–2 zeigt.[66]

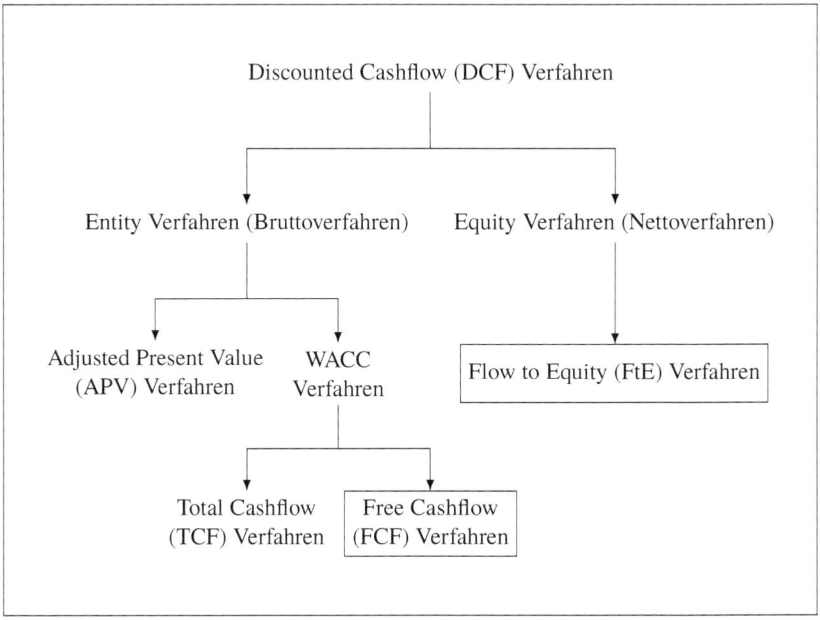

Abb. 2–2: Systematisierung der Discounted Cashflow Verfahren

Zu den Entity Verfahren gehören das Adjusted Present Value (APV), das Total Cashflow (TCF) und das Free Cashflow (FCF) Verfahren.[67] Empirischen Studien zufolge ist das FCF Verfahren nicht nur unter den DCF Verfahren

66 Vgl. z. B. *IDW* (Hrsg.) (2018), Kap. A, Tz. 123. Ähnliche Abbildungen wie diese finden sich viele in der Lehrbuchliteratur, wie z. B. in *Langguth* (2008), S. 26, *Mugler/Zwirner* (2013), S. 296, *Diedrich/Dierkes* (2015), S. 132, *Ballwieser/Hachmeister* (2016), S. 137.

67 Vgl. *IDW* (Hrsg.) (2018), Kap. A, Tz. 120–124. Sowohl das TCF als auch das FCF Verfahren zeichnet aus, dass die Diskontierung der Cashflows jeweils mit einem aus dem Eigen- und dem Fremdkapitalkostensatz gebildeten durchschnittlichen Kapitalkostensatz erfolgt, wobei die Eigen- und die Fremdkapitalquote als Gewichtungsfaktoren dienen. Ein gemeinsamer Oberbegriff für diese Verfahren ist daher Weighted Average

die am meisten Anerkennung in der Praxis erfahrende, sondern auch im Vergleich mit einer Vielzahl von weiteren Bewertungsansätzen die international vorherrschend angewandte Bewertungsmethode.[68] Dieses unter der Annahme einer wertabhängigen Finanzierung in der Restwertphase ohne ein finanzierungsbedingtes Zirkularitätsproblem anwendbare Verfahren wird daher in dieser Arbeit im Detail behandelt.[69]

Das zweite dieser Arbeit zugrunde liegende Verfahren, das Flow to Equity (FtE) Verfahren, gilt als Equity Verfahren, da es im Wege der Diskontierung der Zahlungsansprüche der Eigenkapitalgeber mit dem Eigenkapitalkostensatz des verschuldeten Unternehmens direkt zum Marktwert des Eigenkapitals führt. Die folgenden Abschnitte 2.3.2 und 2.3.3 widmen sich der Ausgestaltung dieser beiden Zukunftserfolgswertverfahren in einer Vor- und einer Nachsteuerrechnung und zeigen die zwischen diesen Verfahren bestehenden Zusammenhänge auf.

2.3.2 Konzeption und Aufbau des FCF Verfahrens

2.3.2.1 Vorsteuerrechnung

Das FCF Verfahren kennzeichnet eine zweistufige Ermittlung des Marktwertes des Eigenkapitals. In einem ersten Schritt werden die bei einem fiktiv vollständig eigenfinanzierten Unternehmen zur Ausschüttung an die Eigenkapitalgeber verfügbaren Beträge, mithin die erwarteten freien Cashflows $\mathrm{E}\left[\widetilde{FCF}_t\right]$, mittels (periodenspezifischer) Gesamtkapitalkostensätze auf den Bewertungszeitpunkt diskontiert. In einer Vorsteuerrechnung setzt sich der Gesamtkapitalkostensatz einer Periode $t+1$ k_{t+1}^{τ} aus dem mit der Eigenkapitalquote $1-\Theta_t$ gewichteten Eigenkapitalkostensatz ke_{t+1}^{ℓ} und dem mit

Cost of Capital (WACC) Verfahren, welcher gelegentlich auch singulär und dann zumeist das FCF Verfahren meinend verwendet wird.

68 Vgl. *Welfonder/Bensch* (2017). Siehe auch *Hachmeister* (2009).

69 Bezüglich der Charakteristika des APV und des TCF Verfahrens sei auf die einschlägige Lehrbuchliteratur verwiesen. Siehe einführend *Schacht/Fackler* (2009) sowie ausführlicher z. B. *Ballwieser/Hachmeister* (2016), S. 137–199, *Kruschwitz/Löffler* (2006), S. 61–74.

der Fremdkapitalquote Θ_t gewichteten Fremdkapitalkostensatz nach Unternehmensteuern (2.32) zusammen:[70]

$$k_{t+1}^{\tau} = ke_{t+1}^{\ell} \cdot (1 - \Theta_t) + kd_{t+1} \cdot (1 - \tau) \cdot \Theta_t \qquad \forall\, t \in [0, +\infty). \quad (2.48)$$

Damit wird der Tax Shield der Fremdfinanzierung in dem gewogenen durchschnittlichen Kapitalkostensatz berücksichtigt, welcher die in die Berechnung der finanzierungsunabhängigen Größe im Zähler eingehenden Unternehmensteuern korrigiert, die unter der fiktiven Annahme der reinen Eigenfinanzierung höher angesetzt wurden als sie von einem verschuldeten Unternehmen tatsächlich zu zahlen sind. Der Bewertungskalkül zur Ermittlung des Marktwertes des verschuldeten Unternehmens $\mathrm{E}\left[\widetilde{V}_0^{\ell}\right]$ lautet demnach:

$$\mathrm{E}\left[\widetilde{V}_0^{\ell}\right] = \sum_{t=1}^{+\infty} \frac{\mathrm{E}\left[\widetilde{FCF}_t\right]}{\prod_{\nu=1}^{t} \left(1 + k_{\nu}^{\tau}\right)}. \quad (2.49a)$$

Vor dem Hintergrund der begrenzten Prognostizierbarkeit der zu erwartenden freien Cashflows ist die Formel (2.49a) in den Kalkül zur Ermittlung des Marktwertes aller in einer Detailprognosephase $[1, T]$ erzielbaren finanziellen Überschüsse und den Restwertkalkül zu spalten:

$$\mathrm{E}\left[\widetilde{V}_0^{\ell}\right] = \sum_{t=1}^{T} \frac{\mathrm{E}\left[\widetilde{FCF}_t\right]}{\prod_{\nu=1}^{t} \left(1 + k_{\nu}^{\tau}\right)} + \frac{\mathrm{E}\left[\widetilde{V}_T^{\ell}\right]}{\prod_{t=1}^{T} \left(1 + k_{t}^{\tau}\right)}. \quad (2.49b)$$

Der mit $\mathrm{E}\left[\widetilde{V}_T^{\ell}\right]$ bezeichnete Restwert des verschuldeten Unternehmens im Zeitpunkt T in (2.49b) ist der Wert aller ab dem Zeitpunkt $T + 1$ erzielbaren freien Cashflows:[71]

$$\mathrm{E}\left[\widetilde{V}_T^{\ell}\right] = \mathrm{E}\left[\widetilde{V}_T^{\ell,GS}\right] = \sum_{t=T+1}^{+\infty} \frac{\mathrm{E}\left[\widetilde{FCF}_t\right]}{(1 + k^{\tau})^{t-T}} = \sum_{t=T+1}^{+\infty} \frac{\mathrm{E}\left[\widetilde{FCF}_{T+1}\right] \cdot (1 + w)^{t-(T+1)}}{(1 + k^{\tau})^{t-T}}.$$

70 Der Formel (2.48) liegt die Annahme zugrunde, dass nur eine Fremdkapitalkategorie existiert, sodass ein Unternehmensteuersatz τ verwendet wird. Anstelle des Terms $kd_{t+1} \cdot (1 - \tau)$ ist unter der Berücksichtigung mehrerer Fremdkapitalkategorien mit differenzierten Teilsteuersätzen der durchschnittliche Fremdkapitalkostensatz kd_{t+1}^{τ} gemäß (2.37) anzusetzen.

71 Mit „*GS*" gekennzeichnete Bewertungsgleichungen gehen auf *Gordon/Shapiro* (1956) zurück.

Anhand weniger Umformungen lässt sich zeigen,[72] dass vorstehender Summenausdruck in die auf *Gordon* und *Shapiro* zurückgehende Bewertungsfunktion einer unendlich wachsenden Zahlungsreihe

$$\mathrm{E}\left[\widetilde{V}_T^{\ell}\right] = \frac{\mathrm{E}\left[\widetilde{FCF}_{T+1}\right]}{k^{\tau} - w} \tag{2.50}$$

umgeformt werden kann.[73] Die Formel für den konstanten Gesamtkapitalkostensatz k^{τ} in (2.50) kann mit

$$k^{\tau} = ke^{\ell} \cdot (1 - \Theta) + kd \cdot (1 - \tau) \cdot \Theta \tag{2.51}$$

angegeben werden.

In einem zweiten Schritt ist der Marktwert des Eigenkapitals $\mathrm{E}\left[\widetilde{E}_0^{\ell}\right]$ zu ermitteln. Aufgrund der Eigenschaft der Wertadditivität kann dieser berechnet werden, indem von dem Marktwert des verschuldeten Unternehmens (2.49) der erwartete Marktwert des Fremdkapitals $\mathrm{E}\left[\widetilde{D}_0\right]$ subtrahiert wird:

$$\mathrm{E}\left[\widetilde{E}_0^{\ell}\right] = \mathrm{E}\left[\widetilde{V}_0^{\ell}\right] - \mathrm{E}\left[\widetilde{D}_0\right]. \tag{2.52}$$

Auf die in der Restwertphase unterstellte wertabhängige Finanzierungspolitik des zu bewertenden Unternehmens ist zurückzuführen, dass das marktbewertete Eigenkapital im Zeitpunkt T $\mathrm{E}\left[\widetilde{E}_T^{\ell}\right]$ aus dem Produkt aus der periodenunabhängigen Eigenkapitalquote $1 - \Theta$ und dem Restwert des Gesamtkapitals (2.50) berechnet werden kann:

$$\mathrm{E}\left[\widetilde{E}_T^{\ell}\right] = \mathrm{E}\left[\widetilde{V}_T^{\ell}\right] - \mathrm{E}\left[\widetilde{D}_T\right] = (1 - \Theta) \cdot \mathrm{E}\left[\widetilde{V}_T^{\ell}\right]. \tag{2.53}$$

Das FCF Verfahren weist bei wertabhängiger Finanzierung den Vorteil auf, dass es im Nichtrenten- wie im Rentenfall zirkularitätsfrei angewandt werden kann. Auf der Basis der im Bewertungszeitpunkt festgelegten Fremdkapitalquote oder des festgelegten Verschuldungsgrades können der Eigen- und der Gesamtkapitalkostensatz ohne die Kenntnis der jeweiligen gemäß (2.27) und (2.29) in die Fremd- und die Eigenkapitalquote eingehenden Marktwerte bestimmt werden.[74]

---

72 Vgl. z. B. die Herleitung der Bewertungsfunktion für den Rentenfall mit Wachstum in *Diedrich/Dierkes* (2015), S. 318.

73 Vgl. *Gordon/Shapiro* (1956), S. 102, 105.

74 Vgl. zum FCF Verfahren in einer Vorsteuerrechnung z. B. *Ballwieser* (1998), *Bäzner/Timmreck* (2004), *Diedrich/Dierkes* (2015), S. 133–136, 313–323, *Behringer* (2016), *Drukarczyk/Schüler* (2016), S. 204–213.

Im Falle einer Übereinstimmung des ROIC *ROIC* und des durchschnittlichen Kapitalkostensatzes k^{τ} in der Rentenphase folgt aus (2.50) der Bestand des Invested Capital im Zeitpunkt T:[75]

$$\mathrm{E}\left[\widetilde{V}_T^{\ell,\mathrm{KN},GS}\right] = \frac{q \cdot \mathrm{E}\left[\widetilde{IC}_T\right] \cdot k^{\tau}}{k^{\tau} - (1-q) \cdot k^{\tau}} = \mathrm{E}\left[\widetilde{IC}_T\right]. \tag{2.54}$$

(2.50) und (2.54) können an späterer Stelle dieses Buchs als Spezialfälle des bereichsdifferenzierenden Restwertmodells klassifiziert werden.[76]

2.3.2.2 Modifizierte Nachsteuerrechnung

Der Nachsteuerkalkül auf der Basis des FCF Verfahrens war bereits im Rahmen der Herleitung von Anpassungsformeln für die Kapitalkostensätze in Anhang A.1.2 aufgetreten, weshalb sich dieser Abschnitt auf die modifizierte Bewertungsformel (A.24) in Verbindung mit dem modifizierten Steuersatz $s_{\bar{\mathrm{d}},t}$ gemäß (A.22) und den modifizierten Kapitalkostensätzen $k_t^{\tau,\mathrm{s}^{\star}}$ gemäß (A.31) und $ke_t^{\ell,\mathrm{s}^{\star}}$ gemäß (A.36) beruft. In einem Zwei-Phasen-Modell ist der Marktwert des verschuldeten Unternehmens $\mathrm{E}\left[\widetilde{V}_0^{\ell,\mathrm{s}}\right]$ demnach wie folgt zu ermitteln:[77]

$$\mathrm{E}\left[\widetilde{V}_0^{\ell,\mathrm{s}}\right] = \sum_{t=1}^{T} \frac{\mathrm{E}\left[\widetilde{FCF}_t\right] \cdot (1 - s_{\bar{\mathrm{d}},t})}{\prod_{\nu=1}^{t}\left(1 + k_{\nu}^{\tau,\mathrm{s}^{\star}}\right)} + \frac{\mathrm{E}\left[\widetilde{V}_T^{\ell,\mathrm{s}}\right]}{\prod_{t=1}^{T}\left(1 + k_t^{\tau,\mathrm{s}^{\star}}\right)}. \tag{2.55}$$

Der periodenspezifische modifizierte Steuersatz $s_{\bar{\mathrm{d}},t}$ in (2.55) ist mittels der Formel

$$s_{\bar{\mathrm{d}},t} = \frac{s_{\mathrm{d}^{\star}} \cdot (1 - \Theta_t)}{1 - s_{\mathrm{d}^{\star}} \cdot \Theta_t} \qquad \forall t \in [1, T] \tag{2.56}$$

zu errechnen, in welche der periodenunabhängige modifizierte Steuersatz $s_{\mathrm{d}^{\star}}$ gemäß

$$s_{\mathrm{d}^{\star}} = \frac{s_{\mathrm{d}} - s_{\mathrm{g}}}{1 - s_{\mathrm{g}}} \tag{2.57}$$

75 Der Bezeichner „KN“ weist auf die kapitalwertneutrale Verzinsung des investierten Kapitals hin.

76 Siehe auch Tabelle D–1, S. 531.

77 Vgl. zum FCF Verfahren in einer Nachsteuerrechnung *Diedrich/Dierkes* (2015), S. 334–342.

eingeht. Zur Bestimmung des modifizierten gewogenen Kapitalkostensatzes einer Periode t $k_t^{\tau,s^\star}$ ist nachstehende Bewertungsformel anzuwenden (vgl. (A.31)):

$$k_t^{\tau,s^\star} = ke_t^{\ell,s^\star} \cdot \frac{1-\Theta_{t-1}}{1-s_{d^\star}\cdot\Theta_t} + kd_t^{s^\star}\cdot(1-\tau)\cdot\frac{\Theta_{t-1}}{1-s_{d^\star}\cdot\Theta_t} + s_{d^\star}\cdot\frac{\Theta_t-\Theta_{t-1}}{1-s_{d^\star}\cdot\Theta_t} \qquad \forall t\in[1,T] \quad (2.58)$$

mit dem modifizierten Eigenkapitalkostensatz $ke_t^{\ell,s^\star}$ gemäß (2.73) und dem aus kd_t und kd_t^s (vgl. (2.33)) ableitbaren Fremdkapitalkostensatz nach modifizierten persönlichen Steuern $kd_t^{s^\star}$ gemäß

$$kd_t^{s^\star} = \frac{kd_t^s}{1-s_g} = \frac{kd_t\cdot(1-s_d)}{1-s_g} = kd_t\cdot(1-s_{d^\star}) \qquad \forall t\in[1,T]. \quad (2.59)$$

Der Restwert im Zeitpunkt T $\mathrm{E}\left[\widetilde{V}_T^{\ell,s}\right]$ in (2.55) bestimmt sich gemäß

$$\begin{aligned}\mathrm{E}\left[\widetilde{V}_T^{\ell,s}\right] &= \sum_{t=T+1}^{+\infty}\frac{\mathrm{E}\left[\widetilde{FCF}_t\right]\cdot(1-s_{\bar{d}})}{\left(1+k^{\tau,s^\star}\right)^{t-T}}\\ &= \sum_{t=T+1}^{+\infty}\frac{\mathrm{E}\left[\widetilde{FCF}_{T+1}\right]\cdot(1-s_{\bar{d}})\cdot(1+w)^{t-(T+1)}}{\left(1+k^{\tau,s^\star}\right)^{t-T}}\\ &= \frac{\mathrm{E}\left[\widetilde{FCF}_{T+1}\right]\cdot(1-s_{\bar{d}})}{k^{\tau,s^\star}-w} \end{aligned} \quad (2.60)$$

mit dem im Rentenfall periodenunabhängigen modifizierten Steuersatz $s_{\bar{d}}$ gemäß

$$s_{\bar{d}} = \frac{s_{d^\star}\cdot(1-\Theta)}{1-s_{d^\star}\cdot\Theta}. \quad (2.61)$$

Aufgrund der Konstanz der Fremdkapitalquote in der Rentenphase entfällt der letzte Term in (2.58), sodass der konstante modifizierte Gesamtkapitalkostensatz $k^{\tau,s^\star}$ gemäß

$$k^{\tau,s^\star} = ke^{\ell,s^\star}\cdot\frac{1-\Theta}{1-s_{d^\star}\cdot\Theta} + kd^{s^\star}\cdot(1-\tau)\cdot\frac{\Theta}{1-s_{d^\star}\cdot\Theta} \quad (2.62)$$

und dem modifizierten Fremdkapitalkostensatz $kd^{s^\star}$ gemäß

$$kd^{s^\star} = \frac{kd^s}{1 - s_g} = \frac{kd \cdot (1 - s_d)}{1 - s_g} = kd \cdot (1 - s_{d^\star}) \tag{2.63}$$

zu bestimmen ist. Die Anpassungsformel für den konstanten modifizierten Eigenkapitalkostensatz $ke^{\ell,s^\star}$ findet sich unter (2.78) in Abschnitt 2.3.3.2.

2.3.3 Konzeption und Aufbau des FtE Verfahrens

2.3.3.1 Vorsteuerrechnung

Auf der Basis des FtE Verfahrens ist der Marktwert des Eigenkapitals des verschuldeten Unternehmens $\mathrm{E}\left[\widetilde{E}_0^\ell\right]$ in einer Vorsteuerrechnung mittels

$$\mathrm{E}\left[\widetilde{E}_0^\ell\right] = \sum_{t=1}^{+\infty} \frac{\mathrm{E}\left[\widetilde{FTE}_t\right]}{\prod_{\nu=1}^{t} \left(1 + ke_\nu^\ell\right)} \tag{2.64a}$$

zu berechnen, wonach alle im Prognosezeitraum $[1, +\infty)$ erzielbaren Flow to Equity $\mathrm{E}\left[\widetilde{FTE}_t\right]$ mit den (periodenspezifischen) Eigenkapitalkostensätzen des Unternehmens ke_t^ℓ auf den Bewertungszeitpunkt abgezinst werden.[78] Aufgrund der zeitlich begrenzten Prognostizierbarkeit der zu erwartenden Zahlungsansprüche der Eigenkapitalgeber ist (2.64a) zur praktischen Anwendung in den Kalkül zur Ermittlung des Marktwertes aller in einer Detailprognosephase $[1, T]$ erzielbaren Flow to Equity und den Restwertkalkül zu spalten:

$$\mathrm{E}\left[\widetilde{E}_0^\ell\right] = \sum_{t=1}^{T} \frac{\mathrm{E}\left[\widetilde{FTE}_t\right]}{\prod_{\nu=1}^{t} \left(1 + ke_\nu^\ell\right)} + \frac{\mathrm{E}\left[\widetilde{E}_T^\ell\right]}{\prod_{t=1}^{T} \left(1 + ke_t^\ell\right)}. \tag{2.64b}$$

Der Restwert des Eigenkapitals des verschuldeten Unternehmens im Zeitpunkt T $\mathrm{E}\left[\widetilde{E}_T^\ell\right]$ in (2.64b) ist der Wert aller ab dem Zeitpunkt $T + 1$ erzielbaren Flow to Equity:

$$\mathrm{E}\left[\widetilde{E}_T^\ell\right] = \sum_{t=T+1}^{+\infty} \frac{\mathrm{E}\left[\widetilde{FTE}_t\right]}{\left(1 + ke^\ell\right)^{t-T}} = \sum_{t=T+1}^{+\infty} \frac{\mathrm{E}\left[\widetilde{FTE}_{T+1}\right] \cdot (1 + w)^{t-(T+1)}}{\left(1 + ke^\ell\right)^{t-T}}.$$

78 Vgl. z. B. *Diedrich/Dierkes* (2015), S. 143 f. Siehe auch *Keiber* (2009).

Analog zu (2.50) folgt hieraus:

$$\mathrm{E}\left[\widetilde{E}_T^{\ell}\right] = \frac{\mathrm{E}\left[\widetilde{FTE}_{T+1}\right]}{ke^{\ell} - w}. \tag{2.65a}$$

Das FtE Verfahren kennzeichnet eine finanzierungsbedingte Zirkularität, die sich bei wertabhängiger Finanzierung in der Abhängigkeit der erwarteten Zinszahlungen und des erwarteten Tax Shields vom verzinslichen Fremdkapital bzw. vom Marktwert des Fremdkapitals äußert: Letzterer ist über den Verschuldungsgrad mit dem Marktwert des Eigenkapitals als Bewertungsergebnis verknüpft. Dahingegen kann der Eigenkapitalkostensatz zirkularitätsfrei bestimmt werden, da der Verschuldungsgrad gegeben ist.[79]

Im Rentenfall lässt sich die Zirkularität auflösen: Einsetzen der Formel für den Flow to Equity in $T + 1$ gemäß (2.18) in den Restwertkalkül (2.65a) ergibt:

$$\begin{aligned}\mathrm{E}\left[\widetilde{E}_T^{\ell}\right] &= \frac{\mathrm{E}\left[\widetilde{FCF}_{T+1}\right] - L \cdot \mathrm{E}\left[\widetilde{E}_T^{\ell}\right] \cdot kd \cdot (1-\tau) + L \cdot \left(\mathrm{E}\left[\widetilde{E}_{T+1}^{\ell}\right] - \mathrm{E}\left[\widetilde{E}_T^{\ell}\right]\right)}{ke^{\ell} - w} \\ &= \frac{\mathrm{E}\left[\widetilde{FCF}_{T+1}\right] - L \cdot \mathrm{E}\left[\widetilde{E}_T^{\ell}\right] \cdot kd \cdot (1-\tau) + w \cdot L \cdot \mathrm{E}\left[\widetilde{E}_T^{\ell}\right]}{ke^{\ell} - w}.\end{aligned} \tag{2.65b}$$

Die Aufhebung der Rekursivität in (2.65b) führt über

$$\mathrm{E}\left[\widetilde{E}_T^{\ell}\right] \cdot \left(ke^{\ell} - w + L \cdot kd \cdot (1-\tau) - w \cdot L\right) = \mathrm{E}\left[\widetilde{FCF}_{T+1}\right]$$

zu dem Kalkül, mittels dessen der Restwert des Eigenkapitals auf der Basis des freien Cashflows der ersten Restwertperiode $\mathrm{E}\left[\widetilde{FCF}_{T+1}\right]$ ohne ein finanzierungsbedingtes Zirkularitätsproblem berechnet werden kann:

$$\mathrm{E}\left[\widetilde{E}_T^{\ell}\right] = \frac{\mathrm{E}\left[\widetilde{FCF}_{T+1}\right]}{ke^{\ell} - w + (kd \cdot (1-\tau) - w) \cdot L}. \tag{2.65c}$$

---

79 Vgl. z. B. *Diedrich/Dierkes* (2015), S. 144.

Durch Einsetzen von (2.31) in (2.65c) bzw. Multiplikation mit einer nahrhaften Eins[80] kann ein Zusammenhang mit dem FCF Verfahren hergestellt werden. Es ergibt sich zunächst:

$$\mathrm{E}\left[\widetilde{E}_T^{\ell}\right] = (1-\Theta)\cdot\frac{\mathrm{E}\left[\widetilde{FCF}_{T+1}\right]}{(1-\Theta)\cdot\left(ke^{\ell}-w\right)+\Theta\cdot(kd\cdot(1-\tau)-w)}. \tag{2.65d}$$

Dieser Kalkül kann verkürzt als

$$\mathrm{E}\left[\widetilde{E}_T^{\ell}\right] = (1-\Theta)\cdot\mathrm{E}\left[\widetilde{V}_T^{\ell}\right] \tag{2.65e}$$

geschrieben werden, denn wegen (2.53) ist ersichtlich, dass es sich bei dem Quotienten in (2.65d) um den Restwert des Gesamtkapitals $\mathrm{E}\left[\widetilde{V}_T^{\ell}\right]$ handelt:

$$\mathrm{E}\left[\widetilde{V}_T^{\ell}\right] = \frac{\mathrm{E}\left[\widetilde{FCF}_{T+1}\right]}{(1-\Theta)\cdot\left(ke^{\ell}-w\right)+\Theta\cdot(kd\cdot(1-\tau)-w)} \tag{2.66a}$$

$$= \frac{\mathrm{E}\left[\widetilde{FCF}_{T+1}\right]}{ke^{\ell}\cdot(1-\Theta)+kd\cdot(1-\tau)\cdot\Theta-w}. \tag{2.66b}$$

(2.66b) stimmt mit (2.50) überein. (2.50) ergibt sich auch aus der Multiplikation von (2.65c) mit $1+L$:

$$\begin{aligned}\mathrm{E}\left[\widetilde{V}_T^{\ell}\right] &= (1+L)\cdot\mathrm{E}\left[\widetilde{E}_T^{\ell}\right]\\ &= \frac{\mathrm{E}\left[\widetilde{FCF}_{T+1}\right]}{\dfrac{ke^{\ell}}{1+L}+kd\cdot(1-\tau)\cdot\dfrac{L}{1+L}-w}.\end{aligned} \tag{2.66c}$$

Unter Berücksichtigung von (2.30) folgt der Ausdruck (2.66b) und damit (2.50).

Bei kapitalwertneutraler Verzinsung des eingesetzten Eigenkapitals in der Rentenphase stimmt der Restwert des Eigenkapitals $\mathrm{E}\left[\widetilde{E}_T^{\ell}\right]$ mit dem Invested Equity $\mathrm{E}\left[\widetilde{IE}_T\right]$ zum Zeitpunkt T überein. Nach Auflösung von

$$\mathrm{E}\left[\widetilde{E}_T^{\ell,\mathrm{KN}}\right] = \frac{q^{\mathrm{OP}}\cdot\mathrm{E}\left[\widetilde{IE}_T\right]\cdot ROE^{\star}}{ke^{\ell}-\left(1-q^{\mathrm{OP}}\right)\cdot ROE^{\star}} = \mathrm{E}\left[\widetilde{IE}_T\right] \tag{2.67}$$

---

80 Die nahrhafte Eins ist hier der Quotient $\frac{1-\Theta}{1-\Theta}$.

nach dem kapitalwertneutralen Verzinsungssatz $ROE^{\star}$ zeigt sich, dass diese Gleichung bei einem Verzinsungssatz in Höhe des Eigenkapitalkostensatzes des verschuldeten Unternehmens vor persönlichen Steuern ke^{ℓ} erfüllt ist.

2.3.3.2 (Modifizierte) Nachsteuerrechnung

In einer Nachsteuerrechnung sind die im Planungszeitraum $[1, +\infty)$ an die Eigenkapitalgeber fließenden erwarteten Nachsteuerzahlungen

$$\mathrm{E}_{\theta}\left[\widetilde{FTE}_t \cdot (1 - s_{\mathrm{d}}) - s_{\mathrm{g}} \cdot \left(\widetilde{E}_t^{\ell,\mathrm{s}} - \widetilde{E}_{t-1}^{\ell,\mathrm{s}}\right)\right],$$

d. h. die um die Anteilseignersteuer und die Kursgewinnsteuer auf den erwarteten Marktwertzuwachs $\mathrm{E}_{\theta}\left[\widetilde{E}_t^{\ell,\mathrm{s}} - \widetilde{E}_{t-1}^{\ell,\mathrm{s}}\right]$ gekürzten Flow to Equity, mittels der Eigenkapitalkostensätze nach persönlichen Steuern $ke_t^{\ell,\mathrm{s}}$ gemäß (2.47) auf den Bewertungszeitpunkt zu diskontieren.[81] Die Bewertungsformel eines Zwei-Phasen-Modells zur Ermittlung des Marktwertes des Eigenkapitals des verschuldeten Unternehmens $\mathrm{E}\left[\widetilde{E}_0^{\ell,\mathrm{s}}\right]$ lautet wie folgt:[82]

$$\mathrm{E}\left[\widetilde{E}_0^{\ell,\mathrm{s}}\right] = \sum_{t=1}^{T} \frac{\mathrm{E}\left[\widetilde{FTE}_t \cdot (1 - s_{\mathrm{d}}) - s_{\mathrm{g}} \cdot \left(\widetilde{E}_t^{\ell,\mathrm{s}} - \widetilde{E}_{t-1}^{\ell,\mathrm{s}}\right)\right]}{\prod_{\nu=1}^{t}\left(1 + ke_{\nu}^{\ell,\mathrm{s}}\right)} + \frac{\mathrm{E}\left[\widetilde{E}_T^{\ell,\mathrm{s}}\right]}{\prod_{t=1}^{T}\left(1 + ke_t^{\ell,\mathrm{s}}\right)}. \tag{2.68}$$

Die Ermittlung des in der Formel (2.68) enthaltenen Restwertes des Eigenkapitals im Zeitpunkt T $\mathrm{E}\left[\widetilde{E}_T^{\ell,\mathrm{s}}\right]$ basiert auf dem Kalkül

$$\mathrm{E}\left[\widetilde{E}_T^{\ell,\mathrm{s}}\right] = \sum_{t=T+1}^{+\infty} \frac{\mathrm{E}\left[\widetilde{FTE}_t \cdot (1 - s_{\mathrm{d}}) - s_{\mathrm{g}} \cdot \left(\widetilde{E}_t^{\ell,\mathrm{s}} - \widetilde{E}_{t-1}^{\ell,\mathrm{s}}\right)\right]}{\left(1 + ke^{\ell,\mathrm{s}}\right)^{t-T}} \tag{2.69}$$

mit dem in der Rentenphase typischerweise periodenunabhängigen Eigenkapitalkostensatz $ke^{\ell,\mathrm{s}}$. Im Wege der Transformation von (2.68) und (2.69)

81 Vgl. grundlegend zur Berücksichtigung einer Kursgewinnsteuerbesteuerung *Diedrich* et al. (2009).

82 Vgl. ähnlich *Diedrich/Dierkes* (2017), S. 206. Bei $\theta = 0$ wird auf die Angabe des Informationsstandes θ verzichtet.

in einen rekursiven Restwertkalkül können die kursgewinnsteuerbedingte Zirkularität aufgelöst und zu (2.64b) und (2.65a) analoge Nachsteuerkalküle hergeleitet werden. So bestimmt sich der in einem Zeitpunkt t erwartete Marktwert des Eigenkapitals aus der Sicht eines Zeitpunktes $\theta \leq t$ gemäß der folgenden impliziten Bewertungsfunktion:[83]

$$\mathrm{E}_\theta\left[\widetilde{E}_t^{\ell,\mathrm{s}}\right] = \frac{\mathrm{E}_\theta\left[\widetilde{FTE}_{t+1} \cdot (1 - s_\mathrm{d}) - s_\mathrm{g} \cdot \left(\widetilde{E}_{t+1}^{\ell,\mathrm{s}} - \widetilde{E}_t^{\ell,\mathrm{s}}\right) + \widetilde{E}_{t+1}^{\ell,\mathrm{s}}\right]}{1 + ke_{\theta,t+1}^{\ell,\mathrm{s}}}$$

$$\text{für} \quad 0 \leq \theta \leq t \quad \text{und} \quad \forall t \in [0, +\infty)\,. \qquad (2.70)$$

Insbesondere im Zeitpunkt T gilt:[84]

$$\mathrm{E}_\theta\left[\widetilde{E}_T^{\ell,\mathrm{s}}\right] = \frac{\mathrm{E}_\theta\left[\widetilde{FTE}_{T+1} \cdot (1 - s_\mathrm{d}) - s_\mathrm{g} \cdot \left(\widetilde{E}_{T+1}^{\ell,\mathrm{s}} - \widetilde{E}_T^{\ell,\mathrm{s}}\right) + \widetilde{E}_{T+1}^{\ell,\mathrm{s}}\right]}{1 + ke^{\ell,\mathrm{s}}}$$

$$\text{für} \quad 0 \leq \theta \leq T. \qquad (2.71\mathrm{a})$$

Eine Umstellung von (2.71a) führt wegen des Zusammenhangs

$$\mathrm{E}\left[\widetilde{E}_{T+1}^{\ell,\mathrm{s}}\right] = \mathrm{E}\left[\widetilde{E}_T^{\ell,\mathrm{s}}\right] \cdot (1 + w)$$

zu dem Rentenkalkül[85]

$$\mathrm{E}_\theta\left[\widetilde{E}_T^{\ell,\mathrm{s}}\right] = \frac{\mathrm{E}_\theta\left[\widetilde{FTE}_{T+1}\right] \cdot (1 - s_\mathrm{d})}{ke^{\ell,\mathrm{s}} - w \cdot \left(1 - s_\mathrm{g}\right)} \qquad \text{für} \quad 0 \leq \theta \leq T. \qquad (2.71\mathrm{b})$$

Die Auflösung der kursgewinnsteuerbedingten Zirkularität im allgemeinen Fall und die anschließende Transformation in eine modifizierte Nachsteuerrechnung führen zu dem Kalkül[86]

83 Implizit bedeutet in diesem Zusammenhang, dass die Bewertungsfunktion mit einem Zirkularitätsproblem behaftet ist. Vgl. bezüglich (2.70) *Diedrich/Dierkes* (2017), S. 205.

84 Vgl. *Diedrich* et al. (2018), S. 5.

85 Vgl. *Diedrich/Dierkes* (2017), S. 210 und *Diedrich* et al. (2018), S. 6. Bezüglich der mathematischen Umformungen siehe Anhang B.2.2, S. 400.

86 Vgl. *Diedrich/Dierkes* (2017), S. 206. Bezüglich der Umstellung von (2.70) siehe Anhang B.2.3, S. 400.

$$\mathrm{E}_\theta\left[\widetilde{E}_t^{\ell,\mathrm{s}}\right] = \frac{\mathrm{E}_\theta\left[\widetilde{FTE}_{t+1} \cdot (1 - s_{\mathrm{d}^\star}) + \widetilde{E}_{t+1}^{\ell,\mathrm{s}}\right]}{1 + ke_{\theta,t+1}^{\ell,\mathrm{s}^\star}}$$

$$\text{für} \quad 0 \leq \theta \leq t \quad \text{und} \quad \forall t \in [0, +\infty)\,, \qquad (2.72)$$

nach dem die mittels des modifizierten persönlichen Steuersatzes $s_{\mathrm{d}^\star}$ gemäß (2.57) berechneten, in $t + 1$ an die Anteilseigner fließenden Nachsteuerzahlungen

$$\mathrm{E}\left[\widetilde{FTE}_{t+1}\right] \cdot (1 - s_{\mathrm{d}^\star})$$

sowie der Wert der nach $t + 1$ erwarteten Zahlungen nach modifizierten persönlichen Steuern $\mathrm{E}\left[\widetilde{E}_{t+1}^{\ell,\mathrm{s}}\right]$ mit dem modifizierten Eigenkapitalkostensatz des verschuldeten Unternehmens nach persönlichen Steuern

$$ke_{\theta,t+1}^{\ell,\mathrm{s}^\star} = \frac{ke_{\theta,t+1}^{\ell,\mathrm{s}}}{1 - s_{\mathrm{g}}} = ke_{\theta,t+1}^{\mathrm{u},\mathrm{s}^\star} + \left(ke_{\theta,t+1}^{\mathrm{u},\mathrm{s}^\star} - kd_{\theta,t+1}^{\mathrm{s}^\star}\right) \cdot \frac{1 - s_{\mathrm{d}^\star} + kd_{\theta,t+1}^{\mathrm{s}^\star} \cdot (1 - \tau)}{1 + kd_{\theta,t+1}^{\mathrm{s}^\star}} \cdot L_t$$

$$\text{für} \quad 0 \leq \theta \leq t \quad \text{und} \quad \forall t \in [0, T - 1] \qquad (2.73)$$

diskontiert werden, der sich aus der Division des Eigenkapitalkostensatzes $ke_{\theta,t+1}^{\ell,\mathrm{s}}$ gemäß (2.47) durch $1 - s_{\mathrm{g}}$ ergibt.[87] In die Anpassungsformel (2.73) gehen der modifizierte Eigenkapitalkostensatz des unverschuldeten Unternehmens[88]

$$ke_{\theta,t+1}^{\mathrm{u},\mathrm{s}^\star} = \frac{ke_{\theta,t+1}^{\mathrm{u},\mathrm{s}}}{1 - s_{\mathrm{g}}} \qquad \text{für} \quad 0 \leq \theta \leq t \quad \text{und} \quad \forall t \in [0, T - 1] \qquad (2.74)$$

sowie der modifizierte Fremdkapitalkostensatz nach persönlichen Steuern $kd_{\theta,t+1}^{\mathrm{s}^\star}$ gemäß (2.59) ein. (2.68) entspricht somit dem modifizierten, bezüglich der Kursgewinnsteuer zirkularitätsfreien Nachsteuerkalkül[89] (vgl. (2.64b))

$$\mathrm{E}\left[\widetilde{E}_0^{\ell,\mathrm{s}}\right] = \sum_{t=1}^{T} \frac{\mathrm{E}\left[\widetilde{FTE}_t\right] \cdot (1 - s_{\mathrm{d}^\star})}{\prod_{\nu=1}^{t} \left(1 + ke_\nu^{\ell,\mathrm{s}^\star}\right)} + \frac{\mathrm{E}\left[\widetilde{E}_T^{\ell,\mathrm{s}}\right]}{\prod_{t=1}^{T} \left(1 + ke_t^{\ell,\mathrm{s}^\star}\right)} \qquad (2.75)$$

87 Vgl. bezüglich (2.73) *Diedrich/Dierkes* (2017), S. 206, *Diedrich/Dierkes* (2015), S. 121, 127.

88 Vgl. *Diedrich/Dierkes* (2015), S. 127.

89 Vgl. *Diedrich/Dierkes* (2017), S. 209.

mit dem in Analogie zu (2.65a) gemäß

$$\mathrm{E}\left[\widetilde{E}_T^{\ell,\mathrm{s}}\right] = \sum_{t=T+1}^{+\infty} \frac{\mathrm{E}\left[\widetilde{FTE}_t\right] \cdot (1 - s_{\mathrm{d}^\star})}{\left(1 + ke^{\ell,\mathrm{s}^\star}\right)^{t-T}}$$

$$= \sum_{t=T+1}^{+\infty} \frac{\mathrm{E}\left[\widetilde{FTE}_{T+1}\right] \cdot (1 - s_{\mathrm{d}^\star}) \cdot (1 + w)^{t-(T+1)}}{\left(1 + ke^{\ell,\mathrm{s}^\star}\right)^{t-T}}$$

$$= \frac{\mathrm{E}\left[\widetilde{FTE}_{T+1}\right] \cdot (1 - s_{\mathrm{d}^\star})}{ke^{\ell,\mathrm{s}^\star} - w} \tag{2.76}$$

zu ermittelnden Restwert des Eigenkapitals im Zeitpunkt T.[90] Für den periodenunabhängigen modifizierten Eigenkapitalkostensatz des verschuldeten Unternehmens $ke^{\ell,\mathrm{s}^\star}$ gilt unter Berücksichtigung des modifizierten Eigenkapitalkostensatzes des unverschuldeten Unternehmens

$$ke^{\mathrm{u,s}^\star} = \frac{ke^{\mathrm{u,s}}}{1 - s_{\mathrm{g}}} \tag{2.77}$$

sowie des modifizierten Fremdkapitalkostensatzes nach persönlichen Steuern $kd^{\mathrm{s}^\star}$ gemäß (2.63):[91]

$$ke^{\ell,\mathrm{s}^\star} = \frac{ke^{\ell,\mathrm{s}}}{1 - s_{\mathrm{g}}} = ke^{\mathrm{u,s}^\star} + \left(ke^{\mathrm{u,s}^\star} - kd^{\mathrm{s}^\star}\right) \cdot \frac{1 - s_{\mathrm{d}^\star} + kd^{\mathrm{s}^\star} \cdot (1 - \tau)}{1 + kd^{\mathrm{s}^\star}} \cdot L. \tag{2.78}$$

Bei der Aufhebung der finanzierungsbedingten Zirkularität im Rentenfall ist wie in einer Vorsteuerrechnung zu verfahren. Nach Einsetzen von (2.18) in (2.71b) und Auflösen der Gleichung

$$\mathrm{E}\left[\widetilde{E}_T^{\ell,\mathrm{s}}\right] = \frac{\left(\mathrm{E}\left[\widetilde{FCF}_{T+1}\right] - L \cdot \mathrm{E}\left[\widetilde{E}_T^{\ell,\mathrm{s}}\right] \cdot kd \cdot (1 - \tau) + w \cdot L \cdot \mathrm{E}\left[\widetilde{E}_T^{\ell,\mathrm{s}}\right]\right) \cdot (1 - s_{\mathrm{d}})}{ke^{\ell,\mathrm{s}} - w \cdot \left(1 - s_{\mathrm{g}}\right)} \tag{2.79a}$$

90 Vgl. bezüglich (2.76) *Diedrich/Dierkes* (2017), S. 210. (2.76) ergibt sich auch aus der Division von (2.71b) durch $1 - s_{\mathrm{g}}$.

91 Vgl. *Diedrich/Dierkes* (2015), S. 122, 126. Siehe ebd., S. 123 und (D.24) bezüglich der Anpassungsformel für den konstanten Eigenkapitalkostensatz $ke^{\ell,\mathrm{s}}$ in (2.78).

nach $\mathrm{E}\left[\widetilde{E}_T^{\ell,\mathrm{s}}\right]$ erhält man den gänzlich zirkularitätsfreien Rentenkalkül

$$\mathrm{E}\left[\widetilde{E}_T^{\ell,\mathrm{s}}\right] = \frac{\mathrm{E}\left[\widetilde{FCF}_{T+1}\right] \cdot (1 - s_\mathrm{d})}{ke^{\ell,\mathrm{s}} - w \cdot \left(1 - s_\mathrm{g}\right) + (kd \cdot (1 - \tau) - w) \cdot L \cdot (1 - s_\mathrm{d})} \tag{2.79b}$$

mit dem finanzierungsunabhängigen freien Cashflow nach persönlichen Steuern als Zählergröße. In modifizierter Form lautet dieser:

$$\mathrm{E}\left[\widetilde{E}_T^{\ell,\mathrm{s}}\right] = \frac{\mathrm{E}\left[\widetilde{FCF}_{T+1}\right] \cdot (1 - s_{\mathrm{d}^\star})}{ke^{\ell,\mathrm{s}^\star} - w + (kd \cdot (1 - \tau) - w) \cdot L \cdot (1 - s_{\mathrm{d}^\star})}. \tag{2.79c}$$

Setzt man nun (2.31) in (2.79b) ein, so ergibt sich der Ausdruck

$$\mathrm{E}\left[\widetilde{E}_T^{\ell,\mathrm{s}}\right] =$$

$$(1 - \Theta) \cdot \frac{\mathrm{E}\left[\widetilde{FCF}_{T+1}\right] \cdot (1 - s_\mathrm{d})}{(1 - \Theta) \cdot \left(ke^{\ell,\mathrm{s}} - w \cdot \left(1 - s_\mathrm{g}\right)\right) + \Theta \cdot (kd \cdot (1 - \tau) - w) \cdot (1 - s_\mathrm{d})}.$$

Von diesem kann nach Division durch $1 - \Theta$ auf den Restwert des Gesamtkapitals $\mathrm{E}\left[\widetilde{V}_T^{\ell,\mathrm{s}}\right]$ nach dem FCF Verfahren übergeleitet werden:[92]

$$\mathrm{E}\left[\widetilde{V}_T^{\ell,\mathrm{s}}\right] = \frac{\mathrm{E}\left[\widetilde{FCF}_{T+1}\right] \cdot (1 - s_\mathrm{d})}{(1 - \Theta) \cdot \left(ke^{\ell,\mathrm{s}} - w \cdot \left(1 - s_\mathrm{g}\right)\right) + \Theta \cdot (kd^\mathrm{s} \cdot (1 - \tau) - w \cdot (1 - s_\mathrm{d}))} \tag{2.80a}$$

$$= \frac{\mathrm{E}\left[\widetilde{FCF}_{T+1}\right] \cdot (1 - s_{\mathrm{d}^\star})}{(1 - \Theta) \cdot \left(ke^{\ell,\mathrm{s}^\star} - w\right) + \Theta \cdot \left(kd^{\mathrm{s}^\star} \cdot (1 - \tau) - w \cdot (1 - s_{\mathrm{d}^\star})\right)}. \tag{2.80b}$$

Nach wenigen Umformungen des Nenners von (2.80b) erhält man die Differenz zwischen der im Rentenfall geltenden Formel für den modifizierten Gesamtkapitalkostensatz (2.62) und der Wachstumsrate w:

$$ke^{\ell,\mathrm{s}^\star} \cdot (1 - \Theta) + kd^{\mathrm{s}^\star} \cdot (1 - \tau) \cdot \Theta - w \cdot (1 - s_{\mathrm{d}^\star} \cdot \Theta)$$

$$= ke^{\ell,\mathrm{s}^\star} \cdot \frac{1 - \Theta}{1 - s_{\mathrm{d}^\star} \cdot \Theta} + kd^{\mathrm{s}^\star} \cdot (1 - \tau) \cdot \frac{\Theta}{1 - s_{\mathrm{d}^\star} \cdot \Theta} - w.$$

92 Vgl. bezüglich (2.80a) *Diedrich* et al. (2018), S. 6.

Die Division aller Terme im Nenner durch $1 - s_{d^\star} \cdot \Theta$ wirkt sich auch auf den Zähler aus. Unter Berücksichtigung von (2.61) ergibt sich:

$$\frac{1 - s_{d^\star}}{1 - s_{d^\star} \cdot \Theta} = 1 - 1 + \frac{1 - s_{d^\star}}{1 - s_{d^\star} \cdot \Theta} = 1 - \frac{1 - s_{d^\star} \cdot \Theta - 1 + s_{d^\star}}{1 - s_{d^\star} \cdot \Theta}$$

$$= 1 - \frac{s_{d^\star} \cdot (1 - \Theta)}{1 - s_{d^\star} \cdot \Theta} = 1 - s_{\bar{d}}.$$

Folglich stimmen (2.60) und (2.80b) überein.

Abschließend soll noch eine Verbindung zu Abschnitt 2.3.3.1 hergestellt werden, in dem auf die Annahme einer kapitalwertneutralen Verzinsung des investierten Eigenkapitals in der Rentenphase eingegangen wurde. Analog zur Vorsteuergleichung (2.67) entspricht der Marktpreis der Eigenkapitaltitel dem Buchwert des Eigenkapitals:[93]

$$\mathrm{E}\left[\widetilde{E}_T^{\ell,\mathrm{s,KN}}\right] = \mathrm{E}\left[\widetilde{IE}_T\right]. \tag{2.81}$$

Setzt man nun (2.71b) in (2.81) ein, so kann die Gleichung

$$\mathrm{E}\left[\widetilde{IE}_T\right] = \frac{q^{\mathrm{OP}} \cdot \mathrm{E}\left[\widetilde{IE}_T\right] \cdot ROE^\star \cdot (1 - s_\mathrm{d})}{ke^{\ell,\mathrm{s}} - \left(1 - q^{\mathrm{OP}}\right) \cdot ROE^\star \cdot \left(1 - s_\mathrm{g}\right)}$$

nach dem Return on Equity $ROE^\star$, mit dem sich das investierte Eigenkapital $\mathrm{E}\left[\widetilde{IE}_t\right]$ jeder Periode $t \in [T, +\infty)$ wertneutral verzinst, aufgelöst werden:[94]

$$ROE^\star = ke^\ell = \frac{ke^{\ell,\mathrm{s}}}{1 - q^{\mathrm{OP}} \cdot s_\mathrm{d} - \left(1 - q^{\mathrm{OP}}\right) \cdot s_\mathrm{g}}. \tag{2.82}$$

Der kritische ROE gemäß (2.82) ist als Eigenkapitalkostensatz des verschuldeten Unternehmens vor persönlichen Steuern ke^ℓ zu interpretieren, da dieser als Mindestverzinsungssatz des Invested Equity in einer Vorsteuerrechnung dessen Entsprechung mit dem Restwert des Eigenkapitals herbeiführt, wie die Auflösung von (2.67) nach $ROE^\star$ zeigt.

93 Siehe zur Kapitalwertneutralität z. B. *Diedrich* et al. (2018), S. 8 f.
94 Siehe auch *Knoll* (2018), S. 1933 f.

2.3.4 Der Residualgewinn-Ansatz in einer Vorsteuerrechnung

Außer den vier DCF Verfahren ist der Residualgewinn-Ansatz eine gebräuchliche Methode zur Ermittlung des Marktwertes eines zu bewertenden Unternehmens, die, wenngleich jüngsten Studien zufolge noch hinter den DCF Verfahren zurückliegend, zunehmende Relevanz für die Unternehmensbewertung erfährt.[95] In Abhängigkeit von der der Definition des Residualgewinns zugrunde gelegten Gewinngröße, dem NOPLAT oder dem Operating Profit, leitet sich der Ansatz aus dem FCF oder dem FtE Verfahren ab. Da für diese Arbeit der Zusammenhang mit dem FCF Verfahren bedeutsam ist, basiert die Darstellung auf der Definition des Residualgewinns (auch: Übergewinn, Residual Income) einer Periode t $\mathrm{E}\left[\widetilde{RI}_t\right]$ als der nach Abzug der Kapitalkosten $k_t^{\tau} \cdot \mathrm{E}\left[\widetilde{IC}_{t-1}\right]$ verbleibende NOPLAT:[96]

$$\mathrm{E}\left[\widetilde{RI}_t\right] = \left(ROIC_t - k_t^{\tau}\right) \cdot \mathrm{E}\left[\widetilde{IC}_{t-1}\right] \qquad \forall t \in [1, +\infty)\,. \tag{2.83}$$

Gemäß dem Residualgewinn-Ansatz ergibt sich der Marktwert des verschuldeten Unternehmens $\mathrm{E}\left[\widetilde{V}_0^{\ell}\right]$, indem der Bestand des Gesamtkapitals im Bewertungszeitpunkt $\mathrm{E}\left[\widetilde{IC}_0\right]$ um den Wertbeitrag der durch den Kapitaleinsatz erzielbaren Residualgewinne $\mathrm{E}\left[\widetilde{MVA}_0\right]$ erhöht wird:

$$\mathrm{E}\left[\widetilde{V}_0^{\ell}\right] = \mathrm{E}\left[\widetilde{IC}_0\right] + \mathrm{E}\left[\widetilde{MVA}_0\right]\,. \tag{2.84}$$

Der erwartete, sogenannte Market Value Added (MVA)[97] im Bewertungszeitpunkt $\mathrm{E}\left[\widetilde{MVA}_0\right]$ folgt aus der Diskontierung aller Residualgewinne (2.83) mittels des Gesamtkapitalkostensatzes k_t^{τ} gemäß (2.48):

$$\mathrm{E}\left[\widetilde{MVA}_0\right] = \sum_{t=1}^{+\infty} \frac{\mathrm{E}\left[\widetilde{RI}_t\right]}{\left(1 + k_t^{\tau}\right)^t}\,. \tag{2.85}$$

---

95 Vgl. *Welfonder/Bensch* (2017), S. 176 f.

96 Alternativ könnten Residual Earnings als der nach Abzug der Eigenkapitalkosten verbleibende Operating Profit $\left(ROE_t - ke_t^{\ell}\right) \cdot \mathrm{E}\left[\widetilde{IE}_{t-1}\right]$ definiert werden, womit zum FtE Verfahren übergeleitet werden kann.

97 Der Einsatz des Konzeptes des Market Value Added (MVA) ist nicht an ein bestimmtes Bewertungsverfahren gebunden; in einer allgemeinen Definition handelt es sich um den eine Bestands- oder Wertgröße erhöhenden Marktwertzuwachs.

Wie die in den vorhergehenden Abschnitten erläuterten Bewertungsverfahren ist (2.85) für die praktische Anwendung zu operationalisieren. Die Ermittlung des MVA mit Hilfe eines Zwei-Phasen-Modells gemäß

$$\mathrm{E}\left[\widetilde{MVA}_0\right] = \sum_{t=1}^{T} \frac{\mathrm{E}\left[\widetilde{RI}_t\right]}{\prod_{\nu=1}^{t}\left(1 + k_\nu^\tau\right)} + \frac{\mathrm{E}\left[\widetilde{MVA}_T\right]}{\prod_{t=1}^{T}\left(1 + k_t^\tau\right)} \tag{2.86}$$

trägt der begrenzten Prognostizierbarkeit der Residualgewinne Rechnung. In der Rentenphase steigt der Kapitalbestand ausgehend von $\mathrm{E}\left[\widetilde{IC}_T\right]$ mit der Wachstumsrate w an, was folglich auch auf die ab $T + 1$ erzielbaren Residualgewinne zutrifft, da der ROIC und der Kapitalkostensatz in dieser Phase jeweils konstante Werte annehmen. In dem Zwei-Phasen-Modell gilt die Berechnungsformel (2.83) demnach für die T Perioden umfassende Detailprognosephase, während sich die nach dem Zeitpunkt T erzielbaren Residualgewinne erwartungsgemäß auf

$$\mathrm{E}\left[\widetilde{RI}_t\right] = \left(ROIC - k^\tau\right) \cdot \mathrm{E}\left[\widetilde{IC}_T\right] \cdot (1 + w)^{t-(T+1)} \qquad \forall t \in [T + 1, +\infty) \tag{2.87}$$

belaufen. Der zum Zeitpunkt T erwartete Wertbeitrag dieser Residualgewinne $\mathrm{E}\left[\widetilde{MVA}_T\right]$ ist mit einer zu (2.50) analogen Formel zu ermitteln. An die Stelle des freien Cashflows tritt der in der ersten Periode der Rentenphase erwirtschaftete Residualgewinn:

$$\begin{aligned}\mathrm{E}\left[\widetilde{MVA}_T\right] &= \sum_{t=T+1}^{+\infty} \frac{\mathrm{E}\left[\widetilde{RI}_t\right]}{(1 + k^\tau)^{t-T}} = \sum_{t=T+1}^{+\infty} \frac{\mathrm{E}\left[\widetilde{RI}_{T+1}\right] \cdot (1 + w)^{t-(T+1)}}{(1 + k^\tau)^{t-T}} \\ &= \frac{\mathrm{E}\left[\widetilde{RI}_{T+1}\right]}{k^\tau - w}.\end{aligned} \tag{2.88}$$

(2.88) ist gemäß (2.86) auf den Bewertungszeitpunkt zu diskontieren.

Die Äquivalenz des Residualgewinn-Ansatzes zu dem FCF Verfahren lässt sich am einfachsten anhand des Restwertes des verschuldeten Unternehmens $\mathrm{E}\left[\widetilde{V}_T^\ell\right]$ zeigen. Nach dem Residualgewinn-Ansatz gemäß (2.84) beläuft sich dieser auf:

$$\mathrm{E}\left[\widetilde{V}_T^{\ell}\right] = \mathrm{E}\left[\widetilde{IC}_T\right] + \mathrm{E}\left[\widetilde{MVA}_T\right]$$

$$= \frac{\mathrm{E}\left[\widetilde{IC}_T\right] \cdot (k^{\tau} - w) + \left(ROIC - k^{\tau}\right) \cdot \mathrm{E}\left[\widetilde{IC}_T\right]}{k^{\tau} - w}. \qquad (2.89)$$

Nach Herauskürzen der Kapitalkosten $k^{\tau} \cdot \mathrm{E}\left[\widetilde{IC}_T\right]$ verbleibt im Zähler der im Zeitpunkt $T + 1$ erwartete freie Cashflow $\mathrm{E}\left[\widetilde{NOPLAT}_{T+1} - \widetilde{NI}_{T+1}\right]$. Der Quotient (2.89) entspricht somit dem Kalkül (2.50).[98]

2.4 Determinanten des Wachstums in der Restwertphase und Marktwertimplikationen

In Abschnitt 2.1.2 war bereits auf die inflationsbedingt notwendigen sowie auf die ein reales Wachstum induzierenden Nettoinvestitionen eingegangen worden.[99] Während diese Wachstumspotenziale in der ersten Prognosephase in der Unternehmensplanung und den entziehbaren Überschüssen abgebildet sind, werden sie in der zweiten Prognosephase bewertungstechnisch regelmäßig durch einen Wachstumsabschlag vom Kapitalisierungszinssatz im Nenner des Kalküls berücksichtigt. Alternativ und vorwiegend für das reale Wachstum wird häufig auch der Ansatz in Form eines Wertbeitrags aus Thesaurierungen im Zähler des Kalküls gewählt. Dieser Abschnitt fasst diese unter anderem für das nächste Kapitel relevanten Determinanten des nominalen Wachstums zusammen und blickt mit der Erläuterung des steuerinduzierten Wachstums im Besonderen auf das vierte Kapitel voraus.

In einer Nominalrechnung, auf der diese Arbeit beruht, stellt der bewertungsrelevante Cashflow eine nominale Größe dar.[100] Die Verknüpfung des Nominalgüterstroms, d. h. des Geldstroms, mit dem Realgüterstrom ruft ein inflationsbedingtes Wachstum des Cashflows hervor, da ein Teil des einbehaltenen Gewinns für die Beschaffung oder die Herstellung von neuen, den

---

98 Vgl. zum Residualgewinn-Ansatz z. B. *Wala/Knoll/Krump* (2002), *Lobe* (2006), S. 33 f. und *Koller* et al. (2015), S. 150–152, 252, 775–779.

99 Siehe S. 57 ff.

100 Zur Abgrenzung von Nominal- und Realrechnung siehe z. B. *Dehmel/Hommel* (2013), S. 132–134, *Friedl/Schwetzler* (2013), S. 724 f., *Kuhner/Maltry* (2013), S. 750, *Matschke/Brösel* (2013), S. 250 f., *Koller* et al. (2015), S. 244 f.

Wertverzehr aufgrund von planmäßigen Abschreibungen kompensierenden Vermögensgegenständen verwendet wird, deren aktuelle Preise in der Summe die auf der Basis historischer Anschaffungs- oder Herstellungskosten kalkulierte Abschreibungssumme übersteigen. Der in der weiteren Folge gestiegenen Bilanzsumme steht in diesem Fall keine reale Kapazitätszunahme gegenüber, sodass diese über den Abschreibungsbetrag hinausgehenden Investitionen wie die exakt in Höhe der Abschreibungen getätigten Investitionen als Ersatzinvestitionen zu bezeichnen sind.[101] Da erstere in die Planung der Nettoinvestitionsrate *n* eingehen, sind sie ein Teil der Nettoinvestitionen.

Ein nominales Wachstum der künftigen finanziellen Überschüsse kann allein durch Inflation begründet sein. Können die Produktions- und Absatzmengen jedoch ausgeweitet werden (Mengenwachstum) oder lässt sich durch Produktmixverschiebungen eine Steigerung der Profitabilität realisieren (Struktureffekt), sollten über die inflationsbegründeten Investitionen hinausgehend finanzielle Mittel eingesetzt werden, die außer einer nominalen Erhöhung der Aktiva auch eine reale Bestandserhöhung (Kapazitätserweiterungen und -optimierungen) herbeiführen.[102] Das durch diese sogenannten Erweiterungsinvestitionen, die den anderen Teil der gesamten Nettoinvestitionen bilden, ausgelöste Wachstum wird als reales oder mengenbedingtes Wachstum bezeichnet und fällt ebenfalls unter den Oberbegriff des nominalen Wachstums.[103]

Von den Ursachen des nominalen Wachstums des Cashflows und des investierten Kapitals zu trennen ist die Frage, ob dieses Wachstum zugleich eine Marktwertsteigerung des investierten Kapitals induziert. Dies hängt

---

101 Vgl. *Tinz* (2010), S. 125–128.

102 Beispielsweise kann dieses durch die Einführung neuer Produkte, die Anwerbung neuer Kunden, die Erhöhung der Verkaufsvolumina oder die Ausschöpfung des preispolitischen Instrumentariums, wie Einsparungen bei der Beschaffung von Produktionsfaktoren oder Umsatzerhöhungen auf den Absatzmärkten, bewirkt werden, wobei sich diese Maßnahmen auch gegenseitig bedingen. Vgl. *Beyer* (2008), S. 257. Siehe weiterführend z. B. *Baetge* et al. (2015), S. 451 f., *Koller* et al. (2015), S. 118–122.

103 Vgl. *Tinz* (2010), S. 128 f., *Diedrich/Dierkes* (2015), S. 237, *Diedrich* et al. (2018), S. 1, *IDW* (Hrsg.) (2018), Kap. A, Tz. 441–444. Siehe aus empirischer Sicht auch *Schüler/Lampenius* (2007). Im eingeschwungenen Zustand wird, wie in *Tschöpel* et al. (2010a, b), davon ausgegangen, dass das mengenbedingte Wachstum einzig auf Kapazitätserweiterungen und nicht auf Kapazitätsoptimierungen zurückzuführen ist. Vgl. *Tschöpel* et al. (2010a), S. 349.

von der Annahme über die Verzinsung der Investitionen ab. Nach dem Rationalitätsprinzip sollten Investitionen eine mindestens kapitalwertneutrale Rendite erzielen. Wertneutralität bedeutet, dass ein gegebenenfalls nominal wachsender Kapitalbestand nicht mit einer Marktwertsteigerung einhergeht, da mit dem investierten Kapital eine Rendite gerade in Höhe der Kapitalkosten erwirtschaftet wird. Dahingegen löst eine Verzinsung des investierten Eigenkapitals mit einem den Eigenkapitalkostensatz übersteigenden ROE bzw. des investierten Eigen- und Fremdkapitals mit einem den Gesamtkapitalkostensatz übersteigenden ROIC eine Marktwertsteigerung aus.

In einer Nachsteuerrechnung spielt außer dem inflationsbedingten und dem realen Wachstum auch ein steuerinduziertes, d. h. aus Steuereffekten resultierendes, Wachstum eine Rolle. Dieses bezieht sich auf den Marktwertzuwachs, der aus der steuerlichen Begünstigung von Gewinneinbehaltungen gegenüber Dividenden resultiert.[104] Demnach löst selbst eine zum Investitionszeitpunkt steuerneutrale Investition, die grundsätzlich durch einen von der persönlichen Besteuerung unbeeinflussten Wertbeitrag in Höhe des in der jeweiligen Restwertperiode investierten Betrags gekennzeichnet ist, bei ungleicher Besteuerung von Thesaurierungen und Ausschüttungen eine Marktwertsteigerung aus, wenn dessen betragsgleicher Wertbeitrag im Zuge der weiteren Kapitalisierung auf einen *vor* dem Investitionszeitpunkt liegenden Zeitpunkt, z. B. den Beginn des Restwertzeitraums, abgezinst wird. Diese Quelle des Wachstums steht im Zusammenhang mit der Durchführung von über die reale Kapitalerhaltung hinausgehenden Investitionen mit differenzierter Verzinsung unter dem Einfluss einer differenzierten Besteuerung. Diese Thematik wird im vierten Kapitel behandelt.

104 Vgl. *IDW* (Hrsg.) (2018), Kap. A, Tz. 441, 443, 452–454.

Teil II

Vor- und Nachsteuerrechnung

3. Restwertermittlung in einer Vorsteuerrechnung

3.1 Kritische Reflexion von Vorsteuermodellen und Erweiterungspotenziale für die Restwertmodellierung

3.1.1 Systematisierung der Modelle zur Wertermittlung in der Grobplanungshase

Die Grobplanungsphase soll zu dem eingeschwungenen Zustand als konstitutivem Element der Rentenphase hinführen, welcher nach dem relativ kurzen Zeitraum der detaillierten Prognostizierbarkeit der künftig erzielbaren finanziellen Überschüsse zumeist noch nicht erreicht ist. In der vorwiegend älteren Literatur werden verschiedene Modellierungen dieser Übergangsphase vorgestellt.[105] In der jüngeren Zeit wurde vermehrt wieder auf die Notwendigkeit der Modellierung einer Grobplanungsphase hingewiesen, jedoch ohne dass grundlegend erneuerte Ansätze vorgelegt wurden.[106] In Anlehnung an das einfache Rentenmodell nach *Gordon* und *Shapiro*, nach dem der bewertungsrelevante Cashflow zu Beginn der Rentenphase mit einer vorgegebenen konstanten Wachstumsrate ewig fortgeschrieben wird, ist die gängige Vorgehensweise bei der Grobplanung durch die Vorgabe eines Verlaufs der Wachstumsrate der Cashflows für einen begrenzten Zeitraum nach der Detailprognosephase gekennzeichnet.[107]

In den Abbildungen 3–1 und 3–2 auf den Seiten 105 und 107 werden Hypothesen über die Entwicklung der Wachstumsrate w_t im gesamten Planungszeitraum, mithin über die Perioden $t \in [0, +\infty)$, veranschaulicht.[108] Für die zu der Grobplanungsphase gehörenden Perioden und Zeitpunkte $t \in [T_{\mathrm{I}}, T_{\mathrm{II}}]$

---

105 Siehe im Einzelnen *Miller/Modigliani* (1961), *Fuller/Hsia* (1984), *O'Brien* (2003), *Seicht* (2004), ausführlich *Weiler* (2005), überblickshaft *Drukarczyk/Schüler* (2016), S. 140–152.

106 Siehe z. B. *Knoll* (2014b), *Knoll* (2016a), *Knoll* (2016b).

107 Siehe hierzu *Held* (2013a, b). Die Abkehr von der Annahme einer Konstanz der Wachstumsrate nach der Detailprognosephase geht insbesondere von der Rendite als Werttreiber der Wachstumsrate aus, die nachweislich Konvergenzprozessen unterliegt. Vgl. mit Begründung *Held* (2013a), S. 125–127.

108 Abb. 3–1a, 3–1b und 3–2a: Angelehnt an *Pape/Kreyer* (2009), S. 284; Abb. 3–2b: Eigene Darstellung. Siehe auch *Tinz* (2010), S. 34–38 m. w. N.

wird von nun an die kürzere Bezeichnung $\phi_{\mathrm{I}} \in [0, \Phi_{\mathrm{I}}]$ und für die der Rentenphase zuzuordnenden Perioden und Zeitpunkte $t \in [T_{\mathrm{II}}, +\infty)$ die Bezeichnung $\phi_{\mathrm{II}} \in [0, +\infty)$ verwendet.[109] Die periodenspezifische oder konstante Wachstumsrate einer in dem erstgenannten Zeitraum liegenden Periode wird mit $w_{\mathrm{I},\phi_{\mathrm{I}}}$ bzw. w_{I} spezifiziert, während jene in der ewigen Rente eines Drei-Phasen-Modells w_{II} periodenunabhängig ist.[110]

Abbildung 3–1a zeigt eine Entwicklung der Wachstumsrate im Planungszeitraum w_t auf, der zufolge die Wachstumsrate in der letzten Periode der Detailprognosephase $w_{T_{\mathrm{I}}}$ $(w_{\mathrm{I},0})$ bis zum Beginn der Rentenphase im Zeitpunkt T_{II} (Φ_{I}) konstant bleibt:

$$w_{\mathrm{I},\phi_{\mathrm{I}}} = w_{\mathrm{I}} = w_{\mathrm{I},0} \qquad \forall \phi_{\mathrm{I}} \in [0, \Phi_{\mathrm{I}}]. \tag{3.1}$$

Anschließend fällt die Wachstumsrate abrupt auf ein niedrigeres, als langfristig angenommenes Niveau w_{II}:

$$w_{\mathrm{II}} < w_{\mathrm{I}} \qquad \forall \phi_{\mathrm{II}} \in [1, +\infty).$$

An die Stelle des auf der Basis des FCF Verfahrens aufgestellten Restwertkalküls (2.50) würde die um die endliche Rentenphase erweiterte Restwertformel

$$\mathrm{E}\left[\widetilde{V}_{\mathrm{I},0}^{\ell}\right] = \frac{\mathrm{E}\left[\widetilde{FCF}_{\mathrm{I},1}\right]}{k^{\tau} - w_{\mathrm{I}}} \cdot \left(1 - \left(\frac{1 + w_{\mathrm{I}}}{1 + k^{\tau}}\right)^{\Phi_{\mathrm{I}}}\right) + \frac{\mathrm{E}\left[\widetilde{FCF}_{\mathrm{II},1}\right]}{(k^{\tau} - w_{\mathrm{II}}) \cdot (1 + k^{\tau})^{\Phi_{\mathrm{I}}}}$$

mit einem vereinfachend als konstant angenommenen Kapitalkostensatz für die Restwertphase k^{τ} und dem freien Cashflow in der ersten Periode der unendlichen Rentenphase

$$\mathrm{E}\left[\widetilde{FCF}_{\mathrm{II},1}\right] = \mathrm{E}\left[\widetilde{FCF}_{\mathrm{I},1}\right] \cdot (1 + w_{\mathrm{I}})^{\Phi_{\mathrm{I}}-1} \cdot (1 + w_{\mathrm{II}})$$

treten.[111]

Die Senkung auf ein niedrigeres Wachstumsniveau kann alternativ auch im Zeitpunkt T_{I} angenommen werden. Anstelle von (3.1) gilt dann:

$$w_{\mathrm{I},\phi_{\mathrm{I}}} = w_{\mathrm{I}} < w_{\mathrm{I},0} \qquad \forall \phi_{\mathrm{I}} \in [1, \Phi_{\mathrm{I}}]. \tag{3.2}$$

---

109 Siehe Tabelle 2–1, S. 56.

110 Den mit ϕ indizierten Wachstumsraten und anderen Parametern wird der jeweilige Phasenindex vorangestellt, um bei konkretisierten numerischen Periodenangaben eine Verwechslung mit der mit t indizierten Wachstumsrate auszuschließen.

111 Vgl. *Koller* et al. (2015), S. 265 f. und *Drukarczyk/Schüler* (2016), S. 143.

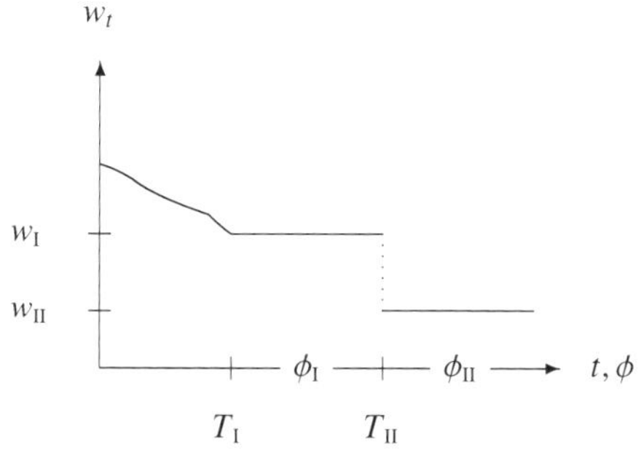

3–1a: Abrupte Senkung der konstanten Wachstumsrate zum Zeitpunkt T_{II}

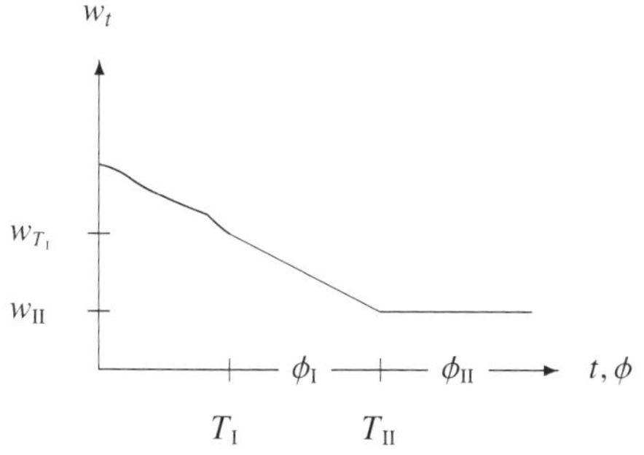

3–1b: Linearer Rückgang der Wachstumsrate zwischen T_{I} und T_{II}

Abb. 3–1: Wachstumshypothesen in den Prognosephasen eines Drei-Phasen-Modells (Teil 1)

Könne von einem nachhaltigen Wachstum der Cashflows mit der in T_{I} gemäß (3.1) oder (3.2) festgelegten Rate ausgegangen werden, ergäbe sich ein Zwei-Phasen-Modell:

$$w_{\phi} = w \leq w_{\mathrm{I},0} \qquad \forall \phi \in [1, +\infty).$$

In den Abbildungen 3–1b, 3–2a und 3–2b wird demgegenüber ein gradueller Rückgang der Wachstumsrate modelliert.

In Abbildung 3–1b sinkt die Wachstumsrate zwischen den Zeitpunkten T_{I} und T_{II} linear auf das nachhaltige Niveau w_{II}:

$$w_{\mathrm{I},\phi_{\mathrm{I}}} = w_{\mathrm{I},\phi_{\mathrm{I}}-1} - b_{\mathrm{I}} = w_{\mathrm{I},0} - b_{\mathrm{I}} \cdot \phi_{\mathrm{I}} \qquad \forall \phi_{\mathrm{I}} \in [1, \Phi_{\mathrm{I}}].$$

Der erste Term gibt die rekursive, der zweite Term die explizite Berechnungsweise der Wachstumsrate einer Periode ϕ_{I} wieder. Die Konstante b_{I} ist die absolute Abweichung zwischen den Wachstumsraten zweier aufeinanderfolgender Perioden der Grobplanungsphase. Diese ist in Abhängigkeit von den Raten $w_{\mathrm{I},0}$ und w_{II} sowie der geplanten Länge der Übergangsphase $\Phi_{\mathrm{I}} = T_{\mathrm{II}} - T_{\mathrm{I}}$ festzulegen:

$$b_{\mathrm{I}} = \frac{w_{\mathrm{I},0} - w_{\mathrm{II}}}{\Phi_{\mathrm{I}}} = w_{\mathrm{I},\phi_{\mathrm{I}}-1} - w_{\mathrm{I},\phi_{\mathrm{I}}} \qquad \forall \phi_{\mathrm{I}} \in [1, \Phi_{\mathrm{I}}].$$

Die Abbildungen 3–2a und 3–2b auf der Seite 107 veranschaulichen in einem Zwei- und einem Drei-Phasen-Modell den Verlauf einer konvergierenden Wachstumsrate.

Der funktionale Zusammenhang zwischen den Wachstumsraten aufeinanderfolgender Perioden lässt sich ausgehend von $w_{\mathrm{I},0}$ als Rekursionsanfang mit

$$w_{\phi} = w_{\phi-1} - \left(w_{\phi-1} - w\right) \cdot \alpha \qquad \forall \phi \in [1, +\infty) \tag{3.3}$$

beschreiben, wobei der Konvergenzfaktor α, der Werte zwischen null und eins annimmt ($0 < \alpha < 1$), angibt, wie rasch die Approximation an die nachhaltige Wachstumsrate w erfolgt.[112] Ein Faktor nahe null (eins) impliziert einen langsamen (raschen) Konvergenzprozess.[113] Abbildung 3–2a zeigt exemplarisch einen Verlauf der nach (3.3) berechneten Wachstumsraten im

112 Vgl. *Pape/Kreyer* (2009), S. 285, *Held* (2013a), S. 126 sowie bezüglich der Interpretation bereits Fn. 46 in Abschnitt 2.1.3.

113 *Held* identifiziert in einer empirischen Studie Einflussfaktoren des Konvergenzprozesses und untersucht das Ausmaß ihrer Einflussnahme auf den Konvergenzfaktor und das nachhaltige Niveau der konvergierenden Größe, um die Werte dieser beiden Konvergenzparameter zu bestimmen. Siehe *Held* (2013a), S. 125–129. *Held* weist unter anderem einen hochsignifikant positiven Effekt des Unternehmenswachstums und einen signifikant negativen Effekt der Branchenkonzentrationsrate auf die Widerstandsfähigkeit der normalisierten Rendite (siehe Fn. 16) nach. Vgl. *Held* (2013a), S. 126.

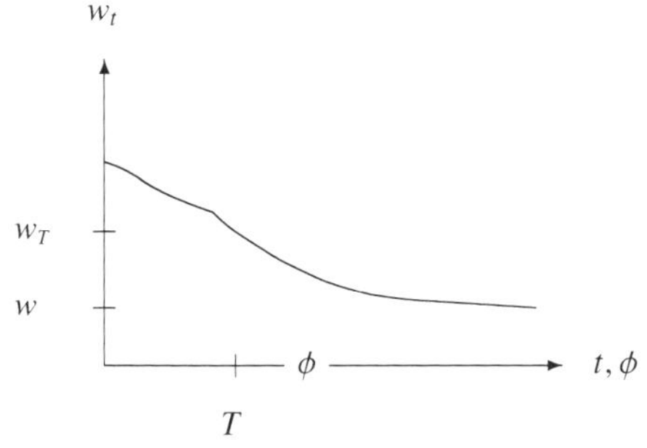

3–2a: Konvergierende Wachstumsrate ab dem Zeitpunkt T

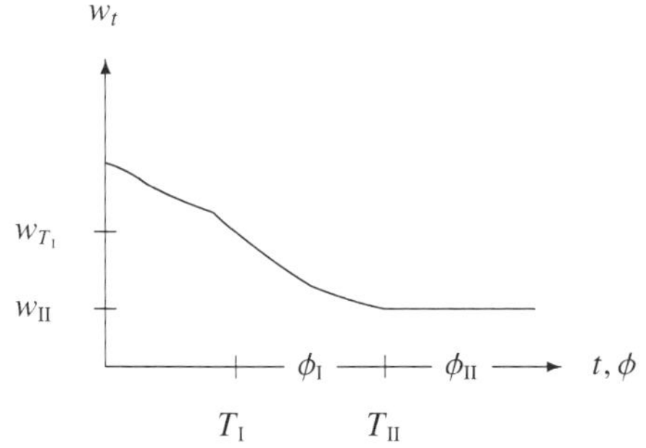

3–2b: Konvergierende Wachstumsrate zwischen T_I und T_{II}

Abb. 3–2: Wachstumshypothesen in den Prognosephasen eines Konvergenzmodells und eines Drei-Phasen-Modells (Teil 2)

in T beginnenden Restwertzeitraum. Da die Zielwachstumsrate w jedoch nie exakt erreicht wird, empfiehlt es sich in der praktischen Anwendung den Anpassungsprozess zeitlich zu begrenzen. Wie in Abbildung 3–2b dargestellt, ist zu einem bestimmten Zeitpunkt T_{II} von einem konstanten Wachstum der Cashflows mit der Rate w_{II} auszugehen:

$$w_{\mathrm{I},\phi_{\mathrm{I}}} = w_{\mathrm{I},\phi_{\mathrm{I}}-1} - \left(w_{\mathrm{I},\phi_{\mathrm{I}}-1} - w_{\mathrm{II}}\right) \cdot \alpha \qquad \phi_{\mathrm{I}} \in [1, \Phi_{\mathrm{I}}]\,. \quad (3.4)$$

Wenngleich die Berücksichtigung einer Grobplanungsphase eine Verbesserung des einfachen Zwei-Phasen-Modells bewirkt, ist zu kritisieren, dass die in der Literatur verbreiteten Problemlösungskonzepte wiederum an der Wachstumsrate und nicht an den sie bestimmenden Faktoren, dem ROIC und der Nettoinvestitionsrate bzw. dem ROE und der Thesaurierungsquote, ansetzen. Funktionale Zusammenhänge wie z. B. (3.4) sollten demzufolge auf die genannten und gegebenenfalls weitere Modellparameter übertragen werden.[114]

3.1.2 Modelle zur disaggregierten Wertermittlung in der Rentenphase

3.1.2.1 Modell nach *Koller* et al. (2015)

Im Weiteren werden aufeinander aufbauend verschiedene Rentenmodelle analysiert, an welche die Herleitung bereichsdifferenzierender Restwertkalküle anknüpfen kann. Begonnen wird in diesem Abschnitt mit dem Modell nach *Koller*, *Goedhart* und *Wessels*, das sich bereits in früheren Auflagen ihres Lehrbuchs wiederfindet und nach der jüngsten Auflage aus dem Jahr 2015 dargelegt wird.

In der tabellarisch strukturierten Abbildung 3–3 auf den Seiten 131 bis 133 wird die Entwicklung der Bewertungsgrößen gemäß dem Ansatz von *Koller* et al. für die ersten drei Perioden der Rentenphase $\phi_{\mathrm{II}} = 1, 2, 3$ schematisch dargestellt.[115] Die Bewertungsgrößen einer Periode ϕ_{II} sind spaltenweise angegeben. Die Pfeile sind jeweils mit einem Bewertungsparameter versehen, welcher mit der am Ursprung des Pfeils stehenden Bewertungsgröße

114 Vgl. *Henselmann / Weiler* (2007), S. 356. Siehe mit weiterführenden ökonomischen Fundierungen grundlegend *Held* (2013a, b) und *Kreyer* (2009), S. 47–52, 65–111, ferner *Knoll* (2016b), S. 546–548 und *Rabel* (2016), S. 18–21. In den Fallstudien 1 und 2 wird bezüglich der Nettoinvestitionsrate, des ROIC und der Fremdkapitalquote ein funktionaler Zusammenhang entsprechend (3.4) unterstellt. Siehe die Formeln (D.3), (D.4) und (D.5) auf der Seite 503.

115 Aufgrund der Darstellung über drei Seiten wird die jeweils letzte Zeile auf den Seiten 131 und 132 auf der jeweiligen Folgeseite wiederholt.

zu multiplizieren ist, um die an der Pfeilspitze angegebene Größe zu erhalten. Die Periodenunabhängigkeit der Bewertungsparameter liegt in der von *Koller* et al. unterstellten normalisierten Entwicklung der Unternehmenstätigkeit begründet. Die für das Modell charakteristische Periodenkonstanz von Bewertungsgrößen, auf die im Folgenden einzugehen ist, wird zeilenweise durch die Gleichheitszeichen wiedergegeben. Zur Orientierung sind in der ersten Spalte ergänzend die im Text verwendeten Nummern der zugehörigen Berechnungsformeln angegeben. Da sich das Restwertmodell von *Koller* et al. allein auf die Rentenphase bezieht, werden alle Bewertungsgrößen und -parameter in Anlehnung an die Notation in dieser Schrift mit dem Phasenindex II gekennzeichnet.

In der letzten Periode der Detailprognosephase existiert ein erwarteter Kapitalbestand $\mathrm{E}\left[\widetilde{IC}^{\mathrm{k}}_{\mathrm{II},0}\right]$, der nach dem Ansatz von *Koller* et al. in allen Perioden der ewigen Rente konstant bleibt:[116]

$$\mathrm{E}\left[\widetilde{IC}^{\mathrm{k}}_{\mathrm{II}}\right] = \mathrm{E}\left[\widetilde{IC}^{\mathrm{k}}_{\mathrm{II},0}\right] \qquad \forall \phi_{\mathrm{II}} \in [0,+\infty). \quad (3.5)$$

Dieses Invested Capital geht auf vor der Rentenphase getätigte Investitionen zurück, die nach $\phi_{\mathrm{II}} = 0$ eingestellt werden, und wird im Weiteren als Kernkapital bezeichnet.[117] Aus der Verzinsung dieses im Zeitablauf unveränderlichen Kernkapitals mit einem konstanten ROIC $ROIC_{\mathrm{II}}$ resultiert ab der ersten Periode der Rentenphase in jeder künftigen Periode $\phi_{\mathrm{II}} \in [1,+\infty)$ ein NOPLAT in derselben Höhe:

$$\mathrm{E}\left[\widetilde{NOPLAT}^{\mathrm{k}}_{\mathrm{II}}\right] = ROIC_{\mathrm{II}} \cdot \mathrm{E}\left[\widetilde{IC}^{\mathrm{k}}_{\mathrm{II}}\right] \qquad \forall \phi_{\mathrm{II}} \in [1,+\infty). \quad (3.6)$$

Jeder NOPLAT kann für die Durchführung von Investitionen und für Zahlungen an die Kapitalgeber verwendet werden. Eine anteilige Verwendung

116 Vgl. *Koller* et al. (2015), S. 248 f.

117 Vgl. *Koller* et al. (2015), S. 256. *Koller* et al. verwenden die synonymen Begriffe „original [im Original kursiv] capital" und „base capital"; ebd. In *Daves* et al. (2004) findet sich auch die Bezeichnung „existing capital"; *Daves* et al. (2004), S. 270 u. a. Die Verwendung des Buchstabens „k" in dieser Schrift weist auf den Bezug der jeweiligen Größe zum Kernkapital hin. An der Grundidee der Abgrenzung des Kernkapitals von dem im Folgenden eingeführten Zusatzkapital wird in dem erweiterten Restwertmodell festgehalten. Bei der Annahme der Konstanz des Kernkapitals handelt es sich dahingegen um eine Besonderheit der Restwertansätze von *Koller* et al. und auch *Daves* et al., von der in dem erweiterten Restwertansatz abstrahiert wird.

dieses Kern-NOPLAT für Nettoinvestitionen in alte, d. h. vor der Rentenphase begonnene, Investitionsprojekte soll annahmegemäß nicht erfolgen. Somit werden in der ewigen Rente keine den nominalen Kapitalbestand (3.5) erhöhenden Investitionen $\mathrm{E}\left[\widetilde{NI}^{\mathrm{k}}_{\mathrm{II}}\right]$, sondern allein Ersatzinvestitionen in Höhe der auf der Basis historischer Anschaffungs- und Herstellungskosten bemessenen planmäßigen Abschreibungen getätigt. Die sich auf den NOPLAT beziehende Nettoinvestitionsrate $n^{\mathrm{k}}_{\mathrm{II}}$ ist demnach gleich null:

$$\mathrm{E}\left[\widetilde{NI}^{\mathrm{k}}_{\mathrm{II}}\right] = n^{\mathrm{k}}_{\mathrm{II}} \cdot \mathrm{E}\left[\widetilde{NOPLAT}^{\mathrm{k}}_{\mathrm{II}}\right] = 0 \qquad \text{mit} \quad n^{\mathrm{k}}_{\mathrm{II}} = 0 \quad \forall \phi_{\mathrm{II}} \in [1, +\infty). \quad (3.7)$$

Der in der letzten Periode der Detailprognosephase erreichte Kapitalbestand $\mathrm{E}\left[\widetilde{IC}^{\mathrm{k}}_{\mathrm{II},0}\right]$ unterliegt mithin in der sich unmittelbar anschließenden Rentenphase keiner nominalen Veränderung, was insbesondere unter dem Einfluss von Inflation kritisch zu beurteilen ist. Die Wachstumsrate des Kernkapitals und des Kern-NOPLAT $w^{\mathrm{k}}_{\mathrm{II}}$ nimmt den Wert null an:

$$w^{\mathrm{k}}_{\mathrm{II}} = n^{\mathrm{k}}_{\mathrm{II}} \cdot ROIC_{\mathrm{II}} = 0 \qquad \forall \phi_{\mathrm{II}} \in [1, +\infty). \quad (3.8)$$

Wenngleich aus der Annahme $n^{\mathrm{k}}_{\mathrm{II}} = 0$ die Ausschüttungsquote

$$q^{\mathrm{k}}_{\mathrm{II}} = 1 - n^{\mathrm{k}}_{\mathrm{II}} = 1 \qquad \forall \phi_{\mathrm{II}} \in [1, +\infty) \quad (3.9)$$

folgt, werden die wegen (3.7) ungeschmälerten NOPLAT (3.6) jedoch nicht vollständig ausgeschüttet. Stattdessen fließt periodisch der Anteil $n^{\mathrm{z}}_{\mathrm{II}}$ dieser sogenannten vorläufigen freien Cashflows

$$\mathrm{E}\left[\widetilde{FCF}^{\mathrm{k}}_{\mathrm{II}}\right] = \mathrm{E}\left[\widetilde{NOPLAT}^{\mathrm{k}}_{\mathrm{II}}\right] - \mathrm{E}\left[\widetilde{NI}^{\mathrm{k}}_{\mathrm{II}}\right] = \left(1 - n^{\mathrm{k}}_{\mathrm{II}}\right) \cdot \mathrm{E}\left[\widetilde{NOPLAT}^{\mathrm{k}}_{\mathrm{II}}\right],$$

für die aufgrund (3.9)

$$\mathrm{E}\left[\widetilde{FCF}^{\mathrm{k}}_{\mathrm{II}}\right] = \mathrm{E}\left[\widetilde{NOPLAT}^{\mathrm{k}}_{\mathrm{II}}\right] \qquad \forall \phi_{\mathrm{II}} \in [1, +\infty) \quad (3.10)$$

gilt, in neue, d. h. in der Rentenphase beginnende, Investitionsprojekte, während der verbleibende Anteil $1 - n^{\mathrm{z}}_{\mathrm{II}}$ der NOPLAT ausgeschüttet wird.[118] Der

118 Die zur Ausschüttung gelangenden anteiligen NOPLAT

$$\left(1 - n^{\mathrm{z}}_{\mathrm{II}}\right) \cdot \mathrm{E}\left[\widetilde{NOPLAT}^{\mathrm{k}}_{\mathrm{II}}\right]$$

sind in der Abbildung 3–3 nicht eingezeichnet.

Bezeichner „z" kennzeichnet die mit der Investitionstätigkeit in das von dem konstanten Kernkapital abzugrenzende sogenannte Zusatzkapital zusammenhängenden Bewertungsgrößen und -parameter.[119] Das periodische, konstante Investitionsvolumen in neue Projekte ab der ersten Restwertperiode, das in Analogie zu (3.7) mit

$$\mathrm{E}\left[\widetilde{NI}_{\mathrm{II}}^{\mathrm{z}}\right] = \mathrm{E}\left[\widetilde{IC}_{\mathrm{II}}^{\mathrm{z}}\right] = n_{\mathrm{II}}^{\mathrm{z}} \cdot \mathrm{E}\left[\widetilde{NOPLAT}_{\mathrm{II}}^{\mathrm{k}}\right] = n_{\mathrm{II}}^{\mathrm{z}} \cdot ROIC_{\mathrm{II}} \cdot \mathrm{E}\left[\widetilde{IC}_{\mathrm{II}}^{\mathrm{k}}\right]$$

$$\forall \phi_{\mathrm{II}} \in [1, +\infty) \quad (3.11)$$

angegeben werden kann, wird von *Koller* et al. als „new, or incremental, capital"[120] bezeichnet. Demnach ist zu Beginn der Restwertphase noch kein Zusatzkapital vorhanden, d. h. es gilt annahmegemäß

$$\mathrm{E}\left[\widetilde{IC}_{\mathrm{II},0}^{\mathrm{z}}\right] = 0. \quad (3.12)$$

Die um (3.11) verminderten freien Cashflows (3.10) stehen schließlich zur Ausschüttung an die Kapitalgeber zur Verfügung:

$$\mathrm{E}\left[\widetilde{FCF}_{\mathrm{II}}^{\bar{\mathrm{k}}}\right] = \mathrm{E}\left[\widetilde{FCF}_{\mathrm{II}}^{\mathrm{k}}\right] - \mathrm{E}\left[\widetilde{IC}_{\mathrm{II}}^{\mathrm{z}}\right] = \left(1 - n_{\mathrm{II}}^{\mathrm{z}}\right) \cdot \mathrm{E}\left[\widetilde{NOPLAT}_{\mathrm{II}}^{\mathrm{k}}\right]$$

$$\forall \phi_{\mathrm{II}} \in [1, +\infty). \quad (3.13)$$

Infolge der Verzinsung der betragsgleichen Investitionsvolumina (3.11) und der teilweisen Reinvestition der resultierenden NOPLAT erhöhen sich die jeweiligen Anfangsbestände des Zusatzkapitals im Zeitablauf. Zur Unterscheidung zwischen den ab der ersten Periode der Rentenphase in jeder Periode von dem NOPLAT (3.6) einbehaltenen Anteilen (3.11) und den sich durch deren Verzinsung und Reinvestition periodisch erhöhenden Beständen des Zusatzkapitals werden im Weiteren Periodenindizes eingeführt. Der als Superskript ergänzte Index $z_{\mathrm{II}} \in [1, +\infty)$ gibt den Zeitpunkt an, in dem ein Teil des Kern-NOPLAT in ein neues Investitionsprojekt fließt. Für den Bestand des Zusatzkapitals gemäß (3.11) gelten im Weiteren die alternativen Schreibweisen[121]

119 Die Verwendung des Buchstabens „z" weist auf den Bezug der jeweiligen Größe zum Zusatzkapital hin. Siehe analog Fn. 117.

120 *Koller* et al. (2015), S. 30 und 31.

121 In den meisten Fällen wird im Folgenden die erstgenannte Bezeichnung verwendet. Die anderen drei Schreibweisen werden bei Summierungen eingesetzt, um den Ge-

$$\mathrm{E}\left[\widetilde{IC}_{\mathrm{II}}^{\mathrm{z}}\right] = \mathrm{E}\left[\widetilde{IC}_{\mathrm{II},\phi_{\mathrm{II}}}^{\mathrm{z},z_{\mathrm{II}}}\right] = \mathrm{E}\left[\widetilde{NI}_{\mathrm{II},\phi_{\mathrm{II}}}^{\mathrm{z},z_{\mathrm{II}}}\right] = -\mathrm{E}\left[\widetilde{FCF}_{\mathrm{II},\phi_{\mathrm{II}}}^{\mathrm{z},z_{\mathrm{II}}}\right] \qquad \forall z_{\mathrm{II}}, \phi_{\mathrm{II}} \in [1,+\infty) \quad \text{und} \quad z_{\mathrm{II}} = \phi_{\mathrm{II}}. \tag{3.14}$$

Einer Neuinvestition steht in der Investitionsperiode z_{II} noch kein zugehöriger finanzieller Überschuss gegenüber, sodass in jener Periode ein negativer freier Cashflow entsteht:

$$\mathrm{E}\left[\widetilde{FCF}_{\mathrm{II},z_{\mathrm{II}}}^{\mathrm{z},z_{\mathrm{II}}}\right] = 0 - \mathrm{E}\left[\widetilde{IC}_{\mathrm{II}}^{\mathrm{z}}\right] = -n_{\mathrm{II}}^{\mathrm{z}} \cdot \mathrm{E}\left[\widetilde{NOPLAT}_{\mathrm{II}}^{\mathrm{k}}\right] < 0 \qquad \forall z_{\mathrm{II}} \in [1,+\infty). \tag{3.15}$$

Aus der Verzinsung der Neuinvestition (3.14) mit dem periodenunabhängigen Return on New Invested Capital (RONIC) $RONIC_{\mathrm{II}}$ resultiert schließlich in der auf den Investitionszeitpunkt folgenden Periode $\phi_{\mathrm{II}} = z_{\mathrm{II}}+1$ der zusätzliche NOPLAT

$$\mathrm{E}\left[\widetilde{NOPLAT}_{\mathrm{II},z_{\mathrm{II}}+1}^{\mathrm{z},z_{\mathrm{II}}}\right] = RONIC_{\mathrm{II}} \cdot \mathrm{E}\left[\widetilde{IC}_{\mathrm{II},z_{\mathrm{II}}}^{\mathrm{z},z_{\mathrm{II}}}\right] \qquad \forall z_{\mathrm{II}} \in [1,+\infty). \tag{3.16}$$

Koller et al. wenden dieselbe Nettoinvestitionsrate $n_{\mathrm{II}}^{\mathrm{z}}$ wie in (3.11) an, um die anteilige Reinvestition des zusätzlichen NOPLAT (3.16) zu bemessen:[122]

$$\mathrm{E}\left[\widetilde{NI}_{\mathrm{II},z_{\mathrm{II}}+1}^{\mathrm{z},z_{\mathrm{II}}}\right] = n_{\mathrm{II}}^{\mathrm{z}} \cdot \mathrm{E}\left[\widetilde{NOPLAT}_{\mathrm{II},z_{\mathrm{II}}+1}^{\mathrm{z},z_{\mathrm{II}}}\right] = n_{\mathrm{II}}^{\mathrm{z}} \cdot RONIC_{\mathrm{II}} \cdot \mathrm{E}\left[\widetilde{IC}_{\mathrm{II},z_{\mathrm{II}}}^{\mathrm{z},z_{\mathrm{II}}}\right] \qquad \forall z_{\mathrm{II}} \in [1,+\infty). \tag{3.17}$$

Der verbleibende Anteil

$$q_{\mathrm{II}}^{\mathrm{z}} = 1 - n_{\mathrm{II}}^{\mathrm{z}} \qquad \forall \phi_{\mathrm{II}} \in [1,+\infty) \tag{3.18}$$

des zusätzlichen NOPLAT als Differenz zwischen (3.16) und (3.17) wird ausgeschüttet:

$$\begin{aligned}\mathrm{E}\left[\widetilde{FCF}_{\mathrm{II},z_{\mathrm{II}}+1}^{\mathrm{z},z_{\mathrm{II}}}\right] &= \mathrm{E}\left[\widetilde{NOPLAT}_{\mathrm{II},z_{\mathrm{II}}+1}^{\mathrm{z},z_{\mathrm{II}}}\right] - \mathrm{E}\left[\widetilde{NI}_{\mathrm{II},z_{\mathrm{II}}+1}^{\mathrm{z},z_{\mathrm{II}}}\right] \\ &= \left(1 - n_{\mathrm{II}}^{\mathrm{z}}\right) \cdot \mathrm{E}\left[\widetilde{NOPLAT}_{\mathrm{II},z_{\mathrm{II}}+1}^{\mathrm{z},z_{\mathrm{II}}}\right] \qquad \forall z_{\mathrm{II}} \in [1,+\infty).\end{aligned} \tag{3.19}$$

---

samtbestand des Zusatzkapitals, die gesamten Nettoinvestitionen sowie die gesamten zusätzlichen freien Cashflows einer Restwertperiode zu bestimmen. Siehe hierzu die Formeln (3.28a), (3.28b), (3.41a) und (3.44a).

122 Die Übereinstimmung der Nettoinvestitionsraten $n_{\mathrm{II}}^{\mathrm{z}}$ ist in Abbildung 3–3 auf den Seiten 131 und 132 durch Fettdruck hervorgehoben.

Aus der Addition von (3.14) und (3.17) erhält man den Bestand des Zusatzkapitals am Ende der jeweiligen Investitionsperiode $\phi_{\text{II}} = z_{\text{II}} + 1$:

$$\mathrm{E}\left[\widetilde{IC}^{\,\mathrm{Z},z_{\text{II}}}_{\text{II},z_{\text{II}}+1}\right] = \mathrm{E}\left[\widetilde{IC}^{\,\mathrm{Z},z_{\text{II}}}_{\text{II},z_{\text{II}}}\right] + \mathrm{E}\left[\widetilde{NI}^{\,\mathrm{Z},z_{\text{II}}}_{\text{II},z_{\text{II}}+1}\right] = \mathrm{E}\left[\widetilde{IC}^{\,\mathrm{Z},z_{\text{II}}}_{\text{II},z_{\text{II}}}\right] \cdot \left(1 + n^{\mathrm{Z}}_{\text{II}} \cdot RONIC_{\text{II}}\right)$$

$$\forall z_{\text{II}} \in [1, +\infty). \quad (3.20)$$

Aus der Verzinsung des Kapitalbestands (3.20) resultiert in der nächsten Periode $\phi_{\text{II}} = z_{\text{II}} + 2$ der zusätzliche NOPLAT $\mathrm{E}\left[\widetilde{NOPLAT}^{\,\mathrm{Z},z_{\text{II}}}_{\text{II},z_{\text{II}}+2}\right]$, von dem wiederum der Anteil $n^{\mathrm{Z}}_{\text{II}}$ reinvestiert wird. Verzinsung und Reinvestition des investierten Zusatzkapitals erfolgen in jeder Periode der Rentenphase. Im Allgemeinen ergibt sich der NOPLAT einer Periode ϕ_{II}, welcher auf die in einer vergangenen Periode z_{II} getätigte Neuinvestition zurückgeht, aus der Verzinsung des Bestands des Zusatzkapitals am Ende der jeweiligen Vorperiode $\phi_{\text{II}} - 1$ bzw. zu Beginn der Periode ϕ_{II} $\mathrm{E}\left[\widetilde{IC}^{\,\mathrm{Z},z_{\text{II}}}_{\text{II},\phi_{\text{II}}-1}\right]$ mit der operativen Rendite auf das zusätzlich investierte Kapital $RONIC_{\text{II}}$:

$$\mathrm{E}\left[\widetilde{NOPLAT}^{\,\mathrm{Z},z_{\text{II}}}_{\text{II},\phi_{\text{II}}}\right] = RONIC_{\text{II}} \cdot \mathrm{E}\left[\widetilde{IC}^{\,\mathrm{Z},z_{\text{II}}}_{\text{II},\phi_{\text{II}}-1}\right]$$

$$\forall z_{\text{II}} \in [1, +\infty), \phi_{\text{II}} \in [2, +\infty) \quad \text{und} \quad z_{\text{II}} < \phi_{\text{II}}. \quad (3.21)$$

Wiederum wird periodisch der Anteil $n^{\mathrm{Z}}_{\text{II}}$ der zusätzlichen NOPLAT reinvestiert:

$$\mathrm{E}\left[\widetilde{NI}^{\,\mathrm{Z},z_{\text{II}}}_{\text{II},\phi_{\text{II}}}\right] = n^{\mathrm{Z}}_{\text{II}} \cdot \mathrm{E}\left[\widetilde{NOPLAT}^{\,\mathrm{Z},z_{\text{II}}}_{\text{II},\phi_{\text{II}}}\right] = n^{\mathrm{Z}}_{\text{II}} \cdot RONIC_{\text{II}} \cdot \mathrm{E}\left[\widetilde{IC}^{\,\mathrm{Z},z_{\text{II}}}_{\text{II},\phi_{\text{II}}-1}\right]$$

$$\forall z_{\text{II}} \in [1, +\infty), \phi_{\text{II}} \in [2, +\infty) \quad \text{und} \quad z_{\text{II}} < \phi_{\text{II}}. \quad (3.22)$$

Der Anteil $1 - n^{\mathrm{Z}}_{\text{II}}$ der zusätzlichen NOPLAT als Differenz zwischen (3.21) und (3.22) ist entnahmefähig:[123]

$$\mathrm{E}\left[\widetilde{FCF}^{\,\mathrm{Z},z_{\text{II}}}_{\text{II},\phi_{\text{II}}}\right] = \mathrm{E}\left[\widetilde{NOPLAT}^{\,\mathrm{Z},z_{\text{II}}}_{\text{II},\phi_{\text{II}}}\right] - \mathrm{E}\left[\widetilde{NI}^{\,\mathrm{Z},z_{\text{II}}}_{\text{II},\phi_{\text{II}}}\right] = \left(1 - n^{\mathrm{Z}}_{\text{II}}\right) \cdot \mathrm{E}\left[\widetilde{NOPLAT}^{\,\mathrm{Z},z_{\text{II}}}_{\text{II},\phi_{\text{II}}}\right]$$

$$\forall z_{\text{II}} \in [1, +\infty), \phi_{\text{II}} \in [2, +\infty) \quad \text{und} \quad z_{\text{II}} < \phi_{\text{II}}. \quad (3.23)$$

123 Die zur Ausschüttung gelangenden anteiligen NOPLAT sind in der Abbildung 3–3 nicht eingezeichnet.

Die Nettoinvestitionen gemäß (3.22) erhöhen in der Periode ϕ_{II} den Bestand des neu investierten Kapitals der Vorperiode:

$$\mathrm{E}\left[\widetilde{IC}^{\mathrm{z},z_{\text{II}}}_{\text{II},\phi_{\text{II}}}\right] = \mathrm{E}\left[\widetilde{IC}^{\mathrm{z},z_{\text{II}}}_{\text{II},\phi_{\text{II}}-1}\right] + \mathrm{E}\left[\widetilde{NI}^{\mathrm{z},z_{\text{II}}}_{\text{II},\phi_{\text{II}}}\right] = \mathrm{E}\left[\widetilde{IC}^{\mathrm{z},z_{\text{II}}}_{\text{II},\phi_{\text{II}}-1}\right] \cdot \left(1 + n^{\mathrm{z}}_{\text{II}} \cdot RONIC_{\text{II}}\right)$$

$$\forall z_{\text{II}} \in [1,+\infty), \phi_{\text{II}} \in [2,+\infty) \quad \text{und} \quad z_{\text{II}} < \phi_{\text{II}}. \quad (3.24\text{a})$$

Ausgehend von (3.11) bzw. (3.14) ist der Kapitalbestand einer Periode ϕ_{II}, welcher aus einer in der zurückliegenden Periode $z_{\text{II}} < \phi_{\text{II}}$ getätigten Neuinvestition $\mathrm{E}\left[\widetilde{IC}^{\mathrm{z}}_{\text{II}}\right]$ hervorgeht, mittels (3.24b) zu bestimmen:

$$\mathrm{E}\left[\widetilde{IC}^{\mathrm{z},z_{\text{II}}}_{\text{II},\phi_{\text{II}}}\right] = \mathrm{E}\left[\widetilde{IC}^{\mathrm{z}}_{\text{II}}\right] + \sum_{\nu=z_{\text{II}}+1}^{\phi_{\text{II}}} \mathrm{E}\left[\widetilde{NI}^{\mathrm{z},z_{\text{II}}}_{\text{II},\nu}\right] \qquad \forall z_{\text{II}}, \phi_{\text{II}} \in [1,+\infty). \quad (3.24\text{b})$$

Zu dem in der Periode z_{II} für Erweiterungsinvestitionen verwendeten Betrag des Kern-NOPLAT sind alle von diesem bis einschließlich zur Periode ϕ_{II} ausgehenden Reinvestitionen hinzuzurechnen. Aufgrund der periodischen Verzinsung des Kapitalbestands mit $RONIC_{\text{II}}$ steigt dieser in der unendlichen Rentenphase stetig mit der Wachstumsrate $w^{\mathrm{z}}_{\text{II}}$ gemäß

$$w^{\mathrm{z}}_{\text{II}} = n^{\mathrm{z}}_{\text{II}} \cdot RONIC_{\text{II}} \qquad \forall \phi_{\text{II}} \in [2,+\infty) \quad (3.25)$$

an. An die Stelle von (3.24b) tritt somit analog zu der zweiten der unter (3.24a) aufgeführten Berechnungsweisen die folgende auf (3.25) basierende Formel:

$$\mathrm{E}\left[\widetilde{IC}^{\mathrm{z},z_{\text{II}}}_{\text{II},\phi_{\text{II}}}\right] = \mathrm{E}\left[\widetilde{IC}^{\mathrm{z}}_{\text{II}}\right] \cdot \left(1 + w^{\mathrm{z}}_{\text{II}}\right)^{\phi_{\text{II}}-z_{\text{II}}} \qquad \forall z_{\text{II}}, \phi_{\text{II}} \in [1,+\infty). \quad (3.26)$$

Im Weiteren ist zu untersuchen, mit welcher Wachstumsrate der Gesamtkapitalbestand einer Restwertperiode nach *Koller* et al. ansteigt. Die Grundlage hierzu bildet die folgende Herleitung einer Berechnungsformel für das Gesamtkapital.

Die zweite Spalte der Tabelle 3–1 auf der Seite 115 enthält den Anfangsbestand des Kernkapitals $\mathrm{E}\left[\widetilde{IC}^{\mathrm{k}}_{\text{II}}\right]$, der wegen (3.12) zugleich den Gesamtkapitalbestand zum Zeitpunkt $\phi_{\text{II}} = 0$ ausmacht. Der dritten bis fünften Spalte sind alle Nettoinvestitionen in den ersten drei Perioden der Rentenphase $\phi_{\text{II}} = 1, 2, 3$ zu entnehmen. Zu dem wegen fehlender Nettoinvestitionen (3.7) im Zeitablauf konstant bleibenden Bestand des Kernkapitals (3.5) kommen in jeder Periode Investitionen in das Zusatzkapital gemäß (3.11) in Verbindung mit (3.14) hinzu, die sich in den jeweiligen Folgeperioden durch Reinvestition des verzinsten investierten Zusatzkapitals gemäß (3.22) erhöhen. Die eingetragenen Nettoinvestitionen der ersten drei unendlichen Investitionsketten entsprechen sich jeweils diagonal. Die Angabe der zum Zeitpunkt $\phi_{\mathrm{II}} = 3$ erreichten Bestände des Zusatzkapitals $\mathrm{E}\left[\widetilde{IC}_{\mathrm{II},3}^{\mathrm{z},z_{\mathrm{II}}}\right]$ in der letzten Spalte beruht auf deren Berechnung mittels (3.24b).

Sodann wird die Summe der zeilenweise ermittelten Bestände des Zusatzkapitals der Investitionsperioden $z_{\mathrm{II}} = 1, 2, 3$ gebildet, die mit dem Erwartungswert $\mathrm{E}\left[\widetilde{IC}_{\mathrm{II},3}^{\mathrm{z}}\right]$ bezeichnet wird. Alternativ kann der Gesamtbestand des Zusatzkapitals durch Addition der spaltenweise angegebenen periodenbezogenen Summen der Nettoinvestitionen $\mathrm{E}\left[\widetilde{NI}_{\mathrm{II},\phi_{\mathrm{II}}}^{\mathrm{z}}\right]$ ermittelt werden. Anschließend wird das Kernkapital addiert, um die Ermittlung des Bestands des Gesamtkapitals am Ende der dritten Periode $\mathrm{E}\left[\widetilde{IC}_{\mathrm{II},3}\right]$ beispielhaft zu veranschaulichen.

Tab. 3–1: Nettoinvestitionen nach dem Modell von *Koller* et al. (2015) in den ersten drei Perioden der Rentenphase und Ermittlung des Gesamtkapitals zum Zeitpunkt $\phi_{\mathrm{II}} = 3$

ϕ_{II}	0	1	2	3	Summe
Kernkapital	$\mathrm{E}\left[\widetilde{IC}_{\mathrm{II}}^{\mathrm{k}}\right]$	0	0	0	$\mathrm{E}\left[\widetilde{IC}_{\mathrm{II}}^{\mathrm{k}}\right]$
Zusatzkapital					
$z_{\mathrm{II}} = 1$		$\mathrm{E}\left[\widetilde{IC}_{\mathrm{II},1}^{\mathrm{z},1}\right]$	$\mathrm{E}\left[\widetilde{NI}_{\mathrm{II},2}^{\mathrm{z},1}\right]$	$\mathrm{E}\left[\widetilde{NI}_{\mathrm{II},3}^{\mathrm{z},1}\right]$	$\mathrm{E}\left[\widetilde{IC}_{\mathrm{II},3}^{\mathrm{z},1}\right]$
$z_{\mathrm{II}} = 2$			$\mathrm{E}\left[\widetilde{IC}_{\mathrm{II},2}^{\mathrm{z},2}\right]$	$\mathrm{E}\left[\widetilde{NI}_{\mathrm{II},3}^{\mathrm{z},2}\right]$	$\mathrm{E}\left[\widetilde{IC}_{\mathrm{II},3}^{\mathrm{z},2}\right]$
$z_{\mathrm{II}} = 3$				$\mathrm{E}\left[\widetilde{IC}_{\mathrm{II},3}^{\mathrm{z},3}\right]$	$\mathrm{E}\left[\widetilde{IC}_{\mathrm{II},3}^{\mathrm{z},3}\right]$
Summe	0	$\mathrm{E}\left[\widetilde{NI}_{\mathrm{II},1}^{\mathrm{z}}\right]$	$\mathrm{E}\left[\widetilde{NI}_{\mathrm{II},2}^{\mathrm{z}}\right]$	$\mathrm{E}\left[\widetilde{NI}_{\mathrm{II},3}^{\mathrm{z}}\right]$	$\mathrm{E}\left[\widetilde{IC}_{\mathrm{II},3}^{\mathrm{z}}\right]$
Gesamtkapital	$\mathrm{E}\left[\widetilde{IC}_{\mathrm{II}}^{\mathrm{k}}\right]$	$\mathrm{E}\left[\widetilde{NI}_{\mathrm{II},1}^{\mathrm{z}}\right]$	$\mathrm{E}\left[\widetilde{NI}_{\mathrm{II},2}^{\mathrm{z}}\right]$	$\mathrm{E}\left[\widetilde{NI}_{\mathrm{II},3}^{\mathrm{z}}\right]$	$\mathrm{E}\left[\widetilde{IC}_{\mathrm{II},3}\right]$

Anhand der Tabelle 3–1 können die nachstehenden Formeln zur Ermittlung des Gesamtkapitalbestands einer Restwertperiode ϕ_{II} $\mathrm{E}\left[\widetilde{IC}_{\mathrm{II},\phi_{\mathrm{II}}}\right]$ auf einfache Weise nachvollzogen werden. Dieser setzt sich aus dem konstanten Bestand des Kernkapitals $\mathrm{E}\left[\widetilde{IC}_{\mathrm{II}}^{\mathrm{k}}\right]$ und der Summe aller von der ersten Periode der Rentenphase bis einschließlich zu dem Zeitpunkt ϕ_{II} getätigten Erweiterungsinvestitionen $\mathrm{E}\left[\widetilde{IC}_{\mathrm{II},\phi_{\mathrm{II}}}^{\mathrm{z}}\right]$ zusammen, die sich nach *Koller* et al. ausschließlich auf das Zusatzkapital beziehen:[124]

$$\mathrm{E}\left[\widetilde{IC}_{\mathrm{II},\phi_{\mathrm{II}}}\right] = \mathrm{E}\left[\widetilde{IC}_{\mathrm{II}}^{\mathrm{k}}\right] + \mathrm{E}\left[\widetilde{IC}_{\mathrm{II},\phi_{\mathrm{II}}}^{\mathrm{z}}\right] \qquad \forall \phi_{\mathrm{II}} \in [0,+\infty). \quad (3.27)$$

Zur Ermittlung des zweiten Summanden in (3.27) stehen zwei Berechnungsweisen zur Auswahl: Zum einen besteht die Möglichkeit der Addition der periodenweise (spaltenweise) gebildeten Summen der getätigten Nettoinvestitionen von der ersten Periode bis einschließlich zu dem Zeitpunkt ϕ_{II}. Unter Beachtung von (3.14) gilt:

$$\mathrm{E}\left[\widetilde{IC}_{\mathrm{II},\phi_{\mathrm{II}}}^{\mathrm{z}}\right] = \sum_{\nu=1}^{\phi_{\mathrm{II}}} \mathrm{E}\left[\widetilde{NI}_{\mathrm{II},\nu}^{\mathrm{z}}\right] = \sum_{\nu=1}^{\phi_{\mathrm{II}}} \sum_{z_{\mathrm{II}}=1}^{\nu} \mathrm{E}\left[\widetilde{NI}_{\mathrm{II},\nu}^{\mathrm{z},z_{\mathrm{II}}}\right] \qquad \forall \phi_{\mathrm{II}} \in [1,+\infty). \quad (3.28a)$$

Zum anderen können unter Rückgriff auf (3.24b) alle sich aus den periodischen Neuinvestitionen des Intervalls $[1,\phi_{\mathrm{II}}]$ bis zum Zeitpunkt ϕ_{II} (zeilenweise) entwickelten Bestände des Zusatzkapitals summiert werden:

$$\mathrm{E}\left[\widetilde{IC}_{\mathrm{II},\phi_{\mathrm{II}}}^{\mathrm{z}}\right] = \sum_{z_{\mathrm{II}}=1}^{\phi_{\mathrm{II}}} \mathrm{E}\left[\widetilde{IC}_{\mathrm{II},\phi_{\mathrm{II}}}^{\mathrm{z},z_{\mathrm{II}}}\right] = \sum_{z_{\mathrm{II}}=1}^{\phi_{\mathrm{II}}} \sum_{\nu=z_{\mathrm{II}}}^{\phi_{\mathrm{II}}} \mathrm{E}\left[\widetilde{NI}_{\mathrm{II},\nu}^{\mathrm{z},z_{\mathrm{II}}}\right] \qquad \forall \phi_{\mathrm{II}} \in [1,+\infty). \quad (3.28b)$$

Da an späterer Stelle die Ermittlung der gesamten Nettoinvestitionen in einer Periode ϕ_{II} behandelt wird, wird die erstgenannte Möglichkeit nicht betrachtet.[125] An dieser Stelle wird mit der zweiten Variante fortgefahren.

---

124 In der Tabelle 3–1 sind die das Zusatzkapital erhöhenden Nettoinvestitionen in den Feldern oberhalb der Summenzeile bzw. links von der Summenspalte eingetragen, während das Fehlen von kernkapitalerhöhenden Investitionen durch Nullen in der oberen Zeile dargestellt wird. Die Zahl Null in der vorletzten Zeile bezieht sich auf (3.12).

125 Siehe zur Summierung aller Nettoinvestitionen einer Periode ϕ_{II} die auf der Seite 121 unter (3.41) aufgeführten Formeln.

Ausgehend von (3.26) gilt für (3.28b):

$$\mathrm{E}\left[\widetilde{IC}^{\mathrm{Z}}_{\mathrm{II},\phi_{\mathrm{II}}}\right] = \mathrm{E}\left[\widetilde{IC}^{\mathrm{Z}}_{\mathrm{II}}\right] \cdot \sum_{z_{\mathrm{II}}=1}^{\phi_{\mathrm{II}}} \left(1 + w^{\mathrm{Z}}_{\mathrm{II}}\right)^{\phi_{\mathrm{II}} - z_{\mathrm{II}}} \qquad \forall \phi_{\mathrm{II}} \in [1, +\infty)\,. \quad (3.28\mathrm{ca})$$

Für weiter in der Zukunft liegende Zeitpunkte nimmt der Berechnungsaufwand zur Ermittlung des Gesamtbestands des Zusatzkapitals bei Anwendung der Formel (3.28ca) zu. Zur Reduzierung des Rechenaufwandes ist der Summenausdruck in (3.28ca) zunächst durch den hinsichtlich der Summationsgrenzen und der Summationsreihenfolge umgewandelten Term

$$\sum_{\nu=0}^{\phi_{\mathrm{II}}-1} \left(1 + w^{\mathrm{Z}}_{\mathrm{II}}\right)^{\phi_{\mathrm{II}} - \nu - 1} = \sum_{\nu=0}^{\phi_{\mathrm{II}}-1} \left(1 + w^{\mathrm{Z}}_{\mathrm{II}}\right)^{\nu}$$

zu ersetzen.[126] Anschließend kann die Summenformel für die geometrische Reihe (B.2a) angewandt werden, indem der obige Summenausdruck durch den Quotienten

$$\frac{1 - \left(1 + w^{\mathrm{Z}}_{\mathrm{II}}\right)^{\phi_{\mathrm{II}}}}{1 - \left(1 + w^{\mathrm{Z}}_{\mathrm{II}}\right)}$$

substituiert wird.[127] Nach der Auflösung der Klammer im Nenner des Quotienten kann der Bestand des gesamten Zusatzkapitals zum Zeitpunkt ϕ_{II} statt mittels (3.28ca) anhand der einfachen Formel

$$\mathrm{E}\left[\widetilde{IC}^{\mathrm{Z}}_{\mathrm{II},\phi_{\mathrm{II}}}\right] = \frac{\left(1 + w^{\mathrm{Z}}_{\mathrm{II}}\right)^{\phi_{\mathrm{II}}} - 1}{w^{\mathrm{Z}}_{\mathrm{II}}} \cdot \mathrm{E}\left[\widetilde{IC}^{\mathrm{Z}}_{\mathrm{II}}\right] \qquad \forall \phi_{\mathrm{II}} \in [1, +\infty) \quad (3.28\mathrm{cb})$$

berechnet werden. Da mit $ROIC_{\mathrm{II}}$ und $RONIC_{\mathrm{II}}$ der Bemessung der periodischen Nettoinvestitionen in das Zusatzkapital gemäß (3.11) und der Entwicklung des Zusatzkapitals gemäß (3.26) i. V. m. (3.25) unterschiedliche

---

126 Aufgrund des Wegfalls der ökonomischen Interpretation des Summationsindexes durch die Verschiebung der Summationsgrenzen wird der Periodenindex z_{II} aus (3.28ca) durch die allgemeine Laufvariable ν substituiert. Der Unterschied zwischen den beiden Summenausdrücken liegt darin, dass die Summation bei ersterem Term absteigend erfolgt, während bei letzterem aufsteigend summiert wird. Die Vertauschung der Reihenfolge der Addition der Summanden, die keinen Einfluss auf das Ergebnis hat, dient der Vergleichbarkeit mit der im Weiteren angewandten Summenformel für die geometrische Reihe (B.2a).

127 Die Summenformel für die geometrische Reihe (B.2a) findet sich im Anhang auf der Seite 398.

Reinvestitionsrenditen zugrunde liegen, ist die Wachstumsrate des Gesamtkapitalbestands w^{IC} periodenabhängig:

$$w_{\phi_{\mathrm{II}}}^{\mathrm{IC}} = \frac{\mathrm{E}\left[\widetilde{IC}_{\mathrm{II},\phi_{\mathrm{II}}}\right]}{\mathrm{E}\left[\widetilde{IC}_{\mathrm{II},\phi_{\mathrm{II}}-1}\right]} - 1. \tag{3.29}$$

Im Rahmen einer auf (3.29) basierenden Grenzwertanalyse lässt sich zeigen, dass die nachhaltige Wachstumsrate des Gesamtkapitals asymptotisch der Rate $w_{\mathrm{II}}^{\mathrm{z}}$ als dem Maximum der beiden Wachstumsraten $w_{\mathrm{II}}^{\mathrm{k}}$ und $w_{\mathrm{II}}^{\mathrm{z}}$ entspricht:[128]

$$\lim_{\phi_{\mathrm{II}} \to +\infty} w_{\phi_{\mathrm{II}}}^{\mathrm{IC}} = w_{\mathrm{II}}^{\mathrm{z}} = \max\left\{w_{\mathrm{II}}^{\mathrm{k}}, w_{\mathrm{II}}^{\mathrm{z}}\right\}. \tag{3.30}$$

Wie in (3.26) steigen aufgrund der Periodenkonstanz der Nettoinvestitionsrate $n_{\mathrm{II}}^{\mathrm{z}}$ und der Reinvestitionsrendite $RONIC_{\mathrm{II}}$ auch die aus (3.14) resultierenden zusätzlichen NOPLAT, Nettoinvestitionen und zusätzlichen freien Cashflows mit der Wachstumsrate $w_{\mathrm{II}}^{\mathrm{z}}$ gemäß (3.25) an. Für den zusätzlichen NOPLAT einer Periode ϕ_{II} gilt ausgehend von (3.16):

$$\mathrm{E}\left[\widetilde{NOPLAT}_{\mathrm{II},\phi_{\mathrm{II}}}^{\mathrm{z},z_{\mathrm{II}}}\right] = \mathrm{E}\left[\widetilde{NOPLAT}_{\mathrm{II},z_{\mathrm{II}}+1}^{\mathrm{z},z_{\mathrm{II}}}\right] \cdot \left(1 + w_{\mathrm{II}}^{\mathrm{z}}\right)^{\phi_{\mathrm{II}}-z_{\mathrm{II}}-1}$$

$$\forall z_{\mathrm{II}} \in [1, +\infty), \phi_{\mathrm{II}} \in [2, +\infty) \quad \text{und} \quad z_{\mathrm{II}} < \phi_{\mathrm{II}}. \tag{3.31}$$

Wegen der Übereinstimmung der NOPLAT bei einer Periodenverschiebung gemäß

$$\mathrm{E}\left[\widetilde{NOPLAT}_{\mathrm{II},\phi_{\mathrm{II}}}^{\mathrm{z},z_{\mathrm{II}}}\right] = \mathrm{E}\left[\widetilde{NOPLAT}_{\mathrm{II},\phi_{\mathrm{II}}+\delta}^{\mathrm{z},z_{\mathrm{II}}+\delta}\right]$$

$$\forall z_{\mathrm{II}} \in [1, +\infty), \phi_{\mathrm{II}} \in [2, +\infty) \quad \text{mit} \quad \delta \in \mathbb{Z} \tag{3.32}$$

lässt sich der zusätzliche NOPLAT unter den in (3.31) angegebenen Bedingungen auch ausgehend von $\mathrm{E}\left[\widetilde{NOPLAT}_{\mathrm{II},2}^{\mathrm{z},1}\right]$ bestimmen:

$$\mathrm{E}\left[\widetilde{NOPLAT}_{\mathrm{II},\phi_{\mathrm{II}}}^{\mathrm{z},z_{\mathrm{II}}}\right] = \mathrm{E}\left[\widetilde{NOPLAT}_{\mathrm{II},2}^{\mathrm{z},1}\right] \cdot \left(1 + w_{\mathrm{II}}^{\mathrm{z}}\right)^{\phi_{\mathrm{II}}-z_{\mathrm{II}}-1}. \tag{3.33}$$

---

128 Die Gültigkeit des Grenzverhaltens der Wachstumsrate des Gesamtkapitalbestands (3.30) wird auf den Seiten 350 f. des Anhangs A.2.1 erläutert.

Die nachstehende Tabelle 3–2 stellt die Entwicklung der NOPLAT in den ersten drei Perioden der Rentenphase dar. Zu den aus der Verzinsung des konstanten Kernkapitals resultierenden unveränderlichen NOPLAT (3.6) kommen ab der zweiten Periode die zusätzlichen NOPLAT (3.21) hinzu, die sich aus der periodischen Verzinsung des Zusatzkapitals der in jeder Restwertperiode $z_{\mathrm{II}} \in [1, +\infty)$ beginnenden unendlichen Investitionsketten ergeben. Die in der vorletzten Tabellenzeile angegebenen, periodenweise gebildeten Summen der zusätzlichen NOPLAT $\mathrm{E}\left[\widetilde{NOPLAT}^{\mathrm{z}}_{\mathrm{II},\phi_{\mathrm{II}}}\right]$ umfassen jeweils die in der Periode ϕ_{II} erwirtschafteten NOPLAT, die aus allen in der Vorperiode $\phi_{\mathrm{II}} - 1$ vorhandenen Beständen des Zusatzkapitals der insgesamt $\phi_{\mathrm{II}} - 1$ Investitionsketten hervorgehen. Gemeinsam mit dem unveränderlichen Kern-NOPLAT $\mathrm{E}\left[\widetilde{NOPLAT}^{\mathrm{k}}_{\mathrm{II}}\right]$ bildet jede dieser Summen den gesamten NOPLAT der jeweiligen Restwertperiode $\mathrm{E}\left[\widetilde{NOPLAT}_{\mathrm{II},\phi_{\mathrm{II}}}\right]$.

Tab. 3–2: Entwicklung der NOPLAT nach dem Modell von *Koller* et al. (2015) und Ermittlung der gesamten NOPLAT in den ersten drei Perioden der Rentenphase

ϕ_{II}	1	2	3
Kern-NOPLAT	$\mathrm{E}\left[\widetilde{NOPLAT}^{\mathrm{k}}_{\mathrm{II}}\right]$	$\mathrm{E}\left[\widetilde{NOPLAT}^{\mathrm{k}}_{\mathrm{II}}\right]$	$\mathrm{E}\left[\widetilde{NOPLAT}^{\mathrm{k}}_{\mathrm{II}}\right]$
Zusätzliche NOPLAT			
$z_{\mathrm{II}} = 1$		$\mathrm{E}\left[\widetilde{NOPLAT}^{\mathrm{z},1}_{\mathrm{II},2}\right]$	$\mathrm{E}\left[\widetilde{NOPLAT}^{\mathrm{z},1}_{\mathrm{II},3}\right]$
$z_{\mathrm{II}} = 2$			$\mathrm{E}\left[\widetilde{NOPLAT}^{\mathrm{z},2}_{\mathrm{II},3}\right]$
Summe	0	$\mathrm{E}\left[\widetilde{NOPLAT}^{\mathrm{z}}_{\mathrm{II},2}\right]$	$\mathrm{E}\left[\widetilde{NOPLAT}^{\mathrm{z}}_{\mathrm{II},3}\right]$
Gesamter NOPLAT	$\mathrm{E}\left[\widetilde{NOPLAT}^{\mathrm{k}}_{\mathrm{II}}\right]$	$\mathrm{E}\left[\widetilde{NOPLAT}_{\mathrm{II},2}\right]$	$\mathrm{E}\left[\widetilde{NOPLAT}_{\mathrm{II},3}\right]$

Für den periodenspezifischen gesamten NOPLAT gilt folglich:

$$\mathrm{E}\left[\widetilde{NOPLAT}_{\mathrm{II},\phi_{\mathrm{II}}}\right] = \mathrm{E}\left[\widetilde{NOPLAT}_{\mathrm{II}}^{\mathrm{k}}\right] + \mathrm{E}\left[\widetilde{NOPLAT}_{\mathrm{II},\phi_{\mathrm{II}}}^{\mathrm{z}}\right]$$

$$= \mathrm{E}\left[\widetilde{NOPLAT}_{\mathrm{II}}^{\mathrm{k}}\right] + \sum_{z_{\mathrm{II}}=1}^{\phi_{\mathrm{II}}-1} \mathrm{E}\left[\widetilde{NOPLAT}_{\mathrm{II},\phi_{\mathrm{II}}}^{\mathrm{z},z_{\mathrm{II}}}\right] \qquad (3.34)$$

$$\forall\, \phi_{\mathrm{II}} \in [1,+\infty).$$

Ausgehend von (3.33) gilt für den zweiten Summanden in (3.34):

$$\mathrm{E}\left[\widetilde{NOPLAT}_{\mathrm{II},\phi_{\mathrm{II}}}^{\mathrm{z}}\right] = \mathrm{E}\left[\widetilde{NOPLAT}_{\mathrm{II},2}^{\mathrm{z},1}\right] \cdot \sum_{z_{\mathrm{II}}=1}^{\phi_{\mathrm{II}}-1} \left(1 + w_{\mathrm{II}}^{\mathrm{z}}\right)^{\phi_{\mathrm{II}}-z_{\mathrm{II}}-1}$$

$$\forall\, \phi_{\mathrm{II}} \in [2,+\infty). \qquad (3.35)$$

Nach der auf (B.2a) basierenden Umwandlung des obigen Summenausdrucks in einen Quotienten gemäß

$$\sum_{v=0}^{\phi_{\mathrm{II}}-2} \left(1 + w_{\mathrm{II}}^{\mathrm{z}}\right)^{\phi_{\mathrm{II}}-v-2} = \sum_{v=0}^{\phi_{\mathrm{II}}-2} \left(1 + w_{\mathrm{II}}^{\mathrm{z}}\right)^{v} = \frac{1 - \left(1 + w_{\mathrm{II}}^{\mathrm{z}}\right)^{\phi_{\mathrm{II}}-1}}{1 - \left(1 + w_{\mathrm{II}}^{\mathrm{z}}\right)} \qquad (3.36)$$

kann statt (3.35) die einfache Berechnungsformel

$$\mathrm{E}\left[\widetilde{NOPLAT}_{\mathrm{II},\phi_{\mathrm{II}}}^{\mathrm{z}}\right] = \frac{\left(1 + w_{\mathrm{II}}^{\mathrm{z}}\right)^{\phi_{\mathrm{II}}-1} - 1}{w_{\mathrm{II}}^{\mathrm{z}}} \cdot \mathrm{E}\left[\widetilde{NOPLAT}_{\mathrm{II},2}^{\mathrm{z},1}\right]$$

$$\forall\, \phi_{\mathrm{II}} \in [2,+\infty) \qquad (3.37)$$

angewandt werden. Anhand der Formel für die periodenspezifische Wachstumsrate des gesamten NOPLAT

$$w_{\phi_{\mathrm{II}}}^{\mathrm{NOPLAT}} = \frac{\mathrm{E}\left[\widetilde{NOPLAT}_{\mathrm{II},\phi_{\mathrm{II}}}\right]}{\mathrm{E}\left[\widetilde{NOPLAT}_{\mathrm{II},\phi_{\mathrm{II}}-1}\right]} - 1 \qquad (3.38)$$

lässt sich im Rahmen einer Grenzwertbetrachtung zeigen, dass analog zu (3.30) auch die nachhaltige Wachstumsrate des gesamten NOPLAT asymptotisch der Rate w_{II}^{z} entspricht:[129]

$$\lim_{\phi_{\text{II}} \to +\infty} w_{\phi_{\text{II}}}^{\text{NOPLAT}} = w_{\text{II}}^{\text{z}} = \max\left\{w_{\text{II}}^{\text{k}}, w_{\text{II}}^{\text{z}}\right\}. \tag{3.39}$$

Das Wachstum der gesamten erwirtschafteten Überschüsse aus dem eingesetzten Kapital wird somit allein von der Nettoinvestitionsrate n_{II}^{z} und der Rendite des Zusatzkapitals $RONIC_{\text{II}}$ bestimmt.

Die Gleichheit (3.32) gilt analog für die Zusammenhänge zwischen den Nettoinvestitionen und die Zusammenhänge zwischen den zusätzlichen freien Cashflows, wie die Formelblöcke (3.40) und (3.43) widerspiegeln. Aus (3.31) und (3.33) lassen sich die über die Abschreibungen hinausgehenden Investitionen in das Zusatzkapital einer Periode ϕ_{II} ergänzend zu (3.22) wie folgt berechnen:

$$\begin{aligned} \mathrm{E}\left[\widetilde{NI}_{\text{II},\phi_{\text{II}}}^{\text{z},z_{\text{II}}}\right] &= \mathrm{E}\left[\widetilde{NI}_{\text{II},z_{\text{II}}+1}^{\text{z},z_{\text{II}}}\right] \cdot \left(1 + w_{\text{II}}^{\text{z}}\right)^{\phi_{\text{II}}-z_{\text{II}}-1} \\ &= \mathrm{E}\left[\widetilde{NI}_{\text{II},2}^{\text{z},1}\right] \cdot \left(1 + w_{\text{II}}^{\text{z}}\right)^{\phi_{\text{II}}-z_{\text{II}}-1} \end{aligned} \tag{3.40}$$

$$\forall z_{\text{II}} \in [1,+\infty), \phi_{\text{II}} \in [2,+\infty) \quad \text{und} \quad z_{\text{II}} < \phi_{\text{II}}.$$

Da in Bezug auf das Kernkapital annahmegemäß keine Nettoinvestitionen vorgenommen werden, umfasst die Summe aller Nettoinvestitionen in einer beliebigen Periode ϕ_{II} $\mathrm{E}\left[\widetilde{NI}_{\text{II},\phi_{\text{II}}}\right]$, wie aus der letzten Zeile der Tabelle 3–1 hervorgeht, alle das Zusatzkapital erhöhenden Investitionen in der jeweiligen Periode $\mathrm{E}\left[\widetilde{NI}_{\text{II},\phi_{\text{II}}}^{\text{z}}\right]$:

$$\mathrm{E}\left[\widetilde{NI}_{\text{II},\phi_{\text{II}}}\right] = \mathrm{E}\left[\widetilde{NI}_{\text{II},\phi_{\text{II}}}^{\text{z}}\right] = \sum_{z_{\text{II}}=1}^{\phi_{\text{II}}} \mathrm{E}\left[\widetilde{NI}_{\text{II},\phi_{\text{II}}}^{\text{z},z_{\text{II}}}\right] \qquad \forall \phi_{\text{II}} \in [1,+\infty). \tag{3.41a}$$

129 Die Gültigkeit des Grenzverhaltens der Wachstumsrate des gesamten NOPLAT (3.39) wird auf der Seite 351 des Anhangs A.2.1 erläutert.

Unter Berücksichtigung von (3.14) und (3.40) gilt für (3.41a):

$$\mathrm{E}\left[\widetilde{NI}^{\mathrm{z}}_{\mathrm{II},\phi_{\mathrm{II}}}\right] = \mathrm{E}\left[\widetilde{IC}^{\mathrm{z}}_{\mathrm{II}}\right] + \sum_{z_{\mathrm{II}}=1}^{\phi_{\mathrm{II}}-1} \mathrm{E}\left[\widetilde{NI}^{\mathrm{z},z_{\mathrm{II}}}_{\mathrm{II},\phi_{\mathrm{II}}}\right] \tag{3.41b}$$

$$= \mathrm{E}\left[\widetilde{IC}^{\mathrm{z}}_{\mathrm{II}}\right] + \mathrm{E}\left[\widetilde{NI}^{\mathrm{z},1}_{\mathrm{II},2}\right] \cdot \sum_{z_{\mathrm{II}}=1}^{\phi_{\mathrm{II}}-1} \left(1 + w^{\mathrm{z}}_{\mathrm{II}}\right)^{\phi_{\mathrm{II}}-z_{\mathrm{II}}-1}. \tag{3.41c}$$

Die unter (3.36) angegebenen Umformungen führen zu einer Vereinfachung des mit dem Summenausdruck in (3.35) übereinstimmenden Terms in (3.41c), sodass (3.41c) unter zusätzlicher Berücksichtigung von (3.22) und (3.25) zu

$$\mathrm{E}\left[\widetilde{NI}^{\mathrm{z}}_{\mathrm{II},\phi_{\mathrm{II}}}\right] = \mathrm{E}\left[\widetilde{IC}^{\mathrm{z}}_{\mathrm{II}}\right] + \frac{\left(1 + w^{\mathrm{z}}_{\mathrm{II}}\right)^{\phi_{\mathrm{II}}-1} - 1}{w^{\mathrm{z}}_{\mathrm{II}}} \cdot w^{\mathrm{z}}_{\mathrm{II}} \cdot \mathrm{E}\left[\widetilde{IC}^{\mathrm{z}}_{\mathrm{II}}\right]$$

$$= \mathrm{E}\left[\widetilde{IC}^{\mathrm{z}}_{\mathrm{II}}\right] \cdot \left(1 + w^{\mathrm{z}}_{\mathrm{II}}\right)^{\phi_{\mathrm{II}}-1} = \mathrm{E}\left[\widetilde{IC}^{\mathrm{z},1}_{\mathrm{II},\phi_{\mathrm{II}}}\right] \tag{3.41d}$$

umgeformt werden kann. (3.41d) entspricht (3.26) bei $z_{\mathrm{II}} = 1$, was auf der Basis des analog für die Nettoinvestitionen geltenden Zusammenhangs (3.32) aus der Tabelle 3–1 ersichtlich ist. Aufgrund des konstanten Kernkapitals ist die Wachstumsrate der gesamten Nettoinvestitionen folglich periodenunabhängig:

$$w^{\mathrm{NI}}_{\mathrm{II}} = \frac{\mathrm{E}\left[\widetilde{NI}^{\mathrm{z}}_{\mathrm{II},\phi_{\mathrm{II}}}\right]}{\mathrm{E}\left[\widetilde{NI}^{\mathrm{z}}_{\mathrm{II},\phi_{\mathrm{II}}-1}\right]} - 1 = w^{\mathrm{z}}_{\mathrm{II}} \qquad \forall \phi_{\mathrm{II}} \in [1, +\infty). \tag{3.42}$$

In Anlehnung an (3.40) verbleibt schließlich als freier Cashflow einer Periode $\phi_{\mathrm{II}} \in [2, +\infty)$:

$$\mathrm{E}\left[\widetilde{FCF}^{\mathrm{z},z_{\mathrm{II}}}_{\mathrm{II},\phi_{\mathrm{II}}}\right] = \mathrm{E}\left[\widetilde{FCF}^{\mathrm{z},z_{\mathrm{II}}}_{\mathrm{II},z_{\mathrm{II}}+1}\right] \cdot \left(1 + w^{\mathrm{z}}_{\mathrm{II}}\right)^{\phi_{\mathrm{II}}-z_{\mathrm{II}}-1}$$

$$= \mathrm{E}\left[\widetilde{FCF}^{\mathrm{z},1}_{\mathrm{II},2}\right] \cdot \left(1 + w^{\mathrm{z}}_{\mathrm{II}}\right)^{\phi_{\mathrm{II}}-z_{\mathrm{II}}-1} \tag{3.43}$$

$$\forall z_{\mathrm{II}} \in [1, +\infty), \phi_{\mathrm{II}} \in [2, +\infty) \quad \text{und} \quad z_{\mathrm{II}} < \phi_{\mathrm{II}}.$$

Die Tabelle 3–3 auf der nächsten Seite zeigt die Entwicklung der freien Cashflows in den ersten drei Perioden der Rentenphase auf.

Tab. 3–3: Entwicklung der freien Cashflows nach dem Modell von *Koller* et al. (2015) und Ermittlung der gesamten freien Cashflows in den ersten drei Perioden der Rentenphase

ϕ_{II}	1	2	3
Vorläufiger freier Cashflow	$\mathrm{E}\left[\widetilde{FCF}^{\mathrm{k}}_{\mathrm{II}}\right]$	$\mathrm{E}\left[\widetilde{FCF}^{\mathrm{k}}_{\mathrm{II}}\right]$	$\mathrm{E}\left[\widetilde{FCF}^{\mathrm{k}}_{\mathrm{II}}\right]$
Zusätzliche freie Cashflows			
$z_{\mathrm{II}} = 1$	$\mathrm{E}\left[\widetilde{FCF}^{\mathrm{z},1}_{\mathrm{II},1}\right]$	$\mathrm{E}\left[\widetilde{FCF}^{\mathrm{z},1}_{\mathrm{II},2}\right]$	$\mathrm{E}\left[\widetilde{FCF}^{\mathrm{z},1}_{\mathrm{II},3}\right]$
$z_{\mathrm{II}} = 2$		$\mathrm{E}\left[\widetilde{FCF}^{\mathrm{z},2}_{\mathrm{II},2}\right]$	$\mathrm{E}\left[\widetilde{FCF}^{\mathrm{z},2}_{\mathrm{II},3}\right]$
$z_{\mathrm{II}} = 3$			$\mathrm{E}\left[\widetilde{FCF}^{\mathrm{z},3}_{\mathrm{II},3}\right]$
Summe	$\mathrm{E}\left[\widetilde{FCF}^{\mathrm{z},1}_{\mathrm{II},1}\right]$	$\mathrm{E}\left[\widetilde{FCF}^{\mathrm{z}}_{\mathrm{II},2}\right]$	$\mathrm{E}\left[\widetilde{FCF}^{\mathrm{z}}_{\mathrm{II},3}\right]$
Gesamter freier Cashflow	$\mathrm{E}\left[\widetilde{FCF}^{\bar{\mathrm{k}}}_{\mathrm{II}}\right]$	$\mathrm{E}\left[\widetilde{FCF}_{\mathrm{II},2}\right]$	$\mathrm{E}\left[\widetilde{FCF}_{\mathrm{II},3}\right]$

Die Summe der freien Cashflows in einer Periode ϕ_{II} $\mathrm{E}\left[\widetilde{FCF}_{\mathrm{II},\phi_{\mathrm{II}}}\right]$ als Differenz zwischen (3.34) und (3.41a) bzw. (3.41b) bilden der mit dem Kern-NOPLAT identische vorläufige freie Cashflow (3.10) und alle zusätzlichen freien Cashflows in der Periode ϕ_{II}:

$$\begin{aligned}\mathrm{E}\left[\widetilde{FCF}_{\mathrm{II},\phi_{\mathrm{II}}}\right] &= \mathrm{E}\left[\widetilde{NOPLAT}_{\mathrm{II},\phi_{\mathrm{II}}}\right] - \mathrm{E}\left[\widetilde{NI}_{\mathrm{II},\phi_{\mathrm{II}}}\right] \\ &= \mathrm{E}\left[\widetilde{FCF}^{\mathrm{k}}_{\mathrm{II}}\right] + \mathrm{E}\left[\widetilde{FCF}^{\mathrm{z}}_{\mathrm{II},\phi_{\mathrm{II}}}\right] \\ &= \mathrm{E}\left[\widetilde{FCF}^{\mathrm{k}}_{\mathrm{II}}\right] + \sum_{z_{\mathrm{II}}=1}^{\phi_{\mathrm{II}}} \mathrm{E}\left[\widetilde{FCF}^{\mathrm{z},z_{\mathrm{II}}}_{\mathrm{II},\phi_{\mathrm{II}}}\right]. \end{aligned} \tag{3.44a}$$

Der zweite Summand umfasst den aus der Neuinvestition (3.11) in derselben Periode entstehenden negativen freien Cashflow (3.15) sowie die Summe der nach Abzug der Reinvestitionen von den $\phi_{\mathrm{II}} - 1$ zusätzlichen NOPLAT verbleibenden Anteile (3.23). Unter Rückgriff auf (3.13) und (3.14) kann der negative freie Cashflow zu dem vorläufigen freien Cashflow addiert werden:

$$\mathrm{E}\left[\widetilde{FCF}_{\mathrm{II},\phi_{\mathrm{II}}}\right] = \left(\mathrm{E}\left[\widetilde{FCF}_{\mathrm{II}}^{\mathrm{k}}\right] + \mathrm{E}\left[\widetilde{FCF}_{\mathrm{II},\phi_{\mathrm{II}}}^{\mathrm{z},\phi_{\mathrm{II}}}\right]\right) + \sum_{z_{\mathrm{II}}=1}^{\phi_{\mathrm{II}}-1} \mathrm{E}\left[\widetilde{FCF}_{\mathrm{II},\phi_{\mathrm{II}}}^{\mathrm{z},z_{\mathrm{II}}}\right]$$

$$= \mathrm{E}\left[\widetilde{FCF}_{\mathrm{II}}^{\bar{\mathrm{k}}}\right] + \sum_{z_{\mathrm{II}}=1}^{\phi_{\mathrm{II}}-1} \mathrm{E}\left[\widetilde{FCF}_{\mathrm{II},\phi_{\mathrm{II}}}^{\mathrm{z},z_{\mathrm{II}}}\right] \tag{3.44b}$$

$$\forall \phi_{\mathrm{II}} \in [1, +\infty).$$

Ausgehend von (3.43) gilt für den zweiten Summanden in (3.44b):

$$\sum_{z_{\mathrm{II}}=1}^{\phi_{\mathrm{II}}-1} \mathrm{E}\left[\widetilde{FCF}_{\mathrm{II},\phi_{\mathrm{II}}}^{\mathrm{z},z_{\mathrm{II}}}\right] = \mathrm{E}\left[\widetilde{FCF}_{\mathrm{II},2}^{\mathrm{z},1}\right] \cdot \sum_{z_{\mathrm{II}}=1}^{\phi_{\mathrm{II}}-1} \left(1 + w_{\mathrm{II}}^{\mathrm{z}}\right)^{\phi_{\mathrm{II}}-z_{\mathrm{II}}-1}. \tag{3.45a}$$

Unter Berücksichtigung von (3.36) entfällt die aufwendige Berechnung mittels (3.45a), anstelle derer die Formel

$$\sum_{z_{\mathrm{II}}=1}^{\phi_{\mathrm{II}}-1} \mathrm{E}\left[\widetilde{FCF}_{\mathrm{II},\phi_{\mathrm{II}}}^{\mathrm{z},z_{\mathrm{II}}}\right] = \frac{\left(1 + w_{\mathrm{II}}^{\mathrm{z}}\right)^{\phi_{\mathrm{II}}-1} - 1}{w_{\mathrm{II}}^{\mathrm{z}}} \cdot \mathrm{E}\left[\widetilde{FCF}_{\mathrm{II},2}^{\mathrm{z},1}\right] \tag{3.45b}$$

anzuwenden ist. Auf der Basis der Formel für die periodenabhängige Wachstumsrate des gesamten freien Cashflows

$$w_{\phi_{\mathrm{II}}}^{\mathrm{FCF}} = \frac{\mathrm{E}\left[\widetilde{FCF}_{\mathrm{II},\phi_{\mathrm{II}}}\right]}{\mathrm{E}\left[\widetilde{FCF}_{\mathrm{II},\phi_{\mathrm{II}}-1}\right]} - 1 \tag{3.46}$$

kann mit der Eigenschaft

$$\lim_{\phi_{\mathrm{II}} \to +\infty} w_{\phi_{\mathrm{II}}}^{\mathrm{FCF}} = w_{\mathrm{II}}^{\mathrm{z}} = \max\left\{w_{\mathrm{II}}^{\mathrm{k}}, w_{\mathrm{II}}^{\mathrm{z}}\right\} \tag{3.47}$$

dasselbe asymptotische Verhalten wie unter (3.30) und (3.39) nachgewiesen werden.[130]

Die folgende Analyse der langfristigen Entwicklungen der Gesamtkapitalrentabilität ROTIC sowie der Gesamtausschüttungsquote schließt die

---

130 Die Gültigkeit des Grenzverhaltens der Wachstumsrate des gesamten freien Cashflows (3.47) wird auf der Seite 351 des Anhangs A.2.1 erläutert.

Grenzwertbetrachtungen ab.[131] Mittels (3.34) und (3.27) erhält man als periodenspezifische Gesamtkapitalrendite:[132]

$$ROTIC_{\phi_{II}} = \frac{E\left[\widetilde{NOPLAT}_{II,\phi_{II}}\right]}{E\left[\widetilde{IC}_{II,\phi_{II}-1}\right]} = \frac{E\left[\widetilde{NOPLAT}^{k}_{II}\right] + E\left[\widetilde{NOPLAT}^{z}_{II,\phi_{II}}\right]}{E\left[\widetilde{IC}^{k}_{II}\right] + E\left[\widetilde{IC}^{z}_{II,\phi_{II}-1}\right]}. \tag{3.48}$$

Wegen (3.12) gilt in der ersten Periode der Rentenphase $ROTIC_1 = ROIC_{II}$. Da die Wachstumsrate des Kernkapitals gemäß (3.8) gleich null ist, bleiben das Kernkapital, der Kern-NOPLAT und das in jeder Periode investierte Zusatzkapital im Zeitablauf konstant. Wäre w^{k}_{II} positiv, so würden diese Größen und in der weiteren Folge auch die aus der Verzinsung des periodischen Investitionsvolumens in neue Projekte unmittelbar resultierenden finanziellen Überschüsse von Periode zu Periode mit dieser Rate ansteigen. Die Wertbeiträge der Neuinvestitionen zu jedem Investitionszeitpunkt würden sich demnach kontinuierlich mit dem Faktor $1 + w^{k}_{II}$ erhöhen. Nach dem Ansatz von *Koller* et al. sind die ewigen Renten mit der Rate w^{z}_{II} ansteigender Zusatzkapitalbestände und zusätzlicher NOPLAT durch das Nullwachstum des Kernkapitals jedoch invariant. Die Summe der gesamten erwirtschafteten Überschüsse in einer Periode im Verhältnis zu dem eingesetzten Gesamtkapital der Vorperiode nähert sich allmählich der niedrigeren Rendite des Zusatzkapitals an:[133]

$$\lim_{\phi_{II} \to +\infty} ROTIC_{\phi_{II}} = RONIC_{II}. \tag{3.49}$$

Nach (3.49) verringern sich die durch eine die Kapitalkosten übersteigende Gesamtkapitalrendite charakterisierten Wettbewerbsvorteile im Laufe der Rentenphase. Empirischen Erhebungen zufolge dauert der Konvergenzprozess des ROTIC bisweilen mehrere Jahrzehnte an. Während der ROTIC zunächst noch nahe dem ROIC liegt, nimmt im Zeitablauf der Anteil des Zusatzkapitals am Gesamtkapital zu und wiegt in späteren Perioden den

131 ROTIC steht abkürzend für „return on total invested capital“. Vgl. die ähnliche Bezeichnung in *Koller* et al. (2015), S. 256: „return on total capital (old and new)“.

132 Siehe bezüglich des Quotienten (3.48) den zugehörigen Ausdruck (A.54) in Anhang A.2.1, S. 352.

133 Die Gültigkeit des Grenzverhaltens der Gesamtkapitalrendite (3.49) wird auf der Seite 352 des Anhangs A.2.1 erläutert. Vgl. ergänzend die grafische Analyse anhand eines Beispiels in *Koller* et al. (2015), S. 256 f.

Anteil des konstanten Kernkapitals am Gesamtkapital auf, wodurch sich der ROTIC dem RONIC annähert. Folglich ist ein Abschmelzen der zu Beginn der Rentenphase erwirtschafteten Überrendite $ROIC_{II} - k_{II}^{\tau}$ bis zu der Rentabilitätsspanne

$$RONIC_{II} - k_{II}^{\tau} \geq 0 \tag{3.50}$$

zu beobachten.[134] Ist (3.50) echt größer als null, weist das Unternehmen durch verbleibende, sogenannte „abnormal returns" einen nachhaltigen Wettbewerbsvorteil („Sustainable Competitive Advantage") gegenüber konkurrierenden Unternehmen auf.[135] Während in der Rentenphase in Bezug auf das Kernkapital langfristig die konstante Rendite $ROIC_{II}$ erzielt wird, ist hinsichtlich des Zusatzkapitals zumeist von einer Übereinstimmung der konstanten Rendite $RONIC_{II}$ mit dem Gesamtkapitalkostensatz k_{II}^{τ} auszugehen.[136] Unter der Annahme der Kapitalwertneutralität der Erweiterungsinvestitionen sinkt die Gesamtkapitalrendite somit auf das Niveau der Mindestrendite, bei dem die Rentabilitätsspanne (3.50) den Wert null annimmt. Aus der Gleichheit von $RONIC_{II}$ und k_{II}^{τ} ist (3.49) zufolge nicht zu schließen, dass das Unternehmen ab der ersten Periode der ewigen Rente keine positiven Wertbeiträge mehr hervorbringt. Über eine in diesem Fall endliche, sogenannte „Competitive Advantage Period" kann das Unternehmen (noch) Überrenditen abschöpfen.[137]

Der Quotient aus (3.44b) in Verbindung mit (3.45b) und (3.34) in Verbindung mit (3.37) gibt die periodenunabhängige Gesamtausschüttungsquote q_{II} wieder:[138]

$$q_{II} = \frac{\mathrm{E}\left[\widetilde{FCF}_{II,\phi_{II}}\right]}{\mathrm{E}\left[\widetilde{NOPLAT}_{II,\phi_{II}}\right]} = q_{II}^{z} \qquad \forall\, \phi_{II} \in [1, +\infty). \tag{3.51}$$

---

134 *Koller* et al. gehen von einem in Bezug auf das Kernkapital und das Zusatzkapital einheitlichen Gesamtkapitalkostensatz k_{II}^{τ} aus.

135 Synonyme sind „supernormal returns" oder „excess returns". Vgl. *Karami* (2017), S. 164, *Koller* et al. (2015), S. 256, *Kreyer* (2009), S. 66, *Tinz* (2010), S. 29–34.

136 Vgl. *Koller* et al. (2015), S. 256. Diese Verzinsungsannahme charakterisiert die schwache Form der Wettbewerbstheorie gemäß IDW S 1. Siehe zum Konvergenzprozess der Rendite auch Abschnitt 1.1, S. 43 f. und in Abgrenzung zur starken Form der Wettbewerbstheorie Fn. 143 sowie *Held* (2013a), S. 130.

137 Vgl. *Koller* et al. (2015), S. 253, 256 f.

138 Siehe bezüglich des Quotienten in (3.51) den zugehörigen Ausdruck (A.55) in Anhang A.2.1, S. 352. Ergänzend zu der Erläuterung von (3.51) werden in Anhang A.2.1 weiterführende Überlegungen hinsichtlich des Konvergenzverhaltens bei differierenden Nettoinvestitionsraten angestellt. Siehe hierzu S. 352.

Die Konstanz der Gesamtausschüttungsquote in der Rentenphase und deren Übereinstimmung mit q_{II}^{z} geht folgerichtig aus der Identität der konstanten Ausschüttungsquoten in (3.13) und (3.23) hervor.

An dieser Stelle verbleiben die Ermittlung des Restwertes basierend auf der von *Koller* et al. verfolgten Investitionsstrategie und die Analyse von drei Varianten der Kapitalwertneutralität. Mit dem Residualgewinn-Ansatz und dem Ansatz auf der Basis des FCF Verfahrens stehen grundsätzlich zwei verschiedene Methoden zur Herleitung eines Restwertkalküls zur Verfügung. Ihr Einsatz im Rahmen des Modells von *Koller* et al. führt zu den alternativ anwendbaren Restwertkalkülen (3.52) und (3.59).

Gemäß dem Residualgewinn-Ansatz ergibt sich der Restwert des verschuldeten Unternehmens zu Beginn der Fortführungsphase $\mathrm{E}\left[\widetilde{V}_{\text{II},0}^{\ell}\right]$ aus der Summe des Kapitalbestands und des Wertbeitrags aller künftigen Nettoinvestitionen zum Zeitpunkt $\phi_{\text{II}} = 0$. Bei Letzterem handelt es sich um die Barwertsumme aller in der Rentenphase zu erwartenden Residualgewinne.[139] Auf der Basis des von *Koller* et al. angewandten Residualgewinn-Ansatzes ist der Restwert nach deren Modell $\mathrm{E}\left[\widetilde{V}_{\text{II},0}^{\ell,Kol}\right]$ demnach wie folgt zu ermitteln, wenn von dem Größenverhältnis $RONIC_{\text{II}} > k_{\text{II}}^{\tau}$ ausgegangen wird:[140]

$$\mathrm{E}\left[\widetilde{V}_{\text{II},0}^{\ell,Kol}\right] = \mathrm{E}\left[\widetilde{IC}_{\text{II},0}^{\text{k}}\right] + \frac{ROIC_{\text{II}} - k_{\text{II}}^{\tau}}{k_{\text{II}}^{\tau}} \cdot \mathrm{E}\left[\widetilde{IC}_{\text{II},0}^{\text{k}}\right] + \frac{n_{\text{II}}^{z} \cdot ROIC_{\text{II}} \cdot \left(RONIC_{\text{II}} - k_{\text{II}}^{\tau}\right)}{k_{\text{II}}^{\tau} \cdot \left(k_{\text{II}}^{\tau} - n_{\text{II}}^{z} \cdot RONIC_{\text{II}}\right)} \cdot \mathrm{E}\left[\widetilde{IC}_{\text{II},0}^{\text{k}}\right]. \quad (3.52)$$

Unter (3.53), (3.55) und (3.57) werden spezielle Annahmen bezüglich der Profitabilität in den Kapitalkategorien aufgeführt, die sich auf (3.52) auswirken. Geht man von übereinstimmenden Verzinsungen des Kapitals aus, d. h.

$$ROIC_{\text{II}} = RONIC_{\text{II}} > k_{\text{II}}^{\tau} \qquad \forall \phi_{\text{II}} \in [1, +\infty), \quad (3.53)$$

139 Siehe in den theoretischen Grundlagen Abschnitt 2.3.4, S. 95 ff.

140 Vgl. *Koller* et al. (2015), S. 252. Mit „*Kol*" gekennzeichnete Restwertformeln sind dem Beitrag *Koller* et al. (2015) zuzuordnen. Zur Ermittlung der Wertbeiträge der künftigen Nettoinvestitionen bei Anwendung des Residualgewinn-Ansatzes siehe Anhang A.2.2, S. 353–356.

verkürzt sich (3.52) zu dem mit dem Werttreibermodell von *Gordon* und *Shapiro* korrespondierenden Kalkül[141]

$$\mathrm{E}\left[\widetilde{V}_{\mathrm{II},0}^{\ell,\mathrm{cR},Kol}\right] = \mathrm{E}\left[\widetilde{IC}_{\mathrm{II},0}^{\mathrm{k}}\right] + \frac{RONIC_{\mathrm{II}} - k_{\mathrm{II}}^{\tau}}{k_{\mathrm{II}}^{\tau} - n_{\mathrm{II}}^{\mathrm{z}} \cdot RONIC_{\mathrm{II}}} \cdot \mathrm{E}\left[\widetilde{IC}_{\mathrm{II},0}^{\mathrm{k}}\right]. \tag{3.54}$$

Unter der Annahme der kapitalwertneutralen Verzinsung des Zusatzkapitals bei ungleichen Renditen, d. h.

$$ROIC_{\mathrm{II}} > RONIC_{\mathrm{II}} = k_{\mathrm{II}}^{\tau} \qquad \forall \phi_{\mathrm{II}} \in [1, +\infty), \tag{3.55}$$

erbringen die aus den Neuinvestitionen hervorgehenden Erweiterungsinvestitionen keinen Wertbeitrag zum Restwert. Es entfällt der letzte Summand in (3.52):[142]

$$\mathrm{E}\left[\widetilde{V}_{\mathrm{II},0}^{\ell,\mathrm{KNz},Kol}\right] = \mathrm{E}\left[\widetilde{IC}_{\mathrm{II},0}^{\mathrm{k}}\right] + \frac{ROIC_{\mathrm{II}} - k_{\mathrm{II}}^{\tau}}{k_{\mathrm{II}}^{\tau}} \cdot \mathrm{E}\left[\widetilde{IC}_{\mathrm{II},0}^{\mathrm{k}}\right]. \tag{3.56}$$

Stimmt zugleich die Rendite des Kernkapitals mit dem Gesamtkapitalkostensatz überein,[143] d. h.

$$ROIC_{\mathrm{II}} = RONIC_{\mathrm{II}} = k_{\mathrm{II}}^{\tau} \qquad \forall \phi_{\mathrm{II}} \in [1, +\infty), \tag{3.57}$$

leisten auch die Neuinvestitionen keinen Wertbeitrag, sodass auch der zweite Summand in (3.52) entfällt und der Restwert dem anfänglichen Kernkapitalbestand entspricht:

$$\mathrm{E}\left[\widetilde{V}_{\mathrm{II},0}^{\ell,\mathrm{KN},Kol}\right] = \mathrm{E}\left[\widetilde{IC}_{\mathrm{II},0}^{\mathrm{k}}\right]. \tag{3.58}$$

Anstelle der Anwendung des Residualgewinn-Ansatzes kann der Restwert auf der Basis des FCF Verfahrens ermittelt werden, wie im Folgenden gezeigt wird.

---

141 Der Bezeichner „cR“ steht abkürzend für „constant Return on Invested Capital“.

142 Der Bezeichner „KNz“ steht abkürzend für „Kapitalwertneutrale Verzinsung des Zusatzkapitals“. Siehe auch Fn. 75.

143 Die kapitalwertneutrale Verzinsung des Gesamtkapitals beschreibt die starke Form der Wettbewerbstheorie. Vgl. *Karami/Schuster* (2016), S. 15. Siehe in Abgrenzung zur schwachen Form der Wettbewerbstheorie Fn. 136 sowie *Held* (2013a), S. 130.

Im Allgemeinen gilt:[144]

$$\mathrm{E}\left[\widetilde{V}_{\mathrm{II},0}^{\ell,Kol}\right] = \frac{\mathrm{E}\left[\widetilde{NOPLAT}_{\mathrm{II}}^{\mathrm{k}}\right] \cdot \left(1 - \frac{w_{\mathrm{II}}^{\mathrm{z}}}{RONIC_{\mathrm{II}}}\right)}{k_{\mathrm{II}}^{\tau} - w_{\mathrm{II}}^{\mathrm{z}}} = \frac{q_{\mathrm{II}}^{\mathrm{z}} \cdot \mathrm{E}\left[\widetilde{NOPLAT}_{\mathrm{II}}^{\mathrm{k}}\right]}{k_{\mathrm{II}}^{\tau} - w_{\mathrm{II}}^{\mathrm{z}}}. \tag{3.59}$$

In Anhang A.2.3 werden die Herleitungsschritte der Restwertformel (3.59) erläutert und deren Entsprechung mit der Formel des Residualgewinn-Ansatzes (3.52) aufgezeigt.[145] Für den Fall (3.53) gilt:

$$\mathrm{E}\left[\widetilde{V}_{\mathrm{II},0}^{\ell,\mathrm{cR},Kol}\right] = \frac{q_{\mathrm{II}}^{\mathrm{z}} \cdot RONIC_{\mathrm{II}} \cdot \mathrm{E}\left[\widetilde{IC}_{\mathrm{II},0}^{\mathrm{k}}\right]}{k_{\mathrm{II}}^{\tau} - w_{\mathrm{II}}^{\mathrm{z}}}. \tag{3.60}$$

Unter der Annahme (3.55) vereinfacht sich (3.59) zu dem folgenden, von $n_{\mathrm{II}}^{\mathrm{z}}$ unabhängigen Ausdruck:[146]

$$\mathrm{E}\left[\widetilde{V}_{\mathrm{II},0}^{\ell,\mathrm{KNz},Kol}\right] = \frac{\mathrm{E}\left[\widetilde{NOPLAT}_{\mathrm{II}}^{\mathrm{k}}\right] \cdot (1 - n_{\mathrm{II}}^{\mathrm{z}})}{k_{\mathrm{II}}^{\tau} \cdot (1 - n_{\mathrm{II}}^{\mathrm{z}})} = \frac{\mathrm{E}\left[\widetilde{NOPLAT}_{\mathrm{II}}^{\mathrm{k}}\right]}{k_{\mathrm{II}}^{\tau}}. \tag{3.61}$$

Die Übereinstimmung der speziellen Restwertkalküle (3.56) und (3.61) ist unmittelbar ersichtlich. Diesen Kalkül erhält man auch im Falle der Vollausschüttung der NOPLAT, wenn Investitionen nur in Höhe der anhand historischer Preise bemessenen Abschreibungen und keine Nettoinvestitionen vorgenommen werden. Die Annahme $n_{\mathrm{II}}^{\mathrm{z}} = 0$ veranlasst jedoch zu Kritik.

Im Rahmen einer Beurteilung des Restwertansatzes von *Koller* et al. sind folgende Stärken und Schwächen anzuführen: *Koller* et al. legen einen der wenigen Ansätze mit differenzierten Renditen in der Restwertphase vor. Zum einen führt die periodische Verzinsung des zu Beginn der ewigen Rente existierenden Kapitalbestands mit $ROIC_{\mathrm{II}}$ in Ermangelung von kernkapitalerhöhenden Investitionen zu einem in jeder Periode konstanten NOPLAT. Zum

---

144 Vgl. *Koller* et al. (2015), S. 31, 248.

145 Siehe Anhang A.2.3, S. 356–359. Die Herleitung der Bestandteile der Restwertformel auf der Basis des FCF Verfahrens stellt eine wesentliche theoretische Grundlage für das Verständnis des Aufbaus des erweiterten Restwertmodells dar.

146 Vgl. *Koller* et al. (2015), S. 262.

anderen resultieren aus der Verzinsung der Neuinvestitionen mit $RONIC_{\text{II}}$ zusätzliche, mit der Wachstumsrate w_{II}^{z} ansteigende NOPLAT. Mit der heterogenen Verzinsung von vorhandenem und neuem Kapitalbestand ist zweifelsohne eine wesentliche Grundlage für eine Weiterentwicklung des Modellansatzes gegeben. Diesbezügliche Anknüpfungspunkte ergeben sich aus den Schwächen des Ansatzes, die in der Konstanz des Kapitalanfangsbestands und in der unplausiblen Annahme eines Gleichgewichtszustands zu sehen sind.

Einerseits liefern *Koller* et al. keine Begründung für die Einstellung von Nettoinvestitionen in der Rentenphase, die sich auf das vorhandene Kernkapital beziehen. Somit vernachlässigen die Autoren sowohl ein inflationsbedingtes als auch ein reales Wachstum, was mit einem realen Substanzverlust verbunden ist.[147] Aus diesem Grund ist auch eine Vollausschüttungsannahme kritisch zu sehen: Wenn keine Neuinvestitionen getätigt würden, würde das Gesamtkapital kein nominales Wachstum aufweisen. Die Ermittlung eines Restwertes unter der Annahme der Unternehmensfortführung wäre infrage zu stellen.

Andererseits bleibt offen, inwieweit bei einer Investition in vor der Rentenphase nicht vorhandene Projekte von dem Erreichen eines stabilisierten Zustands des Unternehmens und mithin von einer normalisierten Unternehmensentwicklung ausgegangen werden kann.

Im Anschluss an die folgende Darstellung des Restwertansatzes nach *Daves* et al. (2004) wird ein kritischer Vergleich zu dem Ansatz nach *Koller* et al. (2015) gezogen.

147 Vgl. *Kuhner/Maltry* (2013), S. 753. Dahingegen heben *Cheridito* und *Schneller* verkannterweise die „[d]em Wachstum adäquate Berücksichtigung der notwendigen Investitionen“ hervor und weisen wiederholend auf die vermeintlich „korrekte Verbindung von Investitionsniveaus und Wachstumsgrössen“ bei der Ermittlung des Restwertes hin; *Cheridito/Schneller* (2004), S. 740 (beide Zitate). Vgl. ähnlich argumentierend auch ebd., S. 738. Beachtenswert ist die Verwendung des Plurals in letzterem Zitat, womit auf der Grundlage der zu der von *Koller* et al. identischen, um eine vorausgehende endliche Rentenphase erweiterten zusammengesetzten Formel einerseits das phasenbezogen unterschiedliche Niveau der Neuinvestitionen in Abhängigkeit von der jeweiligen periodenkonstanten Wachstumsrate des Zusatzkapitals und andererseits auch der jeweils notwendige periodische Investitionsumfang zum einen in Bezug auf das Kernkapital und zum anderen in Bezug auf das Zusatzkapital gemeint sein können. Bezüglich der Restwertformel siehe ebd., S. 738, 740, bzw. *Koller* et al. (2015), S. 265.

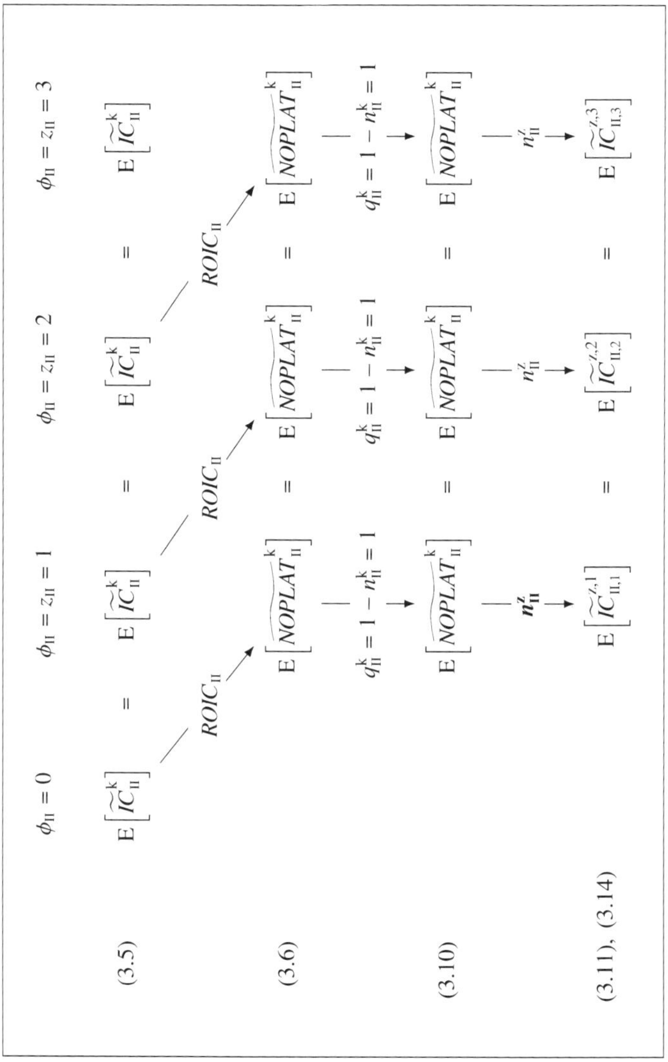

Abb. 3–3: Schematisierung der Entwicklung der Bewertungsgrößen nach dem Modell von *Koller* et al. (2015) in den ersten drei Perioden der Rentenphase

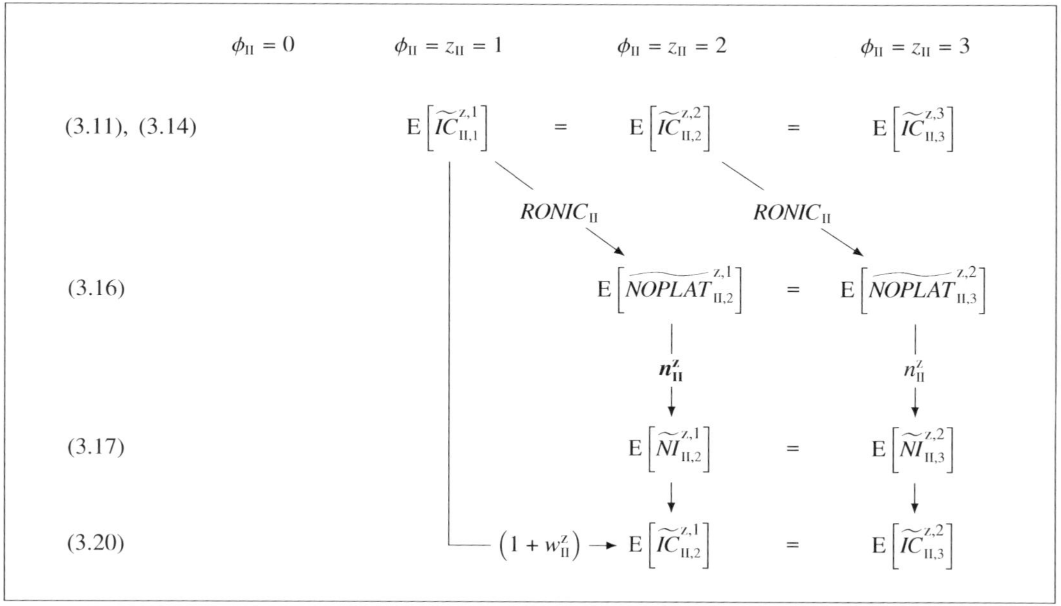

Abb. 3–3: Schematisierung der Entwicklung der Bewertungsgrößen nach dem Modell von *Koller* et al. (2015) in den ersten drei Perioden der Rentenphase *(Fortsetzung)* ↴

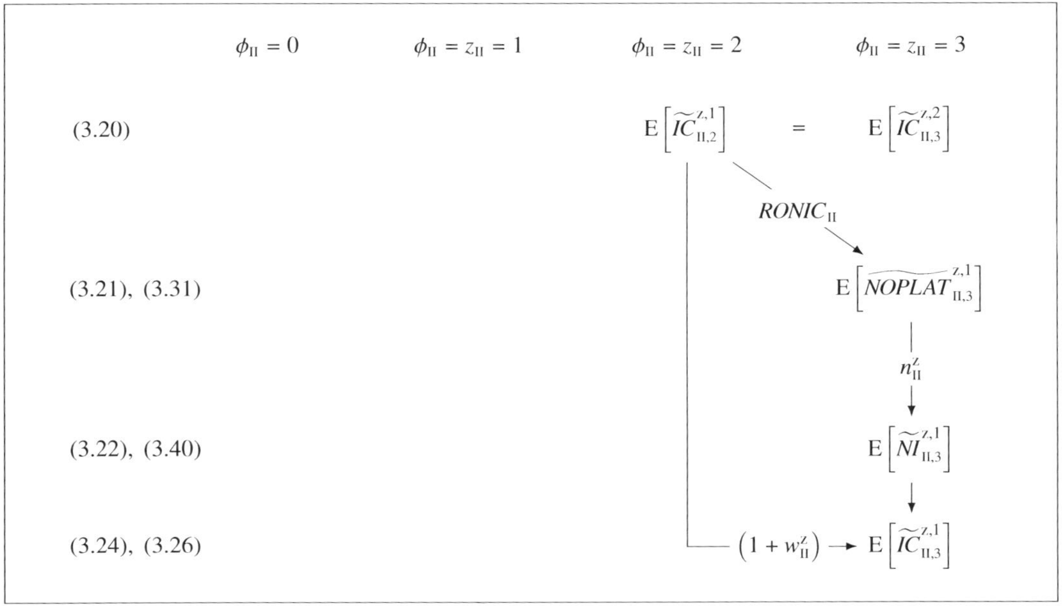

Abb. 3–3: Schematisierung der Entwicklung der Bewertungsgrößen nach dem Modell von *Koller* et al. (2015) in den ersten drei Perioden der Rentenphase *(Fortsetzung)* ↵

3.1.2.2 Modell nach *Daves* et al. (2004)

Konzeptionell stimmen die Ansätze von *Koller* et al. und den Autoren *Daves*, *Ehrhardt* und *Shrieves* darin überein, die Einteilung der Investitionsprojekte in zwei Gruppen und die damit verbundene Abgrenzung von Kern- und Zusatzkapital einem zeitlichen Kriterium zu unterwerfen. Wegen der differenzierten Verzinsung der sich aus den Investitionen in alte und neue Projekte entwickelnden Kapitalbestände mit $ROIC_{\text{II}}$ und $RONIC_{\text{II}}$ erfolgt weiterhin eine Trennung in das gemäß (3.5) in der Restwertphase nominal konstant bleibende Kernkapital und das durch Erweiterungsinvestitionen zunehmende Zusatzkapital, das (3.12) zufolge keinen Anfangsbestand in $\phi_{\text{II}} = 0$ aufweist. Gemeinsames Merkmal beider Publikationen ist zudem die Annahme eines einheitlichen gewichteten Kapitalkostensatzes k_{II}^{τ} bei der Ermittlung des Wertbeitrags der künftigen Nettoinvestitionen.[148]

Weder in *Daves* et al. (2004) noch in *Ehrhardt* (2005b) findet sich eine auf der zeitlichen Entwicklung der Bewertungsgrößen basierende Herleitung der aufgeführten Restwertformel (3.66). In einem unveröffentlichten Addendum *Ehrhardt* (2005a) erläutert *Ehrhardt* die den vorgenannten Quellen zugrunde liegende Auffassung von der Zusammensetzung des Kalküls. Hiernach liegt die Besonderheit des Ansatzes in der exogenen Vorgabe der auf das Gesamtkapital bezogenen, im Gegensatz zu (3.29) periodenunabhängigen Wachstumsrate

$$w_{\text{II}}^{\text{IC}} = \frac{\text{E}\left[\widetilde{IC}_{\text{II},\phi_{\text{II}}}\right]}{\text{E}\left[\widetilde{IC}_{\text{II},\phi_{\text{II}}-1}\right]} - 1 \qquad \forall \phi_{\text{II}} \in [1,+\infty). \quad (3.62)$$

Ausgehend von dem gegebenen Kapitalbestand zu Beginn der Rentenphase $\text{E}\left[\widetilde{IC}_{\text{II},0}^{\text{k}}\right]$ steigt das Gesamtkapital periodisch mit dieser Rate an:

$$\text{E}\left[\widetilde{IC}_{\text{II},\phi_{\text{II}}}\right] = \text{E}\left[\widetilde{IC}_{\text{II},0}^{\text{k}}\right] \cdot \left(1 + w_{\text{II}}^{\text{IC}}\right)^{\phi_{\text{II}}} \qquad \forall \phi_{\text{II}} \in [0,+\infty). \quad (3.63)$$

Der Anstieg des Gesamtkapitals ist (3.27) in Verbindung mit (3.7) zufolge allein auf den Umfang der die Ersatzinvestitionen übersteigenden Kapitaleinsätze in Projekte, die in der Rentenphase beginnen, zurückzuführen:

$$\text{E}\left[\widetilde{IC}_{\text{II},\phi_{\text{II}}}^{\text{z}}\right] = \text{E}\left[\widetilde{IC}_{\text{II},\phi_{\text{II}}}\right] - \text{E}\left[\widetilde{IC}_{\text{II}}^{\text{k}}\right] \qquad \forall \phi_{\text{II}} \in [1,+\infty). \quad (3.64)$$

---

148 Vgl. *Daves* et al. (2004), S. 272 f.; *Ehrhardt* (2005a), S. 4.

Der auf einer differenzierten Verzinsung des Kern- und Zusatzkapitals basierende Restwert eines Unternehmens lässt sich *Ehrhardt* zufolge ausgehend von dem hilfsweise zu bestimmenden Wert eines sich pauschal mit der Rendite $RONIC_{\mathrm{II}}$ verzinsenden wachsenden Gesamtkapitals ermitteln. Hierzu sei der enthaltene Wertbeitrag des sich fehlerhafterweise mit $RONIC_{\mathrm{II}}$ verzinsenden konstanten Kernkapitals in Abzug zu bringen und an dessen Stelle der Wertbeitrag eines sich richtigerweise mit $ROIC_{\mathrm{II}}$ verzinsenden konstanten Kernkapitals hinzuzufügen.[149] Die Anwendung des Residualgewinn-Ansatzes veranschaulicht diese Vorgehensweise:[150]

$$\begin{aligned}\mathrm{E}\left[\widetilde{V}_{\mathrm{II},0}^{\ell,Dav}\right] &= \mathrm{E}\left[\widetilde{IC}_{\mathrm{II},0}^{\mathrm{k}}\right] + \frac{RONIC_{\mathrm{II}} - k_{\mathrm{II}}^{\tau}}{k_{\mathrm{II}}^{\tau} - w_{\mathrm{II}}^{\mathrm{IC}}} \cdot \mathrm{E}\left[\widetilde{IC}_{\mathrm{II},0}^{\mathrm{k}}\right] \\ &\quad - \left(\mathrm{E}\left[\widetilde{IC}_{\mathrm{II},0}^{\mathrm{k}}\right] + \frac{RONIC_{\mathrm{II}} - k_{\mathrm{II}}^{\tau}}{k_{\mathrm{II}}^{\tau}} \cdot \mathrm{E}\left[\widetilde{IC}_{\mathrm{II},0}^{\mathrm{k}}\right]\right) \\ &\quad + \left(\mathrm{E}\left[\widetilde{IC}_{\mathrm{II},0}^{\mathrm{k}}\right] + \frac{ROIC_{\mathrm{II}} - k_{\mathrm{II}}^{\tau}}{k_{\mathrm{II}}^{\tau}} \cdot \mathrm{E}\left[\widetilde{IC}_{\mathrm{II},0}^{\mathrm{k}}\right]\right).\end{aligned} \tag{3.65}$$

Mit wenigen Umformungen lässt sich (3.65) zu

$$\begin{aligned}\mathrm{E}\left[\widetilde{V}_{\mathrm{II},0}^{\ell,Dav}\right] &= \frac{RONIC_{\mathrm{II}} - w_{\mathrm{II}}^{\mathrm{IC}}}{k_{\mathrm{II}}^{\tau} - w_{\mathrm{II}}^{\mathrm{IC}}} \cdot \mathrm{E}\left[\widetilde{IC}_{\mathrm{II},0}^{\mathrm{k}}\right] \\ &\quad + \frac{ROIC_{\mathrm{II}} - RONIC_{\mathrm{II}}}{k_{\mathrm{II}}^{\tau}} \cdot \mathrm{E}\left[\widetilde{IC}_{\mathrm{II},0}^{\mathrm{k}}\right]\end{aligned} \tag{3.66}$$

149 Vgl. *Ehrhardt* (2005a), S. 4.

150 Bezüglich des FCF Verfahrens, das *Ehrhardt* anwendet, sei auf *Ehrhardt* (2005a), S. 2–4, verwiesen. Die Äquivalenz der auf *Daves* et al. zurückgehenden Restwertformel („*Dav*“) in *Ehrhardt* (2005a), S. 4,

$$\begin{aligned}\mathrm{E}\left[\widetilde{V}_{\mathrm{II},0}^{\ell,Dav}\right] &= \frac{RONIC_{\mathrm{II}} - w_{\mathrm{II}}^{\mathrm{IC}}}{k_{\mathrm{II}}^{\tau} - w_{\mathrm{II}}^{\mathrm{IC}}} \cdot \mathrm{E}\left[\widetilde{IC}_{\mathrm{II},0}^{\mathrm{k}}\right] \\ &\quad - \frac{RONIC_{\mathrm{II}}}{k_{\mathrm{II}}^{\tau}} \cdot \mathrm{E}\left[\widetilde{IC}_{\mathrm{II},0}^{\mathrm{k}}\right] + \frac{ROIC_{\mathrm{II}}}{k_{\mathrm{II}}^{\tau}} \cdot \mathrm{E}\left[\widetilde{IC}_{\mathrm{II},0}^{\mathrm{k}}\right],\end{aligned}$$

und des Ausdrucks (3.65) ist evident. Um die Vergleichbarkeit mit der Restwertformel von *Koller* et al. zu wahren, wird an dieser Stelle wie im Weiteren auf der Basis des Residualgewinn-Ansatzes argumentiert.

verkürzen.[151] Laut *Ehrhardt* sei (3.66) „the appropriate formula for the horizon value in the presence of competition“[152]. Die bereinigenden Terme in der zweiten und dritten Zeile von (3.65) reichen jedoch nicht aus, um unter den Modellannahmen zu einem widerspruchsfreien Restwertkalkül zu gelangen. Durch deren Summierung, die in dem zweiten Summanden unter (3.66) mündet, wird lediglich der wegen des Ansatzes von $RONIC_{\mathrm{II}}$ inkorrekte MVA in der zweiten Zeile von (3.65),

$$\frac{RONIC_{\mathrm{II}} - k_{\mathrm{II}}^{\tau}}{k_{\mathrm{II}}^{\tau}} \cdot \mathrm{E}\left[\widetilde{IC}_{\mathrm{II},0}^{\mathrm{k}}\right],$$

durch den Wertbeitrag der unveränderlichen Residualgewinne (A.61) (in der dritten Zeile von (3.65)) substituiert.[153] *Ehrhardt* vernachlässigt folglich, dass die Verzinsung des ansteigenden Gesamtkapitals mit $RONIC_{\mathrm{II}}$ in der ersten Zeile von (3.65) neben dem konstanten Kernkapital auch die Bemessung der Zuwächse des Zusatzkapitals beeinflusst. Die gesamten Nettoinvestitionen in einer Periode sind bei folgerichtiger Anwendung der heterogenen Renditen nicht aus der pauschalen Verzinsung des Gesamtkapitals mit $RONIC_{\mathrm{II}}$ abzuleiten, sondern aus der differenzierten Verzinsung der Kapitalanteile des Gesamtkapitals mit $ROIC_{\mathrm{II}}$ und $RONIC_{\mathrm{II}}$, wie aus der im Rahmen des Modells von *Koller* et al. erläuterten Abbildung 3–3 hervorgeht.[154] Die folgende vertiefte Analyse dieses Ansatzes und die Aufspaltung der Wachstumsrate $w_{\mathrm{II}}^{\mathrm{IC}}$ verdeutlichen diesen Kritikpunkt.

Zusätzlich zu der von *Ehrhardt* verfochtenen Herleitung lässt (3.66) nämlich zwei weitere alternative Interpretationsweisen seiner Entstehung zu. Auf der Grundlage der Erläuterungen zu dem Modell von *Koller* et al. und der vorstehend erwähnten Gemeinsamkeiten[155] lässt sich der Ansatz von *Daves* et al. im Vergleich zu jenem von *Koller* et al. als „Vorgängermodell“ mit entsprechenden Schwächen auslegen, wie die weiteren Ausführungen zeigen. *Dierkes* und *Schäfer* erklären den von *Daves* et al. vorgelegten Restwertkalkül

---

151 Vgl. die angegebene Restwertformel in *Daves* et al. (2004), S. 273; *Ehrhardt* (2005a), S. 5; *Ehrhardt* (2005b), S. 84.

152 *Ehrhardt* (2005a), S. 2.

153 Die im Rahmen des Modells von *Koller* et al. abgeleitete Formel (A.61) in Anhang A.2.2, S. 354 ist aufgrund der übereinstimmenden Konzeption der Entwicklung des Kernkapitals gleichermaßen in dem Modell von *Daves* et al. relevant und wird daher auch in Anhang A.3, S. 359 ff. unverändert übernommen.

154 Siehe Abbildung 3–3 auf den Seiten 131 bis 133.

155 Siehe S. 134.

auf der Basis einer abweichenden Annahme über die Höhe und die Entwicklung der periodischen Neuinvestitionen. Deren Interpretation weist in diesem Detail keine Parallele zu dem Modell von *Koller* et al. auf, was den Vergleich der beiden Ansätze erschwert.[156] Auf die Änderungen in der Herleitung der Restwertformel (3.66) nach *Dierkes* und *Schäfer* wird in Anhang A.3 hingewiesen, während die nachfolgenden Ausführungen den modelltheoretischen Zusammenhang mit *Koller* et al. (2015) in den Blick nehmen.[157]

Die erste Zeile der Tabelle 3–4a auf der Seite 142 gibt die Entwicklung des Gesamtkapitals im eingeschwungenen Zustand $\mathrm{E}\left[\widetilde{IC}_{\mathrm{II},\phi_{\mathrm{II}}}\right]$ gemäß (3.63) wieder. Die Höhe der gesamten Nettoinvestitionen einer Periode ϕ_{II}, die der vorletzten Zeile der Tabelle 3–4b auf der Seite 143 zu entnehmen ist, ergibt sich aus der Differenz zwischen dem erwarteten Gesamtkapital in der Periode ϕ_{II} und dem Gesamtkapital in der Vorperiode $\phi_{\mathrm{II}} - 1$. Alternativ kann die Differenz zwischen den anhand des Zusammenhangs (3.64) zu ermittelnden entsprechenden Beständen des Zusatzkapitals gebildet werden, die in der letzten Zeile der Tabelle 3–4b eingetragen sind. Es gelten die äquivalenten Berechnungsweisen

$$\mathrm{E}\left[\widetilde{NI}_{\mathrm{II},\phi_{\mathrm{II}}}\right] = \mathrm{E}\left[\widetilde{NI}^{\mathrm{z}}_{\mathrm{II},\phi_{\mathrm{II}}}\right] = \mathrm{E}\left[\widetilde{IC}_{\mathrm{II},\phi_{\mathrm{II}}}\right] - \mathrm{E}\left[\widetilde{IC}_{\mathrm{II},\phi_{\mathrm{II}}-1}\right] = \mathrm{E}\left[\widetilde{IC}^{\mathrm{z}}_{\mathrm{II},\phi_{\mathrm{II}}}\right] - \mathrm{E}\left[\widetilde{IC}^{\mathrm{z}}_{\mathrm{II},\phi_{\mathrm{II}}-1}\right] \quad \forall \phi_{\mathrm{II}} \in [1,+\infty)\,. \tag{3.67}$$

Im Einklang mit der gängigen Modellierung der Rentenphase als eine unendliche Sequenz strukturell identischer Investitionsprojekte wird in den übrigen Zeilen der Tabelle 3–4b die Gesamtheit der Nettoinvestitionen in den ersten drei Perioden der Rentenphase $\phi_{\mathrm{II}} = 1, 2, 3$ disaggregiert dargestellt. In der ersten Periode belaufen sich die Nettoinvestitionen auf

$$\begin{aligned} \mathrm{E}\left[\widetilde{NI}^{\mathrm{z}}_{\mathrm{II},1}\right] = \mathrm{E}\left[\widetilde{IC}^{\mathrm{z}}_{\mathrm{II},1}\right] &= \mathrm{E}\left[\widetilde{IC}^{\mathrm{k}}_{\mathrm{II}}\right] \cdot \left(1 + w^{\mathrm{IC}}_{\mathrm{II}}\right) - \mathrm{E}\left[\widetilde{IC}^{\mathrm{k}}_{\mathrm{II}}\right] \\ &= w^{\mathrm{IC}}_{\mathrm{II}} \cdot \mathrm{E}\left[\widetilde{IC}^{\mathrm{k}}_{\mathrm{II}}\right]. \end{aligned} \tag{3.68}$$

156 Nach *Dierkes* und *Schäfer* sei es „questionable if the approach of Daves et al. can be aligned with this model [auf der Basis einer unendlichen Investitionskette, Anm. d. Verf.] or alternative plausible models of corporate investment.“ *Dierkes/Schäfer* (2017), S. 4. Vgl. auch ebd., S. 24.

157 Siehe zur Herleitung der Restwertformel (3.66) nach *Dierkes* und *Schäfer* die Seiten 362–364 des Anhangs A.3.

In jeder Periode erhöht derselbe Anteil des konstanten Kernkapitals (3.68) das Zusatzkapital:

$$\mathrm{E}\left[\widetilde{NI}_{\mathrm{II}}^{\mathrm{z}}\right] = \mathrm{E}\left[\widetilde{IC}_{\mathrm{II}}^{\mathrm{z}}\right] = w_{\mathrm{II}}^{\mathrm{IC}} \cdot \mathrm{E}\left[\widetilde{IC}_{\mathrm{II}}^{\mathrm{k}}\right]$$

$$\forall z_{\mathrm{II}}, \phi_{\mathrm{II}} \in [1, +\infty) \quad \text{und} \quad z_{\mathrm{II}} = \phi_{\mathrm{II}}. \qquad (3.69)$$

Zu den periodisch gleichbleibenden Neuinvestitionen (3.69) kommen ab der zweiten Restwertperiode noch kapazitätserweiternde Reinvestitionen hinzu:

$$\mathrm{E}\left[\widetilde{NI}_{\mathrm{II},\phi_{\mathrm{II}}}^{\mathrm{z},z_{\mathrm{II}}}\right] = w_{\mathrm{II}}^{\mathrm{IC}} \cdot \mathrm{E}\left[\widetilde{IC}_{\mathrm{II},\phi_{\mathrm{II}}-1}^{\mathrm{z},z_{\mathrm{II}}}\right]$$

$$\forall z_{\mathrm{II}} \in [1, +\infty), \phi_{\mathrm{II}} \in [2, +\infty) \quad \text{und} \quad z_{\mathrm{II}} < \phi_{\mathrm{II}}. \qquad (3.70)$$

Für den sich aus der Neuinvestition in der Periode z_{II} entwickelnden Bestand des Zusatzkapitals in einer Periode ϕ_{II} gilt auf der Basis von (3.24a) analog (3.26) mit der entsprechend ersetzten Wachstumsrate (3.62):

$$\begin{aligned}\mathrm{E}\left[\widetilde{IC}_{\mathrm{II},\phi_{\mathrm{II}}}^{\mathrm{z},z_{\mathrm{II}}}\right] &= \mathrm{E}\left[\widetilde{IC}_{\mathrm{II},\phi_{\mathrm{II}}-1}^{\mathrm{z},z_{\mathrm{II}}}\right] \cdot \left(1 + w_{\mathrm{II}}^{\mathrm{IC}}\right) \\ &= \mathrm{E}\left[\widetilde{IC}_{\mathrm{II}}^{\mathrm{z}}\right] \cdot \left(1 + w_{\mathrm{II}}^{\mathrm{IC}}\right)^{\phi_{\mathrm{II}}-z_{\mathrm{II}}} \qquad \forall z_{\mathrm{II}}, \phi_{\mathrm{II}} \in [1, +\infty). \qquad (3.71)\end{aligned}$$

Die vorletzte Tabellenzeile enthält die auf der Basis von (3.41a) bzw. (3.41b) periodenweise gebildeten Summen der den $z_{\mathrm{II}} = \phi_{\mathrm{II}}$ unendlichen Investitionsketten zurechenbaren Nettoinvestitionen. Die gesamten Nettoinvestitionen einer Periode ϕ_{II} (3.67) setzen sich folglich zum einen aus der Neuinvestition (3.69) und zum anderen aus allen Reinvestitionen (3.70) zusammen. Durch Einsetzen von (3.71) in (3.70) erhält man analog zu (3.41c) zunächst den Kalkül

$$\mathrm{E}\left[\widetilde{NI}_{\mathrm{II},\phi_{\mathrm{II}}}^{\mathrm{z}}\right] = \mathrm{E}\left[\widetilde{IC}_{\mathrm{II}}^{\mathrm{z}}\right] + \mathrm{E}\left[\widetilde{NI}_{\mathrm{II},2}^{\mathrm{z},1}\right] \cdot \sum_{z_{\mathrm{II}}=1}^{\phi_{\mathrm{II}}-1} \left(1 + w_{\mathrm{II}}^{\mathrm{IC}}\right)^{\phi_{\mathrm{II}}-z_{\mathrm{II}}-1}$$

und mit Hilfe von (3.36) in der weiteren Folge den Ausdruck

$$\mathrm{E}\left[\widetilde{NI}_{\mathrm{II},\phi_{\mathrm{II}}}^{\mathrm{z}}\right] = w_{\mathrm{II}}^{\mathrm{IC}} \cdot \mathrm{E}\left[\widetilde{IC}_{\mathrm{II}}^{\mathrm{k}}\right] + \frac{\left(1 + w_{\mathrm{II}}^{\mathrm{IC}}\right)^{\phi_{\mathrm{II}}-1} - 1}{w_{\mathrm{II}}^{\mathrm{IC}}} \cdot \left(w_{\mathrm{II}}^{\mathrm{IC}}\right)^2 \cdot \mathrm{E}\left[\widetilde{IC}_{\mathrm{II}}^{\mathrm{k}}\right].$$

Durch Auflösen ergibt sich somit für (3.67) der mit (3.71) bei $z_{\mathrm{II}} = 1$ übereinstimmende Kalkül

$$\mathrm{E}\left[\widetilde{NI}^{\mathrm{z}}_{\mathrm{II},\phi_{\mathrm{II}}}\right] = w^{\mathrm{IC}}_{\mathrm{II}} \cdot \mathrm{E}\left[\widetilde{IC}^{\mathrm{k}}_{\mathrm{II}}\right] \cdot \left(1 + w^{\mathrm{IC}}_{\mathrm{II}}\right)^{\phi_{\mathrm{II}}-1} = \mathrm{E}\left[\widetilde{IC}^{\mathrm{z},1}_{\mathrm{II},\phi_{\mathrm{II}}}\right] \qquad \forall \phi_{\mathrm{II}} \in [1,+\infty), \quad (3.72\mathrm{a})$$

welcher mit (3.41d) korrespondiert. Anhand der Tabellen 3–4a und 3–4b lässt sich die Gleichung (3.72a) leicht nachvollziehen. In Verbindung mit (3.63) folgt weiterhin:

$$\mathrm{E}\left[\widetilde{NI}^{\mathrm{z}}_{\mathrm{II},\phi_{\mathrm{II}}}\right] = w^{\mathrm{IC}}_{\mathrm{II}} \cdot \mathrm{E}\left[\widetilde{IC}_{\mathrm{II},\phi_{\mathrm{II}}-1}\right] \qquad \forall \phi_{\mathrm{II}} \in [1,+\infty). \quad (3.72\mathrm{b})$$

Einsetzen von (3.72b) in die Formel für die Wachstumsrate der gesamten Nettoinvestitionen führt zu (3.62):

$$w^{\mathrm{NI}}_{\mathrm{II}} = \frac{\mathrm{E}\left[\widetilde{NI}^{\mathrm{z}}_{\mathrm{II},\phi_{\mathrm{II}}}\right]}{\mathrm{E}\left[\widetilde{NI}^{\mathrm{z}}_{\mathrm{II},\phi_{\mathrm{II}}-1}\right]} - 1 = w^{\mathrm{IC}}_{\mathrm{II}} \qquad \forall \phi_{\mathrm{II}} \in [1,+\infty). \quad (3.73)$$

Aufgrund der Gemeinsamkeit eines konstanten Kernkapitals weisen die Modelle von *Koller* et al. und *Daves* et al. mit (3.42) und (3.73) jeweils eine periodenunabhängige Gesamtwachstumsrate der Nettoinvestitionen auf.

In Anhang A.3 werden die Herleitungsschritte der Wertbeiträge der künftigen Nettoinvestitionen bei Anwendung des Residualgewinn-Ansatzes erläutert, die zu der Restwertformel (3.66) führen.[158] Mittels (A.81) ist ein direkter Vergleich mit (3.52) möglich und aufschlussreich. Anschließend sei der Blick auf die folgende Kritik gelenkt.

Die Veröffentlichung von *Daves* et al. zeichnet sich durch die exogene Festlegung einer periodenunabhängigen Wachstumsrate des Gesamtkapitals aus. Dies wirft die Frage auf, inwieweit diese Rate als Wachstumsabschlag im Nenner von (A.81) aus dem Zusammenhang zwischen einer Nettoinvestitionsrate und einer Reinvestitionsrendite resultiert. Mittels (3.69) und der Rendite $RONIC_{\mathrm{II}}$ kann der NOPLAT der Periode ϕ_{II} aufgrund der Neuinvestition in der Vorperiode $z_{\mathrm{II}} = \phi_{\mathrm{II}} - 1$ berechnet werden:

$$\mathrm{E}\left[\widetilde{NOPLAT}^{\mathrm{z},\phi_{\mathrm{II}}-1}_{\mathrm{II},\phi_{\mathrm{II}}}\right] = w^{\mathrm{IC}}_{\mathrm{II}} \cdot \mathrm{E}\left[\widetilde{IC}^{\mathrm{k}}_{\mathrm{II}}\right] \cdot RONIC_{\mathrm{II}} \qquad \forall \phi_{\mathrm{II}} \in [1,+\infty). \quad (3.74)$$

158 Siehe Anhang A.3, S. 359–364.

Für alle Perioden $\phi_{\text{II}} \in [1,+\infty)$ lässt sich unter Hinzunahme von (3.70) eine konstante Nettoinvestitionsrate $n_{\text{II}}^{\text{IC}}$ nachweisen:

$$n_{\phi_{\text{II}}}^{\text{IC}} = \frac{\mathrm{E}\left[\widetilde{NI}_{\text{II},\phi_{\text{II}}}^{\text{z},\phi_{\text{II}}-1}\right]}{\mathrm{E}\left[\widetilde{NOPLAT}_{\text{II},\phi_{\text{II}}}^{\text{z},\phi_{\text{II}}-1}\right]} = \frac{\left(w_{\text{II}}^{\text{IC}}\right)^2 \cdot \mathrm{E}\left[\widetilde{IC}_{\text{II}}^{\text{k}}\right]}{w_{\text{II}}^{\text{IC}} \cdot \mathrm{E}\left[\widetilde{IC}_{\text{II}}^{\text{k}}\right] \cdot RONIC_{\text{II}}} = \frac{w_{\text{II}}^{\text{IC}}}{RONIC_{\text{II}}} = n_{\text{II}}^{\text{IC}}$$

$$\forall \phi_{\text{II}} \in [1,+\infty).$$

Der Quotient aus dem freien Cashflow

$$\begin{aligned}\mathrm{E}\left[\widetilde{FCF}_{\text{II},\phi_{\text{II}}}^{\text{z},\phi_{\text{II}}-1}\right] &= \mathrm{E}\left[\widetilde{NOPLAT}_{\text{II},\phi_{\text{II}}}^{\text{z},\phi_{\text{II}}-1}\right] - \mathrm{E}\left[\widetilde{NI}_{\text{II},\phi_{\text{II}}}^{\text{z},\phi_{\text{II}}-1}\right] \\ &= w_{\text{II}}^{\text{IC}} \cdot \mathrm{E}\left[\widetilde{IC}_{\text{II}}^{\text{k}}\right] \cdot RONIC_{\text{II}} - \left(w_{\text{II}}^{\text{IC}}\right)^2 \cdot \mathrm{E}\left[\widetilde{IC}_{\text{II}}^{\text{k}}\right] \\ &= w_{\text{II}}^{\text{IC}} \cdot \mathrm{E}\left[\widetilde{IC}_{\text{II}}^{\text{k}}\right] \cdot \left(RONIC_{\text{II}} - w_{\text{II}}^{\text{IC}}\right) \qquad (3.75)\end{aligned}$$

$$\forall \phi_{\text{II}} \in [1,+\infty)$$

und (3.74) entspricht der konstanten Ausschüttungsquote $q_{\text{II}}^{\text{IC}}$:

$$q_{\phi_{\text{II}}}^{\text{IC}} = \frac{\mathrm{E}\left[\widetilde{FCF}_{\text{II},\phi_{\text{II}}}^{\text{z},\phi_{\text{II}}-1}\right]}{\mathrm{E}\left[\widetilde{NOPLAT}_{\text{II},\phi_{\text{II}}}^{\text{z},\phi_{\text{II}}-1}\right]} = 1 - \frac{w_{\text{II}}^{\text{IC}}}{RONIC_{\text{II}}} = 1 - n_{\text{II}}^{\text{IC}} = q_{\text{II}}^{\text{IC}}$$

$$\forall \phi_{\text{II}} \in [1,+\infty).$$

Die Wachstumsrate $w_{\text{II}}^{\text{IC}}$ gemäß (3.62) ist demnach wie folgt zu definieren:

$$w_{\text{II}}^{\text{IC}} = n_{\text{II}}^{\text{IC}} \cdot RONIC_{\text{II}} \qquad \forall \phi_{\text{II}} \in [1,+\infty). \quad (3.76)$$

Einsetzen von (3.76) in (3.69) offenbart im Vergleich mit (3.11) die exogene Vorgabe einer konstanten Gesamtwachstumsrate als konzeptionelle Schwäche des Modells von *Daves* et al.:

$$\mathrm{E}\left[\widetilde{NI}_{\text{II}}^{\text{z}}\right] = \mathrm{E}\left[\widetilde{IC}_{\text{II}}^{\text{z}}\right] = n_{\text{II}}^{\text{IC}} \cdot RONIC_{\text{II}} \cdot \mathrm{E}\left[\widetilde{IC}_{\text{II}}^{\text{k}}\right] \qquad \forall \phi_{\text{II}} \in [1,+\infty).$$

Zwar steigen der Bestand des Gesamtkapitals und die (gesamten) Nettoinvestitionen in der ewigen Rente mit einer laut der klassischen Lehrbuchformel phasentypisch periodenunabhängigen Rate an, jedoch beruht dieses konstante

Wachstum auf der unbegründeten impliziten Anwendung von $RONIC_{\text{II}}$ anstelle von $ROIC_{\text{II}}$ bei der Bemessung der periodischen Neuinvestitionen. Unter der Bedingung $RONIC_{\text{II}} < ROIC_{\text{II}}$ sind diese geringer angesetzt als bei einer korrekten Verzinsung des Kernkapitals mit $ROIC_{\text{II}}$, was in einem niedrigeren Restwert mündet. Unter dem ansonsten gleichen Annahmengerüst sind die Schwächen des Ansatzes von *Koller* et al. zugleich als jene des Ansatzes von *Daves* et al. zu betrachten.[159] Von diesen beiden Restwertansätzen erweist sich ersterer jedoch als konzeptionell überlegen, wenn die Prognose der künftigen Unternehmensentwicklung auf der Grundlage differenzierter Verzinsungen erfolgt.[160] Der in *Daves* et al. (2004) enthaltene Bewertungsfehler, der von *Koller* et al. im Wege der separaten Festlegung einer Nettoinvestitionsrate und durch die schrittweise Bestimmung der NOPLAT und Nettoinvestitionen letztlich behoben wird, führt dazu, dass dieser Ansatz in der weiteren Abhandlung in den Hintergrund rückt.

---

159 Siehe S. 130. Hierzu gehört auch die Anwendung derselben Nettoinvestitionsrate in der Rentenphase $n_{\text{II}}^{\text{IC}}$ in (3.69) und (3.70). Vgl. mit n_{II}^{z} in (3.11) und (3.22) in dem Modell von *Koller* et al.

160 Bei einheitlicher Verzinsung stimmt (3.65) mit (3.54) überein.

Tab. 3–4a: Entwicklung des Gesamtkapitals und des Kernkapitals nach dem Modell von *Daves* et al. (2004) in den ersten drei Perioden der Rentenphase

ϕ_{II}	0	1	2	3
Gesamtkapital				
$\mathrm{E}\left[\widetilde{IC}_{\text{II},\phi_{\text{II}}}\right]$	$\mathrm{E}\left[\widetilde{IC}^{\text{k}}_{\text{II}}\right]$	$\mathrm{E}\left[\widetilde{IC}^{\text{k}}_{\text{II}}\right] \cdot \left(1 + w^{\text{IC}}_{\text{II}}\right)$	$\mathrm{E}\left[\widetilde{IC}^{\text{k}}_{\text{II}}\right] \cdot \left(1 + w^{\text{IC}}_{\text{II}}\right)^2$	$\mathrm{E}\left[\widetilde{IC}^{\text{k}}_{\text{II}}\right] \cdot \left(1 + w^{\text{IC}}_{\text{II}}\right)^3$
Kernkapital				
$\mathrm{E}\left[\widetilde{NI}^{\text{k}}_{\text{II},\phi_{\text{II}}}\right]$		0	0	0
$\mathrm{E}\left[\widetilde{IC}^{\text{k}}_{\text{II},\phi_{\text{II}}}\right]$	$\mathrm{E}\left[\widetilde{IC}^{\text{k}}_{\text{II}}\right]$	$\mathrm{E}\left[\widetilde{IC}^{\text{k}}_{\text{II}}\right]$	$\mathrm{E}\left[\widetilde{IC}^{\text{k}}_{\text{II}}\right]$	$\mathrm{E}\left[\widetilde{IC}^{\text{k}}_{\text{II}}\right]$

Tab. 3–4b: Entwicklung des Zusatzkapitals nach dem Modell von *Daves* et al. (2004) in den ersten drei Perioden der Rentenphase

ϕ_{II}	0	1	2	3
Zusatzkapital				
$\mathrm{E}\left[\widetilde{NI}^{\,z,1}_{\text{II},\phi_{\text{II}}}\right]$		$w^{\text{IC}}_{\text{II}} \cdot \mathrm{E}\left[\widetilde{IC}^{\,k}_{\text{II}}\right]$	$\left(w^{\text{IC}}_{\text{II}}\right)^2 \cdot \mathrm{E}\left[\widetilde{IC}^{\,k}_{\text{II}}\right]$	$\left(w^{\text{IC}}_{\text{II}}\right)^2 \cdot \mathrm{E}\left[\widetilde{IC}^{\,k}_{\text{II}}\right] \cdot \left(1 + w^{\text{IC}}_{\text{II}}\right)$
$\mathrm{E}\left[\widetilde{IC}^{\,z,1}_{\text{II},\phi_{\text{II}}}\right]$	0	$w^{\text{IC}}_{\text{II}} \cdot \mathrm{E}\left[\widetilde{IC}^{\,k}_{\text{II}}\right]$	$w^{\text{IC}}_{\text{II}} \cdot \mathrm{E}\left[\widetilde{IC}^{\,k}_{\text{II}}\right] \cdot \left(1 + w^{\text{IC}}_{\text{II}}\right)$	$w^{\text{IC}}_{\text{II}} \cdot \mathrm{E}\left[\widetilde{IC}^{\,k}_{\text{II}}\right] \cdot \left(1 + w^{\text{IC}}_{\text{II}}\right)^2$
$\mathrm{E}\left[\widetilde{NI}^{\,z,2}_{\text{II},\phi_{\text{II}}}\right]$			$w^{\text{IC}}_{\text{II}} \cdot \mathrm{E}\left[\widetilde{IC}^{\,k}_{\text{II}}\right]$	$\left(w^{\text{IC}}_{\text{II}}\right)^2 \cdot \mathrm{E}\left[\widetilde{IC}^{\,k}_{\text{II}}\right]$
$\mathrm{E}\left[\widetilde{NI}^{\,z,3}_{\text{II},\phi_{\text{II}}}\right]$				$w^{\text{IC}}_{\text{II}} \cdot \mathrm{E}\left[\widetilde{IC}^{\,k}_{\text{II}}\right]$
$\mathrm{E}\left[\widetilde{NI}^{\,z}_{\text{II},\phi_{\text{II}}}\right]$		$w^{\text{IC}}_{\text{II}} \cdot \mathrm{E}\left[\widetilde{IC}^{\,k}_{\text{II}}\right]$	$w^{\text{IC}}_{\text{II}} \cdot \mathrm{E}\left[\widetilde{IC}^{\,k}_{\text{II}}\right] \cdot \left(1 + w^{\text{IC}}_{\text{II}}\right)$	$w^{\text{IC}}_{\text{II}} \cdot \mathrm{E}\left[\widetilde{IC}^{\,k}_{\text{II}}\right] \cdot \left(1 + w^{\text{IC}}_{\text{II}}\right)^2$
$\mathrm{E}\left[\widetilde{IC}^{\,z}_{\text{II},\phi_{\text{II}}}\right]$	0	$w^{\text{IC}}_{\text{II}} \cdot \mathrm{E}\left[\widetilde{IC}^{\,k}_{\text{II}}\right]$	$w^{\text{IC}}_{\text{II}} \cdot \mathrm{E}\left[\widetilde{IC}^{\,k}_{\text{II}}\right] \cdot \left(2 + w^{\text{IC}}_{\text{II}}\right)$	$\mathrm{E}\left[\widetilde{IC}^{\,k}_{\text{II}}\right] \cdot \left(\left(w^{\text{IC}}_{\text{II}}\right)^3 + 3 \cdot \left(w^{\text{IC}}_{\text{II}}\right)^2 + 3 \cdot w^{\text{IC}}_{\text{II}}\right)$

3.1.2.3 Modell nach *Meitner* (2013)

Die Konzeption des auf dem *Constant Growth*-Modell von *Gordon* und *Shapiro* aufbauenden Restwertmodells mit differenzierten Verzinsungen nach *Meitner* (2013) wird in dieser Arbeit anhand von Abbildungen anschaulich und kurz dargestellt.[161] Ergänzt wird dieser Abschnitt durch die Ausführungen in Anhang A.4.[162]

Ein annahmegemäß zu Beginn der Rentenphase existierender Bestand des Kernkapitals steigt im Gegensatz zu den obigen Modellen im Zeitablauf mit einer konstanten Wachstumsrate w_{II} an. Anstelle von alten und neuen Investitionsprojekten unterscheidet *Meitner* zwischen „class A projects" und „class B projects"[163], womit der Autor die einer rein zeitlichen Sichtweise folgende Kategorisierung der Investitionstätigkeit der obigen Modelle verallgemeinert. Während die Modellierung des Wachstums des Kernkapitals im eingeschwungenen Zustand eine plausible Weiterentwicklung des Modells von *Koller* et al. im Hinblick auf eine geschäftsbereichsdiffenzierende Restwertermittlung darstellt, wird in Bezug auf das Zusatzkapital weiterhin von (3.12) ausgegangen. Diese Annahme des Restwertmodells, „where no adjustment phase is necessary"[164], bleibt indes umstritten.

Die erste Zeile in der Abbildung 3–4 auf der Seite 145 zeichnet die Entwicklung des Kernkapitals $\mathrm{E}\left[\widetilde{IC}^{\mathrm{A}}_{\mathrm{II},\phi_{\mathrm{II}}}\right]$ für die ersten zwei Perioden der Rentenphase $\phi_{\mathrm{II}} = 1, 2$ nach, das sich mit einer anlagespezifischen periodenunabhängigen ökonomischen Reinvestitionsrendite $IRR^{\mathrm{A}}_{\mathrm{II}}$ gemäß

$$IRR^{\mathrm{A}}_{\mathrm{II}} = \frac{\mathrm{E}\left[\widetilde{BCF}^{\mathrm{A}}_{\mathrm{II},\phi_{\mathrm{II}}+1}\right] + \mathrm{E}\left[\widetilde{NI}^{\mathrm{A}}_{\mathrm{II},\phi_{\mathrm{II}}+1}\right]}{\mathrm{E}\left[\widetilde{IC}^{\mathrm{A}}_{\mathrm{II},\phi_{\mathrm{II}}}\right]}$$

verzinst. Der Anfangsbestand $\mathrm{E}\left[\widetilde{IC}^{\mathrm{A}}_{\mathrm{II},0}\right]$ steigt von Periode zu Periode um die (in der Abbildung 3–4 nicht aufgeführten) Nettoinvestitionen

$$\mathrm{E}\left[\widetilde{NI}^{\mathrm{A}}_{\mathrm{II},\phi_{\mathrm{II}}+1}\right] = w_{\mathrm{II}} \cdot \mathrm{E}\left[\widetilde{IC}^{\mathrm{A}}_{\mathrm{II},\phi_{\mathrm{II}}}\right] \qquad \forall \phi_{\mathrm{II}} \in [0, +\infty) \quad (3.77)$$

---

161 Vgl. *Meitner* (2013). Siehe auch *Dierkes / Schäfer* (2017), S. 25 f., 34–38.

162 Siehe Anhang A.4, S. 364–371.

163 *Meitner* (2013), S. 344 (beide Zitate).

164 *Meitner* (2013), S. 340.

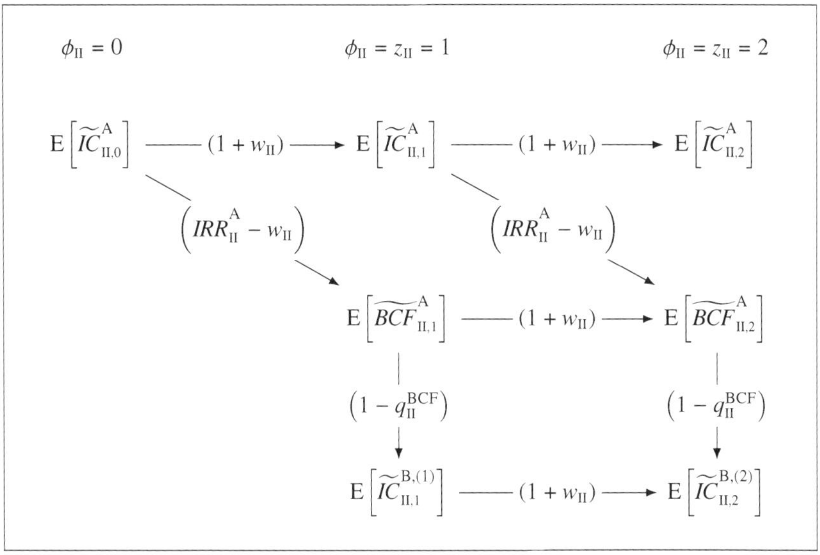

Abb. 3–4: Schematisierung der Zusammenhänge zwischen Kernkapital, Basiscashflow und Zusatzinvestitionen nach dem Modell von *Meitner* (2013) bis zur zweiten Periode der Rentenphase

an. Das Kernkapital beläuft sich somit in einer beliebigen künftigen Periode $\phi_{II} \in [1, +\infty)$ auf:

$$E\left[\widetilde{IC}^{A}_{II,\phi_{II}}\right] = E\left[\widetilde{IC}^{A}_{II,\phi_{II}-1}\right] \cdot (1 + w_{II}) = E\left[\widetilde{IC}^{A}_{II,0}\right] \cdot (1 + w_{II})^{\phi_{II}} \qquad \forall\, \phi_{II} \in [1, +\infty). \quad (3.78)$$

Meitner definiert einen Basiscashflow als den nach Abzug der kernkapitalerhöhenden Nettoinvestitionen von der Gewinngröße zur Ausschüttung an die Eigen- und die Fremdkapitalgeber verfügbaren Betrag (zweite Zeile in Abbildung 3–4):[165]

$$E\left[\widetilde{BCF}^{A}_{II,\phi_{II}+1}\right] = E\left[\widetilde{IC}^{A}_{II,\phi_{II}}\right] \cdot \left(IRR^{A}_{II} - w_{II}\right) \qquad \forall\, \phi_{II} \in [0, +\infty). \quad (3.79)$$

165 Siehe bezüglich (3.79) und (3.80) *Meitner* (2013), S. 345. Grundlegende modelltheoretische Zusammenhänge stellt *Meitner* bereits in *Meitner* (2008b), S. 10 f., dar.

Dieser folgt aus der Umstellung der Formel für den Bestand des Kernkapitals in einem Zeitpunkt ϕ_{II}:

$$\mathrm{E}\left[\widetilde{IC}^{\text{A}}_{\text{II},\phi_{\text{II}}}\right] = \frac{\mathrm{E}\left[\widetilde{BCF}^{\text{A}}_{\text{II},\phi_{\text{II}}+1}\right]}{IRR^{\text{A}}_{\text{II}} - w_{\text{II}}} \qquad \forall\, \phi_{\text{II}} \in [0, +\infty)\,. \quad (3.80)$$

Während jedoch nur ein mit der Quote $q^{\text{BCF}}_{\text{II}}$ bemessener Teil des erwarteten entnahmefähigen Betrags, $q^{\text{BCF}}_{\text{II}} \cdot \mathrm{E}\left[\widetilde{BCF}^{\text{A}}_{\text{II},\phi_{\text{II}}}\right]$, tatsächlich an die Kapitalgeber fließt, wird ein konstanter prozentualer Anteil $1 - q^{\text{BCF}}_{\text{II}}$ des Basiscashflows in jeder Restwertperiode $\phi_{\text{II}} \in [1, +\infty)$ zur Finanzierung von Investitionen in die Projektklasse B eingesetzt (dritte Zeile in Abbildung 3–4):

$$\begin{aligned}\mathrm{E}\left[\widetilde{IC}^{\text{B},(z_{\text{II}})}_{\text{II},\phi_{\text{II}}}\right] &= \left(1 - q^{\text{BCF}}_{\text{II}}\right) \cdot \mathrm{E}\left[\widetilde{BCF}^{\text{A}}_{\text{II},\phi_{\text{II}}}\right] \\ &= \left(1 - q^{\text{BCF}}_{\text{II}}\right) \cdot \left(IRR^{\text{A}}_{\text{II}} - w_{\text{II}}\right) \cdot \mathrm{E}\left[\widetilde{IC}^{\text{A}}_{\text{II},0}\right] \cdot (1 + w_{\text{II}})^{\phi_{\text{II}}-1} \qquad (3.81) \\ &\qquad \forall\, z_{\text{II}}, \phi_{\text{II}} \in [1, +\infty) \quad \text{und} \quad z_{\text{II}} = \phi_{\text{II}}.\end{aligned}$$

Der Exponent des Invested Capital auf der linken Seite enthält in Klammern den Investitionszeitpunkt z_{II}. Das konstante Wachstum des Kernkapitals gemäß (3.78) mit der Rate w_{II} wirkt sich auch auf die nachfolgenden Größen, den Basiscashflow (3.79) und die Zusatzinvestitionen (3.81), aus, wie Abbildung 3–4 darlegt. Nach Abzug der zusätzlichen Investitionen (3.81) von dem Basiscashflow (3.79) verbleibt zur Ausschüttung an die Kapitalgeber in einer Periode ϕ_{II} der Betrag[166]

$$\begin{aligned}\mathrm{E}\left[\widetilde{CF}^{\text{A}}_{\text{II},\phi_{\text{II}}}\right] = q^{\text{BCF}}_{\text{II}} \cdot \mathrm{E}\left[\widetilde{BCF}^{\text{A}}_{\text{II},\phi_{\text{II}}}\right] = q^{\text{BCF}}_{\text{II}} \cdot \mathrm{E}\left[\widetilde{BCF}^{\text{A}}_{\text{II},1}\right] \cdot (1 + w_{\text{II}})^{\phi_{\text{II}}-1} \\ \text{mit} \quad 0 < q^{\text{BCF}}_{\text{II}} < 1 \quad \text{und} \quad \forall\, \phi_{\text{II}} \in [1, +\infty)\,. \quad (3.82)\end{aligned}$$

In der Abbildung 3–5 auf der Seite 150 setzt die von der links oben angegebenen Zusatzinvestition in der ersten Periode $\mathrm{E}\left[\widetilde{IC}^{\text{B},(1)}_{\text{II},1}\right]$ zu der rechts unten stehenden Zusatzinvestition in der dritten Periode $\mathrm{E}\left[\widetilde{IC}^{\text{B},(3)}_{\text{II},3}\right]$ führende Verbindungslinie die letzte Zeile aus der Abbildung 3–4 fort. Das Schema zeigt die Entwicklung des sich mit der ökonomischen Reinvestitionsrendite der

166 Vgl. *Meitner* (2013), S. 344, 345.

Projektklasse B $IRR_{\text{II}}^{\text{B}}$ verzinsenden und mit derselbe Rate wie das Kernkapital w_{II} wachsenden Zusatzkapitals bis zur Periode $\phi_{\text{II}} = 3$ auf. Der aus der periodischen Verzinsung jeder Zusatzinvestition (3.81) resultierende zusätzliche Gewinn in den Perioden $\phi_{\text{II}} \in [z_{\text{II}} + 1, +\infty)$ kann für Investitionen und für Ausschüttungen verwendet werden. *Meitner* trifft die Annahme, dass in jeder auf den Investitionszeitpunkt folgenden Periode gerade so viel des jeweiligen zusätzlichen Gewinns reinvestiert wird, sodass jede Zusatzinvestition (3.81) im Zeitablauf wie das Kernkapital mit der Rate w_{II} zunimmt:[167]

$$\mathrm{E}\left[\widetilde{IC}_{\text{II},\phi_{\text{II}}}^{\text{B},(z_{\text{II}})}\right] = \mathrm{E}\left[\widetilde{IC}_{\text{II},z_{\text{II}}}^{\text{B},(z_{\text{II}})}\right] \cdot (1 + w_{\text{II}})^{\phi_{\text{II}} - z_{\text{II}}} \qquad \forall z_{\text{II}}, \phi_{\text{II}} \in [1, +\infty). \quad (3.83)$$

Der verbleibende Teil jedes zusätzlichen Gewinns bildet analog zu (3.79) den an die Kapitalgeber ausschüttbaren Betrag:[168]

$$\mathrm{E}\left[\widetilde{BCF}_{\text{II},\phi_{\text{II}}+1}^{\text{B},(z_{\text{II}})}\right] = \mathrm{E}\left[\widetilde{IC}_{\text{II},\phi_{\text{II}}}^{\text{B},(z_{\text{II}})}\right] \cdot \left(IRR_{\text{II}}^{\text{B}} - w_{\text{II}}\right) = \mathrm{E}\left[\widetilde{BCF}_{\text{II},z_{\text{II}}+1}^{\text{B},(z_{\text{II}})}\right] \cdot (1 + w_{\text{II}})^{\phi_{\text{II}} - z_{\text{II}}}$$
$$\forall \phi_{\text{II}} \in [z_{\text{II}}, +\infty) \quad \text{und} \quad z_{\text{II}} \in [1, +\infty). \quad (3.84)$$

Exemplarisch sind in der Abbildung 3–5 die aus den in den beiden Investitionszeitpunkten $z_{\text{II}} = 1$ und $z_{\text{II}} = 2$ getätigten Zusatzinvestitionen hervorgehenden Basiscashflows in der zweiten und dritten Periode eingetragen (waagerecht rechts). Aufgrund (3.83) steigen die zusätzlichen Basiscashflows (3.84) ebenfalls mit w_{II} an. Abbildung 3–5 zeigt weiterhin, dass diese wie die Basiscashflows (3.79) jedoch nicht vollständig den Kapitalgeber zufließen, sondern periodisch wiederum der Anteil $1 - q_{\text{II}}^{\text{BCF}}$ in Anlagen der Projektklasse B reinvestiert wird. Für diese Zusatzinvestitionen auf der zweiten Ebene gilt:

$$\begin{aligned}\mathrm{E}\left[\widetilde{IC}_{\text{II},z_2}^{\text{B},(z_1,z_2)}\right] &= \left(1 - q_{\text{II}}^{\text{BCF}}\right) \cdot \mathrm{E}\left[\widetilde{BCF}_{\text{II},z_2}^{\text{B},(z_1)}\right] \\ &= \left(1 - q_{\text{II}}^{\text{BCF}}\right) \cdot \left(IRR_{\text{II}}^{\text{B}} - w_{\text{II}}\right) \cdot \mathrm{E}\left[\widetilde{IC}_{\text{II},z_1}^{\text{B},(z_1)}\right] \cdot (1 + w_{\text{II}})^{z_2 - z_1 - 1}\end{aligned} \quad (3.85)$$
$$\forall z_1 \in [1, +\infty), \ \forall z_2 \in [2, +\infty), \ z_1 < z_2.$$

167 Die Nettoinvestitionen und erhöhten Bestände des Zusatzkapitals sind in der Abbildung 3–5 nicht wiedergegeben.

168 Vgl. *Meitner* (2013), S. 345.

Die Folge (z_1, z_2) im Exponenten gibt den ersten und den zweiten Investitionszeitpunkt z_1 und z_2 an, durch die (3.85) charakterisiert ist.[169] Dieses Investitionsmuster setzt sich auf der dritten Ebene und allen weiteren Ebenen fort.[170] Der an die Kapitalgeber fließende zusätzliche Cashflow beträgt:[171]

$$\mathrm{E}\left[\widetilde{CF}_{\mathrm{II},z_2}^{\mathrm{B},(z_1)}\right] = q_{\mathrm{II}}^{\mathrm{BCF}} \cdot \mathrm{E}\left[\widetilde{BCF}_{\mathrm{II},z_2}^{\mathrm{B},(z_1)}\right] \quad \forall z_1 \in [1,+\infty),\; \forall z_2 \in [2,+\infty),\; z_1 < z_2. \quad (3.86)$$

Zu untersuchen ist, welcher Gesamtwachstumsrate die Zusatzinvestitionen (3.81) sowie die aus ihnen in der jeweiligen Folgeperiode gemäß (3.86) hervorgehenden zusätzlichen Ausschüttungsbeträge

$$\mathrm{E}\left[\widetilde{CF}_{\mathrm{II},z_1+1}^{\mathrm{B},(z_1)}\right] = q_{\mathrm{II}}^{\mathrm{BCF}} \cdot \mathrm{E}\left[\widetilde{BCF}_{\mathrm{II},z_1+1}^{\mathrm{B},(z_1)}\right] \quad \forall z_1 \in [1,+\infty) \quad (3.87)$$

unterliegen. Da diese Größen wie (3.82) über die konstante Wachstumsrate w_{II} mit $\mathrm{E}\left[\widetilde{IC}_{\mathrm{II},1}^{\mathrm{B},(1)}\right]$ und

$$\mathrm{E}\left[\widetilde{CF}_{\mathrm{II},2}^{\mathrm{B},(1)}\right] = q_{\mathrm{II}}^{\mathrm{BCF}} \cdot \mathrm{E}\left[\widetilde{BCF}_{\mathrm{II},2}^{\mathrm{B},(1)}\right] \quad (3.88)$$

verknüpft sind, kann die gesuchte Formel für die Gesamtwachstumsrate z. B. für die in $z_{\mathrm{II}} = 1$ beginnende Investitionskette hergeleitet werden. Diese gilt dann zugleich für die unendlich vielen Investitionsketten aller künftigen Startzeitpunkte $z_{\mathrm{II}} \in [1,+\infty)$. Aus der Herleitung in Anhang A.4.1 geht die erstgenannte Bestimmungsformel für die konstante Gesamtwachstumsrate $w_{\mathrm{II}}^{\mathrm{B,ges}}$ hervor, die in den zweiten Ausdruck umgeformt werden kann:[172]

$$w_{\mathrm{II}}^{\mathrm{B,ges}} = w_{\mathrm{II}} + \left(1 - q_{\mathrm{II}}^{\mathrm{BCF}}\right) \cdot \left(IRR_{\mathrm{II}}^{\mathrm{B}} - w_{\mathrm{II}}\right) = q_{\mathrm{II}}^{\mathrm{BCF}} \cdot w_{\mathrm{II}} + \left(1 - q_{\mathrm{II}}^{\mathrm{BCF}}\right) \cdot IRR_{\mathrm{II}}^{\mathrm{B}} \quad \forall \phi_{\mathrm{II}} \in [1,+\infty). \quad (3.89)$$

Bei (3.89) handelt es sich zugleich um die Gesamtwachstumsrate der zusätzlich an die Kapitalgeber fließenden Cashflows (3.87). In Verbindung

169 Verkürzend wird der Phasenindex „II“ bei den nummerierten Investitionszeitpunkten fortgelassen.
170 Siehe auch Abbildung A–1, S. 368–369.
171 Siehe grundlegend *Meitner* (2008b), S. 11.
172 Siehe (A.90b) in Anhang A.4.1, S. 367. Der zweitgenannte Ausdruck gewinnt bei dem Vergleich mit dem Restwertmodell nach *Dierkes / Schäfer* (2017) an Bedeutung.

mit (3.82) kann gezeigt werden, dass die Summe der verbleibenden und der zusätzlichen Cashflows in einer Periode ϕ_{II} ausgehend von $\mathrm{E}\left[\widetilde{CF}^{\mathrm{A}}_{\mathrm{II},1}\right]$ mittels

$$\mathrm{E}\left[\widetilde{CF}_{\mathrm{II},\phi_{\mathrm{II}}}\right] = \mathrm{E}\left[\widetilde{CF}^{\mathrm{A}}_{\mathrm{II},1}\right] \cdot \left(1 + w_{\mathrm{II}} + \left(1 - q^{\mathrm{BCF}}_{\mathrm{II}}\right) \cdot \left(IRR^{\mathrm{B}}_{\mathrm{II}} - w_{\mathrm{II}}\right)\right)^{\phi_{\mathrm{II}}-1}$$

$$\forall \phi_{\mathrm{II}} \in [1, +\infty) \quad (3.90)$$

berechnet werden kann.[173] Damit lautet der Restwertkalkül wie folgt:[174]

$$\mathrm{E}\left[\widetilde{V}^{\ell,Mei}_{\mathrm{II},0}\right] = \frac{\mathrm{E}\left[\widetilde{CF}^{\mathrm{A}}_{\mathrm{II},1}\right]}{k^{\tau}_{\mathrm{II}} - \left(w_{\mathrm{II}} + \left(1 - q^{\mathrm{BCF}}_{\mathrm{II}}\right) \cdot \left(IRR^{\mathrm{B}}_{\mathrm{II}} - w_{\mathrm{II}}\right)\right)}. \quad (3.91)$$

(3.91) ist unter das Modell von *Dierkes* und *Schäfer* subsumierbar. Nach der Modelldarstellung im nächsten Abschnitt zeigt sich (3.91) als Spezialfall eines konstanten Wachstums der freien Cashflows auf Unternehmensebene.[175]

---

173 Vgl. *Meitner* (2013), S. 361–363.

174 Vgl. *Meitner* (2013), S. 346, ähnlich bereits *Meitner* (2008b), S. 11. Die Zerlegung des Restwertkalküls findet sich in Anhang A.4.2, S. 370 f. Der Bezeichner „*Mei*“ kennzeichnet (3.91) als Bewertungsgleichung nach dem Beitrag von *Meitner*.

175 Der Kalkül korrespondiert mit (3.128) auf der Seite 167, wie noch zu zeigen sein wird.

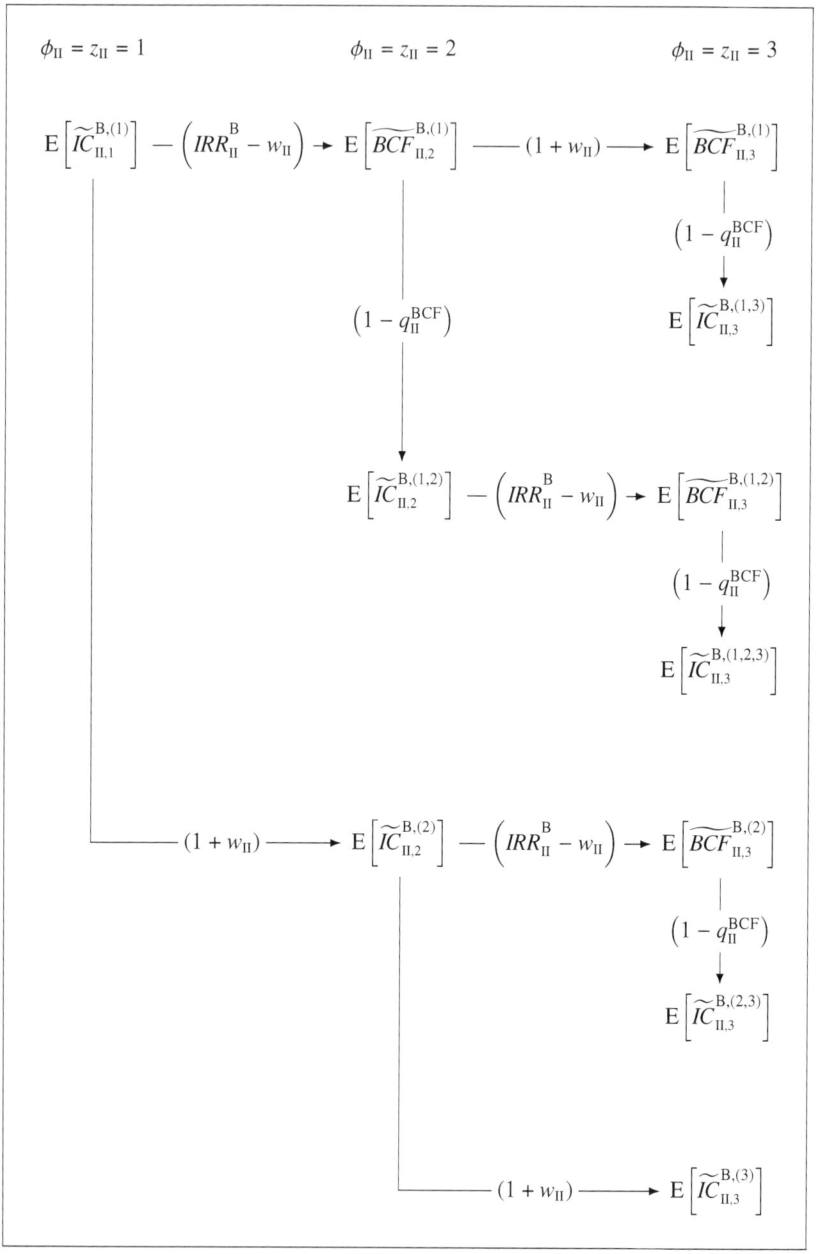

Abb. 3–5: Schematisierung der Weiterentwicklung der periodischen Zusatzinvestitionen nach dem Modell von *Meitner* (2013) bis zur dritten Periode der Rentenphase

3.1.2.4 Modell nach *Dierkes/Schäfer* (2017) und Implikationen für ein erweitertes Restwertmodell

Unter den dargestellten Modellen, die sich auf die Restwertermittlung in der Rentenphase beziehen, ist das Modell von *Dierkes* und *Schäfer* das jüngste. Die Autoren entwickeln ausgehend von den zuvor dargestellten drei Ansätzen ein Restwertmodell, bei dem die Kategorisierung der Investitionstätigkeit in der Rentenphase keiner in erster Linie zeitlichen Begründung unterliegt. Die Unterscheidung von Investitionsprojekten mit differenzierten Verzinsungen leiten *Dierkes* und *Schäfer* nicht primär aus der Teilbarkeit des Planungszeitraums in Prognosephasen ab, sondern aus der den realen Gegebenheiten entsprechenden Bereichsgliederung eines Bewertungsobjektes.

Dierkes und *Schäfer* betrachten zwei hierarchisch geordnete Geschäftsbereiche, einen Kernbereich A als Hauptgeschäftsbereich auf der einen Seite und einen Zusatzbereich B als Nebengeschäftsbereich auf der anderen Seite. Beide Bereiche existieren bereits zu Beginn der Rentenphase und erfordern inflationsbedingt in allen künftigen Prognoseperioden der ewigen Rente Investitionen mindestens in einem die reale Kapitalerhaltung gewährleistenden Umfang, sodass der für den Zeitpunkt $\phi_{\text{II}} = 0$ erwartete Kapitalbestand des Kernbereichs $\mathrm{E}\left[\widetilde{IC}^{\mathrm{A}}_{\mathrm{II},0}\right]$ im Zeitablauf ebenso ansteigt wie das Zusatzkapital, für dessen Bestand im Gegensatz zu (3.12) und in Analogie zum Kernkapital

$$\mathrm{E}\left[\widetilde{IC}^{\mathrm{B}}_{\mathrm{II},0}\right] > 0 \tag{3.92}$$

gelten soll.[176] Da der Einsatz dieses Modells bei einem sich in mehrere Bereiche gliedernden Unternehmen in Abschnitt 3.2 betrachtet wird, soll die Notation in diesem Abschnitt bereits an die in Abschnitt 3.2 verwendete angelehnt werden. In diesem aus zwei Bereichen bestehenden Modell nimmt der Bereichsindex κ die Ausprägungen A und B an: $\kappa \in \{\mathrm{A}, \mathrm{B}\}$. In einer zwischen den zwei Bereichen bestehenden Investitionsbeziehung soll A der in B zusätzlich investierende Bereich sein. Sei mit λ ein zusätzliche finanzielle Mittel empfangender Bereich bezeichnet, so ist innerhalb dieses Verbundes $\lambda = \mathrm{B}$. Außerhalb dieses Verbundes gelten für B weiterhin die mit dem Bereichsindex κ wiedergegebenen Formeln, die sich auf alle Be-

176 Vgl. *Dierkes/Schäfer* (2017), S. 6.

reiche κ beziehen, wie noch zu zeigen sein wird.[177] Diese Notation erlaubt es, dass die auf der Basis eines aus zwei Bereichen bestehenden Modells hergeleiteten Restwertformeln zugleich in jedem Bewertungsfall mit mehr als zwei Bereichen anwendbar sind.[178]

Die gegebenen Kapitalbestände der Bereiche A und B verzinsen sich in jeder Periode mit den periodenunabhängigen bereichsspezifischen Reinvestitionsrenditen $ROIC_{\text{II}}^{\text{A}}$ bzw. $ROIC_{\text{II}}^{\text{B}}$, die mit dem aus Vereinfachungsgründen bereichseinheitlichen Gesamtkapitalkostensatz k_{II}^{τ} [179] in dem allgemeinen Größenverhältnis

$$ROIC_{\text{II}}^{\text{A}} > ROIC_{\text{II}}^{\text{B}} > k_{\text{II}}^{\tau} \tag{3.93}$$

zueinander stehen.[180] Sodann erhält man den NOPLAT eines Geschäftsbereichs $\kappa \in \{\text{A}, \text{B}\}$ in einer Periode ϕ_{II} ausgehend von dem Kapitalbestand zu Beginn der Periode bzw. zum Ende der Vorperiode wie folgt:[181]

$$\text{E}\left[\widetilde{NOPLAT}_{\text{II},\phi_{\text{II}}}^{\kappa}\right] = ROIC_{\text{II}}^{\kappa} \cdot \text{E}\left[\widetilde{IC}_{\text{II},\phi_{\text{II}}-1}^{\kappa}\right] \qquad \forall \phi_{\text{II}} \in [1, +\infty)\,. \tag{3.94}$$

Die periodenkonstanten bereichsspezifischen Nettoinvestitionsraten n_{II}^{κ} geben den prozentualen Anteil des jeweiligen NOPLAT (3.94) an, der für die

177 Der Index κ ist ein allgemeiner Bereichsindex und bezieht sich nicht nur auf den investierenden Bereich.

178 Dieses wird anhand eines sich aus drei Bereichen $\kappa \in \{\text{A}, \text{B}, \text{C}\}$ zusammensetzenden Restwertmodells in Abschnitt 3.2.1 erläutert; siehe S. 172 ff. Die Anwendung der in Abschnitt 3.2.2, S. 173 ff., um die Wertermittlung in einer Grobplanungsphase erweiterten allgemeinen Vorsteuerkalküle auf der Basis sowohl des FCF als auch des FtE Verfahrens erfolgt zugleich am Beispiel eines aus drei Bereichen bestehenden Modells in den Fallstudien 1a und 2a ab Seite 200.

179 Vgl. *Dierkes / Schäfer* (2017), S. 8. Wenngleich die Berücksichtigung von bereichsspezifischen Kapitalkostensätzen realitätsnäher wäre, reduzieren *Dierkes* und *Schäfer* ihr Modell auf die das untersuchte Spezialproblem der Unternehmensbewertung betreffenden wesentlichen Aspekte. Siehe hierzu auch die Modelldiskussion ab Seite 165. Dem erweiterten Modell liegen dahingegen bereichsspezifische Gesamtkapitalkostensätze zugrunde; siehe Abschnitt 3.2 ab Seite 172.

180 Vgl. *Dierkes / Schäfer* (2017), S. 8 f. Die Gleichheitsbeziehungen in ebd., S. 9, beziehen sich auf die von *Dierkes* und *Schäfer* analysierten Spezialfälle.

181 Die Formeln (3.94) bis (3.99) unterscheiden sich von den sich auf das ganze Unternehmen beziehenden Formeln in Abschnitt 2.1.2 nur durch die Ergänzung des Bereichsindexes κ.

Durchführung von bestandserhöhenden Investitionen innerhalb desselben Bereichs, sogenannte Intra-Bereichs-Investitionen, verwendet wird:

$$\mathrm{E}\left[\widetilde{NI}^{\kappa}_{\mathrm{II},\phi_{\mathrm{II}}}\right] = n^{\kappa}_{\mathrm{II}} \cdot \mathrm{E}\left[\widetilde{NOPLAT}^{\kappa}_{\mathrm{II},\phi_{\mathrm{II}}}\right] \qquad \forall\, \phi_{\mathrm{II}} \in [1,+\infty)\,. \quad (3.95)$$

Während *Koller* et al. gemäß (3.7) von $n^{\mathrm{k}}_{\mathrm{II}} = 0$ ausgehen, führen *Dierkes* und *Schäfer* mit $n^{\mathrm{A}}_{\mathrm{II}}$ eine von null verschiedene Nettoinvestitionsrate in Bezug auf den NOPLAT des Kernbereichs ein. Aus der Differenz zwischen (3.94) und (3.95) ergibt sich der bereichsbezogene freie Cashflow:

$$\begin{aligned}\mathrm{E}\left[\widetilde{FCF}^{\kappa}_{\mathrm{II},\phi_{\mathrm{II}}}\right] &= \mathrm{E}\left[\widetilde{NOPLAT}^{\kappa}_{\mathrm{II},\phi_{\mathrm{II}}}\right] - \mathrm{E}\left[\widetilde{NI}^{\kappa}_{\mathrm{II},\phi_{\mathrm{II}}}\right] \\ &= q^{\kappa}_{\mathrm{II}} \cdot \mathrm{E}\left[\widetilde{NOPLAT}^{\kappa}_{\mathrm{II},\phi_{\mathrm{II}}}\right] \qquad \forall\, \phi_{\mathrm{II}} \in [1,+\infty)\,. \quad (3.96)\end{aligned}$$

Die Variable

$$q^{\kappa}_{\mathrm{II}} = 1 - n^{\kappa}_{\mathrm{II}} \qquad \forall\, \phi_{\mathrm{II}} \in [1,+\infty) \quad (3.97)$$

gibt die bereichsspezifische, auf den NOPLAT (3.94) bezogene Ausschüttungsquote wieder.[182] Wie in Kapitel 2 kann induktiv gezeigt werden, dass sowohl die Kapitalanfangsbestände als auch die für $\phi_{\mathrm{II}} = 1$ jeweils prognostizierten NOPLAT, Nettoinvestitionen und freien Cashflows von Periode zu Periode mit der periodenkonstanten bereichsbezogenen Wachstumsrate

$$w^{\kappa}_{\mathrm{II}} = n^{\kappa}_{\mathrm{II}} \cdot ROIC^{\kappa}_{\mathrm{II}} \qquad \forall\, \phi_{\mathrm{II}} \in [1,+\infty) \quad (3.98)$$

ansteigen. Der Restwert der in einem Bereich κ in der Rentenphase erzielbaren freien Cashflows (3.96) ist daher im Unterschied zu (A.68) unter dem Einfluss von (3.98) zu bestimmen. Der Restwertkalkül auf der Basis des FCF Verfahrens lautet:[183]

$$\mathrm{E}\left[\widetilde{V}^{\ell,\kappa}_{\mathrm{II},0}\right] = \sum_{\phi_{\mathrm{II}}=1}^{+\infty} \frac{\mathrm{E}\left[\widetilde{FCF}^{\kappa}_{\mathrm{II},\phi_{\mathrm{II}}}\right]}{(1+k^{\tau}_{\mathrm{II}})^{\phi_{\mathrm{II}}}} = \sum_{\phi_{\mathrm{II}}=1}^{+\infty} \frac{q^{\kappa}_{\mathrm{II}} \cdot ROIC^{\kappa}_{\mathrm{II}} \cdot \mathrm{E}\left[\widetilde{IC}^{\kappa}_{\mathrm{II},0}\right] \cdot \left(1+w^{\kappa}_{\mathrm{II}}\right)^{\phi_{\mathrm{II}}-1}}{(1+k^{\tau}_{\mathrm{II}})^{\phi_{\mathrm{II}}}} \quad \lrcorner$$

182 Die sich auf den NOPLAT und den freien Cashflow beziehenden Ausschüttungsquoten und Nettoinvestitionsraten werden mit Großbuchstaben indiziert. Siehe an späterer Stelle auch Fn. 232.

183 Vgl. *Dierkes/Schäfer* (2017), S. 8. Siehe im Hinblick auf die Analogie zu *Koller* et al. (2015) (A.68) in Anhang A.2.3, S. 357.

$$= \frac{\mathrm{E}\left[\widetilde{NOPLAT}_{\mathrm{II},1}^{\kappa}\right] \cdot \left(1 - \frac{w_{\mathrm{II}}^{\kappa}}{ROIC_{\mathrm{II}}^{\kappa}}\right)}{k_{\mathrm{II}}^{\tau} - w_{\mathrm{II}}^{\kappa}}. \qquad (3.99)$$

Eine bereichsdifferenzierende Durchführung einer Unternehmensbewertung bedeutet nicht, Wertbeiträge von Geschäftsbereichen mittels (3.99) isoliert voneinander zu bestimmen und zu summieren. Die Investitionsplanung des zu bewertenden Unternehmens ist *Koller* et al. zufolge unter Berücksichtigung der Bereichsstruktur vorzunehmen, wonach vergleichsweise ältere Geschäftsbereiche „earn a superior rate of return and fund ongoing expansion“[184]. Die Grundlage hierfür bildet eine zugleich zeitlich differenzierte wie geschäftsbereichsdifferenzierte Prognose der künftigen Rentabilitätsentwicklung. Durch zunehmende Expansion eines Unternehmens und unterschiedliche Erfolgswirkungen verfolgter Wettbewerbsstrategien sinken die erzielbaren Bereichsrenditen im Zeitablauf auf das als nachhaltig anzunehmende Niveau. Die Abbildung des Zusammenhangs zwischen der Investitionsplanung und der Rentabilitätsprognose in einem Restwertmodell steht noch am Beginn der betriebswirtschaftlichen Forschung. Während *Koller* et al. in der Umsetzung noch von einer Bereichsgliederung und der damit verbundenen Abbildung von Investitionsverflechtungen abstrahieren, liegt mit *Dierkes / Schäfer* (2017) ein erster Beitrag vor, welcher die Modellierung der Investitionsbeziehung bei dem einführend dargestellten, in zwei Einheiten gegliederten Bewertungsobjekt fokussiert.

Die Abbildung 3–6 auf den Seiten 155 und 156 veranschaulicht die Entwicklung der Bewertungsgrößen im Kernbereich (S. 155) und exemplarisch der aus der Neuinvestition in $z_{\mathrm{II}} = 1$ hervorgehenden Bewertungsgrößen (S. 156) in den ersten drei Perioden der Rentenphase. Die Veränderungen gegenüber dem Restwertansatz von *Koller* et al. sind durch Fettdruck hervorgehoben.[185]

Die Schematisierung der Entwicklung des Invested Capital und der aus diesem folgenden Größen des Kernbereichs in dem ersten Teil der Abbildung 3–6 folgt den in Abschnitt 2.1.2 dargelegten definitorischen Zusammenhängen. Die vom Kernbereich ausgehende zusätzliche Investitionstätigkeit hat zur Folge, dass die mittels (3.96) für den Kernbereich prognostizierten freien

---

184 *Koller* et al. (2015), S. 256.

185 Die sich aus dem Kapitalanfangsbestand des Zusatzbereichs (3.92) entwickelnden Größen sind in der Abbildung 3–6 nicht enthalten.

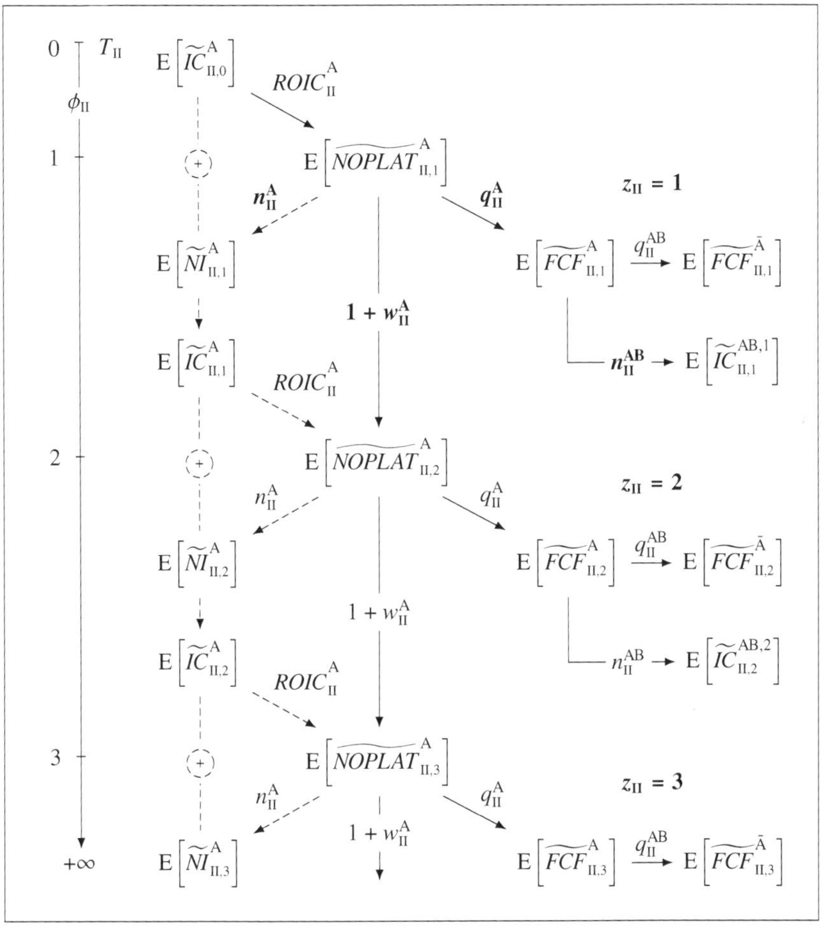

Abb. 3–6: Schematisierung der Entwicklung der Bewertungsgrößen nach dem Modell von *Dierkes / Schäfer* (2017) in den ersten drei Perioden der Rentenphase

Cashflows nicht vollständig zur Ausschüttung gelangen. Im Unterschied zu dem Modell von *Koller* et al., wonach die Rate n_{II}^{z} zur Bemessung sowohl der Höhe der periodischen Neuinvestitionen als auch der Höhe der aus ihnen in den Folgeperioden hervorgehenden zusätzlichen Nettoinvestitionen

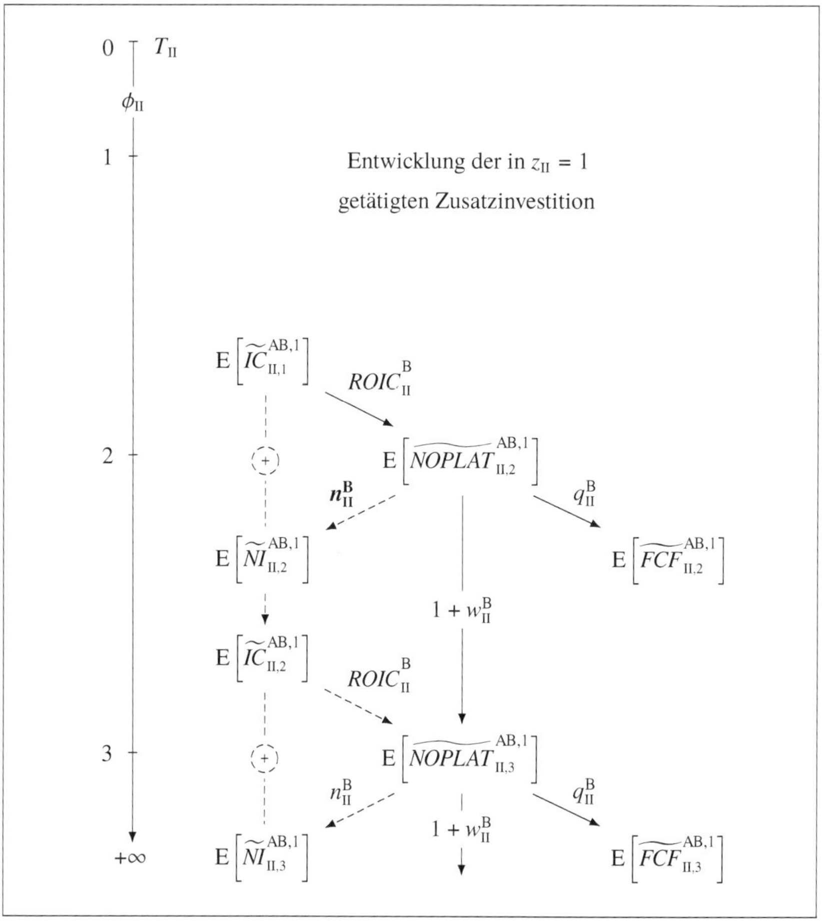

Abb. 3–6: Schematisierung der Entwicklung der Bewertungsgrößen nach dem Modell von *Dierkes / Schäfer* (2017) in den ersten drei Perioden der Rentenphase *(Fortsetzung)*

herangezogen wird,[186] ist die von *Dierkes* und *Schäfer* eingeführte, von der Variable n_{II}^{B} abweichende dritte Nettoinvestitionsrate des Modells

$$n_{II}^{AB} = 1 - q_{II}^{AB} \qquad \forall \phi_{II} \in [1, +\infty) \quad (3.100)$$

186 Siehe hierzu die Abbildung 3–3, S. 131–133 in Verbindung mit der Anmerkung in Fußnote 122, S. 112.

definiert als der prozentuale Anteil des erwarteten freien Cashflows im Kernbereich (3.96), der in jeder Restwertperiode $\phi_{\mathrm{II}} \in [1, +\infty)$ zusätzlich einbehalten und in den Bereich B investiert wird. Der Betrag der Zusatzinvestition beläuft sich auf:

$$\mathrm{E}\left[\widetilde{IC}_{\mathrm{II},\phi_{\mathrm{II}}}^{\mathrm{AB},z_{\mathrm{II}}}\right] = \mathrm{E}\left[\widetilde{NI}_{\mathrm{II},\phi_{\mathrm{II}}}^{\mathrm{AB},z_{\mathrm{II}}}\right] = n_{\mathrm{II}}^{\mathrm{AB}} \cdot \mathrm{E}\left[\widetilde{FCF}_{\mathrm{II},\phi_{\mathrm{II}}}^{\mathrm{A}}\right] = n_{\mathrm{II}}^{\mathrm{AB}} \cdot q_{\mathrm{II}}^{\mathrm{A}} \cdot \mathrm{E}\left[\widetilde{NOPLAT}_{\mathrm{II},\phi_{\mathrm{II}}}^{\mathrm{A}}\right]$$

$$\forall z_{\mathrm{II}}, \phi_{\mathrm{II}} \in [1, +\infty) \quad \text{und} \quad z_{\mathrm{II}} = \phi_{\mathrm{II}}. \qquad (3.101)$$

Der Verminderung des freien Cashflows des Kernbereichs um (3.101) steht keine Erhöhung des Invested Capital des Kernbereichs gegenüber. Mit anderen Worten handelt es sich bei (3.101) in der Investitionsperiode z_{II} um einen negativen freien Cashflow, da wie in (3.94) erst in der Folgeperiode und im Zusatzbereich ein NOPLAT aus dieser sogenannten Inter-Bereichs-Investition resultiert. Unter Verwendung der sich auf den freien Cashflow des Kernbereichs beziehenden Ausschüttungsquote $q_{\mathrm{II}}^{\mathrm{AB}}$ gilt analog zu (3.15):

$$\mathrm{E}\left[\widetilde{FCF}_{\mathrm{II},z_{\mathrm{II}}}^{\mathrm{AB},z_{\mathrm{II}}}\right] = 0 - \mathrm{E}\left[\widetilde{IC}_{\mathrm{II},z_{\mathrm{II}}}^{\mathrm{AB},z_{\mathrm{II}}}\right] = -\left(1 - q_{\mathrm{II}}^{\mathrm{AB}}\right) \cdot q_{\mathrm{II}}^{\mathrm{A}} \cdot \mathrm{E}\left[\widetilde{NOPLAT}_{\mathrm{II},z_{\mathrm{II}}}^{\mathrm{A}}\right] < 0$$

$$\forall z_{\mathrm{II}} \in [1, +\infty). \qquad (3.102)$$

Aufgrund des Wachstums der freien Cashflows des Kernbereichs (3.96) mit der Rate $w_{\mathrm{II}}^{\mathrm{A}}$ gemäß (3.98) steigen auch die zusätzlichen Nettoinvestitionen (3.101) bzw. die negativen freien Cashflows (3.102) mit dieser Rate an.[187] Für eine Investitionsperiode $z_{\mathrm{II}} \in [1, +\infty)$ gilt:[188]

$$\mathrm{E}\left[\widetilde{FCF}_{\mathrm{II},z_{\mathrm{II}}}^{\mathrm{AB},z_{\mathrm{II}}}\right] = \mathrm{E}\left[\widetilde{FCF}_{\mathrm{II},1}^{\mathrm{AB},1}\right] \cdot \left(1 + w_{\mathrm{II}}^{\mathrm{A}}\right)^{z_{\mathrm{II}}-1} \qquad \forall z_{\mathrm{II}} \in [1, +\infty)$$

$$= -\left(1 - q_{\mathrm{II}}^{\mathrm{AB}}\right) \cdot q_{\mathrm{II}}^{\mathrm{A}} \cdot \mathrm{E}\left[\widetilde{NOPLAT}_{\mathrm{II},1}^{\mathrm{A}}\right] \cdot \left(1 + w_{\mathrm{II}}^{\mathrm{A}}\right)^{z_{\mathrm{II}}-1}. \qquad (3.103)$$

187 Die in der Abbildung 3–6 auf der Seite 155 eingezeichneten, mit $1 + w_{\mathrm{II}}^{\mathrm{A}}$ als Faktor markierten Pfeile sind parallel nach rechts verschiebbar.

188 Vgl. *Dierkes/Schäfer* (2017), S. 11.

Von dem als vorläufig zu bezeichnenden freien Cashflow des Kernbereichs gemäß (3.96) verbleibt in jeder Periode z_{II} nach Abzug der Zusatzinvestition (3.101) der Betrag

$$\begin{aligned} \mathrm{E}\left[\widetilde{FCF}_{\text{II},z_{\text{II}}}^{\bar{\text{A}}}\right] &= \mathrm{E}\left[\widetilde{FCF}_{\text{II},z_{\text{II}}}^{\text{A}}\right] - \mathrm{E}\left[\widetilde{IC}_{\text{II},z_{\text{II}}}^{\text{AB},z_{\text{II}}}\right] \\ &= q_{\text{II}}^{\text{AB}} \cdot q_{\text{II}}^{\text{A}} \cdot \mathrm{E}\left[\widetilde{NOPLAT}_{\text{II},z_{\text{II}}}^{\text{A}}\right] \qquad \forall z_{\text{II}} \in [1,+\infty). \end{aligned} \tag{3.104}$$

Durch die Verzinsung der zusätzlichen Nettoinvestitionen mit der Bereichsrendite $ROIC_{\text{II}}^{\text{B}}$ werden jedoch auch finanzielle Überschüsse im Zusatzbereich erwirtschaftet, die werterhöhend wirken (siehe exemplarisch Abb. 3–6, S. 156). Analog zu (3.16) ergibt sich in der auf die Investitionsperiode folgenden Periode $\phi_{\text{II}} = z_{\text{II}} + 1$ ein zusätzlicher NOPLAT im Bereich B:

$$\mathrm{E}\left[\widetilde{NOPLAT}_{\text{II},z_{\text{II}}+1}^{\text{AB},z_{\text{II}}}\right] = ROIC_{\text{II}}^{\text{B}} \cdot \mathrm{E}\left[\widetilde{IC}_{\text{II},z_{\text{II}}}^{\text{AB},z_{\text{II}}}\right] \qquad \forall z_{\text{II}} \in [1,+\infty). \tag{3.105}$$

Von jedem NOPLAT (3.105) wird wie bei der Bemessung der Nettoinvestitionen aus dem originären NOPLAT gemäß (3.95) der Anteil n_{II}^{B} reinvestiert:

$$\mathrm{E}\left[\widetilde{NI}_{\text{II},z_{\text{II}}+1}^{\text{AB},z_{\text{II}}}\right] = n_{\text{II}}^{\text{B}} \cdot \mathrm{E}\left[\widetilde{NOPLAT}_{\text{II},z_{\text{II}}+1}^{\text{AB},z_{\text{II}}}\right] \qquad \forall z_{\text{II}} \in [1,+\infty). \tag{3.106}$$

Die zusätzlichen Nettoinvestitionen (3.106) erhöhen die entsprechende Zusatzinvestition (3.101):

$$\mathrm{E}\left[\widetilde{IC}_{\text{II},z_{\text{II}}+1}^{\text{AB},z_{\text{II}}}\right] = \mathrm{E}\left[\widetilde{IC}_{\text{II},z_{\text{II}}}^{\text{AB},z_{\text{II}}}\right] + \mathrm{E}\left[\widetilde{NI}_{\text{II},z_{\text{II}}+1}^{\text{AB},z_{\text{II}}}\right] \qquad \forall z_{\text{II}} \in [1,+\infty). \tag{3.107}$$

Der verbleibende Anteil q_{II}^{B} gemäß (3.97) fließt wiederum, analog zu (3.19), an die Eigen- und Fremdkapitalgeber:

$$\begin{aligned} \mathrm{E}\left[\widetilde{FCF}_{\text{II},z_{\text{II}}+1}^{\text{AB},z_{\text{II}}}\right] &= \mathrm{E}\left[\widetilde{NOPLAT}_{\text{II},z_{\text{II}}+1}^{\text{AB},z_{\text{II}}}\right] - \mathrm{E}\left[\widetilde{NI}_{\text{II},z_{\text{II}}+1}^{\text{AB},z_{\text{II}}}\right] \qquad \forall z_{\text{II}} \in [1,+\infty) \\ &= q_{\text{II}}^{\text{B}} \cdot \mathrm{E}\left[\widetilde{NOPLAT}_{\text{II},z_{\text{II}}+1}^{\text{AB},z_{\text{II}}}\right]. \end{aligned} \tag{3.108}$$

Die Bewertungsgrößen (3.105) bis (3.108), die aus dem investierten Zusatzkapital in der Periode z_{II} hervorgehen, entwickeln sich bis in die Ewigkeit fort. Aufgrund der Anwendung derselben Nettoinvestitionsrate n_{II}^{B} steigen sowohl das investierte Zusatzkapital als auch die erwarteten zusätzlichen NOPLAT, Nettoinvestitionen und freien Cashflows einer in z_{II} beginnenden Investitionskette wie die aus dem Anfangskapital (3.92) erwachsenden Größen mit der Rate w_{II}^{B} an.[189] Für den zusätzlichen freien Cashflow in einer Periode ϕ_{II}, der auf die in der Periode $z_{\text{II}} < \phi_{\text{II}}$ vorgenommene Inter-Bereichs-Investition $\text{E}\left[\widetilde{IC}_{\text{II},z_{\text{II}}}^{\text{AB},z_{\text{II}}}\right]$ zurückgeht, gilt demnach:

$$\text{E}\left[\widetilde{FCF}_{\text{II},\phi_{\text{II}}}^{\text{AB},z_{\text{II}}}\right] = \text{E}\left[\widetilde{FCF}_{\text{II},z_{\text{II}}+1}^{\text{AB},z_{\text{II}}}\right] \cdot \left(1 + w_{\text{II}}^{\text{B}}\right)^{\phi_{\text{II}}-z_{\text{II}}-1}$$

$$\forall z_{\text{II}} \in [1,+\infty), \phi_{\text{II}} \in [2,+\infty) \quad \text{und} \quad z_{\text{II}} < \phi_{\text{II}}. \qquad (3.109\text{a})$$

Mit Hilfe von (3.101), (3.105) und (3.108) kann $\text{E}\left[\widetilde{FCF}_{\text{II},\phi_{\text{II}}}^{\text{AB},z_{\text{II}}}\right]$ ausgehend von dem erstmals in der zweiten Periode der Rentenphase erzielbaren zusätzlichen freien Cashflow mittels

$$\begin{aligned} \text{E}\left[\widetilde{FCF}_{\text{II},\phi_{\text{II}}}^{\text{AB},z_{\text{II}}}\right] &= \text{E}\left[\widetilde{FCF}_{\text{II},2}^{\text{AB},1}\right] \cdot \left(1 + w_{\text{II}}^{\text{A}}\right)^{z_{\text{II}}-1} \cdot \left(1 + w_{\text{II}}^{\text{B}}\right)^{\phi_{\text{II}}-z_{\text{II}}-1} \\ &= q_{\text{II}}^{\text{B}} \cdot \left(1 - q_{\text{II}}^{\text{AB}}\right) \cdot q_{\text{II}}^{\text{A}} \cdot \text{E}\left[\widetilde{NOPLAT}_{\text{II},1}^{\text{A}}\right] \cdot ROIC_{\text{II}}^{\text{B}} \\ &\quad \cdot \left(1 + w_{\text{II}}^{\text{A}}\right)^{z_{\text{II}}-1} \cdot \left(1 + w_{\text{II}}^{\text{B}}\right)^{\phi_{\text{II}}-z_{\text{II}}-1} \end{aligned} \qquad (3.109\text{b})$$

berechnet werden.[190]

In Anhang A.5.2 werden die Berechnungsformeln für den Gesamt-NOPLAT, die gesamten Nettoinvestitionen, den gesamten freien Cashflow und den Gesamtkapitalbestand hergeleitet.[191] Sie bilden die Grundlage für die Durchführung der in Anhang A.5.3 dokumentierten Grenzwertanalysen, die unter anderem zeigen, dass die periodenabhängigen Wachstumsraten

---

189 Die in der Abbildung 3–6 auf der Seite 156 eingezeichneten, mit $1 + w_{\text{II}}^{\text{B}}$ als Faktor markierten Pfeile sind parallel nach links zu den zusätzlichen Nettoinvestitionen und nach rechts zu den zusätzlichen freien Cashflows verschiebbar.

190 Anhand der Abbildung 3–6, S. 155–156, lässt sich die Zusammensetzung der Formel (3.109b) durch die von $\text{E}\left[\widetilde{NOPLAT}_{\text{II},1}^{\text{A}}\right]$ nach $\text{E}\left[\widetilde{FCF}_{\text{II},2}^{\text{AB},1}\right]$ verlaufende durchgezogene Pfeillinie und die mit $1 + w_{\text{II}}^{\kappa}$ gekennzeichneten, parallel zu den Cashflow-Größen verschiebbaren Pfeile leicht nachvollziehen. Bezüglich der formalen Herleitung siehe Anhang A.5.1, S. 371–373.

191 Siehe die Anhänge A.5.2, S. 374–379 und B.3.1, S. 401 f. sowie *Dierkes/Schäfer* (2017), S. 29–32.

der zuvor genannten Größen im Zeitablauf gegen die höhere der beiden bereichsbezogenen Wachstumsraten konvergieren. Das einheitliche Grenzverhalten[192]

$$\lim_{\phi_{\text{II}} \to +\infty} w_{\phi_{\text{II}}}^{\text{IC}} = \lim_{\phi_{\text{II}} \to +\infty} w_{\phi_{\text{II}}}^{\text{NOPLAT}} = \lim_{\phi_{\text{II}} \to +\infty} w_{\phi_{\text{II}}}^{\text{NI}} = \lim_{\phi_{\text{II}} \to +\infty} w_{\phi_{\text{II}}}^{\text{FCF}} = \max\left\{w_{\text{II}}^{\text{A}}, w_{\text{II}}^{\text{B}}\right\} \tag{3.110}$$

war mit Ausnahme der in (3.110) hinzugefügten Grenzwertbetrachtung der nunmehr periodenspezifischen Wachstumsrate der unternehmensbezogenen Nettoinvestitionen bereits im Rahmen der Grenzwertanalysen nach dem Modell von *Koller* et al. (3.30), (3.39) und (3.47) beobachtet worden.[193] Wegen der Annahme (3.8) ging stets w_{II}^{z} als Konvergenzwert aus den Analysen des Verhaltens im Unendlichen hervor. Durch die Aufhebung dieser Annahme in dem Modell von *Dierkes* und *Schäfer* ist die korrespondierende Wachstumsrate w_{II}^{A} nicht a priori als Grenzwert ausgeschlossen, sodass das Gesamtwachstum des Unternehmens auf lange Sicht entweder durch w_{II}^{A} oder durch w_{II}^{B} determiniert wird.

Auch die Ergebnisse der sich auf die Gesamtrendite (A.109) und die Gesamtausschüttungsquote (A.117) beziehenden Grenzwertanalysen, denen sich der Anhang A.5.3 ebenfalls widmet, verallgemeinern die bezüglich des Modells von *Koller* et al. beobachteten Entwicklungen (3.49) und (3.51) aufgrund der nunmehr zu berücksichtigenden positiven Wachstumsrate im Kernbereich sowie der differenzierten Nettoinvestitionsraten $n_{\text{II}}^{\text{AB}}$ und n_{II}^{B}. Die positive Wachstumsrate w_{II}^{A} verlangt eine fallweise Grenzwertbestimmung in Abhängigkeit von deren Größenverhältnis zu w_{II}^{B}. Die Differenzierung der Nettoinvestitionsraten $n_{\text{II}}^{\text{AB}}$ und n_{II}^{B} hat zur Folge, dass die Gesamtausschüttungsquote nicht konstant ist, sondern im Zeitablauf gegen einen Grenzwert konvergiert.

In den jeweiligen Grenzwerten spiegelt sich die Reichweite des Einflusses der bereichsspezifischen Wachstumsraten wider. Während w_{II}^{A} über die Größen des Kernbereichs hinaus mittels der Inter-Bereichs-Investitionen auch die Höhen der zusätzlichen NOPLAT und freien Cashflows beeinflusst, bestimmt w_{II}^{B} ausschließlich die Höhen bereichsinterner Größen. Erweist sich nach (3.110)

192 Vgl. *Dierkes/Schäfer* (2017), S. 13 sowie in dieser Arbeit Anhang A.5.3, S. 379 f.

193 Siehe hierzu auch die Seiten 350 f. des Anhangs A.2.1. Nach dem Restwertmodell von *Koller* et al. steigen die gesamten Nettoinvestitionen wegen (3.7) bereits ab der ersten Periode der Rentenphase mit der konstanten Rate w_{II}^{z} an, wie (3.42) zeigt.

$w_{\mathrm{II}}^{\mathrm{A}}$ als die langfristige Wachstumsrate auf Unternehmensebene, bestehen die Grenzwerte aus einer Kombination aus beiden Bereichsrenditen bzw. aus den drei Nettoinvestitionsraten des Modells. Falls $w_{\mathrm{II}}^{\mathrm{B}} \geq w_{\mathrm{II}}^{\mathrm{A}}$, stellen alleinig der ROIC und die Ausschüttungsquote des Zusatzbereichs, $\overline{ROIC}_{\mathrm{II}}^{\mathrm{B}}$ und $q_{\mathrm{II}}^{\mathrm{B}}$, die Konvergenzwerte der Gesamtrendite und der Gesamtausschüttungsquote dar.[194]

Die Formeln für den Restwert aller negativen freien Cashflows (3.103) und den Restwert aller zusätzlichen freien Cashflows (3.109) zum Zeitpunkt $\phi_{\mathrm{II}} = 0$ auf der Basis des FCF Verfahrens werden in Anhang A.5.4 hergeleitet.[195] Aus der Summierung dieser Restwerte, (A.124b) und (A.129b), erhält man den Ausdruck (3.111):[196]

$$\mathrm{E}\left[\widetilde{\Delta V}_{\mathrm{q,II},0}^{\ell,\mathrm{AB}}\right] = \mathrm{E}\left[\widetilde{V}_{\mathrm{q,II},0}^{\ell,\mathrm{AB},(\mathrm{I})}\right] + \mathrm{E}\left[\widetilde{V}_{\mathrm{q,II},0}^{\ell,\mathrm{AB},(\mathrm{II})}\right]$$

$$= \frac{\left(1 - q_{\mathrm{II}}^{\mathrm{AB}}\right) \cdot q_{\mathrm{II}}^{\mathrm{A}} \cdot \mathrm{E}\left[\widetilde{NOPLAT}_{\mathrm{II},1}^{\mathrm{A}}\right] \cdot \left(\overline{ROIC}_{\mathrm{II}}^{\mathrm{B}} - k_{\mathrm{II}}^{\tau}\right)}{\left(k_{\mathrm{q,II}}^{\tau} - w_{\mathrm{II}}^{\mathrm{A}}\right) \cdot \left(k_{\mathrm{II}}^{\tau} - w_{\mathrm{II}}^{\mathrm{B}}\right)}. \qquad (3.111)$$

Um die Formel für den Restwert des verschuldeten Unternehmens nach *Dierkes/Schäfer* (2017) $\mathrm{E}\left[\widetilde{V}_{\mathrm{q,II},0}^{\ell,DS}\right]$ zu erhalten,[197] ist (3.111) zu der Summe der beiden bereichsbezogenen Teilrestwerte gemäß (3.99) zu addieren:

$$\mathrm{E}\left[\widetilde{V}_{\mathrm{q,II},0}^{\ell,DS}\right] = \mathrm{E}\left[\widetilde{V}_{\mathrm{q,II},0}^{\ell,\mathrm{A}}\right] + \mathrm{E}\left[\widetilde{V}_{\mathrm{II},0}^{\ell,\mathrm{B}}\right] + \mathrm{E}\left[\widetilde{\Delta V}_{\mathrm{q,II},0}^{\ell,\mathrm{AB}}\right]. \qquad (3.112a)$$

194 Vgl. *Dierkes/Schäfer* (2017), S. 14 und die ausführlichen Grenzwertanalysen in Anhang A.5.3, S. 380–387.
195 Siehe Anhang A.5.4, S. 387–390.
196 Vgl. auch *Dierkes/Schäfer* (2017), S. 12. Der Index „q“ wird auf der Seite 162 erläutert.
197 Der Bezeichner „*DS*“ kennzeichnet (3.112) und weitere Bewertungsgleichungen als jene nach *Dierkes/Schäfer* (2017).

Nach wenigen Umformungen erhält man die auf (3.93) basierende allgemeine Restwertformel[198]

$$E\left[\widetilde{V}^{\ell,DS}_{q,II,0}\right] = \left(E\left[\widetilde{V}^{\ell,A}_{q,II,0}\right] + E\left[\widetilde{\Delta V}^{\ell,AB}_{q,II,0}\right]\right) + E\left[\widetilde{V}^{\ell,B}_{II,0}\right]$$

$$= \frac{q^{AB}_{II} \cdot q^{A}_{II} \cdot E\left[\widetilde{NOPLAT}^{A}_{II,1}\right] \cdot \left(k^{\tau}_{II} - \left(1 - \frac{q^{B}_{II}}{q^{AB}_{II}}\right) \cdot ROIC^{B}_{II}\right)}{\left(k^{\tau}_{q,II} - w^{A}_{II}\right) \cdot \left(k^{\tau}_{II} - w^{B}_{II}\right)}$$

$$+ \frac{q^{B}_{II} \cdot E\left[\widetilde{NOPLAT}^{B}_{II,1}\right]}{k^{\tau}_{II} - w^{B}_{II}}. \qquad (3.112b)$$

Anzumerken ist, dass trotz eines einheitlichen Gesamtkapitalkostensatzes in dem ersten Summanden in (3.112b) ein an das veränderte Ausschüttungsverhalten angepasster Kapitalkostensatz $k^{\tau}_{q,II}$ anzusetzen ist, sofern sich die zusätzlichen Nettoinvestitionen im Bereich B kapitalwerterhöhend verzinsen.[199] Alle von dem ausschüttungsangepassten Kapitalkostensatz abhängigen Restwerte werden mit dem tiefgestellten Index „q“ gekennzeichnet.[200]

Im Weiteren sollen nun die Auswirkungen spezieller Annahmen auf den allgemeinen Kalkül (3.112b) untersucht werden.

Geht man analog zu (3.55) von der Kapitalwertneutralität des Zusatzkapitals,

$$ROIC^{A}_{II} > ROIC^{B}_{II} = k^{\tau}_{II}, \qquad (3.113)$$

aus, leisten die zusätzlichen Nettoinvestitionen keinen werterhöhenden Beitrag zum Restwert des Unternehmens: (3.111) ist gleich null. Aus (3.112b)

198 Vgl. *Dierkes/Schäfer* (2017), S. 12. Bezüglich der Herleitung des Restwertkalküls auf der Basis des Residualgewinn-Ansatzes vgl. ebd., S. 11–13.

199 Wie noch gezeigt wird, übt eine kapitalwertneutrale Verzinsung der zusätzlichen Nettoinvestitionen keinen Einfluss auf den Restwert des Unternehmens aus, sodass der Vorsteuersatz in diesem Fall unverändert bleibt. Siehe diesbezüglich (3.114).

200 In *Dierkes/Schäfer* (2017) wird nicht zwischen dem an das Ausschüttungsverhalten angepassten und dem entsprechend nicht angepassten Gesamtkapitalkostensatz differenziert.

folgt der auf dem Werttreibermodell von *Gordon* und *Shapiro* basierende Restwertkalkül

$$\mathrm{E}\left[\widetilde{V}_{\mathrm{II},0}^{\ell,\mathrm{KNB},DS}\right] = \mathrm{E}\left[\widetilde{V}_{\mathrm{II},0}^{\ell,\mathrm{A}}\right] + \mathrm{E}\left[\widetilde{V}_{\mathrm{II},0}^{\ell,\mathrm{B}}\right]$$

$$= \frac{\mathrm{E}\left[\widetilde{NOPLAT}_{\mathrm{II},1}^{\mathrm{A}}\right] \cdot \left(1 - \frac{w_{\mathrm{II}}^{\mathrm{A}}}{ROIC_{\mathrm{II}}^{\mathrm{A}}}\right)}{k_{\mathrm{II}}^{\tau} - w_{\mathrm{II}}^{\mathrm{A}}} + \mathrm{E}\left[\widetilde{IC}_{\mathrm{II},0}^{\mathrm{B}}\right], \tag{3.114}$$

nach dem beide Bereiche unabhängig voneinander mittels (2.50) und (2.54) bewertet und die Restwerte summiert werden.[201] Demzufolge ist keine Anpassung des Kapitalkostensatzes bei der Ermittlung des Restwertes im Kernbereich $\mathrm{E}\left[\widetilde{V}_{\mathrm{II},0}^{\ell,\mathrm{A}}\right]$ notwendig.

Die Bewertungsgleichung (3.114) korrespondiert mit dem speziellen Kalkül nach *Koller* et al. (3.61) im Hinblick auf die Unabhängigkeit von den Nettoinvestitionsraten $n_{\mathrm{II}}^{\mathrm{AB}}$ und $n_{\mathrm{II}}^{\mathrm{B}}$. Im Gegensatz zu (3.61) sind nach dem Modell von *Dierkes* und *Schäfer* zusätzlich noch ein Wachstum im Kernbereich sowie ein Kapitalanfangsbestand im Zusatzbereich zu berücksichtigen. Folglich ist bei einer kapitalwertneutralen Verzinsung des Gesamtkapitals in Analogie zu (3.57),

$$ROIC_{\mathrm{II}}^{\mathrm{A}} = ROIC_{\mathrm{II}}^{\mathrm{B}} = k_{\mathrm{II}}^{\tau}, \tag{3.115}$$

die Formel (3.58) noch um den im Zusatzbereich vorhandenen Kapitalanfangsbestand zu erweitern. Die Übereinstimmung von Marktwert und Buchwert des gesamten Invested Capital gemäß (3.116) steht im Einklang mit dem Ergebnis der in Kapitel 2 betrachteten Spezifikation des Modells von *Gordon* und *Shapiro* durch die Annahme einer kapitalwertneutralen Verzinsung des Gesamtkapitals:[202]

$$\mathrm{E}\left[\widetilde{V}_{\mathrm{II},0}^{\ell,\mathrm{KN},DS}\right] = \mathrm{E}\left[\widetilde{IC}_{\mathrm{II},0}^{\mathrm{A}}\right] + \mathrm{E}\left[\widetilde{IC}_{\mathrm{II},0}^{\mathrm{B}}\right] = \mathrm{E}\left[\widetilde{IC}_{\mathrm{II},0}\right] = \mathrm{E}\left[\widetilde{V}_{\mathrm{II},0}^{\ell,\mathrm{KN},GS}\right]. \tag{3.116}$$

---

201 Vgl. *Dierkes/Schäfer* (2017), S. 17 f. Der Bezeichner „KNB“ hat dieselbe Bedeutung wie der im Rahmen des Modells von *Koller* et al. verwendete Index „KNz“; siehe Fn. 142.

202 Vgl. *Dierkes/Schäfer* (2017), S. 17 f.

Setzt man in Anlehnung an das Modell von *Koller* et al. die Inter-Bereichs-Nettoinvestitionsrate $n_{\text{II}}^{\text{AB}}$ und die Nettoinvestitionsrate des Zusatzbereichs n_{II}^{B} gleich,

$$n_{\text{II}}^{\text{AB}} = n_{\text{II}}^{\text{B}}, \tag{3.117}$$

so stimmen auch die korrespondierenden Ausschüttungsquoten, die sich auf den vorläufig entnahmefähigen freien Cashflow im Kernbereich und auf den NOPLAT im Zusatzbereich beziehen, überein:

$$q_{\text{II}}^{\text{AB}} = q_{\text{II}}^{\text{B}}. \tag{3.118}$$

Aus (3.112b) entsteht unter der Annahme (3.118) der spezielle Restwertkalkül[203]

$$\mathrm{E}\left[\widetilde{V}_{\text{q,II,0}}^{\ell,\text{qB},DS}\right] = \frac{q_{\text{II}}^{\text{B}} \cdot q_{\text{II}}^{\text{A}} \cdot \mathrm{E}\left[\widetilde{NOPLAT}_{\text{II,1}}^{\text{A}}\right] \cdot k_{\text{II}}^{\tau}}{\left(k_{\text{q,II}}^{\tau} - w_{\text{II}}^{\text{A}}\right) \cdot \left(k_{\text{II}}^{\tau} - w_{\text{II}}^{\text{B}}\right)} + \frac{q_{\text{II}}^{\text{B}} \cdot \mathrm{E}\left[\widetilde{NOPLAT}_{\text{II,1}}^{\text{B}}\right]}{k_{\text{II}}^{\tau} - w_{\text{II}}^{\text{B}}}. \tag{3.119}$$

Unter den alternativen Annahmen von Kapitalwertneutralität (3.113) und (3.115) vereinfacht sich (3.119) erwartungsgemäß zu den Restwertkalkülen (3.114) und (3.116) aufgrund deren Unabhängigkeit von den Ausschüttungsquoten $q_{\text{II}}^{\text{AB}}$ und q_{II}^{B}.

Die Annahme identischer Verzinsungen des Kern- und des Zusatzkapitals in Analogie zu (3.53) wird erst an späterer Stelle im Zusammenhang mit weiteren Spezialannahmen untersucht, da einzig die Identität der Bereichsrenditen die Kalküle (3.112b) und (3.119) aufgrund der weiterhin differenzierten Ausschüttungsquoten q_{II}^{κ} nur unwesentlich verändert.[204]

Die Subsumtion der allgemeinen Bewertungsgleichungen von *Koller* et al., *Gordon* und *Shapiro* sowie *Meitner* ist Bestandteil des nun folgenden Resümees und der Modelldiskussion. Dem Werttreibermodell von *Gordon* und *Shapiro* kommt hierbei eine besondere Bedeutung zu, da in der Bewertungspraxis mit der Festlegung einer konstanten unternehmensbezogenen Ausschüttungsquote und der Fortschreibung der freien Cashflows auf der

203 Der Bezeichner „qB“ soll in Anlehnung an die Quote q_{II}^{z} gemäß (3.18) auf die als Modellspezifikation des Ansatzes von *Dierkes* und *Schäfer* unterstellte Identität der entsprechenden Ausschüttungsquoten $q_{\text{II}}^{\text{AB}}$ und q_{II}^{B} gemäß (3.118) hinweisen.

204 Siehe die Restwertkalküle (3.125) und (3.135) auf den Seiten 167 und 171.

Unternehmensebene mit einer konstanten Wachstumsrate oftmals eine an Investoren ausgerichtete, lehrbuchorientierte Vorgehensweise gewählt wird.

Dierkes und *Schäfer* knüpfen an die Restwertansätze von *Koller* et al. und *Meitner* an und transferieren das Konzept einer differenzierten Verzinsung des Invested Capital in der Rentenphase auf ein in zwei Geschäftsbereiche gegliedertes Bewertungsobjekt. Die Annahme eines zu Beginn der Rentenphase vorhandenen und wachsenden Kapitalanfangsbestands im Zusatzbereich und die Modellierung eines nominal ansteigenden Kapitalbestands im Kernbereich stellen wesentliche Veränderungen gegenüber dem Ansatz von *Koller* et al. dar. Darüber hinaus führen *Dierkes* und *Schäfer* mit $n_{\mathrm{II}}^{\mathrm{AB}}$ eine weitere Nettoinvestitionsrate ein, anstatt wie *Koller* et al. die Höhe der Zusatzinvestitionen wie die Höhe der aus ihnen resultierenden Nettoinvestitionen mit demselben Anteilssatz $n_{\mathrm{II}}^{\mathrm{z}}$ bzw. $n_{\mathrm{II}}^{\mathrm{B}}$ zu bemessen.

Das Modell von *Koller* et al. kann als Spezialfall dem Ansatz von *Dierkes* und *Schäfer* untergeordnet werden. Setzt man erstens $\mathrm{E}\left[\widetilde{IC}_{\mathrm{II},0}^{\mathrm{B}}\right]$ gleich null, entfällt der zweite Summand in (3.112b). Setzt man zweitens $n_{\mathrm{II}}^{\mathrm{A}}$ gleich null, nimmt $w_{\mathrm{II}}^{\mathrm{A}}$ den Wert null und $q_{\mathrm{II}}^{\mathrm{A}}$ den Wert eins an. Drittens geht die Gleichsetzung der Nettoinvestitionsrate $n_{\mathrm{II}}^{\mathrm{AB}}$ mit $n_{\mathrm{II}}^{\mathrm{B}}$ in Kombination mit $q_{\mathrm{II}}^{\mathrm{A}} = 1$ mit der Übereinstimmung der effektiven NOPLAT-bezogenen Ausschüttungsquote im Kernbereich $q_{\mathrm{II}}^{\mathrm{AB}} \cdot q_{\mathrm{II}}^{\mathrm{A}}$ und der Ausschüttungsquote im Zusatzbereich $q_{\mathrm{II}}^{\mathrm{B}}$,

$$q_{\mathrm{II}}^{\mathrm{AB}} \cdot q_{\mathrm{II}}^{\mathrm{A}} = q_{\mathrm{II}}^{\mathrm{B}} = q_{\mathrm{II}}, \qquad (3.120)$$

einher, infolge derer sich die Bewertungsformel (3.112b) schließlich zu dem Restwertkalkül von *Koller* et al. (3.59) vereinfacht. Die somit konstante Gesamtausschüttungsquote q_{II} charakterisiert den von *Dierkes* und *Schäfer* in Anlehnung an das Werttreibermodell von *Gordon* und *Shapiro* untersuchten Spezialfall einer „constant payout policy".[205] Aufgrund der Simultanität der Annahme $n_{\mathrm{II}}^{\mathrm{k}} = 0$ einerseits und des beschriebenen zweifachen Einsatzes der Nettoinvestitionsrate $n_{\mathrm{II}}^{\mathrm{z}}$ bzw. der Ausschüttungsquote $q_{\mathrm{II}}^{\mathrm{z}}$ andererseits ist eine konstante Ausschüttungspolitik bereits ein modellinhärentes Merkmal des Ansatzes von *Koller* et al. unabhängig von der Existenz eines Anfangsbestands des Zusatzkapitals in $\phi_{\mathrm{II}} = 0$, wie die Gleichung (3.51) belegt. Jede der beiden vorstehenden Annahmen wäre eine notwendige Bedingung zur

---

205 Siehe hierzu *Dierkes/Schäfer* (2017), S. 15. Der im Weiteren verwendete Bezeichner „cp" als Abkürzung für „constant payout policy" weist auf die bereichskonstante NOPLAT-bezogene Ausschüttungsquote hin.

Modellierung einer konstanten Ausschüttungspolitik, wenn das Modell von *Koller* et al. nur durch die jeweils andere notwendige, aber nicht hinreichende Annahme charakterisiert wäre. Da dem Ansatz *Dierkes/Schäfer* (2017) weder $q_{\text{II}}^{\text{A}} = 1$ noch die Annahme $q_{\text{II}}^{\text{AB}} = q_{\text{II}}^{\text{B}}$ zugrunde liegt, folgt aus (3.120), dass zwischen den Nettoinvestitionsraten das Verhältnis[206]

$$n_{\text{II}}^{\text{AB}} = \frac{n_{\text{II}}^{\text{B}} - n_{\text{II}}^{\text{A}}}{1 - n_{\text{II}}^{\text{A}}} \qquad \text{mit} \quad n_{\text{II}}^{\text{B}} \geq n_{\text{II}}^{\text{A}} \tag{3.121}$$

erfüllt sein muss, um in dem durch (3.93) charakterisierten allgemeinen Bewertungsfall eine in Analogie zu (3.51) durch

$$q_{\text{II}}^{\text{cp}} = \frac{\text{E}\left[\widetilde{FCF}_{\text{II},\phi_{\text{II}}}\right]}{\text{E}\left[\widetilde{NOPLAT}_{\text{II},\phi_{\text{II}}}\right]} = q_{\text{II}}^{\text{B}} \qquad \forall \phi_{\text{II}} \in [1, +\infty) \tag{3.122}$$

gekennzeichnete konstante Ausschüttungspolitik zu modellieren. Nach Einsetzen der Gleichung (3.120) in (3.112b) ergibt sich die Bewertungsformel

$$\begin{aligned}\text{E}\left[\widetilde{V}_{\text{q,II},0}^{\ell,\text{cp},DS}\right] = {} & \frac{q_{\text{II}} \cdot \text{E}\left[\widetilde{NOPLAT}_{\text{II},1}^{\text{A}}\right] \cdot \left(k_{\text{II}}^{\tau} - \left(1 - q_{\text{II}}^{\text{A}}\right) \cdot ROIC_{\text{II}}^{\text{B}}\right)}{\left(k_{\text{q,II}}^{\tau} - \left(1 - q_{\text{II}}^{\text{A}}\right) \cdot ROIC_{\text{II}}^{\text{A}}\right) \cdot \left(k_{\text{II}}^{\tau} - \left(1 - q_{\text{II}}\right) \cdot ROIC_{\text{II}}^{\text{B}}\right)} \\ & + \frac{q_{\text{II}} \cdot \text{E}\left[\widetilde{NOPLAT}_{\text{II},1}^{\text{B}}\right]}{k_{\text{II}}^{\tau} - \left(1 - q_{\text{II}}\right) \cdot ROIC_{\text{II}}^{\text{B}}}.\end{aligned} \tag{3.123}$$

Den Grenzwert der Gesamtrendite bildet entweder (A.109a) oder (A.112) in Abhängigkeit von der Größenbeziehung der bereichsspezifischen Wachstumsraten zueinander.

Im Falle einer zugleich bereichseinheitlichen Rendite für das Gesamtkapital in Analogie zu (3.53),

$$ROIC_{\text{II}} = ROIC_{\text{II}}^{\text{A}} = ROIC_{\text{II}}^{\text{B}} > k_{\text{II}}^{\tau}, \tag{3.124}$$

ist die Differenzierung des Unternehmens in Geschäftseinheiten aus Bewertungssicht faktisch aufgehoben. Infolgedessen reduziert sich (3.123) *Dierkes*

---

206 Vgl. *Dierkes/Schäfer* (2017), S. 15. Die Rate n_{II}^{A} sollte nicht größer sein als n_{II}^{B}, da $n_{\text{II}}^{\text{AB}}$ ansonsten negativ würde, was aus ökonomischer Sicht nicht interpretierbar ist.

und *Schäfer* zufolge zu dem aus Kapitel 2 bekannten Kalkül von *Gordon* und *Shapiro* (2.50), der zur Bewertung eines Unternehmens ohne Berücksichtigung einer Bereichsdifferenzierung eingesetzt wird:[207]

$$\mathrm{E}\left[\widetilde{V}_{\mathrm{II},0}^{\ell,\mathrm{cp},\mathrm{cR},DS}\right] = \frac{q_{\mathrm{II}} \cdot \left(\mathrm{E}\left[\widetilde{NOPLAT}_{\mathrm{II},1}^{\mathrm{A}}\right] + \mathrm{E}\left[\widetilde{NOPLAT}_{\mathrm{II},1}^{\mathrm{B}}\right]\right)}{k_{\mathrm{II}}^{\tau} - (1 - q_{\mathrm{II}}) \cdot ROIC_{\mathrm{II}}}$$
$$= \frac{\mathrm{E}\left[\widetilde{NOPLAT}_{\mathrm{II},1}\right] \cdot \left(1 - \frac{w_{\mathrm{II}}}{ROIC_{\mathrm{II}}}\right)}{k_{\mathrm{II}}^{\tau} - w_{\mathrm{II}}} = \mathrm{E}\left[\widetilde{V}_{\mathrm{II},0}^{\ell,GS}\right]. \qquad (3.125)$$

Diese Gleichheit setzt jedoch voraus, dass bei der Berechnung der Teilrestwerte vereinfachend derselbe Kapitalkostensatz k_{II}^{τ} angesetzt wird. Die Wachstumsrate

$$w_{\mathrm{II}} = (1 - q_{\mathrm{II}}) \cdot ROIC_{\mathrm{II}}$$
$$= \left(1 - q_{\mathrm{II}}^{\mathrm{AB}} \cdot q_{\mathrm{II}}^{\mathrm{A}}\right) \cdot ROIC_{\mathrm{II}} = w_{\mathrm{II}}^{\mathrm{B}} \qquad (3.126)$$

ist hierbei im Vergleich zu der Wachstumrate des Kernbereichs

$$w_{\mathrm{II}}^{\mathrm{A}} = \left(1 - q_{\mathrm{II}}^{\mathrm{A}}\right) \cdot ROIC_{\mathrm{II}}$$

höher:

$$w_{\mathrm{II}}^{\mathrm{B}} > w_{\mathrm{II}}^{\mathrm{A}}. \qquad (3.127)$$

Die alternativen Fälle von Kapitalwertneutralität (3.113) und (3.115) führen unter der Annahme einer konstanten Ausschüttungspolitik ausgehend von (3.123) zu denselben Restwertkalkülen (3.114) und (3.116).

Auch das modellinhärente Merkmal des Ansatzes von *Meitner*, eine konstante Gesamtwachstumsrate der freien Cashflows $w_{\mathrm{II}}^{\mathrm{FCF}}$, kann mit dem Ansatz von *Dierkes* und *Schäfer* in Einklang gebracht werden, indem (3.112b) mit dem speziellen Restwertkalkül

$$\mathrm{E}\left[\widetilde{V}_{\mathrm{II},0}^{\ell,\mathrm{cg},DS}\right] = \frac{q_{\mathrm{II}}^{\mathrm{AB}} \cdot q_{\mathrm{II}}^{\mathrm{A}} \cdot \mathrm{E}\left[\widetilde{NOPLAT}_{\mathrm{II},1}^{\mathrm{A}}\right] + q_{\mathrm{II}}^{\mathrm{B}} \cdot \mathrm{E}\left[\widetilde{NOPLAT}_{\mathrm{II},1}^{\mathrm{B}}\right]}{k_{\mathrm{II}}^{\tau} - w_{\mathrm{II}}^{\mathrm{FCF}}} \qquad (3.128)$$

207 Siehe (2.50) auf der Seite 83. Vgl. ähnlich *Dierkes/Schäfer* (2017), S. 17 f.

gleichgesetzt wird.[208] Vorausgesetzt wird wiederum der Ansatz eines nicht an das Ausschüttungsverhalten angepassten Gesamtkapitalkostensatzes k_{II}^{τ}. (3.112b) und (3.128) stimmen überein, wenn die beiden Gleichheitsbedingungen $w_{\text{II}}^{\text{FCF}} = w_{\text{II}}^{\text{B}}$ sowie

$$k_{\text{II}}^{\tau} - \left(1 - \frac{q_{\text{II}}^{\text{B}}}{q_{\text{II}}^{\text{AB}}}\right) \cdot \overset{\text{B}}{ROIC}_{\text{II}} = k_{\text{II}}^{\tau} - w_{\text{II}}^{\text{A}}, \qquad (3.129)$$

letztere bestehend aus Zähler- und Nennerterm von (3.112b), erfüllt sind. Auflösen der Gleichung (3.129) nach q_{II}^{B} ergibt:[209]

$$q_{\text{II}}^{\text{B}} = q_{\text{II}}^{\text{AB}} \cdot \left(1 - \frac{w_{\text{II}}^{\text{A}}}{\overset{\text{B}}{ROIC}_{\text{II}}}\right) \qquad \text{mit} \quad \overset{\text{B}}{ROIC}_{\text{II}} > w_{\text{II}}^{\text{A}}. \quad (3.130)$$

Die Inter-Bereichs-Nettoinvestitionsrate $n_{\text{II}}^{\text{AB}}$ ist demnach wie folgt festzulegen:[210]

$$n_{\text{II}}^{\text{AB}} = \frac{w_{\text{II}}^{\text{B}} - w_{\text{II}}^{\text{A}}}{\overset{\text{B}}{ROIC}_{\text{II}} - w_{\text{II}}^{\text{A}}} \qquad \text{mit} \quad \overset{\text{B}}{ROIC}_{\text{II}} > w_{\text{II}}^{\text{A}}. \quad (3.131)$$

Auf der Grundlage von (3.130) lässt sich die Gesamtwachstumsrate der freien Cashflows durch

$$\begin{aligned} w_{\text{II}}^{\text{FCF}} = w_{\text{II}}^{\text{B}} &= \left(1 - q_{\text{II}}^{\text{B}}\right) \cdot \overset{\text{B}}{ROIC}_{\text{II}} \\ &= q_{\text{II}}^{\text{AB}} \cdot w_{\text{II}}^{\text{A}} + \left(1 - q_{\text{II}}^{\text{AB}}\right) \cdot \overset{\text{B}}{ROIC}_{\text{II}} \qquad \forall \phi_{\text{II}} \in [1, +\infty) \quad (3.132) \end{aligned}$$

beschreiben. (3.132) entspricht dem zweiten unter (3.89) angegebenen Ausdruck für die Gesamtwachstumsrate, wenn man die drei Parameter des Modells von *Meitner* w_{II}, $q_{\text{II}}^{\text{BCF}}$ und $\overset{\text{B}}{IRR}_{\text{II}}$ der angegebenen Reihenfolge nach mit

208 Der Index „cg" kennzeichnet (3.128) als Restwertkalkül des in *Dierkes/Schäfer* (2017) als „constant growth policy" bezeichneten Spezialfalls. Vgl. bezüglich der Formeln (3.128), (3.130), (3.131) und (3.132) *Dierkes/Schäfer* (2017), S. 16.

209 Die Bedingung $\overset{\text{B}}{ROIC}_{\text{II}} > w_{\text{II}}^{\text{A}}$ gewährleistet, dass sowohl q_{II}^{B} als auch $q_{\text{II}}^{\text{AB}}$ positive Werte annehmen.

210 (3.131) ergibt sich aus der Auflösung von (3.130) nach $n_{\text{II}}^{\text{AB}}$. Würde die strenge Ungleichung $\overset{\text{B}}{ROIC}_{\text{II}} < w_{\text{II}}^{\text{A}}$ gelten, so würde $n_{\text{II}}^{\text{AB}}$ einen negativen Wert annehmen, was aus ökonomischer Sicht nicht interpretierbar ist. Für den Fall der Gleichheit $\overset{\text{B}}{ROIC}_{\text{II}} = w_{\text{II}}^{\text{A}}$ ist (3.131) aus mathematischer Sicht nicht definiert.

den Parametern w_{II}^{A}, $q_{\text{II}}^{\text{AB}}$ und $\overset{\text{B}}{ROIC}_{\text{II}}$ gleichsetzt. Bedingt durch die zu den Formeln (3.130) und (3.131) angegebene Restriktion setzt die Modellierung einer konstanten Wachstumspolitik die Ungleichheitsbeziehung (3.127) voraus, wie aus (3.132) hervorgeht. Die Bildung des Quotienten aus (3.132) und $\overset{\text{B}}{ROIC}_{\text{II}}$ oder die Umstellung von (3.130) nach $1 - q_{\text{II}}^{\text{B}}$ führen zu der Nettoinvestitionsrate n_{II}^{B} gemäß

$$n_{\text{II}}^{\text{B}} = \frac{w_{\text{II}}^{\text{A}} + \left(1 - q_{\text{II}}^{\text{AB}}\right) \cdot \left(\overset{\text{B}}{ROIC}_{\text{II}} - w_{\text{II}}^{\text{A}}\right)}{\overset{\text{B}}{ROIC}_{\text{II}}} = \frac{q_{\text{II}}^{\text{AB}} \cdot w_{\text{II}}^{\text{A}} + \left(1 - q_{\text{II}}^{\text{AB}}\right) \cdot \overset{\text{B}}{ROIC}_{\text{II}}}{\overset{\text{B}}{ROIC}_{\text{II}}}. \tag{3.133}$$

Dem Vorteil des eingängigen Aufbaus des Bewertungskalküls (3.128) steht aufgrund der Interdependenz der bereichsspezifischen Wachstumsraten der Nachteil einer restringierten Anwendbarkeit gegenüber. Die Fortschreibung der freien Cashflows auf der Basis dieser Wachstumsraten ist daher aus einem kritischen Blickwinkel zu betrachten und die langfristige Festlegung der Nettoinvestitionsraten n_{II}^{B} und $n_{\text{II}}^{\text{AB}}$ auf der Basis von (3.130) und (3.131) zu hinterfragen. Im Bewertungsprozess obliegt es dem Bewerter schlüssige Argumente hervorzubringen, die unabhängig von der konstruierten Eigenschaft einer periodeninvarianten Gesamtwachstumsrate der freien Cashflows für den Einsatz des Restwertkalküls (3.128) sprechen.

Die konstante Gesamtwachstumsrate $w_{\text{II}}^{\text{FCF}}$ bezieht sich gemäß (3.128) ausschließlich auf die Summe aller freien Cashflows, hingegen nicht auf den Gesamt-NOPLAT, die gesamten Nettoinvestitionen und das gesamte Invested Capital. Die Entwicklungen des mithin periodenspezifischen ROTIC und der periodenspezifischen Gesamtausschüttungsquote in der Rentenphase werden durch (A.109a) und (A.117a) beschrieben.[211]

Im Vergleich zu dem anhand des Kalküls (3.123) ermittelten Restwert ist der mittels (3.128) berechnete Restwert im Allgemeinen kleiner, was auf die vergleichsweise höhere Gesamtausschüttungsquote im Fall der konstanten Wachstumspolitik zurückzuführen ist. Diese nähert sich gemäß (A.117a) im Zeitablauf der niedrigeren langfristigen Quote q_{II}^{B} an. Unter einer konstanten

211 Vgl. *Dierkes/Schäfer* (2017), S. 16 f. Siehe bezüglich (A.109a) und (A.117a) Anhang A.5.3, S. 381, 384.

Ausschüttungspolitik ist hingegen nach (3.120) die Gesamtausschüttungsquote in jeder Periode der Rentenphase bereits gleich q_{II}^{B}. Hieraus folgt:[212]

$$\mathrm{E}\left[\widetilde{V}_{\text{II},0}^{\ell,\text{cp},DS}\right] - \mathrm{E}\left[\widetilde{V}_{\text{II},0}^{\ell,\text{cg},DS}\right] =$$

$$\left(1 - q_{\text{II}}^{\text{A}}\right) \cdot q_{\text{II}}^{\text{B}} \cdot \mathrm{E}\left[\widetilde{NOPLAT}_{\text{II},1}^{\text{A}}\right] \cdot \frac{\dfrac{ROIC_{\text{II}}^{\text{A}} - ROIC_{\text{II}}^{\text{B}}}{ROIC_{\text{II}}^{\text{B}} - w_{\text{II}}^{\text{A}}} \cdot \left(ROIC_{\text{II}}^{\text{B}} - k_{\text{II}}^{\tau}\right)}{\left(k_{\text{II}}^{\tau} - w_{\text{II}}^{\text{A}}\right) \cdot \left(k_{\text{II}}^{\tau} - w_{\text{II}}^{\text{B}}\right)} \geq 0. \tag{3.134}$$

Die Nichtnegativität der Differenz (3.134) beruht auf den Profitabilitätsbeziehungen (3.93), (3.113), (3.115) und (3.124) sowie auf der unter (3.130) und (3.131) angegebenen Restriktion, welche sich im Zähler des Quotienten in (3.134) in Form von Differenzen, die keine negativen Werte annehmen können, wiederfinden.

Der Nutzen der Differenzbildung liegt vornehmlich darin, dass sich anhand des umgeformten Differenzterms unmittelbar die Frage nach den speziellen Annahmen, die zu denselben Restwerten führen, beantworten lässt. Von vergleichsweise geringerer bewertungspraktischer Bedeutung ist dahingegen der absolute Größenunterschied unter ansonsten gleichen Annahmen. Da die Wahl des Restwertkalküls von der Investitionsstrategie des zu bewertenden Unternehmens abhängt, kommt dessen Berechnung und Interpretation alleinig eine modelltheoretische Bedeutung zu. Im Hinblick auf die praktische Anwendung ist generell aus einem Restwertvergleich im Sinne von (3.134) keinesfalls eine Kausalität von der Höhe der ermittelten Restwerte zu der Wahl eines bestimmten Kalküls abzuleiten.

Im Falle einer einheitlichen Verzinsung gemäß (3.124) stimmen (3.120) und (3.130) überein, infolge dessen (3.122) in diesem Spezialfall Gültigkeit besitzt. Einsetzen von (3.120) in (3.128) ergibt den (3.125) bzw. (2.54) entsprechenden Restwertkalkül (3.135):

$$\mathrm{E}\left[\widetilde{V}_{\text{II},0}^{\ell,\text{cg},\text{cR},DS}\right] = \frac{\mathrm{E}\left[\widetilde{NOPLAT}_{\text{II},1}\right] \cdot \left(1 - \dfrac{w_{\text{II}}^{\text{B}}}{ROIC_{\text{II}}}\right)}{k_{\text{II}}^{\tau} - w_{\text{II}}^{\text{B}}}$$ ↴

212 Vgl. ähnlich *Dierkes/Schäfer* (2017), S. 17. Siehe bezüglich (3.134) den mathematischen Anhang B.3.2, S. 403 f. Diesem und den folgenden Größenvergleichen liegt die Annahme eines bereichseinheitlichen Gesamtkapitalkostensatzes k_{II}^{τ} zugrunde.

$$= \mathrm{E}\left[\widetilde{V}_{\mathrm{II},0}^{\ell,\mathrm{cp},\mathrm{cR},DS}\right] = \mathrm{E}\left[\widetilde{V}_{\mathrm{II},0}^{\ell,GS}\right]. \tag{3.135}$$

Die Übereinstimmung von (3.125) und (3.135) mit (2.54) geht folgerichtig aus dem *Gordon / Shapiro*-Modell hervor, das durch eine konstante Gesamtausschüttungsquote und eine konstante Gesamtwachstumsrate gekennzeichnet ist.

In den beiden durch Kapitalwertneutralität gekennzeichneten Spezialfällen (3.113) und (3.115) ergeben sich unter der Annahme einer konstanten Wachstumspolitik keine Veränderungen zu den obigen Restwertkalkülen (3.114) und (3.116), sodass (3.134) den Wert null annimmt. Bei kapitalwertneutraler Verzinsung kommt somit zu der Irrelevanz der Ausschüttungspolitik noch die Independenz von der Entwicklung der Gesamtwachstumsrate der freien Cashflows hinzu.

Aus den Größenvergleichen der Kalküle (3.123) und (3.128) mit (3.119) ergeben sich folgende Beziehungen:[213]

$$\mathrm{E}\left[\widetilde{V}_{\mathrm{II},0}^{\ell,\mathrm{qB},DS}\right] \geq \mathrm{E}\left[\widetilde{V}_{\mathrm{II},0}^{\ell,\mathrm{cp},DS}\right] \geq \mathrm{E}\left[\widetilde{V}_{\mathrm{II},0}^{\ell,\mathrm{cg},DS}\right]. \tag{3.136}$$

Mithin sind auch im Falle identischer Bereichsrenditen die auf der Basis von (3.125) und (3.135) ermittelten Restwerte im Allgemeinen kleiner, da die periodeninvariante Gesamtausschüttungsquote (3.122) bei diesen Modellspezifikationen höher ist:[214]

$$\mathrm{E}\left[\widetilde{V}_{\mathrm{II},0}^{\ell,\mathrm{qB},\mathrm{cR},DS}\right] \geq \mathrm{E}\left[\widetilde{V}_{\mathrm{II},0}^{\ell,\mathrm{cp},\mathrm{cR},DS}\right] = \mathrm{E}\left[\widetilde{V}_{\mathrm{II},0}^{\ell,\mathrm{cg},\mathrm{cR},DS}\right]. \tag{3.137}$$

In Anhang D.3.4 werden alle Vorsteuerkalküle nach *Dierkes / Schäfer* (2017) tabellarisch systematisiert und die beiden *Gordon / Shapiro*-Bewertungsgleichungen (2.50) und (2.54) als Spezialfälle eingeordnet.[215]

Im Vergleich zu den von *Dierkes* und *Schäfer* getroffenen Annahmen bilden die restriktiven Annahmen von *Koller* et al. und *Meitner* die reale Unternehmenstätigkeit nur unzureichend in einem Modell ab. Die Anwendung der Kalküle (3.52) oder (3.59) führt zu einem verzerrten Restwert,

---

213 Siehe bezüglich der (3.136) zugrunde liegenden Differenzen zum einen (B.11) in dem mathematischen Anhang B.3.3, S. 405 und zum anderen (B.12b) in Anhang B.3.4, S. 406.
214 Siehe (B.13) in Anhang B.3.5, S. 407.
215 Siehe Tabelle D–1 auf der Seite 531 des Anhangs D.3.4.

welcher sich in einem Bewertungsfall nur schwer auf der Basis der berücksichtigten Eingangsparameter verteidigen lässt. Dahingegen handelt es sich bei den von *Dierkes* und *Schäfer* getroffenen einschränkenden Annahmen um Vereinfachungen zur Reduzierung der Komplexität eines einem realen Bewertungsobjekt sehr nahe liegenden Modells. Der Restwertkalkül (3.112b) basiert auf einer Modellkonzeption, die an einen konkreten Bewertungsfall adaptiert werden kann, ohne dass der Modellaufbau grundlegend geändert werden muss. Anpassungsbedarfe ergeben sich beispielsweise im Zuge der Berücksichtigung mehrerer Zusatzbereiche mit bereichsspezifischen Kapitalkostensätzen und zwischen diesen bestehenden Investitionsbeziehungen. Im Hinblick auf eine Phasendifferenzierung ist das Restwertmodell um eine der Rentenphase gegebenenfalls vorausgehende Grobplanungsphase zu erweitern. Die Länge dieser Prognosephase und der Zeitpunkt, ab dem von einer normalisierten Entwicklung der Geschäftstätigkeit auszugehen ist, sind wiederum bereichsindividuell zu planen. In den beiden Hauptkapiteln sollen Restwertformeln für ein phasen- und bereichsdifferenzierendes Modell ohne persönliche Steuern (Kapitel 3) und unter Berücksichtigung von persönlichen Steuern (Kapitel 4) sowohl auf der Basis des FCF als auch des FtE Verfahrens hergeleitet und angewandt werden.

3.2 Konzeption, Aufbau und Anwendung eines phasen- und geschäftsbereichsdifferenzierenden Vorsteuermodells

3.2.1 Modellkonzeption

Um das Restwertmodell von *Dierkes* und *Schäfer* zu verallgemeinern, werden im Folgenden die Bereiche κ und λ betrachtet. Ersterer stellt den investierenden Bereich, der zweite den von dem Bereich κ zusätzliche finanzielle Mittel empfangenden Bereich dar. Nicht festgelegt wird, ob es sich bei dem Bereich κ um den Kernbereich oder einen Zusatzbereich handelt. Dahingegen ist der Bereich λ ein Zusatzbereich, da annahmegemäß keine zusätzlichen finanziellen Mittel von einem Zusatzbereich in den Kernbereich fließen. Es werden ausschließlich direkte Leistungsbeziehungen zwischen den Bereichen modelliert, sodass jeder Zusatzbereich entweder ein leistender oder ein empfangender Bereich ist. Alle Bereiche sind durch bereichsindividuelle Reinvestitionsrenditen, Ausschüttungsquoten und Kapitalkostensätze charakterisiert und verfolgen eine wertabhängige Finanzierungspolitik mit bereichsspezifischen Fremdkapitalquoten bzw. Verschuldungsgraden.

Die Ermittlung des Restwertes des Unternehmens unter Berücksichtigung von Investitionsbeziehungen zwischen den Bereichen gliedert sich in drei Schritte, nach denen sich die Struktur des Abschnitts 3.2.2 richtet:

1. Restwertermittlung im Bereich κ ohne Berücksichtigung von zusätzlichen Nettoinvestitionen (Abschnitt 3.2.2.1)
2. Ermittlung der Restwertsteigerung im Bereich κ infolge zusätzlicher Nettoinvestitionen in einen Bereich λ (Abschnitt 3.2.2.2)
3. Ermittlung des Restwertes (des Eigenkapitals) des verschuldeten Unternehmens (Abschnitt 3.2.2.3)

Unter dem ersten und dem zweiten Gliederungspunkt werden *Vorsteuerkalküle* für das aus einer *Grobplanungs-* und einer *Rentenphase* bestehende zweiphasige Restwertmodell auf der Basis des *FCF* und des *FtE Verfahrens* hergeleitet. Auf die Weiterentwicklung zu *Nachsteuerkalkülen* wird im vierten Kapitel eingegangen.

3.2.2 Modellaufbau und Analyse von Modellspezifikationen

3.2.2.1 Restwertermittlung ohne Berücksichtigung von zusätzlichen Nettoinvestitionen

3.2.2.1.1 FCF Verfahren

Die Ermittlung des Restwertes des Gesamtkapitals eines Bereichs κ für die Rentenphase auf der Basis des FCF Verfahrens, ohne dass zusätzliche Nettoinvestitionen in einen oder mehrere andere Bereiche berücksichtigt werden, basiert auf dem allgemeinen Vorsteuerkalkül für die Unternehmensebene (2.49a):

$$\mathrm{E}\left[\widetilde{V}_{\mathrm{I},0}^{\ell,\kappa}\right] = \sum_{\phi=1}^{+\infty} \frac{\mathrm{E}\left[\widetilde{FCF}_{\phi}^{\kappa}\right]}{\prod_{t=1}^{\phi}\left(1 + k_{\mathrm{q},t}^{\tau,\kappa}\right)}. \tag{3.138}$$

Inhärentes Merkmal des mit dem Index „q“ versehenen Gesamtkapitalkostensatzes $k_{\mathrm{q},t}^{\tau,\kappa}$ ist seine ausschüttungsbedingte Anpassung an die differenzierte Verzinsung des im Kernbereich einbehaltenen Gewinns. Als Bestandteil des Gesamtwertes der verbleibenden und der zusätzlichen freien Cashflows ist in (3.138) sowie im Kalkül der Restwertsteigerung ein ausschüttungsangepasster Kapitalkostensatz anzusetzen. Derartige Anpassungsformeln für den Gesamt- und den in diesem enthaltenen Eigenkapitalkostensatz werden in dieser Arbeit nicht hergeleitet. Die Verwendung von nicht-ausschüttungsangepassten, anhand der im zweiten Kapitel hergeleiteten Formeln ermittelten Kapitalkostensätzen in den Fallstudien stellt insofern eine Vereinfachung dar. Im Weiteren wird der Index „q" zur Kennzeichnung der ausschüttungsbedingten Anpassung fortgelassen, um eine mit den Berechnungen in den Fallstudien kompatible Darstellung zu gewährleisten; in allen Formeln des bereichsdifferenzierenden Restwertmodells ist ein solcher jedoch gedanklich den Kapitalkostensätzen hinzuzufügen.

Die grundlegende Bewertungsformel (3.138) gilt es nun für die praktische Anwendung zu operationalisieren. Ausgehend von dem im eingeschwungenen Zustand mit der bereichsspezifischen konstanten Wachstumsrate w_{II}^{κ} ansteigenden entziehbaren Betrag in der ersten Periode der Rentenphase $\mathrm{E}\left[\widetilde{FCF}_{\mathrm{II},1}^{\kappa}\right]$ können alle künftig zu erwartenden freien Cashflows bestimmt und mit dem konstanten Gesamtkapitalkostensatz $k_{\mathrm{II}}^{\tau,\kappa}$ gemäß (D.11) auf den bereichsindividuellen Beginn der Rentenphase $\phi_{\mathrm{II}}^{\kappa} = 0$ diskontiert werden:

$$\mathrm{E}\left[\widetilde{V}_{\mathrm{II},0}^{\ell,\kappa}\right] = \sum_{\phi_{\mathrm{II}}=1}^{+\infty} \frac{\mathrm{E}\left[\widetilde{FCF}_{\mathrm{II},\phi_{\mathrm{II}}}^{\kappa}\right]}{\left(1 + k_{\mathrm{II}}^{\tau,\kappa}\right)^{\phi_{\mathrm{II}}}} = \sum_{\phi_{\mathrm{II}}=1}^{+\infty} \frac{\mathrm{E}\left[\widetilde{FCF}_{\mathrm{II},1}^{\kappa}\right] \cdot \left(1 + w_{\mathrm{II}}^{\kappa}\right)^{\phi_{\mathrm{II}}-1}}{\left(1 + k_{\mathrm{II}}^{\tau,\kappa}\right)^{\phi_{\mathrm{II}}}}$$

$$= \frac{\mathrm{E}\left[\widetilde{FCF}_{\mathrm{II},1}^{\kappa}\right]}{k_{\mathrm{II}}^{\tau,\kappa} - w_{\mathrm{II}}^{\kappa}}. \tag{3.139}$$

Der Restwert (3.139) sowie die in der vorangegangenen Grobplanungsphase erzielbaren freien Cashflows sind auf den Zeitpunkt $\phi_{\mathrm{I}}^{\kappa} = 0$ zu diskontieren. Da bei Anwendung des FCF Verfahrens kein finanzierungsbedingtes Zirkularitätsproblem auftritt, weist die rekursive Restwertermittlung gegenüber der nicht-rekursiven Verfahrensweise keinen wesentlichen Anwendungsvorteil auf, wie er beim FtE Verfahren festzustellen ist. Zum Vergleich soll der rekursive Bewertungskalkül des FCF Verfahrens für einen Zeitpunkt $\phi_{\mathrm{I}}^{\kappa} \in \left[0, \Phi_{\mathrm{I}}^{\kappa} - 1\right]$ dennoch angeführt werden:

$$\mathrm{E}\left[\widetilde{V}_{\mathrm{I},\phi_{\mathrm{I}}}^{\ell,\kappa}\right] = \frac{\mathrm{E}\left[\widetilde{FCF}_{\mathrm{I},\phi_{\mathrm{I}}+1}^{\kappa}\right] + \mathrm{E}\left[\widetilde{V}_{\mathrm{I},\phi_{\mathrm{I}}+1}^{\ell,\kappa}\right]}{1 + k_{\mathrm{I},\phi_{\mathrm{I}}+1}^{\tau,\kappa}}. \tag{3.140}$$

Für die Wahl des FCF Verfahrens spricht vielmehr die Möglichkeit einer nicht-rekursiven Wertermittlung ohne eine finanzierungsbedingte Zirkularitätsproblematik. Unter der Annahme eines *periodenunabhängigen* Diskontierungssatzes in der Grobplanungsphase $k_{\mathrm{I}}^{\tau,\kappa}$ gemäß (D.9) ist der Restwert zu einem Zeitpunkt $\phi_{\mathrm{I}}^{\kappa} \in \left[0, \Phi_{\mathrm{I}}^{\kappa} - 1\right]$ wie folgt zu ermitteln:

$$\mathrm{E}\left[\widetilde{V}_{\mathrm{I},\phi_{\mathrm{I}}}^{\ell,\kappa}\right] = \sum_{r=\phi_{\mathrm{I}}+1}^{\Phi_{\mathrm{I}}} \frac{\mathrm{E}\left[\widetilde{FCF}_{\mathrm{I},r}^{\kappa}\right]}{\left(1 + k_{\mathrm{I}}^{\tau,\kappa}\right)^{r-\phi_{\mathrm{I}}}} + \frac{\mathrm{E}\left[\widetilde{V}_{\mathrm{II},0}^{\ell,\kappa}\right]}{\left(1 + k_{\mathrm{I}}^{\tau,\kappa}\right)^{\Phi_{\mathrm{I}}-\phi_{\mathrm{I}}}},$$

$$\text{falls} \quad k_{\mathrm{I},\phi_{\mathrm{I}}}^{\tau,\kappa} = k_{\mathrm{I}}^{\tau,\kappa} \quad \forall \phi_{\mathrm{I}} \in \left[1, \Phi_{\mathrm{I}}^{\kappa}\right]. \tag{3.141}$$

(3.141) spiegelt den Wert aller ab der Periode $\phi_{\mathrm{I}}^{\kappa} + 1$ erzielbaren freien Cashflows wider. Für den Zeitpunkt $\phi_{\mathrm{I}}^{\kappa} = 0$ vereinfacht sich die Darstellung der Restwertformel:

$$\mathrm{E}\left[\widetilde{V}_{\mathrm{I},0}^{\ell,\kappa}\right] = \sum_{\phi_{\mathrm{I}}=1}^{\Phi_{\mathrm{I}}} \frac{\mathrm{E}\left[\widetilde{FCF}_{\mathrm{I},\phi_{\mathrm{I}}}^{\kappa}\right]}{\left(1 + k_{\mathrm{I}}^{\tau,\kappa}\right)^{\phi_{\mathrm{I}}}} + \frac{\mathrm{E}\left[\widetilde{V}_{\mathrm{II},0}^{\ell,\kappa}\right]}{\left(1 + k_{\mathrm{I}}^{\tau,\kappa}\right)^{\Phi_{\mathrm{I}}}},$$

$$\text{falls} \quad k_{\mathrm{I},\phi_{\mathrm{I}}}^{\tau,\kappa} = k_{\mathrm{I}}^{\tau,\kappa} \quad \forall \phi_{\mathrm{I}} \in \left[1, \Phi_{\mathrm{I}}^{\kappa}\right]. \tag{3.142}$$

Werden in der Grobplanungsphase *periodenspezifische* gewogene Kapitalkostensätze $k_{\mathrm{I},\phi_{\mathrm{I}}}^{\tau,\kappa}$ gemäß (D.7) angesetzt, ist der Restwert zu einem Zeitpunkt $\phi_{\mathrm{I}}^{\kappa} \in \left[0, \Phi_{\mathrm{I}}^{\kappa} - 1\right]$ mittels

$$\mathrm{E}\left[\widetilde{V}_{\mathrm{I},\phi_{\mathrm{I}}}^{\ell,\kappa}\right] = \sum_{r=\phi_{\mathrm{I}}+1}^{\Phi_{\mathrm{I}}} \frac{\mathrm{E}\left[\widetilde{FCF}_{\mathrm{I},r}^{\kappa}\right]}{\prod_{t=\phi_{\mathrm{I}}+1}^{r}\left(1 + k_{\mathrm{I},t}^{\tau,\kappa}\right)} + \frac{\mathrm{E}\left[\widetilde{V}_{\mathrm{II},0}^{\ell,\kappa}\right]}{\prod_{t=\phi_{\mathrm{I}}+1}^{\Phi_{\mathrm{I}}}\left(1 + k_{\mathrm{I},t}^{\tau,\kappa}\right)} \tag{3.143}$$

zu kalkulieren. Für $\phi_{\mathrm{I}}^{\kappa} = 0$ kann die Formel wie folgt dargestellt werden:

$$\mathrm{E}\left[\widetilde{V}_{\mathrm{I},0}^{\ell,\kappa}\right] = \sum_{\phi_{\mathrm{I}}=1}^{\Phi_{\mathrm{I}}} \frac{\mathrm{E}\left[\widetilde{FCF}_{\mathrm{I},\phi_{\mathrm{I}}}^{\kappa}\right]}{\prod_{t=1}^{\phi_{\mathrm{I}}}\left(1 + k_{\mathrm{I},t}^{\tau,\kappa}\right)} + \frac{\mathrm{E}\left[\widetilde{V}_{\mathrm{II},0}^{\ell,\kappa}\right]}{\prod_{t=1}^{\Phi_{\mathrm{I}}}\left(1 + k_{\mathrm{I},t}^{\tau,\kappa}\right)}. \tag{3.144}$$

Zur Ermittlung des Restwertes des Eigenkapitals im Bereich κ in einer beliebigen Periode des Restwertzeitraums ϕ ist der entsprechende Restwert des Gesamtkapitals mit der periodenspezifischen Eigenkapitalquote $1 - \Theta_{\phi}^{\kappa}$ zu gewichten:

$$\mathrm{E}\left[\widetilde{E}_{\phi}^{\ell,\kappa}\right] = \left(1 - \Theta_{\phi}^{\kappa}\right) \cdot \mathrm{E}\left[\widetilde{V}_{\phi}^{\ell,\kappa}\right] \qquad \forall \phi \in [1, +\infty). \tag{3.145}$$

Der direkten Ermittlung von (3.145) auf der Basis des FtE Verfahrens widmet sich der nächste Abschnitt. Der Marktwert des Fremdkapitals im Bereich κ ist mittels der Fremdkapitalquote Θ_{ϕ}^{κ} gemäß

$$\mathrm{E}\left[\widetilde{D}_{\phi}^{\kappa}\right] = \mathrm{E}\left[\widetilde{V}_{\phi}^{\ell,\kappa}\right] - \mathrm{E}\left[\widetilde{E}_{\phi}^{\ell,\kappa}\right] = \Theta_{\phi}^{\kappa} \cdot \mathrm{E}\left[\widetilde{V}_{\phi}^{\ell,\kappa}\right] \qquad \forall \phi \in [1, +\infty) \quad (3.146)$$

zu bestimmen.

3.2.2.1.2 FtE Verfahren

Der zu (3.138) analoge Vorsteuerkalkül auf der Basis des FtE Verfahrens lautet:

$$\mathrm{E}\left[\widetilde{E}_{\mathrm{I},0}^{\ell,\kappa}\right] = \sum_{\phi=1}^{+\infty} \frac{\mathrm{E}\left[\widetilde{FTE}_{\phi}^{\kappa}\right]}{\prod_{t=1}^{\phi}\left(1 + ke_{\mathrm{q},t}^{\ell,\kappa}\right)}. \qquad (3.147)$$

Der Ermittlung des Restwertes des Eigenkapitals liegen die in den Gesamtkapitalkostensätzen in (3.138) enthaltenen ausschüttungsangepassten Eigenkapitalkostensätze $ke_{\mathrm{q},t}^{\ell,\kappa}$ zugrunde. Zur Operationalisierung von (3.147) wird wiederum zunächst die ewige Rente betrachtet. In dieser Phase steigen die Flow to Equity im Bereich κ und mithin die Restwerte des Eigenkapitals mit der konstanten Wachstumsrate w_{II}^{κ} an. Der Restwertkalkül (3.148b) mit dem konstanten Eigenkapitalkostensatz $ke_{\mathrm{II}}^{\ell,\kappa}$ gemäß (D.10) ähnelt (3.139):

$$\mathrm{E}\left[\widetilde{E}_{\mathrm{II},0}^{\ell,\kappa}\right] = \sum_{\phi_{\mathrm{II}}=1}^{+\infty} \frac{\mathrm{E}\left[\widetilde{FTE}_{\mathrm{II},\phi_{\mathrm{II}}}^{\kappa}\right]}{\left(1 + ke_{\mathrm{II}}^{\ell,\kappa}\right)^{\phi_{\mathrm{II}}}} = \sum_{\phi_{\mathrm{II}}=1}^{+\infty} \frac{\mathrm{E}\left[\widetilde{FTE}_{\mathrm{II},1}^{\kappa}\right] \cdot \left(1 + w_{\mathrm{II}}^{\kappa}\right)^{\phi_{\mathrm{II}}-1}}{\left(1 + ke_{\mathrm{II}}^{\ell,\kappa}\right)^{\phi_{\mathrm{II}}}} \qquad (3.148a)$$

$$= \frac{\mathrm{E}\left[\widetilde{FTE}_{\mathrm{II},1}^{\kappa}\right]}{ke_{\mathrm{II}}^{\ell,\kappa} - w_{\mathrm{II}}^{\kappa}}. \qquad (3.148b)$$

Der Flow to Equity der ersten Periode der Rentenphase in (3.148b) hängt von dem Marktwert des Fremdkapitals im Zeitpunkt $\phi_{\mathrm{II}}^{\kappa} = 0$ ab. Dessen Quantifizierung setzt bei wertabhängiger Finanzierung wiederum die Kenntnis des Restwertes des Eigenkapitals $\mathrm{E}\left[\widetilde{E}_{\mathrm{II},0}^{\ell,\kappa}\right]$, mit dem der Verschuldungsgrad L_{II}^{κ} zu multiplizieren ist, voraus. Die Abhängigkeit einer Einflussgröße des Restwertes von dem zu ermittelnden Bewertungsergebnis selbst löst eine Zirkularität bei der Wertermittlung aus. Als vorteilhaft erweist sich der zwischen den

Restwerten des Eigenkapitals und folglich auch zwischen den Marktwerten des Fremdkapitals bestehende Zusammenhang über die Wachstumsrate w_{II}^{κ} im eingeschwungenen Zustand, der eine Auflösung dieser finanzierungsbedingten Zirkularität im Rentenfall erlaubt:

$$\mathrm{E}\left[\widetilde{E}_{\text{II},0}^{\ell,\kappa}\right] = \frac{\mathrm{E}\left[\widetilde{FTE}_{\text{II},1}^{\kappa}\right]}{ke_{\text{II}}^{\ell,\kappa} - w_{\text{II}}^{\kappa}} = \frac{\mathrm{E}\left[\widetilde{FCF}_{\text{II},1}^{\kappa}\right] - \left(kd_{\text{II}} \cdot (1-\tau) - w_{\text{II}}^{\kappa}\right) \cdot L_{\text{II}}^{\kappa} \cdot \mathrm{E}\left[\widetilde{E}_{\text{II},0}^{\ell,\kappa}\right]}{ke_{\text{II}}^{\ell,\kappa} - w_{\text{II}}^{\kappa}} \tag{3.148c}$$

$$= \frac{\mathrm{E}\left[\widetilde{FCF}_{\text{II},1}^{\kappa}\right]}{ke_{\text{II}}^{\ell,\kappa} - w_{\text{II}}^{\kappa} + (kd_{\text{II}} \cdot (1-\tau) - w_{\text{II}}^{\kappa}) \cdot L_{\text{II}}^{\kappa}}. \tag{3.148d}$$

Mit (3.148d) entsteht ein vom Bewertungsergebnis unabhängiger Kalkül, der im Zähler nur den freien Cashflow als finanzierungsunabhängige Größe enthält.

Die Wertermittlung in der Grobplanungsphase ist weiterhin durch ein finanzierungsbedingtes Zirkularitätsproblem gekennzeichnet, sodass die Bewertung zum Zeitpunkt $\phi_{\text{I}}^{\kappa} = 0$ mit der zu (3.144) analogen Formel

$$\mathrm{E}\left[\widetilde{E}_{\text{I},0}^{\ell,\kappa}\right] = \sum_{\phi_{\text{I}}=1}^{\Phi_{\text{I}}} \frac{\mathrm{E}\left[\widetilde{FTE}_{\text{I},\phi_{\text{I}}}^{\kappa}\right]}{\prod_{t=1}^{\phi_{\text{I}}}\left(1 + ke_{\text{I},t}^{\ell,\kappa}\right)} + \frac{\mathrm{E}\left[\widetilde{E}_{\text{II},0}^{\ell,\kappa}\right]}{\prod_{t=1}^{\Phi_{\text{I}}}\left(1 + ke_{\text{I},t}^{\ell,\kappa}\right)}$$

in der praktischen Anwendung in den Hintergrund tritt. Aufgrund der nicht auflösbaren Zirkularität in der Grobplanungsphase ist der Restwert (3.148) unter Berücksichtigung der in der Grobplanungsphase zu erwartenden Flow to Equity rekursiv von Periode zu Periode auf der Basis der gegebenenfalls periodenspezifischen Eigenkapitalkostensätze $ke_{\text{I},\phi_{\text{I}}}^{\ell,\kappa}$ im Intervall $\left[1, \Phi_{\text{I}}^{\kappa}\right]$ abzuzinsen. Der Restwert des Eigenkapitals im Zeitpunkt $\Phi_{\text{I}}^{\kappa} - 1$ ist demnach mit Hilfe des Eigenkapitalkostensatzes $ke_{\text{II},0}^{\ell,\kappa}$ (gleichbedeutend mit $ke_{\text{I},\Phi_{\text{I}}}^{\ell,\kappa}$) wie folgt zu ermitteln:

$$\mathrm{E}\left[\widetilde{E}_{\text{I},\Phi_{\text{I}}-1}^{\ell,\kappa}\right] = \frac{\mathrm{E}\left[\widetilde{FTE}_{\text{II},0}^{\kappa}\right] + \mathrm{E}\left[\widetilde{E}_{\text{II},0}^{\ell,\kappa}\right]}{1 + ke_{\text{II},0}^{\ell,\kappa}}$$

$$
\begin{aligned}
&= \frac{\mathrm{E}\left[\widetilde{FCF}^{\kappa}_{\mathrm{II},0}\right] - kd_{\mathrm{II},0} \cdot (1-\tau) \cdot L^{\kappa}_{\mathrm{I},\Phi_{\mathrm{I}}-1} \cdot \mathrm{E}\left[\widetilde{E}^{\ell,\kappa}_{\mathrm{I},\Phi_{\mathrm{I}}-1}\right]}{1 + ke^{\ell,\kappa}_{\mathrm{II},0}} \\
&+ \frac{\left(L^{\kappa}_{\mathrm{II}} \cdot \mathrm{E}\left[\widetilde{E}^{\ell,\kappa}_{\mathrm{II},0}\right] - L^{\kappa}_{\mathrm{I},\Phi_{\mathrm{I}}-1} \cdot \mathrm{E}\left[\widetilde{E}^{\ell,\kappa}_{\mathrm{I},\Phi_{\mathrm{I}}-1}\right]\right) + \mathrm{E}\left[\widetilde{E}^{\ell,\kappa}_{\mathrm{II},0}\right]}{1 + ke^{\ell,\kappa}_{\mathrm{II},0}}.
\end{aligned}
\tag{3.149}
$$

Zur Ermittlung des Restwertes des Eigenkapitals in einem Zeitpunkt der Grobplanungsphase $\phi^{\kappa}_{\mathrm{I}} \in \left[0, \Phi^{\kappa}_{\mathrm{I}} - 1\right]$ ist im Allgemeinen die folgende rekursive Formel mit $ke^{\ell,\kappa}_{\mathrm{I},\phi_{\mathrm{I}}+1}$ gemäß (D.6) anzuwenden:

$$
\mathrm{E}\left[\widetilde{E}^{\ell,\kappa}_{\mathrm{I},\phi_{\mathrm{I}}}\right] = \frac{\mathrm{E}\left[\widetilde{FTE}^{\kappa}_{\mathrm{I},\phi_{\mathrm{I}}+1}\right] + \mathrm{E}\left[\widetilde{E}^{\ell,\kappa}_{\mathrm{I},\phi_{\mathrm{I}}+1}\right]}{1 + ke^{\ell,\kappa}_{\mathrm{I},\phi_{\mathrm{I}}+1}} \tag{3.150a}
$$

$$
\begin{aligned}
&= \frac{\mathrm{E}\left[\widetilde{FCF}^{\kappa}_{\mathrm{I},\phi_{\mathrm{I}}+1}\right] - kd_{\mathrm{I},\phi_{\mathrm{I}}+1} \cdot (1-\tau) \cdot L^{\kappa}_{\mathrm{I},\phi_{\mathrm{I}}} \cdot \mathrm{E}\left[\widetilde{E}^{\ell,\kappa}_{\mathrm{I},\phi_{\mathrm{I}}}\right]}{1 + ke^{\ell,\kappa}_{\mathrm{I},\phi_{\mathrm{I}}+1}} \\
&+ \frac{\left(L^{\kappa}_{\mathrm{I},\phi_{\mathrm{I}}+1} \cdot \mathrm{E}\left[\widetilde{E}^{\ell,\kappa}_{\mathrm{I},\phi_{\mathrm{I}}+1}\right] - L^{\kappa}_{\mathrm{I},\phi_{\mathrm{I}}} \cdot \mathrm{E}\left[\widetilde{E}^{\ell,\kappa}_{\mathrm{I},\phi_{\mathrm{I}}}\right]\right) + \mathrm{E}\left[\widetilde{E}^{\ell,\kappa}_{\mathrm{I},\phi_{\mathrm{I}}+1}\right]}{1 + ke^{\ell,\kappa}_{\mathrm{I},\phi_{\mathrm{I}}+1}}
\end{aligned}
\tag{3.150b}
$$

$$
\forall \phi^{\kappa}_{\mathrm{I}} \in \left[0, \Phi^{\kappa}_{\mathrm{I}} - 1\right].
$$

Der Vergleich von (3.140) und (3.150a) zeigt die Analogie der Bewertungsverfahren auf.

Der Gesamtwert des verschuldeten Bereichs κ ist in jeder Periode des Restwertzeitraums anhand des periodenspezifischen Verschuldungsgrades L^{κ}_{ϕ} zu bestimmen:

$$
\mathrm{E}\left[\widetilde{V}^{\ell,\kappa}_{\phi}\right] = \left(1 + L^{\kappa}_{\phi}\right) \cdot \mathrm{E}\left[\widetilde{E}^{\ell,\kappa}_{\phi}\right] \qquad \forall \phi \in [1, +\infty). \tag{3.151}
$$

Der Marktwert des Fremdkapitals in einer Periode ϕ ist mittels

$$
\mathrm{E}\left[\widetilde{D}^{\kappa}_{\phi}\right] = \mathrm{E}\left[\widetilde{V}^{\ell,\kappa}_{\phi}\right] - \mathrm{E}\left[\widetilde{E}^{\ell,\kappa}_{\phi}\right] = L^{\kappa}_{\phi} \cdot \mathrm{E}\left[\widetilde{E}^{\ell,\kappa}_{\phi}\right] \qquad \forall \phi \in [1, +\infty) \tag{3.152}
$$

zu berechnen.

3.2.2.2 Ermittlung der Restwertsteigerung infolge zusätzlicher Nettoinvestitionen

3.2.2.2.1 FCF Verfahren

Wie in Abschnitt 3.1.2.4 gezeigt, lässt sich mit dem von *Dierkes* und *Schäfer* entwickelten *Vorsteuerkalkül* der Wert aller in der *Rentenphase* erzielbaren Zahlungsüberschüsse auf der Basis des *FCF Verfahrens* ermitteln. Anhand dieser bekannten Formelzusammenhänge soll in einem ersten Schritt die in dieser Arbeit verwendete, auf dem Market Value Added (MVA) basierende Formelschreibweise eingeführt werden. Diese erlaubt es, in einem aus mehreren Bereichen bestehenden Modell die Investitionsbeziehung zwischen jeweils zwei Bereichen zu bewerten und so die beispielsweise durch unterschiedlich lange Grobplanungsphasen ausgelöste Komplexität des Modells zu verringern.[216] Auf dieser Grundlage kann in einem nächsten Schritt die Erweiterung des Vorsteuerkalküls für die Restwertsteigerung um die *Grobplanungsphase* erfolgen.

Die in jeder Periode getätigten zusätzlichen Nettoinvestitionen mindern die freien Cashflows des investierenden Geschäftsbereichs κ, auf deren Basis der Restwert mittels (3.142) oder (3.144) bestimmt worden ist.[217] Die Kapitalisierung der erwarteten Zusatzinvestitionen, mithin der negativen freien Cashflows, auf den Beginn des unendlichen Restwertzeitraums hat einen korrigierenden wertmindernden Effekt auf diesen Restwert. Zugleich erwächst aus der Verzinsung jeder zusätzlichen Nettoinvestition mit den ROIC des Bereichs λ jeweils eine unendlich lange Reihe von zusätzlichen Zahlungsüberschüssen, wie Abbildung 3–7 auf der Seite 181 in einer zweidimensionalen Ansicht zeigt. Die Ordinatenachse des Koordinatensystems und die Zahlungsreihen sind gedanklich nach rechts auf die Abszissenachse zu klappen. Die aufrechte Darstellung macht die periodenweise versetzt

216 Bei der Herleitung der Formel für den gesamten Marktwertbeitrag nach *Dierkes/ Schäfer* (2017) (3.111) war so vorgegangen worden, dass die gesamte Marktwertminderung im Zeitpunkt $\phi_{\text{II}} = 0$ und die gesamte Marktwerterhöhung im Zeitpunkt $\phi_{\text{II}} = 0$ bestimmt und addiert wurden. Alternativ können die Zählergröße von (A.124a) und (A.126) bzw. (A.128), d. h. der marktwertmindernde Effekt in einem Zeitpunkt ϕ_{II} und die Marktwerterhöhung in einem Zeitpunkt ϕ_{II}, zunächst addiert und anschließend auf den Bewertungszeitpunkt diskontiert werden.

217 Wie in Fußnote 177 erwähnt, investiert nicht jeder Bereich κ zugleich in einen anderen Bereich.

übereinander liegenden Zahlungsreihen sichtbar. Die Wertbeiträge dieser unendlich vielen Zahlungsreihen zu den jeweiligen Investitionszeitpunkten ϕ sind ebenfalls auf den Beginn des Restwertzeitraums zu diskontieren und erhöhen in ihrer Summe den zuvor mittels (3.142) oder (3.144) berechneten Restwert. Durch die Zweidimensionalität der Abbildung 3–7 wird in jedem Investitionszeitpunkt ϕ ein Knick des Restwertzeitraums visualisiert, worin die Anwendung differenzierter Kapitalkostensätze in den zwei Intervallen des Restwertzeitraums $[0, \phi]$ und $[\phi, +\infty)$ zum Ausdruck kommt.[218]

Bewertungstechnisch können zunächst die mit der in einem Zeitpunkt des Restwertzeitraums ϕ getätigten Zusatzinvestition verbundenen wertverändernden Effekte *zu diesem Investitionszeitpunkt* zusammengefasst werden; dieser Nettoeffekt wird als Marktwertbeitrag bzw. Market Value Added bezeichnet:

$$\mathrm{E}\left[\widetilde{MVA}_{\phi}^{\kappa\lambda}\right] = -\mathrm{E}\left[\widetilde{IC}_{\phi}^{\kappa\lambda,\phi}\right] + \mathrm{E}\left[\widetilde{V}_{\phi}^{\ell,\kappa\lambda,\phi}\right] \qquad \forall \phi \in [1, +\infty). \quad (3.153)$$

Diese MVA sind dann auf den Beginn der Restwertphase zu diskontieren. Der Unterschied zu der in Anhang A.5.4 verfolgten Vorgehensweise liegt somit in der Umkehr der Reihenfolge von Summierung und Diskontierung der wertverändernden Effekte.[219]

Der Wertbeitrag einer Zahlungsreihe im Investitionszeitpunkt ϕ, der zweite Summand in der Formel (3.153), ergibt sich im Allgemeinen aus der Diskontierung aller aus der jeweiligen Zusatzinvestition in der unendlichen Zeitspanne $[\phi + 1, +\infty)$ hervorgehenden freien Cashflows auf den Zeitpunkt ϕ mittels der bereichsspezifischen gewogenen Kapitalkostensätze $k_t^{\tau,\lambda}$:

$$\mathrm{E}\left[\widetilde{V}_{\phi}^{\ell,\kappa\lambda,\phi}\right] = \sum_{r=\phi+1}^{+\infty} \frac{\mathrm{E}\left[\widetilde{FCF}_{r}^{\kappa\lambda,\phi}\right]}{\prod_{t=\phi+1}^{r}\left(1 + k_t^{\tau,\lambda}\right)} \qquad \forall \phi \in [1, +\infty). \quad (3.154)$$

---

218 Als Weiterentwicklung des Restwertmodells nach *Dierkes/Schäfer* (2017) werden in diesem erweiterten Restwertmodell bereichsdifferenzierte Kapitalkostensätze unterstellt. Auf die Anpassung der Kapitalkostensätze des investierenden Bereichs an das veränderte Ausschüttungsverhalten wird dahingegen nicht eingegangen.

219 Die Ermittlung des Restwertes der verbleibenden freien Cashflows eines investierenden Bereichs κ analog zu (A.125) ist komplexer, wenn der Bereich κ zusätzliche Investitionen in zwei oder mehrere andere Bereiche mit ungleich langen Grobplanungsphasen tätigt. Eine isolierte Ermittlung der gesamten Wertminderung des gemäß (3.138) berechneten Restwertes in Analogie zu (A.124) wird deshalb nicht vorgenommen.

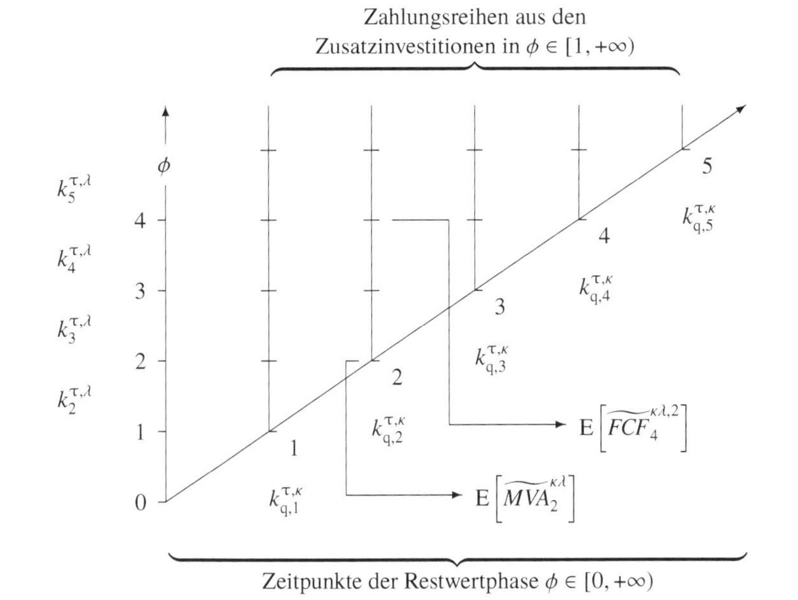

Abb. 3–7: Allgemeine Darstellung der Kapitalisierung aller zusätzlichen freien Cashflows in der Restwertphase nach dem erweiterten Modell

In Abbildung 3–7 ist exemplarisch der in der vierten Restwertperiode im Bereich λ erzielbare freie Cashflow, der aus der Zusatzinvestition im Zeitpunkt $\phi = 2$ hervorgeht, markiert. Gemäß (3.154) ist dieser mit Hilfe der Kapitalkostensätze $k_4^{\tau,\lambda}$ und $k_3^{\tau,\lambda}$ (links in der Abbildung) auf den Investitionszeitpunkt zu diskontieren. Analog ist mit allen freien Cashflows dieser Zahlungsreihe, die in dem Zeitraum $[3, +\infty)$ erwirtschaftet werden, zu verfahren. Der resultierende Wertbeitrag $E\left[\widetilde{V}_2^{\ell,\kappa\lambda,2}\right]$ geht gemäß (3.153) in den MVA der zweiten Restwertperiode $E\left[\widetilde{MVA}_2^{\kappa\lambda}\right]$ ein. Bei entsprechender Vorgehensweise in Bezug auf alle anderen Zahlungsreihen liegen schließlich sämtliche MVA für die Zeitpunkte $\phi \in [1, +\infty)$ vor.

Zur Ermittlung der durch alle künftigen Zusatzinvestitionen vom Bereich κ in den Bereich λ ausgelösten Wertsteigerung des Gesamtkapitals zu Beginn des Restwertzeitraums $\mathrm{E}\left[\widetilde{\Delta V}_{\mathrm{I},0}^{\ell,\kappa\lambda}\right]$ sind diese MVA mittels der gewogenen, ausschüttungsangepassten Kapitalkostensätze des investierenden Bereichs $k_{\mathrm{q},\phi}^{\tau,\kappa}$ zu diskontieren:

$$\mathrm{E}\left[\widetilde{\Delta V}_{\mathrm{I},0}^{\ell,\kappa\lambda}\right] = \sum_{\phi=1}^{+\infty} \frac{\mathrm{E}\left[\widetilde{MVA}_{\phi}^{\kappa\lambda}\right]}{\prod_{t=1}^{\phi}\left(1+k_{\mathrm{q},t}^{\tau,\kappa}\right)}. \tag{3.155}$$

So ist zum Beispiel der MVA $\mathrm{E}\left[\widetilde{MVA}_{2}^{\kappa\lambda}\right]$ mit dem Kapitalkostensatz $k_{\mathrm{q},2}^{\tau,\kappa}$ auf den dem Investitionszeitpunkt vorgelagerten Zeitpunkt $\phi = 1$ und anschließend mit $k_{\mathrm{q},1}^{\tau,\kappa}$ auf den Zeitpunkt $\phi = 0$ abzuzinsen. Die periodenspezifischen Kapitalkostensätze des investierenden Bereichs zur Diskontierung der MVA sind an der Abszissenachse in Abbildung 3–7 abgetragen.

(3.155) erhöht den in dem ersten Schritt des Bewertungsprozesses ohne die Berücksichtigung von Zusatzinvestitionen ermittelten Restwert (3.138). Nach Einsetzen von (3.153) in (3.155) veranschaulicht die Summe aus (3.138) und (3.155) den korrigierenden Effekt der Zusatzinvestitionen auf die Höhe der freien Cashflows in (3.138) in jeder Periode $\phi \in [1, +\infty)$:

$$\mathrm{E}\left[\widetilde{V}_{\mathrm{I},0}^{\ell,\kappa}\right] + \mathrm{E}\left[\widetilde{\Delta V}_{\mathrm{I},0}^{\ell,\kappa\lambda}\right] = \sum_{\phi=1}^{+\infty} \frac{\left(\mathrm{E}\left[\widetilde{FCF}_{\phi}^{\kappa}\right] - \mathrm{E}\left[\widetilde{IC}_{\phi}^{\kappa\lambda,\phi}\right]\right) + \mathrm{E}\left[\widetilde{V}_{\phi}^{\ell,\kappa\lambda,\phi}\right]}{\prod_{t=1}^{\phi}\left(1+k_{\mathrm{q},t}^{\tau,\kappa}\right)}. \tag{3.156}$$

Der Bewertungskalkül (3.156) kapitalisiert alle im Restwertzeitraum erzielbaren freien Cashflows der unendlichen Investitionsketten: Der erste Term im Zähler ist der in dem investierenden Bereich verbleibende freie Cashflow in der Periode ϕ; der zweite Term gibt den Wert der zusätzlichen freien Cashflows, die eine auf die Zusatzinvestition in ϕ (hochgestellter Zeitindex) zurückgehende unendliche Zahlungsreihe bilden, im jeweiligen Investitionszeitpunkt ϕ (tiefgestellter Zeitindex) an.

Die beiden allgemeinen Formeln (3.154) und (3.155) erklären die grundlegende Vorgehensweise bei der Ermittlung der Restwertsteigerung; sie sind jedoch noch dahingehend zu spezifizieren, inwieweit die zusätzlichen freien Cashflows in der Grobplanungsphase und in der Rentenphase des Bereichs λ erwirtschaftet werden und welche der MVA in die Grobplanungsphase oder in die Rentenphase des investierenden Bereichs κ fallen. Im einfachsten Bewertungsfall weisen die Bereiche κ und λ dieselbe Länge der Grobplanungsphase auf. In komplexeren Fällen ist die Grobplanungsphase des einen Bereichs kürzer oder länger als die des anderen Bereichs.

Mit dem Zeitpunkt $\phi_{\mathrm{II}}^{\kappa\lambda} = 0$ wird derjenige Zeitpunkt bezeichnet, ab dem sich beide Bereiche gleichzeitig in einem stabilen Zustand befinden. Den Beginn dieser gemeinsamen Rentenphase $\Phi_{\mathrm{I}}^{\kappa\lambda}$ bestimmt demnach der Bereich mit der längeren Grobplanungsphase:

$$\Phi_{\mathrm{I}}^{\kappa\lambda} = \max\left\{\Phi_{\mathrm{I}}^{\kappa}, \Phi_{\mathrm{I}}^{\lambda}\right\}. \tag{3.157}$$

In diesem Zeitpunkt setzt die Ermittlung der Restwertsteigerung nach *Dierkes* und *Schäfer* an. Die aus der Zusatzinvestition in der ersten Periode dieser unendlichen Phase $\mathrm{E}\left[\widetilde{IC}_{\mathrm{II},1}^{\kappa\lambda,1}\right]$ ab der Folgeperiode hervorgehenden zusätzlichen freien Cashflows $\mathrm{E}\left[\widetilde{FCF}_{\mathrm{II},\phi_{\mathrm{II}}}^{\kappa\lambda,1}\right]$ rufen im Investitionszeitpunkt folgenden Wertbeitrag hervor:

$$\mathrm{E}\left[\widetilde{V}_{\mathrm{II},1}^{\ell,\kappa\lambda,1}\right] = \sum_{\phi_{\mathrm{II}}=1}^{+\infty} \frac{\mathrm{E}\left[\widetilde{FCF}_{\mathrm{II},\phi_{\mathrm{II}}+1}^{\kappa\lambda,1}\right]}{\left(1+k_{\mathrm{II}}^{\tau,\lambda}\right)^{\phi_{\mathrm{II}}}} = \sum_{\phi_{\mathrm{II}}=1}^{+\infty} \frac{q_{\mathrm{II}}^{\lambda} \cdot \mathrm{E}\left[\widetilde{IC}_{\mathrm{II},\phi_{\mathrm{II}}}^{\kappa\lambda,1}\right] \cdot ROIC_{\mathrm{II}}^{\lambda}}{\left(1+k_{\mathrm{II}}^{\tau,\lambda}\right)^{\phi_{\mathrm{II}}}}. \tag{3.158}$$

Das sich im Geschäftsbereich λ in der Rentenphase mit dem periodeninvarianten ROIC $ROIC_{\mathrm{II}}^{\lambda}$ verzinsende investierte Zusatzkapital steigt mit der konstanten bereichsspezifischen Wachstumsrate $w_{\mathrm{II}}^{\lambda}$ gemäß

$$w_{\mathrm{II}}^{\lambda} = \left(1 - q_{\mathrm{II}}^{\lambda}\right) \cdot ROIC_{\mathrm{II}}^{\lambda} \qquad \forall\, \phi_{\mathrm{II}}^{\lambda} \in [1, +\infty) \tag{3.159}$$

an. Die Zusatzinvestition in der ersten Periode entwickelt sich demnach wie folgt:

$$\mathrm{E}\left[\widetilde{IC}_{\mathrm{II},\phi_{\mathrm{II}}}^{\kappa\lambda,1}\right] = \mathrm{E}\left[\widetilde{IC}_{\mathrm{II},1}^{\kappa\lambda,1}\right] \cdot \left(1 + w_{\mathrm{II}}^{\lambda}\right)^{\phi_{\mathrm{II}}-1} \qquad \forall\, \phi_{\mathrm{II}}^{\lambda} \in [1, +\infty). \tag{3.160}$$

Einsetzen von (3.160) in (3.158) ergibt:

$$\begin{aligned}\mathrm{E}\left[\widetilde{V}_{\mathrm{II},1}^{\ell,\kappa\lambda,1}\right] &= \sum_{\phi_{\mathrm{II}}=1}^{+\infty} \frac{q_{\mathrm{II}}^{\lambda} \cdot \mathrm{E}\left[\widetilde{IC}_{\mathrm{II},1}^{\kappa\lambda,1}\right] \cdot ROIC_{\mathrm{II}}^{\lambda} \cdot \left(1 + w_{\mathrm{II}}^{\lambda}\right)^{\phi_{\mathrm{II}}-1}}{\left(1+k_{\mathrm{II}}^{\tau,\lambda}\right)^{\phi_{\mathrm{II}}}} \\ &= \frac{q_{\mathrm{II}}^{\lambda} \cdot \mathrm{E}\left[\widetilde{IC}_{\mathrm{II},1}^{\kappa\lambda,1}\right] \cdot ROIC_{\mathrm{II}}^{\lambda}}{k_{\mathrm{II}}^{\tau,\lambda} - w_{\mathrm{II}}^{\lambda}}.\end{aligned} \tag{3.161}$$

Währenddessen ist die Höhe des in einer Periode $\phi_{\text{II}}^{\kappa\lambda}$ in den Bereich λ investierten Betrags an das Wachstum der freien Cashflows im Bereich κ gekoppelt. Die in $\phi_{\text{II}}^{\kappa\lambda}$ getätigte Zusatzinvestition beläuft sich auf:

$$\text{E}\left[\widetilde{IC}_{\text{II},\phi_{\text{II}}}^{\kappa\lambda,\phi_{\text{II}}}\right] = \text{E}\left[\widetilde{IC}_{\text{II},1}^{\kappa\lambda,1}\right] \cdot \left(1 + w_{\text{II}}^{\kappa}\right)^{\phi_{\text{II}}-1} \qquad \forall\, \phi_{\text{II}}^{\kappa\lambda} \in [1,+\infty)\,. \quad (3.162)$$

Die Zunahme der periodisch in den Bereich λ investierten Beträge mit der konstanten Wachstumsrate des investierenden Bereichs w_{II}^{κ} gemäß (3.162) wirkt sich auch auf das Wachstum der Wertbeiträge der aus ihnen hervorgehenden unendlichen Zahlungsreihen aus:

$$\begin{aligned}
\text{E}\left[\widetilde{V}_{\text{II},\phi_{\text{II}}}^{\ell,\kappa\lambda,\phi_{\text{II}}}\right] &= \frac{q_{\text{II}}^{\lambda} \cdot \text{E}\left[\widetilde{IC}_{\text{II},\phi_{\text{II}}}^{\kappa\lambda,\phi_{\text{II}}}\right] \cdot ROIC_{\text{II}}^{\lambda}}{k_{\text{II}}^{\tau,\lambda} - w_{\text{II}}^{\lambda}} \qquad \forall\, \phi_{\text{II}}^{\kappa\lambda} \in [1,+\infty) \\
&= \frac{q_{\text{II}}^{\lambda} \cdot \text{E}\left[\widetilde{IC}_{\text{II},1}^{\kappa\lambda,1}\right] \cdot ROIC_{\text{II}}^{\lambda}}{k_{\text{II}}^{\tau,\lambda} - w_{\text{II}}^{\lambda}} \cdot \left(1 + w_{\text{II}}^{\kappa}\right)^{\phi_{\text{II}}-1} \\
&= \text{E}\left[\widetilde{V}_{\text{II},1}^{\ell,\kappa\lambda,1}\right] \cdot \left(1 + w_{\text{II}}^{\kappa}\right)^{\phi_{\text{II}}-1}. \qquad (3.163)
\end{aligned}$$

Subtrahiert man (3.162) von (3.163), ergibt sich der MVA in einem beliebigen Zeitpunkt $\phi_{\text{II}}^{\kappa\lambda} \in [1,+\infty)$:[220]

$$\begin{aligned}
\text{E}\left[\widetilde{MVA}_{\text{II},\phi_{\text{II}}}^{\kappa\lambda}\right] &= -\text{E}\left[\widetilde{IC}_{\text{II},\phi_{\text{II}}}^{\kappa\lambda,\phi_{\text{II}}}\right] + \text{E}\left[\widetilde{V}_{\text{II},\phi_{\text{II}}}^{\ell,\kappa\lambda,\phi_{\text{II}}}\right] \qquad \forall\, \phi_{\text{II}}^{\kappa\lambda} \in [1,+\infty) \\
&= -\left(1 - q_{\text{II}}^{\kappa\lambda}\right) \cdot \text{E}\left[\widetilde{FCF}_{\text{II},\phi_{\text{II}}}^{\kappa}\right] \\
&\quad + \frac{q_{\text{II}}^{\lambda} \cdot \left(1 - q_{\text{II}}^{\kappa\lambda}\right) \cdot \text{E}\left[\widetilde{FCF}_{\text{II},\phi_{\text{II}}}^{\kappa}\right] \cdot ROIC_{\text{II}}^{\lambda}}{k_{\text{II}}^{\tau,\lambda} - w_{\text{II}}^{\lambda}} \\
&= \frac{\left(1 - q_{\text{II}}^{\kappa\lambda}\right) \cdot \text{E}\left[\widetilde{FCF}_{\text{II},\phi_{\text{II}}}^{\kappa}\right] \cdot \left(ROIC_{\text{II}}^{\lambda} - k_{\text{II}}^{\tau,\lambda}\right)}{k_{\text{II}}^{\tau,\lambda} - w_{\text{II}}^{\lambda}}. \qquad (3.164a)
\end{aligned}$$

220 Es zeigt sich, dass (3.164a) Bestandteil von (3.111) ist.

Wegen (3.139) steigt auch der MVA (3.164a) mit w_{II}^{κ} an:

$$\mathrm{E}\left[\widetilde{MVA}_{\mathrm{II},\phi_{\mathrm{II}}}^{\kappa\lambda}\right] = \left(-\mathrm{E}\left[\widetilde{IC}_{\mathrm{II},1}^{\kappa\lambda,1}\right] + \mathrm{E}\left[\widetilde{V}_{\mathrm{II},1}^{\ell,\kappa\lambda,1}\right]\right) \cdot \left(1 + w_{\mathrm{II}}^{\kappa}\right)^{\phi_{\mathrm{II}}-1}$$

$$= \mathrm{E}\left[\widetilde{MVA}_{\mathrm{II},1}^{\kappa\lambda}\right] \cdot \left(1 + w_{\mathrm{II}}^{\kappa}\right)^{\phi_{\mathrm{II}}-1} \tag{3.164b}$$

$$\forall \phi_{\mathrm{II}}^{\kappa\lambda} \in [1, +\infty).$$

Die Summe aller in der gemeinsamen Rentenphase erzielbaren, auf deren Beginn $\phi_{\mathrm{II}}^{\kappa\lambda} = 0$ abgezinsten MVA (3.164b) gibt die Erhöhung des mittels (3.139) bestimmten Restwertes $\mathrm{E}\left[\widetilde{V}_{\mathrm{II},0}^{\ell,\kappa}\right]$ an, die durch die vom Zeitpunkt $\phi_{\mathrm{II}}^{\kappa\lambda} = 1$ an getätigten Zusatzinvestitionen hervorgerufen wird:

$$\mathrm{E}\left[\widetilde{\Delta V}_{\mathrm{II},0}^{\ell,\kappa\lambda}\right] = \sum_{\phi_{\mathrm{II}}=1}^{+\infty} \frac{\mathrm{E}\left[\widetilde{MVA}_{\mathrm{II},\phi_{\mathrm{II}}}^{\kappa\lambda}\right]}{\left(1 + k_{\mathrm{II}}^{\tau,\kappa}\right)^{\phi_{\mathrm{II}}}} = \sum_{\phi_{\mathrm{II}}=1}^{+\infty} \frac{\mathrm{E}\left[\widetilde{MVA}_{\mathrm{II},1}^{\kappa\lambda}\right] \cdot \left(1 + w_{\mathrm{II}}^{\kappa}\right)^{\phi_{\mathrm{II}}-1}}{\left(1 + k_{\mathrm{II}}^{\tau,\kappa}\right)^{\phi_{\mathrm{II}}}}$$

$$= \frac{\mathrm{E}\left[\widetilde{MVA}_{\mathrm{II},1}^{\kappa\lambda}\right]}{k_{\mathrm{II}}^{\tau,\kappa} - w_{\mathrm{II}}^{\kappa}}. \tag{3.165}$$

(3.165) setzt sich demnach zum einen aus $\mathrm{E}\left[\widetilde{V}_{\mathrm{II},0}^{\ell,\kappa\lambda,(\mathrm{I})}\right]$ gemäß (A.124) und zum anderen aus $\mathrm{E}\left[\widetilde{V}_{\mathrm{II},0}^{\ell,\kappa\lambda,(\mathrm{II})}\right]$ gemäß (A.129) zusammen und entspricht somit (A.130) bzw. (3.111).

(3.165) sowie die in den vorherigen Perioden $\phi_{\mathrm{I}}^{\kappa\lambda} \in \left[1, \Phi_{\mathrm{I}}^{\kappa\lambda}\right]$ erzielbaren MVA sind zu diskontieren, um die Restwertsteigerung zu einem Zeitpunkt $\phi_{\mathrm{I}}^{\kappa\lambda} \in \left[0, \Phi_{\mathrm{I}}^{\kappa\lambda} - 1\right]$ bzw. insbesondere zu Beginn des Restwertzeitraums zu erhalten, wie der rekursive Vorsteuerkalkül wiedergibt:

$$\mathrm{E}\left[\widetilde{\Delta V}_{\mathrm{I},\phi_{\mathrm{I}}}^{\ell,\kappa\lambda}\right] = \frac{\mathrm{E}\left[\widetilde{MVA}_{\mathrm{I},\phi_{\mathrm{I}}+1}^{\kappa\lambda}\right] + \mathrm{E}\left[\widetilde{\Delta V}_{\mathrm{I},\phi_{\mathrm{I}}+1}^{\ell,\kappa\lambda}\right]}{1 + k_{\mathrm{I},\phi_{\mathrm{I}}+1}^{\tau,\kappa}} \qquad \forall \phi_{\mathrm{I}}^{\kappa\lambda} \in \left[0, \Phi_{\mathrm{I}}^{\kappa\lambda} - 1\right]. \tag{3.166}$$

Jeder MVA in einer der gemeinsamen Rentenphase vorgelagerten Periode $\phi_{\mathrm{I}}^{\kappa\lambda} \in \left[1, \Phi_{\mathrm{I}}^{\kappa\lambda}\right]$ setzt sich wiederum aus dem investierten Betrag und dem Wertbeitrag der resultierenden zusätzlichen freien Cashflows zusammen:

$$\mathrm{E}\left[\widetilde{MVA}_{\mathrm{I},\phi_{\mathrm{I}}}^{\kappa\lambda}\right] = -\mathrm{E}\left[\widetilde{IC}_{\mathrm{I},\phi_{\mathrm{I}}}^{\kappa\lambda,\phi_{\mathrm{I}}}\right] + \mathrm{E}\left[\widetilde{V}_{\mathrm{I},\phi_{\mathrm{I}}}^{\ell,\kappa\lambda,\phi_{\mathrm{I}}}\right] \qquad \forall \phi_{\mathrm{I}}^{\kappa\lambda} \in \left[1, \Phi_{\mathrm{I}}^{\kappa\lambda}\right]. \tag{3.167}$$

Der Wertbeitrag einer in einem Zeitpunkt $\phi_{\mathrm{I}}^{\kappa\lambda}$ begonnenen unendlichen Zahlungsreihe spiegelt den Wert der zusätzlichen freien Cashflows wider, die entweder teilweise in der Grobplanungsphase und teilweise in der Rentenphase des Geschäftsbereichs λ oder bereits vollständig in dessen Rentenphase erzielt werden. Die Verteilung hängt davon ab, ob die Zeitpunkte $\Phi_{\mathrm{I}}^{\lambda}$ und $\Phi_{\mathrm{I}}^{\kappa\lambda}$ zusammenfallen oder ob sich der Bereich λ bereits vor dem Zeitpunkt $\Phi_{\mathrm{I}}^{\kappa\lambda}$ in einem Gleichgewichtszustand befindet.[221] So fällt der in einer Periode $\phi_{\mathrm{I}}^{\kappa\lambda} \in \left[\Phi_{\mathrm{I}}^{\lambda}, \Phi_{\mathrm{I}}^{\kappa\lambda}\right]$ zusätzlich investierte Betrag in die Rentenphase des Bereichs λ, sodass der Wertbeitrag der entstehenden Zahlungsreihe mit dem aus[222]

$$\mathrm{E}\left[\widetilde{V}_{\mathrm{I},\phi_{\mathrm{I}}}^{\ell,\kappa\lambda,\phi_{\mathrm{I}}}\right] = \sum_{r=\phi_{\mathrm{I}}}^{+\infty} \frac{q_{\mathrm{II}}^{\lambda} \cdot \mathrm{E}\left[\widetilde{IC}_{\mathrm{I},r}^{\kappa\lambda,\phi_{\mathrm{I}}}\right] \cdot ROIC_{\mathrm{II}}^{\lambda}}{\left(1 + k_{\mathrm{II}}^{\tau,\lambda}\right)^{r-(\phi_{\mathrm{I}}-1)}}$$

$$= \sum_{r=\phi_{\mathrm{I}}}^{+\infty} \frac{q_{\mathrm{II}}^{\lambda} \cdot \mathrm{E}\left[\widetilde{IC}_{\mathrm{I},\phi_{\mathrm{I}}}^{\kappa\lambda,\phi_{\mathrm{I}}}\right] \cdot ROIC_{\mathrm{II}}^{\lambda} \cdot \left(1 + w_{\mathrm{II}}^{\lambda}\right)^{r-\phi_{\mathrm{I}}}}{\left(1 + k_{\mathrm{II}}^{\tau,\lambda}\right)^{r-(\phi_{\mathrm{I}}-1)}} \qquad (3.168a)$$

ableitbaren Rentenkalkül auf der Basis der Wachstumsrate $w_{\mathrm{II}}^{\lambda}$ gemäß (3.159) zu ermitteln ist:

$$\mathrm{E}\left[\widetilde{V}_{\mathrm{I},\phi_{\mathrm{I}}}^{\ell,\kappa\lambda,\phi_{\mathrm{I}}}\right] = \frac{q_{\mathrm{II}}^{\lambda} \cdot \mathrm{E}\left[\widetilde{IC}_{\mathrm{I},\phi_{\mathrm{I}}}^{\kappa\lambda,\phi_{\mathrm{I}}}\right] \cdot ROIC_{\mathrm{II}}^{\lambda}}{k_{\mathrm{II}}^{\tau,\lambda} - w_{\mathrm{II}}^{\lambda}} = \frac{\mathrm{E}\left[\widetilde{FCF}_{\mathrm{I},\phi_{\mathrm{I}}+1}^{\kappa\lambda,\phi_{\mathrm{I}}}\right]}{k_{\mathrm{II}}^{\tau,\lambda} - w_{\mathrm{II}}^{\lambda}}. \qquad (3.168b)$$

Zwischen den mittels der Rentenformel (3.168b) berechneten Wertbeiträgen für die Zeitpunkte $\phi_{\mathrm{I}}^{\kappa\lambda} \in \left[\Phi_{\mathrm{I}}^{\lambda}, \Phi_{\mathrm{I}}^{\kappa\lambda} + 1\right]$ besteht im Unterschied zu (3.163) trotz der Ähnlichkeit der Kalküle kein Zusammenhang über eine etwaige konstante Wachstumsrate w_{I}^{κ} oder w_{II}^{κ}. Dies gilt, solange die investierten Beträge $\mathrm{E}\left[\widetilde{IC}_{\mathrm{I},\phi_{\mathrm{I}}}^{\kappa\lambda,\phi_{\mathrm{I}}}\right]$ nicht mit einer konstanten Nettoinvestitionsrate $n_{\mathrm{I}}^{\kappa\lambda}$ oder $n_{\mathrm{II}}^{\kappa\lambda}$ bemessen werden und in der weiteren Folge auch mit der Wachstumsrate des Bereichs κ anstiegen.

Der Wertbeitrag einer in einem Zeitpunkt $\phi_{\mathrm{I}}^{\kappa\lambda} \in \left[1, \Phi_{\mathrm{I}}^{\lambda} - 1\right]$ getätigten Zusatzinvestition setzt sich aus dem Wert der zusätzlichen freien Cashflows

221 In letztgenanntem Fall wird der Anfang der gemeinsamen Rentenphase $\Phi_{\mathrm{I}}^{\kappa\lambda}$ durch den Bereich κ mit der offenkundig längeren Grobplanungsphase bestimmt.

222 Mit jedem in dem Formelblock (3.168) angegebenen Zeitpunkt ϕ_{I} ist gemäß dem oben angegebenen Intervall $\phi_{\mathrm{I}}^{\kappa\lambda}$ gemeint.

zusammen, die der Grobplanungsphase des Bereichs λ zuzurechnen sind, sowie größtenteils aus dem Wert jener, die ein Wachstum mit der Rate $w_{\mathrm{II}}^{\lambda}$ verbindet:[223]

$$\mathrm{E}\left[\widetilde{V}_{\mathrm{I},\phi_{\mathrm{I}}}^{\ell,\kappa\lambda,\phi_{\mathrm{I}}}\right] = \sum_{r=\phi_{\mathrm{I}}^{\lambda}}^{\Phi_{\mathrm{I}}^{\lambda}-1} \frac{q_{\mathrm{I},r+1}^{\lambda} \cdot \mathrm{E}\left[\widetilde{IC}_{\mathrm{I},r}^{\kappa\lambda,\phi_{\mathrm{I}}}\right] \cdot ROIC_{\mathrm{I},r+1}^{\lambda}}{\prod_{t=\phi_{\mathrm{I}}^{\lambda}+1}^{r+1}\left(1+k_{\mathrm{I},t}^{\tau,\lambda}\right)} + \frac{q_{\mathrm{II}}^{\lambda} \cdot \mathrm{E}\left[\widetilde{IC}_{\mathrm{I},\Phi_{\mathrm{I}}}^{\kappa\lambda,\phi_{\mathrm{I}}}\right] \cdot ROIC_{\mathrm{II}}^{\lambda}}{\prod_{t=\phi_{\mathrm{I}}^{\lambda}+1}^{\Phi_{\mathrm{I}}^{\lambda}}\left(1+k_{\mathrm{I},t}^{\tau,\lambda}\right) \cdot \left(k_{\mathrm{II}}^{\tau,\lambda}-w_{\mathrm{II}}^{\lambda}\right)}. \tag{3.169a}$$

(3.169a) entspricht dem folgenden Ausdruck auf der Basis der bewertungsrelevanten freien Cashflows:

$$\mathrm{E}\left[\widetilde{V}_{\mathrm{I},\phi_{\mathrm{I}}}^{\ell,\kappa\lambda,\phi_{\mathrm{I}}}\right] = \sum_{r=\phi_{\mathrm{I}}^{\lambda}}^{\Phi_{\mathrm{I}}^{\lambda}-1} \frac{\mathrm{E}\left[\widetilde{FCF}_{\mathrm{I},r+1}^{\kappa\lambda,\phi_{\mathrm{I}}}\right]}{\prod_{t=\phi_{\mathrm{I}}^{\lambda}+1}^{r+1}\left(1+k_{\mathrm{I},t}^{\tau,\lambda}\right)} + \frac{\mathrm{E}\left[\widetilde{FCF}_{\mathrm{II},1}^{\kappa\lambda,\phi_{\mathrm{I}}}\right]}{\prod_{t=\phi_{\mathrm{I}}^{\lambda}+1}^{\Phi_{\mathrm{I}}^{\lambda}}\left(1+k_{\mathrm{I},t}^{\tau,\lambda}\right) \cdot \left(k_{\mathrm{II}}^{\tau,\lambda}-w_{\mathrm{II}}^{\lambda}\right)}. \tag{3.169b}$$

Somit können die MVA gemäß (3.167) berechnet und in die rekursive Bewertungsformel (3.166) eingesetzt werden.

Mit Hilfe der nachstehenden nicht-rekursiven Kalküle lässt sich präzisierend der Beginn der Rentenphase in dem investierenden Bereich $\Phi_{\mathrm{I}}^{\kappa}$, der entweder mit $\Phi_{\mathrm{I}}^{\kappa\lambda}$ zusammenfällt oder bereits davor liegt, abbilden. Falls $\Phi_{\mathrm{I}}^{\kappa} = \Phi_{\mathrm{I}}^{\kappa\lambda}$, sind die MVA aus dem Intervall $\left[1, \Phi_{\mathrm{I}}^{\kappa\lambda}\right]$ und die Rest-

223 Die Schreibweise der unteren Grenze an dem Summen- und den Produktzeichen in (3.169a) und (3.169b) orientiert sich an der festgelegten oberen Summationsgrenze. Gleichbedeutend könnten die untere Summationsgrenze auch als $\phi_{\mathrm{I}}^{\kappa\lambda}$ und die übrigen Untergrenzen als $\phi_{\mathrm{I}}^{\kappa\lambda}+1$ geschrieben werden. Zudem könnte der jeweils erste Summand alternativ als Wertbeitrag von in einer endlichen Rentenphase erzielbaren freien Cashflows ausgedrückt werden, wenn diese über eine konstante Wachstumsrate w_{I}^{λ} zusammenhängen.

wertsteigerung des Gesamtkapitals (3.165) mit den annahmegemäß bereichsspezifischen Gesamtkapitalkostensätzen des Bereichs κ wie folgt zu diskontieren:[224]

$$\mathrm{E}\left[\widetilde{\Delta V}_{\mathrm{I},0}^{\ell,\kappa\lambda}\right] = \sum_{\phi_{\mathrm{I}}^{\kappa\lambda}=1}^{\Phi_{\mathrm{I}}^{\kappa\lambda}} \frac{\mathrm{E}\left[\widetilde{MVA}_{\mathrm{I},\phi_{\mathrm{I}}}^{\kappa\lambda}\right]}{\prod_{t=1}^{\phi_{\mathrm{I}}^{\kappa\lambda}}\left(1+k_{\mathrm{I},t}^{\tau,\kappa}\right)} + \frac{\mathrm{E}\left[\widetilde{\Delta V}_{\mathrm{II},0}^{\ell,\kappa\lambda}\right]}{\prod_{t=1}^{\Phi_{\mathrm{I}}^{\kappa\lambda}}\left(1+k_{\mathrm{I},t}^{\tau,\kappa}\right)}, \quad \text{falls} \quad \Phi_{\mathrm{I}}^{\kappa} = \Phi_{\mathrm{I}}^{\kappa\lambda}. \tag{3.170}$$

Befindet sich der investierende Bereich κ bereits zu einem früheren Zeitpunkt in einem eingeschwungenen Zustand,[225] so kann die gemeinsame Grobplanungsphase $\left[1, \Phi_{\mathrm{I}}^{\kappa\lambda}\right]$ in zwei Teilintervalle, die bereichsspezifische Grobplanungsphase $\left[1, \Phi_{\mathrm{I}}^{\kappa}\right]$ und die bereichsspezifische begrenzte Rentenphase $\left[\Phi_{\mathrm{I}}^{\kappa}+1, \Phi_{\mathrm{I}}^{\kappa\lambda}\right]$, gespalten und in letzterem Intervall die Konstanz des Diskontierungssatzes berücksichtigt werden:

$$\begin{aligned}\mathrm{E}\left[\widetilde{\Delta V}_{\mathrm{I},0}^{\ell,\kappa\lambda}\right] = {} & \sum_{\phi_{\mathrm{I}}^{\kappa\lambda}=1}^{\Phi_{\mathrm{I}}^{\kappa}} \frac{\mathrm{E}\left[\widetilde{MVA}_{\mathrm{I},\phi_{\mathrm{I}}}^{\kappa\lambda}\right]}{\prod_{t=1}^{\phi_{\mathrm{I}}^{\kappa\lambda}}\left(1+k_{\mathrm{I},t}^{\tau,\kappa}\right)} + \sum_{\phi_{\mathrm{I}}^{\kappa\lambda}=\Phi_{\mathrm{I}}^{\kappa}+1}^{\Phi_{\mathrm{I}}^{\kappa\lambda}} \frac{\mathrm{E}\left[\widetilde{MVA}_{\mathrm{I},\phi_{\mathrm{I}}}^{\kappa\lambda}\right]}{\prod_{t=1}^{\Phi_{\mathrm{I}}^{\kappa}}\left(1+k_{\mathrm{I},t}^{\tau,\kappa}\right)\cdot\left(1+k_{\mathrm{II}}^{\tau,\kappa}\right)^{\phi_{\mathrm{I}}^{\kappa\lambda}-\Phi_{\mathrm{I}}^{\kappa}}} \\ & + \frac{\mathrm{E}\left[\widetilde{\Delta V}_{\mathrm{II},0}^{\ell,\kappa\lambda}\right]}{\prod_{t=1}^{\Phi_{\mathrm{I}}^{\kappa}}\left(1+k_{\mathrm{I},t}^{\tau,\kappa}\right)\cdot\left(1+k_{\mathrm{II}}^{\tau,\kappa}\right)^{\Phi_{\mathrm{I}}^{\kappa\lambda}-\Phi_{\mathrm{I}}^{\kappa}}}, \quad \text{falls} \quad \Phi_{\mathrm{I}}^{\kappa} < \Phi_{\mathrm{I}}^{\kappa\lambda}.\end{aligned}$$

Die Restwertsteigerung des Eigenkapitals zu Beginn des Restwertzeitraums ergibt sich aus der Multiplikation der Restwertsteigerung des Gesamtkapitals mit der Eigenkapitalquote des Bereichs κ:

$$\mathrm{E}\left[\widetilde{\Delta E}_{\mathrm{I},0}^{\ell,\kappa\lambda}\right] = \left(1-\Theta_{\mathrm{I},0}^{\kappa}\right)\cdot\mathrm{E}\left[\widetilde{\Delta V}_{\mathrm{I},0}^{\ell,\kappa\lambda}\right]. \tag{3.171}$$

Im nächsten Abschnitt wird gezeigt, wie (3.171) auf der Basis des FtE Verfahrens auf direktem Wege ermittelt werden kann.

---

224 Bezüglich der Ermittlung der Restwertsteigerung in einem beliebigen Zeitpunkt $\phi_{\mathrm{I}}^{\kappa\lambda} \in \left[0, \Phi_{\mathrm{I}}^{\kappa\lambda}-1\right]$ wird auf (D.29) und (D.30) in Anhang D.3.2, Gliederungsebene 2. a) I., verwiesen.

225 Der Zeitpunkt $\Phi_{\mathrm{I}}^{\kappa\lambda}$ wird in diesem Fall durch das Ende der Grobplanungsphase im Bereich λ bestimmt, wie aus (3.157) hervorgeht.

3.2.2.2.2 FtE Verfahren

Da der Buchwert und der Marktwert des Fremdkapitals zu jedem Zeitpunkt annahmegemäß übereinstimmen, kann dieser aus der Formel für den MVA (3.153) herausgekürzt werden:

$$\begin{aligned}\mathrm{E}\left[\widetilde{MVA}_{\phi}^{\kappa\lambda}\right] &= \left(-\mathrm{E}\left[\widetilde{IC}_{\phi}^{\kappa\lambda,\phi}\right] + \mathrm{E}\left[\widetilde{D}_{\phi}^{\kappa\lambda,\phi}\right]\right) + \left(\mathrm{E}\left[\widetilde{V}_{\phi}^{\ell,\kappa\lambda,\phi}\right] - \mathrm{E}\left[\widetilde{D}_{\phi}^{\kappa\lambda,\phi}\right]\right)\\ &= -\mathrm{E}\left[\widetilde{IE}_{\phi}^{\kappa\lambda,\phi}\right] + \mathrm{E}\left[\widetilde{E}_{\phi}^{\ell,\kappa\lambda,\phi}\right] \qquad (3.172)\\ &\qquad \forall \phi \in [1, +\infty).\end{aligned}$$

(3.172) gibt die für das Equity Verfahren typische Ermittlung des MVA wieder, der sich aus dem mit einem negativen Vorzeichen versehenen innenfinanzierten Teil der zusätzlichen Nettoinvestitionen und dem Wertbeitrag dieses investierten Eigenkapitals zusammensetzt. Die MVA können demnach entweder mittels (3.153) oder mittels (3.172) berechnet werden. Das zur Kapitalisierung der MVA angewandte Bewertungsverfahren ist grundsätzlich unabhängig von dem zur Ermittlung der Wertbeiträge der zusätzlichen freien Cashflows bzw. der zusätzlichen Flow to Equity zu den jeweiligen Investitionszeitpunkten eingesetzten Verfahren wählbar, wenngleich zumeist von der Anwendung desselben Verfahrens ausgegangen werden kann.

Der in (3.172) enthaltene Wertbeitrag der zusätzlichen Thesaurierung in einer Restwertperiode ϕ stellt den Wert aller ab der Folgeperiode $\phi + 1$ bis unendlich erwarteten zusätzlichen Flow to Equity dar:

$$\mathrm{E}\left[\widetilde{E}_{\phi}^{\ell,\kappa\lambda,\phi}\right] = \sum_{r=\phi+1}^{+\infty} \frac{\mathrm{E}\left[\widetilde{FTE}_{r}^{\kappa\lambda,\phi}\right]}{\prod_{t=\phi+1}^{r}\left(1 + ke_{t}^{\ell,\lambda}\right)} \qquad \forall \phi \in [1, +\infty). \quad (3.173)$$

Das Produkt aus (3.173) und dem bei wertabhängiger Finanzierung deterministisch festgelegten Verschuldungsgrad L_{ϕ}^{λ} gibt den Marktwert des zusätzlichen Fremdkapitals in einer Periode ϕ an:

$$\mathrm{E}\left[\widetilde{D}_{\phi}^{\kappa\lambda,\phi}\right] = L_{\phi}^{\lambda} \cdot \mathrm{E}\left[\widetilde{E}_{\phi}^{\ell,\kappa\lambda,\phi}\right] \qquad \forall \phi \in [1, +\infty). \quad (3.174a)$$

Alternativ ist dieser durch Multiplikation der Fremdkapitalquote Θ_{ϕ}^{λ} mit dem mittels (3.154) bestimmten Gesamtwert errechenbar:

$$\mathrm{E}\left[\widetilde{D}_{\phi}^{\kappa\lambda,\phi}\right] = \Theta_{\phi}^{\lambda} \cdot \mathrm{E}\left[\widetilde{V}_{\phi}^{\ell,\kappa\lambda,\phi}\right] \qquad \forall \phi \in [1, +\infty). \quad (3.174b)$$

Die Summe aus (3.173) und (3.174a) entspricht somit (3.154):

$$\mathrm{E}\left[\widetilde{V}_{\phi}^{\kappa\lambda,\phi}\right] = \left(1 + L_{\phi}^{\lambda}\right) \cdot \mathrm{E}\left[\widetilde{E}_{\phi}^{\ell,\kappa\lambda,\phi}\right] \qquad \forall \phi \in [1, +\infty). \quad (3.175)$$

Subtrahiert man (3.174a) von der in ϕ getätigten zusätzlichen Nettoinvestition, erhält man den in (3.172) negativ eingehenden Thesaurierungsbetrag:

$$\mathrm{E}\left[\widetilde{IE}_{\phi}^{\kappa\lambda,\phi}\right] = \mathrm{E}\left[\widetilde{IC}_{\phi}^{\kappa\lambda,\phi}\right] - \mathrm{E}\left[\widetilde{D}_{\phi}^{\kappa\lambda,\phi}\right] \qquad \forall \phi \in [1, +\infty). \quad (3.176)$$

Bei der Ermittlung der Wertbeiträge der aus dem investierten Eigenkapital (3.176) hervorgehenden zusätzlichen Flow to Equity (3.173) spielt, wie in Abschnitt 3.2.2.2.1 in Bezug auf das FCF Verfahren thematisiert, eine Rolle, ob die Investitionszeitpunkte entweder in dem geschlossenen Intervall $\left[1, \Phi_{\mathrm{I}}^{\lambda} - 1\right]$ oder in dem rechtsoffenen Intervall $\left[\Phi_{\mathrm{I}}^{\lambda}, +\infty\right)$ liegen. Die Wertbeiträge der ab dem Zeitpunkt $\Phi_{\mathrm{I}}^{\lambda}$, dem Beginn der ewigen Rente im Bereich λ, zusätzlich reinvestierten Gewinne sind auf der Basis eines Rentenkalküls ermittelbar, während aus der Wiederanlage der in den vorherigen Perioden einbehaltenen finanziellen Überschüsse Zahlungsreihen entstehen, die ihren Ursprung in der Grobplanungsphase des Bereichs λ haben.

Die Ermittlung der Wertbeiträge der in den Perioden $\phi \in \left[\Phi_{\mathrm{I}}^{\lambda}, +\infty\right)$ getätigten zusätzlichen Thesaurierungen zu dem jeweiligen Investitionszeitpunkt erfolgt anhand des nachstehenden Rentenkalküls, da die Anfänge der in diesem Intervall zu bewertenden unendlich vielen und jeweils unendlich langen Zahlungsreihen in der Rentenphase des Bereichs λ liegen:

$$\mathrm{E}\left[\widetilde{E}_{\phi}^{\ell,\kappa\lambda,\phi}\right] = \sum_{r=1}^{+\infty} \frac{\mathrm{E}\left[\widetilde{FTE}_{\phi+1}^{\kappa\lambda,\phi}\right] \cdot \left(1 + w_{\mathrm{II}}^{\lambda}\right)^{r-1}}{\left(1 + ke_{\mathrm{II}}^{\ell,\lambda}\right)^{r}} \qquad \forall \phi \in \left[\Phi_{\mathrm{I}}^{\lambda}, +\infty\right)$$

$$= \frac{\mathrm{E}\left[\widetilde{FCF}_{\phi+1}^{\kappa\lambda,\phi}\right] - \left(kd_{\mathrm{II}} \cdot (1-\tau) - w_{\mathrm{II}}^{\lambda}\right) \cdot L_{\mathrm{II}}^{\lambda} \cdot \mathrm{E}\left[\widetilde{E}_{\phi}^{\ell,\kappa\lambda,\phi}\right]}{ke_{\mathrm{II}}^{\ell,\lambda} - w_{\mathrm{II}}^{\lambda}}.$$

Aufgrund des Wachstums der zusätzlichen Flow to Equity und deren Wertbeiträge innerhalb einer Zahlungsreihe mit der konstanten Rate $w_{\mathrm{II}}^{\lambda}$ kann die finanzierungsbedingte Zirkularität aufgelöst werden:

$$\mathrm{E}\left[\widetilde{E}_{\phi}^{\ell,\kappa\lambda,\phi}\right] = \frac{\mathrm{E}\left[\widetilde{FCF}_{\phi+1}^{\kappa\lambda,\phi}\right]}{ke_{\mathrm{II}}^{\ell,\lambda} - w_{\mathrm{II}}^{\lambda} + \left(kd_{\mathrm{II}} \cdot (1-\tau) - w_{\mathrm{II}}^{\lambda}\right) \cdot L_{\mathrm{II}}^{\lambda}}$$

$$\forall \phi \in \left[\Phi_{\mathrm{I}}^{\lambda}, +\infty\right). \quad (3.177)$$

Zwischen den mittels (3.177) ermittelten Wertbeiträgen besteht in dem Intervall $\left[\Phi_{\mathrm{I}}^{\lambda}, \Phi_{\mathrm{I}}^{\kappa\lambda}+1\right]$ im Allgemeinen kein Zusammenhang über eine konstante Wachstumsrate w_{I}^{κ} oder w_{II}^{κ}. Das konstante Wachstum der Zahlungsüberschüsse in dem investierenden Bereich κ sowie eine periodenunabhängige Nettoinvestitionsrate $n_{\mathrm{I}}^{\kappa\lambda}$ oder $n_{\mathrm{II}}^{\kappa\lambda}$ sind Voraussetzungen für ein konstantes Wachstum der anhand des Rentenkalküls (3.177) ermittelten Wertbeiträge. Ab dem Investitionszeitpunkt $\phi_{\mathrm{II}}^{\kappa\lambda}=1$ sind diese Bedingungen grundsätzlich erfüllt. Ausgehend von dem in diesem Zeitpunkt thesaurierten Betrag lassen sich alle nachfolgenden wertmindernden Effekte

$$-\mathrm{E}\left[\widetilde{IE}_{\mathrm{II},\phi_{\mathrm{II}}}^{\kappa\lambda,\phi_{\mathrm{II}}}\right]=-\mathrm{E}\left[\widetilde{IE}_{\mathrm{II},1}^{\kappa\lambda,1}\right]\cdot\left(1+w_{\mathrm{II}}^{\kappa}\right)^{\phi_{\mathrm{II}}-1} \qquad \forall\,\phi_{\mathrm{II}}^{\kappa\lambda}\in[1,+\infty) \tag{3.178}$$

quantifizieren. Für den Wertbeitrag der in $\phi_{\mathrm{II}}^{\kappa\lambda}=2$ beginnenden unendlichen Zahlungsreihe folgt aus (3.177):[226]

$$\begin{aligned}
\mathrm{E}\left[\widetilde{E}_{\mathrm{II},1}^{\ell,\kappa\lambda,1}\right] &= \frac{\mathrm{E}\left[\widetilde{FTE}_{\mathrm{II},2}^{\kappa\lambda,1}\right]}{ke_{\mathrm{II}}^{\ell,\lambda}-w_{\mathrm{II}}^{\lambda}} \\
&= \frac{\mathrm{E}\left[\widetilde{FCF}_{\mathrm{II},2}^{\kappa\lambda,1}\right]-\left(kd_{\mathrm{II}}\cdot(1-\tau)-w_{\mathrm{II}}^{\lambda}\right)\cdot L_{\mathrm{II}}^{\lambda}\cdot\mathrm{E}\left[\widetilde{E}_{\mathrm{II},1}^{\ell,\kappa\lambda,1}\right]}{ke_{\mathrm{II}}^{\ell,\lambda}-w_{\mathrm{II}}^{\lambda}} \\
&= \frac{\mathrm{E}\left[\widetilde{FCF}_{\mathrm{II},2}^{\kappa\lambda,1}\right]}{ke_{\mathrm{II}}^{\ell,\lambda}-w_{\mathrm{II}}^{\lambda}+\left(kd_{\mathrm{II}}\cdot(1-\tau)-w_{\mathrm{II}}^{\lambda}\right)\cdot L_{\mathrm{II}}^{\lambda}}.
\end{aligned} \tag{3.179}$$

Auf der Basis von (3.179) können alle nachfolgenden werterhöhenden Effekte

$$\mathrm{E}\left[\widetilde{E}_{\mathrm{II},\phi_{\mathrm{II}}}^{\ell,\kappa\lambda,\phi_{\mathrm{II}}}\right]=\mathrm{E}\left[\widetilde{E}_{\mathrm{II},1}^{\ell,\kappa\lambda,1}\right]\cdot\left(1+w_{\mathrm{II}}^{\kappa}\right)^{\phi_{\mathrm{II}}-1} \qquad \forall\,\phi_{\mathrm{II}}^{\kappa\lambda}\in[1,+\infty) \tag{3.180}$$

erfasst werden. Als Zwischenergebnis ist festzuhalten, dass nicht alle Wertbeiträge der zusätzlichen Thesaurierungen in dem Intervall $\left[\Phi_{\mathrm{I}}^{\lambda},+\infty\right)$ ermittelt werden können und müssen. Der Rentenkalkül (3.177) ist letztlich zur Berechnung der Wertbeiträge in dem Teilintervall $\left[\Phi_{\mathrm{I}}^{\lambda}, \Phi_{\mathrm{I}}^{\kappa\lambda}\right]$ heranzuziehen; alle Wertbeiträge in dem eine oder mehrere Perioden umfassenden Teilintervall $\left[\Phi_{\mathrm{I}}^{\kappa\lambda}+1,+\infty\right)$ sind über die Wachstumsrate w_{II}^{κ} miteinander verbunden und insofern auf der Basis des Wertbeitrags (3.179) im Prinzip ermittelbar.

---

226 Die hoch- und tiefgestellten Periodenindizes beziehen sich jeweils auf die in die Perioden $\phi_{\mathrm{II}}^{\kappa\lambda}$ eingeteilte Zeitreihe.

Während die Wertbeiträge aus dem erstgenannten Intervall in die MVA eingehen, die in der gemeinsamen Grobplanungsphase der Bereiche κ und λ liegen, bildet (3.179) zusammen mit der negativen Ausschüttung dieser Periode denjenigen MVA, der im Zähler des Rentenkalküls zur Ermittlung der Restwertsteigerung im Zeitpunkt $\Phi_{\mathrm{I}}^{\kappa\lambda}$ (entspricht $\phi_{\mathrm{II}}^{\kappa\lambda} = 0$) steht. Bevor jedoch die Kapitalisierung der MVA erläutert wird, verbleibt zunächst auf die noch ausstehende Berechnungsweise der Wertbeiträge der zusätzlichen Thesaurierungen in den Perioden $\phi_{\mathrm{I}}^{\kappa\lambda} \in \left[1, \Phi_{\mathrm{I}}^{\lambda} - 1\right]$ einzugehen.

Die Wertbeiträge der in den Perioden $\phi_{\mathrm{I}}^{\kappa\lambda} \in \left[1, \Phi_{\mathrm{I}}^{\lambda} - 1\right]$ einbehaltenen und reinvestierten Gewinne zu dem jeweiligen Investitionszeitpunkt sind rekursiv zu ermitteln, da die in den ersten Zeitabschnitten $\left[\phi_{\mathrm{I}}^{\kappa\lambda} + 1, \Phi_{\mathrm{I}}^{\lambda}\right]$ erzielbaren Flow to Equity im Allgemeinen nicht mit einer konstanten Wachstumsrate ansteigen. Ausgehend von dem im Zeitpunkt $\Phi_{\mathrm{I}}^{\lambda} + 1$ erwarteten Flow to Equity einer bis unendlich reichenden Zahlungsreihe können alle künftigen Flow to Equity derselben Zahlungsreihe mit Hilfe der konstanten Wachstumsrate $w_{\mathrm{II}}^{\lambda}$ prognostiziert werden. Folglich sind zunächst die Wertbeiträge aller ab dem Zeitpunkt $\Phi_{\mathrm{I}}^{\lambda} + 1$ erwarteten Flow to Equity der in den Zeitpunkten $\phi_{\mathrm{I}}^{\kappa\lambda} \in \left[2, \Phi_{\mathrm{I}}^{\lambda}\right]$ begonnenen Zahlungsreihen zu ermitteln. In dem folgenden Rentenkalkül sind die Zeitpunkte $\Phi_{\mathrm{I}}^{\lambda}$ und $\Phi_{\mathrm{I}}^{\lambda} + 1$ aus der Sicht des Bereichs λ als Kombination aus dem Phasenindex „II" und den Periodenindizes „0" und „1" wiedergegeben:

$$\begin{aligned}
\mathrm{E}\left[\widetilde{E}_{\mathrm{II},0}^{\ell,\kappa\lambda,\phi_{\mathrm{I}}}\right] &= \frac{\mathrm{E}\left[\widetilde{FTE}_{\mathrm{II},1}^{\kappa\lambda,\phi_{\mathrm{I}}}\right]}{ke_{\mathrm{II}}^{\ell,\lambda} - w_{\mathrm{II}}^{\lambda}} \qquad \forall\, \phi_{\mathrm{I}}^{\kappa\lambda} \in \left[1, \Phi_{\mathrm{I}}^{\lambda} - 1\right] \\
&= \frac{\mathrm{E}\left[\widetilde{FCF}_{\mathrm{II},1}^{\kappa\lambda,\phi_{\mathrm{I}}}\right] - \left(kd_{\mathrm{II}} \cdot (1-\tau) - w_{\mathrm{II}}^{\lambda}\right) \cdot L_{\mathrm{II}}^{\lambda} \cdot \mathrm{E}\left[\widetilde{E}_{\mathrm{II},0}^{\ell,\kappa\lambda,\phi_{\mathrm{I}}}\right]}{ke_{\mathrm{II}}^{\ell,\lambda} - w_{\mathrm{II}}^{\lambda}} \\
&= \frac{\mathrm{E}\left[\widetilde{FCF}_{\mathrm{II},1}^{\kappa\lambda,\phi_{\mathrm{I}}}\right]}{ke_{\mathrm{II}}^{\ell,\lambda} - w_{\mathrm{II}}^{\lambda} + \left(kd_{\mathrm{II}} \cdot (1-\tau) - w_{\mathrm{II}}^{\lambda}\right) \cdot L_{\mathrm{II}}^{\lambda}}. \qquad (3.181)
\end{aligned}$$

Die erwarteten Wertbeiträge des Eigenkapitals $\mathrm{E}\left[\widetilde{E}_{\mathrm{I},\phi_{\mathrm{I}}}^{\ell,\kappa\lambda,\phi_{\mathrm{I}}}\right]$ für alle künftigen Zeitpunkte $\phi_{\mathrm{I}}^{\kappa\lambda} \in \left[1, \Phi_{\mathrm{I}}^{\lambda} - 1\right]$ sind ausgehend von (3.181) rekursiv zu ermitteln. Für jede dieser Zahlungsreihen ist als Nächstes der Wertbeitrag in $\Phi_{\mathrm{I}}^{\lambda} - 1$ zu berechnen. Auf diese Weise ist je Zahlungsreihe fortzufahren, bis der jeweilige Investitionszeitpunkt $\phi_{\mathrm{I}}^{\kappa\lambda}$ erreicht ist. In der folgenden rekursiven Bewertungsformel steht der Zeitindex t stellvertretend für einen Zeitpunkt dieses Diskontierungszeitraums $\left[\phi_{\mathrm{I}}^{\kappa\lambda}, \Phi_{\mathrm{I}}^{\lambda} - 1\right]$:[227]

$$\begin{aligned}
\mathrm{E}\left[\widetilde{E}_{\mathrm{I},t}^{\ell,\kappa\lambda,\phi_{\mathrm{I}}}\right] &= \frac{\mathrm{E}\left[\widetilde{FTE}_{\mathrm{I},t+1}^{\kappa\lambda,\phi_{\mathrm{I}}}\right] + \mathrm{E}\left[\widetilde{E}_{\mathrm{I},t+1}^{\ell,\kappa\lambda,\phi_{\mathrm{I}}}\right]}{1 + ke_{\mathrm{I},t+1}^{\ell,\lambda}} \\
&= \frac{\mathrm{E}\left[\widetilde{FCF}_{\mathrm{I},t+1}^{\kappa\lambda,\phi_{\mathrm{I}}}\right] - kd_{\mathrm{I},t+1} \cdot (1 - \tau) \cdot L_{\mathrm{I},t}^{\lambda} \cdot \mathrm{E}\left[\widetilde{E}_{\mathrm{I},t}^{\ell,\kappa\lambda,\phi_{\mathrm{I}}}\right]}{1 + ke_{\mathrm{I},t+1}^{\ell,\lambda}} \\
&+ \frac{\left(L_{\mathrm{I},t+1}^{\lambda} \cdot \mathrm{E}\left[\widetilde{E}_{\mathrm{I},t+1}^{\ell,\kappa\lambda,\phi_{\mathrm{I}}}\right] - L_{\mathrm{I},t}^{\lambda} \cdot \mathrm{E}\left[\widetilde{E}_{\mathrm{I},t}^{\ell,\kappa\lambda,\phi_{\mathrm{I}}}\right]\right) + \mathrm{E}\left[\widetilde{E}_{\mathrm{I},t+1}^{\ell,\kappa\lambda,\phi_{\mathrm{I}}}\right]}{1 + ke_{\mathrm{I},t+1}^{\ell,\lambda}} \qquad (3.182) \\
&\forall \phi_{\mathrm{I}}^{\kappa\lambda} \in \left[1, \Phi_{\mathrm{I}}^{\lambda} - 1\right], \quad \forall t \in \left[\phi_{\mathrm{I}}^{\kappa\lambda}, \Phi_{\mathrm{I}}^{\lambda} - 1\right].
\end{aligned}$$

Auf der Basis der vorangegangenen Formeln können die MVA gemäß (3.172) für jede Restwertperiode ϕ bestimmt werden. Die Diskontierung der MVA mit den Eigenkapitalkostensätzen $ke_{\phi}^{\ell,\kappa}$ anstelle der Gesamtkapitalkostensätze $k_{\phi}^{\tau,\kappa}$ analog zu (3.155) reicht indes nicht aus, um die durch die im Restwertzeitraum getätigten Zusatzinvestitionen hervorgerufene Wertsteigerung des Eigenkapitals (3.171) auf direktem Wege zu ermitteln. Ergänzend sind die Auswirkungen der in der Restwertphase zugrunde gelegten Finanzierungspolitik zu bedenken. Bei wertabhängiger Finanzierung ist der Marktwert des Fremdkapitals in jeder Periode über die deterministisch festgelegte Fremdkapitalquote an den Marktwert des Gesamtkapitals bzw. über den deterministisch festgelegten Verschuldungsgrad an den Marktwert des Eigenkapitals gekoppelt.

Die Steigerung des Restwertes des Gesamtkapitals bzw. des Eigenkapitals in einer Periode ϕ bedeutet demnach eine simultane Anpassung des verzinslichen Fremdkapitals nach Maßgabe der Fremdkapitalquote Θ_{ϕ}^{κ} bzw. des mit der Fremdkapitalquote abgestimmten Verschuldungsgrades L_{ϕ}^{κ}, an dem sich die zu entrichtenden Fremdkapitalzinsen, der Tax Shield und die Bestands- bzw. Marktwertänderung des Fremdkapitals bemessen. So führen die in den MVA vereinten wertmindernden und werterhöhenden Effekte insgesamt zu

227 In Anhang D.3.2, Gliederungsebene 2. b) I., ist exemplarisch die rekursive Formel für den Wertbeitrag des Eigenkapitals zum Zeitpunkt $\Phi_{\mathrm{I}}^{\lambda} - 1$, in die (3.181) eingeht, aufgeführt.

einer Wertsteigerung des Gesamt- bzw. des Eigenkapitals und demzufolge zu einer Fremdkapitalerhöhung, von der die genannten Finanzierungseffekte ausgehen. Diese sind wie bei der Diskontierung des Flow to Equity (vgl. z. B. (3.150b)) Bestandteil des Bewertungskalküls auf der Basis des FTE Verfahrens.[228] Der allgemeine Kalkül zur Ermittlung der Wertsteigerung des Eigenkapitals zu Beginn des Restwertzeitraums zeigt die beschriebene Rekursivität auf:

$$\mathrm{E}\left[\widetilde{\Delta E}_{\mathrm{I},0}^{\ell,\kappa\lambda}\right] = \sum_{\phi=1}^{+\infty} \frac{\mathrm{E}\left[\widetilde{MVA}_{\phi}^{\kappa\lambda}\right] - kd_{\phi}\cdot(1-\tau)\cdot L_{\phi-1}^{\kappa}\cdot \mathrm{E}\left[\widetilde{\Delta E}_{\phi-1}^{\ell,\kappa\lambda}\right]}{\prod_{t=1}^{\phi}\left(1+ke_{\mathrm{q},t}^{\ell,\kappa}\right)} + \sum_{\phi=1}^{+\infty} \frac{L_{\phi}^{\kappa}\cdot \mathrm{E}\left[\widetilde{\Delta E}_{\phi}^{\ell,\kappa\lambda}\right] - L_{\phi-1}^{\kappa}\cdot \mathrm{E}\left[\widetilde{\Delta E}_{\phi-1}^{\ell,\kappa\lambda}\right]}{\prod_{t=1}^{\phi}\left(1+ke_{\mathrm{q},t}^{\ell,\kappa}\right)}. \tag{3.183}$$

(3.183) vermittelt die grundlegende Berechnungsweise der Restwertsteigerung mittels des FtE Verfahrens; jedoch erst die Spaltung des Restwertzeitraums in eine zeitlich begrenzte Grobplanungsphase und eine ewige Rente macht den Kalkül (3.183) für die Wertermittlung nutzbar. Beginnend mit der letztgenannten Restwertphase gilt für die Wertsteigerung im Zeitpunkt $\phi_{\mathrm{II}}^{\kappa\lambda} = 0$ in Analogie zu (3.148a):[229]

$$\mathrm{E}\left[\widetilde{\Delta E}_{\mathrm{II},0}^{\ell,\kappa\lambda}\right] = \sum_{\phi_{\mathrm{II}}=1}^{+\infty} \frac{\mathrm{E}\left[\widetilde{MVA}_{\mathrm{II},\phi_{\mathrm{II}}}^{\kappa\lambda}\right] - kd_{\mathrm{II}}\cdot(1-\tau)\cdot L_{\mathrm{II}}^{\kappa}\cdot \mathrm{E}\left[\widetilde{\Delta E}_{\mathrm{II},\phi_{\mathrm{II}}-1}^{\ell,\kappa\lambda}\right]}{\left(1+ke_{\mathrm{II}}^{\ell,\kappa}\right)^{\phi_{\mathrm{II}}}} + \sum_{\phi_{\mathrm{II}}=1}^{+\infty} \frac{L_{\mathrm{II}}^{\kappa}\cdot\left(\mathrm{E}\left[\widetilde{\Delta E}_{\mathrm{II},\phi_{\mathrm{II}}}^{\ell,\kappa\lambda}\right] - \mathrm{E}\left[\widetilde{\Delta E}_{\mathrm{II},\phi_{\mathrm{II}}-1}^{\ell,\kappa\lambda}\right]\right)}{\left(1+ke_{\mathrm{II}}^{\ell,\kappa}\right)^{\phi_{\mathrm{II}}}}. \tag{3.184a}$$

228 Damit ist gewährleistet, dass der Operating Profit in jedem Investitionszeitpunkt mit dem NOPLAT bzw. der Flow to Equity mit dem freien Cashflow abgestimmt ist und in der weiteren Folge das FCF und das FtE Verfahren zu demselben Restwert führen.

229 Der Sachverhalt der wertorientierten Fremdkapitalanpassungen und der Berücksichtigung der resultierenden Finanzierungseffekte im Restwertkalkül wird in Anhang A.6 vertieft. Siehe S. 390–396.

Da die MVA in der ewigen Rente gemäß (3.164b) mit der Rate w_{II}^{κ} ansteigen und dieses Wachstum in der weiteren Folge auch auf die Restwertsteigerungen zutrifft, folgt aus (3.184a):

$$\mathrm{E}\left[\widetilde{\Delta E}_{\mathrm{II},0}^{\ell,\kappa\lambda}\right] =$$

$$\sum_{\phi_{\mathrm{II}}=1}^{+\infty} \frac{\left(\mathrm{E}\left[\widetilde{MVA}_{\mathrm{II},1}^{\kappa\lambda}\right] - kd_{\mathrm{II}} \cdot (1-\tau) \cdot L_{\mathrm{II}}^{\kappa} \cdot \mathrm{E}\left[\widetilde{\Delta E}_{\mathrm{II},0}^{\ell,\kappa\lambda}\right]\right) \cdot \left(1 + w_{\mathrm{II}}^{\kappa}\right)^{\phi_{\mathrm{II}}-1}}{\left(1 + ke_{\mathrm{II}}^{\ell,\kappa}\right)^{\phi_{\mathrm{II}}}}$$

$$+ \sum_{\phi_{\mathrm{II}}=1}^{+\infty} \frac{w_{\mathrm{II}}^{\kappa} \cdot L_{\mathrm{II}}^{\kappa} \cdot \mathrm{E}\left[\widetilde{\Delta E}_{\mathrm{II},0}^{\ell,\kappa\lambda}\right] \cdot \left(1 + w_{\mathrm{II}}^{\kappa}\right)^{\phi_{\mathrm{II}}-1}}{\left(1 + ke_{\mathrm{II}}^{\ell,\kappa}\right)^{\phi_{\mathrm{II}}}}. \tag{3.184b}$$

Der MVA in (3.184b) basiert auf (3.179):

$$\mathrm{E}\left[\widetilde{MVA}_{\mathrm{II},1}^{\kappa\lambda}\right] = -\mathrm{E}\left[\widetilde{IC}_{\mathrm{II},1}^{\kappa\lambda,1}\right] + \mathrm{E}\left[\widetilde{V}_{\mathrm{II},1}^{\ell,\kappa\lambda,1}\right] = -\mathrm{E}\left[\widetilde{IE}_{\mathrm{II},1}^{\kappa\lambda,1}\right] + \mathrm{E}\left[\widetilde{E}_{\mathrm{II},1}^{\ell,\kappa\lambda,1}\right].$$

(3.184b) lässt sich weiter vereinfachen, wodurch ein ähnlicher Bewertungskalkül wie (3.148c) entsteht:

$$\mathrm{E}\left[\widetilde{\Delta E}_{\mathrm{II},0}^{\ell,\kappa\lambda}\right] = \frac{\mathrm{E}\left[\widetilde{MVA}_{\mathrm{II},1}^{\kappa\lambda}\right] - \left(kd_{\mathrm{II}} \cdot (1-\tau) - w_{\mathrm{II}}^{\kappa}\right) \cdot L_{\mathrm{II}}^{\kappa} \cdot \mathrm{E}\left[\widetilde{\Delta E}_{\mathrm{II},0}^{\ell,\kappa\lambda}\right]}{ke_{\mathrm{II}}^{\ell,\kappa} - w_{\mathrm{II}}^{\kappa}}. \tag{3.184c}$$

Das Wachstum der bewertungsrelevanten Größen mit der Rate w_{II}^{κ} erlaubt eine zirkularitätsfreie Bewertung im Rentenfall:

$$\mathrm{E}\left[\widetilde{\Delta E}_{\mathrm{II},0}^{\ell,\kappa\lambda}\right] = \frac{\mathrm{E}\left[\widetilde{MVA}_{\mathrm{II},1}^{\kappa\lambda}\right]}{ke_{\mathrm{II}}^{\ell,\kappa} - w_{\mathrm{II}}^{\kappa} + \left(kd_{\mathrm{II}} \cdot (1-\tau) - w_{\mathrm{II}}^{\kappa}\right) \cdot L_{\mathrm{II}}^{\kappa}}. \tag{3.184d}$$

Die Formeln (3.148d) und (3.184d) unterscheiden sich nur hinsichtlich der Zählergröße. Die Summierung beider Formeln veranschaulicht den korrigierenden Effekt der kapitalisierten MVA (3.184d) auf den Restwert (3.148d):

$$\mathrm{E}\left[\widetilde{E}_{\mathrm{II},0}^{\ell,\kappa}\right] + \mathrm{E}\left[\widetilde{\Delta E}_{\mathrm{II},0}^{\ell,\kappa\lambda}\right] = \frac{\left(\mathrm{E}\left[\widetilde{FCF}_{\mathrm{II},1}^{\kappa}\right] - \mathrm{E}\left[\widetilde{IC}_{\mathrm{II},1}^{\kappa\lambda,1}\right]\right) + \mathrm{E}\left[\widetilde{V}_{\mathrm{II},1}^{\ell,\kappa\lambda,1}\right]}{ke_{\mathrm{II}}^{\ell,\kappa} - w_{\mathrm{II}}^{\kappa} + \left(kd_{\mathrm{II}} \cdot (1-\tau) - w_{\mathrm{II}}^{\kappa}\right) \cdot L_{\mathrm{II}}^{\kappa}}. \tag{3.185}$$

Die Diskontierung der im Kernbereich verbleibenden freien Cashflows sowie des Wertbeitrags der zusätzlichen freien Cashflows mit dem Eigenkapitalkostensatz $ke_{\mathrm{II}}^{\ell,\kappa}$ unter Berücksichtigung aller Finanzierungseffekte auf den Zeitpunkt $\phi_{\mathrm{II}}^{\kappa\lambda} = 0$ gemäß (3.185) führt direkt zu dem um die wertvermindernden und -erhöhenden Effekte korrigierten Restwert des *Eigenkapitals*. Zu diesem Wert ist noch der Restwert der im Bereich λ in der Rentenphase erzielbaren Flow to Equity $\mathrm{E}\left[\widetilde{E}_{\mathrm{II},0}^{\ell,\lambda}\right]$ zu addieren, um den Restwert des Eigenkapitals auf Unternehmensebene zu erhalten:

$$\mathrm{E}\left[\widetilde{E}_{\mathrm{II},0}^{\ell}\right] = \mathrm{E}\left[\widetilde{E}_{\mathrm{II},0}^{\ell,\kappa}\right] + \mathrm{E}\left[\widetilde{\Delta E}_{\mathrm{II},0}^{\ell,\kappa\lambda}\right] + \mathrm{E}\left[\widetilde{E}_{\mathrm{II},0}^{\ell,\lambda}\right]. \tag{3.186}$$

Im Zuge der Diskontierung der Wertsteigerung des Eigenkapitals (3.184) und der in den Perioden $\phi_{\mathrm{I}}^{\kappa\lambda} \in \left[1, \Phi_{\mathrm{I}}^{\kappa\lambda}\right]$ erwarteten MVA auf den Zeitpunkt $\phi_{\mathrm{I}}^{\kappa\lambda} = 0$ sind weiterhin die in dieser Restwertphase auftretenden Finanzierungseffekte zu berücksichtigen. Hierbei erweist sich die rekursive Wertermittlung als die am besten geeignete Methode.[230] Zu einem Zeitpunkt $\phi_{\mathrm{I}}^{\kappa\lambda} \in \left[0, \Phi_{\mathrm{I}}^{\kappa\lambda} - 1\right]$ gilt für die Restwertsteigerung:[231]

$$\mathrm{E}\left[\widetilde{\Delta E}_{\mathrm{I},\phi_{\mathrm{I}}}^{\ell,\kappa\lambda}\right] = \frac{\mathrm{E}\left[\widetilde{MVA}_{\mathrm{I},\phi_{\mathrm{I}}+1}^{\kappa\lambda}\right] - kd_{\mathrm{I},\phi_{\mathrm{I}}+1} \cdot (1-\tau) \cdot L_{\mathrm{I},\phi_{\mathrm{I}}}^{\kappa} \cdot \mathrm{E}\left[\widetilde{\Delta E}_{\mathrm{I},\phi_{\mathrm{I}}}^{\ell,\kappa\lambda}\right]}{1 + ke_{\mathrm{I},\phi_{\mathrm{I}}+1}^{\ell,\kappa}}$$
$$+ \frac{\left(L_{\mathrm{I},\phi_{\mathrm{I}}+1}^{\kappa} \cdot \mathrm{E}\left[\widetilde{\Delta E}_{\mathrm{I},\phi_{\mathrm{I}}+1}^{\ell,\kappa\lambda}\right] - L_{\mathrm{I},\phi_{\mathrm{I}}}^{\kappa} \cdot \mathrm{E}\left[\widetilde{\Delta E}_{\mathrm{I},\phi_{\mathrm{I}}}^{\ell,\kappa\lambda}\right]\right) + \mathrm{E}\left[\widetilde{\Delta E}_{\mathrm{I},\phi_{\mathrm{I}}+1}^{\ell,\kappa\lambda}\right]}{1 + ke_{\mathrm{I},\phi_{\mathrm{I}}+1}^{\ell,\kappa}}$$
$$\forall \phi_{\mathrm{I}}^{\kappa\lambda} \in \left[0, \Phi_{\mathrm{I}}^{\kappa\lambda} - 1\right]. \tag{3.187}$$

230 Ein Wachstum der MVA und der Restwertsteigerungen in der gemeinsamen Grobplanungsphase $\left[0, \Phi_{\mathrm{I}}^{\kappa\lambda}\right]$ mit einer phasenspezifischen Wachstumsrate w_{I}^{κ} kann unter engen Voraussetzungen modelliert werden, zu denen ein konstantes Wachstum der in den Bereichen κ und λ erzielbaren freien Cashflows und eine konstante Nettoinvestitionsrate $n_{\mathrm{I}}^{\kappa\lambda}$ gehören. Zudem sind Änderungen der Werte dieser Eingangsgrößen an den bereichsindividuellen Phasenübergängen zu beachten. Letztlich ist auch hier eine rekursive Wertermittlung zu bevorzugen.

231 Die die Restwertsteigerung (3.184) enthaltende Formel (D.31) in Anhang D.3.2, Gliederungsebene 2. b) I., zeigt die rekursive Ermittlung der Restwertsteigerung im Zeitpunkt $\Phi_{\mathrm{I}}^{\kappa\lambda} - 1$ auf.

Aus der Hinzurechnung der Wertsteigerung bzw. der Bestandserhöhung des Fremdkapitals infolge der anteilig fremdfinanzierten Zusatzinvestitionen gemäß

$$\mathrm{E}\left[\widetilde{\Delta V}_{\mathrm{I},0}^{\ell,\kappa\lambda}\right] = \left(1 + L_{\mathrm{I},0}^{\kappa}\right) \cdot \mathrm{E}\left[\widetilde{\Delta E}_{\mathrm{I},0}^{\ell,\kappa\lambda}\right] \qquad (3.188)$$

ergibt sich die Restwertsteigerung des Gesamtkapitals, deren Ermittlung auf der Basis des FCF Verfahrens im vorherigen Abschnitt aufgezeigt wurde.

Die in jeder Restwertperiode aufkommenden Finanzierungseffekte verändern den Operating Profit und den zur Ausschüttung an die Eigenkapitalgeber verfügbaren Betrag des investierenden Bereichs κ, was bei der Bestimmung einer auf den Operating Profit bezogenen Gesamtausschüttungsquote zu beachten ist. Der von den zusätzlichen Fremdkapitalzinsen und dem zusätzlichen Tax Shield beeinflusste Operating Profit einer Periode ϕ beläuft sich auf

$$\mathrm{E}\left[\widetilde{OP}_{\phi}^{\kappa,\mathrm{rev}}\right] = \mathrm{E}\left[\widetilde{OP}_{\phi}^{\kappa}\right] - kd_{\phi} \cdot (1-\tau) \cdot L_{\phi-1}^{\kappa} \cdot \mathrm{E}\left[\widetilde{\Delta E}_{\phi-1}^{\ell,\kappa\lambda}\right] \qquad \forall \phi \in [1, +\infty). \quad (3.189)$$

In die revidierten Dividenden fließt noch die Erhöhung des zusätzlichen Fremdkapitals ein:

$$\begin{aligned}\mathrm{E}\left[\widetilde{Div}_{\phi}^{\kappa,\mathrm{rev}}\right] = {} & \mathrm{E}\left[\widetilde{FTE}_{\phi}^{\kappa}\right] - kd_{\phi} \cdot (1-\tau) \cdot L_{\phi-1}^{\kappa} \cdot \mathrm{E}\left[\widetilde{\Delta E}_{\phi-1}^{\ell,\kappa\lambda}\right] \\ & + \left(L_{\phi}^{\kappa} \cdot \mathrm{E}\left[\widetilde{\Delta E}_{\phi}^{\ell,\kappa\lambda}\right] - L_{\phi-1}^{\kappa} \cdot \mathrm{E}\left[\widetilde{\Delta E}_{\phi-1}^{\ell,\kappa\lambda}\right]\right) - \mathrm{E}\left[\widetilde{IE}_{\phi}^{\kappa\lambda,\phi}\right] \\ & \forall \phi \in [1, +\infty). \quad (3.190)\end{aligned}$$

Die Relation von (3.190) zu (3.189) gemäß

$$q_{\phi}^{\mathrm{OP},\kappa,\mathrm{ges}} = \frac{\mathrm{E}\left[\widetilde{Div}_{\phi}^{\kappa,\mathrm{rev}}\right]}{\mathrm{E}\left[\widetilde{OP}_{\phi}^{\kappa,\mathrm{rev}}\right]} \qquad \forall \phi \in [1, +\infty) \quad (3.191)$$

ist die Gesamtausschüttungsquote $q_{\phi}^{\mathrm{OP},\kappa,\mathrm{ges}}$.[232]

232 Zur Verringerung der Anzahl der anzugebenden Indizes werden die auf den Operating Profit und den Flow to Equity bezogenen Ausschüttungsquoten und Nettoinvesti-

3.2.2.3 Ermittlung des Restwertes des verschuldeten Unternehmens

Der letzte Schritt in dem dreistufigen Bewertungsprozess[233] besteht darin, die Restwerte des Gesamtkapitals oder des Eigenkapitals der Bereiche, die zunächst ohne die Berücksichtigung von zusätzlichen Nettoinvestitionen ermittelt worden sind, zu summieren. Hinzuzurechnen sind alle erwarteten Restwertsteigerungen, die durch die Reinvestition finanzieller Mittel eines Bereichs in einen anderen erzielt werden können. Die Aggregation führt zu dem Restwert des Gesamtkapitals

$$\mathrm{E}\left[\widetilde{V}_{\mathrm{I},0}^{\ell}\right]=\sum_{\kappa}\left(\mathrm{E}\left[\widetilde{V}_{\mathrm{I},0}^{\ell,\kappa}\right]+\sum_{\substack{\lambda\\\lambda\neq\kappa}}\mathrm{E}\left[\widetilde{\Delta V}_{\mathrm{I},0}^{\ell,\kappa\lambda}\right]\right) \tag{3.192}$$

oder dem Restwert des Eigenkapitals

$$\mathrm{E}\left[\widetilde{E}_{\mathrm{I},0}^{\ell}\right]=\sum_{\kappa}\left(\mathrm{E}\left[\widetilde{E}_{\mathrm{I},0}^{\ell,\kappa}\right]+\sum_{\substack{\lambda\\\lambda\neq\kappa}}\mathrm{E}\left[\widetilde{\Delta E}_{\mathrm{I},0}^{\ell,\kappa\lambda}\right]\right) \tag{3.193}$$

des verschuldeten Unternehmens zum Zeitpunkt $\phi_{\mathrm{I}}=0$. Bei der Ermittlung des Restwertes auf Unternehmensebene für einen nachfolgenden Zeitpunkt $\phi\in[1,+\infty)$ ist darauf zu achten, die im Zeitpunkt ϕ zu erwartenden Wertbeiträge der künftigen Zahlungsüberschüsse *aller* in dem Restwertzeitraum begonnenen Zahlungsreihen einzubeziehen. Der letzte Summand in (3.194) erfasst die Wertbeiträge der künftigen freien Cashflows derjeniger Zahlungsreihen, die aus den Zusatzinvestitionen in den zurückliegenden Restwertperioden und in der gegenwärtigen Periode $z\in\left[1,\phi\right]$ hervorgehen:

$$\mathrm{E}\left[\widetilde{V}_{\phi}^{\ell}\right]=\sum_{\kappa}\left(\mathrm{E}\left[\widetilde{V}_{\phi}^{\ell,\kappa}\right]+\sum_{\substack{\lambda\\\lambda\neq\kappa}}\mathrm{E}\left[\widetilde{\Delta V}_{\phi}^{\ell,\kappa\lambda}\right]\right)+\sum_{\kappa}\sum_{\substack{\lambda\\\lambda\neq\kappa}}\sum_{z=1}^{\phi}\mathrm{E}\left[\widetilde{V}_{\phi}^{\ell,\kappa\lambda,z}\right]. \tag{3.194}$$

---

tionsraten bei konkreter Benennung des Bereichs mit Kleinbuchstaben indiziert. Die Kurzschreibweise für die auf den Operating Profit des Bereichs A bezogene Gesamtausschüttungsquote $q_{\phi}^{\mathrm{OP,A,ges}}$ beispielsweise ist demnach $q_{\phi}^{\mathrm{a,ges}}$.

233 Siehe S. 173 in Abschnitt 3.2.1.

Gleiches gilt für den Restwert des Eigenkapitals des verschuldeten Unternehmens in einem Zeitpunkt ϕ:

$$\mathrm{E}\left[\widetilde{E}_{\phi}^{\ell}\right] = \sum_{\kappa} \left(\mathrm{E}\left[\widetilde{E}_{\phi}^{\ell,\kappa}\right] + \sum_{\substack{\lambda \\ \lambda \neq \kappa}} \mathrm{E}\left[\widetilde{\Delta E}_{\phi}^{\ell,\kappa\lambda}\right] \right) + \sum_{\kappa} \sum_{\substack{\lambda \\ \lambda \neq \kappa}} \sum_{z=1}^{\phi} \mathrm{E}\left[\widetilde{E}_{\phi}^{\ell,\kappa\lambda,z}\right]. \tag{3.195}$$

Die analogen Summenformeln für die Nachsteuerrechnung finden sich in Abschnitt 4.1.2.3 auf der Seite 260.

3.2.2.4 Spezialfall: Konstante Gesamtausschüttungsquote des investierenden Bereichs

Im Folgenden wird aufgezeigt, wie die in andere Bereiche zusätzlich investierten Anteile am freien Cashflow des investierenden Bereichs κ festzulegen sind, wenn dieser Bereich im eingeschwungenen Zustand eine konstante NOPLAT-bezogene Gesamtausschüttungsquote $q_{\mathrm{II}}^{\kappa,\mathrm{ges}}$ aufweisen soll. Im ersten Fall investiert der Bereich κ nur in *einen* anderen Bereich λ, sodass die Nettoinvestitionsrate $n_{\mathrm{II}}^{\kappa\lambda}$ nach entsprechender Auflösung der Gleichung

$$q_{\mathrm{II}}^{\kappa,\mathrm{ges}} = q_{\mathrm{II}}^{\kappa\lambda} \cdot q_{\mathrm{II}}^{\kappa} = \left(1 - n_{\mathrm{II}}^{\kappa\lambda}\right) \cdot \left(1 - n_{\mathrm{II}}^{\kappa}\right)$$

gemäß

$$n_{\mathrm{II}}^{\kappa\lambda} = \frac{\left(1 - q_{\mathrm{II}}^{\kappa,\mathrm{ges}}\right) - n_{\mathrm{II}}^{\kappa}}{1 - n_{\mathrm{II}}^{\kappa}} \tag{3.196}$$

festzulegen ist. Im zweiten Fall investiert ein Bereich A zusätzlich die Anteile $n_{\mathrm{II}}^{\mathrm{AB}}$ und $n_{\mathrm{II}}^{\mathrm{AC}}$ seines freien Cashflows in die zwei anderen Bereiche B und C. Der zur Ausschüttung an die Kapitalgeber verbleibende Anteil des NOPLAT des Bereichs A soll der Gesamtausschüttungsquote $q_{\mathrm{II}}^{\mathrm{A,ges}}$ entsprechen:

$$q_{\mathrm{II}}^{\mathrm{A,ges}} = \left(1 - n_{\mathrm{II}}^{\mathrm{AB}} - n_{\mathrm{II}}^{\mathrm{AC}}\right) \cdot \left(1 - n_{\mathrm{II}}^{\mathrm{A}}\right). \tag{3.197}$$

Bei autonomer Festlegung der Nettoinvestitionsraten $n_{\mathrm{II}}^{\mathrm{A}}$ und $n_{\mathrm{II}}^{\mathrm{AB}}$ ist der in den Bereich C investierte Anteil des freien Cashflows des investierenden Bereichs $n_{\mathrm{II}}^{\mathrm{AC}}$ nach entsprechender Auflösung der Gleichung (3.197) wie folgt anzusetzen:

$$n_{\mathrm{II}}^{\mathrm{AC}} = \frac{\left(1 - q_{\mathrm{II}}^{\mathrm{A,ges}}\right) - n_{\mathrm{II}}^{\mathrm{A}}}{1 - n_{\mathrm{II}}^{\mathrm{A}}} - n_{\mathrm{II}}^{\mathrm{AB}}. \tag{3.198}$$

3.2.3 Anwendung des Vorsteuermodells in Fallstudien

3.2.3.1 Charakterisierung der Basisvarianten des erweiterten Restwertmodells

Die Bewertung mehrerer Investitionsbeziehungen mittels der entwickelten Restwertformeln soll am Beispiel eines aus drei Geschäftsbereichen – einem Kernbereich A und zwei Zusatzbereichen B und C – bestehenden Bewertungsobjektes illustriert werden. In den Fallstudien 1 und 2 werden zwei alternative Investitionsbeziehungen bewertet, die in den Tabellen 3–5 (1) und (2) gegenübergestellt werden.[234] Eingetragen sind die Intra- und die Inter-Bereichs-Nettoinvestitionsraten einer Restwertperiode ϕ. Spaltenweise ist ablesbar, in welchen Bereich finanzielle Mittel von den in der ersten Spalte aufgeführten Bereichen reinvestiert werden.

Tab. 3–5: Alternative Investitionsbeziehungen in den Fallstudien 1 und 2

	A	B	C
A	n_ϕ^{A}	—	n_ϕ^{AC}
B		n_ϕ^{B}	n_ϕ^{BC}
C			n_ϕ^{C}

(1)

	A	B	C
A	n_ϕ^{A}	n_ϕ^{AB}	n_ϕ^{AC}
B		n_ϕ^{B}	—
C			n_ϕ^{C}

(2)

Die Tabelle 3–5 (1) systematisiert die in Abhängigkeit von der Restwertphase periodenspezifischen oder konstanten Nettoinvestitionsraten einer Modellvariante (1), nach welcher sowohl der Kernbereich als auch der Zusatzbereich B periodisch in den Bereich C investieren.[235] Diese Investitionsbeziehungen werden in der Fallstudie 1 bewertet. Zu dieser Modellvariante kann man sich

234 Kleinbuchstaben an den Fallstudiennummern weisen auf die Vorsteuerrechnung (a) und die Nachsteuerrechnung (b) hin. Fehlen diese, so beziehen sich die Angaben sowohl auf die Vor- als auch auf die Nachsteuerrechnung.

235 Würden alle drei Investitionsbeziehungen modelliert, die bei einem aus drei Bereichen bestehenden Modell existieren können, so ließen sich die vom Zusatzbereich B empfangenen finanziellen Überschüsse mit den von ihm geleisteten Nettoinvestitionen verrechnen. Sind die zusätzlichen Nettoinvestitionen vom Bereich B in den Bereich C größer als die Nettoinvestitionen vom Kernbereich in den Bereich B,

ein Unternehmen vorstellen, das aus den beiden etablierten Bereichen A und B mit geringeren eigenen Investitionsbedarfen sowie aus dem ausbaufähigen Bereich C mit einem vergleichsweise höheren Investitionsbedarf besteht.

Die auf den bereichsspezifischen NOPLAT bezogenen Ausschüttungsquoten q^{κ} mit $\kappa = \mathrm{A, B, C}$ sind mit dem für ein inflationsbedingtes und ein reales Wachstum erforderlichen Investitionsbedarf der Bereiche abgestimmt. Der Umfang der zusätzlichen Nettoinvestitionen beläuft sich auf einen Anteil von n^{AC} am vorläufigen freien Cashflow des Kernbereichs und einen Anteil von n^{BC} am vorläufigen freien Cashflow des Zusatzbereichs B, sodass die Anteile des verbleibenden freien Cashflows am NOPLAT im Kernbereich $q^{\mathrm{AC}} \cdot q^{\mathrm{A}}$ und im Zusatzbereich $q^{\mathrm{BC}} \cdot q^{\mathrm{B}}$ betragen.[236]

Die Tabelle 3–5 (2) systematisiert die Nettoinvestitionsraten einer Modellvariante (2), nach welcher der Kernbereich in beide Zusatzbereiche investiert.[237] Diese Investitionsbeziehungen werden in der Fallstudie 2 bewertet. Diese Modellvariante spiegelt ein Unternehmen wider, das über einen weit entwickelten Kernbereich und – in diesem Fall zwei – Zusatzbereiche mit unterschiedlich hohen zusätzlichen Investitionsbedarfen verfügt.
Die Bezugsgröße der Nettoinvestitionsraten n^{AB} und n^{AC} ist der vorläufige freie Cashflow des Kernbereichs. Folglich beträgt der Anteil des verbleibenden freien Cashflows am NOPLAT des Kernbereichs $\left(1 - n^{\mathrm{AB}} - n^{\mathrm{AC}}\right) \cdot q^{\mathrm{A}}$.

Die Fallstudien behandeln damit die Basisvarianten, die Anwender befähigt komplexere Bewertungsfälle zu lösen. So kennzeichnet die Modellvariante (1) einen Bereich C, der *von zwei* Bereichen zusätzliche finanzielle Mittel erhält. Anhand der Modellvariante (2) wird demgegenüber der Fall behandelt, in dem ein Bereich A *in zwei* Bereiche investiert. Beliebige Erweiterungen um zusätzliche Investitionsbeziehungen erhöhen den Komplexitätsgrad des Restwertmodells, sind jedoch nach demselben Muster zu bewerten. Da eine auf der Basis eines Tabellenkalkulationsprogramms durchgeführte Bewertung auch bei einer höheren Anzahl von zu berücksichtigenden Bereichsverflech-

---

resultiert die vorliegende Modellvariante mit den die direkten Leistungsbeziehungen widerspiegelnden Inter-Bereichs-Nettoinvestitionsraten n^{AC} und n^{BC}.

236 Auf die Angabe der Phasen- und Periodenindizes an den Ausschüttungsquoten wurde verzichtet.

237 Offenkundig sind die zusätzlichen Nettoinvestitionen vom Kernbereich in den Bereich B größer als gegebenenfalls vorgesehene Nettoinvestitionen vom Bereich B in den Bereich C.

tungen an keine praktischen Grenzen stößt, ist es indes nicht ratsam, eine subjektiv geprägte Komplexitätsreduzierung im Wege einer nicht vollständigen Abbildung der Bereichsstruktur des zu bewertenden Unternehmens vorzunehmen.

Bei beiden Modellvarianten ist in der Bewertungspraxis zu beachten, dass der Gesamtkapitalkostensatz und der Eigenkapitalkostensatz des investierenden Bereichs in einer Vorsteuerrechnung anzupassen sind, wenn sich die zusätzlichen Nettoinvestitionen mit einer kapitalwerterhöhenden Rendite verzinsen. Bei der Modellvariante (2) ist ein ausschüttungsangepasster Kapitalkostensatz von den Verzinsungen der zusätzlichen Nettoinvestitionen in den Bereichen B und C abhängig.[238] In den Fallstudien werden die Kapitalkostensätze vereinfachend gemäß den bekannten Anpassungsformeln ermittelt, die von einer Abbildung der durch zusätzliche Investitionen ausgelösten Wertsteigerung abstrahieren.

Aufgrund der parallelen Anwendung der Restwertformeln sowohl des FCF als auch des FtE Verfahrens kann gezeigt werden, dass beide Verfahren zu übereinstimmenden Bewertungsergebnissen[239] führen.

3.2.3.2 Restwertermittlung ohne Berücksichtigung von zusätzlichen Nettoinvestitionen

In diesem Abschnitt werden zunächst die Vorsteuerkalküle des FCF und des FtE Verfahrens zur Ermittlung des Restwertes eines Bereichs ohne Berücksichtigung von zusätzlichen Nettoinvestitionen in einen oder mehrere andere Bereiche angewandt. Im nächsten Abschnitt werden die durch zusätzliche Nettoinvestitionen hervorgerufenen Restwertsteigerungen quantifiziert.

Die gegebenen Werte des Unternehmensteuersatzes τ, des annahmegemäß phasenunabhängigen Fremdkapitalkostensatzes des Unternehmens kd und der bereichsspezifischen phasenunabhängigen Eigenkapitalkostensät-

238 Die Herleitung von Anpassungsformeln für die Kapitalkostensätze bei kapitalwerterhöhenden zusätzlichen Nettoinvestitionen wird in dieser Arbeit nicht behandelt. Siehe hierzu den Ausblick in Kapitel 5, S. 319 ff.

239 Siehe hierzu auch *IDW* (Hrsg.) (2018), Kap. A, Tz. 127, wonach „[u]ngeachtet der Unterschiede in der Rechentechnik .. die einzelnen Verfahren bei gleichen Bewertungsannahmen zu übereinstimmenden Ergebnissen [im Original fett, Anm. d. Verf.]“ führen.

ze bei reiner Eigenfinanzierung $ke^{u,\kappa}$, die das Geschäftsrisiko der Bereiche wiedergeben, fasst Tabelle 3–6 zusammen.

Tab. 3–6: Steuersatz und Fremdkapitalkostensatz des Unternehmens sowie bereichsspezifische Eigenkapitalkostensätze bei reiner Eigenfinanzierung

τ	kd	$ke^{u,A}$	$ke^{u,B}$	$ke^{u,C}$
30 %	6 %	13 %	12 %	10 %

Tabelle 3–7a trägt die für die erste Periode der Grobplanungsphase erwarteten bereichsspezifischen Werte der Nettoinvestitionsraten $n^{\kappa}_{I,1}$ und der Renditen auf das Gesamtkapital $ROIC^{\kappa}_{I,1}$ sowie die für die letzte Periode der Detailprognosephase deterministisch festgelegten Fremdkapitalquoten $\Theta^{\kappa}_{I,0}$ zusammen. Anschließend sind die Faktoren angegeben, die die Konvergenzgeschwindigkeit der Nettoinvestitionsraten, der ROIC und der Fremdkapitalquoten der Bereiche gegen ihre nachhaltigen Werte ausdrücken.

Tab. 3–7a: Bereichsspezifische Nettoinvestitionsraten, ROIC und Fremdkapitalquoten zu Beginn der Grobplanungsphase und zugehörige Konvergenzfaktoren

$n^{A}_{I,1}$	$n^{B}_{I,1}$	$n^{C}_{I,1}$	$ROIC^{A}_{I,1}$	$ROIC^{B}_{I,1}$	$ROIC^{C}_{I,1}$	$\Theta^{A}_{I,0}$	$\Theta^{B}_{I,0}$	$\Theta^{C}_{I,0}$
50 %	60 %	40 %	17,2 %	15 %	13 %	33 %	22 %	26 %
$\alpha^{n,A}$	$\alpha^{n,B}$	$\alpha^{n,C}$	$\alpha^{ROIC,A}$	$\alpha^{ROIC,B}$	$\alpha^{ROIC,C}$	$\alpha^{\Theta,A}$	$\alpha^{\Theta,B}$	$\alpha^{\Theta,C}$
0,7	0,5	1,0	0,8	0,4	0,7	0,5	0,6	0,7

Während im Kernbereich und im Zusatzbereich C aufgrund von Marktprognosen ein schneller Übergang zu den für die Rentenphase erwarteten konstanten Werten als sachgerecht erachtet wird, erscheint im Zusatzbereich B eine vergleichsweise langsamere Annäherung der Nettoinvestitionsrate und des ROIC an deren nachhaltigen Werte plausibel. In Bezug auf den Bereich C wird davon ausgegangen, dass sich die Nettoinvestitionsrate direkt im Anschluss an die Detailprognosephase auf lange Sicht nicht mehr verändert ($n^{C} = n^{C}_{I,1} \ \forall \phi$), sodass der Konvergenzfaktor $\alpha^{n,C}$ in diesem Fall gleich eins ist.[240]

In der Tabelle 3–7b sind die bereichsspezifischen Zielwerte aufgeführt, die die Nettoinvestitionsraten n^{κ}_{II}, die Renditen auf das Gesamtkapital $ROIC^{\kappa}_{II}$ und die Fremdkapitalquoten Θ^{κ}_{II} mit dem bereichsindividuellen Beginn der Rentenphase erwartungsgemäß annehmen. Die angegebenen Werte der Fremdkapitalquoten werden auch bereits in der letzten Periode der jeweiligen Grobplanungsphase angesetzt.

Tab. 3–7b: Bereichsspezifische Nettoinvestitionsraten, ROIC und Fremdkapitalquoten in der Rentenphase

n^{A}_{II}	n^{B}_{II}	n^{C}_{II}	$ROIC^{A}_{II}$	$ROIC^{B}_{II}$	$ROIC^{C}_{II}$	Θ^{A}_{II}	Θ^{B}_{II}	Θ^{C}_{II}
30 %	52 %	40 %	16 %	13 %	10 %	30 %	25 %	30 %

Tabelle C–1 in Anhang C.1.1 zeigt auf, wie sich die Werte der Nettoinvestitionsraten, der ROIC und der Fremdkapitalquoten der drei Bereiche bei Anwendung der Konvergenzfaktoren aus Tabelle 3–7a im Zeitablauf entwickeln.[241] In der auf die Darstellung der ersten neun Perioden des Restwertzeitraums beschränkten Übersicht sind die auf vier Nachkommastellen kaufmännisch gerundeten Werte aufgeführt; der mittels eines Tabellenkalkulationsprogramms durchgeführten Bewertung liegen dahingegen die exakten Werte zugrunde.

Der Wert der Nettoinvestitionsrate des Kernbereichs in der zweiten Periode $n^{A}_{I,2}$ beispielsweise ist auf der Basis von (D.3) wie folgt zu berechnen:

$$n^{A}_{I,2} = n^{A}_{I,1} - \left(n^{A}_{I,1} - n^{A}_{II}\right) \cdot \alpha^{n,A} = 50\,\% - (50\,\% - 30\,\%) \cdot 0{,}7 = 36\,\%.$$

240 Bei $\alpha^{n,C} = 0$ ist $n^{C} = n^{C}_{I,0}$. Bei $\alpha^{n,C} = 1$ ist auch der Fall möglich, dass n^{C} von der hier nicht näher spezifizierten Nettoinvestitionsrate $n^{C}_{I,0}$ abweichend festgelegt wird.

241 Siehe S. 416 f.

In der dritten Periode gilt:

$$n_{\mathrm{I},3}^{\mathrm{A}} = n_{\mathrm{I},2}^{\mathrm{A}} - \left(n_{\mathrm{I},2}^{\mathrm{A}} - n_{\mathrm{II}}^{\mathrm{A}}\right) \cdot \alpha^{\mathrm{n,A}} = 36\,\% - (36\,\% - 30\,\%) \cdot 0{,}7 = 31{,}8\,\%.$$

In den weiteren Perioden und bezüglich der bereichsspezifischen Werte des ROIC und der Fremdkapitalquote im Zeitablauf ist analog zu verfahren. Anhand der auf diese Weise kalkulierten Konvergenzverläufe ist über die Länge der Grobplanungsphase in den Bereichen zu entscheiden. In Bezug auf den Kernbereich wird angenommen, dass die Werte der Nettoinvestitionsrate, des ROIC und der Fremdkapitalquote nach der sechsten Periode des Restwertzeitraums innerhalb der historisch beobachteten und zukünftig erwarteten branchenüblichen Bandbreite liegen und damit konstant bleiben. Eine längere Grobplanungsphase, die acht Perioden umfasst, wird bei dem Bereich B gewählt, während der Bereich C dieselbe Länge der Grobplanungsphase wie der Kernbereich aufweisen soll.

In die Wertetabelle C–2, die sich auf den Kernbereich bezieht, wurden die prognostizierten Ausprägungen der NOPLAT-bezogenen Nettoinvestitionsrate, des ROIC und der Fremdkapitalquote in den ersten sechs Perioden des Restwertzeitraums aus Tabelle C–1 übernommen. Ergänzend berechnet wurden die Werte der Ausschüttungsquote q_{ϕ}^{A} und des Verschuldungsgrades des Kernbereichs L_{ϕ}^{A}. Letztere gehen in die Berechnung der periodenspezifischen Eigenkapitalkostensätze bei Verschuldung $ke_{\phi}^{\ell,\mathrm{A}}$ ein, die wiederum zur Bestimmung der periodenspezifischen Gesamtkapitalkostensätze $k_{\phi}^{\tau,\mathrm{A}}$ benötigt werden. Die Berechnung der Kapitalkostensätze soll am Beispiel der ersten Periode der Grobplanungsphase aufgezeigt werden:

Zunächst ergibt sich der Verschuldungsgrad $L_{\mathrm{I},0}^{\mathrm{A}}$ aus der Fremdkapitalquote $\Theta_{\mathrm{I},0}^{\mathrm{A}}$ gemäß (2.31) bzw. (D.1):

$$L_{\mathrm{I},0}^{\mathrm{A}} = \frac{\Theta_{\mathrm{I},0}^{\mathrm{A}}}{1 - \Theta_{\mathrm{I},0}^{\mathrm{A}}} = \frac{33\,\%}{1 - 33\,\%} = 49{,}2537\,\%. \tag{3.199}$$

Die Ermittlung des Eigenkapitalkostensatzes $ke_{\mathrm{I},1}^{\ell,\mathrm{A}}$ basiert auf der Anpassungsformel (D.6), unter anderem mit (3.199) als eine der Eingangsgrößen:

$$\begin{aligned} ke_{\mathrm{I},1}^{\ell,\mathrm{A}} &= 13\,\% + (13\,\% - 6\,\%) \cdot \frac{1 + 6\,\% \cdot (1 - 30\,\%)}{1 + 6\,\%} \cdot 49{,}2537\,\% \\ &= 16{,}3892\,\%. \end{aligned}$$

Für den gewogenen Kapitalkostensatz $k_{\mathrm{I},1}^{\tau,\mathrm{A}}$ folgt mittels (2.48) bzw. (D.7):

$$k_{\mathrm{I},1}^{\tau,\mathrm{A}} = 16,3892\,\% \cdot (1 - 33\,\%) + 6\,\% \cdot (1 - 30\,\%) \cdot 33\,\% = 12,3668\,\%.$$

Den gleichen Aufbau weist Tabelle C–3 auf, die die entsprechenden Werte für den Bereich B enthält. Die Werte für den Bereich C stellt Tabelle C–4 zusammen.[242]

Tabelle 3–8 listet die aus dem Produkt aus Nettoinvestitionsrate n_{II}^{κ} und ROIC $ROIC_{\mathrm{II}}^{\kappa}$ berechneten konstanten Wachstumsraten der drei Bereiche in der Rentenphase w_{II}^{κ} auf.

Tab. 3–8: Wachstumsraten in der Rentenphase

$w_{\mathrm{II}}^{\mathrm{A}}$	$w_{\mathrm{II}}^{\mathrm{B}}$	$w_{\mathrm{II}}^{\mathrm{C}}$
4,8 %	6,76 %	4 %

Damit liegen alle Daten vor, die zur Berechnung der Restwerte der Bereiche benötigt werden.

Ohne Berücksichtigung von zusätzlichen Nettoinvestitionen lassen sich die bereichsspezifischen Restwerte am einfachsten mit dem Free Cashflow Verfahren gemäß (3.144) oder, verbunden mit einer finanzierungsbedingten Zirkularität in der Grobplanungsphase, rekursiv mit dem Flow to Equity Verfahren gemäß (3.150b) i. V. m. (3.148d) ermitteln. Auf den Seiten 421 f., 425 f. und 427 f. sind die Bewertungsgrößen der drei Bereiche tabelliert, die zur Anwendung entweder des FCF Verfahrens oder des FtE Verfahrens benötigt werden. Analog zu der im Folgenden erläuterten Ermittlung des Restwertes im Kernbereich zu Beginn des Restwertzeitraums sind die entsprechenden Restwerte in den Zusatzbereichen zu bestimmen.

Der Kernbereich weist am Ende der Detailprognosephase einen Kapitalbestand $\mathrm{E}\left[\widetilde{IC}_{\mathrm{I},0}^{\mathrm{A}}\right]$ in Höhe von 50.000,00 Geldeinheiten (GE) auf. Dieser

242 Siehe S. 419 f.

Betrag verzinst sich in der ersten Periode der Grobplanungsphase mit einem ROIC $ROIC_{I,1}^{A}$ in Höhe von 17,2 %:

$$E\left[\widetilde{NOPLAT}_{I,1}^{A}\right] = 50.000,00 \cdot 17,2\,\% = 8.600,00.$$

Die Nettoinvestitionen in der ersten Periode $E\left[\widetilde{NI}_{I,1}^{A}\right]$ haben einen Anteil $n_{I,1}^{A}$ von 50 % an diesem NOPLAT:

$$E\left[\widetilde{NI}_{I,1}^{A}\right] = 50\,\% \cdot 8.600,00 = 4.300,00.$$

Das Invested Capital steigt damit auf 54.300, 00 GE in der ersten Restwertperiode an:

$$E\left[\widetilde{IC}_{I,1}^{A}\right] = 50.000,00 + 4.300,00 = 54.300,00.$$

Die andere Hälfte des NOPLAT fließt den Kapitalgebern zu. Für den freien Cashflow in der zweiten Periode der Grobplanungsphase $E\left[\widetilde{FCF}_{I,2}^{A}\right]$ gilt dementsprechend:

$$E\left[\widetilde{FCF}_{I,2}^{A}\right] = 64\,\% \cdot 54.300,00 \cdot 16,24\,\% = 5.643,72.$$

Die in der Grobplanungsphase erzielbaren freien Cashflows sind Tabelle C–5 zu entnehmen. Die Periode $\phi = 7$ des Restwertzeitraums stellt die erste Periode der Rentenphase im Kernbereich ($\phi_{II}^{A} = 1$) dar. Der in dieser Periode im Kernbereich erwartete freie Cashflow in Höhe von 7.796, 62 GE steigt in allen weiteren Perioden mit der Wachstumsrate w_{II}^{A} von 4, 8 % an. Der mit Hilfe des FCF Verfahrens auf der Basis des Restwertkalküls (3.139) ermittelte Gesamtwert aller künftig erzielbaren freien Cashflows zu Beginn der Rentenphase $E\left[\widetilde{V}_{II,0}^{\ell,A}\right]$ beläuft sich somit auf 102.259, 65 GE:

$$E\left[\widetilde{V}_{II,0}^{\ell,A}\right] = \frac{7.796,62}{12,4243\,\% - 4,8\,\%} = 102.259,65.$$

Dieser ist gemäß (3.144) gemeinsam mit den in der Grobplanungsphase erwarteten freien Cashflows mittels der periodenspezifischen Gesamtkapitalkostensätze $k_{I,\phi_I}^{\tau,A}$ auf den Beginn des Restwertzeitraums zu diskontieren:

$$E\left[\widetilde{V}_{I,0}^{\ell,A}\right] = \frac{4.300,00}{1 + 12,3668\,\%} + \frac{5.643,72}{(1 + 12,3668\,\%) \cdot (1 + 12,3956\,\%)} \quad \neg$$

$$+\frac{6.290,44}{(1+12,3668\,\%)\cdot(1+12,3956\,\%)\cdot(1+12,4099\,\%)}$$
$$+\frac{6.717,50}{(1+12,3668\,\%)\cdot\;\ldots\;\cdot(1+12,4099\,\%)\cdot(1+12,4171\,\%)}$$
$$+\frac{7.080,88}{(1+12,3668\,\%)\cdot\;\ldots\;\cdot(1+12,4171\,\%)\cdot(1+12,4207\,\%)}$$
$$+\frac{7.433,98+102.259,65}{(1+12,3668\,\%)\cdot\;\ldots\;\cdot(1+12,4207\,\%)\cdot(1+12,4225\,\%)}$$
$$=75.264,14. \qquad (3.200)$$

Zur Ermittlung des Restwertes des Eigenkapitals im Kernbereich ist gemäß (3.145) der Gesamtwert mit der periodenspezifischen Eigenkapitalquote $1-\Theta^{\mathrm{A}}_{\mathrm{I},0}$ zu gewichten:

$$\mathrm{E}\left[\widetilde{E}^{\ell,\mathrm{A}}_{\mathrm{I},0}\right]=(1-33\,\%)\cdot 75.264,14=50.426,97.$$

Für den Marktwert des Fremdkapitals gilt zu Beginn des Restwertzeitraums aufgrund (3.146):

$$\mathrm{E}\left[\widetilde{D}^{\mathrm{A}}_{\mathrm{I},0}\right]=33\,\%\cdot 75.264,14=24.837,17.$$

Dieser Marktwert wird im Folgenden verwendet, um die Zusammenhänge zu den Bewertungsgrößen zu erläutern, die dem FtE Verfahren zugrunde liegen.

Die periodenspezifischen Fremdkapitalzinsen sind mit Hilfe des annahmegemäß konstanten Fremdkapitalkostensatzes kd zu ermitteln. Im Zeitpunkt $\phi^{\mathrm{A}}_{\mathrm{I}}=1$ gilt:

$$\mathrm{E}\left[\widetilde{I}^{\mathrm{A}}_{\mathrm{I},1}\right]=6\,\%\cdot 24.837,17=1.490,23.$$

Der Tax Shield derselben Periode ist mittels des gegebenen Unternehmensteuersatzes τ zu bestimmen:

$$\mathrm{E}\left[\widetilde{TS}^{\mathrm{A}}_{\mathrm{I},1}\right]=30\,\%\cdot 1.490,23=447,07.$$

Der Bestand des Fremdkapitals beeinflusst auch den Buchwert des Eigenkapitals:

$$\mathrm{E}\left[\widetilde{IE}^{\mathrm{A}}_{\mathrm{I},0}\right]=50.000,00-24.837,17=25.162,83.$$

Das Verzinsungsmaß des Eigenkapitals im Zeitpunkt $\phi_{\mathrm{I}}^{\mathrm{A}} = 0$ ist der mit dem ROIC des Kernbereichs abgestimmte ROE $ROE_{\mathrm{I},1}^{\mathrm{A}}$:

$$\mathrm{E}\left[\widetilde{OP}_{\mathrm{I},1}^{\mathrm{A}}\right] = 25.162,83 \cdot 30,0317\,\% = 7.556,84.$$

Den zwischen dem Operating Profit und dem NOPLAT einer Periode bestehenden Zusammenhang zeigt die folgende Gleichung am Beispiel der ersten Restwertperiode:

$$\mathrm{E}\left[\widetilde{OP}_{\mathrm{I},1}^{\mathrm{A}}\right] = 8.600,00 - 1.490,23 + 447,07 = 7.556,84. \tag{3.201}$$

Die Komposition der Nettoinvestitionen einer Periode aus einem eigen- und einem fremdfinanzierten Anteil bedeutet für die Thesaurierung $\mathrm{E}\left[\widetilde{RE}_{\mathrm{I},1}^{\mathrm{A}}\right]$:

$$\begin{aligned}\mathrm{E}\left[\widetilde{RE}_{\mathrm{I},1}^{\mathrm{A}}\right] &= 4.300,00 - (25.285,64 - 24.837,17)\\ &= 50,9674\,\% \cdot 7.556,84\\ &= 3.851,52.\end{aligned} \tag{3.202}$$

Der Bestand des Eigenkapitals erhöht sich um diesen Thesaurierungsbetrag:

$$\mathrm{E}\left[\widetilde{IE}_{\mathrm{I},1}^{\mathrm{A}}\right] = 25.162,83 + 3.851,52 = 29.014,36.$$

Der Flow to Equity ist der für Ausschüttungen an die Eigenkapitalgeber verfügbare Betrag des Operating Profit. Subtrahiert man demnach die Thesaurierung (3.202) vom Operating Profit (3.201), ergibt sich:

$$\begin{aligned}\mathrm{E}\left[\widetilde{FTE}_{\mathrm{I},1}^{\mathrm{A}}\right] &= 4.300,00 - 1.490,23 + 447,07 + 448,48\\ &= 49,0326\,\% \cdot 7.556,84\\ &= 3.705,32.\end{aligned}$$

In der letzten Zeile der Tabelle C–5 sind die erwarteten Flow to Equity für die ersten neun Perioden des Restwertzeitraums angegeben, die auf der Grundlage der durch die vorherige Anwendung des FCF Verfahrens bekannten Marktwerte des Fremdkapitals berechnet werden können. Das bei Anwendung des FtE Verfahrens aufgrund der Abhängigkeit der Fremdkapitalzinsen, Tax Shields und Fremdkapitalveränderungen von dem zunächst unbekannten Marktwert des Fremdkapitals auftretende finanzierungsbedingte Zirkularitätsproblem kann grundsätzlich durch die Aktivierung der Funktion der iterativen Berechnung in dem bei der Bewertung verwendeten Tabellenkalkulationsprogramm gelöst werden. Der Anstieg aller Größen im eingeschwungenen Zustand mit der Rate w_{II}^{A} erlaubt es zugleich, zumindest den Restwert zu Beginn der Rentenphase ohne ein Zirkularitätsproblem zu ermitteln. Die folgende Bewertungsgleichung beinhaltet das zunächst mittels (3.148c) iterativ bestimmte Ergebnis:

$$\begin{aligned} \mathrm{E}\left[\widetilde{E}_{\text{II},0}^{\ell,\text{A}}\right] &= \frac{7.796,62 - (6\,\% \cdot (1 - 30\,\%) - 4,8\,\%) \cdot 42,8571\,\% \cdot 71.581,75}{15,9491\,\% - 4,8\,\%} \\ &= 71.581,75. \end{aligned} \tag{3.203}$$

Auflösen nach dem gesuchten Restwert des Eigenkapitals führt zu dem zirkularitätsfreien Vorsteuerkalkül (3.148d) mit dem freien Cashflow in der ersten Restwertperiode als Zählergröße:

$$\begin{aligned} \mathrm{E}\left[\widetilde{E}_{\text{II},0}^{\ell,\text{A}}\right] &= \frac{7.796,62}{15,9491\,\% - 4,8\,\% + (6\,\% \cdot (1 - 30\,\%) - 4,8\,\%) \cdot 42,8571\,\%} \\ &= (1 - 30\,\%) \cdot 102.259,65 \\ &= 71.581,75. \end{aligned} \tag{3.204}$$

Zur Ermittlung des Restwertes im Zeitpunkt $\phi_{\text{I}}^{\text{A}} = 0$ sind der Restwert zu Beginn der ewigen Rente $\mathrm{E}\left[\widetilde{E}_{\text{II},0}^{\ell,\text{A}}\right]$ und die in der Grobplanungsphase erwarteten Flow to Equity mittels der periodenspezifischen Eigenkapitalkostensätze bei Verschuldung $ke_{\text{I},\phi_{\text{I}}}^{\ell,\text{A}}$ zu diskontieren. Die bestehende Zirkularität in der Grobplanungsphase erfordert eine rekursive Vorgehensweise, worin sich die vorteilhaftere Anwendung des FCF Verfahrens gegenüber dem FtE Verfahren offenbart. Gemäß (3.149) beläuft sich der Restwert des Eigenkapitals im Kernbereich eine Periode zuvor unter Berücksichtigung von (3.204) auf:

$$\begin{aligned} \mathrm{E}\left[\widetilde{E}_{\text{I},5}^{\ell,\text{A}}\right] &= \frac{7.433,98 - 6\,\% \cdot (1 - 30\,\%) \cdot 43,0487\,\% \cdot 68.209,37}{1 + 15,9622\,\%} \\ &\quad + \frac{(42,8571\,\% \cdot 71.581,75 - 43,0487\,\% \cdot 68.209,37)}{1 + 15,9622\,\%} \\ &\quad + \frac{71.581,75}{1 + 15,9622\,\%} \\ &= (1 - 30,0938\,\%) \cdot 97.572,63 \\ &= 68.209,37. \end{aligned} \tag{3.205}$$

Dieser Restwert geht wiederum als Zwischenergebnis in die Ermittlung des Restwertes zum vorherigen Zeitpunkt ein. Alle Berechnungen für die Zeitpunkte $\phi_{\mathrm{I}}^{\mathrm{A}} = 4$ bis $\phi_{\mathrm{I}}^{\mathrm{A}} = 0$ auf der Basis von (3.150b) befinden sich im Anhang auf den Seiten 423 f.

Der Restwert des verschuldeten Unternehmens in einer Periode ϕ setzt sich additiv aus den für jeden Bereich berechneten Teilrestwerten der betreffenden Periode zusammen. Die Ermittlung der Teilrestwerte der Bereiche B und C in einer Vorsteuerrechnung, die auf den vorgegebenen, am Ende der Detailprognosephase erwarteten Beständen des Invested Capital basiert, ist in den Tabellen C–6 und C–7 für die ersten neun Perioden des Restwertzeitraums bis zum Eintritt des Unternehmens in den eingeschwungenen Zustand dokumentiert.[243] Im Zeitpunkt $\phi_{\mathrm{I}} = 0$ ist als Zwischenergebnis ein Gesamtwert von

$$\mathrm{E}\left[\widetilde{V}_{\mathrm{I},0}^{\ell}\right] = 75.264{,}14 + 27.278{,}86 + 11.419{,}78 = 113.962{,}78 \tag{3.206}$$

festzuhalten. Hiervon entfällt auf den Restwert des Eigenkapitals ein Betrag von 80.155, 12 GE:

$$\mathrm{E}\left[\widetilde{E}_{\mathrm{I},0}^{\ell}\right] = 50.426{,}97 + 21.277{,}51 + 8.450{,}64 = 80.155{,}12. \tag{3.207}$$

Werden zusätzliche Nettoinvestitionen getätigt, erhöhen sich diese Summen um den entsprechenden Wertbeitrag der durch die Reinvestition zusätzlicher finanzieller Überschüsse erwirtschafteten Cashflows. Der Ermittlung dieser Restwertsteigerung widmet sich der nächste Abschnitt, der nach den zwei im theoretischen Teil dargestellten Konstellationen der Investitionsbeziehungen zwischen den Bereichen untergliedert ist.

3.2.3.3 Ermittlung der Restwertsteigerungen und des Restwertes des Unternehmens

3.2.3.3.1 Fallstudie 1a

In der ersten Fallstudie wird davon ausgegangen, dass die in den Tabellen 3–9 und 3–10 auf der Seite 212 angegebenen prozentualen Anteile am freien

243 Siehe S. 425–428.

Cashflow des Kernbereichs und des Bereichs B n_ϕ^{AC} und n_ϕ^{BC} in den Bereich C investiert werden.[244]

Tab. 3–9: Fallstudie 1a / 1b: Prognostizierte Entwicklung des in den Bereich C investierten Anteils am freien Cashflow des Kernbereichs im Restwertzeitraum

ϕ	1	2	3–6	7 ff.
n_ϕ^{AC}	40 %	38,5 %	37 %	35,7143 %
q_ϕ^{AC}	60 %	61,5 %	63 %	64,2857 %

Tab. 3–10: Fallstudie 1a / 1b: Prognostizierte Entwicklung des in den Bereich C investierten Anteils am freien Cashflow des Bereichs B im Restwertzeitraum

ϕ	1–8	9 ff.
n_ϕ^{BC}	35 %	37,5 %
q_ϕ^{BC}	65 %	62,5 %

Aus den vorliegenden Daten laufender sowie kurz- und mittelfristig bevorstehender Investitionsprojekte ist auf einen abnehmenden Investitionsbedarf von Seiten des Kernbereichs zu schließen, welcher über die Detailprognosephase hinaus für weitere drei Perioden relativ präzise bestimmt werden kann. In Bezug auf die drei nachfolgenden Perioden, in denen sich sowohl der Kernbereich als auch der Bereich C noch in der Grobplanungsphase befinden, wird erwartet, dass der Investitionsbedarf durch die Fortschreibung des zuletzt investierten Anteils von 37 % gedeckt werden kann, wenn Bereich C gleichbleibend 35 % des freien Cashflows des Bereichs B zugeführt werden.

244 In den Tabellenüberschriften ist kenntlich gemacht, für welche Fallstudien die Daten in den Tabellen relevant sind. Mit Hilfe der Kleinbuchstaben wird zwischen der Vorsteuerrechnung (a) und der Nachsteuerrechnung (b) unterschieden.

Aufgrund mangelnder konkreter Daten über in der weiteren Zukunft liegende Investitionsvorhaben und einer folglich geringeren Prognosefähigkeit des Investitionsbedarfs des Bereichs C plant das Unternehmen Gesamtausschüttungsquoten in den Bereichen A und B, die sich den Erwartungen zufolge mit Eintritt in die Rentenphase einstellen. Diese berücksichtigen den zuletzt abnehmenden zusätzlichen Investitionsbedarf des Bereichs C und einen gegebenenfalls wieder erhöhten Investitionsbedarf in späteren Perioden. Die konstante Gesamtausschüttungsquote im Kernbereich $q_{\text{II}}^{\text{A,ges}}$ soll demnach 45 % und die konstante Gesamtausschüttungsquote im Zusatzbereich B $q_{\text{II}}^{\text{B,ges}}$ soll 30 % betragen. Folglich werden

$$n_{\text{II}}^{\text{AC}} = \frac{\left(1 - q_{\text{II}}^{\text{A,ges}}\right) - n_{\text{II}}^{\text{A}}}{1 - n_{\text{II}}^{\text{A}}} = \frac{(1 - 45\,\%) - 30\,\%}{1 - 30\,\%} = 35{,}7143\,\%$$

vom freien Cashflow des Kernbereichs und

$$n_{\text{II}}^{\text{BC}} = \frac{\left(1 - q_{\text{II}}^{\text{B,ges}}\right) - n_{\text{II}}^{\text{B}}}{1 - n_{\text{II}}^{\text{B}}} = \frac{(1 - 30\,\%) - 52\,\%}{1 - 52\,\%} = 37{,}5\,\%$$

vom freien Cashflow des Bereichs B in den Bereich C investiert.

Im Folgenden wird die Ermittlung einer durch zusätzliche Nettoinvestitionen bewirkten Restwertsteigerung am Beispiel der Investitionsbeziehung zwischen dem Kernbereich und dem Bereich C erläutert. Diese und alle weiteren Bewertungsergebnisse sind darüber hinaus für die Vorsteuerrechnung in Anhang C.1.1 dokumentiert. Anhand der Fallstudie soll insbesondere deutlich werden, wie vorteilhaft sich die in drei Schritte gliedernde Restwertermittlung auf die Übersichtlichkeit bei der Bewertung und auf den Transfer der Ausführungen auf komplexere Bewertungsobjekte auswirkt.

Die erste Zeile der Tabelle C–8 auf den Seiten 429 f. enthält die Beträge der periodischen zusätzlichen Nettoinvestitionen des Kernbereichs in den Bereich C. Für die Zusatzinvestition beispielsweise in der vierten Periode gilt:

$$\text{E}\left[\widetilde{IC}_{\text{I},4}^{\text{AC},4}\right] = 37\,\% \cdot 6.717{,}50 = 2.485{,}47. \tag{3.208}$$

Die Verzinsung der investierten Beträge mit $ROIC_{\phi}^{\text{C}}$ verursacht in den auf den jeweiligen Investitionszeitpunkt folgenden Perioden zusätzliche NOPLAT im Bereich C. Der Wertbeitrag der aus einer Zusatzinvestition hervorgehenden freien Cashflows ist zunächst für den Zeitpunkt der Investition zu ermitteln. Hierbei ist wie im vorangegangenen Abschnitt vorzugehen, in dem je Bereich ein zu Beginn des Restwertzeitraums vorhandener Bestand des Invested Capital vorgegeben war. Tabelle C–9 auf den Seiten 433 bis 435 zeichnet die Ermittlung der Wertbeiträge der in den ersten neun Perioden des Restwertzeitraums getätigten Zusatzinvestitionen auf der Basis des FCF Verfahrens nach. Der Wertbeitrag des in der vierten Periode in den Bereich C investierten Kapitals (3.208) ist auf der Basis der gewogenen Kapitalkostensätze des Bereichs C $k_{\phi}^{\tau,C}$ (Tab. C–4, S. 420) gemäß (3.169b) wie folgt zu bestimmen (S. 434):

$$E\left[\widetilde{V}_{I,4}^{\ell,AC,4}\right] = \frac{149,49}{1+9,4402\,\%} + \frac{155,22}{(1+9,4402\,\%)\cdot(1+9,4398\,\%)} + \frac{161,32}{(1+9,4402\,\%)\cdot(1+9,4398\,\%)\cdot(9,4396\,\%-4\,\%)} = 2.742,24. \tag{3.209}$$

Die Wertbeiträge der Zusatzinvestitionen in den anderen Perioden sind in der zweiten Zeile der Tabelle C–8 eingetragen. In der dritten Zeile sind die Market Value Added gemäß (3.153) kalkuliert worden. Für den MVA im Zeitpunkt $\phi_I^{AC} = 4$ gilt auf der Basis von (3.208) und (3.209):

$$E\left[\widetilde{MVA}_{I,4}^{AC}\right] = -E\left[\widetilde{IC}_{I,4}^{AC,4}\right] + E\left[\widetilde{V}_{I,4}^{\ell,AC,4}\right] = -2.485,47 + 2.742,24 = 256,77. \tag{3.210}$$

Der erste Summand bewirkt im Zeitpunkt der Investition eine Verminderung des freien Cashflows im Kernbereich um den in dieser Periode zusätzlich investierten Betrag. Der im vorherigen Abschnitt ermittelte Restwert im Kernbereich ist auf der Basis höherer Cashflows ohne Berücksichtigung von zusätzlichen Nettoinvestitionen ermittelt worden. Im Zuge der Diskontierung der MVA mittels der periodenspezifischen Kapitalkostensätze des investierenden Bereichs auf den Zeitpunkt $\phi_I^{AC} = 0$ werden diese Cashflows nun nachträglich korrigiert. Diesem wertmindernden Effekt steht zugleich ein werterhöhender Effekt gegenüber, der von den diskontierten Wertbeiträgen ausgeht. Da die MVA ab dem Zeitpunkt, in dem sich beide Bereiche in einem eingeschwungenen Zustand befinden, mit der Wachstumsrate des investierenden Bereichs ansteigen, ergibt sich der Restwert der MVA zu Beginn der gemeinsamen Rentenphase ($\phi_{\mathrm{I}} = 6$ aus Unternehmenssicht) mit Hilfe des FCF Verfahrens gemäß (3.165) wie folgt:

$$\mathrm{E}\left[\widetilde{\Delta V}_{\mathrm{II},0}^{\ell,\mathrm{AC}}\right] = \frac{286,85}{12,4243\,\% - 4,8\,\%} = 3.762,34.$$

Unter Einbeziehung aller in der gemeinsamen Grobplanungsphase erwarteten MVA erhält man die gesamte Restwertsteigerung infolge der künftigen zusätzlichen Investitionen des Kernbereichs in den Geschäftsbereich C im Zeitpunkt $\phi_{\mathrm{I}}^{\mathrm{AC}} = 0$ gemäß (3.170):

$$\begin{aligned}\mathrm{E}\left[\widetilde{\Delta V}_{\mathrm{I},0}^{\ell,\mathrm{AC}}\right] &= \frac{197,23}{1 + 12,3668\,\%} + \frac{231,39}{(1 + 12,3668\,\%) \cdot (1 + 12,3956\,\%)} \\ &+ \frac{242,16}{(1 + 12,3668\,\%) \cdot (1 + 12,3956\,\%) \cdot (1 + 12,4099\,\%)} \\ &+ \frac{256,77}{(1 + 12,3668\,\%) \cdot \;\ldots\; \cdot (1 + 12,4171\,\%)} \\ &+ \frac{270,08}{(1 + 12,3668\,\%) \cdot \;\ldots\; \cdot (1 + 12,4207\,\%)} \\ &+ \frac{283,36 + 3.762,34}{(1 + 12,3668\,\%) \cdot \;\ldots\; \cdot (1 + 12,4225\,\%)} \\ &= 2.846,43. \end{aligned} \tag{3.211}$$

Durch die vergleichende Betrachtung der Berechnungen (3.200) und (3.211) wird die oben beschriebene Korrektur der vorläufigen freien Cashflows in (3.200) deutlich.

In einer Vorsteuerrechnung bewährt sich die Anwendung des FCF Verfahrens gegenüber dem FtE Verfahren. Da die Anwendung des FtE Verfahrens jedoch in einer Nachsteuerrechnung häufig vorgezogen wird, empfiehlt es sich, bereits im Rahmen der Vorsteuerrechnung auf die Verfahrensweise einzugehen und auf Besonderheiten hinzuweisen.

Den Anteil des Fremdkapitals an dem zusätzlich investierten Kapital (Tab. C–8, S. 429 f.) bestimmt die geplante Kapitalstruktur im Bereich C. Am Beispiel der vierten Restwertperiode bedeutet dies:

$$\mathrm{E}\left[\widetilde{D}_{\mathrm{I},4}^{\mathrm{AC},4}\right] = 29,9676\,\% \cdot 2.742,24 = 821,78. \tag{3.212}$$

Hieraus folgt für den eigenfinanzierten Anteil des investierten Zusatzkapitals:

$$\mathrm{E}\left[\widetilde{IE}_{\mathrm{I},4}^{\mathrm{AC},4}\right] = 2.485,47 - 821,78 = 1.663,69. \tag{3.213}$$

In Tabelle C–8 sind die Thesaurierungsquoten n_{ϕ}^{ac}, die den Anteil der zusätzlichen Thesaurierung an dem durch die Finanzierungseffekte veränderten Flow to Equity des Kernbereichs angeben, aufgeführt. Für die Thesaurierungsquote $n_{\mathrm{I},4}^{\mathrm{ac}}$ gilt:

$$\begin{aligned} n_{\mathrm{I},4}^{\mathrm{ac}} &= \frac{1.663,69}{6.718,52 - 59,95 + 17,99 + (1.038,84 - 999,21)} \\ &= 24,7714\,\%. \end{aligned} \tag{3.214}$$

Zur Ermittlung des Wertbeitrags der zusätzlichen Thesaurierung (3.213) kann (3.209) mit der Eigenkapitalquote $1 - \Theta_{\mathrm{I},4}^{\mathrm{C}}$ multipliziert werden:

$$\begin{aligned} \mathrm{E}\left[\widetilde{E}_{\mathrm{I},4}^{\ell,\mathrm{AC},4}\right] &= (1 - 29,9676\,\%) \cdot 2.742,24 = 2.742,24 - 821,78 \\ &= 1.920,46. \end{aligned} \tag{3.215}$$

Mit Hilfe der in Tabelle C–12 verfügbaren Werte für den ROE $\overset{\mathrm{C}}{ROE}_{\phi}$ und die Ausschüttungsquote q_{ϕ}^{c} kann alternativ das FtE Verfahren auf der Basis von (3.213) angewandt werden:

$$\begin{aligned} \mathrm{E}\left[\widetilde{E}_{\mathrm{I},4}^{\ell,\mathrm{AC},4}\right] &= \frac{69,1411\,\% \cdot 1.663,69 \cdot 12,9012\,\%}{1 + 11,6826\,\%} \\ &\quad + \frac{153,77}{(1 + 11,6826\,\%) \cdot (1 + 11,6844\,\%)} \\ &\quad + \frac{159,54}{(1 + 11,6826\,\%) \cdot (1 + 11,6844\,\%) \cdot (11,6852\,\% - 4\,\%)} \\ &= 1.920,46. \end{aligned}$$

Ohne Kenntnis des zusätzlichen Thesaurierungsbetrags (3.213) ist das FtE Verfahren jedoch nur rekursiv gemäß (3.182) auf der Basis der aus der zusätzlichen Nettoinvestition hervorgehenden freien Cashflows anwendbar. Der aus (3.213) und (3.215) mittels (3.172) berechnete MVA (3.216) stimmt erwartungsgemäß mit (3.210) überein:

$$\begin{aligned} \mathrm{E}\left[\widetilde{MVA}_{\mathrm{I},4}^{\mathrm{AC}}\right] &= -\mathrm{E}\left[\widetilde{IE}_{\mathrm{I},4}^{\mathrm{AC},4}\right] + \mathrm{E}\left[\widetilde{E}_{\mathrm{I},4}^{\ell,\mathrm{AC},4}\right] = -1.663,69 + 1.920,46 \\ &= 256,77. \end{aligned} \tag{3.216}$$

Bei Anwendung des FtE Verfahrens sind die MVA sowie die aus der gerade zu ermittelnden Wertsteigerung resultierenden Fremdkapitalzinsen, Tax Shields und Fremdkapitalveränderungen mit den Eigenkapitalkostensätzen des investierenden Bereichs zu diskontieren. Im eingeschwungenen Zustand wachsen die Restwertsteigerung und folglich das zusätzliche Fremdkapital mit der Rate w_{II}^{A}. Somit steigen auch die Fremdkapitalzinsen, Tax Shields und Fremdkapitalveränderungen mit dieser Wachstumsrate an. In der folgenden Gleichung auf der Basis von (3.184c) ist das iterativ ermittelte Bewertungsergebnis für die Rentenphase in Höhe von 2.633, 64 GE integriert:

$$\begin{aligned} \text{E}\left[\widetilde{\Delta E}_{\text{II},0}^{\ell,\text{AC}}\right] &= \frac{286,85 - (6\,\% \cdot (1-30\,\%) - 4,8\,\%) \cdot 42,8571\,\% \cdot 2.633,64}{15,9491\,\% - 4,8\,\%} \\ &= 2.633,64. \end{aligned} \tag{3.217}$$

Im Rentenfall kann gemäß (3.184d) die finanzierungsbedingte Zirkularität aufgelöst werden, woraufhin die Analogie des Quotienten zu der Bewertungsformel (3.204) erkennbar ist:

$$\begin{aligned} \text{E}\left[\widetilde{\Delta E}_{\text{II},0}^{\ell,\text{AC}}\right] &= \frac{286,85}{15,9491\,\% - 4,8\,\% + (6\,\% \cdot 70\,\% - 4,8\,\%) \cdot 42,8571\,\%} \\ &= (1-30\,\%) \cdot 3.762,34 \\ &= 2.633,64. \end{aligned} \tag{3.218}$$

Die unter (3.204) und (3.218) jeweils in der ersten Zeile aufgeführten Berechnungsweisen unterscheiden sich demnach nur durch die Zählergröße.

Die weitere Diskontierung mit den periodenspezifischen Eigenkapitalkostensätzen $ke_{\text{I},\phi_1}^{\ell,\text{A}}$ auf den Beginn des Restwertzeitraums schließt die MVA und die Fremdfinanzierungswirkungen, die aus der periodischen Anpassung des Fremdkapitals an die geplante Kapitalstruktur im investierenden Bereich folgen, in der Grobplanungsphase mit ein. Da einerseits diese Größen nicht mit einer konstanten Wachstumsrate wie in der Rentenphase ansteigen und andererseits periodenspezifische Verschuldungsgrade und in der weiteren Folge periodenspezifische Eigenkapitalkostensätze anzusetzen sind, ist bei der Diskontierung rekursiv von Periode zu Periode vorzugehen. Analog zu der Wertermittlung in (3.205) beträgt die Restwertsteigerung eine Periode zuvor unter Berücksichtigung von (3.217) daher:

$$\text{E}\left[\widetilde{\Delta E}_{\text{I},5}^{\ell,\text{AC}}\right] = \frac{283,36 - 6\,\% \cdot (1-30\,\%) \cdot 43,0487\,\% \cdot 2.515,68}{1 + 15,9622\,\%} \quad \lrcorner$$

$$+\frac{(42,8571\,\% \cdot 2.633,64 - 43,0487\,\% \cdot 2.515,68)}{1 + 15,9622\,\%}$$
$$+\frac{2.633,64}{1 + 15,9622\,\%} \tag{3.219}$$
$$= (1 - 30,0938\,\%) \cdot 3.598,65$$
$$= 2.515,68.$$

Diese Wertsteigerung fließt wiederum als Zwischenergebnis in die Ermittlung der Wertsteigerung zum vorherigen Zeitpunkt ein. Die Berechnungen für die Zeitpunkte $\phi_{\mathrm{I}}^{\mathrm{AC}} = 4$ bis $\phi_{\mathrm{I}}^{\mathrm{AC}} = 1$ auf der Grundlage von (3.187) befinden sich im Anhang auf den Seiten 431 f. Die Konsistenz mit der unter (3.211) berechneten gesamten Restwertsteigerung zeigt abschließend die Wertermittlung im Zeitpunkt $\phi_{\mathrm{I}}^{\mathrm{AC}} = 0$ auf:

$$\mathrm{E}\left[\widetilde{\Delta E}_{\mathrm{I},0}^{\ell,\mathrm{AC}}\right] = \frac{197,23 - 6\,\% \cdot (1 - 30\,\%) \cdot 49,2537\,\% \cdot 1.907,11}{1 + 16,3892\,\%}$$
$$+\frac{(45,9854\,\% \cdot 2.055,84 - 49,2537\,\% \cdot 1.907,11)}{1 + 16,3892\,\%}$$
$$+\frac{2.055,84}{1 + 16,3892\,\%} \tag{3.220}$$
$$= (1 - 33\,\%) \cdot 2.846,43$$
$$= 1.907,11.$$

Zur Ermittlung der durch die Zusatzinvestitionen des Bereichs B in den Bereich C ausgelösten Wertsteigerung sind die Bewertungsverfahren analog anzuwenden. Im Bereich B steigt der für die Periode $\phi = 9$ prognostizierte freie Cashflow in allen nachfolgenden Perioden mit der konstanten Wachstumsrate $w_{\mathrm{II}}^{\mathrm{B}}$ in Höhe von 6,76 % an. Folglich wachsen ab dieser Periode auch die zusätzlichen Nettoinvestitionen, die im eingeschwungenen Zustand einen Anteil von 37,5 % des vorläufigen freien Cashflows des investierenden Bereichs ausmachen, mit der Rate $w_{\mathrm{II}}^{\mathrm{B}}$. Im Bereich C sind die Nettoinvestitionsrate, der ROIC und der gewogene Kapitalkostensatz bereits ab der Periode $\phi = 7$ konstant, sodass die Wertbeiträge der zusätzlichen Nettoinvestitionen erstmals für $\phi = 6$ sowie für alle nachfolgenden Investitionszeitpunkte der Rentenphase im Bereich C mittels (3.163) berechnet werden können und deren Wachstum somit ab $\phi = 7$ an das Wachstum der Zusatzinvestitionen gekoppelt ist. Beginnend in $\phi = 9$ steigen demzufolge auch diese

Wertbeiträge und mithin die MVA mit w_{II}^{B} an. Letztgenannte werden mit den bis $\phi = 8$ periodenabhängigen und den ab $\phi = 9$ konstanten Gesamt- bzw. Eigenkapitalkostensätzen des investierenden Bereichs B auf den Beginn des Restwertzeitraums diskontiert. Alle Ergebnisse dieser Restwertermittlung sind in den Tabellen C–10 und C–11 dokumentiert.[245]

Bei der Bestimmung des Operating Profit und der Dividenden des Unternehmens ist zu beachten, dass die entsprechenden Bereichsgrößen von den mit den Wertsteigerungen der zusätzlichen Thesaurierungen verbundenen Fremdfinanzierungseffekten beeinflusst werden. Für den revidierten Operating Profit des Kernbereichs in der ersten Restwertperiode gilt demnach unter Berücksichtigung der in Tabelle C–8 angegebenen Beträge der Fremdkapitalzinsen und des Tax Shields:

$$\text{E}\left[\widetilde{OP}_{\text{I},1}^{\text{A,rev}}\right] = 7.556,84 - 56,36 + 16,91 = 7.517,39. \tag{3.221}$$

Die Dividenden ergeben sich durch Subtraktion der zusätzlichen Thesaurierung vom revidierten Flow to Equity bzw. durch Multiplikation des revidierten Flow to Equity mit dem Ausschüttungsanteil $q_{\text{I},1}^{\text{ac}}$:

$$\begin{aligned}\text{E}\left[\widetilde{Div}_{\text{I},1}^{\text{A,rev}}\right] &= 3.705,32 - 56,36 + 16,91 + (945,38 - 939,32) - 1.167,84 \\ &= (1 - 31,8045\,\%) \cdot 3.671,93 \\ &= 2.504,09. \end{aligned} \tag{3.222}$$

Bildet man den Quotienten aus (3.222) und (3.221), erhält man die auf den Operating Profit bezogene Gesamtausschüttungsquote des Kernbereichs in der ersten Restwertperiode:

$$q_{\text{I},1}^{\text{a,ges}} = \frac{2.504,09}{7.517,39} = 33,3106\,\%.$$

In Tabelle C–12 auf der Seite 441 sind alle sich auf den NOPLAT und auf den Operating Profit beziehenden (Gesamt-) Ausschüttungsquoten der Bereiche A und B im Restwertzeitraum zusammengestellt.

Den Tabellen C–13 und C–14 sind die kumulierten Werte der Bewertungsgrößen im Bereich C, die auf die zusätzlichen Nettoinvestitionen von den Bereichen A und B zurückzuführen sind, zu entnehmen. Diese gehen in die

245 Siehe Anhang C.1.1, S. 436–440.

Tabelle C–15 ein, in der alle Bewertungsgrößen auf Unternehmensebene aufgeführt sind.[246] Addiert man die in $\phi_\mathrm{I} = 1$ erwarteten (revidierten) Operating Profits der Bereiche B und C zu (3.221), ergibt sich der Operating Profit auf Unternehmensebene:

$$\begin{aligned} \mathrm{E}\left[\widetilde{OP}_{\mathrm{I},1}\right] &= 7.517,39 + (2.747,94 - 13,72 + 4,12) + 1.175,30 \\ &= 11.431,02. \end{aligned} \tag{3.223}$$

Analog sind die erwarteten Dividenden des Unternehmens in der ersten Periode zu berechnen:

$$\begin{aligned} \mathrm{E}\left[\widetilde{Div}_{\mathrm{I},1}\right] &= 2.504,09 \\ &\quad + (1.905,28 - 285,17 - 13,72 + 4,12 + (264,60 - 228,70)) \\ &\quad + 1.063,33 \\ &= 5.213,82. \end{aligned} \tag{3.224}$$

Bei allen nachfolgenden Perioden $\phi \geq 2$ ist zu bedenken, dass die aggregierten Operating Profits bzw. die aggregierten Flow to Equity aus den Tabellen C–13 und C–14 in die Kalkulation auf Unternehmensebene einzubeziehen sind.

Setzt man (3.224) und (3.223) in Beziehung, ergibt sich die Ausschüttungsquote des Unternehmens in $\phi_\mathrm{I} = 1$:

$$q_{\mathrm{I},1}^{\mathrm{OP}} = \frac{5.213,82}{11.431,02} = 45,6112\,\%.$$

Zu denselben Ergebnissen wie (3.223) und (3.224) gelangt man auch, wenn man von dem NOPLAT bzw. von dem freien Cashflow des Unternehmens ausgeht und diese Größen um die auf der Basis des Restwertes des Fremdkapitals $\mathrm{E}\left[\widetilde{D}_{\mathrm{I},0}\right]$ ermittelbaren erwarteten Fremdkapitalzinsen auf Unternehmensebene $\mathrm{E}\left[\tilde{I}_{\mathrm{I},1}\right]$, den erwarteten Tax Shield $\mathrm{E}\left[\widetilde{TS}_{\mathrm{I},1}\right]$ und die erwartete Veränderung der Restwerte des Fremdkapitals $\mathrm{E}\left[\widetilde{D}_{\mathrm{I},1}\right]$ und $\mathrm{E}\left[\widetilde{D}_{\mathrm{I},0}\right]$ korrigiert. (3.223) entspricht:

$$\mathrm{E}\left[\widetilde{OP}_{\mathrm{I},1}\right] = 12.900,00 - 2.098,54 + 629,56 = 11.431,02.$$

246 Siehe Anhang C.1.1, S. 442–445.

Für (3.224) gilt:

$$\mathrm{E}\left[\widetilde{Div}_{\mathrm{I},1}\right] = 4.140,00 - 2.098,54 + 629,56 + 2.542,80 = 5.213,82.$$

Abschließend sind dem vorläufigen Gesamtwert des verschuldeten Unternehmens aus (3.206) noch die Wertsteigerungen infolge der zusätzlichen Nettoinvestitionen hinzuzufügen (vgl. (3.192)):

$$\mathrm{E}\left[\widetilde{V}^{\ell}_{\mathrm{I},0}\right] = 113.962,78 + 2.846,43 + 1.039,53 = 117.848,74.$$

Das marktbewertete Eigenkapital gemäß (3.207) erhöht sich durch die Thesaurierungen auf 82.873,06 GE (vgl. (3.193)):

$$\mathrm{E}\left[\widetilde{E}^{\ell}_{\mathrm{I},0}\right] = 80.155,12 + 1.907,11 + 810,83 = 82.873,06.$$

3.2.3.3.2 Fallstudie 2a

In der zweiten Fallstudie entfällt die im Rahmen der ersten Fallstudie betrachtete Investitionsbeziehung zwischen den Zusatzbereichen B und C. Stattdessen investiert der Kernbereich nun in beide Zusatzbereiche. Der Anteil der zusätzlichen Nettoinvestitionen am freien Cashflow des Kernbereichs, der in den Bereich B fließt, soll von Beginn des Restwertzeitraums an konstant 35 % betragen, wie Tabelle 3–11 festhält.

Tab. 3–11: Fallstudie 2a / 2b: Prognostizierte Entwicklungen der in die Bereiche B und C investierten Anteile am freien Cashflow des Kernbereichs im Restwertzeitraum

ϕ	1	2	3–6	7 ff.
n_{ϕ}^{AB}	35 %	35 %	35 %	35 %
q_{ϕ}^{AB}	65 %	65 %	65 %	65 %
n_{ϕ}^{AC}	40 %	38, 5 %	37 %	36, 4286 %

Die in den Bereich C investierten Anteile am freien Cashflow des Kernbereichs entsprechen in der Grobplanungsphase den der ersten Fallstudie zugrunde gelegten Anteilen. In der Rentenphase soll die Nettoinvestitionsrate $n_{\mathrm{II}}^{\mathrm{AC}}$ gerade so festgelegt werden, dass der Kernbereich eine auf den NOPLAT bezogene konstante Gesamtausschüttungsquote $q_{\mathrm{II}}^{\mathrm{A,ges}}$ von 20 % aufweist:

$$n_{\mathrm{II}}^{\mathrm{AC}} = \frac{\left(1 - q_{\mathrm{II}}^{\mathrm{A,ges}}\right) - n_{\mathrm{II}}^{\mathrm{A}}}{1 - n_{\mathrm{II}}^{\mathrm{A}}} - n_{\mathrm{II}}^{\mathrm{AB}} = \frac{(1 - 20\,\%) - 30\,\%}{1 - 30\,\%} - 35\,\% = 36,4286\,\%.$$

Alternativ könnten im Rahmen der Investitionsplanung die auf den nach zusätzlicher Investition in den Bereich B verbleibenden freien Cashflow des Kernbereichs bezogenen Nettoinvestitionsraten $n_{\phi}^{\mathrm{AC}'}$ festgelegt werden. In der Tabelle 3–12 sind die nachträglich rechnerisch ermittelten Nettoinvestitionsraten und Ausschüttungsquoten mit dem *verbleibenden* freien Cashflow als Bezugsgröße angegeben. Beispielsweise in der ersten Restwertperiode fließen 38,4615 % des nach Abzug des in den Bereich B investierten Anteils verbleibenden freien Cashflows an die Kapitalgeber und 61,5358 % in Investitionsprojekte im Bereich C:

$$n_{\mathrm{I},1}^{\mathrm{AC}'} = \frac{n_{\mathrm{I},1}^{\mathrm{AC}}}{q_{\mathrm{I},1}^{\mathrm{AB}}} = \frac{40\,\%}{65\,\%} = 61,5358\,\%. \tag{3.225}$$

Der Quotient (3.225) ist leicht verständlich, wenn dessen Zähler und Nenner mit $\mathrm{E}\left[\widetilde{FCF}_{\mathrm{I},1}^{\mathrm{A}}\right]$ multipliziert werden.

Tab. 3–12: Fallstudie 2a / 2b: Prognostizierte Entwicklung des in den Bereich C investierten Anteils am verbleibenden freien Cashflow des Kernbereichs im Restwertzeitraum

ϕ	1	2	3–6	7 ff.
$n_{\phi}^{\mathrm{AC}'}$	61,5358 %	59,2308 %	56,9231 %	56,0440 %
$q_{\phi}^{\mathrm{AC}'}$	38,4615 %	40,7692 %	43,0769 %	43,9560 %

Die Vorgehensweise bei der Ermittlung der Restwertsteigerungen infolge der zusätzlichen Nettoinvestitionen mit dem FCF oder dem FtE Verfahren gleicht der in der Fallstudie 1a erläuterten Vorgehensweise. Aufgrund der Konstanz der Nettoinvestitionsrate, des ROIC und des gewogenen Kapitalkostensatzes des Bereichs B ab der Periode $\phi = 9$ kann erstmals der in $\phi = 8$ erzielbare Wertbeitrag der in diesen Bereich investierten finanziellen Überschüsse mittels (3.163) berechnet werden. Sogleich steigt schon dieser Wertbeitrag wie die zugehörigen Zusatzinvestitionen, die bereits seit der Vorperiode ein konstantes Wachstum aufweisen, mit der nachhaltigen Wachstumsrate des sich bereits in einem eingeschwungenen Zustand befindlichen Kernbereichs $w_{\mathrm{II}}^{\mathrm{A}}$ an. Dies liegt in der sich zu Beginn der Rentenphase im Bereich B nicht mehr ändernden Nettoinvestitionsrate n^{AB} begründet, die im gesamten Restwertzeitraum unverändert 35 % beträgt. Unter diesen Voraussetzungen können bereits die ab der achten Periode erzielbaren MVA mittels (3.165) kapitalisiert werden. Diese für $\phi = 7$ berechnete Restwertsteigerung und die bis zur siebten Periode erwarteten MVA sind dann mit Hilfe der periodenspezifischen Kapitalkostensätze des investierenden Kernbereichs auf den Beginn des Restwertzeitraums zu diskontieren.

Bezüglich der Ermittlung der Wertsteigerung durch die zusätzlichen Investitionen vom Kernbereich in den Bereich C, die auf gleich langen Grobplanungsphasen und einer ab der ersten Periode der Rentenphase konstanten Nettoinvestitionsrate $n_{\mathrm{II}}^{\mathrm{AC}}$ beruht, sind keine Besonderheiten zu verzeichnen. Aufgrund des in den Fallstudien 1 und 2 in der Rentenphase an vorgegebene Gesamtausschüttungsquoten im Kernbereich angepassten und somit unterschiedlichen Investitionsanteils $n_{\mathrm{II}}^{\mathrm{AC}}$ weichen die diesbezüglichen Ergebnisse in den beiden Fallstudien jedoch voneinander ab. Alle Zwischen- und Endergebnisse der Fallstudie 2a sind in den Tabellen C–16 bis C–19 niedergelegt.[247] Weiterhin sind in Tabelle C–20 die Bewertungsgrößen auf Unternehmensebene dokumentiert. In die Aggregation fließen auch die Ergebnisse aus den Tabellen C–5 bis C–7,[248] die sowohl zu der Fallstudie 1a als auch zu der Fallstudie 2a gehören, ein.

Zu dem vorläufigen Gesamtwert des verschuldeten Unternehmens aus (3.206) sind die aus den zusätzlichen Nettoinvestitionen des Kernbereichs in die Zusatzbereiche B und C resultierenden Wertsteigerungen zu addieren:

$$\mathrm{E}\left[\widetilde{V}_{\mathrm{I},0}^{\ell}\right] = 113.962,78 + 8.260,95 + 2.883,74 = 125.107,47. \qquad (3.226)$$

247 Siehe Anhang C.1.1, S. 446–451.
248 Siehe Anhang C.1.1, S. 421–428.

Der vorläufige Restwert des Eigenkapitals aus der Berechnung (3.207) erhöht sich um 7.466, 94 GE:

$$\mathrm{E}\left[\widetilde{E}^{\ell}_{\mathrm{I},0}\right] = 80.155,12 + 5.534,84 + 1.932,10 = 87.622,06.$$

Im Rahmen dieser Fallstudie bietet es sich an, noch auf die Besonderheiten, die mit der Annahme einer kapitalwertneutralen Verzinsung des Invested Capital im Zusatzbereich C in einer Vorsteuerrechnung einhergehen, einzugehen.

Es wird davon ausgegangen, dass ceteris paribus[249] der ROIC $ROIC^{\mathrm{C}}_{\mathrm{II}}$ im eingeschwungenen Zustand nicht 10 % beträgt, sondern dem Gesamtkapitalkostensatz $k^{\tau,\mathrm{C}}_{\mathrm{II}}$ in Höhe von 9, 4396 % entspricht. In der Grobplanungsphase nähert sich der zu Beginn des Restwertzeitraums bei 13 % liegende ROIC mit dem Konvergenzfaktor von 0, 7 (Tab. 3–7a, S. 203) daher diesem Wert an, wie Tabelle 3–13 auf der Seite 226 wiedergibt. Die Rentabilitätsspanne von anfangs 3, 4857 % fällt im Zeitablauf auf 0 % im eingeschwungenen Zustand. Zum Beispiel wird in der zweiten Restwertperiode mit einem ROIC in Höhe von 10, 5077 % gerechnet:

$$\begin{aligned} ROIC^{\mathrm{C}}_{\mathrm{I},2} &= ROIC^{\mathrm{C}}_{\mathrm{I},1} - \left(ROIC^{\mathrm{C}}_{\mathrm{I},1} - k^{\tau,\mathrm{C}}_{\mathrm{II}}\right) \cdot \alpha^{\mathrm{ROIC,C}} \\ &= 13\,\% - (13\,\% - 9,4396\,\%) \cdot 0,7 \\ &= 10,5077\,\%. \end{aligned}$$

Die Rentabilitätsspanne beläuft sich demnach auf

$$RS^{\mathrm{C}}_{\mathrm{I},2} = ROIC^{\mathrm{C}}_{\mathrm{I},2} - k^{\tau,\mathrm{C}}_{\mathrm{I},2} = 10,5077\,\% - 9,4620\,\% = 1,0457\,\%$$

oder wird alternativ gemäß

$$\begin{aligned} RS^{\mathrm{C}}_{\mathrm{I},2} &= RS^{\mathrm{C}}_{\mathrm{I},1} - \left(RS^{\mathrm{C}}_{\mathrm{I},1} - RS^{\mathrm{C}}_{\mathrm{II}}\right) \cdot \alpha^{\mathrm{ROIC,C}} \\ &= 3,4857\,\% - (3,4857\,\% - 0\,\%) \cdot 0,7 \\ &= 1,0457\,\% \end{aligned}$$

berechnet. Damit der Zeitpunkt des Beginns der Rentenphase im Bereich C in den Fallstudien 1 und 2 gleichbleibt, wird der ROIC bereits im Zeitpunkt $\phi_{\mathrm{I}} = 7$ auf 9, 4396 % festgelegt.

249 Der lateinische Begriff „ceteris paribus“ bedeutet „unter ansonsten gleichen Annahmen“.

In der Rentenphase beläuft sich die konstante Wachstumsrate $w_{\mathrm{II}}^{\mathrm{C}}$ nun auf 3,7758 %:

$$w_{\mathrm{II}}^{\mathrm{C}} = 40\,\% \cdot 9,4396\,\% = 3,7758\,\%.$$

In der Berechnung (3.226) verändern sich durch die Annahme der Kapitalwertneutralität einerseits der Restwert $\mathrm{E}\left[\widetilde{V}_{\mathrm{I},0}^{\ell,\mathrm{C}}\right]$ und andererseits die Höhe der Restwertsteigerung $\mathrm{E}\left[\widetilde{\Delta V}_{\mathrm{I},0}^{\ell,\mathrm{AC}}\right]$:

Zum einen zeigt Tabelle C–21, dass in der Rentenphase die Gesamtwerte mit dem Bestand des Gesamtkapitals bzw. die Restwerte des Eigenkapitals mit den Buchwerten des Eigenkapitals übereinstimmen. Beispielsweise im Zeitpunkt $\phi_{\mathrm{II}}^{\mathrm{C}} = 0$ gilt:

$$\mathrm{E}\left[\widetilde{V}_{\mathrm{II},0}^{\ell,\mathrm{C}}\right] = \frac{60\,\% \cdot 12.736,24 \cdot 9,4396\,\%}{9,4396\,\% - 3,7758\,\%} = 12.736,24 = \mathrm{E}\left[\widetilde{IC}_{\mathrm{II},0}^{\mathrm{C}}\right].$$

Werterhöhungen sind allein in der Grobplanungsphase zu beobachten, in welcher der ROIC stets über dem Gesamtkapitalkostensatz liegt.

Zum anderen rufen die vom Kernbereich in den Bereich C investierten finanziellen Mittel in der Rentenphase keine Wertsteigerungen mehr hervor; das ansteigende kumulierte Zusatzkapital früherer Investitionszeitpunkte behält seinen Wert und die auf die Rentenphase entfallenden MVA sind gleich null. Die Restwerte der positiven MVA in der Grobplanungsphase fasst Tabelle C–22 zusammen.

Der Gesamtwert des verschuldeten Unternehmens ist dementsprechend geringer als der bei kapitalwerterhöhender Verzinsung ermittelte Wert (3.226):

$$\begin{aligned}\mathrm{E}\left[\widetilde{V}_{\mathrm{I},0}^{\ell}\right] &= 75.264,14 + 27.278,86 + 10.446,46 + 8.260,95 + 29,83\\ &= 121.280,24.\end{aligned}$$

Die erwartete Marktkapitalisierung beläuft sich auf 84.989,69 GE:

$$\begin{aligned}\mathrm{E}\left[\widetilde{E}_{\mathrm{I},0}^{\ell}\right] &= 50.426,97 + 21.277,51 + 7.730,38 + 5.534,84 + 19,98\\ &= 84.989,69.\end{aligned}$$

Tab. 3–13: Fallstudie 2a: Prognostizierte Entwicklungen des ROIC und der Rentabilitätsspanne im Bereich C bei Kapitalwertneutralität in der Rentenphase

ϕ	1	2	3	4	5	6	7 ff.
$ROIC_{\phi}^{C}$	13,0000 %	10,5077 %	9,7601 %	9,5358 %	9,4685 %	9,4483 %	9,4396 %
RS_{ϕ}^{C}	3,4857 %	1,0457 %	0,3137 %	0,0941 %	0,0282 %	0,0085 %	0,0000 %

3.3 Konzeption, Aufbau und Anwendung der Restwertermittlung bei gewinnorientierter Ausschüttung im eingeschwungenen Zustand

3.3.1 Objektivierung des Ausschüttungsverhaltens

Die Restwertermittlung mit dem FtE Verfahren unter Berücksichtigung von zusätzlichen Nettoinvestitionen in einen anderen Geschäftsbereich mit differenzierter Verzinsung stellt eine wesentliche theoretische Grundlage für die Ermittlung eines in Bezug auf das Ausschüttungsverhalten objektivierten Restwertes der Rentenphase dar, auf die in diesem Abschnitt im Rahmen einer Vorsteuerrechnung eingegangen werden soll.[250] In weiten Teilen kann dabei auf Formeln in den Abschnitten 2.3.3.1, 3.2.2.1.2 und 3.2.2.2.2 verwiesen werden. Ziel dieses Abschnitts ist es, ohne den Einfluss von persönlichen Steuern das Augenmerk insbesondere auf die rekursive Bestimmung des zusätzlichen Thesaurierungsbetrags zu richten, die bei werterhöhender Verzinsung in einer Vorsteuerrechnung und bei werterhöhender und -neutraler Verzinsung in einer Nachsteuerrechnung in derselben Weise erfolgt. Unter dem Gliederungspunkt 4.2.4 werden sodann persönliche Steuern in die Wertermittlung einbezogen.

In den Abschnitten 3.3 und 4.2.4 wird ein Unternehmen betrachtet, das nur aus einem Kernbereich A besteht. Unter dieser vereinfachenden Annahme ist der eingeschwungene Zustand durch eine Konstanz des unternehmensindividuellen, zur Ausschüttung verfügbaren Anteils des Operating Profits q^{a} gekennzeichnet. Liegt diese oberhalb einer am Kapitalmarkt oder aus Unternehmensvergleichen abgeleiteten, gewinnorientierten Referenzausschüttungsquote q^{Ref},[251] ist ein periodenunabhängiger Anteil n^{ad} des ausschüttungsfähigen Flow to Equity zusätzlich zu thesaurieren und in eine Anlageoption D zu reinvestieren. In der weiteren Folge stellt sich eine Gesamtausschüttungsquote im Kernbereich $q^{a,ges}$ ein, die der geringeren Quote q^{Ref} entspricht.[252] Die Reinvestition des zusätzlich einbehaltenen Gewinns

250 Das FtE Verfahren wird bevorzugt angewandt, wenn auf Unternehmensebene eine objektivierte Ausschüttungsquote erreicht werden soll, da es insbesondere unter Berücksichtigung von persönlichen Steuern eingängiger als das FCF Verfahren ist.

251 Empirischen Befunden zufolge liegen Marktausschüttungsquoten je nach verwendetem Marktindex regelmäßig zwischen 40 % und 60 %. Vgl. *IDW* (Hrsg.) (2018), Kap. A, Tz. 280.

252 Da nur die Rentenphase betrachtet wird, wird im Folgenden auf die Kennzeichnung der Eingangsgrößen mit dem Phasenindex „II“ verzichtet. Die sich auf den Operating

kann in Abhängigkeit von den vorhandenen Anlageoptionen kapitalwerterhöhend oder -neutral erfolgen. Bei kapitalwertneutraler Verzinsung haben die zusätzlichen Thesaurierungen keine Auswirkungen auf den Marktwert und die Kapitalkostensätze, wie in Anhang A.1.3 dargelegt wird.[253]

Die Restwertermittlung folgt den auf der Seite 173 aufgezählten drei Bewertungsschritten. In einem ersten Schritt wird der Restwert bei residualer Ausschüttung, d. h. ohne Berücksichtigung von zusätzlichen Thesaurierungen, bestimmt. In einem zweiten Schritt ist die Restwertsteigerung infolge zusätzlicher Thesaurierungen zu berechnen. Zuletzt wird der Restwert des Eigenkapitals des verschuldeten Unternehmens durch Summierung des Restwertes bei residualer Ausschüttung und dessen durch die gewinnorientierte Ausschüttung ausgelösten Erhöhung ermittelt.

Mit der Ausnahme, dass die konstante Thesaurierungsquote

$$n^{\text{ad}} = 1 - q^{\text{ad}} \qquad \forall \phi_{\text{II}} \in [1, +\infty) \quad (3.227)$$

als Anteil der zusätzlichen Gewinneinbehaltung vom ausschüttbaren Betrag nicht wie in dem bereichsdifferenzierenden Restwertmodell im Vorfeld der Wertermittlung exogen festgelegt werden kann, sondern aufgrund der Veränderung des Operating Profits und der Dividenden durch die zu berücksichtigenden Fremdfinanzierungseffekte[254] zirkulär aus der Ermittlung der Restwertsteigerung hervorgeht, sind alle die Rentenphase betreffenden Bewertungsformeln aus den einleitend genannten drei Abschnitten auf den Sachverhalt einer gewinnorientierten Ausschüttung zu transferieren. In Anlehnung an (2.65a), (2.65c) und den Formelverbund (3.148) gilt für den Restwert ohne Berücksichtigung der zusätzlichen Thesaurierung:

$$\text{E}\left[\widetilde{E}_0^{\ell,\text{A}}\right] = \frac{\text{E}\left[\widetilde{FTE}_1^{\text{A}}\right]}{ke_{\text{q}}^{\ell,\text{A}} - w^{\text{A}}} = \frac{q^{\text{A}} \cdot \text{E}\left[\widetilde{IC}_0^{\text{A}}\right] \cdot ROIC^{\text{A}}}{ke_{\text{q}}^{\ell,\text{A}} - w^{\text{A}} + \left(kd \cdot (1-\tau) - w^{\text{A}}\right) \cdot L}. \quad (3.228)$$

Bei kapitalwerterhöhender Reinvestition ist in Bezug auf den Kernbereich wiederum ein an die veränderte Ausschüttungspolitik angepasster Eigenkapitalkostensatz $ke_{\text{q}}^{\ell,\text{A}}$ anzusetzen.

Profit und den Flow to Equity beziehenden Ausschüttungs- und Thesaurierungsquoten werden mit Kleinbuchstaben indiziert.

253 Siehe Anhang A.1.3, S. 343 f.

254 Zu dem Einfluss der Finanzierungseffekte auf den Operating Profit und die Dividenden siehe auch bereits Seite 197.

Die Höhe des in einer Periode $\phi_{\text{II}} \in [1, +\infty)$ in die Anlageoption D investierten Thesaurierungsbetrags

$$\mathrm{E}\left[\widetilde{IE}_{\phi_{\text{II}}}^{\text{D},\phi_{\text{II}}}\right] = n^{\text{ad}} \cdot \mathrm{E}\left[\widetilde{FTE}_{\phi_{\text{II}}}^{\text{A}}\right] \qquad \forall\, \phi_{\text{II}} \in [1, +\infty) \quad (3.229)$$

ist zunächst unbekannt, da die Quote n^{ad} gerade so festzulegen ist, dass sich eine Gesamtausschüttungsquote in Höhe der vorgegebenen Referenzausschüttungsquote einstellt, wenn die nach zusätzlicher Thesaurierung zur Ausschüttung verbleibenden Dividenden in Beziehung zum Operating Profit des Kernbereichs gesetzt werden. Die auf die Dividenden und den Operating Profit einwirkenden Finanzierungseffekte ergeben sich aus den Marktwertsteigerungen des zusätzlichen Fremdkapitals, die wiederum von der Höhe der Wertsteigerung des Eigenkapitals, dem gesuchten Bewertungsergebnis, abhängig sind.

Der Anlagebetrag (3.229) verzinst sich annahmegemäß kapitalwerterhöhend mit der buchhalterischen Eigenkapitalrendite $\overline{ROE}^{\text{D}}$, die somit größer als der Eigenkapitalkostensatz $ke^{\ell,\text{D}}$ ist. Von dem Operating Profit steht der Anteil q^{d} zur Ausschüttung an die Eigenkapitalgeber zur Verfügung. Die Höhe dieser Ausschüttungsquote q^{d} soll den Wert q^{Ref} annehmen, sodass die objektivierte Ausschüttungsquote auf Unternehmensebene erreicht wird. Aufgrund des Wachstums der zusätzlichen Flow to Equity mit der Rate

$$w^{\text{D}} = \left(1 - q^{\text{d}}\right) \cdot \overline{ROE}^{\text{D}} \qquad \forall\, \phi_{\text{II}} \in [1, +\infty) \quad (3.230)$$

ergibt sich der Wertbeitrag einer aus der zusätzlichen Thesaurierung in einer Periode ϕ_{II} gemäß (3.229) erwachsenden Zahlungsreihe im Investitionszeitpunkt wie folgt:

$$\mathrm{E}\left[\widetilde{E}_{\phi_{\text{II}}}^{\ell,\text{D},\phi_{\text{II}}}\right] = \frac{\mathrm{E}\left[\widetilde{FTE}_{\phi_{\text{II}}+1}^{\text{AD},\phi_{\text{II}}}\right]}{ke^{\ell,\text{D}} - w^{\text{D}}} = \frac{q^{\text{d}} \cdot \mathrm{E}\left[\widetilde{IE}_{\phi_{\text{II}}}^{\text{D},\phi_{\text{II}}}\right] \cdot \overline{ROE}^{\text{D}}}{ke^{\ell,\text{D}} - w^{\text{D}}}$$
$$\forall\, \phi_{\text{II}} \in [1, +\infty). \quad (3.231)$$

In (3.231) sind alle in dem Zeitraum $[\phi_{\text{II}} + 1, +\infty)$ aufkommenden Fremdfinanzierungseffekte, die aus der periodischen Erhöhung des in ϕ_{II} aufgenommenen Fremdkapitals zur Einhaltung der durch L vorgegebenen Kapitalstruktur auf Unternehmensebene resultieren, erfasst. Diese gehen in die Berechnung der Gewinngrößen und in die Ermittlung des in dem Bewertungskalkül (3.231) angesetzten Kapitalkostensatzes $ke^{\ell,\text{D}}$ ein.

Sodann sind alle aus (3.229) und (3.231) zu bildenden Market Value Added der Perioden $\phi_{\mathrm{II}} \in [1, +\infty)$ gemäß (3.184a) auf den Beginn der ewigen Rente zu diskontieren. Hierbei sind nun jeweils die Finanzierungseffekte in dem Zeitraum $\left[1, \phi_{\mathrm{II}}\right]$ zu berücksichtigen, die aus den Anpassungen des Fremdkapitals an die Wertsteigerungen in dem Zeitraum $\left[0, \phi_{\mathrm{II}} - 1\right]$ resultieren. Hieraus folgt der zu (3.184d) analoge und denselben Nenner wie (3.228) aufweisende Kalkül für die Restwertsteigerung:

$$\mathrm{E}\left[\widetilde{\Delta E}_0^{\ell,\mathrm{AD}}\right] = \frac{\mathrm{E}\left[\widetilde{MVA}_1^{\mathrm{AD}}\right]}{ke_{\mathrm{q}}^{\ell,\mathrm{A}} - w^{\mathrm{A}} + \left(kd \cdot (1-\tau) - w^{\mathrm{A}}\right) \cdot L}. \tag{3.232}$$

Für den MVA im Zähler von (3.232) folgt aus (3.229) und (3.231) im Zeitpunkt $\phi_{\mathrm{II}} = 1$ (vgl. mit (3.164a)):

$$\begin{aligned}
\mathrm{E}\left[\widetilde{MVA}_1^{\mathrm{AD}}\right] &= -\mathrm{E}\left[\widetilde{IE}_1^{\mathrm{D},1}\right] + \mathrm{E}\left[\widetilde{E}_1^{\ell,\mathrm{D},1}\right] \\
&= -\left(1 - q^{\mathrm{ad}}\right) \cdot \mathrm{E}\left[\widetilde{FTE}_1^{\mathrm{A}}\right] + \frac{q^{\mathrm{d}} \cdot \left(1 - q^{\mathrm{ad}}\right) \cdot \mathrm{E}\left[\widetilde{FTE}_1^{\mathrm{A}}\right] \cdot ROE^{\mathrm{D}}}{ke^{\ell,\mathrm{D}} - w^{\mathrm{D}}} \\
&= \frac{\left(1 - q^{\mathrm{ad}}\right) \cdot \mathrm{E}\left[\widetilde{FTE}_1^{\mathrm{A}}\right] \cdot \left(ROE^{\mathrm{D}} - ke^{\ell,\mathrm{D}}\right)}{ke^{\ell,\mathrm{D}} - w^{\mathrm{D}}}.
\end{aligned} \tag{3.233}$$

Um das deterministisch festgelegte Marktwertverhältnis von Eigen- zu Fremdkapital zu wahren, ist in jeder Periode eine Fremdkapitalanpassung nach Maßgabe des Verschuldungsgrades L notwendig. In $\phi_{\mathrm{II}} = 0$ gilt:

$$\mathrm{E}\left[\widetilde{\Delta D}_0^{\mathrm{AD}}\right] = L \cdot \mathrm{E}\left[\widetilde{\Delta E}_0^{\ell,\mathrm{AD}}\right]. \tag{3.234}$$

Die auf diesen Fremdkapitalbeitrag zu entrichtenden Fremdkapitalzinsen, der Tax Shield und die zur Ausschüttung an die Anteilseigner verfügbare Fremdkapitalveränderung sind im Nenner von (3.232) enthalten.

Analog zu (3.185) erhöht (3.232) den Restwert (3.228):

$$\begin{aligned}
\mathrm{E}\left[\widetilde{E}_0^{\ell}\right] &= \mathrm{E}\left[\widetilde{E}_0^{\ell,\mathrm{A}}\right] + \mathrm{E}\left[\widetilde{\Delta E}_0^{\ell,\mathrm{AD}}\right] \\
&= \frac{\mathrm{E}\left[\widetilde{FCF}_1^{\mathrm{A}}\right] + \mathrm{E}\left[\widetilde{MVA}_1^{\mathrm{AD}}\right]}{ke_{\mathrm{q}}^{\ell,\mathrm{A}} - w^{\mathrm{A}} + \left(kd \cdot (1-\tau) - w^{\mathrm{A}}\right) \cdot L}.
\end{aligned} \tag{3.235}$$

Noch ungeklärt ist die Bestimmung der Thesaurierungsquote n^{ad} in (3.229) bzw. der Ausschüttungsquote q^{ad}, wobei sich die eine Quote aus der jeweils anderen gemäß (3.227) ergibt. Die aus der periodischen wertorientierten Anpassung des Fremdkapitals resultierenden Finanzierungseffekte beeinflussen den Operating Profit und die Dividenden im Kernbereich. Der um die zusätzlichen Fremdkapitalzinsen nach Unternehmensteuern verminderte Operating Profit in $\phi_{\mathrm{II}} = 1$ beläuft sich in Analogie zu (3.189) auf:

$$\mathrm{E}\left[\widetilde{OP}_1^{\mathrm{A,rev}}\right] = \mathrm{E}\left[\widetilde{OP}_1^{\mathrm{A}}\right] - kd \cdot (1-\tau) \cdot L \cdot \mathrm{E}\left[\widetilde{\Delta E}_0^{\ell,\mathrm{AD}}\right]. \qquad (3.236)$$

Für die revidierten Dividenden gilt in Anlehnung an (3.190):

$$\mathrm{E}\left[\widetilde{Div}_1^{\mathrm{A,rev}}\right] = q^{\mathrm{ad}} \cdot \mathrm{E}\left[\widetilde{FTE}_1^{\mathrm{A}}\right] - \left(kd \cdot (1-\tau) - w^{\mathrm{A}}\right) \cdot L \cdot \mathrm{E}\left[\widetilde{\Delta E}_0^{\ell,\mathrm{AD}}\right]. \qquad (3.237)$$

Das Verhältnis der nach Abzug der zusätzlichen Thesaurierung von dem entziehbaren Betrag verbleibenden Dividendenzahlung zu dem Operating Profit unter Berücksichtigung des Einflusses der Fremdfinanzierungseffekte ist durch die vorgegebene Gesamtausschüttungsquote q^{Ref} festgelegt:

$$q^{\mathrm{a,ges}} = \frac{\mathrm{E}\left[\widetilde{Div}_1^{\mathrm{A,rev}}\right]}{\mathrm{E}\left[\widetilde{OP}_1^{\mathrm{A,rev}}\right]} = q^{\mathrm{Ref}} \qquad \forall \phi_{\mathrm{II}} \in [1, +\infty). \qquad (3.238)$$

Nach Einsetzen von (3.236) und (3.237) in (3.238) folgt für die Ausschüttungsquote q^{ad} bei werterhöhender zusätzlicher Thesaurierung nach entsprechender Auflösung:

$$q^{\mathrm{ad}} = \frac{q^{\mathrm{Ref}} \cdot \mathrm{E}\left[\widetilde{OP}_1^{\mathrm{A}}\right] + \left(kd \cdot (1-\tau) \cdot \left(1 - q^{\mathrm{Ref}}\right) - w^{\mathrm{A}}\right) \cdot L \cdot \mathrm{E}\left[\widetilde{\Delta E}_0^{\ell,\mathrm{AD}}\right]}{\mathrm{E}\left[\widetilde{FTE}_1^{\mathrm{A}}\right]} \qquad \forall \phi_{\mathrm{II}} \in [1, +\infty). \qquad (3.239)$$

Da alle Bewertungsgrößen in (3.238) und (3.239) mit der Wachstumsrate w^{A} ansteigen, sind diese Formeln in allen Perioden der Rentenphase $\phi_{\mathrm{II}} \in [1, +\infty)$ gültig. Die Abhängigkeit der Ausschüttungsquote q^{ad} von der zu ermittelnden Restwertsteigerung (3.232) kann als ausschüttungsbedingte Zirkularität bezeichnet werden. Nach Einsetzen von (3.239) in (3.227) ergibt sich die gesuchte Thesaurierungsquote n^{ad}.

Die zirkuläre Ermittlung der Quote q^{ad} hat zur Folge, dass auch der von ihr abhängige Eigenkapitalkostensatz $ke_{\mathrm{q}}^{\ell,\mathrm{A}}$ diesem ausschüttungsbedingten Zirkularitätsproblem unterliegt. Die Berechnung des Restwertes bei residualer Ausschüttung (3.228), der als Bestandteil von (3.235) den iterativ aus der Bewertung hervorgehenden Eigenkapitalkostensatz enthält, kann somit erst simultan mit der Berechnung von (3.232) erfolgen.

Bei kapitalwertneutraler Verzinsung der zusätzlichen Thesaurierungen sind der MVA (3.233) und in der weiteren Folge die Restwertsteigerung (3.232) gleich null, sodass q^{ad} ohne ein ausschüttungsbedingtes Zirkularitätsproblem bestimmt werden kann:[255]

$$q^{\mathrm{ad}} = \frac{q^{\mathrm{Ref}} \cdot \mathrm{E}\left[\widetilde{OP}_1^{\mathrm{A}}\right]}{\mathrm{E}\left[\widetilde{FTE}_1^{\mathrm{A}}\right]} = \frac{q^{\mathrm{Ref}}}{q^{\mathrm{a}}} \qquad \forall \phi_{\mathrm{II}} \in [1, +\infty). \quad (3.240)$$

Weiterhin bestehen bleibt die mit der Prognose des Operating Profits und des Flow to Equity verbundene finanzierungsbedingte Zirkularität. In der Fallstudie 3a in Abschnitt 3.3.2 wird sowohl die Annahme einer kapitalwerterhöhenden als auch einer -neutralen Verzinsung der zusätzlichen Thesaurierungen behandelt. Durch die Verwendung der herkömmlichen Anpassungsformel für den Eigenkapitalkostensatz (2.46) bzw. (D.10) wird das ausschüttungsbedingte Zirkularitätsproblem in Bezug auf den Kapitalkostensatz im Falle einer kapitalwerterhöhenden Verzinsung jedoch ausgeblendet.

3.3.2 Fallstudie 3a

3.3.2.1 Restwertermittlung bei kapitalwerterhöhender Verzinsung der zusätzlichen Thesaurierungen

In diesem ersten Abschnitt zur dritten Fallstudie wird auch das FCF Verfahren eingesetzt. Es dient im Wesentlichen zur Plausibilitätsprüfung der mit dem FtE Verfahren ermittelten Ergebnisse. Die Formeln des FCF Verfahrens sind im Prinzip aus den Abschnitten 2.3.2.1, 3.2.2.1.1 und 3.2.2.2.1 bekannt und können anwendungsbezogen im Rahmen dieser Fallstudie auf den Kontext der objektivierten Restwertermittlung übertragen werden. Wie in den

---

255 (3.240) gilt im Gegensatz zu (3.239) nur im Rahmen einer Vorsteuerrechnung unter der Annahme der Kapitalwertneutralität in Bezug auf die Anlage D.

theoretischen Ausführungen im vorherigen Abschnitt wird von einem Unternehmen ausgegangen, das nur aus einem Kernbereich und keinen weiteren Zusatzbereichen besteht.

Der Tabelle 3–14 sind die gegebenen Werte des Unternehmensteuersatzes τ sowie der Fremdkapitalquote Θ bzw. des Verschuldungsgrades L und des Fremdkapitalkostensatzes kd des Unternehmens zu entnehmen. Der konstante prozentuale Anteil aller Ausschüttungen am Operating Profit des Unternehmens q^{Ref} soll den Branchengegebenheiten folgend 60 % betragen. Diese Werte sind auch für die Fortsetzung dieser Fallstudie im Rahmen der im vierten Kapitel behandelten Nachsteuerrechnung relevant.

Tab. 3–14: Fallstudie 3a / 3b: Steuersatz, Verschuldungsgrad, Fremdkapitalkostensatz und objektivierte Ausschüttungsquote des Unternehmens

τ	Θ	L	kd	q^{Ref}
30 %	30 %	42,8571 %	6 %	60 %

Tabelle 3–15 trägt die für die Ermittlung des Restwertes im Kernbereich bei residualer Ausschüttung benötigten gegebenen und berechneten Daten zusammen: die NOPLAT-bezogene Nettoinvestitionsrate n^{A}, die Gesamtkapitalrendite $\overset{\mathrm{A}}{ROIC}$, die konstante Wachstumsrate w^{A}, die Eigenkapitalkostensätze $ke^{\mathrm{u,A}}$ und $ke^{\ell,\mathrm{A}}$ sowie den Gesamtkapitalkostensatz $k^{\tau,\mathrm{A}}$.

Tab. 3–15: Fallstudie 3a / 3b: Nettoinvestitionsrate, ROIC, Wachstumsrate und Kapitalkostensätze des Kernbereichs in einer Vorsteuerrechnung

n^{A}	q^{A}	$\overset{\mathrm{A}}{ROIC}$	w^{A}	$ke^{\mathrm{u,A}}$	$ke^{\ell,\mathrm{A}}$	$k^{\tau,\mathrm{A}}$
30 %	70 %	16 %	4,8 %	13 %	15,9491 %	12,4243 %

Der mit 13 % gegebene Eigenkapitalkostensatz des unverschuldeten Kernbereichs $ke^{u,A}$ ist mittels (D.10) an den Verschuldungsgrad L anzupassen:

$$ke^{\ell,A} = 13\,\% + (13\,\% - 6\,\%) \cdot \frac{1 + 6\,\% \cdot (1 - 30\,\%)}{1 + 6\,\%} \cdot 42,8571\,\%$$
$$= 15,9491\,\%.$$

Der mit der gegebenen Eigenkapitalquote $1 - \Theta$ gewichtete Eigenkapitalkostensatz des verschuldeten Kernbereichs $ke^{\ell,A}$ fließt in den mittels (2.51) bzw. (D.11) zu berechnenden Gesamtkapitalkostensatz $k^{\tau,A}$ ein:

$$k^{\tau,A} = 15,9491\,\% \cdot (1 - 30\,\%) + 6\,\% \cdot (1 - 30\,\%) \cdot 30\,\% = 12,4243\,\%.$$

Tabelle C–23 in Anhang C.1.2 gibt die Werte der Bewertungsgrößen wieder, die der Ermittlung des Restwertes bei residualer Ausschüttung zugrunde liegen.[256] Die Anwendung des FCF Verfahrens gemäß (2.50) führt in einem ersten Schritt zu einem erwarteten Gesamtwert $\mathrm{E}\left[\widetilde{V}_0^{\ell,A}\right]$ in Höhe von 120.456, 33 GE:

$$\mathrm{E}\left[\widetilde{V}_0^{\ell,A}\right] = \frac{70\,\% \cdot 82.000,00 \cdot 16\,\%}{12,4243\,\% - 4,8\,\%} = \frac{9.184,00}{12,4243\,\% - 4,8\,\%} = 120.456,33. \tag{3.241}$$

In einem zweiten Schritt folgt gemäß (2.53) für den Restwert des Eigenkapitals im Kernbereich:

$$\mathrm{E}\left[\widetilde{E}_0^{\ell,A}\right] = (1 - 30\,\%) \cdot 120.456,33 = 84.319,43.$$

Bei Anwendung des FtE Verfahrens kann der Restwert des Eigenkapitals in einem einzigen Schritt berechnet werden, indem der mit der Wachstumsrate w^A ansteigende Flow to Equity mit dem Eigenkapitalkostensatz bei Verschuldung $ke^{\ell,A}$ diskontiert wird. In der folgenden, auf (2.65b) basierenden Gleichung ist der iterativ ermittelte Restwert des Eigenkapitals integriert:

$$\mathrm{E}\left[\widetilde{E}_0^{\ell,A}\right] = \frac{9.184,00 - (6\,\% \cdot (1 - 30\,\%) - 4,8\,\%) \cdot 42,8571\,\% \cdot 84.319,43}{15,9491\,\% - 4,8\,\%} = 84.319,43. \tag{3.242}$$

256 Siehe S. 458.

Die im Allgemeinen mit dem FtE Verfahren verbundene finanzierungsbedingte Zirkularität, die sich in der Abhängigkeit der Fremdkapitalzinsen, Tax Shields und Fremdkapitalveränderungen von dem Marktwert des Fremdkapitals und damit von dem zu ermittelnden Restwert des Eigenkapitals äußert, lässt sich, wie (2.65c) und (3.228) zeigen, im Rentenfall auflösen:

$$\begin{aligned} \mathrm{E}\left[\widetilde{E}_0^{\ell,\mathrm{A}}\right] &= \frac{9.184,00}{15,9491\,\% - 4,8\,\% + (6\,\% \cdot (1 - 30\,\%) - 4,8\,\%) \cdot 42,8571\,\%} \\ &= 84.319,43. \end{aligned} \tag{3.243}$$

Auf der Basis des freien Cashflows in der ersten Periode der Rentenphase kann der Restwert des Eigenkapitals demnach auch auf direktem Wege ermittelt werden, ohne dass ein finanzierungsbedingtes Zirkularitätsproblem auftritt.

Aus dem erwarteten Fremdkapitalbestand zu Beginn der Rentenphase

$$\mathrm{E}\left[\widetilde{D}_0^{\mathrm{A}}\right] = 30\,\% \cdot 120.456,33 = 42,8571\,\% \cdot 84.319,43 = 36.136,90$$

können schließlich die in der nachfolgenden Periode zu entrichtenden Fremdkapitalzinsen und der erwartete fremdfinanzierungsbedingte Steuervorteil berechnet werden. Sodann ergibt sich der erwartete Operating Profit ausgehend vom NOPLAT des Kernbereichs wie folgt:

$$\begin{aligned} \mathrm{E}\left[\widetilde{OP}_1^{\mathrm{A}}\right] &= 13.120,00 - 6\,\% \cdot (1 - 30\,\%) \cdot 36.136,90 \\ &= 11.602,25. \end{aligned} \tag{3.244}$$

Den erwarteten Flow to Equity des Kernbereichs erhält man nach Abzug der Thesaurierung vom Operating Profit:

$$\begin{aligned} \mathrm{E}\left[\widetilde{FTE}_1^{\mathrm{A}}\right] &= 11.602,25 - (3.936,00 - 4,8\,\% \cdot 36.136,90) \\ &= 9.400,82. \end{aligned} \tag{3.245}$$

(3.245) ist gleichbedeutend mit dem Zähler des Quotienten (3.242), was leicht erkennbar ist, wenn man den freien Cashflow in (3.242) durch die Differenz aus NOPLAT und Nettoinvestitionen ersetzt.

Der Anteil des ausschüttbaren Betrags (3.245) am Operating Profit (3.244) q^{a} beträgt $81,0258\,\%$:

$$q^{\mathrm{a}} = \frac{9.400,82}{11.602,25} = 81,0258\,\%.$$

Da dieser 60 % übersteigt, sind zusätzliche Thesaurierungen zu tätigen, sodass die Gesamtausschüttungsquote mit der vorgegebenen niedrigeren Referenzausschüttungsquote übereinstimmt. Es wird davon ausgegangen, dass die zusätzlich zu thesaurierenden finanziellen Mittel in eine Anlageoption D kapitalwerterhöhend reinvestiert werden können. Der Return on Equity der Zusatzanlage ROE^{D} liegt bei 15 %. Die auf den Operating Profit der Zusatzanlage bezogene Ausschüttungsquote q^{d} nimmt den Wert der Referenzausschüttungsquote an. Demzufolge werden periodisch 40 % des Operating Profit der Anlage D thesauriert. Aus dem Produkt aus Thesaurierungsquote n^{d} und ROE folgt eine konstante Wachstumsrate w^{D} in Höhe von 6 %. Der Eigenkapitalkostensatz bei Eigenfinanzierung $ke^{u,D}$ beläuft sich annahmegemäß auf 10 %. Mit Hilfe der in Tabelle 3–14 auf der Seite 233 angegebenen Daten lassen sich der Eigenkapitalkostensatz bei Verschuldung $ke^{\ell,D}$ und der Gesamtkapitalkostensatz $k^{\tau,D}$ berechnen. Tabelle 3–16 fasst die sich auf die Zusatzanlage D beziehenden Daten zusammen.

Tab. 3–16: Fallstudie 3a / 3b: Ausschüttungsquote, ROE, Wachstumsrate und Kapitalkostensätze der Zusatzanlage in einer Vorsteuerrechnung

q^{d}	n^{d}	ROE^{D}	w^{D}	$ke^{u,D}$	$ke^{\ell,D}$	$k^{\tau,D}$
60 %	40 %	15 %	6 %	10 %	11,6852 %	9,4396 %

Die zusätzlichen Thesaurierungen bewirken insgesamt eine Erhöhung des unter der Annahme einer residualen Ausschüttung berechneten Restwertes. Zugleich hängen die Beträge der zusätzlichen Thesaurierungen bei Objektivierung des Ausschüttungsverhaltens von dieser noch zu ermittelnden Restwertsteigerung ab. Trotz dieser ausschüttungsbedingten Zirkularität können die Thesaurierungsbeträge, deren Marktwerte und die Steigerung des bei residualer Ausschüttung ermittelten Restwertes ohne rechnerische Probleme bestimmt werden, indem in einem Tabellenkalkulationsprogramm die Funktion der iterativen Berechnung aktiviert wird. Die erste Zeile der Tabelle C–24 auf der Seite 459 enthält die Beträge der zusätzlichen Thesaurierungen des Flow to Equity im Kernbereich, die von der zunächst unbekannten Thesaurierungsquote n^{ad} abhängig sind. Mit Hilfe der zu den zusätzlichen Thesaurierungen gehörenden Marktwerte können die Marktwerte des zusätzlichen

Fremdkapitals im Investitionszeitpunkt und in der weiteren Folge die Beträge der zusätzlichen Nettoinvestitionen sowie deren Marktwerte bestimmt werden (Tab. C–25, S. 460). Auf der Basis dieser Größen stehen für den MVA zwei ergebnisgleiche Berechnungsweisen zur Auswahl. Beispielsweise für den MVA in der ersten Periode gilt:

$$E\left[\widetilde{MVA}_1^{AD}\right] = -2.627,55 + 4.159,58 = -4.410,23 + 5.942,26 = 1.532,03.$$

Die mit der konstanten Wachstumsrate des Kernbereichs w^A ansteigenden MVA sind auf den Beginn der Rentenphase zu diskontieren. Bei Anwendung des FCF Verfahrens ergibt sich das gesuchte Bewertungsergebnis wie folgt:

$$E\left[\widetilde{\Delta V}_0^{\ell,AD}\right] = \frac{1.532,03}{12,4243\,\% - 4,8\,\%} = 20.093,96. \tag{3.246}$$

Die Steigerung des Gesamtwertes (3.246) beinhaltet den Betrag des zusätzlich aufzunehmenden Fremdkapitals

$$E\left[\widetilde{\Delta D}_0^{AD}\right] = 30\,\% \cdot 20.093,96 = 6.028,19, \tag{3.247}$$

das ebenfalls mit der Wachstumsrate w^A ansteigt und von dem ausgehend die zusätzlichen Fremdkapitalzinsen, die zusätzliche fremdfinanzierungsbedingte Steuerersparnis sowie die Veränderung der Fremdkapitalerhöhung in der ersten Periode zu bestimmen sind. Bei alternativer Anwendung des FtE Verfahrens sind diese Fremdfinanzierungswirkungen im Zuge der Diskontierung der MVA zu berücksichtigen:

$$\begin{aligned} E\left[\widetilde{\Delta E}_0^{\ell,AD}\right] &= \frac{1.532,03 - (6\,\% \cdot (1 - 30\,\%) - 4,8\,\%) \cdot 6.028,19}{15,9491\,\% - 4,8\,\%} \\ &= 14.065,77. \end{aligned} \tag{3.248}$$

Da in der Regel nicht beide Bewertungsverfahren gleichzeitig angewandt werden, ist der Betrag des zusätzlichen Fremdkapitals in dieser Berechnung letztlich noch nicht bekannt. Dieser hängt über den Verschuldungsgrad L vom zu ermittelnden Bewertungsergebnis ab:

$$E\left[\widetilde{\Delta D}_0^{AD}\right] = 42,8571\,\% \cdot 14.065,77 = 6.028,19. \tag{3.249}$$

Der Rentenfall birgt jedoch den Vorteil, dass nach Einsetzen von (3.249) in (3.248) und anschließendem Auflösen nach dem Bewertungsergebnis die finanzierungsbedingte Zirkularität aufgehoben ist und mit (3.232) ein zu (3.243) ähnlicher Ausdruck entsteht:

$$\begin{aligned}\mathrm{E}\left[\widetilde{\Delta E}_0^{\ell,\mathrm{AD}}\right] &= \frac{1.532,03}{15,9491\,\% - 4,8\,\% + (6\,\% \cdot 70\,\% - 4,8\,\%) \cdot 42,8571\,\%} \\ &= (1 - 30\,\%) \cdot 20.093,96 \qquad (3.250) \\ &= 14.065,77.\end{aligned}$$

Somit kann die Steigerung des Restwertes des Eigenkapitals bei gewinnorientierter Ausschüttung in der Rentenphase entweder in zwei Schritten im Falle der Anwendung des FCF Verfahrens gemäß (3.246) i. V. m. (3.247) oder in einem Schritt mit Hilfe von (3.250) ermittelt werden.

Die zusätzlichen Fremdkapitalzinsen, der zusätzliche Tax Shield und die Erhöhung des zusätzlichen Fremdkapitals bewirken eine Veränderung der bei residualer Ausschüttung berechneten Beträge des Operating Profit und des Flow to Equity, wie bereits in der Fallstudie 1a gezeigt wurde.[257] Die auf den Flow to Equity des Kernbereichs bezogene Ausschüttungsquote q^{ad} ist wie folgt zu ermitteln:

$$\begin{aligned}q^{\mathrm{ad}} &= \frac{60\,\% \cdot (11.602,25 - 361,69 + 108,51) + 361,69 - 108,51 - 289,35}{9.400,82} \\ &= 72,0498\,\%. \qquad (3.251)\end{aligned}$$

Demnach werden $27,9502\,\%$ des entnahmefähigen Betrags im Kernbereich zusätzlich thesauriert und in die Anlage D investiert, während $72,0498\,\%$ zur Ausschüttung an die Eigenkapitalgeber verbleiben. In (3.251) sind bereits die mit der Thesaurierungsquote n^{ad} abgestimmten Fremdfinanzierungseffekte enthalten. Die sich einstellende, auf den Operating Profit bezogene Gesamtausschüttungsquote im Kernbereich $q^{\mathrm{a,ges}}$ in Höhe von $60\,\%$ entspricht einer auf den NOPLAT des Kernbereichs bezogenen konstanten Gesamtausschüttungsquote $q^{\mathrm{A,ges}}$ von $36,3854\,\%$. Zur Berechnung dieses Anteilssatzes sind der nach Abzug der zusätzlichen Nettoinvestitionen verbleibende freie Cashflow und der NOPLAT des Kernbereichs in Beziehung zu setzen:

$$q^{\mathrm{A,ges}} = \frac{9.184,00 - 4.410,23}{13.120,00} = 36,3854\,\%.$$

257 Vgl. S. 219 f.

In Tabelle C–26 sind die kumulierten Werte der bewertungsrelevanten Größen der Anlage D zusammengetragen, die aus den periodischen Investitionen durch den Kernbereich resultieren und in die Aggregation aller Bewertungsgrößen auf Unternehmensebene (Tab. C–27, S. 462) eingehen. Der Gesamtwert des verschuldeten Unternehmens $\mathrm{E}\left[\widetilde{V}_0^\ell\right]$ beträgt bei gewinnorientierter Ausschüttung 140.550, 30 GE:

$$\mathrm{E}\left[\widetilde{V}_0^\ell\right] = 120.456,33 + 20.093,96 = 140.550,30.$$

Von diesem ausgehend können die Fremdkapitalzinsen, Tax Shields und Fremdkapitalveränderungen auf Unternehmensebene leicht berechnet werden (Tab. C–27, S. 462), da der Fremdkapitalkostensatz *kd* annahmegemäß bereichsunabhängig ist. Die Richtigkeit der Ergebnisse bestätigt sich, wenn der Operating Profit und die Dividenden des Unternehmens auf der Basis der kumulierten Werte rechnerisch ermittelt werden. Für ersteren gilt in der ersten Periode:

$$\mathrm{E}\left[\widetilde{OP}_1\right] = 13.120,00 - 2.529,91 + 758,97 = 11.349,07.$$

Die Dividenden des Unternehmens belaufen sich in derselben Periode auf 6.809, 44 GE:

$$\mathrm{E}\left[\widetilde{Div}_1\right] = 4.773,77 - 2.529,91 + 758,97 + 3.806,60 = 6.809,44.$$

Der Quotient aus Dividenden und Operating Profit zeigt erwartungsgemäß eine unternehmensbezogene Ausschüttungsquote von 60 % an.

Bei der Ermittlung des Restwertes des verschuldeten Unternehmens in einer späteren Periode ist zu beachten, dass auch die Marktwerte derjenigen freien Cashflows zu addieren sind, die aus der Reinvestition der in der gegenwärtigen und in den vorangegangenen Perioden zusätzlich investierten finanziellen Mittel in allen künftigen Perioden zu erwarten sind. Für den Gesamtwert beispielsweise in der zweiten Periode gilt:

$$\mathrm{E}\left[\widetilde{V}_2^\ell\right] = 132.297,67 + 22.069,28 + 6.298,80 + 6.227,49 = 166.893,24.$$

Die Addition des der Tabelle C–24 zu entnehmenden zweiten Summanden, der Wertbeitrag aller ab der dritten Periode zu erwartenden MVA, bewirkt zum einen die Verminderung aller künftigen vorläufigen freien Cashflows im Kernbereich um die in jeder nachfolgenden Periode zusätzlich investierten finanziellen Mittel (wertmindernder Effekt) und zum anderen die Erhöhung des Gesamtwertes um den kumulierten Marktwertbeitrag der aus diesen zusätzlichen Nettoinvestitionen zu erwartenden freien Cashflows (werterhöhender Effekt). Der dritte Summand ist der Marktwert aller ab der dritten Periode zu erwartenden freien Cashflows, die auf die zusätzliche Investition in der ersten Periode zurückgehen. Der vierte Summand stellt den Marktwert aller ab der dritten Periode erzielbaren freien Cashflows dar, die aus der zusätzlichen Investition in der zweiten Periode resultieren.[258]

3.3.2.2 Restwertermittlung bei kapitalwertneutraler Verzinsung der zusätzlichen Thesaurierungen

In diesem Abschnitt soll der Spezialfall betrachtet werden, dass sich die zusätzlich thesaurierten finanziellen Mittel nicht kapitalwerterhöhend, sondern kapitalwertneutral verzinsen. Mit der Wiederanlage wird dann eine Eigenkapitalrendite in Höhe der Eigenkapitalkosten bzw. eine Gesamtkapitalrendite in Höhe der Eigen- und Fremdkapitalkosten erwirtschaftet. Die Eigenkapitalrendite $\overline{ROE}^{D}$ beläuft sich demnach auf $11,6852\,\%$; die Gesamtkapitalrendite $\overline{ROIC}^{D}$ beträgt $9,4396\,\%$ (Tab. 3–16, S. 236). Die Wachstumsrate der Zusatzanlage w^{D} verringert sich:

$$w^{D} = 40\,\% \cdot 11,6852\,\% = 4,6741\,\%.$$

Hieraus ergibt sich eine auf den NOPLAT bezogene Nettoinvestitionsrate n^{D} in Höhe von $49,5154\,\%$:

$$n^{D} = \frac{4,6741\,\%}{9,4396\,\%} = 49,5154\,\%.$$

Da keine Überrenditen erwirtschaftet werden, entspricht der Marktwert der zusätzlichen Thesaurierung im jeweiligen Investitionszeitpunkt dem zusätzlichen Thesaurierungsbetrag. Folglich nimmt der Market Value Added in jeder Periode den Wert null an; der bei residualer Ausschüttung ermittelte Restwert bleibt unverändert. Der Anteilssatz der verbleibenden Ausschüttungen am entziehbaren Betrag q^{ad} ist im Rahmen einer Vorsteuerrechnung unter der Annahme der Kapitalwertneutralität der zusätzlichen Thesaurierung somit ohne ein ausschüttungsbedingtes Zirkularitätsproblem durch die Bildung des Quo-

258 Der dritte und der vierte Summand sind aus Tabelle C–26, S. 461, ablesbar.

tienten aus Referenzausschüttungsquote q^{Ref} und unternehmensindividueller Ausschüttungsquote q^{a} zu ermitteln (vgl. (3.240)):

$$q^{\text{ad}} = \frac{q^{\text{Ref}}}{q^{\text{a}}} = \frac{60\,\%}{81,0258\,\%} = 74,0504\,\%.$$

Die auf den vorläufigen Flow to Equity des Kernbereichs bezogene Thesaurierungsquote n^{ad} liegt somit bei 25,9496 %.

Der Gesamtwert des verschuldeten Unternehmens zu Beginn der Rentenphase $\mathrm{E}\left[\widetilde{V}_0^{\ell}\right]$ beschränkt sich im Fall der Kapitalwertneutralität auf den Marktwert der bei residualer Ausschüttung erzielbaren freien Cashflows und beträgt 120.456, 33 GE (Tab. C–23, S. 458). Bei der Wertermittlung in einer späteren Periode $\phi \geq 1$ ist ergänzend der kumulierte Marktwert der durch die zusätzlichen Nettoinvestitionen erzielbaren freien Cashflows zu addieren, der aufgrund der Annahme der Kapitalwertneutralität dem kumulierten Kapitalbestand der Anlage D in der jeweiligen Periode entspricht. Der Gesamtwert des verschuldeten Unternehmens beispielsweise in der zweiten Periode erfährt eine Steigerung von 132.297, 67 GE auf 139.597, 76 GE:

$$\mathrm{E}\left[\widetilde{V}_2^{\ell}\right] = 132.297,67 + 3.647,85 + 3.652,24 = 139.597,76.$$

Bei dem zweiten Summanden handelt es sich um die mit der Wachstumsrate der Zusatzanlage D angestiegenen zusätzlichen Nettoinvestitionen aus der ersten Periode:

$$\begin{aligned}\mathrm{E}\left[\widetilde{IC}_2^{\text{AD},1}\right] &= 25,9496\,\% \cdot 9.400,82 \cdot (1 + 42,8571\,\%) \cdot (1 + 4,6741\,\%)\\ &= 3.647,85.\end{aligned}$$

Der dritte Summand ist der Betrag der zusätzlichen Nettoinvestitionen in der zweiten Periode:

$$\mathrm{E}\left[\widetilde{IC}_2^{\text{AD},2}\right] = 25,9496\,\% \cdot 9.852,06 \cdot (1 + 42,8571\,\%) = 3.652,24.$$

Die Berechnung des Marktwertes dieser zusätzlichen Nettoinvestitionen führt zu demselben Betrag:

$$\mathrm{E}\left[\widetilde{V}_2^{\ell,\text{AD},2}\right] = \frac{(1 - 49,5154\,\%) \cdot 3.652,24 \cdot 9,4396\,\%}{9,4396\,\% - 4,6741\,\%} = 3.652,24.$$

Diese Fallstudie wird unter Berücksichtigung von persönlichen Steuern im vierten Kapitel fortgeführt.[259]

259 Siehe Fallstudie 3b in Abschnitt 4.2.4.2, S. 307 ff.

3.4 Würdigung des erweiterten Vorsteuermodells aus theoretischer und bewertungspraktischer Sicht

Das dargestellte und angewandte Restwertmodell kombiniert mit der Berücksichtigung einer Grobplanungsphase und einer Gliederung des Bewertungsobjektes in mehrere Geschäftsbereiche zwei Erweiterungen des bekannten *Gordon / Shapiro*-Modells. Bevor im nächsten Kapitel persönliche Steuern in das Modell integriert werden, sind in einem Zwischenfazit folgende aus theoretischer und praktischer Sicht wesentliche Befunde festzuhalten:[260]

Aus theoretischer Sicht sind ein didaktisches Element dieser Arbeit, wesentliche Schwächen bisheriger Modelle und die Aspekte der Erneuerung der bestehenden Literatur zu nennen:

1. Wenngleich die Bewertungsformeln des FCF Verfahrens in einer Vorsteuerrechnung oft eingängiger erscheinen als jene des FtE Verfahrens, so ging der Darstellung beider Bewertungsverfahren in dieser Arbeit die Überlegung voraus, die bei dem FtE Verfahren aufkommenden finanzierungsbedingten Zirkularitäten ausgehend von dem FCF Verfahren nachvollziehbar darstellen zu können und die Leser auf den Einsatz des FtE Verfahrens in einer Nachsteuerrechnung – sowohl im Hinblick auf das bereichsdifferenzierende Modell als auch mit Blick auf die objektivierte Restwertermittlung – vorzubereiten.

2. Erstmals *Meitner* sowie *Dierkes* und *Schäfer* entwickelten Restwertkalküle, welchen die Gliederung des Unternehmens in zwei Bereiche zugrunde liegt. *Meitner*s Modell geht hierbei von einem gleichmäßigen Wachstum aller Bewertungsgrößen auf Unternehmensebene aus. *Dierkes* und *Schäfer* stellen die Weichen für eine Erweiterung des Modells auf mehrere Bereiche und um eine Grobplanungsphase. Vormals von *Koller* et al. und *Daves* et al. abgeleitete Bewertungsformeln hängen z. B. mit dem Fehlen von mindestens inflationsbedingten Investitionen im Kernbereich und eines zu Beginn der Rentenphase zu erwartenden Kapitalanfangsbestands im Zusatzbereich von ökonomisch nicht argumentierbaren Annahmen ab.

3. Hergeleitet wurden konsistente, alternativ anwendbare Restwertkalküle, die den bisherigen Stand der Literatur in dreierlei Hinsicht aktualisieren: Erstens kann das Restwertmodell auf ein aus mehreren Bereichen beste-

260 Die objektivierte Restwertermittlung wird in Abschnitt 4.3 gewürdigt.

hendes Unternehmen angewandt werden. Zweitens lassen sich Grobplanungsphasen von bereichsspezifischer Länge berücksichtigen. Drittens ist der Restwertkalkül auf der Basis des FtE Verfahrens insofern gänzlich neu, als sich die bislang existierende Literatur zu Vorsteuermodellen mit differenzierter Verzinsung ausschließlich auf das FCF Verfahren beruft.

Aus bewertungspraktischer Sicht sind der Berechnungsaufwand, mögliche Lösungswege und die erwartete Wertpräzisierung gegeneinander abzuwägen:

1. Auf der Grundlage der Fallstudien ist festzustellen, dass bereits eine bei der Bewertung berücksichtigte Gliederung des zu bewertenden Unternehmens in wenige Bereiche einen beträchtlichen Berechnungsaufwand verursacht. Dies liegt insbesondere darin begründet, dass die Anzahl der wiederholend durchzuführenden Rechenoperationen zunimmt, je tiefer die Bereichsgliederung ist. In geringerem Maße ursächlich für den hohen Berechnungsaufwand sind die Rechenoperationen als solche.
2. In den Fallstudien zeigte sich, dass sich eine rekursive Wertermittlung mit Hilfe eines Tabellenkalkulationsprogramms unabhängig von dem gewählten Bewertungsverfahren und dem Vorliegen von Zirkularitätsproblemen empfiehlt. Diese unterstützt den Bewertenden vor allem dabei, mit einer strukturierten Vorgehensweise der durch unterschiedlich lange Grobplanungsphasen der Bereiche zunehmenden Komplexität entgegenzuwirken und den Überblick bei der Bewertung zu bewahren.
3. Durch die Berücksichtigung der realen Gliederung eines Unternehmens in Geschäftsbereiche mit unterschiedlicher Rentabilität bei der Bewertung ist eine Präzisierung des Restwertes zu erwarten. Ratsam ist, Prognosen über die Entwicklung der Bereiche nicht in einer unternehmensbezogenen Nettoinvestitionsrate oder einer unternehmensbezogenen Rendite zu verdichten. Ein auf der Basis von verdichteten Bewertungsparametern ermittelter Restwert sollte daher nur als Näherungslösung betrachtet werden.

4. Restwertermittlung in einer Nachsteuerrechnung

4.1 Konzeption, Aufbau und Anwendung eines phasen- und geschäftsbereichsdifferenzierenden Nachsteuermodells

4.1.1 Rekurs auf die Modellkonzeption aus der Vorsteuerrechnung

Der Aufbau des folgenden Abschnitts 4.1.2 lehnt sich an jenen des Abschnitts 3.2.2 an. Demnach werden die Leser in den Abschnitten 4.1.2.1, 4.1.2.2 und 4.1.2.3 in einer Modellökonomie mit persönlichen Steuern durch die auf der Seite 173 aufgezählten drei Schritte der Wertermittlung geführt. Alle in Abschnitt 3.2.1 dargelegten Annahmen bleiben bestehen. Im Rahmen des FtE Verfahrens wird die Nachsteuerrechnung auf der Basis sowohl der persönlichen Steuersätze s_{d} und s_{g} als auch der entsprechenden modifizierten Steuersätze behandelt. Für das FCF Verfahren kommt ausschließlich eine modifizierte Nachsteuerrechnung in Betracht.

In Abschnitt 4.1.3 werden die Fallstudien 1 und 2 aus Abschnitt 3.2.3 fortgesetzt.

Der Abschnitt 4.2.4 rekurriert auf die im Folgenden hergeleiteten Nachsteuerkalküle und knüpft zudem an die in Abschnitt 3.3.1 ohne den Einfluss von persönlichen Steuern eingeführte ausschüttungsbedingte Zirkularität an. Abschließend wird die Fallstudie 3 aus Abschnitt 3.3.2 unter Berücksichtigung von persönlichen Steuern fortgeführt.

4.1.2 Modellaufbau und Analyse von Modellspezifikationen

4.1.2.1 Restwertermittlung ohne Berücksichtigung von zusätzlichen Nettoinvestitionen

4.1.2.1.1 FCF Verfahren

Analog zu dem Nachsteuerkalkül für die Unternehmensebene (2.60) in Kapitel 2 ist der im Zeitpunkt $\phi_{\mathrm{II}}^{K} = 0$ zu erwartende Restwert des Gesamtkapitals eines Bereichs κ mit Hilfe des modifizierten FCF Verfahrens wie folgt zu ermitteln:[261]

$$\begin{aligned}
\mathrm{E}\left[\widetilde{V}_{\mathrm{II},0}^{\ell,\kappa,\mathrm{s}}\right] &= \sum_{\phi_{\mathrm{II}}=1}^{+\infty} \frac{\mathrm{E}\left[\widetilde{FCF}_{\mathrm{II},\phi_{\mathrm{II}}}^{\kappa}\right] \cdot \left(1 - s_{\bar{\mathrm{d}},\mathrm{II}}^{\kappa}\right)}{\left(1 + k_{\mathrm{II}}^{\tau,\kappa,\mathrm{s}^{\star}}\right)^{\phi_{\mathrm{II}}}} \\
&= \sum_{\phi_{\mathrm{II}}=1}^{+\infty} \frac{\mathrm{E}\left[\widetilde{FCF}_{\mathrm{II},1}^{\kappa}\right] \cdot \left(1 - s_{\bar{\mathrm{d}},\mathrm{II}}^{\kappa}\right) \cdot \left(1 + w_{\mathrm{II}}^{\kappa}\right)^{\phi_{\mathrm{II}}-1}}{\left(1 + k_{\mathrm{II}}^{\tau,\kappa,\mathrm{s}^{\star}}\right)^{\phi_{\mathrm{II}}}} \\
&= \frac{\mathrm{E}\left[\widetilde{FCF}_{\mathrm{II},1}^{\kappa}\right] \cdot \left(1 - s_{\bar{\mathrm{d}},\mathrm{II}}^{\kappa}\right)}{k_{\mathrm{II}}^{\tau,\kappa,\mathrm{s}^{\star}} - w_{\mathrm{II}}^{\kappa}}.
\end{aligned} \tag{4.1}$$

(4.1) enthält den auf die Rentenphase bezogenen modifizierten Steuersatz

$$s_{\bar{\mathrm{d}},\mathrm{II}}^{\kappa} = \frac{s_{\mathrm{d}^{\star}} \cdot \left(1 - \Theta_{\mathrm{II}}^{\kappa}\right)}{1 - s_{\mathrm{d}^{\star}} \cdot \Theta_{\mathrm{II}}^{\kappa}} \tag{4.2}$$

mit $s_{\mathrm{d}^{\star}}$ gemäß (2.57) sowie den modifizierten Diskontierungssatz $k_{\mathrm{II}}^{\tau,\kappa,\mathrm{s}^{\star}}$ gemäß (D.26).

Die weitere Abzinsung von (4.1) auf den Zeitpunkt $\phi_{\mathrm{I}}^{\kappa} = 0$ gemeinsam mit den modifizierten Nachsteuerzahlungen in der Grobplanungsphase kann rekursiv von Periode zu Periode gemäß

$$\mathrm{E}\left[\widetilde{V}_{\mathrm{I},\phi_{\mathrm{I}}}^{\ell,\kappa,\mathrm{s}}\right] = \frac{\mathrm{E}\left[\widetilde{FCF}_{\mathrm{I},\phi_{\mathrm{I}}+1}^{\kappa}\right] \cdot \left(1 - s_{\bar{\mathrm{d}},\mathrm{I},\phi_{\mathrm{I}}+1}^{\kappa}\right) + \mathrm{E}\left[\widetilde{V}_{\mathrm{I},\phi_{\mathrm{I}}+1}^{\ell,\kappa,\mathrm{s}}\right]}{1 + k_{\mathrm{I},\phi_{\mathrm{I}}+1}^{\tau,\kappa,\mathrm{s}^{\star}}} \tag{4.3}$$

mit den periodenspezifischen modifizierten Steuersätzen

$$s_{\bar{\mathrm{d}},\mathrm{I},\phi_{\mathrm{I}}+1}^{\kappa} = \frac{s_{\mathrm{d}^{\star}} \cdot \left(1 - \Theta_{\mathrm{I},\phi_{\mathrm{I}}+1}^{\kappa}\right)}{1 - s_{\mathrm{d}^{\star}} \cdot \Theta_{\mathrm{I},\phi_{\mathrm{I}}+1}^{\kappa}} \tag{4.4}$$

erfolgen. An die Stelle der periodenspezifischen durchschnittlichen Kapitalkostensätze $k_{\mathrm{I},\phi_{\mathrm{I}}+1}^{\tau,\kappa,\mathrm{s}^{\star}}$ gemäß (D.15) kann in dem Bewertungskalkül (4.3) auch der periodenunabhängige modifizierte Gesamtkapitalkostensatz $k_{\mathrm{I}}^{\tau,\kappa,\mathrm{s}^{\star}}$

261 Die in Abschnitt 3.2.2.1.1 erwähnte Verwendung ausschüttungsbedingt veränderter Anpassungsformeln für die Kapitalkostensätze gilt auch im Rahmen einer Nachsteuerrechnung. Siehe die Anmerkungen auf der Seite 173.

gemäß (D.20) treten. Dies setzt unter anderem eine konstante Fremdkapitalquote $\Theta_{\mathrm{I}}^{\kappa}$ in dem Intervall $\left[0, \Phi_{\mathrm{I}}^{\kappa} - 1\right]$ voraus, die mit dem auf die Grobplanungsphase bezogenen modifizierten Steuersatz

$$s_{\bar{\mathrm{d}},\mathrm{I}}^{\kappa} = \frac{s_{\mathrm{d}^{\star}} \cdot \left(1 - \Theta_{\mathrm{I}}^{\kappa}\right)}{1 - s_{\mathrm{d}^{\star}} \cdot \Theta_{\mathrm{I}}^{\kappa}} \tag{4.5}$$

einhergeht. Auf nicht-rekursive Weise ist der Restwert des Gesamtkapitals auf der Basis von $k_{\mathrm{I}}^{\tau,\kappa,s^{\star}}$ und $s_{\bar{\mathrm{d}},\mathrm{I}}^{\kappa}$ in einem Zeitpunkt $\phi_{\mathrm{I}}^{\kappa} \in \left[0, \Phi_{\mathrm{I}}^{\kappa} - 1\right]$ anhand der Formel

$$\mathrm{E}\left[\widetilde{V}_{\mathrm{I},\phi_{\mathrm{I}}}^{\ell,\kappa,\mathrm{s}}\right] = \sum_{r=\phi_{\mathrm{I}}+1}^{\Phi_{\mathrm{I}}} \frac{\mathrm{E}\left[\widetilde{FCF}_{\mathrm{I},r}^{\kappa}\right] \cdot \left(1 - s_{\bar{\mathrm{d}},\mathrm{I}}^{\kappa}\right)}{\left(1 + k_{\mathrm{I}}^{\tau,\kappa,s^{\star}}\right)^{r-\phi_{\mathrm{I}}}} + \frac{\mathrm{E}\left[\widetilde{V}_{\mathrm{II},0}^{\ell,\kappa,\mathrm{s}}\right]}{\left(1 + k_{\mathrm{I}}^{\tau,\kappa,s^{\star}}\right)^{\Phi_{\mathrm{I}}-\phi_{\mathrm{I}}}} \tag{4.6}$$

zu bestimmen. Für den Restwert im Zeitpunkt $\phi_{\mathrm{I}}^{\kappa} = 0$ gilt demnach:

$$\mathrm{E}\left[\widetilde{V}_{\mathrm{I},0}^{\ell,\kappa,\mathrm{s}}\right] = \sum_{\phi_{\mathrm{I}}=1}^{\Phi_{\mathrm{I}}} \frac{\mathrm{E}\left[\widetilde{FCF}_{\mathrm{I},\phi_{\mathrm{I}}}^{\kappa}\right] \cdot \left(1 - s_{\bar{\mathrm{d}},\mathrm{I}}^{\kappa}\right)}{\left(1 + k_{\mathrm{I}}^{\tau,\kappa,s^{\star}}\right)^{\phi_{\mathrm{I}}}} + \frac{\mathrm{E}\left[\widetilde{V}_{\mathrm{II},0}^{\ell,\kappa,\mathrm{s}}\right]}{\left(1 + k_{\mathrm{I}}^{\tau,\kappa,s^{\star}}\right)^{\Phi_{\mathrm{I}}}}. \tag{4.7}$$

Im Falle periodenspezifischer Gesamtkapitalkostensätze $k_{\mathrm{I},\phi_{\mathrm{I}}}^{\tau,\kappa,s^{\star}}$ ist der Restwert in einem Zeitpunkt $\phi_{\mathrm{I}}^{\kappa} \in \left[0, \Phi_{\mathrm{I}}^{\kappa} - 1\right]$ gemäß

$$\mathrm{E}\left[\widetilde{V}_{\mathrm{I},\phi_{\mathrm{I}}}^{\ell,\kappa,\mathrm{s}}\right] = \sum_{r=\phi_{\mathrm{I}}+1}^{\Phi_{\mathrm{I}}} \frac{\mathrm{E}\left[\widetilde{FCF}_{\mathrm{I},r}^{\kappa}\right] \cdot \left(1 - s_{\bar{\mathrm{d}},\mathrm{I},r}^{\kappa}\right)}{\prod_{t=\phi_{\mathrm{I}}+1}^{r} \left(1 + k_{\mathrm{I},t}^{\tau,\kappa,s^{\star}}\right)} + \frac{\mathrm{E}\left[\widetilde{V}_{\mathrm{II},0}^{\ell,\kappa,\mathrm{s}}\right]}{\prod_{t=\phi_{\mathrm{I}}+1}^{\Phi_{\mathrm{I}}} \left(1 + k_{\mathrm{I},t}^{\tau,\kappa,s^{\star}}\right)} \tag{4.8}$$

und insbesondere im Zeitpunkt $\phi_{\mathrm{I}}^{\kappa} = 0$ gemäß

$$\mathrm{E}\left[\widetilde{V}_{\mathrm{I},0}^{\ell,\kappa,\mathrm{s}}\right] = \sum_{\phi_{\mathrm{I}}=1}^{\Phi_{\mathrm{I}}} \frac{\mathrm{E}\left[\widetilde{FCF}_{\mathrm{I},\phi_{\mathrm{I}}}^{\kappa}\right] \cdot \left(1 - s_{\bar{\mathrm{d}},\mathrm{I},\phi_{\mathrm{I}}}^{\kappa}\right)}{\prod_{t=1}^{\phi_{\mathrm{I}}} \left(1 + k_{\mathrm{I},t}^{\tau,\kappa,s^{\star}}\right)} + \frac{\mathrm{E}\left[\widetilde{V}_{\mathrm{II},0}^{\ell,\kappa,\mathrm{s}}\right]}{\prod_{t=1}^{\Phi_{\mathrm{I}}} \left(1 + k_{\mathrm{I},t}^{\tau,\kappa,s^{\star}}\right)} \tag{4.9}$$

zu ermitteln. In (4.8) und (4.9) wird jeweils von periodenspezifischen Fremdkapitalquoten in der Grobplanungsphase $\Theta_{\phi_{\mathrm{I}}}^{\kappa}$ und mithin von periodenspezifischen modifizierten Steuersätzen $s_{\bar{\mathrm{d}},\mathrm{I},\phi_{\mathrm{I}}}^{\kappa}$ gemäß (4.4) ausgegangen. Letztere können ohne weitere Veränderungen der Bewertungskalküle durch $s_{\bar{\mathrm{d}},\mathrm{I}}^{\kappa}$ gemäß (4.5) ersetzt werden, wenn die Fremdkapitalquote in der Grobplanungsphase auf einen konstanten Wert $\Theta_{\mathrm{I}}^{\kappa}$ festgelegt wird.

Die Gewichtung der obigen Restwerte des Invested Capital mit der bereichsspezifischen Eigenkapitalquote gemäß

$$\mathrm{E}\left[\widetilde{E}_{\phi}^{\ell,\kappa,s}\right] = \left(1 - \Theta_{\phi}^{\kappa}\right) \cdot \mathrm{E}\left[\widetilde{V}_{\phi}^{\ell,\kappa,s}\right] \qquad \forall \phi \in [1, +\infty) \quad (4.10)$$

führt zu dem Restwert des Eigenkapitals im Bereich κ in einem beliebigen Zeitpunkt des Restwertzeitraums ϕ. Dementsprechend ist mittels

$$\mathrm{E}\left[\widetilde{D}_{\phi}^{\kappa,s}\right] = \mathrm{E}\left[\widetilde{V}_{\phi}^{\ell,\kappa,s}\right] - \mathrm{E}\left[\widetilde{E}_{\phi}^{\ell,\kappa,s}\right] = \Theta_{\phi}^{\kappa} \cdot \mathrm{E}\left[\widetilde{V}_{\phi}^{\ell,\kappa,s}\right] \qquad \forall \phi \in [1, +\infty) \quad (4.11)$$

der Marktwert und Bestand des Fremdkapitals im Bereich κ zu bestimmen.

4.1.2.1.2 FtE Verfahren

Die Ermittlung des Restwertes des Eigenkapitals eines verschuldeten Bereichs κ im Zeitpunkt $\phi_{\mathrm{II}}^{\kappa} = 0$ in einer modifizierten Nachsteuerrechnung auf der Basis des FtE Verfahrens knüpft an die Formeln (2.76) und (2.79c) aus Abschnitt 2.3.3.2 an:[262]

$$\mathrm{E}\left[\widetilde{E}_{\mathrm{II},0}^{\ell,\kappa,s}\right] = \frac{\mathrm{E}\left[\widetilde{FTE}_{\mathrm{II},1}^{\kappa}\right] \cdot (1 - s_{\mathrm{d}^{\star}})}{ke_{\mathrm{II}}^{\ell,\kappa,s^{\star}} - w_{\mathrm{II}}^{\kappa}} \quad (4.12a)$$

$$= \frac{\mathrm{E}\left[\widetilde{FCF}_{\mathrm{II},1}^{\kappa}\right] \cdot (1 - s_{\mathrm{d}^{\star}})}{ke_{\mathrm{II}}^{\ell,\kappa,s^{\star}} - w_{\mathrm{II}}^{\kappa} + (kd_{\mathrm{II}} \cdot (1-\tau) - w_{\mathrm{II}}^{\kappa}) \cdot L_{\mathrm{II}}^{\kappa} \cdot (1 - s_{\mathrm{d}^{\star}})}. \quad (4.12b)$$

In (4.12) geht der modifizierte Eigenkapitalkostensatz $ke_{\mathrm{II}}^{\ell,\kappa,s^{\star}}$ gemäß (D.24) ein. Die Auflösung der kursgewinnsteuerbedingten Zirkularität[263] und die Transformation des Kalküls in eine modifizierte Nachsteuerrechnung, wie in Abschnitt 2.3.3.2 aufgezeigt,[264] sind mit dem Vorzug verbunden, dass der entstehende Bewertungskalkül eng an den entsprechenden Vorsteuerkalkül anlehnt (vgl. (4.12) mit (3.148b) und (3.148d)). Dies trifft auf die

262 Bezüglich der nicht-modifizierten Nachsteuerkalküle für die Rentenphase mit dem Flow to Equity oder dem freien Cashflow als dem im Zähler stehenden bewertungsrelevanten Cashflow wird auf den Formelblock (D.33) in Anhang D.3.3, Gliederungsebene 1. b) II., verwiesen (S. 521). Die dort aufgeführten Formeln basieren auf (2.71b), (2.79a) und (2.79b).

263 Siehe bezüglich der ersten Formel unter (D.33) die Umformungen in Anhang B.2.2, S. 400 ausgehend von (2.71a).

264 Siehe Abschnitt 2.3.3.2, S. 89–94.

Wertermittlung in der Rentenphase wie in der Grobplanungsphase zu. So ähnelt die rekursive Bewertungsformel für den Zeitpunkt $\phi_{\mathrm{I}}^{\kappa} = \Phi_{\mathrm{I}}^{\kappa} - 1$ dem Vorsteuerkalkül (3.149):

$$\begin{aligned} \mathrm{E}\left[\widetilde{E}_{\mathrm{I},\Phi_{\mathrm{I}}-1}^{\ell,\kappa,\mathrm{s}}\right] &= \frac{\mathrm{E}\left[\widetilde{FTE}_{\mathrm{II},0}^{\kappa}\right] \cdot (1 - s_{\mathrm{d}^{\star}}) + \mathrm{E}\left[\widetilde{E}_{\mathrm{II},0}^{\ell,\kappa,\mathrm{s}}\right]}{1 + ke_{\mathrm{II},0}^{\ell,\kappa,\mathrm{s}^{\star}}} \\ &= \frac{\left(\mathrm{E}\left[\widetilde{FCF}_{\mathrm{II},0}^{\kappa}\right] - kd_{\mathrm{II},0} \cdot (1 - \tau) \cdot L_{\mathrm{I},\Phi_{\mathrm{I}}-1}^{\kappa} \cdot \mathrm{E}\left[\widetilde{E}_{\mathrm{I},\Phi_{\mathrm{I}}-1}^{\ell,\kappa,\mathrm{s}}\right]\right) \cdot (1 - s_{\mathrm{d}^{\star}})}{1 + ke_{\mathrm{II},0}^{\ell,\kappa,\mathrm{s}^{\star}}} \\ &+ \frac{\left(L_{\mathrm{II}}^{\kappa} \cdot \mathrm{E}\left[\widetilde{E}_{\mathrm{II},0}^{\ell,\kappa,\mathrm{s}}\right] - L_{\mathrm{I},\Phi_{\mathrm{I}}-1}^{\kappa} \cdot \mathrm{E}\left[\widetilde{E}_{\mathrm{I},\Phi_{\mathrm{I}}-1}^{\ell,\kappa,\mathrm{s}}\right]\right) \cdot (1 - s_{\mathrm{d}^{\star}}) + \mathrm{E}\left[\widetilde{E}_{\mathrm{II},0}^{\ell,\kappa,\mathrm{s}}\right]}{1 + ke_{\mathrm{II},0}^{\ell,\kappa,\mathrm{s}^{\star}}}. \end{aligned} \tag{4.13}$$

Der Restwert des Eigenkapitals in einem Zeitpunkt $\phi_{\mathrm{I}}^{\kappa} \in \left[0, \Phi_{\mathrm{I}}^{\kappa} - 1\right]$ ist in Anlehnung an (2.72) und (3.150) auf der Basis des modifizierten Nachsteuerkalküls[265]

$$\mathrm{E}\left[\widetilde{E}_{\mathrm{I},\phi_{\mathrm{I}}}^{\ell,\kappa,\mathrm{s}}\right] = \frac{\mathrm{E}\left[\widetilde{FTE}_{\mathrm{I},\phi_{\mathrm{I}}+1}^{\kappa}\right] \cdot (1 - s_{\mathrm{d}^{\star}}) + \mathrm{E}\left[\widetilde{E}_{\mathrm{I},\phi_{\mathrm{I}}+1}^{\ell,\kappa,\mathrm{s}}\right]}{1 + ke_{\mathrm{I},\phi_{\mathrm{I}}+1}^{\ell,\kappa,\mathrm{s}^{\star}}} \tag{4.14a}$$

$$\begin{aligned} &= \frac{\left(\mathrm{E}\left[\widetilde{FCF}_{\mathrm{I},\phi_{\mathrm{I}}+1}^{\kappa}\right] - kd_{\mathrm{I},\phi_{\mathrm{I}}+1} \cdot (1 - \tau) \cdot L_{\mathrm{I},\phi_{\mathrm{I}}}^{\kappa} \cdot \mathrm{E}\left[\widetilde{E}_{\mathrm{I},\phi_{\mathrm{I}}}^{\ell,\kappa,\mathrm{s}}\right]\right) \cdot (1 - s_{\mathrm{d}^{\star}})}{1 + ke_{\mathrm{I},\phi_{\mathrm{I}}+1}^{\ell,\kappa,\mathrm{s}^{\star}}} \\ &+ \frac{\left(L_{\mathrm{I},\phi_{\mathrm{I}}+1}^{\kappa} \cdot \mathrm{E}\left[\widetilde{E}_{\mathrm{I},\phi_{\mathrm{I}}+1}^{\ell,\kappa,\mathrm{s}}\right] - L_{\mathrm{I},\phi_{\mathrm{I}}}^{\kappa} \cdot \mathrm{E}\left[\widetilde{E}_{\mathrm{I},\phi_{\mathrm{I}}}^{\ell,\kappa,\mathrm{s}}\right]\right) \cdot (1 - s_{\mathrm{d}^{\star}}) + \mathrm{E}\left[\widetilde{E}_{\mathrm{I},\phi_{\mathrm{I}}+1}^{\ell,\kappa,\mathrm{s}}\right]}{1 + ke_{\mathrm{I},\phi_{\mathrm{I}}+1}^{\ell,\kappa,\mathrm{s}^{\star}}} \end{aligned} \tag{4.14b}$$

mit $ke_{\mathrm{I},\phi_{\mathrm{I}}+1}^{\ell,\kappa,\mathrm{s}^{\star}}$ gemäß (D.13) zu ermitteln. Die Kalküle der Grobplanungsphase kennzeichnet eine im Gegensatz zum Rentenfall nicht auflösbare finanzierungsbedingte Zirkularität. In jeder Periode des Restwertzeitraums ϕ gelten die Zusammenhänge

$$\mathrm{E}\left[\widetilde{V}_{\phi}^{\ell,\kappa,\mathrm{s}}\right] = \left(1 + L_{\phi}^{\kappa}\right) \cdot \mathrm{E}\left[\widetilde{E}_{\phi}^{\ell,\kappa,\mathrm{s}}\right] \qquad \forall \phi \in [1, +\infty) \tag{4.15}$$

265 Siehe Anhang D.3.3, Gliederungsebene 1. b) I., bezüglich des entsprechenden nichtmodifizierten Restwertkalküls (D.32) (S. 520). Dieser eine kursgewinnsteuerbedingte Zirkularität aufweisende, mit (2.70) korrespondierende Kalkül ist wie in Anhang B.2.3, S. 400 gezeigt umzuformen, um zu (4.14a) zu gelangen.

und

$$\mathrm{E}\left[\widetilde{D}_{\phi}^{\kappa,\mathrm{s}}\right] = \mathrm{E}\left[\widetilde{V}_{\phi}^{\ell,\kappa,\mathrm{s}}\right] - \mathrm{E}\left[\widetilde{E}_{\phi}^{\ell,\kappa,\mathrm{s}}\right] = L_{\phi}^{\kappa} \cdot \mathrm{E}\left[\widetilde{E}_{\phi}^{\ell,\kappa,\mathrm{s}}\right] \qquad \forall \phi \in [1, +\infty) \quad (4.16)$$

analog zu (3.151) und (3.152).

Der didaktische Aufbau des nächsten Abschnitts 4.1.2.2 weicht insofern von dem Aufbau des Abschnitts 3.2.2.2 ab, als zunächst mit der Ermittlung der Restwertsteigerung nach dem FtE Verfahren fortgefahren und anschließend das FCF Verfahren behandelt wird. Diese Reihenfolge ermöglicht es, die Integration der persönlichen Steuern und die Herleitung modifizierter Restwertkalküle anschaulich darzustellen.

4.1.2.2 Ermittlung der Restwertsteigerung infolge zusätzlicher Nettoinvestitionen

4.1.2.2.1 FtE Verfahren

Anknüpfend an den rekursiven Vorsteuerkalkül auf der Basis des FtE Verfahrens (3.187) i. V. m. (3.172) kann zur Ermittlung der durch zusätzliche Investitionen ausgelösten Wertsteigerung des Eigenkapitals in einer Restwertperiode $\phi \in [0, +\infty)$ unter Berücksichtigung von persönlichen Steuern folgender rekursiver Nachsteuerkalkül aufgestellt werden:[266]

$$\begin{aligned}\mathrm{E}\left[\widetilde{\Delta E}_{\phi}^{\ell,\kappa\lambda,\mathrm{s}}\right] = {} & \frac{\left(-\mathrm{E}\left[\widetilde{IE}_{\phi+1}^{\kappa\lambda,\phi+1}\right] - kd_{\phi+1} \cdot (1-\tau) \cdot L_{\phi}^{\kappa} \cdot \mathrm{E}\left[\widetilde{\Delta E}_{\phi}^{\ell,\kappa\lambda,\mathrm{s}}\right]\right) \cdot (1-s_{\mathrm{d}})}{1 + ke_{\phi+1}^{\ell,\kappa,\mathrm{s}}} \\ & + \frac{\left(L_{\phi+1}^{\kappa} \cdot \mathrm{E}\left[\widetilde{\Delta E}_{\phi+1}^{\ell,\kappa\lambda,\mathrm{s}}\right] - L_{\phi}^{\kappa} \cdot \mathrm{E}\left[\widetilde{\Delta E}_{\phi}^{\ell,\kappa\lambda,\mathrm{s}}\right]\right) \cdot (1-s_{\mathrm{d}})}{1 + ke_{\phi+1}^{\ell,\kappa,\mathrm{s}}} \\ & + \frac{\mathrm{E}\left[\widetilde{E}_{\phi+1}^{\ell,\kappa\lambda,\mathrm{s},\phi+1}\right] \cdot (1-s_{\mathrm{g}}) - \left(\mathrm{E}\left[\widetilde{\Delta E}_{\phi+1}^{\ell,\kappa\lambda,\mathrm{s}}\right] - \mathrm{E}\left[\widetilde{\Delta E}_{\phi}^{\ell,\kappa\lambda,\mathrm{s}}\right]\right) \cdot s_{\mathrm{g}}}{1 + ke_{\phi+1}^{\ell,\kappa,\mathrm{s}}}\end{aligned} \qquad (4.17)$$

↵

266 Siehe (3.172) und (3.187) in Abschnitt 3.2.2.2.2, S. 189, 196. Siehe bezüglich (4.17) auch *Diedrich* et al. (2018), S. 11.

$$+\frac{\mathrm{E}\left[\widetilde{\Delta E}_{\phi+1}^{\ell,\kappa\lambda,\mathrm{s}}\right]}{1+ke_{\phi+1}^{\ell,\kappa,\mathrm{s}}} \qquad \forall\phi\in[0,\infty).$$

Gemäß (4.17) sind die durch die zusätzliche Gewinneinbehaltung verminderte Ausschüttung des investierenden Bereichs (1. Zeile) um die mit s_{d} zu bemessende Dividendensteuer und der Wertbeitrag der zusätzlichen Thesaurierung (3. Zeile) um die mit s_{g} zu quantifizierende Kursgewinnsteuer zu kürzen. Weiterhin unterliegen die zusätzlichen Fremdkapitalzinsen nach Unternehmensteuern (1. Zeile) und die zusätzliche Ausschüttung infolge der Fremdkapitalerhöhung (2. Zeile) der Dividendenbesteuerung, während der Marktwertzuwachs (3. Zeile) mit der Kursgewinnsteuer zu belegen ist.

Unter Berücksichtigung der Auflösbarkeit der finanzierungs- und der kursgewinnsteuerbedingten Zirkularität im Rentenfall wegen des steten Anstiegs des Wertzuwachses mit der Rate w_{II}^{κ} erhält man im Zeitpunkt $\Phi_{\mathrm{I}}^{\kappa\lambda}$, ab welchem sich beide Bereiche κ und λ in einem Gleichgewichtszustand befinden, den Wert aller nach diesem Zeitpunkt erwarteten (negativen und zusätzlichen) finanziellen Überschüsse ausgehend von (4.17) wie folgt:

$$\begin{aligned}
&\mathrm{E}\left[\widetilde{\Delta E}_{\mathrm{II},0}^{\ell,\kappa\lambda,\mathrm{s}}\right]\\
&=\frac{\left(-\mathrm{E}\left[\widetilde{IE}_{\mathrm{II},1}^{\kappa\lambda,1}\right]-\left(kd_{\mathrm{II}}\cdot(1-\tau)-w_{\mathrm{II}}^{\kappa}\right)\cdot L_{\mathrm{II}}^{\kappa}\cdot\mathrm{E}\left[\widetilde{\Delta E}_{\mathrm{II},0}^{\ell,\kappa\lambda,\mathrm{s}}\right]\right)\cdot(1-s_{\mathrm{d}})}{1+ke_{\mathrm{II}}^{\ell,\kappa,\mathrm{s}}}\\
&+\frac{\mathrm{E}\left[\widetilde{E}_{\mathrm{II},1}^{\ell,\kappa\lambda,\mathrm{s},1}\right]\cdot\left(1-s_{\mathrm{g}}\right)+\mathrm{E}\left[\widetilde{\Delta E}_{\mathrm{II},0}^{\ell,\kappa\lambda,\mathrm{s}}\right]\cdot\left(1+w_{\mathrm{II}}^{\kappa}\cdot\left(1-s_{\mathrm{g}}\right)\right)}{1+ke_{\mathrm{II}}^{\ell,\kappa,\mathrm{s}}}\\
&=\frac{-\mathrm{E}\left[\widetilde{IE}_{\mathrm{II},1}^{\kappa\lambda,1}\right]\cdot(1-s_{\mathrm{d}})+\mathrm{E}\left[\widetilde{E}_{\mathrm{II},1}^{\ell,\kappa\lambda,\mathrm{s},1}\right]\cdot\left(1-s_{\mathrm{g}}\right)}{ke_{\mathrm{II}}^{\ell,\kappa,\mathrm{s}}-w_{\mathrm{II}}^{\kappa}\cdot\left(1-s_{\mathrm{g}}\right)+\left(kd_{\mathrm{II}}\cdot(1-\tau)-w_{\mathrm{II}}^{\kappa}\right)\cdot L_{\mathrm{II}}^{\kappa}\cdot(1-s_{\mathrm{d}})}. \qquad (4.18\mathrm{a})
\end{aligned}$$

Addiert man zu dem ersten Zählerterm von (4.18a) die zusätzliche Thesaurierung nach Kursgewinnsteuer $\mathrm{E}\left[\widetilde{IE}_{\mathrm{II},1}^{\kappa\lambda,1}\right] \cdot \left(1 - s_{\mathrm{g}}\right)$ und subtrahiert diese wiederum von dem zweiten Zählerterm, so folgt aus (4.18a):[267]

$$\mathrm{E}\left[\widetilde{\Delta E}_{\mathrm{II},0}^{\ell,\kappa\lambda,\mathrm{s}}\right] = \frac{\mathrm{E}\left[\widetilde{IE}_{\mathrm{II},1}^{\kappa\lambda,1}\right] \cdot \left(s_{\mathrm{d}} - s_{\mathrm{g}}\right) + \mathrm{E}\left[\widetilde{MVA}_{\mathrm{II},1}^{\kappa\lambda,\mathrm{s}}\right] \cdot \left(1 - s_{\mathrm{g}}\right)}{ke_{\mathrm{II}}^{\ell,\kappa,\mathrm{s}} - w_{\mathrm{II}}^{\kappa} \cdot \left(1 - s_{\mathrm{g}}\right) + \left(kd_{\mathrm{II}} \cdot (1 - \tau) - w_{\mathrm{II}}^{\kappa}\right) \cdot L_{\mathrm{II}}^{\kappa} \cdot \left(1 - s_{\mathrm{d}}\right)}. \tag{4.18b}$$

Der in dem Kalkül (4.18b) enthaltene Market Value Added nach persönlichen Steuern $\mathrm{E}\left[\widetilde{MVA}_{\mathrm{II},1}^{\kappa\lambda,\mathrm{s}}\right]$ ist ähnlich wie unter (3.172) definiert. Im Allgemeinen gilt für diesen in einer Restwertperiode ϕ:

$$\mathrm{E}\left[\widetilde{MVA}_{\phi}^{\kappa\lambda,\mathrm{s}}\right] = -\mathrm{E}\left[\widetilde{IE}_{\phi}^{\kappa\lambda,\phi}\right] + \mathrm{E}\left[\widetilde{E}_{\phi}^{\ell,\kappa\lambda,\mathrm{s},\phi}\right] \qquad \forall \phi \in [1, \infty). \tag{4.19}$$

Der MVA (4.19) als Nettoeffekt aus dem wertmindernden und dem werterhöhenden Effekt im Zeitpunkt der Investition nimmt bei kapitalwertneutraler Verzinsung der Zusatzinvestitionen im Bereich λ den Wert null an, worin der Vorteil der Formeldarstellung (4.18b) gegenüber (4.18a) besteht. Dennoch kommt es bei Kapitalwertneutralität zu einer Wertsteigerung, falls die Steuersätze s_{d} und s_{g} auseinanderfallen, wie der erste Zählerterm von (4.18b) anzeigt. Eine insofern erweiterte Auslegung des Begriffs des Market Value Added im Rahmen einer modifizierten Nachsteuerrechnung erstreckt sich auf den gesamten Zähler und ist damit abhängig von dem angewandten Bewertungsverfahren. Einsetzen von (4.19) für die erste Periode der gemeinsamen Rentenphase ($\phi_{\mathrm{II}}^{\kappa\lambda} = 1$) in (4.18b) und Dividieren des Zählers und des Nenners durch $1 - s_{\mathrm{g}}$ führen zu dem modifizierten Nachsteuerkalkül

$$\mathrm{E}\left[\widetilde{\Delta E}_{\mathrm{II},0}^{\ell,\kappa\lambda,\mathrm{s}}\right] = \frac{\mathrm{E}\left[\widetilde{MVA}_{\mathrm{II},1}^{\mathrm{E},\kappa\lambda,\mathrm{s}}\right]}{ke_{\mathrm{II}}^{\ell,\kappa,\mathrm{s}^\star} - w_{\mathrm{II}}^{\kappa} + \left(kd_{\mathrm{II}} \cdot (1 - \tau) - w_{\mathrm{II}}^{\kappa}\right) \cdot L_{\mathrm{II}}^{\kappa} \cdot \left(1 - s_{\mathrm{d}^\star}\right)} \tag{4.20}$$

mit dem für das FtE Verfahren spezifischen MVA nach modifizierten persönlichen Steuern[268]

$$\mathrm{E}\left[\widetilde{MVA}_{\mathrm{II},1}^{\mathrm{E},\kappa\lambda,\mathrm{s}}\right] = -\mathrm{E}\left[\widetilde{IE}_{\mathrm{II},1}^{\kappa\lambda,1}\right] \cdot \left(1 - s_{\mathrm{d}^\star}\right) + \mathrm{E}\left[\widetilde{E}_{\mathrm{II},1}^{\ell,\kappa\lambda,\mathrm{s},1}\right]. \tag{4.21}$$

---

267 Siehe analog für den Fall der kapitalwertneutralen Verzinsung der zusätzlichen Thesaurierung *Diedrich* et al. (2018), S. 11.

268 Der hochgestellte Index „E“ kennzeichnet den auf dem FtE Verfahren basierenden MVA. Siehe auch Fn. 271.

Aufgrund des Wachstums von (4.21) mit der Rate w_{II}^{κ} wird in (4.20) abgebildet, dass jede in den Perioden $\phi_{\text{II}}^{\kappa\lambda} \in [1, +\infty)$ getätigte Zusatzinvestition einen positiven Wertbeitrag leistet. Während (4.19) unter der Annahme der Kapitalwertneutralität in den jeweiligen Investitionszeitpunkten ϕ gleich null ist, beläuft sich (4.21) (bzw. (4.24)) auf den vom Bewertungsverfahren abhängigen modifizierten Steuerbetrag. Im allgemeinen Bewertungsfall ist die mit der in $\phi_{\text{II}}^{\kappa\lambda} = 1$ getätigten Zusatzinvestition verbundene Werterhöhung zu diesem Zeitpunkt, die den Wert der im Bereich λ ab der Folgeperiode bis in die Ewigkeit erzielbaren zusätzlichen Nachsteuerzahlungen dieser Zahlungsreihe wiedergibt, in einer modifizierten Nachsteuerrechnung mit Hilfe eines der nachstehenden Kalküle zu berechnen (vgl. (2.76) und (2.79c)):

$$\mathrm{E}\left[\widetilde{E}_{\text{II},1}^{\ell,\kappa\lambda,\text{s},1}\right] = \frac{\mathrm{E}\left[\widetilde{FTE}_{\text{II},2}^{\kappa\lambda,1}\right] \cdot (1 - s_{\text{d}^\star})}{ke_{\text{II}}^{\ell,\lambda,\text{s}^\star} - w_{\text{II}}^{\lambda}} \tag{4.22a}$$

$$= \frac{\left(\mathrm{E}\left[\widetilde{FCF}_{\text{II},2}^{\kappa\lambda,1}\right] - \left(kd_{\text{II}} \cdot (1 - \tau) - w_{\text{II}}^{\lambda}\right) \cdot L_{\text{II}}^{\lambda} \cdot \mathrm{E}\left[\widetilde{E}_{\text{II},1}^{\ell,\kappa\lambda,\text{s},1}\right]\right) \cdot (1 - s_{\text{d}^\star})}{ke_{\text{II}}^{\ell,\lambda,\text{s}^\star} - w_{\text{II}}^{\lambda}}$$

$$= \frac{\mathrm{E}\left[\widetilde{FCF}_{\text{II},2}^{\kappa\lambda,1}\right] \cdot (1 - s_{\text{d}^\star})}{ke_{\text{II}}^{\ell,\lambda,\text{s}^\star} - w_{\text{II}}^{\lambda} + \left(kd_{\text{II}} \cdot (1 - \tau) - w_{\text{II}}^{\lambda}\right) \cdot L_{\text{II}}^{\lambda} \cdot (1 - s_{\text{d}^\star})}. \tag{4.22b}$$

Zur Kapitalisierung der in den vorgelagerten Perioden $\phi_{\text{I}}^{\kappa\lambda} \in \left[1, \Phi_{\text{I}}^{\kappa\lambda}\right]$ erwirtschafteten MVA auf den Zeitpunkt $\phi_{\text{I}}^{\kappa\lambda} = 0$ ist in (4.17) die kursgewinnsteuerbedingte Zirkularität aufzulösen:

$$\mathrm{E}\left[\widetilde{\Delta E}_{\phi}^{\ell,\kappa\lambda,\text{s}}\right] = \frac{\left(-\mathrm{E}\left[\widetilde{IE}_{\phi+1}^{\kappa\lambda,\phi+1}\right] - kd_{\phi+1} \cdot (1 - \tau) \cdot L_{\phi}^{\kappa} \cdot \mathrm{E}\left[\widetilde{\Delta E}_{\phi}^{\ell,\kappa\lambda,\text{s}}\right]\right) \cdot (1 - s_{\text{d}})}{1 + ke_{\phi+1}^{\ell,\kappa,\text{s}} - s_{\text{g}}}$$

$$+ \frac{\left(L_{\phi+1}^{\kappa} \cdot \mathrm{E}\left[\widetilde{\Delta E}_{\phi+1}^{\ell,\kappa\lambda,\text{s}}\right] - L_{\phi}^{\kappa} \cdot \mathrm{E}\left[\widetilde{\Delta E}_{\phi}^{\ell,\kappa\lambda,\text{s}}\right]\right) \cdot (1 - s_{\text{d}})}{1 + ke_{\phi+1}^{\ell,\kappa,\text{s}} - s_{\text{g}}}$$

$$+ \frac{\mathrm{E}\left[\widetilde{E}_{\phi+1}^{\ell,\kappa\lambda,\text{s},\phi+1}\right] \cdot \left(1 - s_{\text{g}}\right) + \mathrm{E}\left[\widetilde{\Delta E}_{\phi+1}^{\ell,\kappa\lambda,\text{s}}\right] \cdot \left(1 - s_{\text{g}}\right)}{1 + ke_{\phi+1}^{\ell,\kappa,\text{s}} - s_{\text{g}}}$$

$$\forall \phi \in [0, \infty). \tag{4.23}$$

(4.23) kann in einen modifizierten Kalkül mit dem MVA einer Restwertperiode ϕ gemäß

$$\mathrm{E}\left[\widetilde{MVA}_{\phi}^{\mathrm{E},\kappa\lambda,\mathrm{s}}\right] = -\mathrm{E}\left[\widetilde{IE}_{\phi}^{\kappa\lambda,\phi}\right] \cdot (1 - s_{\mathrm{d}^{\star}}) + \mathrm{E}\left[\widetilde{E}_{\phi}^{\ell,\kappa\lambda,\mathrm{s},\phi}\right] \qquad \forall \phi \in [1, +\infty) \quad (4.24)$$

transformiert werden. So ist zur Ermittlung der Restwertsteigerungen in den Zeitpunkten $\phi_{\mathrm{I}}^{\kappa\lambda} \in \left[0, \Phi_{\mathrm{I}}^{\kappa\lambda} - 1\right]$ der folgende mit (3.187) korrespondierende Nachsteuerkalkül heranzuziehen:

$$\begin{aligned}\mathrm{E}\left[\widetilde{\Delta E}_{\mathrm{I},\phi_{\mathrm{I}}}^{\ell,\kappa\lambda,\mathrm{s}}\right] &= \frac{\mathrm{E}\left[\widetilde{MVA}_{\mathrm{I},\phi_{\mathrm{I}}+1}^{\mathrm{E},\kappa\lambda,\mathrm{s}}\right] - kd_{\mathrm{I},\phi_{\mathrm{I}}+1} \cdot (1-\tau) \cdot L_{\mathrm{I},\phi_{\mathrm{I}}}^{\kappa} \cdot \mathrm{E}\left[\widetilde{\Delta E}_{\mathrm{I},\phi_{\mathrm{I}}}^{\ell,\kappa\lambda,\mathrm{s}}\right] \cdot (1 - s_{\mathrm{d}^{\star}})}{1 + ke_{\mathrm{I},\phi_{\mathrm{I}}+1}^{\ell,\kappa,\mathrm{s}^{\star}}} \\ &+ \frac{\left(L_{\mathrm{I},\phi_{\mathrm{I}}+1}^{\kappa} \cdot \mathrm{E}\left[\widetilde{\Delta E}_{\mathrm{I},\phi_{\mathrm{I}}+1}^{\ell,\kappa\lambda,\mathrm{s}}\right] - L_{\mathrm{I},\phi_{\mathrm{I}}}^{\kappa} \cdot \mathrm{E}\left[\widetilde{\Delta E}_{\mathrm{I},\phi_{\mathrm{I}}}^{\ell,\kappa\lambda,\mathrm{s}}\right]\right) \cdot (1 - s_{\mathrm{d}^{\star}})}{1 + ke_{\mathrm{I},\phi_{\mathrm{I}}+1}^{\ell,\kappa,\mathrm{s}^{\star}}} \\ &+ \frac{\mathrm{E}\left[\widetilde{\Delta E}_{\mathrm{I},\phi_{\mathrm{I}}+1}^{\ell,\kappa\lambda,\mathrm{s}}\right]}{1 + ke_{\mathrm{I},\phi_{\mathrm{I}}+1}^{\ell,\kappa,\mathrm{s}^{\star}}} \qquad \forall \phi_{\mathrm{I}}^{\kappa\lambda} \in \left[0, \Phi_{\mathrm{I}}^{\kappa\lambda} - 1\right]. \quad (4.25)\end{aligned}$$

Die Wertbeiträge der in den Perioden $\phi_{\mathrm{I}}^{\kappa\lambda} \in \left[2, \Phi_{\mathrm{I}}^{\kappa\lambda} + 1\right]$ beginnenden Zahlungsreihen, die in die MVA der Perioden $\phi_{\mathrm{I}}^{\kappa\lambda} \in \left[1, \Phi_{\mathrm{I}}^{\kappa\lambda}\right]$ eingehen, sind ebenfalls rekursiv zu ermitteln. Der Wert der in der Rentenphase des Bereichs λ erwarteten Zahlungsüberschüsse jeder Zahlungsreihe ist mittels des an (3.181) anlehnenden Rentenkalküls

$$\begin{aligned}\mathrm{E}\left[\widetilde{E}_{\mathrm{II},0}^{\ell,\kappa\lambda,\mathrm{s},\phi_{\mathrm{I}}}\right] &= \frac{\mathrm{E}\left[\widetilde{FTE}_{\mathrm{II},1}^{\kappa\lambda,\phi_{\mathrm{I}}}\right] \cdot (1 - s_{\mathrm{d}^{\star}})}{ke_{\mathrm{II}}^{\ell,\lambda,\mathrm{s}^{\star}} - w_{\mathrm{II}}^{\lambda}} \qquad \forall \phi_{\mathrm{I}}^{\kappa\lambda} \in \left[1, \Phi_{\mathrm{I}}^{\lambda} - 1\right] \\ &= \frac{\left(\mathrm{E}\left[\widetilde{FCF}_{\mathrm{II},1}^{\kappa\lambda,\phi_{\mathrm{I}}}\right] - \left(kd_{\mathrm{II}} \cdot (1-\tau) - w_{\mathrm{II}}^{\lambda}\right) \cdot L_{\mathrm{II}}^{\lambda} \cdot \mathrm{E}\left[\widetilde{E}_{\mathrm{II},0}^{\ell,\kappa\lambda,\mathrm{s},\phi_{\mathrm{I}}}\right]\right) \cdot (1 - s_{\mathrm{d}^{\star}})}{ke_{\mathrm{II}}^{\ell,\lambda,\mathrm{s}^{\star}} - w_{\mathrm{II}}^{\lambda}} \\ &= \frac{\mathrm{E}\left[\widetilde{FCF}_{\mathrm{II},1}^{\kappa\lambda,\phi_{\mathrm{I}}}\right] \cdot (1 - s_{\mathrm{d}^{\star}})}{ke_{\mathrm{II}}^{\ell,\lambda,\mathrm{s}^{\star}} - w_{\mathrm{II}}^{\lambda} + \left(kd_{\mathrm{II}} \cdot (1-\tau) - w_{\mathrm{II}}^{\lambda}\right) \cdot L_{\mathrm{II}}^{\lambda} \cdot (1 - s_{\mathrm{d}^{\star}})} \qquad (4.26)\end{aligned}$$

zu bestimmen. Im Weiteren sind der Wertbeitrag (4.26) und die in dem Zeitraum $\left[\phi_{\mathrm{I}}^{\kappa\lambda}+1,\Phi_{\mathrm{I}}^{\kappa\lambda}\right]$ erwarteten zusätzlichen Flow to Equity nach persönlichen Steuern auf den jeweiligen Investitionszeitpunkt $\phi_{\mathrm{I}}^{\kappa\lambda}$ zu diskontieren. Wie (3.182) in einer Vorsteuerrechnung vereint (4.27) alle hierfür benötigten Restwertkalküle:

$$\begin{aligned}
\mathrm{E}\left[\widetilde{E}_{\mathrm{I},t}^{\ell,\kappa\lambda,\mathrm{s},\phi_{\mathrm{I}}}\right] &= \frac{\mathrm{E}\left[\widetilde{FTE}_{\mathrm{I},t+1}^{\kappa\lambda,\phi_{\mathrm{I}}}\right]\cdot(1-s_{\mathrm{d}^{\star}})+\mathrm{E}\left[\widetilde{E}_{\mathrm{I},t+1}^{\ell,\kappa\lambda,\mathrm{s},\phi_{\mathrm{I}}}\right]}{1+ke_{\mathrm{I},t+1}^{\ell,\lambda,\mathrm{s}^{\star}}}\\
&= \frac{\left(\mathrm{E}\left[\widetilde{FCF}_{\mathrm{I},t+1}^{\kappa\lambda,\phi_{\mathrm{I}}}\right]-kd_{\mathrm{I},t+1}\cdot(1-\tau)\cdot L_{\mathrm{I},t}^{\lambda}\cdot\mathrm{E}\left[\widetilde{E}_{\mathrm{I},t}^{\ell,\kappa\lambda,\mathrm{s},\phi_{\mathrm{I}}}\right]\right)\cdot(1-s_{\mathrm{d}^{\star}})}{1+ke_{\mathrm{I},t+1}^{\ell,\lambda,\mathrm{s}^{\star}}}\\
&+\frac{\left(L_{\mathrm{I},t+1}^{\lambda}\cdot\mathrm{E}\left[\widetilde{E}_{\mathrm{I},t+1}^{\ell,\kappa\lambda,\mathrm{s},\phi_{\mathrm{I}}}\right]-L_{\mathrm{I},t}^{\lambda}\cdot\mathrm{E}\left[\widetilde{E}_{\mathrm{I},t}^{\ell,\kappa\lambda,\mathrm{s},\phi_{\mathrm{I}}}\right]\right)\cdot(1-s_{\mathrm{d}^{\star}})+\mathrm{E}\left[\widetilde{E}_{\mathrm{I},t+1}^{\ell,\kappa\lambda,\mathrm{s},\phi_{\mathrm{I}}}\right]}{1+ke_{\mathrm{I},t+1}^{\ell,\lambda,\mathrm{s}^{\star}}}\\
&\forall\,\phi_{\mathrm{I}}^{\kappa\lambda}\in\left[1,\Phi_{\mathrm{I}}^{\lambda}-1\right],\quad\forall\,t\in\left[\phi_{\mathrm{I}}^{\kappa\lambda},\Phi_{\mathrm{I}}^{\lambda}-1\right].
\end{aligned}\tag{4.27}$$

Für jeden Investitionszeitpunkt $\phi_{\mathrm{I}}^{\kappa\lambda}\in\left[1,\Phi_{\mathrm{I}}^{\lambda}-1\right]$ ist der Ausdruck (4.27) in eine Reihe verketteter Bewertungskalküle aufzuspannen, die stets mit der Wertermittlung in $t=\Phi_{\mathrm{I}}^{\lambda}-1$ beginnt und mit der Ermittlung des gesuchten Wertbeitrags in $t=\phi_{\mathrm{I}}^{\kappa\lambda}$ endet.

Damit liegen alle Bewertungsformeln des modifizierten FtE Verfahrens vor, die eine Quantifizierung des Restwertes des Eigenkapitals auf Unternehmensebene unter Berücksichtigung aller Investitionsbeziehungen zwischen den Geschäftsbereichen ermöglichen. Bevor hierauf in Abschnitt 4.1.2.3 eingegangen wird, zeigt der nächste Abschnitt zunächst die Ermittlung der Restwertsteigerung des Gesamtkapitals

$$\mathrm{E}\left[\widetilde{\Delta V}_{\mathrm{I},0}^{\ell,\kappa\lambda,\mathrm{s}}\right]=\left(1+L_{\mathrm{I},0}^{\kappa}\right)\cdot\mathrm{E}\left[\widetilde{\Delta E}_{\mathrm{I},0}^{\ell,\kappa\lambda,\mathrm{s}}\right]\tag{4.28}$$

auf der Basis des modifizierten FCF Verfahrens auf.

Die sich an die Quelle *Diedrich* et al. (2018) anlehnenden, auf die Rentenphase beziehenden Nachsteuerkalküle des (modifizierten) FtE Verfahrens spielen wieder in Abschnitt 4.2.4.1 im Rahmen der Ermittlung eines objektivierten Restwertes unter Berücksichtigung einer abgestimmten Ausschüttungs- und Finanzierungspolitik eine bedeutsame Rolle.

4.1.2.2.2 FCF Verfahren

Die Ausführungen zur Ermittlung der durch zusätzliche Nettoinvestitionen hervorgerufenen Restwertsteigerung unter Berücksichtigung der persönlichen Besteuerung mit dem FCF Verfahren beruhen auf den entsprechenden Erläuterungen im Rahmen einer Vorsteuerrechnung in Abschnitt 3.2.2.2.1.[269] Inhaltlich wird die in Abschnitt 4.1.2.1.1 begonnene Restwertermittlung erweitert und vervollständigt.[270]

Der Bewertungskalkül zur Ermittlung des Kapitalwertes der nach dem gemäß (3.157) festgelegten Zeitpunkt $\Phi_{\mathrm{I}}^{\kappa\lambda}$ erzielbaren MVA (3.165) lautet in einer modifizierten Nachsteuerrechnung:[271]

$$\mathrm{E}\left[\widetilde{\Delta V}_{\mathrm{II},0}^{\ell,\kappa\lambda,\mathrm{s}}\right] = \sum_{\phi_{\mathrm{II}}=1}^{+\infty} \frac{\mathrm{E}\left[\widetilde{MVA}_{\mathrm{II},\phi_{\mathrm{II}}}^{\mathrm{V},\kappa\lambda,\mathrm{s}}\right]}{\left(1+k_{\mathrm{II}}^{\tau,\kappa,\mathrm{s}^\star}\right)^{\phi_{\mathrm{II}}}} = \frac{\mathrm{E}\left[\widetilde{MVA}_{\mathrm{II},1}^{\mathrm{V},\kappa\lambda,\mathrm{s}}\right]}{k_{\mathrm{II}}^{\tau,\kappa,\mathrm{s}^\star} - w_{\mathrm{II}}^{\kappa}}. \tag{4.29}$$

Der auf die Nachsteuerrechnung übertragbare Zusammenhang zwischen dem MVA in einem Zeitpunkt $\phi_{\mathrm{II}}^{\kappa\lambda} \in [1,+\infty)$ und dem MVA in dem Zeitpunkt $\phi_{\mathrm{II}}^{\kappa\lambda} = 1$ gemäß (3.164b) findet in (4.29) Berücksichtigung.

Bei kapitalwerterhöhender Verzinsung der zusätzlichen Nettoinvestitionen im Bereich λ ist der in $\phi_{\mathrm{II}}^{\kappa\lambda} = 1$ zu erwartende MVA nach modifizierten persönlichen Steuern, auf welchem die Ermittlung der Restwertsteigerung mit dem FCF Verfahren gemäß (4.29) basiert, anhand folgender Formel zu berechnen:[272]

$$\begin{aligned}\mathrm{E}\left[\widetilde{MVA}_{\mathrm{II},1}^{\mathrm{V},\kappa\lambda,\mathrm{s}}\right] &= -\mathrm{E}\left[\widetilde{IC}_{\mathrm{II},1}^{\kappa\lambda,1}\right]\cdot\left(1-s_{\bar{\mathrm{d}},\mathrm{II}}^{\kappa}\right)\\ &\quad+\mathrm{E}\left[\widetilde{V}_{\mathrm{II},1}^{\ell,\kappa\lambda,\mathrm{s},1}\right]\cdot\left(1-s_{\mathrm{d}^\star}\cdot\frac{\Theta_{\mathrm{II}}^{\lambda}-\Theta_{\mathrm{II}}^{\kappa}}{1-s_{\mathrm{d}^\star}\cdot\Theta_{\mathrm{II}}^{\kappa}}\right).\end{aligned} \tag{4.30}$$

In den Ausdruck (4.30) geht der von der Fremdkapitalquote des Geschäftsbereichs κ abhängige modifizierte Steuersatz $s_{\bar{\mathrm{d}},\mathrm{II}}^{\kappa}$ gemäß (4.2) ein. Die Er-

---

269 Siehe S. 179–188.

270 Siehe S. 245–248.

271 Mit dem hochgestellten Index „V“ wird der dem FCF Verfahren zugrunde liegende MVA kenntlich gemacht. Siehe auch Fn. 268.

272 Bezüglich der Herleitung des Ausdrucks (4.30) bzw. (4.32) siehe Anhang B.4.1, S. 407–410.

mittlung des Wertbeitrags der aus der Zusatzinvestition in $\phi_{\mathrm{II}}^{\kappa\lambda} = 1$ hervorgehenden, mit der Rate (3.159) ansteigenden zusätzlichen freien Cashflows nach modifizierten persönlichen Steuern lehnt an (3.161) an:

$$\mathrm{E}\left[\widetilde{V}_{\mathrm{II},1}^{\ell,\kappa\lambda,\mathrm{s},1}\right] = \frac{q_{\mathrm{II}}^{\lambda} \cdot \mathrm{E}\left[\widetilde{IC}_{\mathrm{II},1}^{\kappa\lambda,1}\right] \cdot ROIC_{\mathrm{II}}^{\lambda} \cdot \left(1 - s_{\mathrm{d,II}}^{\lambda}\right)}{k_{\mathrm{II}}^{\tau,\lambda,\mathrm{s}^{\star}} - w_{\mathrm{II}}^{\lambda}}. \tag{4.31}$$

Ferner ist gemäß (4.30) der prognostizierte Wertbeitrag der in $\phi_{\mathrm{II}}^{\kappa\lambda} = 2$ beginnenden unendlichen Zahlungsreihe (4.31) mit einem von der Kapitalstruktur der Bereiche κ und λ abhängigen Term zu multiplizieren, wenn bei differenzierten persönlichen Steuersätzen s_{d} und s_{g} zugleich differenzierte Fremdkapitalquoten $\Theta_{\mathrm{II}}^{\kappa}$ und $\Theta_{\mathrm{II}}^{\lambda}$ vorliegen.

Zur Ermittlung der erwarteten Restwertsteigerung in einem beliebigen Zeitpunkt $\phi_{\mathrm{I}}^{\kappa\lambda} \in \left[0, \Phi_{\mathrm{I}}^{\kappa\lambda} - 1\right]$ werden neben den kapitalisierten MVA (4.29) die in dem Zeitraum $\left[1, \Phi_{\mathrm{I}}^{\kappa\lambda}\right]$ zu erwartenden MVA

$$\begin{aligned} \mathrm{E}\left[\widetilde{MVA}_{\mathrm{I},\phi_{\mathrm{I}}}^{\mathrm{V},\kappa\lambda,\mathrm{s}}\right] = &-\mathrm{E}\left[\widetilde{IC}_{\mathrm{I},\phi_{\mathrm{I}}}^{\kappa\lambda,\phi_{\mathrm{I}}}\right] \cdot \left(1 - s_{\mathrm{d,I},\phi_{\mathrm{I}}}^{\kappa}\right) \\ &+ \mathrm{E}\left[\widetilde{V}_{\mathrm{I},\phi_{\mathrm{I}}}^{\ell,\kappa\lambda,\mathrm{s},\phi_{\mathrm{I}}}\right] \cdot \left(1 - s_{\mathrm{d}^{\star}} \cdot \frac{\Theta_{\mathrm{I},\phi_{\mathrm{I}}}^{\lambda} - \Theta_{\mathrm{I},\phi_{\mathrm{I}}}^{\kappa}}{1 - s_{\mathrm{d}^{\star}} \cdot \Theta_{\mathrm{I},\phi_{\mathrm{I}}}^{\kappa}}\right) \end{aligned} \tag{4.32}$$

$$\forall\, \phi_{\mathrm{I}} \in \left[1, \Phi_{\mathrm{I}}^{\kappa\lambda}\right]$$

benötigt. Die in (4.32) eingehenden erwarteten Wertbeiträge der in den Zeitpunkten $\phi_{\mathrm{I}}^{\kappa\lambda} \in \left[2, \Phi_{\mathrm{I}}^{\kappa\lambda} + 1\right]$ beginnenden unendlichen Reihen modifizierter Nachsteuerzahlungen ergeben sich in Anlehnung an (3.168b) und (3.169b) für $\phi_{\mathrm{I}}^{\kappa\lambda} \in \left[\Phi_{\mathrm{I}}^{\lambda}, \Phi_{\mathrm{I}}^{\kappa\lambda}\right]$ gemäß

$$\begin{aligned} \mathrm{E}\left[\widetilde{V}_{\mathrm{I},\phi_{\mathrm{I}}}^{\ell,\kappa\lambda,\mathrm{s},\phi_{\mathrm{I}}}\right] &= \frac{q_{\mathrm{II}}^{\lambda} \cdot \mathrm{E}\left[\widetilde{IC}_{\mathrm{I},\phi_{\mathrm{I}}}^{\kappa\lambda,\phi_{\mathrm{I}}}\right] \cdot ROIC_{\mathrm{II}}^{\lambda} \cdot \left(1 - s_{\mathrm{d,II}}^{\lambda}\right)}{k_{\mathrm{II}}^{\tau,\lambda,\mathrm{s}^{\star}} - w_{\mathrm{II}}^{\lambda}} \\ &= \frac{\mathrm{E}\left[\widetilde{FCF}_{\mathrm{I},\phi_{\mathrm{I}}+1}^{\kappa\lambda,\phi_{\mathrm{I}}}\right] \cdot \left(1 - s_{\mathrm{d,II}}^{\lambda}\right)}{k_{\mathrm{II}}^{\tau,\lambda,\mathrm{s}^{\star}} - w_{\mathrm{II}}^{\lambda}} \end{aligned} \tag{4.33}$$

$$\forall\, \phi_{\mathrm{I}}^{\kappa\lambda} \in \left[\Phi_{\mathrm{I}}^{\lambda}, \Phi_{\mathrm{I}}^{\kappa\lambda}\right]$$

und für $\phi_{\mathrm{I}}^{\kappa\lambda} \in \left[1, \Phi_{\mathrm{I}}^{\lambda} - 1\right]$ gemäß

$$\mathrm{E}\left[\widetilde{V}_{\mathrm{I},\phi_{\mathrm{I}}}^{\ell,\kappa\lambda,\mathrm{s},\phi_{\mathrm{I}}}\right] = \sum_{r=\phi_{\mathrm{I}}^{\lambda}}^{\Phi_{\mathrm{I}}^{\lambda}-1} \frac{\mathrm{E}\left[\widetilde{FCF}_{\mathrm{I},r+1}^{\kappa\lambda,\phi_{\mathrm{I}}}\right] \cdot \left(1 - s_{\bar{\mathrm{d}},\mathrm{I},r+1}^{\lambda}\right)}{\prod_{t=\phi_{\mathrm{I}}^{\lambda}+1}^{r+1} \left(1 + k_{\mathrm{I},t}^{\tau,\lambda,\mathrm{s}^{\star}}\right)} + \frac{\mathrm{E}\left[\widetilde{FCF}_{\mathrm{II},1}^{\kappa\lambda,\phi_{\mathrm{I}}}\right] \cdot \left(1 - s_{\bar{\mathrm{d}},\mathrm{II}}^{\lambda}\right)}{\prod_{t=\phi_{\mathrm{I}}^{\lambda}+1}^{\Phi_{\mathrm{I}}^{\lambda}} \left(1 + k_{\mathrm{I},t}^{\tau,\lambda,\mathrm{s}^{\star}}\right) \cdot \left(k_{\mathrm{II}}^{\tau,\lambda,\mathrm{s}^{\star}} - w_{\mathrm{II}}^{\lambda}\right)} \quad \forall \phi_{\mathrm{I}}^{\kappa\lambda} \in \left[1, \Phi_{\mathrm{I}}^{\lambda} - 1\right]. \tag{4.34}$$

Bei der mit Hilfe eines Tabellenkalkulationsprogramms durchgeführten Bewertung erweist sich in der Regel die rekursive Wertermittlung als am einfachsten implementierbar, wenn zum Beispiel die Restwertsteigerung zu einem beliebigen Zeitpunkt $\phi_{\mathrm{I}}^{\kappa\lambda} \in \left[0, \Phi_{\mathrm{I}}^{\kappa\lambda} - 1\right]$ ermittelt werden soll. Die Verknüpfung der bewertungsrelevanten Größen mit den Werten der modifizierten gewogenen Kapitalkostensätze gemäß

$$\mathrm{E}\left[\widetilde{\Delta V}_{\mathrm{I},\phi_{\mathrm{I}}}^{\ell,\kappa\lambda,\mathrm{s}}\right] = \frac{\mathrm{E}\left[\widetilde{MVA}_{\mathrm{I},\phi_{\mathrm{I}}+1}^{\mathrm{V},\kappa\lambda,\mathrm{s}}\right] + \mathrm{E}\left[\widetilde{\Delta V}_{\mathrm{I},\phi_{\mathrm{I}}+1}^{\ell,\kappa\lambda,\mathrm{s}}\right]}{1 + k_{\mathrm{I},\phi_{\mathrm{I}}+1}^{\tau,\kappa,\mathrm{s}^{\star}}} \qquad \phi_{\mathrm{I}}^{\kappa\lambda} \in \left[0, \Phi_{\mathrm{I}}^{\kappa\lambda} - 1\right] \tag{4.35}$$

erlaubt eine strukturierte Berechnung der Restwertsteigerungen zu verschiedenen Zeitpunkten. In der nicht-rekursiven Formeldarstellung lässt sich erweiternd eine Differenzierung zwischen periodenspezifischen und konstanten Nachsteuersätzen vornehmen, wie die folgenden beiden Bewertungskalküle in Abhängigkeit von dem Beginn der Rentenphase in dem investierenden Bereich κ zum Ausdruck bringen. Unter Berücksichtigung von (4.29) bestimmt sich die Restwertsteigerung in $\phi_{\mathrm{I}}^{\kappa\lambda} = 0$, falls die Länge der gemeinsamen

Grobplanungsphase mindestens von dem Bereich κ bestimmt wird, folgendermaßen:[273]

$$\mathrm{E}\left[\widetilde{\Delta V}_{\mathrm{I},0}^{\ell,\kappa\lambda,\mathrm{s}}\right] = \sum_{\phi_{\mathrm{I}}^{\kappa\lambda}=1}^{\Phi_{\mathrm{I}}^{\kappa\lambda}} \frac{\mathrm{E}\left[\widetilde{MVA}_{\mathrm{I},\phi_{\mathrm{I}}}^{\mathrm{V},\kappa\lambda,\mathrm{s}}\right]}{\prod_{t=1}^{\phi_{\mathrm{I}}^{\kappa\lambda}}\left(1+k_{\mathrm{I},t}^{\tau,\kappa,\mathrm{s}^{\star}}\right)} + \frac{\mathrm{E}\left[\widetilde{\Delta V}_{\mathrm{II},0}^{\ell,\kappa\lambda,\mathrm{s}}\right]}{\prod_{t=1}^{\Phi_{\mathrm{I}}^{\kappa\lambda}}\left(1+k_{\mathrm{I},t}^{\tau,\kappa,\mathrm{s}^{\star}}\right)}, \qquad \text{falls} \quad \Phi_{\mathrm{I}}^{\kappa} = \Phi_{\mathrm{I}}^{\kappa\lambda}. \tag{4.36}$$

Beginnt die Rentenphase in dem Bereich κ eine oder mehrere Perioden vor dem Zeitpunkt $\Phi_{\mathrm{I}}^{\kappa\lambda}$, kann in der Restwertformel die Konstanz des modifizierten Kapitalkostensatzes in dem Intervall $\left[\Phi_{\mathrm{I}}^{\kappa}+1, \Phi_{\mathrm{I}}^{\kappa\lambda}\right]$ abgebildet werden:

$$\begin{aligned}\mathrm{E}\left[\widetilde{\Delta V}_{\mathrm{I},0}^{\ell,\kappa\lambda,\mathrm{s}}\right] &= \sum_{\phi_{\mathrm{I}}^{\kappa\lambda}=1}^{\Phi_{\mathrm{I}}^{\kappa}} \frac{\mathrm{E}\left[\widetilde{MVA}_{\mathrm{I},\phi_{\mathrm{I}}}^{\mathrm{V},\kappa\lambda,\mathrm{s}}\right]}{\prod_{t=1}^{\phi_{\mathrm{I}}^{\kappa\lambda}}\left(1+k_{\mathrm{I},t}^{\tau,\kappa,\mathrm{s}^{\star}}\right)} \\ &+ \sum_{\phi_{\mathrm{I}}^{\kappa\lambda}=\Phi_{\mathrm{I}}^{\kappa}+1}^{\Phi_{\mathrm{I}}^{\kappa\lambda}} \frac{\mathrm{E}\left[\widetilde{MVA}_{\mathrm{I},\phi_{\mathrm{I}}}^{\mathrm{V},\kappa\lambda,\mathrm{s}}\right]}{\prod_{t=1}^{\Phi_{\mathrm{I}}^{\kappa}}\left(1+k_{\mathrm{I},t}^{\tau,\kappa,\mathrm{s}^{\star}}\right)\cdot\left(1+k_{\mathrm{II}}^{\tau,\kappa,\mathrm{s}^{\star}}\right)^{\phi_{\mathrm{I}}^{\kappa\lambda}-\Phi_{\mathrm{I}}^{\kappa}}} \\ &+ \frac{\mathrm{E}\left[\widetilde{\Delta V}_{\mathrm{II},0}^{\ell,\kappa\lambda,\mathrm{s}}\right]}{\prod_{t=1}^{\Phi_{\mathrm{I}}^{\kappa}}\left(1+k_{\mathrm{I},t}^{\tau,\kappa,\mathrm{s}^{\star}}\right)\cdot\left(1+k_{\mathrm{II}}^{\tau,\kappa,\mathrm{s}^{\star}}\right)^{\Phi_{\mathrm{I}}^{\kappa\lambda}-\Phi_{\mathrm{I}}^{\kappa}}}, \qquad \text{falls} \quad \Phi_{\mathrm{I}}^{\kappa} < \Phi_{\mathrm{I}}^{\kappa\lambda}.\end{aligned}$$

Hiervon ausgehend kann mittels

$$\mathrm{E}\left[\widetilde{\Delta E}_{\mathrm{I},0}^{\ell,\kappa\lambda,\mathrm{s}}\right] = \left(1-\Theta_{\mathrm{I},0}^{\kappa}\right)\cdot\mathrm{E}\left[\widetilde{\Delta V}_{\mathrm{I},0}^{\ell,\kappa\lambda,\mathrm{s}}\right] \tag{4.37}$$

auf den Restwert des Eigenkapitals zum Zeitpunkt $\phi_{\mathrm{I}}^{\kappa\lambda}=0$ gemäß (4.25) geschlossen werden.

273 Bezüglich der Ermittlung der erwarteten Restwertsteigerung in einem beliebigen Zeitpunkt $\phi_{\mathrm{I}}^{\kappa\lambda} \in \left[0, \Phi_{\mathrm{I}}^{\kappa\lambda}-1\right]$ wird auf (D.34) und (D.35) in Anhang D.3.3, Gliederungsebene 2. a) I., verwiesen.

4.1.2.3 Ermittlung des Restwertes des verschuldeten Unternehmens

Die in Abschnitt 3.2.2.3 erläuterte Ermittlung des Restwertes des Gesamtkapitals oder des Eigenkapitals auf Unternehmensebene ist auf die Nachsteuerrechnung zu übertragen.[274] Während die Wertbeiträge aller künftigen Zahlungsüberschüsse zum Zeitpunkt $\phi_{\mathrm{I}} = 0$ entweder durch

$$\mathrm{E}\left[\widetilde{V}_{\mathrm{I},0}^{\ell,\mathrm{s}}\right] = \sum_{\kappa}\left(\mathrm{E}\left[\widetilde{V}_{\mathrm{I},0}^{\ell,\kappa,\mathrm{s}}\right] + \sum_{\substack{\lambda \\ \lambda \neq \kappa}} \mathrm{E}\left[\widetilde{\Delta V}_{\mathrm{I},0}^{\ell,\kappa\lambda,\mathrm{s}}\right]\right) \tag{4.38}$$

oder durch

$$\mathrm{E}\left[\widetilde{E}_{\mathrm{I},0}^{\ell,\mathrm{s}}\right] = \sum_{\kappa}\left(\mathrm{E}\left[\widetilde{E}_{\mathrm{I},0}^{\ell,\kappa,\mathrm{s}}\right] + \sum_{\substack{\lambda \\ \lambda \neq \kappa}} \mathrm{E}\left[\widetilde{\Delta E}_{\mathrm{I},0}^{\ell,\kappa\lambda,\mathrm{s}}\right]\right) \tag{4.39}$$

vollständig erfasst werden, ist bei der Ermittlung des Restwertes des verschuldeten Unternehmens zu einem späteren Zeitpunkt $\phi \in [1, +\infty)$ im Besonderen auf die Einbeziehung von *allen* Wertbeiträgen der ab $\phi + 1$ erzielbaren Zahlungsüberschüsse zu achten. In den beiden Bewertungsgleichungen

$$\mathrm{E}\left[\widetilde{V}_{\phi}^{\ell,\mathrm{s}}\right] = \sum_{\kappa}\left(\mathrm{E}\left[\widetilde{V}_{\phi}^{\ell,\kappa,\mathrm{s}}\right] + \sum_{\substack{\lambda \\ \lambda \neq \kappa}} \mathrm{E}\left[\widetilde{\Delta V}_{\phi}^{\ell,\kappa\lambda,\mathrm{s}}\right]\right) + \sum_{\kappa}\sum_{\substack{\lambda \\ \lambda \neq \kappa}}\sum_{z=1}^{\phi} \mathrm{E}\left[\widetilde{V}_{\phi}^{\ell,\kappa\lambda,\mathrm{s},z}\right] \tag{4.40}$$

und

$$\mathrm{E}\left[\widetilde{E}_{\phi}^{\ell,\mathrm{s}}\right] = \sum_{\kappa}\left(\mathrm{E}\left[\widetilde{E}_{\phi}^{\ell,\kappa,\mathrm{s}}\right] + \sum_{\substack{\lambda \\ \lambda \neq \kappa}} \mathrm{E}\left[\widetilde{\Delta E}_{\phi}^{\ell,\kappa\lambda,\mathrm{s}}\right]\right) + \sum_{\kappa}\sum_{\substack{\lambda \\ \lambda \neq \kappa}}\sum_{z=1}^{\phi} \mathrm{E}\left[\widetilde{E}_{\phi}^{\ell,\kappa\lambda,\mathrm{s},z}\right] \tag{4.41}$$

sind die Wertbeiträge der prognostizierten Zahlungsüberschüsse aus ab der Restwertperiode $\phi + 1$ noch bevorstehenden Zusatzinvestitionen in den MVA

274 Siehe S. 198 f.

in dem zweiten Term und die Wertbeiträge der künftigen Nachsteuerzahlungen aus den in den zurückliegenden Restwertperioden und in der gegenwärtigen Periode $z \in [1, \phi]$ getätigten Zusatzinvestitionen in dem dritten Term erfasst.

4.1.2.4 Spezialproblem: Verzinsungssätze bei Kapitalwertneutralität

Dieser Abschnitt widmet sich der Ermittlung der kritischen Gesamtkapitalrendite $ROIC_{\text{II}}^{\lambda\star}$ und der kritischen Eigenkapitalrendite $ROE_{\text{II}}^{\lambda\star}$, mit denen sich die (zusätzlichen) Nettoinvestitionen bzw. Thesaurierungen in einem Bereich λ unter der Annahme der Kapitalwertneutralität in der Rentenphase verzinsen. In diesem Fall stimmt der Restwert (4.1) in Bezug auf den Bereich λ mit dem Invested Capital im Zeitpunkt $\phi_{\text{II}}^{\lambda} = 0$ überein:

$$\mathrm{E}\left[\widetilde{V}_{\text{II},0}^{\ell,\lambda,\text{s}}\right] = \frac{q_{\text{II}}^{\lambda} \cdot \mathrm{E}\left[\widetilde{IC}_{\text{II},0}^{\lambda}\right] \cdot ROIC_{\text{II}}^{\lambda\star} \cdot \left(1 - s_{\bar{\text{d}},\text{II}}^{\lambda}\right)}{k_{\text{II}}^{\tau,\lambda,\text{s}\star} - w_{\text{II}}^{\lambda\star}} = \mathrm{E}\left[\widetilde{IC}_{\text{II},0}^{\lambda}\right] \tag{4.42}$$

mit der den kapitalwertneutralen ROIC enthaltenden konstanten Wachstumsrate

$$w_{\text{II}}^{\lambda\star} = \left(1 - q_{\text{II}}^{\lambda}\right) \cdot ROIC_{\text{II}}^{\lambda\star} \qquad \forall \phi \in \left[\Phi_{\text{I}}^{\lambda} + 1, +\infty\right). \tag{4.43}$$

Analog gilt für den Wertbeitrag des in einer Periode $\phi \in \left[\Phi_{\text{I}}^{\lambda}, +\infty\right)$ in den Bereich λ zusätzlich investierten Kapitals (vgl. (4.31) und (4.33)):

$$\mathrm{E}\left[\widetilde{V}_{\phi}^{\ell,\kappa\lambda,\text{s},\phi}\right] = \frac{q_{\text{II}}^{\lambda} \cdot \mathrm{E}\left[\widetilde{IC}_{\phi}^{\kappa\lambda,\phi}\right] \cdot ROIC_{\text{II}}^{\lambda\star} \cdot \left(1 - s_{\bar{\text{d}},\text{II}}^{\lambda}\right)}{k_{\text{II}}^{\tau,\lambda,\text{s}\star} - w_{\text{II}}^{\lambda\star}} = \mathrm{E}\left[\widetilde{IC}_{\phi}^{\kappa\lambda,\phi}\right]$$

$$\forall \phi \in \left[\Phi_{\text{I}}^{\lambda}, +\infty\right). \tag{4.44}$$

Aus (4.44) folgt eine Vereinfachung der Berechnung des MVA (4.30):

$$\mathrm{E}\left[\widetilde{MVA}_{\text{II},1}^{\text{V},\kappa\lambda,\text{s}}\right] = \mathrm{E}\left[\widetilde{IC}_{\text{II},1}^{\kappa\lambda,1}\right] \cdot s_{\bar{\text{d}},\text{II}}^{\kappa\lambda}. \tag{4.45}$$

(4.45) ist abhängig von dem modifizierten Steuersatz $s_{\bar{\text{d}},\text{II}}^{\kappa\lambda}$ gemäß

$$s_{\bar{\text{d}},\text{II}}^{\kappa\lambda} = \frac{s_{\text{d}\star} \cdot \left(1 - \Theta_{\text{II}}^{\lambda}\right)}{1 - s_{\text{d}\star} \cdot \Theta_{\text{II}}^{\kappa}}. \tag{4.46}$$

Der Anteil der Fremdfinanzierung an (4.42) und (4.44) ist in Höhe der Fremdkapitalquote $\Theta_{\mathrm{II}}^{\lambda}$ deterministisch festgelegt. Während sich der erwartete Bestand des Fremdkapitals in (4.42) auf

$$\mathrm{E}\left[\widetilde{D}_{\mathrm{II},0}^{\lambda,\mathrm{s}}\right] = \Theta_{\mathrm{II}}^{\lambda} \cdot \mathrm{E}\left[\widetilde{IC}_{\mathrm{II},0}^{\lambda}\right] \tag{4.47}$$

beläuft, beinhaltet (4.44) eine anteilige Fremdfinanzierung in Höhe von

$$\mathrm{E}\left[\widetilde{D}_{\phi}^{\kappa\lambda,\mathrm{s},\phi}\right] = \Theta_{\mathrm{II}}^{\lambda} \cdot \mathrm{E}\left[\widetilde{IC}_{\phi}^{\kappa\lambda,\phi}\right] \qquad\qquad \forall\, \phi \in \left[\Phi_{\mathrm{I}}^{\lambda}, +\infty\right). \tag{4.48}$$

Der in (4.42) enthaltene Rest- und Buchwert des Eigenkapitals beträgt demnach

$$\mathrm{E}\left[\widetilde{E}_{\mathrm{II},0}^{\ell,\lambda,\mathrm{s}}\right] = \mathrm{E}\left[\widetilde{IE}_{\mathrm{II},0}^{\lambda}\right] = \left(1 - \Theta_{\mathrm{II}}^{\lambda}\right) \cdot \mathrm{E}\left[\widetilde{IC}_{\mathrm{II},0}^{\lambda}\right]. \tag{4.49}$$

(4.49) geht folglich auch aus dem (4.12a) entsprechenden nicht-modifizierten Nachsteuerkalkül in Bezug auf den Bereich λ,

$$\mathrm{E}\left[\widetilde{E}_{\mathrm{II},0}^{\ell,\lambda,\mathrm{s}}\right] = \frac{q_{\mathrm{II}}^{\mathrm{OP},\lambda} \cdot \mathrm{E}\left[\widetilde{IE}_{\mathrm{II},0}^{\lambda}\right] \cdot ROE_{\mathrm{II}}^{\lambda^{\star}} \cdot (1 - s_{\mathrm{d}})}{ke_{\mathrm{II}}^{\ell,\lambda,\mathrm{s}} - w_{\mathrm{II}}^{\lambda^{\star}} \cdot \left(1 - s_{\mathrm{g}}\right)} = \mathrm{E}\left[\widetilde{IE}_{\mathrm{II},0}^{\lambda}\right], \tag{4.50}$$

hervor. Der Restwert des Eigenkapitals nach persönlichen Steuern ist somit abhängig von der auf den Operating Profit bezogenen Ausschüttungsquote $q_{\mathrm{II}}^{\mathrm{OP},\lambda}$ und der zu (4.43) identischen, den kapitalwertneutralen ROE enthaltenden Wachstumsrate

$$w_{\mathrm{II}}^{\lambda^{\star}} = \left(1 - q_{\mathrm{II}}^{\mathrm{OP},\lambda}\right) \cdot ROE_{\mathrm{II}}^{\lambda^{\star}} \qquad\qquad \forall\, \phi \in \left[\Phi_{\mathrm{I}}^{\lambda} + 1, +\infty\right). \tag{4.51}$$

Zugleich entspricht der Wertbeitrag des zusätzlich einbehaltenen Gewinns ebendiesem Thesaurierungsbetrag (vgl. (4.22a)):

$$\mathrm{E}\left[\widetilde{E}_{\phi}^{\ell,\kappa\lambda,\mathrm{s},\phi}\right] = \mathrm{E}\left[\widetilde{IE}_{\phi}^{\kappa\lambda,\phi}\right] = \left(1 - \Theta_{\mathrm{II}}^{\lambda}\right) \cdot \mathrm{E}\left[\widetilde{IC}_{\phi}^{\kappa\lambda,\phi}\right]$$

$$= \frac{q_{\mathrm{II}}^{\mathrm{OP},\lambda} \cdot \mathrm{E}\left[\widetilde{IE}_{\phi}^{\kappa\lambda,\phi}\right] \cdot ROE_{\mathrm{II}}^{\lambda^{\star}} \cdot (1 - s_{\mathrm{d}})}{ke_{\mathrm{II}}^{\ell,\lambda,\mathrm{s}} - w_{\mathrm{II}}^{\lambda^{\star}} \cdot \left(1 - s_{\mathrm{g}}\right)} \tag{4.52}$$

$$\forall\, \phi \in \left[\Phi_{\mathrm{I}}^{\lambda}, +\infty\right).$$

Löst man (4.50) oder (4.52) nach dem kritischen Verzinsungssatz $ROE_{\text{II}}^{\lambda^\star}$ auf, so ergibt sich der folgende, von $ke_{\text{II}}^{\ell,\lambda,\text{s}}$ abhängige Ausdruck:

$$ROE_{\text{II}}^{\lambda^\star} = ke_{\text{II}}^{\ell,\lambda} = \frac{ke_{\text{II}}^{\ell,\lambda,\text{s}}}{1 - q_{\text{II}}^{\text{OP},\lambda} \cdot s_{\text{d}} - \left(1 - q_{\text{II}}^{\text{OP},\lambda}\right) \cdot s_{\text{g}}} \quad \forall \phi \in \left[\Phi_{\text{I}}^{\lambda} + 1, +\infty\right). \quad (4.53)$$

Der kapitalwertneutrale ROE lässt sich gemäß (4.53) als Eigenkapitalkostensatz vor persönlichen Steuern $ke_{\text{II}}^{\ell,\lambda}$ interpretieren. Hieraus folgt für den kapitalwertneutralen ROIC:

$$ROIC_{\text{II}}^{\lambda^\star} = k_{\text{II}}^{\tau,\lambda} = ke_{\text{II}}^{\ell,\lambda} \cdot \left(1 - \Theta_{\text{II}}^{\lambda}\right) + kd_{\text{II}} \cdot (1 - \tau) \cdot \Theta_{\text{II}}^{\lambda} \quad \forall \phi \in \left[\Phi_{\text{I}}^{\lambda} + 1, +\infty\right). \quad (4.54)$$

Für den ROIC der Perioden $\phi \in \left[\Phi_{\text{I}}^{\lambda} + 1, +\infty\right)$ ist in dem Arbeitsblatt eines Tabellenkalkulationsprogramms der auf den Zusammenhang (4.53) zugreifende Term (4.54) zu hinterlegen. Zur Berechnung von (4.53) und (4.54) fehlt noch der Wert der in ersterem Term enthaltenen, auf den Gewinn des Geschäftsbereichs λ bezogenen Ausschüttungsquote $q_{\text{II}}^{\text{OP},\lambda}$, da die Investitionsplanungen, wie in dem bereichsdifferenzierenden Restwertmodell angenommen, an den sich auf den NOPLAT und den freien Cashflow beziehenden Ausschüttungsquoten und Nettoinvestitionsraten ansetzen.[275]

Die Bestimmung der Ausschüttungsquote $q_{\text{II}}^{\text{OP},\lambda}$ als Quotient aus Flow to Equity und Operating Profit setzt die Kenntnis des NOPLAT und des freien Cashflows und damit wiederum die Kenntnis der kapitalwertneutralen Verzinsung $ROIC_{\text{II}}^{\lambda^\star}$ voraus. Mittels eines Tabellenkalkulationsprogramms kann, wie auch in der Fallstudie 2b ab der Seite 275 gezeigt wird, diese zwischen den noch unbekannten Größen $ROIC_{\text{II}}^{\lambda^\star}$ und $q_{\text{II}}^{\text{OP},\lambda}$ bestehende Zirkularität aufgelöst werden: Aus der Multiplikation beispielsweise des Invested Capital (4.44) mit dem ROIC gemäß (4.54) und der NOPLAT-bezogenen Ausschüttungsquote q_{II}^{λ} ergeben sich der zusätzliche NOPLAT sowie der zusätzliche freie Cashflow. In Verbindung mit den aus dem Fremdkapital (4.48)

275 Bei konkreter Bereichsangabe gilt die Anmerkung in Fußnote 232, S. 198, analog. Beispielsweise ist q_{ϕ}^{c} die Kurzschreibweise für die auf den Operating Profit des Bereichs C bezogene Ausschüttungsquote $q_{\phi}^{\text{OP,C}}$, wie sie unter anderem in der Fallstudie 2b verwendet wird.

kalkulierbaren Fremdkapitalzinsen, dem erwarteten Tax Shield und der prognostizierten Fremdkapitalveränderung $w_{\text{II}}^{\lambda^*} \cdot \Theta_{\text{II}}^{\lambda} \cdot \mathrm{E}\left[\widetilde{IC}_{\phi}^{\kappa\lambda,\phi}\right]$ gehen aus dem NOPLAT und dem freien Cashflow der Operating Profit und der Flow to Equity hervor, deren Relation die Ausschüttungsquote $q_{\text{II}}^{\text{OP},\lambda}$ wiedergibt:

$$q_{\text{II}}^{\text{OP},\lambda} = \frac{\mathrm{E}\left[\widetilde{FTE}_{\phi+1}^{\kappa\lambda,\phi}\right]}{\mathrm{E}\left[\widetilde{OP}_{\phi+1}^{\kappa\lambda,\phi}\right]} = \frac{q_{\text{II}}^{\lambda} \cdot ROIC_{\text{II}}^{\lambda^*} - \left(kd_{\text{II}} \cdot (1-\tau) - w_{\text{II}}^{\lambda^*}\right) \cdot \Theta_{\text{II}}^{\lambda}}{ke_{\text{II}}^{\ell,\lambda} \cdot \left(1 - \Theta_{\text{II}}^{\lambda}\right)}$$

$$\forall \phi \in \left[\Phi_{\text{I}}^{\lambda} + 1, +\infty\right).$$

Das Invested Capital lässt sich herauskürzen. Somit ist die Ausschüttungsquote $q_{\text{II}}^{\text{OP},\lambda}$ in einem Tabellenblatt mit den aufgezeigten Verknüpfungen unabhängig von dem Betrag des Invested Capital auf der Basis des Nachsteuersatzes $ke_{\text{II}}^{\ell,\lambda,\text{s}}$ als Startgröße iterativ ermittelbar.

4.1.3 Anwendung des Nachsteuermodells in Fallstudien

4.1.3.1 Restwertermittlung ohne Berücksichtigung von zusätzlichen Nettoinvestitionen

In diesem Abschnitt werden bezugnehmend auf den Abschnitt 4.1.2.1 zunächst die Nachsteuerkalküle des FCF und des FtE Verfahrens zur Ermittlung des Restwertes ohne Berücksichtigung von zusätzlichen Nettoinvestitionen in einen oder mehrere andere Bereiche angewandt. Anschließend werden die Restwertsteigerungen infolge zusätzlicher Nettoinvestitionen unter dem Einfluss von persönlichen Steuern ermittelt.

In einer Nachsteuerrechnung sind die bewertungsrelevanten Cashflows um persönliche Steuern zu mindern und mit Kapitalkostensätzen nach persönlichen Steuern auf den Beginn des Restwertzeitraums zu diskontieren. In der Tabelle 4–1 auf der Seite 265 sind die gegebenen und die berechneten Steuersätze eingetragen, die bei der Bewertung des Unternehmens Anwendung finden.

Der Unternehmensteuersatz τ ist bereits aus Tabelle 3–6 (S. 203) bekannt. Der Dividendensteuersatz s_{d} errechnet sich aus dem gegebenen Abgeltungsteuersatz s_{a} und dem gegebenen Solidaritätszuschlagssatz τ_{SZ} wie folgt:

$$s_{\text{d}} = s_{\text{a}} \cdot (1 + \tau_{\text{SZ}}) = 25\,\% \cdot (1 + 5{,}5\,\%) = 26{,}375\,\%.$$

Tab. 4–1: Fallstudie 1b / 2b: Steuersätze

τ	s_a	τ_{SZ}	s_d	$s_{d^\star}$	s_g
30 %	25 %	5,5 %	26,375 %	15,1908 %	13,1875 %

Zur Berechnung des modifizierten Steuersatzes $s_{d^\star}$ gemäß (2.57) ist der Kursgewinnsteuersatz s_g erforderlich, dessen Wert zur Berücksichtigung des Steuerstundungseffektes mit dem hälftigen Dividendensteuersatz angegeben wird:

$$s_{d^\star} = \frac{s_d - s_g}{1 - s_g} = \frac{26{,}375\,\% - 13{,}1875\,\%}{1 - 13{,}1875\,\%} = 15{,}1908\,\%.$$

Die Tabelle 4–2 auf der Seite 266 enthält unter anderem die annahmegemäß phasenunabhängigen Werte des unternehmensbezogenen Fremdkapitalkostensatzes nach persönlichen Steuern kd^s sowie des zugehörigen modifizierten Fremdkapitalkostensatzes $kd^{s^\star}$, die gemäß der Berechnungsweise (2.33) und nach Division von kd^s gemäß (2.33) durch $1 - s_g$ aus dem aus Tabelle 3–6 bereits bekannten Fremdkapitalkostensatz des Unternehmens vor persönlichen Steuern kd hervorgehen:

$$kd^s = 6\,\% \cdot (1 - 26{,}375\,\%) = 4{,}4175\,\%.$$

Weiterhin gilt:

$$kd^{s^\star} = \frac{4{,}4175\,\%}{1 - 15{,}1908\,\%} = 5{,}0886\,\%.$$

Zudem werden die angenommenen phasenunabhängigen Werte der bereichsbezogenen Eigenkapitalkostensätze bei reiner Eigenfinanzierung nach persönlichen Steuern $ke^{u,\kappa,s}$ aufgeführt.

Die periodenspezifischen Nachsteuersätze der Bereiche sind für die bereichsindividuelle Länge der Grobplanungsphase in den Übersichten C–28 bis C–30 auf den Seiten 463 bis 465 tabelliert. Die Ermittlung der periodenabhängigen Kapitalkostensätze in der Grobplanungsphase soll am Beispiel des Kernbereichs aufgezeigt werden.

Tab. 4–2: Fallstudie 1b / 2b: Fremdkapitalkostensatz des Unternehmens sowie bereichsspezifische Eigenkapitalkostensätze bei reiner Eigenfinanzierung

kd	kd^{s}	$kd^{s^\star}$	$ke^{u,A,s}$	$ke^{u,B,s}$	$ke^{u,C,s}$
$6\,\%$	$4,4175\,\%$	$5,0886\,\%$	$11\,\%$	$10\,\%$	$8\,\%$

Die Berechnung der Eigenkapitalkostensätze nach persönlichen Steuern bei Verschuldung $ke_{\phi}^{\ell,A,s}$ erfolgt mit Hilfe der Anpassungsformel (D.12). Beispielsweise in $\phi_{I}^{A} = 1$ gilt:

$$ke_{I,1}^{\ell,A,s} = ke^{u,A,s} + \left(ke^{u,A,s} - kd^{s}\right) \cdot \frac{1 - s_{d^\star} + kd^{s^\star} \cdot (1-\tau)}{1 + kd^{s^\star}} \cdot L_{I,0}^{A}$$

$$= 11\,\% + (11\,\% - 4,4175\,\%)$$

$$\cdot \frac{1 - 15,1908\,\% + 5,0886\,\% \cdot (1 - 30\,\%)}{1 + 5,0886\,\%} \cdot 49,2537\,\%$$

$$= 13,7264\,\%.$$

Für den gewogenen Kapitalkostensatz nach persönlichen Steuern $k_{I,1}^{\tau,A,s}$ ergibt sich sodann mittels (D.14):

$$k_{I,1}^{\tau,A,s} = 13,7264\,\% \cdot \frac{1 - 33\,\%}{1 - 15,1908\,\% \cdot 31,5\,\%}$$

$$+ 4,4175\,\% \cdot (1 - 30\,\%) \cdot \frac{33\,\%}{1 - 15,1908\,\% \cdot 31,5\,\%}$$

$$+ (26,375\,\% - 13,1875\,\%) \cdot \frac{31,5\,\% - 33\,\%}{1 - 15,1908\,\% \cdot 31,5\,\%}$$

$$= 10,5228\,\%.$$

Im Rentenfall entfällt der letzte Summand aufgrund der Konstanz der Fremdkapitalquote $\Theta_{\mathrm{II},0}^{\mathrm{A}}$ bzw. des Verschuldungsgrades $L_{\mathrm{II},0}^{\mathrm{A}}$. Insofern ist auch der gewogene Kapitalkostensatz in der Rentenphase $k_{\mathrm{II}}^{\tau,\mathrm{A,s}}$ konstant (vgl. (D.25)):

$$\begin{aligned} k_{\mathrm{II}}^{\tau,\mathrm{A,s}} &= 13,3723\,\% \cdot \frac{1-30\,\%}{1-15,1908\,\%\cdot 30\,\%} \\ &\quad + 4,4175\,\% \cdot (1-30\,\%) \cdot \frac{30\,\%}{1-15,1908\,\%\cdot 30\,\%} \\ &= 10,7795\,\%. \end{aligned} \tag{4.55}$$

Die periodenspezifischen modifizierten Kapitalkostensätze des Kernbereichs $ke_{\phi}^{\ell,\mathrm{A,s}^\star}$ und $k_{\phi}^{\tau,\mathrm{A,s}^\star}$ ergeben sich aus der Division der nicht-modifizierten Kapitalkostensätze $ke_{\phi}^{\ell,\mathrm{A,s}}$ und $k_{\phi}^{\tau,\mathrm{A,s}}$ durch $1-s_{\mathrm{g}}$ bzw. gemäß (D.13), (D.15), (D.24) und (D.26).

In einer modifizierten Nachsteuerrechnung sind die anzusetzenden modifizierten Steuersätze verfahrensabhängig. Bei Anwendung des modifizierten FCF Verfahrens sind diese gemäß (4.2) und (4.4) zu bestimmen. Die Abhängigkeit von der Fremdkapitalquote Θ_{ϕ}^{κ} erfordert im Hinblick auf die Berechnung der modifizierten Steuerbeträge in der Grobplanungsphase den Ansatz bereichs- und periodenspezifischer modifizierter Steuersätze $s_{\bar{\mathrm{d}},\mathrm{I},\phi_\mathrm{I}}^{\kappa}$, die in der jeweils letzten Zeile der oben genannten Tabellen aufgeführt sind.

Zum Beispiel in $\phi_{\mathrm{I}}^{\mathrm{A}}=1$ gilt in Bezug auf den Kernbereich:

$$s_{\bar{\mathrm{d}},\mathrm{I},1}^{\mathrm{A}} = \frac{s_{\mathrm{d}^\star}\cdot\left(1-\Theta_{\mathrm{I},1}^{\mathrm{A}}\right)}{1-s_{\mathrm{d}^\star}\cdot\Theta_{\mathrm{I},1}^{\mathrm{A}}} = \frac{15,1908\,\%\cdot(1-31,5\,\%)}{1-15,1908\,\%\cdot 31,5\,\%} = 10,9286\,\%.$$

Mit Beginn der Rentenphase stellt sich ein periodenunabhängiger modifizierter Steuersatz $s_{\bar{\mathrm{d}},\mathrm{II}}^{\mathrm{A}}$ ein:

$$s_{\bar{\mathrm{d}},\mathrm{II}}^{\mathrm{A}} = \frac{s_{\mathrm{d}^\star}\cdot\left(1-\Theta_{\mathrm{II}}^{\mathrm{A}}\right)}{1-s_{\mathrm{d}^\star}\cdot\Theta_{\mathrm{II}}^{\mathrm{A}}} = \frac{15,1908\,\%\cdot(1-30\,\%)}{1-15,1908\,\%\cdot 30\,\%} = 11,1413\,\%.$$

Die im Restwertzeitraum erwarteten freien Cashflows vor persönlichen Steuern sind bereits aus der Fallstudie zur Vorsteuerrechnung bekannt (Tab. C–5, S. 421 f.). Die modifizierten Steuern finden sich in der ersten und die freien Cashflows nach modifizierten persönlichen Steuern in der zweiten Zeile der Tabelle C–31. Der Gesamtwert der für die Rentenphase prognostizierten freien Cashflows nach modifizierten Steuern beläuft sich im Zeitpunkt $\phi_{\text{II}}^{\text{A}} = 0$ (entspricht dem Zeitpunkt $\phi_{\text{I}} = 6$ auf Unternehmensebene) auf 90.953, 83 GE, wie die Anwendung der Formel (4.1) ergibt:

$$\text{E}\left[\widetilde{V}_{\text{II},0}^{\ell,\text{A,s}}\right] = \frac{\text{E}\left[\widetilde{FCF}_{\text{II},1}^{\text{A}}\right] \cdot \left(1 - s_{\text{d,II}}^{\text{A}}\right)}{k_{\text{II}}^{\tau,\text{A,s}^\star} - w_{\text{II}}^{\text{A}}} = \frac{7.796,62 \cdot (1 - 11,1413\,\%)}{12,4170\,\% - 4,8\,\%}$$

$$= 90.953,83.$$

Zusammen mit den in der Grobplanungsphase erwarteten freien Cashflows nach modifizierten Steuern ergibt sich nach Diskontierung mit den modifizierten periodenspezifischen Gesamtkapitalkostensätzen der Grobplanungsphase $k_{\text{I},\phi_{\text{I}}}^{\tau,\text{A,s}^\star}$ gemäß (4.9) der Restwert des verschuldeten Kernbereichs in $\phi_{\text{I}}^{\text{A}} = 0$:

$$\text{E}\left[\widetilde{V}_{\text{I},0}^{\ell,\text{A,s}}\right] = \frac{3.830,07}{1 + 12,1213\,\%} + \frac{5.020,93}{(1 + 12,1213\,\%) \cdot (1 + 12,2694\,\%)}$$

$$+ \frac{5.592,94}{(1 + 12,1213\,\%) \cdot (1 + 12,2694\,\%) \cdot (1 + 12,3432\,\%)}$$

$$+ \frac{5.970,86}{(1 + 12,1213\,\%) \cdot \ \ldots \ \cdot (1 + 12,3432\,\%) \cdot (1 + 12,3801\,\%)}$$

$$+ \frac{6.292,92}{(1 + 12,1213\,\%) \cdot \ \ldots \ \cdot (1 + 12,3801\,\%) \cdot (1 + 12,3986\,\%)}$$

$$+ \frac{6.605,74 + 90.953,83}{(1 + 12,1213\,\%) \cdot \ \ldots \ \cdot (1 + 12,3986\,\%) \cdot (1 + 12,3994\,\%)}$$

$$= 67.231,09.$$

Hiervon entfallen 33 % auf den erwarteten Marktwert des Fremdkapitals $\text{E}\left[\widetilde{D}_{\text{I},0}^{\text{A,s}}\right]$ (vgl. (4.11)):

$$\text{E}\left[\widetilde{D}_{\text{I},0}^{\text{A,s}}\right] = 33\,\% \cdot 67.231,09 = 22.186,26.$$

Die von den Marktwerten des Fremdkapitals $\text{E}\left[\widetilde{D}_{\phi}^{\text{A,s}}\right]$ abhängigen bewertungsrelevanten Größen bei Anwendung des FtE Verfahrens sind im unteren Teil der Tabelle C–31 erfasst. Sie ergeben sich im Zuge der Ermittlung des Restwertes des Eigenkapitals mit dem modifizierten FtE Verfahren analog zu den in der Fallstudie zur Vorsteuerrechnung erläuterten zirkulären Zusammenhängen.[276] Alle prognostizierten Flow to Equity sind um die mit dem bereichs- und periodenunabhängigen modifizierten Steuersatz $s_{d^\star}$ bemessenen Steuern zu vermindern. Im Zeitpunkt $\phi_{II}^{A} = 0$ ist mit einem Restwert des Eigenkapitals in Höhe von 63.667, 68 GE zu rechnen, wie der zu (3.203) analoge Nachsteuerkalkül

$$\mathrm{E}\left[\widetilde{E}_{II,0}^{\ell,A,s}\right] = \frac{7.796,62 - (6\,\% \cdot (1 - 30\,\%) - 4,8\,\%) \cdot 42,86\,\% \cdot 63.667,68}{15,4037\,\% - 4,8\,\%} \cdot (1 - 15,1908\,\%)$$
$$= 63.667,68$$

zeigt (vgl. (4.12a)). Im Rentenfall lässt sich gemäß (4.12b) die finanzierungsbedingte Zirkularität wiederum aufheben:

$$\mathrm{E}\left[\widetilde{E}_{II,0}^{\ell,A,s}\right] =$$
$$\frac{7.796,62 \cdot (1 - 15,1908\,\%)}{15,40\,\% - 4,8\,\% + (6\,\% \cdot (1 - 30\,\%) - 4,8\,\%) \cdot 42,86\,\% \cdot (1 - 15,19\,\%)}$$
$$= (1 - 30\,\%) \cdot 90.953,83$$
$$= 63.667,68. \tag{4.56}$$

Hiervon ausgehend können die Restwerte in den vorherigen Zeitpunkten ermittelt werden. Die Diskontierung der in der Grobplanungsphase erzielbaren Flow to Equity nach modifizierten persönlichen Steuern mit den periodenspezifischen Eigenkapitalkostensätzen $ke_{I,\phi_I}^{\ell,A,s^\star}$ erfolgt schrittweise, da die Zirkularität im Nichtrentenfall bestehen bleibt. Für den Restwert des Eigenkapitals im Kernbereich eine Periode zuvor folgt aus der Anwendung von (4.13):

$$\mathrm{E}\left[\widetilde{E}_{I,5}^{\ell,A,s}\right] =$$
$$\frac{(7.433,98 - 6\,\% \cdot (1 - 30\,\%) \cdot 43,0487\,\% \cdot 60.676,68) \cdot (1 - 15,1908\,\%)}{1 + 15,4159\,\%}$$
$$+ \frac{(42,8571\,\% \cdot 63.667,68 - 43,0487\,\% \cdot 60.676,68) \cdot (1 - 15,1908\,\%)}{1 + 15,4159\,\%}$$

276 Siehe S. 209 in Abschnitt 3.2.3.2.

$$+\ \frac{63.667,68}{1+15,4159\,\%} \tag{4.57}$$

$$= (1-30,0938\,\%)\cdot 86.797,21$$

$$= 60.676,68.$$

Dieser Restwert fließt in die Ermittlung des Restwertes zum vorherigen Zeitpunkt ein. Die Berechnungen für die Zeitpunkte $\phi_{\mathrm{I}}^{\mathrm{A}} = 4$ bis $\phi_{\mathrm{I}}^{\mathrm{A}} = 0$ mit Hilfe von (4.14b) befinden sich im Anhang auf den Seiten 469 f.

Summiert man die in den Tabellen C–31, C–32 und C–33 auf den Seiten 466 ff., 471 ff. und 474 ff. in der jeweils dritten Zeile dokumentierten Teilrestwerte im Zeitpunkt $\phi_{\mathrm{I}} = 0$, erhält man den vorläufigen Gesamtwert des verschuldeten Unternehmens in einer Nachsteuerrechnung:

$$\mathrm{E}\left[\widetilde{V}_{\mathrm{I},0}^{\ell,\mathrm{s}}\right] = 67.231,09 + 25.071,94 + 11.026,66 = 103.329,69. \tag{4.58}$$

Aus der Summierung der in der jeweils vierten Zeile angegebenen Teilrestwerte des Eigenkapitals ergibt sich ein Restwert des Eigenkapitals auf Unternehmensebene in Höhe von 72.760, 67 GE:

$$\mathrm{E}\left[\widetilde{E}_{\mathrm{I},0}^{\ell,\mathrm{s}}\right] = 45.044,83 + 19.556,11 + 8.159,73 = 72.760,67. \tag{4.59}$$

Diese Summen sind insofern vorläufig, als sie sich noch um die entsprechenden Wertbeiträge erhöhen, die mit der Wiederanlage zusätzlich einbehaltener finanzieller Überschüsse verbunden sind und auf den nächsten Seiten ermittelt werden.

4.1.3.2 Ermittlung der Restwertsteigerungen und des Restwertes des Unternehmens

4.1.3.2.1 Fallstudie 1b

In der Fallstudie 1a in Abschnitt 3.2.3.3.1 (S. 211 ff.) war die Ermittlung des Market Value Added am Beispiel der vierten Restwertperiode aufgezeigt worden, sodass im Weiteren analog verfahren werden soll. Mit dem in der vierten Periode vom Kernbereich in den Bereich C investierten Betrag in Höhe von 2.485, 47 GE gemäß (3.208) wird in einer Nachsteuerrechnung folgender, mit dem modifizierten FCF Verfahren gemäß (4.34) ermittelter Wertbeitrag im Investitionszeitpunkt erzielt:

$$\begin{aligned}\mathrm{E}\left[\widetilde{V}_{\mathrm{I},4}^{\ell,\mathrm{AC,s},4}\right] &= \frac{149,49\cdot(1-11,1427\,\%)}{1+8,9733\,\%}\\ &+\frac{155,22\cdot(1-11,1413\,\%)}{(1+8,9733\,\%)\cdot(1+8,9709\,\%)}\\ &+\frac{161,32\cdot(1-11,1413\,\%)}{(1+8,9733\,\%)\cdot(1+8,9709\,\%)\cdot(8,9691\,\%-4\,\%)}\\ &= 2.667,30. \end{aligned} \tag{4.60}$$

Die Berechnung unterscheidet sich nur insofern von (3.209), als die freien Cashflows um die modifizierten Steuern vermindert und die Kapitalkostensätze vor persönlichen Steuern durch die modifizierten Kapitalkostensätze nach persönlichen Steuern $k_{\phi}^{\tau,\mathrm{C,s}^\star}$ ersetzt wurden. Zur Bestimmung der modifizierten Steuern wurden die modifizierten Steuersätze $s_{\bar{\mathrm{d}},\phi}^{\mathrm{C}}$ (Tab. C–30, S. 465) angesetzt. In der zweiten Zeile der Tabelle C–34 (S. 477 f.) sind die analog ermittelten Wertbeiträge der in den ersten neun Perioden der Restwertphase getätigten Zusatzinvestitionen aufgeführt.

Der Market Value Added setzt sich gemäß der Definition (4.32) aus dem negativen freien Cashflow nach modifizierten persönlichen Steuern und dem Wertbeitrag der künftig zu erwartenden zusätzlichen freien Cashflows zusammen. Bei differenzierten Fremdkapitalquoten der Bereiche *und* differenzierten persönlichen Steuersätzen ist letzterer in modifizierter Form zu berücksichtigen. Für die vierte Restwertperiode folgt aus der Anwendung von (4.32):

$$\begin{aligned}\mathrm{E}\left[\widetilde{MVA}_{\mathrm{I},4}^{\mathrm{V,AC,s}}\right] &= -\mathrm{E}\left[\widetilde{IC}_{\mathrm{I},4}^{\mathrm{AC},4}\right]\cdot\left(1-s_{\bar{\mathrm{d}},\mathrm{I},4}^{\mathrm{A}}\right)\\ &+\mathrm{E}\left[\widetilde{V}_{\mathrm{I},4}^{\ell,\mathrm{AC,s},4}\right]\cdot\left(1-s_{\mathrm{d}^\star}\cdot\frac{\Theta_{\mathrm{I},4}^{\mathrm{C}}-\Theta_{\mathrm{I},4}^{\mathrm{A}}}{1-s_{\mathrm{d}^\star}\cdot\Theta_{\mathrm{I},4}^{\mathrm{A}}}\right)\\ &= -2.485,47\cdot(1-11,1148\,\%)\end{aligned}$$

↵

$$+\,2.667,30 \cdot \left(1 - 15,1908\,\% \cdot \frac{29,9676\,\% - 30,1875\,\%}{1 - 15,1908\,\% \cdot 30,1875\,\%}\right)$$
$$= 459,01. \tag{4.61}$$

Ab dem gemeinsamen Beginn der Rentenphase sei die Kapitalstruktur in den Bereichen A und C den Erwartungen zufolge identisch, sodass der korrigierende Term bei der Berechnung des MVA mittels (4.30) i. V. m. (4.31) entfällt. Beispielsweise in $\phi_{\text{II}}^{\text{AC}} = 1$ ist der MVA unter Berücksichtigung des konstanten modifizierten Steuersatzes $s_{\bar{\text{d}},\text{II}}^{\text{A}}$ wie folgt zu bestimmen:

$$\begin{aligned} \text{E}\left[\widetilde{MVA}_{\text{II},1}^{\text{V,AC,s}}\right] &= -\text{E}\left[\widetilde{IC}_{\text{II},1}^{\text{AC},1}\right] \cdot \left(1 - s_{\bar{\text{d}},\text{II}}^{\text{A}}\right) + \text{E}\left[\widetilde{V}_{\text{II},1}^{\ell,\text{AC,s},1}\right] \\ &= -2.784,51 \cdot (1 - 11,1413\,\%) + 2.987,60 \\ &= 513,32. \end{aligned} \tag{4.62}$$

Dieser steigt in den nachfolgenden Perioden mit der Wachstumsrate des Kernbereichs w^{A} an und bildet somit die Basis zur Ermittlung der gesamten Wertsteigerung zu Beginn der gemeinsamen Rentenphase anhand (4.29):

$$\text{E}\left[\widetilde{\Delta V}_{\text{II},0}^{\ell,\text{AC,s}}\right] = \frac{513,32}{12,4170\,\% - 4,8\,\%} = 6.739,14.$$

Die weitere Diskontierung auf den Beginn der Restwertphase erfolgt zusammen mit den in der Grobplanungsphase erwarteten MVA mittels der modifizierten gewogenen Kapitalkostensätze des Kernbereichs $k_{\text{I},\phi_{\text{I}}}^{\tau,\text{A,s}\star}$ (vgl. (4.36)):

$$\begin{aligned} \text{E}\left[\widetilde{\Delta V}_{\text{I},0}^{\ell,\text{AC,s}}\right] &= \frac{336,78}{1 + 12,1213\,\%} + \frac{408,17}{(1 + 12,1213\,\%) \cdot (1 + 12,2694\,\%)} \\ &+ \frac{431,57}{(1 + 12,1213\,\%) \cdot (1 + 12,2694\,\%) \cdot (1 + 12,3432\,\%)} \\ &+ \frac{459,01}{(1 + 12,1213\,\%) \cdot \ \dots \ \cdot (1 + 12,3801\,\%)} \\ &+ \frac{483,22}{(1 + 12,1213\,\%) \cdot \ \dots \ \cdot (1 + 12,3986\,\%)} \end{aligned}$$

$$+ \frac{507,07 + 6.739,14}{(1 + 12,1213\,\%) \cdot \ \ldots \ \cdot (1 + 12,3994\,\%)}$$

$$= 5.098,26. \tag{4.63}$$

Für die Ermittlung der Restwertsteigerung mit dem modifizierten FtE Verfahren sind zunächst in Analogie zu (3.212), (3.213), (3.215) und (3.216) der fremd- und der eigenfinanzierte Anteil des investierten Zusatzkapitals, die Wertbeiträge der zusätzlichen Thesaurierungen in den jeweiligen Investitionszeitpunkten und schließlich die MVA zu berechnen, wie nachfolgend exemplarisch für die vierte Restwertperiode aufgezeigt wird. Der prozentuale Fremdkapitalanteil von $\Theta^{C}_{I,4} = 29,9676\,\%$ an dem Wertbeitrag der zusätzlichen Nettoinvestition (4.60) führt zu einem Fremdkapitalbestand in Höhe von 799, 32 GE:

$$E\left[\widetilde{D}^{AC,s,4}_{I,4}\right] = 29,9676\,\% \cdot 2.667,30 = 799,32.$$

Der eigenfinanzierte Anteil beträgt demzufolge:

$$E\left[\widetilde{IE}^{AC,4}_{I,4}\right] = 2.485,47 - 799,32 = 1.686,15. \tag{4.64}$$

Die Gewichtung von (4.60) mit der Eigenkapitalquote $1 - \Theta^{C}_{I,4}$ führt zu dem Wertbeitrag der zusätzlichen Thesaurierung:

$$\begin{aligned} E\left[\widetilde{E}^{\ell,AC,s,4}_{I,4}\right] &= (1 - 29,9676\,\%) \cdot 2.667,30 = 2.667,30 - 799,32 \\ &= 1.867,97. \end{aligned} \tag{4.65}$$

Diesen erhält man alternativ durch rekursive Anwendung des FtE Verfahrens gemäß (4.27) auf der Basis der mit der zusätzlichen Nettoinvestition verbundenen freien Cashflows. Aus (4.64) und (4.65) ergibt sich unter Berücksichtigung des konstanten modifizierten Steuersatzes $s_{d^\star}$ der zur Anwendung des FtE Verfahrens relevante MVA (vgl. (4.24)):

$$\begin{aligned} E\left[\widetilde{MVA}^{E,AC,s}_{I,4}\right] &= -E\left[\widetilde{IE}^{AC,4}_{I,4}\right] \cdot (1 - s_{d^\star}) + E\left[\widetilde{E}^{\ell,AC,s,4}_{I,4}\right] \\ &= -1.686,15 \cdot (1 - 15,1908\,\%) + 1.867,97 \\ &= 437,96. \end{aligned}$$

Nach Berechnung der MVA (Tab. C–34, S. 477 f.) ist mit der rekursiven Ermittlung der Restwertsteigerung des Eigenkapitals analog zur Vorsteuerrechnung fortzufahren. Gegenüber (3.217) ist im Zähler des nachstehenden

Bewertungskalküls die Minderung um die modifizierten persönlichen Steuern und im Nenner der Ansatz des modifizierten Eigenkapitalkostensatzes bei Verschuldung $ke_{\text{II}}^{\ell,\text{A},\text{s}^\star}$ berücksichtigt:

$$\text{E}\left[\widetilde{\Delta E}_{\text{II},0}^{\ell,\text{AC},\text{s}}\right] =$$

$$\frac{489{,}93 - (6\,\% \cdot (1 - 30\,\%) - 4{,}8\,\%) \cdot 42{,}86\,\% \cdot 4.717{,}40 \cdot (1 - 15{,}19\,\%)}{15{,}4037\,\% - 4{,}8\,\%}$$

$$= 4.717{,}40. \quad (4.66\text{a})$$

Die auf (4.20) zurückgreifende zirkularitätsfreie Nachsteuerrechnung

$$\text{E}\left[\widetilde{\Delta E}_{\text{II},0}^{\ell,\text{AC},\text{s}}\right] =$$

$$\frac{489{,}93}{15{,}40\,\% - 4{,}8\,\% + (6\,\% \cdot (1 - 30\,\%) - 4{,}8\,\%) \cdot 42{,}86\,\% \cdot (1 - 15{,}19\,\%)}$$

$$= (1 - 30\,\%) \cdot 6.739{,}14 = 4.717{,}40 \quad (4.66\text{b})$$

unterscheidet sich von der Formel (4.56) nur durch die Zählergröße. Zu beachten ist, dass sich der Faktor $1 - s_{\text{d}^\star}$ im ersten Ausdruck unter (4.66b) bereits in der Berechnung des MVA gemäß (4.21) i. V. m. (4.22b) wiederfindet, sodass die Multiplikation des MVA im Zähler mit diesem Faktor einen Bewertungsfehler verursachen würde.

Bezüglich der Berechnungen der Restwertsteigerungen für die vorgelagerten fünf Zeitpunkte $\phi_{\text{I}}^{\text{AC}} = 5$ bis $\phi_{\text{I}}^{\text{AC}} = 1$ mittels (4.25) sei auf die Seiten 479 f. im Anhang verwiesen. Zuletzt folgt für die gesamte Restwertsteigerung im Zeitpunkt $\phi_{\text{I}}^{\text{AC}} = 0$:

$$\text{E}\left[\widetilde{\Delta E}_{\text{I},0}^{\ell,\text{AC},\text{s}}\right]$$

$$= \frac{320{,}66 - 6\,\% \cdot (1 - 30\,\%) \cdot 49{,}2537\,\% \cdot 3.415{,}84 \cdot (1 - 15{,}1908\,\%)}{1 + 15{,}8115\,\%}$$

$$+ \frac{(45{,}9854\,\% \cdot 3.684{,}93 - 49{,}2537\,\% \cdot 3.415{,}84) \cdot (1 - 15{,}1908\,\%)}{1 + 15{,}8115\,\%}$$

$$+\frac{3.684,93}{1+15,8115\,\%} \tag{4.67}$$

$$= (1-33\,\%)\cdot 5.098,26$$

$$= 3.415,84.$$

Eine Überprüfung des Ergebnisses mittels (4.37) bestätigt dessen Richtigkeit.

Zur Ermittlung der mit den Zusatzinvestitionen des Bereichs B in den Bereich C einhergehenden Wertsteigerungen ist analog wie oben vorzugehen. Zudem gilt die in die Fallstudie 1a auf der Seite 218 eingefügte Beschreibung zu dieser Wertermittlung unverändert im Rahmen der Nachsteuerrechnung. Alle diesbezüglichen Ergebnisse finden sich in den Tabellen C–35, C–36 und C–37.[277]

In der wie die Tabellen C–15 und C–20 aus der Vorsteuerrechnung strukturierten Tabelle C–38 sind die Bewertungsgrößen auf Unternehmensebene erfasst.[278] Zu dem vorläufigen Gesamtwert des verschuldeten Unternehmens aus (4.58) kommen die Wertsteigerungen infolge der zusätzlichen Nettoinvestitionen hinzu (vgl. (4.38)):

$$\mathrm{E}\left[\widetilde{V}_{\mathrm{I},0}^{\ell,\mathrm{s}}\right] = 103.329,69 + 5.098,26 + 1.919,80 = 110.347,75.$$

Der vorläufig berechnete Restwert des Eigenkapitals auf Unternehmensebene (4.59) steigt auf 77.673,95 GE an (vgl. (4.39)):

$$\mathrm{E}\left[\widetilde{E}_{\mathrm{I},0}^{\ell,\mathrm{s}}\right] = 72.760,67 + 3.415,84 + 1.497,44 = 77.673,95.$$

4.1.3.2.2 Fallstudie 2b

Die Ermittlung der Restwertsteigerung in einer Nachsteuerrechnung für den zweiten Fall, dass der Kernbereich zusätzlich in die Bereiche B und C investiert, entspricht grundsätzlich der Vorgehensweise im vorherigen Abschnitt. Zudem sei auf die in die Fallstudie 2a auf der Seite 222 eingefügten Erläuterungen zu dieser Wertermittlung verwiesen. In den Tabellen C–39 bis C–41 finden sich die Zwischen- und Endergebnisse, die unter der Annahme einer kapitalwerterhöhenden Verzinsung im Bereich C ermittelt wurden.[279] In die

277 Siehe Anhang C.2.1, S. 481–484.
278 Siehe die genannten Tabellen auf den Seiten 444 f., 452 f. und 485 f.
279 Siehe Anhang C.2.1, S. 487–491.

in Tabelle C–42 dokumentierten Bewertungsgrößen auf Unternehmensebene fließen auch die Ergebnisse aus den Tabellen C–31 bis C–33 ein.[280]

Der vorläufige Gesamtwert des verschuldeten Unternehmens aus (4.58) ist schließlich um die Wertsteigerungen zu ergänzen, die aus den zusätzlichen Nettoinvestitionen des Kernbereichs in die Zusatzbereiche B und C resultieren:

$$\mathrm{E}\left[\widetilde{V}_{\mathrm{I},0}^{\ell,\mathrm{s}}\right] = 103.329,69 + 8.827,91 + 5.165,39 = 117.323,00.$$

Zu dem vorläufigen Restwert des Eigenkapitals aus (3.207) kommt eine Wertsteigerung in Höhe von insgesamt 9.375,51 GE hinzu:

$$\mathrm{E}\left[\widetilde{E}_{\mathrm{I},0}^{\ell,\mathrm{s}}\right] = 72.760,67 + 5.914,70 + 3.460,81 = 82.136,19.$$

Geht man nun im Bereich C von einer kapitalwertneutralen Verzinsung in der Rentenphase aus, so erweist sich wiederum die Funktion der iterativen Berechnung in einem Tabellenkalkulationsprogramm als nützlich, um die Vorsteuersätze $k_{\mathrm{II}}^{\tau,\mathrm{C}}$ und $ke_{\mathrm{II}}^{\ell,\mathrm{C}}$ zu bestimmen, deren Werte der kapitalwertneutrale ROIC $ROIC_{\mathrm{II}}^{\mathrm{C}^\star}$ und der kapitalwertneutrale ROE $ROE_{\mathrm{II}}^{\mathrm{C}^\star}$ annehmen. Aufgrund der Übereinstimmung von Marktwert und Buchwert des Eigenkapitals in der Rentenphase ergibt sich letzterer aus dem Eigenkapitalkostensatz nach persönlichen Steuern $ke_{\mathrm{II}}^{\ell,\mathrm{C,s}}$ in einem Tabellenblatt mit den entsprechenden Verknüpfungen gemäß (4.53):

$$\begin{aligned} ROE_{\mathrm{II}}^{\mathrm{C}^\star} = ke_{\mathrm{II}}^{\ell,\mathrm{C}} &= \frac{9,2911\,\%}{1 - 67,7757\,\% \cdot 26,375\,\% - 32,2243\,\% \cdot 13,1875\,\%} \\ &= 11,9309\,\%. \end{aligned} \tag{4.68}$$

Die in (4.68) eingehende Thesaurierungsquote $n_{\mathrm{II}}^{\mathrm{c}}$ bzw. die eingehende Ausschüttungsquote $q_{\mathrm{II}}^{\mathrm{c}}$ sind zunächst unbekannt. Aus der Verzinsung des Invested Capital des Bereichs C in $\phi_{\mathrm{II}}^{\mathrm{C}} = 0$ mit dem auf (4.54) basierenden ROIC gemäß

$$\begin{aligned} ROIC_{\mathrm{II}}^{\mathrm{C}^\star} = k_{\mathrm{II}}^{\tau,\mathrm{C}} &= 11,9309\,\% \cdot (1 - 30\,\%) + 6\,\% \cdot (1 - 30\,\%) \cdot 30\,\% \\ &= 9,6116\,\% \end{aligned} \tag{4.69}$$

folgen zunächst der NOPLAT und schließlich der freie Cashflow, auf deren Grundlage der Operating Profit, der Flow to Equity und in der weiteren

280 Siehe die genannten Tabellen in Anhang C.2.1, S. 466–476, 492 f.

Folge die Quoten $n_{\mathrm{II}}^{\mathrm{c}}$ und $q_{\mathrm{II}}^{\mathrm{c}}$ mit 32,2243 % bzw. 67,7757 % ermittelt werden können.

In der Grobplanungsphase soll sich die zu Beginn des Restwertzeitraums bei 13 % liegende Gesamtkapitalrendite mit dem Konvergenzfaktor von 0,7 (Tab. 3–7a, S. 203) dem kapitalwertneutralen ROIC gemäß (4.69) annähern. Wie in Fallstudie 2a in Abschnitt 3.2.3.3.2 werden vereinfachend die ab der Periode $\phi_{\mathrm{I}} = 7$ kalkulierten Werte auf 9,6116 % gesetzt, sodass die Annahme der Kapitalwertneutralität ohne Folgen auf den im Bereich C bislang festgelegten Beginn der Rentenphase bleibt.[281] Die Tabelle 4–3 auf der Seite 279 stellt die prognostizierte Entwicklung des ROIC im Bereich C im Zeitablauf dar. So führt die Wertermittlung bei Zugrundelegung der dort aufgeführten ROIC und einer konstanten Wachstumsrate in der Rentenphase $w_{\mathrm{II}}^{\mathrm{C}}$ in Höhe von 3,8446 % gemäß

$$w_{\mathrm{II}}^{\mathrm{C}} = 40\,\% \cdot 9{,}6116\,\% = 32{,}2243\,\% \cdot 11{,}9309\,\% = 3{,}8446\,\% \qquad (4.70)$$

zu den in den Tabellen C–43 und C–44 festgehaltenen Ergebnissen.[282] Wie im Fall der Kapitalwertneutralität in einer Vorsteuerrechnung stimmen in der Rentenphase die unter Berücksichtigung von persönlichen Steuern ermittelten Gesamtwerte mit dem Invested Capital bzw. die Restwerte des Eigenkapitals mit den Buchwerten des Eigenkapitals überein. Ebenfalls behält das wachsende kumulierte Zusatzkapital, das auf in der Grobplanungsphase getätigte zusätzliche Investitionen vom Kernbereich in den Bereich C zurückzuführen ist, seinen Wert. Die Wertbeiträge der in der Rentenphase investierten finanziellen Mittel entsprechen in den jeweiligen Investitionszeitpunkten den zusätzlichen Nettoinvestitionen; beispielsweise gilt für den im Zeitpunkt $\phi_{\mathrm{II}}^{\mathrm{AC}} = 1$ investierten Betrag in Höhe von 2.840,20 GE auf der Grundlage von (4.44):

$$\mathrm{E}\left[\widetilde{V}_{\mathrm{II},1}^{\ell,\mathrm{AC},\mathrm{s},1}\right] = \frac{60\,\% \cdot 2.840{,}20 \cdot 9{,}6116\,\% \cdot (1 - 11{,}1413\,\%)}{8{,}9691\,\% - 3{,}8446\,\%} = 2.840{,}20 = \mathrm{E}\left[\widetilde{IC}_{\mathrm{II},1}^{\mathrm{AC},1}\right].$$

Dennoch nehmen alle, auch die in der Rentenphase getätigten Zusatzinvestitionen einen werterhöhenden Einfluss auf den Restwert des Unternehmens, was

281 Vgl. S. 224.
282 Siehe Anhang C.2.1, S. 494–496 und S. 497 f.

auf die differenzierte Besteuerung der Ausschüttungen und Veräußerungsgewinne mit den typisierten Einkommensteuersätzen s_{d} und s_{g} zurückzuführen ist.

Bei Kapitalwertneutralität vereinfacht sich gemäß (4.45) i. V. m. (4.46) die Ermittlung des MVA gegenüber der in (4.30) aufgezeigten Berechnungsweise. Mittels des modifizierten Steuersatzes

$$s_{\bar{\mathrm{d}},\mathrm{II}}^{\mathrm{AC}} = \frac{s_{\mathrm{d}^\star} \cdot \left(1 - \Theta_{\mathrm{II}}^{\mathrm{C}}\right)}{1 - s_{\mathrm{d}^\star} \cdot \Theta_{\mathrm{II}}^{\mathrm{A}}} = \frac{15,1908\,\% \cdot (1 - 30\,\%)}{1 - 15,1908\,\% \cdot 30\,\%} = 11,1413\,\%,$$

der aufgrund derselben Fremdkapitalquote in der Rentenphase in diesem speziellen Fall zugleich den modifizierten Steuersätzen $s_{\bar{\mathrm{d}},\mathrm{II}}^{\mathrm{A}}$ und $s_{\bar{\mathrm{d}},\mathrm{II}}^{\mathrm{C}}$ entspricht, kann beispielsweise in der ersten Periode der gemeinsamen Rentenphase der Bereiche A und C folgender MVA errechnet werden:

$$\mathrm{E}\left[\widetilde{MVA}_{\mathrm{II},1}^{\mathrm{V,AC,s}}\right] = \mathrm{E}\left[\widetilde{IC}_{\mathrm{II},1}^{\mathrm{AC},1}\right] \cdot s_{\bar{\mathrm{d}},\mathrm{II}}^{\mathrm{AC}} = 2.840,20 \cdot 11,1413\,\% = 316,43.$$

Der Gesamtwert des verschuldeten Unternehmens beläuft sich im Fall der Kapitalwertneutralität auf 114.602, 23 GE:

$$\begin{aligned}\mathrm{E}\left[\widetilde{V}_{\mathrm{I},0}^{\ell,\mathrm{s}}\right] &= 67.231,09 + 25.071,94 + 10.337,40 + 8.827,91 + 3.133,89\\ &= 114.602,23.\end{aligned}$$

Für das marktbewertete Eigenkapital ist zu Beginn der Restwertphase ein Betrag in Höhe von 80.265, 02 GE zu verzeichnen:

$$\begin{aligned}\mathrm{E}\left[\widetilde{E}_{\mathrm{I},0}^{\ell,\mathrm{s}}\right] &= 45.044,83 + 19.556,11 + 7.649,68 + 5.914,70 + 2.099,70\\ &= 80.265,02.\end{aligned}$$

Tab. 4–3: Fallstudie 2b: Prognostizierte Entwicklung des ROIC im Bereich C bei Kapitalwertneutralität in der Rentenphase

ϕ	1	2	3	4	5	6	7 ff.
$ROIC_{\phi}^{C}$	13,0000 %	10,6281 %	9,9166 %	9,7031 %	9,6391 %	9,6198 %	9,6116 %

4.2 Analyse und Anwendung von Nachsteuermodellen bei gewinnorientierter Ausschüttung im eingeschwungenen Zustand

4.2.1 Steuer- und ausschüttungspolitisches Kalkül sowie Systematisierung der Nachsteuermodelle

Die jüngsten Publikationen, die sich mit der Ermittlung eines Restwertes unter Berücksichtigung von persönlichen Steuern und deren Auswirkungen auf das Ausschüttungsverhalten befassen, gehen inzwischen auf das Jahr 2010 zurück. Die Beiträge folgen zeitlich zum einen auf die Aufhebung der Vollausschüttungshypothese ab 2001, infolge derer gegebenes reales Wachstum in die Bewertung einzubeziehen ist,[283] und zum anderen auf die Änderung der Steuerrechtslage zum Jahr 2009, in dem die Besteuerung aller thesaurierungsbedingten Wertzuwächse eingeführt wurde. Diese unterlagen zuvor gemäß dem bis dahin angewandten Halbeinkünfteverfahren nicht der Besteuerung. Das System der Abgeltungsteuer belegt seit 2009 Dividenden und Kursgewinne mit einer Pauschalsteuer, was fortan aufgrund der Abbildung des Steuerstundungseffektes den Ansatz differenzierter persönlicher Steuersätze verlangt.[284] Durch die Bemessung der Steuerlast auf Ausschüttungen mit dem Steuersatz s_{d} und thesaurierte Gewinne mit dem niedrigeren Steuersatz s_{g} steht dem Unternehmen auch ein steuer- und ausschüttungspolitisch nutzbares Instrumentarium zur Verfügung.

Da eine Erhöhung der periodischen Thesaurierungen aufgrund der steuerlichen Begünstigung mit einer verminderten Steuerlast und folglich bei mindestens kapitalwertneutraler Reinvestition mit einem höheren Marktwert des Unternehmens einhergeht, besteht der Anreiz den Gewinn in einem geringeren Umfang auszuschütten und stattdessen einen höheren Anteil zu thesaurieren.[285] Es hat sich durchgesetzt, hierbei die branchentypische oder eine aus der jeweiligen Peer Group abgeleitete, auf den Operating Profit

---

283 Vgl. bezüglich der additiven Berücksichtigung von inflationsbedingtem und realem Wachstum *Wagner* et al. (2004), S. 889, 897, *Wiese* (2005), S. 617 sowie *Wagner* et al. (2006), S. 1005, 1010. Hierzu diskutierend siehe z. B. *Knoll* (2005), S. 1120, *Schwetzler* (2007), S. 2.

284 Vgl. z. B. *Pawelzik* (2010), S. 965. Siehe die Auswirkungen auf die Unternehmensbewertung diskutierend *Götz/Deister* (2011).

285 Vgl. *Knoll* (2005) und *Knoll* (2015) i. V. m. *Schultze/Fischer* (2015) sowie *Kruschwitz/Löffler* (2006), S. 119–127, *Berk/DeMarzo* (2017), S. 629–668 und *Brealey/Myers/Allen* (2017), S. 410–436.

bezogene Ausschüttungsquote als ein objektives Richtmaß zur Bemessung der Untergrenze der Gewinnausschüttung und die entsprechende Thesaurierungsquote zur Bemessung der Obergrenze der Gewinneinbehaltung heranzuziehen (Ausschüttungsäquivalenzprinzip).[286] Demnach ist diese der unternehmensindividuellen Ausschüttungsquote, die das Verhältnis des nach Abzug einer Gewinnthesaurierung zur anteiligen Innenfinanzierung eines inflationsbedingten und gegebenenfalls realen Ergebniswachstums verbleibenden, ausschüttungsfähigen Gewinns zum ungekürzten Gewinn angibt, gegenüberzustellen. Liegt die unternehmensindividuelle Ausschüttungsquote noch oberhalb der Referenzausschüttungsquote, so greift die Möglichkeit einer Nutzung thesaurierungsbedingter Steuervorteile durch eine weitergehende Erhöhung der periodischen Thesaurierungen. Das Unternehmen kann nun in jeder Periode nach Maßgabe der vorgegebenen Ausschüttungsquote zusätzliche finanzielle Mittel thesaurieren, für die es über eine mindestens kapitalwertneutrale Anlageoption verfügen sollte.[287] Die Forderung nach einer mindestens wertneutralen Verzinsung bezieht sich hierbei zeitlich auf den jeweiligen Thesaurierungszeitpunkt. Demzufolge sollte der Wert der zusätzlich erzielbaren finanziellen Überschüsse im Zeitpunkt der Investition dem Thesaurierungsbetrag mindestens entsprechen. Bei differenzierter Besteuerung fällt im Investitionszeitpunkt die gegenüber dem Fall einer Ausschüttung geringere Kursgewinnsteuer an, sodass die Diskontierung der Thesaurierungsbeträge oder diese übersteigenden Wertbeiträge auf einen vorgelagerten Zeitpunkt, z. B. auf den Beginn der Restwertphase oder auf den Bewertungszeitpunkt, eine Marktwertsteigerung induziert.

Im Folgenden werden vier Ansätze analysiert, die sich mit der Wertermittlung bei zusätzlichen Thesaurierungen befassen. Auf breite Akzeptanz auf Seiten des Berufsstands der Wirtschaftsprüfer stößt der Beitrag von *Tschöpel*, *Wiese* und *Willershausen*, auf den im Themenband „Bewertung und Transaktionsberatung" der WPH Edition 2018 im Rahmen der Nachsteuerrechnung Bezug genommen wird.[288] An deren Definition des Operating Profit als eine mittels eines realen ROE bestimmte Gewinngröße, die bereits um eine Infla-

286 Vgl. *Kuhner/Maltry* (2013), S. 751, 758. *Wagner* et al. führen eine Größenordnung von 40 % bis 60 % für marktbasierte Ausschüttungsquoten an. Vgl. *Wagner* (2006), S. 1009. Siehe auch *Schwetzler* (2005) i. V. m. *Knoll* (2005), *Tinz* (2010), S. 118–120.

287 Vgl. IDW S 1 i. d. F. 2008, Tz. 34. Siehe auch *Diedrich* (2013).

288 Vgl. *IDW* (Hrsg.) (2018), Kap. A, Tz. 428–432 sowie *Tschöpel* et al. (2010a) und (2010b). Siehe auch in der Vorauflage des Handbuchs der Wirtschaftsprüfer *IDW* (Hrsg.) (2014), Kap. A, Tz. 381–385.

tionskomponente zur realen Kapitalerhaltung geschmälert ist, übt schließlich *Pawelzik* Kritik[289] und zeigt die Kompatibilität des Ansatzes mit der praxisnahen Methode auf, bei welcher der Operating Profit, wie gemeinhin üblich, als eine Gewinngröße nach Ersatzinvestitionen zur nominalen Kapitalerhaltung definiert ist.[290] Da beide Beiträge von Thesaurierungen für ein reales Wachstum in Bezug auf das zu Beginn der Rentenphase existierende Invested Capital abstrahieren, die den ausschüttungsfähigen Gewinn bereits vor der Bemessung einer ausschüttungspolitisch motivierten zusätzlichen Thesaurierung schmälern würden, wird kurz das Modell von *Meitner* eingebracht, welches vorab ein über die reale Substanzerhaltung hinausgehendes Wachstum berücksichtigt.[291] Dass die bisherigen Ansätze die bei wertabhängiger Finanzierung erfolgende Anpassung des Fremdkapitals an die Marktwertsteigerung des Eigenkapitals nach Maßgabe des Verschuldungsgrades nicht beachten, da sie die daraus folgenden Finanzierungseffekte nicht abbilden, weisen *Diedrich*, *Dierkes*, *Raths* und *Sümpelmann* nach, deren Beitrag in Verbindung mit weiterführenden inhaltlichen Anknüpfungen an diese Arbeit in Abschnitt 4.2.4 behandelt wird.[292]

4.2.2 Konzeption, Aufbau und Beurteilung der kapitalwertneutralen Modelle nach *Tschöpel* et al. (2010) und *Pawelzik* (2010)

4.2.2.1 Modell nach *Tschöpel* et al. (2010)

Tschöpel, *Wiese* und *Willershausen* entwickeln ein Restwertmodell, in dem sie von Abschreibungen auf der Basis von Wiederbeschaffungspreisen ausgehen.[293] Diese sind dadurch gekennzeichnet, dass sie die Abschreibungen auf der Basis historischer Anschaffungs- und Herstellungskosten um die inflationsbedingte Preissteigerung überschreiten, wie in Abschnitt 2.1.2 be-

---

289 Vgl. kritisierend *Pawelzik* (2012), S. 35, 38 i. V. m. *Friedl/Schwetzler* (2012) und *Wagner* et al. (2006), S. 1005, 1019 ff.

290 Vgl. *Pawelzik* (2010). Zur nominalen Kapitalerhaltung sind Ersatzinvestitionen in Höhe der auf historischen Kosten beruhenden Abschreibungssumme erforderlich. Eine reale Kapitalerhaltung wird in diesem Fall durch eine inflationsbegründete Gewinnthesaurierung erreicht. Siehe auch *Saur* et al. (2011), S. 1017, *Kuhner/Maltry* (2013), S. 760.

291 Vgl. *Meitner* (2008a, b).

292 Siehe *Diedrich* et al. (2018).

293 Vgl. *Tschöpel* et al. (2010a), S. 354, Fn. 39.

schrieben wurde. Im Umfang der höheren Abschreibungen werden Ersatzinvestitionen getätigt, die der realen Substanzerhaltung dienen.[294] Dies wirkt sich auf die Gewinngröße aus: In der Folge stellt sich ein Operating Profit ein, der bereits um die in diesen Ersatzinvestitionen enthaltene Inflationskomponente niedriger ist als in dem Fall, in dem Ersatzinvestitionen zunächst nach Maßgabe der auf historischen Kosten beruhenden Abschreibungen angesetzt werden, welche jedoch nur der nominalen Kapitalerhaltung dienen. Bei dem inflationsgeminderten Operating Profit soll es sich zugleich um den entnahmefähigen Gewinn handeln. Dieser wird vor der weiteren Gewinnverwendung nicht durch ein reales Wachstum induzierende Thesaurierungen geschmälert.

In Abhängigkeit von der weiteren Mittelverwendung lassen sich nun die Begriffe der Voll- und Teilausschüttung voneinander abgrenzen, wie sie von *Tschöpel* et al. verwendet werden: Unter der Annahme der *Vollausschüttung* wird der erwartete entziehbare Betrag vollständig an die Eigenkapitalgeber ausgeschüttet. Bei *Teilausschüttung* werden anteilig *Thesaurierungen* getätigt, die in den Folgeperioden ein reales Wachstum induzieren.[295]

Wenngleich im Themenband „Bewertung und Transaktionsberatung" der WPH Edition 2018 auf das kapitalwertneutrale Restwertmodell von *Tschöpel* et al. verwiesen wird, so steht es zugleich in einem Widerspruch zu der Verlautbarung des IDW zu den in die Bewertung eingehenden Verzinsungsannahmen, der zufolge die Wiederanlagerenditen aus den Plänen zur Mittelverwendung abzuleiten sind. Nur für die „über die konkret geplante Verwendung hinausgehenden Thesaurierungen"[296], wie die allein zur Einhaltung einer objektivierten Gesamtausschüttungsquote thesaurierten finanziellen Mittel, legt das IDW eine kapitalwertneutrale Wiederanlage nahe.[297]

---

294 In dieser Hinsicht folgen sie *Bradley / Jarrell*, die bei der Entwicklung eines Modells zur Restwertermittlung in einer Vorsteuerrechnung auf diese Weise verfahren. Vgl. *Bradley / Jarrell* (2008), S. 67 f.

295 Vgl. *Tschöpel* et al. (2010a), S. 352. *Tschöpel* et al. sprechen in diesem Zusammenhang von einem thesaurierungsbedingten Wachstum, vgl. ebd., S. 350. Diese Bezeichnung ist insoweit eindeutig, als das inflationsgetriebene Wachstum ihrer Modellkonzeption zufolge keiner anteiligen Thesaurierung des Operating Profit bedarf. Siehe auch die Anmerkung in Fußnote 304.

296 *IDW* (Hrsg.) (2018), Kap. A, Tz. 278.

297 Vgl. *IDW* (Hrsg.) (2018), Kap. A, Tz. 278 sowie IDW S 1 i. d. F. 2008, Tz. 37. Zugleich weist das IDW darauf hin, dass es sich hierbei um eine dem Wortlaut nach „vereinfachende Annahme" (*IDW* (Hrsg.) (2018), Kap. A, Tz. 278) handeln kann.

Besonderes Merkmal des Restwertmodells von *Tschöpel* et al. ist dahingegen die Eigenschaft der Inflations- und Steuerneutralität auf Unternehmensebene, wonach der Restwert des Eigenkapitals des verschuldeten Unternehmens unabhängig von Inflation und persönlicher Besteuerung mit dem Buchwert des Eigenkapitals zu Beginn der Rentenphase übereinstimmen soll.[298] Laut dem Themenband „Bewertung und Transaktionsberatung" der WPH Edition 2018 ergibt sich somit „für den Fall der ewigen Rente in einer Rechnung vor persönlichen Ertragsteuern ein identischer Unternehmenswert wie in der Rechnung nach persönlichen Ertragsteuern"[299]. Im Zeitablauf steigt dieser Restwert nominal um die sich kapitalwertneutral verzinsenden thesaurierten Beträge an. Das in der Ermittlung eines hinsichtlich des Ausschüttungsverhaltens objektivierten Restwertes bestehende Bewertungsproblem ist *Tschöpel* et al. zufolge damit gelöst. Ausgehend von diesem vorab feststehenden Bewertungsergebnis gehen *Tschöpel* et al. in ihrem Beitrag der Frage nach, wie die kapitalwertneutrale Renditeforderung bei Voll- und bei Teilausschüttung zu bestimmen ist.[300]

In der Unternehmenspraxis bilden gewöhnlich die historischen Anschaffungs- und Herstellungskosten die Berechnungsgrundlage für die Kalkulation der periodischen Abschreibungssumme, sodass die in der Gewinngröße bereits berücksichtigten Ersatzinvestitionen im Vergleich zu der auf aktuellen Preisen beruhenden kalkulatorischen Abschreibung geringer sind. Unter Zugrundelegung einer bilanziellen Abschreibung überführt *Pawelzik* das

---

Der Ansatz von werterhöhenden Reinvestitionsrenditen, die die erwartete Rentabilität des in konkrete Projekte investierten Kapitals adäquat widerspiegeln, steht folglich der berufsständischen Verlautbarung nicht entgegen. Die Abbildung einer langfristigen Erwirtschaftung von Überrenditen durch das eingesetzte Kapital steht auch im Einklang mit der in der internationalen Bewertungsliteratur, z. B. in *Koller* et al. (2015) im Rahmen der Restwertermittlung in einer Vorsteuerrechnung, vertretenen Auffassung. Vgl. *Koller* et al. (2015), S. 96. Siehe auch die erste Fallkonstellation in *Rabel* (2016), S. 19, in Bezug auf die Empfehlungen zur Umsetzung der Richtlinie KFS / BW 1 sowie Fußnote 6 in dieser Arbeit.

298 Hierzu äußern sich kritisch *Knoll* sowie *Karami* und *Schuster*; siehe *Knoll* (2016b), S. 546, *Karami / Schuster* (2016), S. 16 und grundlegend *Karami* (2017). Die These, dass weiterhin „die Diskussion um die sachgerechte Höhe des Wachstumsabschlages redundant wird" (*Karami / Schuster* (2016), S. 16; sinngemäß *Karami* (2017), S. 167 f.), wenn Buchwert- und Marktwertrendite übereinstimmen, ist auf der Grundlage des Restwertmodells nach *Diedrich* et al. (2018) jedoch nicht weiterzuverfolgen.

299 *IDW* (Hrsg.) (2018), Kap. A, Tz. 467.

300 Vgl. *Tschöpel* et al. (2010a), S. 350.

Restwertmodell von *Tschöpel* et al. in die vielen Praktikern vertraute Form, wie im nächsten Abschnitt geschildert wird.

4.2.2.2 Modell nach *Pawelzik* (2010)

Pawelzik zieht in seinem Beitrag einen Vergleich zwischen dem Ansatz von *Tschöpel* et al. und der von Praktikern bevorzugten Methodik der Restwertermittlung. Hierbei legt der Autor die von *Tschöpel* et al. getroffene Annahme einer kapitalwertneutralen Verzinsung des Gesamtkapitals zugrunde und zeigt auf, dass beide Verfahrensweisen zu demselben Bewertungsergebnis führen.

Annahmegemäß wird das aus einem Kernbereich A bestehende Unternehmen mit einem Eigenkapitaleinsatz $\mathrm{E}\left[\widetilde{IE}_0^{\mathrm{A}}\right]$ zu Beginn der Rentenphase gegründet.[301] Der Bestand dieses Kerneigenkapitals steigt im Zeitablauf mit der (unternehmensspezifischen) Inflationsrate π an:[302]

$$\mathrm{E}\left[\widetilde{IE}_{\phi_{\mathrm{II}}}^{\mathrm{A}}\right] = \mathrm{E}\left[\widetilde{IE}_0^{\mathrm{A}}\right] \cdot (1+\pi)^{\phi_{\mathrm{II}}} \qquad \forall\, \phi_{\mathrm{II}} \in [0, +\infty). \quad (4.71)$$

Der erwartete Operating Profit einer Periode $\phi_{\mathrm{II}} \in [1, +\infty)$ ergibt sich aus der Verzinsung des Bestands des Eigenkapitals zu Beginn der betreffenden Periode mit dem kapitalwertneutralen, keine Inflationskomponente beinhaltenden Return on Equity $ROE^{\star}$:[303]

$$\mathrm{E}\left[\widetilde{OP}_{\phi_{\mathrm{II}}}^{\mathrm{A}}\right] = ROE^{\star} \cdot \mathrm{E}\left[\widetilde{IE}_{\phi_{\mathrm{II}}-1}^{\mathrm{A}}\right] \qquad \forall\, \phi_{\mathrm{II}} \in [1, +\infty). \quad (4.72)$$

---

301 Vgl. *Tschöpel* et al. (2010b), S. 405. Da sich das Modell nur auf die Rentenphase bezieht, wird im Folgenden auf die Kennzeichnung der Eingangsgrößen mit dem Phasenindex „II" verzichtet.

302 Vgl. die Beispielrechnung in *Pawelzik* (2010), S. 967. Die unternehmensspezifische Inflationsrate kann ausgehend von der gesamtwirtschaftlichen Inflationsrate abgeleitet werden und in Abhängigkeit von der Branchenstruktur, der Wettbewerbsposition und dem Geschäftsmodell unterhalb oder oberhalb dieser liegen. Zum Ansatz einer unternehmensspezifischen Inflationsrate anstelle der gesamtwirtschaftlichen Größe sowie zu deren Schätzung siehe grundlegend *Laun/Mölls* (2018).

303 Das Verzinsungsmaß $ROE^{\star}$ entspricht nach dem Modell von *Tschöpel* et al., wie noch zu zeigen sein wird, dem konstanten Eigenkapitalkostensatz vor persönlichen Steuern ke^{ℓ}. Dessen Interpretation als kapitalwertneutrale Unternehmensrendite ist jedoch kritisch zu beurteilen.

Der Operating Profit ist nach Ersatzinvestitionen definiert, die in Höhe der Abschreibungen auf der Basis historischer Anschaffungs- und Herstellungskosten angesetzt wurden. In allen Perioden $\phi_{\text{II}} \in [1, +\infty)$ wird in Höhe der mit der Inflationsrate π abgestimmten Thesaurierungsquote $1 - q^{\pi}$ ein Teilbetrag dieses inflationsneutralen Operating Profits zur anteiligen Innenfinanzierung von zusätzlichen, inflationsbedingt notwendigen Ersatzinvestitionen im Kernbereich einbehalten:[304]

$$\mathrm{E}\left[\widetilde{RE}_{\phi_{\text{II}}}^{\pi}\right] = (1 - q^{\pi}) \cdot \mathrm{E}\left[\widetilde{OP}_{\phi_{\text{II}}}^{\text{A}}\right] \qquad \forall \phi_{\text{II}} \in [1, +\infty). \quad (4.73\text{a})$$

Über die zur realen Kapitalerhaltung notwendigen Ersatzinvestitionen hinausgehende Erweiterungsinvestitionen für ein reales Ergebniswachstum im Kernbereich werden nicht getätigt. Die periodischen inflationsbedingten Thesaurierungen (4.73a) machen somit die Bestandserhöhung des Kerneigenkapitals aus:

$$\mathrm{E}\left[\widetilde{RE}_{\phi_{\text{II}}}^{\pi}\right] = \mathrm{E}\left[\widetilde{\Delta IE}_{\phi_{\text{II}}}^{\text{A}}\right] = \mathrm{E}\left[\widetilde{IE}_{\phi_{\text{II}}}^{\text{A}}\right] - \mathrm{E}\left[\widetilde{IE}_{\phi_{\text{II}}-1}^{\text{A}}\right] = \pi \cdot \mathrm{E}\left[\widetilde{IE}_{\phi_{\text{II}}-1}^{\text{A}}\right]$$

$$\forall \phi_{\text{II}} \in [1, +\infty). \quad (4.73\text{b})$$

Der letzte Term in (4.73b) bezieht sich auf das Wachstum des Bestands des Eigenkapitals mit der Inflationsrate π gemäß (4.71). Nach Minderung des Operating Profits (4.72) um die inflationsbedingte Thesaurierung (4.73) verbleibt als entnahmefähiger Betrag:

$$\mathrm{E}\left[\tilde{x}_{\phi_{\text{II}}}^{\pi}\right] = \mathrm{E}\left[\widetilde{OP}_{\phi_{\text{II}}}^{\text{A}}\right] - \mathrm{E}\left[\widetilde{RE}_{\phi_{\text{II}}}^{\pi}\right] = q^{\pi} \cdot \mathrm{E}\left[\widetilde{OP}_{\phi_{\text{II}}}^{\text{A}}\right] \quad (4.74\text{a})$$

$$= \left(ROE^{\star} - \pi\right) \cdot \mathrm{E}\left[\widetilde{IE}_{\phi_{\text{II}}-1}^{\text{A}}\right] \quad (4.74\text{b})$$

$$\forall \phi_{\text{II}} \in [1, +\infty).$$

---

304 Vgl. *Pawelzik* (2010), S. 966, 975. Bei dieser Modellkonzeption induziert die inflationsbedingte Gewinneinbehaltung ein Cashflow-Wachstum, welches wie auch das reale Wachstum als thesaurierungsbedingt bezeichnet werden kann. Aufgrund der nunmehr nicht eindeutigen Begriffszuordnung wird in dieser Arbeit weiterhin von einem inflationsinduzierten und einem realen Wachstum und nicht von einem thesaurierungsbedingten Wachstum gesprochen. Auch *Schwetzler* lehnt die begriffliche Trennung des IDW in „thesaurierungsbedingtes" und „inflationsbedingtes" Wachstum ab; vgl. *Schwetzler* (2018), S. 86.

Der so ermittelte entnahmefähige Betrag stimmt mit dem inflationsgeminderten Operating Profit gemäß dem Ansatz von *Tschöpel* et al. überein. Der Fall der Vollausschüttung[305] beschreibt demnach eine residuale Ausschüttungspolitik, bei der vom Operating Profit gerade nur der Betrag thesauriert wird, um den die Abschreibungen auf der Basis von Wiederbeschaffungspreisen nach Abzug einer anteiligen Fremdfinanzierung die Abschreibungen auf der Basis historischer Kosten übersteigen.[306] Der verbleibende Operating Profit wird vollständig an die Anteilseigner ausgeschüttet.

Die von der Inflationsrate π abhängige Ausschüttungsquote q^{π} gibt den prozentualen Anteil des ausschüttbaren Betrags (4.74) am Operating Profit (4.72) an:

$$q^{\pi} = \frac{\mathrm{E}\left[\tilde{x}^{\pi}_{\phi_{\mathrm{II}}}\right]}{\mathrm{E}\left[\widetilde{OP}^{\mathrm{A}}_{\phi_{\mathrm{II}}}\right]} = \frac{\left(ROE^{\star} - \pi\right) \cdot \mathrm{E}\left[\widetilde{IE}^{\mathrm{A}}_{\phi_{\mathrm{II}}-1}\right]}{ROE^{\star} \cdot \mathrm{E}\left[\widetilde{IE}^{\mathrm{A}}_{\phi_{\mathrm{II}}-1}\right]} = 1 - \frac{\pi}{ROE^{\star}} \qquad \forall\, \phi_{\mathrm{II}} \in [1, +\infty). \quad (4.75)$$

Für π bedeutet dies:

$$\pi = (1 - q^{\pi}) \cdot ROE^{\star} \qquad \forall\, \phi_{\mathrm{II}} \in [1, +\infty). \quad (4.76)$$

Infolge der inflationsinduzierten Erhöhung des Kerneigenkapitals gemäß (4.71) steigen auch der Operating Profit, die Thesaurierungen und der Flow to Equity mit der Rate π an. Unter Berücksichtigung von persönlichen Steuern ist der Restwert der erzielbaren Flow to Equity (4.74) mittels des Nachsteuersatzes $ke^{\ell,\mathrm{s}}$ folgendermaßen zu ermitteln:

$$\mathrm{E}\left[\widetilde{E}^{\ell,\mathrm{A,s}}_{0}\right] = \frac{\mathrm{E}\left[\tilde{x}^{\pi}_{1}\right] \cdot (1 - s_{\mathrm{d}})}{ke^{\ell,\mathrm{s}} - \pi \cdot \left(1 - s_{\mathrm{g}}\right)} = \frac{q^{\pi} \cdot \mathrm{E}\left[\widetilde{IE}^{\mathrm{A}}_{0}\right] \cdot ROE^{\star} \cdot (1 - s_{\mathrm{d}})}{ke^{\ell,\mathrm{s}} - \pi \cdot \left(1 - s_{\mathrm{g}}\right)} = \mathrm{E}\left[\widetilde{IE}^{\mathrm{A}}_{0}\right]. \quad (4.77)$$

---

305 Siehe S. 283.

306 An der Finanzierung der inflationsbedingt notwendigen Investitionen sind Eigen- und Fremdkapitalgeber gleichermaßen beteiligt, sodass neben einer anteiligen Thesaurierung des Operating Profits auch eine inflationsinduzierte Fremdkapitalaufnahme erforderlich ist. Vgl. *Tschöpel* et al. (2010a), S. 353, Fn. 30 sowie *Pawelzik* (2010), S. 967.

Der Eigenschaft der Kapitalwertneutralität nach wird erwartet, dass der Rest- und der Buchwert des Kerneigenkapitals übereinstimmen. Ohne zusätzliche Thesaurierungen kann durch Auflösen von (4.77) nach $ROE^{\star}$ unter Berücksichtigung von (4.76) der Ausdruck

$$ROE^{\star} = \frac{ke^{\ell,\mathrm{s}}}{1 - q^{\pi} \cdot s_{\mathrm{d}} - (1 - q^{\pi}) \cdot s_{\mathrm{g}}} \qquad \forall \phi_{\mathrm{II}} \in [1, +\infty)$$

abgeleitet werden. Ziel der Autoren ist es jedoch, eine kapitalwertneutrale Wiederanlagerendite zu bestimmen, die für das ganze Unternehmen gelte.

Im Rahmen der objektivierten Restwertermittlung ist (4.75) mit einer aus einer Gruppe gleichartiger Unternehmen abgeleiteten Ausschüttungsquote q zu vergleichen. Ist $q < q^{\pi}$, wird zur Objektivierung des Ausschüttungsverhaltens periodisch ein Anteil $1 - q^{\pi,\mathrm{d}}$ des entnahmefähigen Betrags (4.74) zusätzlich thesauriert, sodass das Verhältnis des periodisch verbleibenden Ausschüttungsvolumens zum Operating Profit der objektivierten Gesamtausschüttungsquote q entspricht. Der Begriff der Teilausschüttung[307] ist somit gleichbedeutend mit einer gewinnorientierten Ausschüttungspolitik. Die zusätzlich einbehaltenen finanziellen Mittel werden annahmegemäß kapitalwertneutral in eine Anlage D reinvestiert.

Zur Aufrechterhaltung der nach der wertorientierten Finanzierungsstrategie festgelegten Kapitalstruktur ist den zusätzlichen Thesaurierungen im Investitionszeitpunkt Fremdkapital hinzuzufügen.[308] Die auf dieses in den Folgeperioden zu entrichtenden Fremdkapitalzinsen, die damit verbundenen Tax Shields und die Wert- bzw. Bestandserhöhungen des Fremdkapitals nehmen auf die Flow to Equity und den Eigenkapitalkostensatz der Zusatzanlage D Einfluss. Diesem trägt der geläufige, auf dem FtE Verfahren basierende Bewertungskalkül zur Ermittlung des Wertbeitrags des aus einer zusätzlichen Thesaurierung erwachsenden Dividendenstroms im Investitionszeitpunkt Rechnung.

Im Hinblick auf die Diskontierung der Wertbeiträge der zusätzlichen Thesaurierungen zu den Investitionszeitpunkten $\phi_{\mathrm{II}} \in [1, +\infty)$ auf den Beginn

307 Siehe S. 283.

308 Die Summe aus der zusätzlichen Thesaurierung und dem zusätzlich aufzunehmenden Fremdkapital bildet die zusätzliche Nettoinvestition, die im Rahmen des bereichsdifferenzierenden Restwertmodells mit einer auf den NOPLAT bezogenen Nettoinvestitionsrate bemessen wird.

der Rentenphase $\phi_{\mathrm{II}} = 0$ sind erneut Finanzierungseffekte zu berücksichtigen, die aus der Angleichung des Fremdkapitals an die Wertsteigerung des Eigenkapitals zur Einhaltung der vorgegebenen Kapitalstruktur resultieren. Aus den Ausführungen zum bereichsdifferenzierenden Restwertmodell ist zudem bekannt, dass diese Finanzierungsfolgen in einer Nachsteuerrechnung auch bei kapitalwertneutraler Verzinsung der zusätzlich einbehaltenen finanziellen Überschüsse in die Wertermittlung einzubeziehen sind, wenn die persönlichen Steuersätze s_{d} und s_{g} differenzierte Werte annehmen.
In den Restwertmodellen von *Tschöpel* et al. und *Pawelzik* sind die zusätzlichen Fremdkapitalzinsen, Tax Shields und Erhöhungen des zusätzlichen Fremdkapitals in den den Investitionszeitpunkten vorgelagerten Perioden der Rentenphase $t \in \left[1, \phi_{\mathrm{II}}\right]$ $\forall \phi_{\mathrm{II}} \in [1, +\infty)$ nicht integriert. In der Folge bleiben der Operating Profit und die Dividenden in den Investitionszeitpunkten von Finanzierungseffekten unbeeinflusst. Letztere betragen somit:

$$\mathrm{E}\left[\widetilde{Div}_{\phi_{\mathrm{II}}}^{\mathrm{A}}\right] = q^{\pi,\mathrm{d}} \cdot \mathrm{E}\left[\tilde{x}_{\phi_{\mathrm{II}}}^{\pi}\right] = q \cdot \mathrm{E}\left[\widetilde{OP}_{\phi_{\mathrm{II}}}^{\mathrm{A}}\right] \qquad \forall \phi_{\mathrm{II}} \in [1, +\infty). \quad (4.78)$$

Die auf den Flow to Equity (4.74) bezogene Ausschüttungsquote $q^{\pi,\mathrm{d}}$ ist infolge der Vernachlässigung der Finanzierungseffekte in Analogie zu der bei kapitalwertneutraler Verzinsung in einer Vorsteuerrechnung geltenden Formel (3.240) als Quotient aus (4.78) und (4.74a) zu bestimmen:

$$q^{\pi,\mathrm{d}} = \frac{q \cdot \mathrm{E}\left[\widetilde{OP}_{\phi_{\mathrm{II}}}^{\mathrm{A}}\right]}{q^{\pi} \cdot \mathrm{E}\left[\widetilde{OP}_{\phi_{\mathrm{II}}}^{\mathrm{A}}\right]} = \frac{q}{q^{\pi}} \qquad \forall \phi_{\mathrm{II}} \in [1, +\infty). \quad (4.79)$$

Das Produkt aus $q^{\pi,\mathrm{d}}$ und q^{π} gemäß (4.75) führt zu dem in *Tschöpel* et al. (2010) angegebenen Ausdruck für die Gesamtausschüttungsquote *q*:[309]

$$q = q^{\pi,\mathrm{d}} \cdot q^{\pi} = q^{\pi,\mathrm{d}} - \frac{q^{\pi,\mathrm{d}} \cdot \pi}{ROE^{\star}} \qquad \forall \phi_{\mathrm{II}} \in [1, +\infty). \quad (4.80)$$

Die zusätzlichen Thesaurierungen

$$\mathrm{E}\left[\widetilde{IE}_{\phi_{\mathrm{II}}}^{\pi,\mathrm{d},\phi_{\mathrm{II}}}\right] = \left(1 - q^{\pi,\mathrm{d}}\right) \cdot \mathrm{E}\left[\tilde{x}_{\phi_{\mathrm{II}}}^{\pi}\right] \qquad \forall \phi_{\mathrm{II}} \in [1, +\infty) \quad (4.81)$$

verzinsen sich wie das Kerneigenkapital mit demselben kapitalwertneutralen Return on Equity $ROE^{\star}$. Zur Einhaltung der Referenzausschüttungsquote

309 Vgl. (2.8) in *Tschöpel* et al. (2010a), S. 353.

auf Unternehmensebene wird von dem resultierenden Operating Profit der Anteil $1 - q$ thesauriert und der Anteil q an die Eigenkapitalgeber ausgeschüttet. Aus der kapitalwertneutralen Reinvestition der einbehaltenen Mittel folgt, dass der Wertbeitrag der aus der zusätzlichen Thesaurierung in der Periode ϕ_{II} erwachsenden Reihe zusätzlicher, mit der Wachstumsrate

$$w^{\mathrm{D}\star} = (1 - q) \cdot ROE^{\star} \qquad \forall \phi_{\mathrm{II}} \in [1, +\infty) \quad (4.82)$$

zunehmender Ausschüttungen dem thesaurierten Betrag (4.81) entspricht. Für den Wertbeitrag der aus der zusätzlichen Thesaurierung in $\phi_{\mathrm{II}} = 1$ hervorgehenden Zahlungsreihe gilt im Investitionszeitpunkt insofern:

$$\mathrm{E}\left[\widetilde{E}_1^{\ell,\pi,\mathrm{d,s},1}\right] = \frac{q \cdot \left(1 - q^{\pi,\mathrm{d}}\right) \cdot \mathrm{E}\left[\tilde{x}_1^{\pi}\right] \cdot ROE^{\star} \cdot (1 - s_{\mathrm{d}})}{ke^{\ell,\mathrm{s}} - w^{\mathrm{D}\star} \cdot \left(1 - s_{\mathrm{g}}\right)} = \mathrm{E}\left[\widetilde{IE}_1^{\pi,\mathrm{d},1}\right]. \quad (4.83)$$

Zur Ermittlung des Restwertes des Eigenkapitals des verschuldeten Unternehmens ist die im Zähler von (4.77) angesetzte vorläufige Nettodividende um die zusätzliche Thesaurierung in $\phi_{\mathrm{II}} = 1$ gemäß (4.81) nach Dividendensteuer zu vermindern und um deren bei Kapitalwertneutralität betragsgleichen Wertbeitrag gemäß (4.83) unter Berücksichtigung des Abzugs der Kursgewinnsteuer zu erhöhen:[310]

$$\mathrm{E}\left[\widetilde{E}_0^{\ell,\mathrm{s,P}}\right] = \frac{q^{\pi,\mathrm{d}} \cdot \mathrm{E}\left[\tilde{x}_1^{\pi}\right] \cdot (1 - s_{\mathrm{d}}) + \left(1 - q^{\pi,\mathrm{d}}\right) \cdot \mathrm{E}\left[\tilde{x}_1^{\pi}\right] \cdot \left(1 - s_{\mathrm{g}}\right)}{ke^{\ell,\mathrm{s}} - \pi \cdot \left(1 - s_{\mathrm{g}}\right)}. \quad (4.84)$$

Während das durch die zusätzlichen Thesaurierungen hervorgerufene reale Wachstum additiv im Zähler erfasst wird, erfolgt die Abbildung des inflationsbedingten Wachstums der Dividenden im Nenner durch Kürzung des Eigenkapitalkostensatzes um die Inflationsrate nach Kursgewinnsteuer.[311]

Durch Gleichsetzen des ermittelten Restwertes (4.84) mit dem zu Beginn der Rentenphase vorhandenen Eigenkapital $\mathrm{E}\left[\widetilde{IE}_0^{\mathrm{A}}\right]$ ergibt sich der nach Ansicht der Autoren als kapitalwertneutrale Unternehmensrendite (nach

310 Vgl. die Formeln (3.9) und (3.13) in *Tschöpel* et al. (2010a), S. 356 f. und *Pawelzik* (2010), S. 973. Der Index „P“ kennzeichnet (4.84) als Bewertungsgleichung nach den Beiträgen von *Pawelzik* und *Tschöpel* et al.

311 Vgl. *Tschöpel* et al. (2010a), S. 357 und *Pawelzik* (2010), S. 969 f., 973 f.

Unternehmensteuern) interpretierbare Ausdruck für den Return on Equity $ROE^{\star}$:[312]

$$ROE^{\star} = ke^{\ell} = \frac{ke^{\ell,\mathrm{s}} - \pi \cdot q^{\pi,\mathrm{d}} \cdot \left(s_{\mathrm{d}} - s_{\mathrm{g}}\right)}{1 - q^{\pi,\mathrm{d}} \cdot s_{\mathrm{d}} - \left(1 - q^{\pi,\mathrm{d}}\right) \cdot s_{\mathrm{g}}} \qquad \forall \phi_{\mathrm{II}} \in [1, +\infty)\,. \quad (4.85\mathrm{a})$$

(4.85a) lässt sich unter Berücksichtigung von (4.76) und (4.79) in den äquivalenten Ausdruck[313]

$$ROE^{\star} = ke^{\ell} = \frac{ke^{\ell,\mathrm{s}}}{1 - q \cdot s_{\mathrm{d}} - (1 - q) \cdot s_{\mathrm{g}}} \qquad \forall \phi_{\mathrm{II}} \in [1, +\infty) \quad (4.85\mathrm{b})$$

transformieren. Dieser ist komparabel mit (4.53), bei dem es sich um die kapitalwertneutrale Verzinsung des in den Bereich λ zusätzlich investierten Eigenkapitals handelt.

Die Gleichsetzung von (4.84) mit $\mathrm{E}\left[\widetilde{IE}_{0}^{\mathrm{A}}\right]$, durch die (4.84) einen kapitalwertneutralen Nachsteuerkalkül auf Unternehmensebene darstellen soll, veranlasst zunächst zu der insoweit folgerichtigen Deutung von (4.85) als kapitalwertneutrale Unternehmensrendite. Diese Interpretierbarkeit setzt jedoch die Vernachlässigung der bei der Restwertermittlung mit dem FtE Verfahren zu berücksichtigenden Finanzierungseffekte aus der wertorientierten Fremdkapitalanpassung voraus. Deren Berücksichtigung bei der Abzinsung der auf der Basis von (4.81) und (4.83) für jeden Investitionszeitpunkt ermittelbaren MVA auf den Beginn der Rentenphase führt bei differenzierten Steuersätzen s_{d} und s_{g} auch bei weiterhin unterstellter kapitalwertneutraler Verzinsung der zusätzlichen Thesaurierungen zu einem Restwert, der den Buchwert des Kerneigenkapitals übersteigt. In einer Nachsteuerrechnung, die ceteris paribus die Finanzierungseffekte in die Wertermittlung einbezieht, ist (4.85) folglich nicht auf die Unternehmensebene zu beziehen, sondern wie (4.53) als kapitalwertneutrale Eigenkapitalrendite einer zusätzlichen Thesaurierung (4.81) auszulegen. Diese Interpretation besteht auch dann fort, wenn im Allgemeinen von einer kapitalwerterhöhenden Verzinsung des Kerneigenkapitals ausgegangen wird.

Der in Bezug auf die Finanzierungseffekte unvollständige Nachsteuerkalkül (4.84) eignet sich demzufolge nicht zur Ermittlung des Restwertes des

312 Vgl. (2.9) in *Tschöpel* et al. (2010a), S. 353 und *Pawelzik* (2010), S. 972. Bezüglich der Umformungen siehe Anhang B.4.2, S. 410.

313 Vgl. (2.7) in *Tschöpel* et al. (2010a), S. 352. In Anhang B.4.3, S. 411, wird die Äquivalenz der Formeln (4.85a) und (4.85b) mittels (4.80) nachgewiesen.

ganzen Unternehmens. Ersetzt man dahingegen in (4.84) den Flow to Equity im Kernbereich $\mathrm{E}\left[\tilde{x}_1^{\pi}\right]$ durch den Term

$$\mathrm{E}\left[\tilde{x}_2^{\pi,\mathrm{d},1}\right] = q^{\pi} \cdot \left(1 - q^{\pi,\mathrm{d}}\right) \cdot \mathrm{E}\left[\tilde{x}_1^{\pi}\right] \cdot ke^{\ell}, \tag{4.86}$$

so kann gezeigt werden, dass der entstehende Kalkül

$$\mathrm{E}\left[\widetilde{E}_1^{\ell,\pi,\mathrm{d,s},1}\right] = \frac{q^{\pi,\mathrm{d}} \cdot \mathrm{E}\left[\tilde{x}_2^{\pi,\mathrm{d},1}\right] \cdot (1 - s_\mathrm{d}) + \left(1 - q^{\pi,\mathrm{d}}\right) \cdot \mathrm{E}\left[\tilde{x}_2^{\pi,\mathrm{d},1}\right] \cdot \left(1 - s_\mathrm{g}\right)}{ke^{\ell,\mathrm{s}} - \pi \cdot \left(1 - s_\mathrm{g}\right)} \tag{4.87a}$$

und (4.83) übereinstimmen.[314] (4.86) ist der nach kapitalwertneutraler Verzinsung des in der Periode $\phi_{\mathrm{II}} = 1$ investierten Eigenkapitals gemäß (4.81) und nach inflationsbedingter Thesaurierung resultierende Flow to Equity der Zusatzanlage in $\phi_{\mathrm{II}} = 2$. In (4.83) kann zunächst die Gesamtausschüttungsquote q durch den ersten Term in (4.80) ersetzt werden. Unter Berücksichtigung von (4.86) folgt:[315]

$$\mathrm{E}\left[\widetilde{E}_1^{\ell,\pi,\mathrm{d,s},1}\right] = \frac{q^{\pi,\mathrm{d}} \cdot \mathrm{E}\left[\tilde{x}_2^{\pi,\mathrm{d},1}\right] \cdot (1 - s_\mathrm{d})}{ke^{\ell,\mathrm{s}} - w^{\mathrm{D}^\star} \cdot \left(1 - s_\mathrm{g}\right)}. \tag{4.87b}$$

Die Bewertungsgleichungen (4.87a) und (4.87b) unterscheiden sich lediglich durch den Ansatz des realen Wachstums im Zähler oder als Wachstumsabschlag vom Eigenkapitalkostensatz im Nenner des Kalküls.[316] Die nominale Gesamtwachstumsrate der Zusatzanlage $w^{\mathrm{D}^\star}$, die gemäß (4.82) oder mit der äquivalenten Formel

$$w^{\mathrm{D}^\star} = \left(ke^{\ell} - \pi\right) \cdot \left(1 - q^{\pi,\mathrm{d}}\right) + \pi = ke^{\ell} \cdot \left(1 - q^{\pi,\mathrm{d}}\right) + \pi \cdot q^{\pi,\mathrm{d}} \qquad \forall \phi_{\mathrm{II}} \in [1, +\infty) \tag{4.88}$$

zu bestimmen ist,[317] vereint das inflationäre und das durch die zusätzlichen Thesaurierungen ausgelöste reale Wachstum der im Zähler stehenden Nettodividende. Trotz der engen Auslegung der Leitlinien des Berufsstands

---

314 Anhand von (4.87a) wird in Anhang B.4.4, S. 411 f., die Inflations- und Steuerneutralität nachgewiesen.

315 Vgl. als wertneutraler Restwertkalkül in Bezug auf das verschuldete Unternehmen *Tschöpel* et al. (2010a), S. 357 und *Pawelzik* (2010), S. 973.

316 Zur Äquivalenz der Kalküle (4.87a) und (4.87b) siehe Anhang B.4.5, S. 412.

317 Vgl. *Tschöpel* et al. (2010a), S. 350, 352, 355, *Tschöpel* et al. (2010b), S. 412, *Pawelzik* (2010), S. 973 sowie *IDW* (Hrsg.) (2018), Kap. A, Tz. 431. Siehe auch *Brad-*

der Wirtschaftsprüfer durch *Tschöpel* et al. hat (4.88) in den die zentrale Norm für die Bewertungspraxis darstellenden Themenband „Bewertung und Transaktionsberatung" der WPH Edition 2018 Eingang gefunden und wird als Gesamtwachstumsrate auf Unternehmensebene aus dem Kalkül (4.84) abgeleitet.[318]

4.2.2.3 Beurteilung der Modelle

Die Berücksichtigung aller bewertungsrelevanten finanziellen Zahlungsüberschüsse im Zähler eines Restwertkalküls durch die nominale Hinzurechnung des Wertbeitrags der zusätzlichen Nettoinvestition bzw. Thesaurierung zu der verbleibenden Ausschüttung sowie die Abbildung des nominalen Ergebniswachstums als Wachstumsabschlag vom (Gesamt- bzw. Eigen-) Kapitalkostensatz im Nenner haben sich in der Bewertungspraxis durchgesetzt.[319] *Pawelzik* verleiht dieser vorherrschend angewandten Methodik die Bezeichnung „Praktikermethode"[320], nach welcher auch die Vor- und Nachsteuerkalküle des bereichsdifferenzierenden Restwertmodells in den Abschnitten 3.2.2 und 4.1.2 aufgestellt worden sind. Im Gegensatz zu den in den Beiträgen *Tschöpel* et al. (2010) und *Pawelzik* (2010) abgeleiteten Restwertformeln berücksichtigen diese die Finanzierungswirkungen, die aus

---

ley/Jarrell (2003), S. 10, *Bradley/Jarrell* (2008), S. 66, 68, *Wiese* (2007b), S. 7. Als einen Verstoß gegen das Homogenitätsprinzip (Kaufkraftäquivalenzprinzip), wonach die auf nominalen Größen basierende Wertermittlung zu demselben Unternehmenswert wie eine auf realen Größen basierende Wertermittlung führen muss, sehen *Friedl* und *Schwetzler* diese nominale Wachstumsrate; vgl. *Friedl/Schwetzler* (2015), S. 193 f., 196, bereits früher *Friedl/Schwetzler* (2011a) und *Friedl/Schwetzler* (2011b) i. V. m. *Bradley/Jarrell* (2011). Bezüglich der kontroversen Diskussion in der Literatur über inflationäres Wachstum bei (fiktiver) Vollausschüttung sei ergänzend auf *Kiechle/Lampenius* (2012a), *Kiechle/Lampenius* (2012b), S. 101 ff. und *Laun/Mölls* (2018), S. 123–126 hingewiesen. Zur Ableitung der Formeln für das Kurswachstum (4.82) und (4.88) siehe Anhang B.4.6, S. 413. Deren Äquivalenz zeigt sich nach Einsetzen von (4.80) in (4.82).

318 Bezüglich der von *Friedl/Schwetzler* in Frage gestellten GoB-Konformität siehe *Tschöpel* et al. (2010a), S. 354 und *Pawelzik* (2010), S. 966, 975 f. Vgl. demgegenüber die Argumentation auf der Basis des handelsrechtlichen Anschaffungskostenprinzips in *Friedl/Schwetzler* (2009), S. 152, 157 f.

319 Siehe auch *IDW* (Hrsg.) (2018), Kap. A, Tz. 442, 444.

320 *Pawelzik* (2010), S. 970.

der eine gleichbleibende Kapitalstruktur gewährleistenden wertorientierten Fremdkapitalanpassung nach Maßgabe des Verschuldungsgrades resultieren.

Zu ergründen ist, ob das Fehlen des die Finanzierungseffekte vereinenden Korrekturterms mit einer vollständig eigenfinanzierten Zusatzinvestition erklärt werden kann. In diesem Fall wären keine Finanzierungseffekte in den vor den Investitionszeitpunkten liegenden Perioden zu berücksichtigen, sodass die weitere Mittelverwendung folgerichtig anhand der finanzierungsunabhängigen, auf den entziehbaren Betrag bezogenen Ausschüttungsquote (4.79) bzw. (4.90) vorzunehmen wäre. Dagegen spricht jedoch, dass in (4.87) der Eigenkapitalkostensatz bei reiner Eigenfinanzierung nach persönlichen Steuern $ke^{\mathrm{u,s}}$ anstelle von $ke^{\ell,\mathrm{s}}$ anzusetzen wäre. Zugleich würde die Annahme der Eigenfinanzierung der Einhaltung des für die Rentenphase deterministisch festgelegten Verschuldungsgrades auf Unternehmensebene in den auf die Investitionszeitpunkte *folgenden* Perioden entgegenwirken. Das Fehlen des Korrekturterms kann somit nicht begründet werden.

Eine weitere konzeptionelle Schwäche des Modells von *Tschöpel* et al. und *Pawelzik* liegt darin, dass bereits der nach einer inflationsbedingten Schmälerung verbleibende Operating Profit zur Ausschüttung verfügbar ist. Dieser wird vorab nicht um eine darüber hinausgehende Gewinneinbehaltung, die ein reales Ergebniswachstum in Bezug auf das Kernkapital auslösen würde, gekürzt. Ein reales Wachstum tritt in dem Modell somit nur im Rahmen der Objektivierung des Ausschüttungsverhaltens auf.

Darüber hinaus ist zu prognostizieren, wie sich die inflationsbedingt notwendigen und die zusätzlichen Thesaurierungen verzinsen werden. Aufgrund der diesbezüglichen Inkonsistenz im Themenband „Bewertung und Transaktionsberatung“ der WPH Edition 2018 durch die Bezugnahme auf das kapitalwertneutrale Restwertmodell von *Tschöpel* et al. einerseits und die Möglichkeit der langfristigen Erwirtschaftung von Überrenditen andererseits, ist es ratsam, eine von dem konkreten Bewertungsfall abhängige, differenzierte Verzinsungsannahme zu treffen und nicht vereinfachend von einer einheitlichen kapitalwerterhöhenden oder -neutralen Verzinsung des Gesamtkapitals auszugehen.

Zudem betrifft die im Rahmen der bereichsdifferenzierten Restwertermittlung erwähnte Notwendigkeit einen an das veränderte Ausschüttungsverhalten angepassten Eigenkapitalkostensatz $ke_{\mathrm{q}}^{\ell,\mathrm{s}}$ zu verwenden, auch die Restwertmodelle von *Tschöpel* et al. und *Pawelzik*. Unter Vernachlässigung der Fremdfinanzierungseffekte und unter der Annahme einer kapitalwertneutralen Verzinsung der zusätzlichen Thesaurierungen können in dieser Hinsicht vereinfachte, zirkularitätsfreie Anpassungsformeln für die Kapitalkostensätze hergeleitet werden.[321] Die Vorgehensweise bei der Herleitung von Anpassungsformeln ist unter dem Einfluss von Fremdfinanzierungseffekten zu modifizieren, was in weiterführender Forschungsarbeit zu untersuchen sein wird. Da im Rahmen der bereichsdifferenzierenden Restwertermittlung ebenfalls ausschüttungsangepasste Kapitalkostensätze zu verwenden sind, wird die Übertragung der herzuleitenden Anpassungsformeln auf die Bereichsebene zu einer Vervollständigung des erweiterten Restwertmodells beitragen.

Die Komparabilität der bereichsdifferenzierenden mit der objektivierten Restwertermittlung zeigt sich jedoch nicht nur in der Bewertungsmethodik und bei der Ermittlung der Kapitalkostensätze, sondern kommt auch in der Ableitung der kapitalwertneutralen Rendite der zusätzlichen Thesaurierungen zum Ausdruck, wie in diesem Abschnitt gezeigt wurde. Resümierend vermag der Nachsteuerkalkül von *Tschöpel* et al. und *Pawelzik* nicht den Restwert des Unternehmens zu ermitteln, sondern ist auf die Wertermittlung der zusätzlichen Thesaurierungen zu beziehen.

In den nächsten beiden Abschnitten wird das Restwertmodell nach *Pawelzik* um drei der genannten kritischen Aspekte erweitert:[322] Erstens wird der ausschüttungsfähige Betrag als der nach einer Thesaurierung für das inflationäre und reale Ergebniswachstum verbleibende Operating Profit definiert. Zweitens werden die zu berücksichtigenden Finanzierungseffekte in den Nachsteuerkalkül integriert. Drittens wird von einer kapitalwerterhöhenden Verzinsung des Kernkapitals und einer beliebigen Verzinsung des Zusatzkapitals ausgegangen. Den Ausführungen liegen die Quellen *Meitner* (2008a, b) und *Diedrich* et al. (2018) zugrunde. Eine Fallstudie zur objektivierten Restwertermittlung in einer Nachsteuerrechnung rundet die theoretischen Ausführungen ab.

---

321 Siehe den vereinfachten Ansatz zur Herleitung ausschüttungsabhängiger Nachsteuersätze in Anhang A.1.4, S. 345 f., welcher sich eng an die Herleitung der Formeln zur Anpassung der Kapitalkostensätze an den Verschuldungsgrad bei wertabhängiger Finanzierung in Anhang A.1.2 anlehnt.

322 Die Herleitung von Anpassungsformeln für die Kapitalkostensätze wird Gegenstand künftiger Forschungsarbeiten sein.

4.2.3 Modellerweiterung nach *Meitner* (2008)

Eine erste Erweiterung des Bewertungskalküls (4.84) besteht in dem Ansatz einer ein inflationsbedingtes und ein reales Wachstum vereinenden nominalen Wachstumsrate w^{A} als Wachstumsabschlag anstelle der Inflationsrate π:[323]

$$\mathrm{E}\left[\widetilde{E}_0^{\ell,\mathrm{s},Mei}\right] = \frac{q^{\mathrm{ad}} \cdot \mathrm{E}\left[\widetilde{FTE}_1^{\mathrm{A}}\right] \cdot (1 - s_{\mathrm{d}}) + \left(1 - q^{\mathrm{ad}}\right) \cdot \mathrm{E}\left[\widetilde{FTE}_1^{\mathrm{A}}\right] \cdot \left(1 - s_{\mathrm{g}}\right)}{ke^{\ell,\mathrm{s}} - w^{\mathrm{A}} \cdot \left(1 - s_{\mathrm{g}}\right)} \tag{4.89a}$$

$$= \frac{\mathrm{E}\left[\widetilde{FTE}_1^{\mathrm{A}}\right] \cdot \left(1 - q^{\mathrm{ad}} \cdot s_{\mathrm{d}} - \left(1 - q^{\mathrm{ad}}\right) \cdot s_{\mathrm{g}}\right)}{ke^{\ell,\mathrm{s}} - w^{\mathrm{A}} \cdot \left(1 - s_{\mathrm{g}}\right)} \tag{4.89b}$$

mit

$$w^{\mathrm{A}} = (1 - q^{\mathrm{a}}) \cdot \overline{ROE}^{\mathrm{A}} \qquad \forall \phi_{\mathrm{II}} \in [1, +\infty) .$$

Der ausschüttungsfähige Betrag $\mathrm{E}\left[\widetilde{FTE}_1^{\mathrm{A}}\right]$ ergibt sich aus der Verminderung des Operating Profits um eine Thesaurierung zur Finanzierung sowohl des inflationären als auch des realen Ergebniswachstums. Demnach ist $q^{\mathrm{a}} < q^{\pi}$. Zur Objektivierung des Ausschüttungsverhaltens wird der prozentuale Anteil $1 - q^{\mathrm{ad}}$ des entziehbaren Betrags mit

$$q^{\mathrm{ad}} = \frac{q^{\mathrm{Ref}}}{q^{\mathrm{a}}} \qquad \forall \phi_{\mathrm{II}} \in [1, +\infty) \tag{4.90}$$

zusätzlich thesauriert und kapitalwertneutral reinvestiert. Der Anteil q^{ad} des Flow to Equity bzw. gleichbedeutend der Anteil q^{Ref} des Operating Profits verbleibt zur Ausschüttung an die Eigenkapitalgeber. Zum späteren Vergleich mit dem in *Diedrich* et al. (2018) entwickelten Nachsteuerkalkül wird (4.89)

323 Vgl. *Meitner* (2008a), S. 254. Bezüglich des Bezeichners „*Mei*" in (4.89) siehe Fn. 174.

in den Term für den Restwert bei residualer Ausschüttung und den Term für die Restwertsteigerung bei gewinnorientierter Ausschüttung zerlegt:

$$\mathrm{E}\left[\widetilde{E}_0^{\ell,\mathrm{s},Mei}\right] = \frac{\mathrm{E}\left[\widetilde{FCF}_1^{\mathrm{A}}\right] \cdot (1 - s_{\mathrm{d}})}{ke^{\ell,\mathrm{s}} - w^{\mathrm{A}} \cdot \left(1 - s_{\mathrm{g}}\right) + \left(kd \cdot (1 - \tau) - w^{\mathrm{A}}\right) \cdot L \cdot (1 - s_{\mathrm{d}})} + \frac{\left(1 - q^{\mathrm{ad}}\right) \cdot \mathrm{E}\left[\widetilde{FTE}_1^{\mathrm{A}}\right] \cdot \left(s_{\mathrm{d}} - s_{\mathrm{g}}\right)}{ke^{\ell,\mathrm{s}} - w^{\mathrm{A}} \cdot \left(1 - s_{\mathrm{g}}\right)}. \tag{4.91}$$

4.2.4 Konzeption, Aufbau und Anwendung eines Modells mit abgestimmter Ausschüttungs- und Finanzierungspolitik

4.2.4.1 Objektivierte Restwertermittlung auf der Basis des Modells nach *Diedrich* et al. (2018)

Diedrich et al. legen Nachsteuerkalküle vor, in denen die mit den zusätzlichen Thesaurierungen einhergehenden Fremdfinanzierungseffekte berücksichtigt werden. Da sie auf die existierende Literatur und die Verlautbarungen des Berufsstands der Wirtschaftsprüfer bezugnehmend die Ermittlung der Restwertsteigerung bei kapitalwertneutraler Verwendung des Zusatzkapitals adressieren, handelt es sich hierbei um die unter (4.98) aufgeführten Bewertungsgleichungen. Der Abschnitt 4.2.4 greift auf Formeln in Kapitel 2 sowie auf die in den beiden Hauptkapiteln hergeleiteten Vor- und Nachsteuerkalküle zur Ermittlung des durch zusätzliche Investitionen ausgelösten Wertzuwachses bei beliebiger Verzinsung zurück und ergänzt den Beitrag *Diedrich* et al. (2018) so durch die Einbeziehung des Falls einer werterhöhenden Verzinsung des zusätzlich investierten Kapitals, die Aufstellung der Bewertungsfunktionen auf der Basis sowohl des (modifizierten) FtE als auch des modifizierten FCF Verfahrens und deren Anwendung in der Fortsetzung der dritten Fallstudie aus Abschnitt 3.3.2. Nach der zuletzt dargestellten Literatur sollen im Folgenden zunächst wesentliche aus den Kapiteln 2 bis 4 bislang gewonnene Erkenntnisse bezüglich der Restwertermittlung in einer Nachsteuerrechnung mit zusätzlichen Thesaurierungen und im Besonderen vor dem Hintergrund der Einhaltung einer objektivierten Gesamtausschüttungsquote resümierend in Erinnerung gerufen werden.

In einer Nachsteuerrechnung setzt die Erhöhung des Restwertes des Eigenkapitals durch zusätzliche Thesaurierungen nicht deren Verzinsung mit einer kapitalwerterhöhenden Rendite voraus, sondern tritt ein Wertzuwachs aufgrund der steuerlichen Begünstigung von thesaurierten gegenüber ausgeschütteten Gewinnen auch bei wertneutraler Verzinsung der zusätzlichen Thesaurierungen ein. Die Eigenschaft der Kapitalwertneutralität ist dadurch gekennzeichnet, dass der Wertbeitrag einer zusätzlichen Thesaurierung im Zeitpunkt der Gewinnverwendung dem Thesaurierungsbetrag entspricht. Im Zuge der Ermittlung des gesamten Wertzuwachses zu Beginn der Restwertphase, der durch die in jedem Zeitpunkt der Restwertphase getätigten zusätzlichen Thesaurierungen ausgelöst wird, fällt die steuerliche Ungleichbehandlung von Thesaurierungen und Ausschüttungen ins Gewicht, wie in Abschnitt 4.1.2.2.1 (S. 250 ff.) im Zusammenhang mit dem FtE Verfahren gezeigt wurde. Ohne weitere Anpassungen würde dieser Wertzuwachs des Eigenkapitals zu einer Verringerung des Verschuldungsgrades und damit zu einer Veränderung der auf Marktwerten beruhenden Kapitalstruktur führen. Demzufolge würde in dem ermittelten Restwert eine andere als die in dem vorgegebenen Verschuldungsgrad zum Ausdruck kommende Kapitalstruktur abgebildet.

Zur Einhaltung des bei wertabhängiger Finanzierung deterministisch festgelegten Verschuldungsgrades bzw. der festgelegten Fremdkapitalquote auf Unternehmensebene ist daher bei zusätzlicher Thesaurierung ergänzend zusätzliches Fremdkapital aufzunehmen. Die Höhe dieses Fremdkapitalbeitrags errechnet sich aus dem Produkt aus dem Verschuldungsgrad und der noch zu ermittelnden Restwertsteigerung des Eigenkapitals.[324] Mit der zusätzlichen Fremdkapitalaufnahme sind in den Perioden der Restwertphase zusätzlich zu entrichtende Fremdkapitalzinsen, Tax Shields und Wertveränderungen dieses Fremdkapitals verbunden, die wiederum bei der Bestimmung der Wertsteigerung des Eigenkapitals zu berücksichtigen sind.[325] Dieser Rekursivität widmete sich zum einen Abschnitt 4.1.2.2.1 im Rahmen der bereichsdifferenzierenden Restwertermittlung mit dem FtE Verfahren in einer Nachsteuerrechnung und zum anderen der in die Objektivierung des Ausschüttungsverhaltens einführende Abschnitt 3.3.1.

---

324 Weiterhin wird davon ausgegangen, dass der Buchwert und der Marktwert des Fremdkapitals übereinstimmen.

325 Die Modifikationen des Restwertkalküls ziehen eine die Ausschüttungspolitik und ihre fremdfinanzierungsbedingten Auswirkungen berücksichtigende Bestimmung der Kapitalkostensätze nach sich, auf die mit dem Index „q“ hingewiesen wird. Anhang A.1.5 zeigt die mit der Herleitung dieser Kapitalkostensätze verbundene Zirkularitätsproblematik auf; siehe S. 347–350.

In letzterem Abschnitt wurde darüber hinaus ein weiterer Aspekt behandelt, der den Anteilssatz zur Bemessung der zusätzlichen Thesaurierungen betrifft. Liegt die Vornahme zusätzlicher Thesaurierungen in der Einhaltung einer objektivierten Ausschüttungsquote auf Unternehmensebene begründet, so ist zu bedenken, dass die aus der Fremdkapitalaufnahme resultierenden Finanzierungseffekte den Operating Profit und die Dividenden im Investitionszeitpunkt beeinflussen. Die auf den entnahmefähigen Betrag bezogene Thesaurierungsquote zur Bemessung der zusätzlichen Gewinneinbehaltung ist demzufolge so festzulegen, dass die veränderten Dividenden im Verhältnis zu dem veränderten Operating Profit der vorgegebenen Referenzausschüttungsquote entsprechen. Da sich die auf den Operating Profit und die Dividenden einwirkenden Finanzierungseffekte erst aus der Ermittlung der Restwertsteigerung heraus ergeben, wird auch die Höhe des Anteilssatzes der zusätzlichen Thesaurierungen erst im Zuge der Wertermittlung offenbar, was als ausschüttungsbedingte Zirkularität bezeichnet werden kann.

Die nachfolgenden Ausführungen beziehen sich auf die Ermittlung der Restwertsteigerung bei gewinnorientierter Ausschüttung mit dem FtE und dem FCF Verfahren. Bezüglich der Restwertermittlung bei residualer Ausschüttung sei in Bezug auf das FtE Verfahren auf (2.71b), (2.76), (2.79b) und (2.79c) und in Bezug auf das FCF Verfahren auf (2.60) und (2.80) in Kapitel 2 verwiesen.

Der Nachsteuerkalkül zur Ermittlung der Restwertsteigerung des Eigenkapitals zu Beginn der Rentenphase $\mathrm{E}\left[\widetilde{\Delta E}_0^{\ell,\mathrm{AD,s}}\right]$ mit dem FtE Verfahren ist, wie in Abschnitt 4.1.2.2.1 aufgezeigt, ausgehend von (4.17) herzuleiten. In Analogie zu (4.18a) lautet dieser wie folgt:[326]

$$\mathrm{E}\left[\widetilde{\Delta E}_0^{\ell,\mathrm{AD,s}}\right] = \frac{\left(-\mathrm{E}\left[\widetilde{IE}_1^{\mathrm{D},1}\right] - \left(kd \cdot (1-\tau) - w^{\mathrm{A}}\right) \cdot L \cdot \mathrm{E}\left[\widetilde{\Delta E}_0^{\ell,\mathrm{AD,s}}\right]\right) \cdot (1 - s_{\mathrm{d}})}{1 + ke_{\mathrm{q}}^{\ell,\mathrm{A,s}}}$$

326 Die Formel für die Restwertsteigerung nach *Diedrich* et al. enthält die tatsächlichen Steuersätze s_{d} und s_{g}. Vgl. *Diedrich* et al. (2018), S. 11. Auf die modifizierte Nachsteuerrechnung wird am Schluss dieses Abschnitts eingegangen.

$$+\frac{\mathrm{E}\left[\widetilde{E}_1^{\ell,\mathrm{D,s},1}\right]\cdot\left(1-s_\mathrm{g}\right)+\mathrm{E}\left[\widetilde{\Delta E}_0^{\ell,\mathrm{AD,s}}\right]\cdot\left(1+w^\mathrm{A}\cdot\left(1-s_\mathrm{g}\right)\right)}{1+ke_\mathrm{q}^{\ell,\mathrm{A,s}}}$$

$$=\frac{-\overbrace{\left(1-q^\mathrm{ad}\right)\cdot\mathrm{E}\left[\widetilde{FTE}_1^\mathrm{A}\right]}^{\text{Zusätzliche Thesaurierung}}\cdot(1-s_\mathrm{d})+\overbrace{\mathrm{E}\left[\widetilde{E}_1^{\ell,\mathrm{D,s},1}\right]}^{\substack{\text{Wertbeitrag der}\\\text{zusätzlichen Thesaurierung}}}\cdot\left(1-s_\mathrm{g}\right)}{ke_\mathrm{q}^{\ell,\mathrm{A,s}}-w^\mathrm{A}\cdot\left(1-s_\mathrm{g}\right)+\underbrace{\left(kd\cdot(1-\tau)-w^\mathrm{A}\right)\cdot L\cdot(1-s_\mathrm{d})}_{\text{Korrekturterm}}}. \tag{4.92}$$

Der in dem Ausdruck (4.92) markierte Korrekturterm erfasst die mit den periodischen zusätzlichen Thesaurierungen einhergehenden Fremdfinanzierungseffekte. Bezugnehmend auf (2.71b), (3.231) und (4.22a) ist der in den Kalkül (4.92) eingehende Wertbeitrag $\mathrm{E}\left[\widetilde{E}_1^{\ell,\mathrm{D,s},1}\right]$ der in $\phi_\mathrm{II}=1$ getätigten zusätzlichen Thesaurierung $\left(1-q^\mathrm{ad}\right)\cdot\mathrm{E}\left[\widetilde{FTE}_1^\mathrm{A}\right]$ mit Hilfe des FtE Verfahrens wie folgt zu ermitteln:[327]

$$\mathrm{E}\left[\widetilde{E}_1^{\ell,\mathrm{D,s},1}\right]=\frac{\mathrm{E}\left[\widetilde{FTE}_2^\mathrm{AD,1}\right]\cdot(1-s_\mathrm{d})}{ke^{\ell,\mathrm{D,s}}-w^\mathrm{D}\cdot\left(1-s_\mathrm{g}\right)}$$

$$=\frac{q^\mathrm{d}\cdot\overbrace{\left(1-q^\mathrm{ad}\right)\cdot\mathrm{E}\left[\widetilde{FTE}_1^\mathrm{A}\right]}^{\text{Thesaurierungsbetrag}}\cdot ROE^\mathrm{D}\cdot(1-s_\mathrm{d})}{ke^{\ell,\mathrm{D,s}}-w^\mathrm{D}\cdot\left(1-s_\mathrm{g}\right)}. \tag{4.93a}$$

Auf der Basis des freien Cashflows gilt in Anlehnung an die Rechenausdrücke (2.79b) und (4.22b):

$$\mathrm{E}\left[\widetilde{E}_1^{\ell,\mathrm{D,s},1}\right]=\frac{\mathrm{E}\left[\widetilde{FCF}_2^\mathrm{AD,1}\right]\cdot(1-s_\mathrm{d})}{ke^{\ell,\mathrm{D,s}}-w^\mathrm{D}\cdot\left(1-s_\mathrm{g}\right)+\left(kd\cdot(1-\tau)-w^\mathrm{D}\right)\cdot L\cdot(1-s_\mathrm{d})}. \tag{4.93b}$$

Während der Rentenkalkül (4.92) weder ein finanzierungs- noch ein kursgewinnsteuerbedingtes Zirkularitätsproblem aufweist, hängt die als Bestandteil der zusätzlichen Thesaurierung $\mathrm{E}\left[\widetilde{IE}_1^\mathrm{D,1}\right]$ in (4.92) eingehende Ausschüt-

327 Siehe auch *Diedrich* et al. (2018), S. 8.

tungsquote q^{ad} in einer Nachsteuerrechnung analog zu (3.239) von dieser zu ermittelnden Restwertsteigerung $\mathrm{E}\left[\widetilde{\Delta E}_0^{\ell,\mathrm{AD,s}}\right]$ ab:

$$q^{\mathrm{ad}} = \frac{q^{\mathrm{Ref}} \cdot \mathrm{E}\left[\widetilde{OP}_1^{\mathrm{A}}\right] + \left(kd \cdot (1-\tau) \cdot \left(1-q^{\mathrm{Ref}}\right) - w^{\mathrm{A}}\right) \cdot L \cdot \mathrm{E}\left[\widetilde{\Delta E}_0^{\ell,\mathrm{AD,s}}\right]}{\mathrm{E}\left[\widetilde{FTE}_1^{\mathrm{A}}\right]}$$

$$\forall \phi_{\mathrm{II}} \in [1, +\infty). \quad (4.94)$$

Diese wechselseitige Abhängigkeit zwischen der Ausschüttungsquote q^{ad} und dem Bewertungsergebnis bedeutet eine ausschüttungsbedingte Zirkularität in (4.92). Nach Einsetzen des Terms (4.94) in (4.92) und Umstellen nach der Restwertsteigerung $\mathrm{E}\left[\widetilde{\Delta E}_0^{\ell,\mathrm{AD,s}}\right]$ erhält man den folgenden zu (4.92) äquivalenten, von der exogen gegebenen Referenzausschüttungsquote q^{Ref} abhängigen Kalkül:[328]

$$\mathrm{E}\left[\widetilde{\Delta E}_0^{\ell,\mathrm{AD,s}}\right] =$$

$$\frac{\overbrace{-\left(\mathrm{E}\left[\widetilde{FTE}_1^{\mathrm{A}}\right] - q^{\mathrm{Ref}} \cdot \mathrm{E}\left[\widetilde{OP}_1^{\mathrm{A}}\right]\right)}^{\substack{\text{Betragsmäßig abweichende} \\ \text{negative Ausschüttung}}} \cdot (1-s_{\mathrm{d}}) + \mathrm{E}\left[\widetilde{E}_1^{\ell,\mathrm{D,s,1}}\right] \cdot \left(1-s_{\mathrm{g}}\right)}{ke_{\mathrm{q}}^{\ell,\mathrm{A,s}} - w^{\mathrm{A}} \cdot \left(1-s_{\mathrm{g}}\right) + \underbrace{kd \cdot (1-\tau) \cdot q^{\mathrm{Ref}} \cdot L \cdot (1-s_{\mathrm{d}})}_{\text{Erweiterter Korrekturterm}}}. \quad (4.95)$$

Der in (4.95) markierte Korrekturterm unterscheidet sich von jenem in (4.92), da sich die im Zähler stehende negative Ausschüttung nach einem fiktiven Thesaurierungsbetrag richtet, welcher sich anhand der Ausschüttungsquote q^{ad} nach der Definition (3.240) bemisst:

$$\mathrm{E}\left[\widetilde{FTE}_1^{\mathrm{A}}\right] - q^{\mathrm{Ref}} \cdot \mathrm{E}\left[\widetilde{OP}_1^{\mathrm{A}}\right] = \mathrm{E}\left[\widetilde{FTE}_1^{\mathrm{A}}\right] - q^{\mathrm{Ref}} \cdot \frac{\mathrm{E}\left[\widetilde{FTE}_1^{\mathrm{A}}\right]}{q^{\mathrm{a}}}$$

$$= \left(1 - \frac{q^{\mathrm{Ref}}}{q^{\mathrm{a}}}\right) \cdot \mathrm{E}\left[\widetilde{FTE}_1^{\mathrm{A}}\right].$$

328 Bezüglich der mathematischen Umformungen siehe Anhang B.4.7, S. 414.

Damit erfasst der obige Korrekturterm neben den Fremdfinanzierungseffekten auch die erforderliche Wertkorrektur infolge des Ansatzes einer nicht mit dem zur Ermittlung des Wertbeitrags (4.93) benötigten Thesaurierungsbetrag abgestimmten negativen Ausschüttung. Da der die Berücksichtigung der Finanzierungseffekte widerspiegelnde Thesaurierungsbetrag über (4.93) in (4.95) einfließt, besteht die ausschüttungsbedingte Zirkularität in Bezug auf q^{ad} gemäß (4.94) in dem Kalkül (4.95) fort, sodass dieser unter praktischen Gesichtspunkten in den Hintergrund tritt. An Bedeutung gewinnt eine an (4.95) anlehnende Formeldarstellung jedoch im Falle einer kapitalwertneutralen Verwendung des zusätzlich einbehaltenen Gewinns. Hierzu soll (4.92) zunächst in den zu (4.18b) analogen Kalkül

$$\mathrm{E}\left[\widetilde{\Delta E}_0^{\ell,\mathrm{AD,s}}\right] = \frac{\left(1-q^{\mathrm{ad}}\right)\cdot \mathrm{E}\left[\widetilde{FTE}_1^{\mathrm{A}}\right]\cdot\left(s_{\mathrm{d}}-s_{\mathrm{g}}\right)+\mathrm{E}\left[\widetilde{MVA}_1^{\mathrm{AD,s}}\right]\cdot\left(1-s_{\mathrm{g}}\right)}{ke_{\mathrm{q}}^{\ell,\mathrm{A,s}}-w^{\mathrm{A}}\cdot\left(1-s_{\mathrm{g}}\right)+\left(kd\cdot(1-\tau)-w^{\mathrm{A}}\right)\cdot L\cdot\left(1-s_{\mathrm{d}}\right)} \tag{4.96}$$

überführt werden. Die Summe aus der negativen Ausschüttung in Höhe der zusätzlichen Thesaurierung in $\phi_{\mathrm{II}}=1$ und dem Wertbeitrag der aus dieser hervorgehenden zusätzlichen Flow to Equity in diesem Investitionszeitpunkt (4.93) ist der erwartete Market Value Added nach persönlichen Steuern in $\phi_{\mathrm{II}}=1$:

$$\mathrm{E}\left[\widetilde{MVA}_1^{\mathrm{AD,s}}\right] = -\left(1-q^{\mathrm{ad}}\right)\cdot\mathrm{E}\left[\widetilde{FTE}_1^{\mathrm{A}}\right]+\mathrm{E}\left[\widetilde{E}_1^{\ell,\mathrm{D,s,1}}\right]. \tag{4.97}$$

Bei wertneutraler Wiederanlage der zusätzlichen Thesaurierungen stimmen der Thesaurierungsbetrag und dessen Wertbeitrag im Investitionszeitpunkt bekanntermaßen überein, sodass (4.97) gleich null ist. (4.92) und (4.96) vereinfachen sich wie folgt:[329]

$$\mathrm{E}\left[\widetilde{\Delta E}_0^{\ell,\mathrm{AD,s}}\right] = \frac{\left(1-q^{\mathrm{ad}}\right)\cdot \mathrm{E}\left[\widetilde{FTE}_1^{\mathrm{A}}\right]\cdot\left(s_{\mathrm{d}}-s_{\mathrm{g}}\right)}{ke_{\mathrm{q}}^{\ell,\mathrm{A,s}}-w^{\mathrm{A}}\cdot\left(1-s_{\mathrm{g}}\right)+\left(kd\cdot(1-\tau)-w^{\mathrm{A}}\right)\cdot L\cdot\left(1-s_{\mathrm{d}}\right)}. \tag{4.98a}$$

329 Vgl. *Diedrich* et al. (2018), S. 11.

Durch Einsetzen von (4.94) in (4.98a) kann ein von der Ausschüttungsquote q^{Ref} abhängiger Bewertungskalkül bei Kapitalwertneutralität abgeleitet werden:[330]

$$\mathrm{E}\left[\widetilde{\Delta E}_0^{\ell,\mathrm{AD,s}}\right] = \frac{\left(\mathrm{E}\left[\widetilde{FTE}_1^{\mathrm{A}}\right] - q^{\mathrm{Ref}} \cdot \mathrm{E}\left[\widetilde{OP}_1^{\mathrm{A}}\right]\right) \cdot \left(s_{\mathrm{d}} - s_{\mathrm{g}}\right)}{d} \tag{4.98b}$$

mit dem Nenner d gemäß

$$\begin{aligned} d = {} & ke_{\mathrm{q}}^{\ell,\mathrm{A,s}} - w^{\mathrm{A}} \cdot \left(1 - s_{\mathrm{g}}\right) \\ & + \left(kd \cdot (1 - \tau) \cdot \left(1 - q^{\mathrm{Ref}} \cdot s_{\mathrm{d}} - \left(1 - q^{\mathrm{Ref}}\right) \cdot s_{\mathrm{g}}\right)\right. \\ & \left. - w^{\mathrm{A}} \cdot \left(1 - s_{\mathrm{g}}\right)\right) \cdot L. \end{aligned} \tag{4.99}$$

(4.98b) setzt die Kenntnis von q^{ad} nicht voraus und ist insofern ohne ein ausschüttungsbedingtes Zirkularitätsproblem anwendbar.

Der Eigenschaft Rechnung tragend, dass infolge der differenzierten Besteuerung von Dividenden und Kursgewinnen mit s_{d} und s_{g} zusätzliche Nettoinvestitionen auch bei kapitalwertneutraler Verzinsung zu einer Wertsteigerung des Restwertes führen, wird in Anlehnung an (4.21) folgender von den persönlichen Steuern beeinflusste, für das FtE Verfahren spezifische MVA definiert:

$$\mathrm{E}\left[\widetilde{MVA}_1^{\mathrm{E,AD,s}}\right] = -\mathrm{E}\left[\widetilde{IE}_1^{\mathrm{D},1}\right] \cdot \left(1 - s_{\mathrm{d}^\star}\right) + \mathrm{E}\left[\widetilde{E}_1^{\ell,\mathrm{D,s},1}\right]. \tag{4.100}$$

Bei wertneutraler Wiederanlage der zusätzlichen Thesaurierungen reduziert sich (4.100) auf den modifizierten Steuerbetrag.

Dividieren des Zählers und des Nenners von (4.92) durch $1 - s_{\mathrm{g}}$ führt i. V. m. (4.100) zu (vgl. (4.20)):

$$\mathrm{E}\left[\widetilde{\Delta E}_0^{\ell,\mathrm{AD,s}}\right] = \frac{\mathrm{E}\left[\widetilde{MVA}_1^{\mathrm{E,AD,s}}\right]}{ke_{\mathrm{q}}^{\ell,\mathrm{A,s}^\star} - w^{\mathrm{A}} + \left(kd \cdot (1 - \tau) - w^{\mathrm{A}}\right) \cdot L \cdot \left(1 - s_{\mathrm{d}^\star}\right)}. \tag{4.101}$$

330 Vgl. *Diedrich* et al. (2018), S. 11. Bezüglich der mathematischen Umformungen siehe Anhang B.4.8, S. 414 f.

Die Wertsteigerung des Gesamtkapitals kann durch Hinzurechnung des Fremdfinanzierungsbeitrags $L \cdot \mathrm{E}\left[\widetilde{\Delta E}_0^{\ell,\mathrm{AD,s}}\right]$ bestimmt werden:[331]

$$\mathrm{E}\left[\widetilde{\Delta V}_0^{\ell,\mathrm{AD,s}}\right] = (1+L) \cdot \mathrm{E}\left[\widetilde{\Delta E}_0^{\ell,\mathrm{AD,s}}\right]. \tag{4.102a}$$

Bei Anwendung des modifizierten FCF Verfahrens ist diese Wertsteigerung mit Hilfe des zu (4.29) analogen Nachsteuerkalküls

$$\mathrm{E}\left[\widetilde{\Delta V}_0^{\ell,\mathrm{AD,s}}\right] = \frac{\mathrm{E}\left[\widetilde{MVA}_1^{\mathrm{V,AD,s}}\right]}{k_{\mathrm{q}}^{\tau,\mathrm{A,s}^\star} - w^{\mathrm{A}}} \tag{4.102b}$$

zu ermitteln. In die Berechnung des verfahrensspezifischen MVA geht der modifizierte Steuersatz $s_{\bar{\mathrm{d}}}$ gemäß (2.61) ein:[332]

$$\mathrm{E}\left[\widetilde{MVA}_1^{\mathrm{V,AD,s}}\right] = -\mathrm{E}\left[\widetilde{IC}_1^{\mathrm{D,1}}\right] \cdot (1 - s_{\bar{\mathrm{d}}}) + \mathrm{E}\left[\widetilde{V}_1^{\ell,\mathrm{D,s,1}}\right]. \tag{4.103}$$

Für den in (4.103) enthaltenen Wertbeitrag $\mathrm{E}\left[\widetilde{V}_1^{\ell,\mathrm{D,s,1}}\right]$ gilt in Anlehnung an (4.31):

$$\begin{aligned}\mathrm{E}\left[\widetilde{V}_1^{\ell,\mathrm{D,s,1}}\right] &= \frac{q^{\mathrm{Ref}} \cdot \mathrm{E}\left[\widetilde{IC}_1^{\mathrm{D,1}}\right] \cdot \overline{ROIC}^{\mathrm{D}} \cdot (1 - s_{\bar{\mathrm{d}}})}{k^{\tau,\mathrm{D,s}^\star} - w^{\mathrm{D}}} \\ &= (1+L) \cdot \mathrm{E}\left[\widetilde{E}_1^{\ell,\mathrm{D,s,1}}\right].\end{aligned} \tag{4.104}$$

Bezüglich der Bestimmung des modifizierten Gesamtkapitalkostensatzes $k^{\tau,\mathrm{D,s}^\star}$ sei auf (2.62) und (D.26) verwiesen.

Bevor zu der Fallstudie 3b im nächsten Abschnitt übergegangen wird, sollen zunächst die Einflüsse der Parameter des in der Bewertungspraxis bislang vernachlässigten Korrekturterms $\left(kd \cdot (1-\tau) - w^{\mathrm{A}}\right) \cdot L \cdot (1 - s_{\mathrm{d}})$ auf die Restwertsteigerung bzw. den Restwert analysiert werden. Ein Restwertkalkül, der diesen Korrekturterm nicht berücksichtigt, war in Abschnitt 4.2.3 eingeführt worden. Der unter der Annahme der Kapitalwertneutralität der

331 Vgl. *Diedrich* et al. (2018), S. 12.

332 Wegen der annahmegemäß einheitlichen Fremdkapitalquote Θ vereinfacht sich die Berechnung des MVA bei Anwendung des FCF Verfahrens, da der von Klammern umgebene Faktor im zweiten Summanden von (4.30) den Wert eins annimmt.

zusätzlichen Thesaurierungen angewandte Kalkül (4.91) kann somit (4.98a) i. V. m. (2.71b) oder (2.79b) gegenübergestellt werden. Der erste Summand in (4.91) und der Term (2.79b) sind weitestgehend identisch. Zu beachten ist jedoch, dass in beiden Formeln ein an die veränderte Ausschüttungspolitik angepasster Eigenkapitalkostensatz anzusetzen ist. In die Anpassungsformel für den Eigenkapitalkostensatz $ke_{q}^{\ell,A,s}$ in (4.98a) und in der weiteren Folge auch in (2.79b) gehen auch die in den Kalkül integrierten Finanzierungseffekte ein. Für die Bewertungsgleichung (4.91) kann dahingegen eine vereinfachte Anpassungsformel abgeleitet werden, die diese Finanzierungseffekte nicht berücksichtigt. Vereinfachend wird an dieser Stelle die Annahme getroffen, dass in beiden Restwertkalkülen ein identischer, nicht-ausschüttungsangepasster Eigenkapitalkostensatz angesetzt wird, sodass die beiden Formeln zur Ermittlung des Restwertes bei residualer Ausschüttung als Bestandteile der zusammengesetzten Formeln für den Restwert bei gewinnorientierter Ausschüttung nicht in die nachfolgende Analyse der Wirkungsmechanismen einzubeziehen sind, was eine auf die Terme für die Restwertsteigerung fokussierte Gegenüberstellung der Restwertkalküle ermöglicht.

Diese unterscheiden sich insofern nur durch die Addition des bereits in den zugehörigen Restwertformeln bei residualer Ausschüttung enthaltenen, oben angeführten Korrekturterms im Nenner von (4.98a). Bei dem zu erwartenden Größenverhältnis $kd \cdot (1 - \tau) > w^{A}$ ist dieser Nenner größer und die anhand (4.98a) ermittelte Restwertsteigerung somit stets niedriger als bei einer Wertermittlung anhand (4.91). Der auf der Basis von (4.91) ermittelte Restwert überschätzt demnach regelmäßig den wahren Restwert.[333] Inwieweit die Restwerte auseinanderliegen, wird durch die objektivierte Ausschüttungsquote q, den Fremdkapitalkostensatz kd, den Unternehmensteuersatz τ, die Wachstumsrate des Kernkapitals w^{A} und den Verschuldungsgrad L als maßgebliche Werttreiber bestimmt. Unter Zugrundelegung der Ceteris paribus-Klausel[334] können Aussagen über den Wirkungszusammenhang zwischen einer dieser Einflussgrößen und dem Restwert getroffen werden.

333 Eine Unterschätzung des wahren Restwertes bei Anwendung von (4.91) tritt ein, wenn der Korrekturterm aufgrund des Größenverhältnisses $kd \cdot (1 - \tau) < w^{A}$ einen negativen Wert annimmt und die mittels (4.98a) berechnete Restwertsteigerung jene in (4.91) übersteigt. Da sich diese Konstellation der Einflussgrößen nur in Einzelfällen realisiert, wird diese nicht in die Analyse einbezogen. Siehe auch *Diedrich* et al. (2018), S. 13.

334 Siehe Fn. 249.

Je geringer die Ausschüttungsquote q ist, desto höher ist die zusätzliche Thesaurierung. Ceteris paribus sind höhere Fremdkapitalzinsen sowie höhere Tax Shields und daraus folgend ein höherer Wert des Korrekturterms zu erwarten, sodass die anhand (4.98a) ermittelte Restwertsteigerung umso niedriger ausfällt. Zwischen der Ausschüttungsquote q und dem Restwert besteht demnach ein positiver Wirkungszusammenhang.

Auch der Unternehmensteuersatz τ und die Wachstumsrate w^A korrelieren positiv mit dem Restwert: Je geringer der Wert von τ, desto niedriger sind ceteris paribus die Tax Shields. Hieraus folgen wie im Fall einer sinkenden Wachstumsrate w^A eine Erhöhung des Korrekturterms und damit eine Verminderung des Restwertes.

Eine Annäherung an den mittels (4.91) berechneten Restwert lösen dahingegen sinkende Werte des Fremdkapitalkostensatzes kd oder des Verschuldungsgrades L aus, da sie mit einer Verminderung des Einflusses des Korrekturterms auf den Restwert einhergehen. Zwischen den Werttreibern kd und L auf der einen Seite und dem Restwert auf der anderen Seite besteht demnach ein negativer Wirkungszusammenhang.

In ihrem Beitrag untersuchen *Diedrich* et al. diese Kausalitäten anhand einer Simulationsrechnung und einer Sensitivitätsanalyse. Die Höhe des durch die Vernachlässigung des Korrekturterms begangenen Bewertungsfehlers wird als prozentuale Abweichung der Restwertsteigerung gemäß (4.98a) von der Restwertsteigerung in (4.91) quantifiziert.[335] Im Ergebnis ist festzuhalten, dass der Bewertungsfehler umso größer ist, je weiter die wahre Restwertsteigerung gemäß (4.98a) unterhalb der Restwertsteigerung aus (4.91) liegt. Wie oben geschildert, wird dies ceteris paribus herbeigeführt, je geringer die Gesamtausschüttungsquote q, der Unternehmensteuersatz τ sowie die Wachstumsrate w^A und je höher der Fremdkapitalkostensatz kd sowie der Verschuldungsgrad L sind. Auf der Grundlage der simulierten Bewertungsfälle stufen *Diedrich* et al. einen Großteil der prozentualen Abweichungen der Restwertsteigerungen als bedeutsam ein. Hohe Anteile der Bewertungsfehler seien insbesondere auf den Einfluss des Fremdkapitalkostensatzes und des Verschuldungsgrades zurückzuführen, wie aus einer Sensitivitätsanalyse hervorgeht.

Das Erfordernis der Abstimmung von Ausschüttungs- und wertabhängiger Finanzierungspolitik in *allen* Perioden der Rentenphase macht den Ansatz des

---

335 Siehe im Einzelnen *Diedrich* et al. (2018), S. 12–14.

Korrekturterms aus theoretischer Sicht zu einer unverzichtbaren Erweiterung des bislang in der Bewertungspraxis verbreitet angewandten Kalküls (4.91). Auf der Basis der Ergebnisse der simulationsbasierten Untersuchungen liegt es nahe, diese Erweiterung künftig auch in der praktischen Anwendung zu verankern.

4.2.4.2 Fallstudie 3b

4.2.4.2.1 Restwertermittlung bei kapitalwerterhöhender Verzinsung der zusätzlichen Thesaurierungen

Diese Fallstudie greift die Fallstudie 3a aus dem dritten Kapitel auf und illustriert die Ermittlung eines objektivierten Restwertes bei Anwendung des FCF und des FtE Verfahrens unter Berücksichtigung von differenzierten persönlichen Steuern.

In Tabelle 4–4 sind die gegebenen und die berechneten Steuersätze aufgelistet.

Tab. 4–4: Fallstudie 3b: Steuersätze

τ	s_a	SolZ	s_d	$s_{d^\star}$	$s_{\bar{d}}$	s_g
30 %	25 %	5,5 %	26,375 %	15,1908 %	11,1413 %	13,1875 %

Der zur Bestimmung des freien Cashflows nach modifizierten Steuern benötigte modifizierte Steuersatz $s_{\bar{d}}$ ist unter Rückgriff auf die aus Tabelle 3–14 bekannte Fremdkapitalquote Θ mittels (2.61) zu berechnen:

$$s_{\bar{d}} = \frac{s_{d^\star} \cdot (1 - \Theta)}{1 - s_{d^\star} \cdot \Theta} = \frac{15,1908\,\% \cdot (1 - 30\,\%)}{1 - 15,1908\,\% \cdot 30\,\%} = 11,1413\,\%.$$

Den Fremdkapitalkostensatz nach persönlichen Steuern kd^s und dessen modifiziertes Pendant $kd^{s^\star}$ enthält Tabelle 4–5 auf der nächsten Seite.

Tab. 4–5: Fallstudie 3b: Fremdkapitalkostensatz des Unternehmens

kd	kd^{s}	$kd^{s^{\star}}$
6 %	4,4175 %	5,0886 %

Der modifizierte Fremdkapitalkostensatz $kd^{s^{\star}}$ ergibt sich aus (vgl. (D.28)):

$$kd^{s^{\star}} = \frac{kd^{s}}{1 - s_{g}} = \frac{6\,\% \cdot (1 - 26,375\,\%)}{1 - 13,1875\,\%} = 5,0886\,\%.$$

Der Tabelle 4–6 sind alle benötigten Kapitalkostensätze des Kernbereichs zu entnehmen.

Tab. 4–6: Fallstudie 3b: Kapitalkostensätze des Kernbereichs in einer Nachsteuerrechnung

$ke^{u,A,s}$	$ke^{\ell,A,s}$	$ke^{\ell,A,s^{\star}}$	$k^{\tau,A,s}$	$k^{\tau,A,s^{\star}}$
11 %	13,3723 %	15,4037 %	10,7795 %	12,4170 %

Gegeben ist der Eigenkapitalkostensatz bei reiner Eigenfinanzierung nach persönlichen Steuern $ke^{u,A,s}$, der sich auf 11 % beläuft. Dieser ist mittels (2.47) bzw. (D.23) an den Verschuldungsgrad L anzupassen:

$$\begin{aligned} ke^{\ell,A,s} &= 11\,\% + (11\,\% - 4,4175\,\%) \\ &\quad \cdot \frac{1 - 15,1908\,\% + 5,0886\,\% \cdot (1 - 30\,\%)}{1 + 5,0886\,\%} \cdot 42,8571\,\% \\ &= 13,3723\,\%. \end{aligned}$$

Der Eigenkapitalkostensatz bei Verschuldung $ke^{\ell,A,s}$ geht in den Gesamtkapitalkostensatz nach persönlichen Steuern $k^{\tau,A,s}$ ein (vgl. (D.25)). Dessen Berechnung entspricht (4.55).

Die modifizierten Kapitalkostensätze $ke^{\ell,A,s^{\star}}$ und $k^{\tau,A,s^{\star}}$ ergeben sich gemäß (D.24) und (D.26) aus der Division der nicht-modifizierten Kapitalkostensätze $ke^{\ell,A,s}$ und $k^{\tau,A,s}$ durch $1 - s_{g}$.

Bei residualer Ausschüttung (Tab. C–45, S. 499) beläuft sich der zu erwartende Gesamtwert $\mathrm{E}\left[\widetilde{V}_0^{\ell,\mathrm{A,s}}\right]$ auf 107.138, 69 GE, wie die an (3.241) anlehnende modifizierte Nachsteuerrechnung auf der Basis des FCF Verfahrens (2.60) zeigt:

$$\mathrm{E}\left[\widetilde{V}_0^{\ell,\mathrm{A,s}}\right] = \frac{9.184,00 \cdot (1 - 11,1413\,\%)}{12,4170\,\% - 4,8\,\%} = 107.138,69.$$

Der freie Cashflow kann wiederum herangezogen werden, um den Restwert des Eigenkapitals im Kernbereich $\mathrm{E}\left[\widetilde{E}_0^{\ell,\mathrm{A,s}}\right]$ mit dem modifizierten FtE Verfahren gemäß (2.79c) ohne ein finanzierungsbedingtes Zirkularitätsproblem direkt zu ermitteln. Hierbei ist auf den Ansatz des modifizierten Steuersatzes $s_{\mathrm{d}^\star}$ gemäß (2.57) anstelle von $s_{\bar{\mathrm{d}}}$ zu achten:

$$\mathrm{E}\left[\widetilde{E}_0^{\ell,\mathrm{A,s}}\right] =$$

$$\frac{9.184,00 \cdot (1 - 15,1908\,\%)}{15,40\,\% - 4,8\,\% + (6\,\% \cdot (1 - 30\,\%) - 4,8\,\%) \cdot 42,86\,\% \cdot (1 - 15,19\,\%)}$$

$$= 74.997,08.$$

Für den erwarteten Fremdkapitalbestand ergibt sich somit auf zwei Wegen ein Betrag in Höhe von 32.141, 61 GE:

$$\mathrm{E}\left[\widetilde{D}_0^{\mathrm{A,s}}\right] = 30\,\% \cdot 107.138,69 = 42,8571\,\% \cdot 74.997,08 = 32.141,61.$$

Bei der Berechnung des erwarteten Operating Profit des Kernbereichs ist wie in einer Vorsteuerrechnung zu verfahren:

$$\mathrm{E}\left[\widetilde{OP}_1^{\mathrm{A}}\right] = 13.120,00 - 6\,\% \cdot (1 - 30\,\%) \cdot 32.141,61 = 11.770,05.$$

Hieraus folgt für den erwarteten Flow to Equity in der ersten Periode:

$$\mathrm{E}\left[\widetilde{FTE}_1^{\mathrm{A}}\right] = 11.770,05 - (3.936,00 - 4,8\,\% \cdot 32.141,61) = 9.376,85.$$

Der entnahmefähige Betrag entspricht einem Anteil von 79, 6670 % des Operating Profit:

$$q^{\mathrm{a}} = \frac{9.376,85}{11.770,05} = 79,6670\,\%.$$

Um diese unternehmensindividuelle Ausschüttungsquote an die niedrigere Referenzausschüttungsquote anzupassen, sind demnach zusätzliche finanzielle Mittel zu thesaurieren. In Tabelle 4–7 sind ergänzend zu den Daten in Tabelle 3–16 die im Rahmen einer Nachsteuerrechnung notwendigen Kapitalkostensätze der Zusatzanlage D aufgeführt, die auf analoge Weise zu bestimmen sind wie oben in Bezug auf den Kernbereich erläutert.

Tab. 4–7: Fallstudie 3b: Kapitalkostensätze der Zusatzanlage in einer Nachsteuerrechnung

$ke^{u,D,s}$	$ke^{\ell,D,s}$	$ke^{\ell,D,s\star}$	$k^{\tau,D,s}$	$k^{\tau,D,s\star}$
8 %	9,2911 %	10,7025 %	7,7863 %	8,9691 %

Die für die ausschüttungsbedingte Zirkularität in Bezug auf den Anteilssatz der Dividenden am ausschüttbaren Betrag q^{ad} ursächliche differenzierte Besteuerung von Ausschüttungen und Kursgewinnen mit den persönlichen Steuersätzen s_d und s_g erfordert wie in Fallstudie 3a eine iterative Ermittlung der Restwertsteigerung. Zur Veranschaulichung der Zusammenhänge greifen die weiteren Ausführungen bereits auf die zunächst unbekannten Thesaurierungsbeträge in Tabelle C–46 zu.

Bei Anwendung des FCF Verfahrens gilt für den MVA nach modifizierten persönlichen Steuern (4.103) i. V. m. (4.104) aufgrund der konstanten Kapitalstruktur auf Unternehmensebene analog zu (4.62):

$$\mathrm{E}\left[\widetilde{MVA}_1^{V,AD,s}\right] = -4.360,17 \cdot (1 - 11,1413\,\%) + 5.962,52 = 2.088,13.$$

Der Gesamtwert des Unternehmens steigt demnach infolge der zusätzlichen Nettoinvestitionen um 27.413,96 GE an, wie aus (4.102b) folgt:

$$\mathrm{E}\left[\widetilde{\Delta V}_0^{\ell,AD,s}\right] = \frac{2.088,13}{12,4170\,\% - 4,8\,\%} = 27.413,96.$$

Der Eigenkapitalanteil beläuft sich auf 19.189,77 GE:

$$\mathrm{E}\left[\widetilde{\Delta E}_0^{\ell,AD,s}\right] = (1 - 30\,\%) \cdot 27.413,96 = 19.189,77.$$

Aus dem zusätzlich aufzunehmenden Fremdkapital

$$E\left[\widetilde{\Delta D}_0^{AD,s}\right] = 30\,\% \cdot 27.413,96 = 8.224,19$$

ergeben sich die zusätzlichen Fremdkapitalzinsen, der zusätzliche Tax Shield und die Veränderung des zusätzlichen Fremdkapitals in der ersten Periode. Deren gemeinsamer Ansatz unter Berücksichtigung der persönlichen Steuern ist bei Anwendung des FtE Verfahrens auf der Basis des mittels (4.100) berechneten MVA

$$E\left[\widetilde{MVA}_1^{E,AD,s}\right] = -2.571,41 \cdot (1 - 15,1908\,\%) + 4.173,76 = 1.992,97$$

zu beachten:

$$E\left[\widetilde{\Delta E}_0^{\ell,AD,s}\right] = \frac{1.992,97 - (6\,\% \cdot (1 - 30\,\%) - 4,8\,\%) \cdot 8.224,19 \cdot (1 - 15,1908\,\%)}{15,4037\,\% - 4,8\,\%} = 19.189,77. \quad (4.105)$$

Die Höhe des zusätzlichen Fremdkapitals ist in dieser Berechnung von der zu ermittelnden Steigerung des Restwertes des Eigenkapitals abhängig:

$$E\left[\widetilde{\Delta D}_0^{AD,s}\right] = 42,8571\,\% \cdot 19.189,77 = 8.224,19. \quad (4.106)$$

Den Nachsteuerkalkül ohne eine finanzierungsbedingte, aber mit einer nach wie vor ausschüttungsbedingten Zirkularität erhält man durch Einsetzen von (4.106) in (4.105) und Auflösen nach dem Restwert des Eigenkapitals (vgl. (4.101)):

$$E\left[\widetilde{\Delta E}_0^{\ell,AD,s}\right] = \frac{1.992,97}{15,40\,\% - 4,8\,\% + (6\,\% \cdot (1 - 30\,\%) - 4,8\,\%) \cdot 42,86\,\% \cdot (1 - 15,19\,\%)} = 19.189,77.$$

Die zusätzlichen Fremdkapitalzinsen, der zusätzliche Tax Shield und die Erhöhung des zusätzlichen Fremdkapitals verändern den Operating Profit und den Flow to Equity, wie sie bei residualer Ausschüttung berechnet worden sind. Der Anteilssatz der zusätzlichen Thesaurierung ist so zu bestimmen, dass das Verhältnis der verbleibenden Ausschüttungen zu dem Operating Profit unter Berücksichtigung der fremdfinanzierungsbedingten Veränderungen der Referenzausschüttungsquote q^{Ref} entspricht:

$$q^{\text{ad}} = \frac{60\,\% \cdot (11.770,05 - 493,45 + 148,04) + 493,45 - 148,04 - 394,76}{9.376,85}$$

$$= 72,5770\,\%.$$

Von dem entnahmefähigen Betrag im Kernbereich werden demzufolge 72,5770 % an die Anteilseigner ausgeschüttet und 27,4230 % zusätzlich thesauriert, wodurch auf Unternehmensebene eine Gesamtausschüttungsquote in Höhe von 60 % erzielt wird.

Der Gesamtwert des verschuldeten Unternehmens $\mathrm{E}\left[\widetilde{V}_0^{\ell,s}\right]$ beläuft sich auf 134.552, 65 GE:

$$\mathrm{E}\left[\widetilde{V}_0^{\ell,s}\right] = 107.138,69 + 27.413,96 = 134.552,65.$$

Die Fremdkapitalzinsen, Tax Shields und Fremdkapitalveränderungen auf Unternehmensebene sind in den letzten drei Zeilen der Tabelle C–48 ausgewiesen.

In jeder Periode der Rentenphase stellt sich eine Gesamtausschüttungsquote von 60 % ein, wie nachfolgend anhand der aggregierten Bewertungsgrößen der zweiten Periode gezeigt wird. Jeweils zwei Rechenwege stehen zur Verfügung, um den Operating Profit und die Dividenden des Unternehmens in einer Periode zu ermitteln: Entweder summiert man die entsprechende Größe des Kernbereichs und die kumulierte Größe der Zusatzanlage (Tab. C–47, S. 501) und berücksichtigt ergänzend die mit der Einhaltung der Kapitalstruktur verbundenen Finanzierungseffekte oder man geht vom NOPLAT bzw. vom freien Cashflow des Unternehmens aus und modifiziert diese Größe um die gesamten Fremdkapitalzinsen und Tax Shields sowie letztere auch um die gesamte Fremdkapitalveränderung in der betreffenden Periode.

Den Operating Profit des Unternehmens in der zweiten Periode erhält man demnach zum einen gemäß

$$\mathrm{E}\left[\widetilde{OP}_2\right] = 12.335,02 - 517,14 + 155,14 + 385,71 = 12.358,73$$

und zum anderen ausgehend vom NOPLAT gemäß

$$\mathrm{E}\left[\widetilde{OP}_2\right] = 13.749,76 + 460,84 - 2.645,53 + 793,66 = 12.358,73.$$

Zur Bestimmung der Dividenden des Unternehmens in der zweiten Periode können zum einen die um die Fremdfinanzierungseffekte in der zweiten Periode bereinigten verbleibenden Ausschüttungen im Kernbereich und die kumulierten zusätzlichen Ausschüttungen in der zweiten Periode summiert werden:

$$\begin{aligned}\mathrm{E}\left[\widetilde{FTE}_2\right] &= 9.826,94 - 2.694,84 - 517,14 + 155,14 + 413,71 + 231,43\\ &= 7.415,24.\end{aligned}$$

Zum anderen kann der freie Cashflow des Unternehmens um die Summe der in der zweiten Periode zu zahlenden Fremdkapitalzinsen vermindert und um den Tax Shield und die Fremdkapitalveränderung des Unternehmens erhöht werden:

$$\begin{aligned}\mathrm{E}\left[\widetilde{FTE}_2\right] &= 9.624,83 - 4.569,46 + 199,23\\ &\quad - 2.645,53 + 793,66 + 4.012,50\\ &= 7.415,24.\end{aligned}$$

Die Bildung des Quotienten zeigt, dass die Dividenden einen Anteil von 60 % des Operating Profit des Unternehmens ausmachen.

4.2.4.2.2 Restwertermittlung bei kapitalwertneutraler Verzinsung der zusätzlichen Thesaurierungen

Wendet man unter der Annahme der kapitalwertneutralen Wiederanlage der zusätzlich einbehaltenen finanziellen Überschüsse zunächst die Restwertformel des FtE Verfahrens (4.101) i. V. m. (4.100) und die Formel des FCF Verfahrens (4.102b) i. V. m. (4.103) an, ist die Wertermittlung wie in Abschnitt 4.2.4.2.1 durch ein ausschüttungsbedingtes Zirkularitätsproblem gekennzeichnet.

Aufgrund der Übereinstimmung des Marktwertes der zusätzlichen Thesaurierung im Investitionszeitpunkt mit dem Thesaurierungsbetrag kann der kritische Return on Equity ROE^{D*}, mit dem sich die zusätzlichen Thesaurierungen kapitalwertneutral verzinsen, aus dem Eigenkapitalkostensatz bei

Verschuldung nach persönlichen Steuern $ke^{\ell,\mathrm{D,s}}$ gemäß (2.82) bzw. (4.53) bestimmt werden; dieser Verzinsungssatz ist als entsprechender Eigenkapitalkostensatz vor persönlichen Steuern $ke^{\ell,\mathrm{D}}$ interpretierbar:

$$
\begin{aligned}
ROE^{\mathrm{D}^\star} = ke^{\ell,\mathrm{D}} &= \frac{9,2911\,\%}{1 - 60\,\% \cdot 26,375\,\% - 40\,\% \cdot 13,1875\,\%} \\
&= 11,7758\,\%.
\end{aligned}
\tag{4.107}
$$

Hieraus ergibt sich mittels (4.54) der kapitalwertneutrale ROIC $ROIC^{\mathrm{D}^\star}$ bzw. der gewogene Kapitalkostensatz vor persönlichen Steuern $k^{\tau,\mathrm{D}}$ von $9,5031\,\%$:

$$
\begin{aligned}
ROIC^{\mathrm{D}^\star} = k^{\tau,\mathrm{D}} &= 11,7758\,\% \cdot (1 - 30\,\%) + 6\,\% \cdot (1 - 30\,\%) \cdot 30\,\% \\
&= 9,5031\,\%.
\end{aligned}
$$

Für den Eigenkapitalkostensatz bei Eigenfinanzierung vor persönlichen Steuern $ke^{\mathrm{u,D}}$ gilt analog zu (4.107):

$$
ke^{\mathrm{u,D}} = \frac{8\,\%}{1 - 60\,\% \cdot 26,375\,\% - 40\,\% \cdot 13,1875\,\%} = 10,1394\,\%.
$$

Bei übereinstimmenden Steuersätzen kann $ke^{\ell,\mathrm{D}}$ mittels der aus der Vorsteuerrechnung bekannten Anpassungsformel (D.10) aus $ke^{\mathrm{u,D}}$ berechnet werden.

Die Wachstumsrate der Zusatzanlage w^{D} nimmt aufgrund des niedrigeren ROE ab:

$$
w^{\mathrm{D}} = 40\,\% \cdot 11,7758\,\% = 4,7103\,\%.
$$

Die NOPLAT-bezogene Nettoinvestitionsrate n^{D} beläuft sich in der Folge auf $49,5664\,\%$:

$$
n^{\mathrm{D}} = \frac{4,7103\,\%}{9,5031\,\%} = 49,5664\,\%.
$$

Zu dem Spezialfall der Kapitalwertneutralität sind dieser Arbeit keine tabellarischen Übersichten angehängt, denen die nach Auflösung der ausschüttungsbedingten Zirkularität vorliegenden Ergebnisse vorab entnommen werden könnten. An dieser Stelle kann aufgrund der noch unbekannten Thesaurierungsquote n^{ad} vorweggenommen werden, dass in der ersten Periode 2.360,99 GE des Flow to Equity bzw. 3.372,85 GE des freien Cashflows zusätzlich reinvestiert werden. Zwischen diesen Beträgen besteht aufgrund der Annahme der Kapitalwertneutralität derselbe Zusammenhang über den Verschuldungsgrad L wie zwischen den zugehörigen Marktwerten:

$$\mathrm{E}\left[\widetilde{IC}_1^{\mathrm{AD},1}\right] = 2.360,99 \cdot (1 + 42,8571\,\%) = 3.372,85.$$

Der betragsgleiche Marktwert dieser zusätzlichen Nettoinvestitionen in der ersten Periode ergibt sich auf der Basis der obigen Daten wie folgt:

$$\mathrm{E}\left[\widetilde{V}_1^{\ell,\mathrm{AD},1}\right] = \frac{(1 - 49,5664\,\%) \cdot 3.372,85 \cdot 9,5031\,\% \cdot (1 - 11,1413\,\%)}{8,9691\,\% - 4,7103\,\%}$$

$$= 3.372,85.$$

Der Market Value Added nach modifizierten persönlichen Steuern einer Periode reduziert sich auf den modifizierten Steuerbetrag in Abhängigkeit von dem angewandten Bewertungsverfahren. Bei Anwendung des FCF Verfahrens gilt in der ersten Periode:

$$\mathrm{E}\left[\widetilde{MVA}_1^{\mathrm{V,AD,s}}\right] = -3.372,85 \cdot (1 - 11,1413\,\%) + 3.372,85 = 375,78.$$

Bei Anwendung des FtE Verfahrens erhält man:

$$\mathrm{E}\left[\widetilde{MVA}_1^{\mathrm{E,AD,s}}\right] = 15,1908\,\% \cdot 2.360,99 = 358,65.$$

Bei übereinstimmenden Steuersätzen wäre $s_{d^\star}$ gleich null, sodass auch die MVA jeweils gleich null wären, was wie im Fall der Kapitalwertneutralität in einer Vorsteuerrechnung mit einer Aufhebung des ausschüttungsbedingten Zirkularitätsproblems verbunden wäre.

Bezüglich der sich anschließenden Ermittlung der Restwertsteigerung entweder mit dem FCF oder dem FtE Verfahren wird auf die im vorherigen Abschnitt unter der Annahme einer kapitalwerterhöhenden Verzinsung beschriebenen Verfahrensweisen verwiesen. Der Gesamtwert des Unternehmens ist um 4.933,40 GE höher als bei residualer Ausschüttung; der Eigenkapitalanteil an der Restwertsteigerung beläuft sich auf 3.453,38 GE, der Fremdkapitalanteil auf 1.480,02 GE. Zu diesen Ergebnissen gelangt man auch ausgehend von der Anwendung des zirkularitätsfreien Kalküls (4.98b):

$$\mathrm{E}\left[\widetilde{\Delta E}_0^{\ell,\mathrm{AD,s}}\right] = \frac{(9.376,85 - 60\,\% \cdot 11.770,05) \cdot (26,375\,\% - 13,1875\,\%)}{d}$$

$$= 3.453,38$$

mit dem Nenner

$$d = 13,3723\,\% - 4,8\,\% \cdot (1 - 13,1875\,\%)$$

$$+ (6\,\% \cdot (1 - 30\,\%) \cdot (1 - 60\,\% \cdot 26,375\,\% - (1 - 60\,\%) \cdot 13,1875\,\%)$$

$$- 4,8\,\% \cdot (1 - 13,1875\,\%)) \cdot 42,8571\,\%$$

gemäß (4.99).

Die resultierenden zusätzlichen Fremdkapitalzinsen, der Tax Shield und die Erhöhung des zusätzlichen Fremdkapitals bewirken wiederum eine Veränderung der bei residualer Ausschüttung berechneten, bereits bekannten Beträge des Operating Profit und des Flow to Equity in der ersten Periode, was bei der Festlegung der Ausschüttungsquote q^{ad} zu berücksichtigen ist:

$$q^{\mathrm{ad}} = \frac{60\,\% \cdot (11.770,05 - 88,80 + 26,64) + 88,80 - 26,64 - 71,04}{9.376,85}$$

$$= 74,8210\,\%.$$

Den periodischen zusätzlichen Thesaurierungsbeträgen liegt somit eine Thesaurierungsquote von 25,1790 % zugrunde. Dieser Anteil am Flow to Equity des Kernbereichs bedeutet, dass 36,7253 % des freien Cashflows zusätzlich investiert werden:

$$n^{\mathrm{AD}} = \frac{3.372,85}{9.184,00} = 36,7253\,\%.$$

Der Gesamtwert des verschuldeten Unternehmens $\mathrm{E}\left[\widetilde{V}_0^{\ell,\mathrm{s}}\right]$ beträgt bei gewinnorientierter Ausschüttung 112.072,09 GE:

$$\mathrm{E}\left[\widetilde{V}_0^{\ell,\mathrm{s}}\right] = 107.138,69 + 4.933,40 = 112.072,09.$$

Diese Summe teilt sich in das Fremdkapital in Höhe von 33.621,63 GE und in den Restwert des Eigenkapitals in Höhe von 78.450,46 GE auf.

4.3 Würdigung des erweiterten Nachsteuermodells aus theoretischer und bewertungspraktischer Sicht

Anhand des aus dem Kontext des bereichsdifferenzierenden Restwertmodells bekannten Rentenkalküls auf der Basis des FtE Verfahrens wird die in der Literatur und in der Bewertungspraxis zuletzt unvollkommene Ermittlung eines objektivierten Restwertes deutlich. Der mit der Nichtberücksichtigung der Finanzierungseffekte bei zusätzlichen Investitionen einhergehende Bewertungsfehler, der erstmals in *Diedrich* et al. (2018) herausgearbeitet wird, tritt in Erscheinung, wenn parallel die Funktionsweise des FCF Verfahrens betrachtet wird und schlägt sich dementsprechend in unterschiedlichen Bewertungsergebnissen nieder. Die erweiterten Ausführungen zum Modell von *Diedrich* et al. legen dar, wie die Methodik bei der bereichsdifferenzierenden Restwertermittlung im Kontext der Objektivierung des Ausschüttungsverhaltens genutzt werden kann.

Die sich in Bezug auf das bereichsdifferenzierende Restwertmodell abschließend stellende Frage, ob aus theoretischer Sicht dem FCF oder dem FtE Verfahren im Allgemeinen eine höhere Praxisrelevanz beizumessen ist und ob dies gegebenenfalls von der Durchführung einer Vor- oder einer Nachsteuerrechnung abhängt, kann wie folgt beantwortet werden:

Aus einer theoretischen Perspektive lässt sich keine Empfehlung für die bevorzugte Anwendung des einen oder des anderen Verfahrens in der Bewertungspraxis aussprechen. Die Gegenüberstellung der Verfahren in einer Vorsteuerrechnung fußte in erster Linie auf dem Gedanken, die in der Funktionsweise einerseits und dem Einfluss der persönlichen Besteuerung andererseits begründete Vielschichtigkeit der Bewertungskalküle aufzugliedern. Mit der Kenntnis der theoretischen Zusammenhänge lassen sich beide Verfahren in einer Rechnung ohne persönliche und mit persönlichen Steuern ohne verfahrensspezifische Probleme anwenden. In einer Nachsteuerrechnung kann ein Vorzug des FtE Verfahrens darin gesehen werden, dass es ohne eine Modifizierung der Steuersätze und der Kapitalkostensätze anwendbar ist. Für das Verständnis des auf dem FtE Verfahren basierenden Nachsteuerkalküls wurde der Grundstein jedoch bereits im Rahmen der Vorsteuerrechnung im Verbund mit dem FCF Verfahren gelegt. Diese auf theoretischer Ebene bewährte Herangehensweise, einen komplexen Gegenstand durch eine Zerlegung in Teilprobleme zu untersuchen und anschaulich darzustellen, soll auch dazu beitragen, nicht – wie weit verbreitet – konsequent das FCF Verfahren mit einer Vorsteuerrechnung und das FtE Verfahren mit einer Nachsteuerrechnung gedanklich zu verknüpfen.

Die in Abschnitt 3.4 genannten Aspekte aus bewertungspraktischer Sicht gelten auch im Rahmen einer Nachsteuerrechnung.

5. Zusammenfassung und Ausblick

Das in dieser Arbeit entwickelte kombinierte phasen- und geschäftsbereichsdifferenzierende Restwertmodell erhellt die Theorie der Unternehmensbewertung im Hinblick auf die Bewertungsproblematik, die aus dem unter der Going-Concern-Prämisse zu betrachtenden unendlichen Prognosezeitraum in Verbindung mit der strukturellen Komplexität eines Unternehmens als Bewertungsobjekt erwächst. Als Erweiterung der bislang existierenden Literatur legt diese Arbeit Restwertkalküle für die Bewertung eines in mehrere Teileinheiten gegliederten Unternehmens vor.

Grundlegend waren zunächst die ausgewählten Bewertungsverfahren, das FCF und das FtE Verfahren, dargestellt worden, wie sie bei einer aggregierten Bewertung auf Unternehmensebene einzusetzen sind. Wenngleich aus Anwendersicht Kriterien für die bevorzugte Anwendung des FCF Verfahrens in einer Vorsteuerrechnung und des FtE Verfahrens in einer Nachsteuerrechnung sprechen, leitete sich hieraus keine Vorfestlegung ab, dieser Zuordnung auf modelltheoretischer Ebene zu folgen. Gerade durch die ergänzende Darstellung des jeweils anderen, aus der praktischen Perspektive als weniger vorteilhaft eingeschätzten Verfahrens können die neuen Restwertformeln plausibilisiert und als widerspruchsfrei beurteilt werden. Damit verfolgt die Arbeit ihren didaktischen Anspruch, vom zweiten, über das dritte bis ins vierte Kapitel hinein die Zusammenhänge zwischen diesen beiden Bewertungsverfahren herauszuarbeiten und die Leser mit den begleitenden Fallstudien in den Hauptkapiteln durch das breite Spektrum an Formeln zu führen. Ein weiteres didaktisches Element bietet die Arbeit insoweit, als sich auch die Behandlung der Vor- und der Nachsteuerrechnung gegenseitig bedingen. So lassen sich vergleichsweise kompliziertere Sachverhalte, wie z. B. die im Rahmen der objektivierten Restwertermittlung auftretende ausschüttungsbedingte Zirkularität, bereits in einer Modellökonomie ohne persönliche Steuern einführen. Gleichwohl sich hieraus im Hinblick auf eine Vorsteuerrechnung keine praktische Relevanz ableitet, so ist mit der Aufspaltung der von der gewinnorientierten Ausschüttungspolitik und der persönlichen Besteuerung ausgehenden Erhöhung der Komplexität das Ziel verbunden, die Sachverhalte in einem hohen Maße auf nachvollziehbare Weise darzulegen. Dieser Anspruch spiegelt sich auch in der Untersuchung von zwei sich gegenseitig bedingenden Themenfeldern der Restwertermittlung wider: Die

Ermittlungsweise eines hinsichtlich des Ausschüttungsverhaltens objektivierten Restwertes baut im Kern auf der eine Investitionsbeziehung zwischen jeweils zwei Bereichen fokussierenden Darstellung der bereichsdifferenzierenden Restwertermittlung in der Rentenphase auf. An den vorstehenden drei Gegenüberstellungen zeigt sich, dass sich die Arbeit durch eine Reihe nutzbarer methodischer Parallelen auszeichnet. Eine abschließende Beurteilung darüber, inwieweit das übergeordnete didaktische Ziel der Arbeit erreicht worden ist, bleibt den Lesern dieser Arbeit vorbehalten. Von Verfasserseite wird daher im Folgenden zu den zwei im ersten Kapitel formulierten inhaltlichen Zielsetzungen Stellung genommen.

Die tiefgründige Auswertung ausgewählter, inhaltlich teils schwierig zugänglicher Quellen der bislang verfügbaren Literatur, die eine wichtige Ausgangsbasis für die Bearbeitung der im ersten Kapitel aufgezeigten Problemstellungen bilden, hat sowohl in Bezug auf die Vor- als auch auf die Nachsteuerrechnung kritische Punkte offengelegt. Da sich die Quellen der Vorsteuerliteratur geschlossen auf das FCF Verfahren und jene der Nachsteuerliteratur ausschließlich auf das FtE Verfahren beziehen, wird zudem deutlich, dass diese Arbeit mit der durchgängig gegebenen Vergleichbarkeit beider Verfahren einen bedeutsamen Schritt vorangeht.

Auf der Grundlage der Beiträge aus der Vorsteuerliteratur, die sich mit einer differenzierten Verzinsung von Investitionen befassen, sind Vorsteuerkalküle entwickelt worden, die auf der Ebene der Geschäftsbereiche ansetzen. Das FCF Verfahren birgt dabei den Vorteil, dass es zirkularitätsfrei angewandt werden kann. Die bei diesem Verfahren maßgeblichen freien Cashflows leiten sich aus der Verzinsung des eingesetzten Kapitals ab. Wird ein Teil dieses freien Cashflows in einen anderen Geschäftsbereich investiert, erwachsen von jedem Investitionszeitpunkt ausgehend unendlich lange Zahlungsreihen zusätzlicher freier Cashflows, deren Wert zu dem jeweiligen Investitionszeitpunkt dem zusätzlich investierten Kapital aus ökonomischer Sicht mindestens entsprechen soll. Die Wertbeiträge in den Zeitpunkten der Investition spiegeln den Wert des Eigen- und des Fremdfinanzierungsbeitrags wider, aus denen sich das investierte Kapital zusammensetzt. Im Zuge der Wertermittlung zum Bewertungszeitpunkt werden beide Wertkomponenten mittels eines Gesamtkapitalkostensatzes diskontiert, wodurch alle Finanzierungseffekte adäquat berücksichtigt werden. Hieraus folgt, dass es bei Anwendung des FtE Verfahrens nicht ausreicht, alleinig die Wertbeiträge des Eigenkapitals zu den Investitionszeitpunkten mit einem Eigenkapitalkostensatz auf den Bewertungszeitpunkt zu diskontieren. Ergänzend sind die aus dem Marktwert des Fremdfinanzierungsbeitrags hervorgehenden Finanzierungseffekte, die die zusätzlichen Fremdkapitalzinsen und Tax Shields sowie die Fremdkapitalveränderungen umfassen, in den Bewertungskalkül zu integrieren. Die Anwendung des FtE Verfahrens ist demnach zum einen bei der Ermittlung des Wertbeitrags der zusätzlichen Flow to Equity in den Investitionszeitpunkten und zum anderen bei der weiteren Abzinsung auf den Bewertungszeitpunkt durch eine finanzierungsbedingte Zirkularität gekennzeichnet.

Bei einer mit Hilfe eines Tabellenkalkulationsprogramms durchgeführten Bewertung fällt dieses Zirkularitätsproblem jedoch nicht ins Gewicht, wie die Fallstudien zeigen. Da sich bei zeitversetzten Prognosephasen der Bereiche ohnehin eine rekursive Wertermittlung empfiehlt, ist die Anwendung des FtE Verfahrens nicht wesentlich unvorteilhafter als die Anwendung des FCF Verfahrens. In einer Nachsteuerrechnung gewinnt das FtE Verfahren noch an Bedeutung, da die von den Eignern des Unternehmens zu entrichtenden Steuern, die den Flow to Equity schmälern, mittels des unmodifizierten Dividendensteuersatzes bemessen und die Kursgewinne um die tatsächliche Kursgewinnsteuer vermindert werden können. Alternativ kann eine modifizierte Nachsteuerrechnung durchgeführt werden, die auf modifizierten Steuersätzen und einem modifizierten Eigenkapitalkostensatz beruht, jedoch eine Bewertung ohne eine kursgewinnsteuerbedingte Zirkularität erlaubt. Dahingegen basiert die Anwendung des FCF Verfahrens in einer Nachsteuerrechnung ausschließlich auf modifizierten, von den steuerrechtlichen Bemessungssätzen abweichenden Steuersätzen.

Da keines der beiden Verfahren das jeweils andere hinsichtlich der Praktikabilität überwiegt, spricht sich die Verfasserseite nicht gezielt für die bevorzugte Anwendung des FCF oder des FtE Verfahrens aus. Jedoch ist zu empfehlen, den realen Unternehmensstrukturen durch eine Bewertung auf einer disaggregierten Ebene Rechnung zu tragen.

Da keine Quellen zur bereichsdifferenzierenden Restwertermittlung unter Berücksichtigung von persönlichen Steuern existieren, sind im Rahmen der Nachsteuerrechnung die vier jüngsten Quellen, die der objektivierten Restwertermittlung zuzuordnen sind, analysiert worden. Eine Erneuerung der Ansätze von *Tschöpel* et al., *Pawelzik* und *Meitner* nehmen *Diedrich* et al. vor, indem sie einen Restwertkalkül herleiten, der durch eine aufeinander abgestimmte Ausschüttungs- und Finanzierungspolitik in allen Perioden der Rentenphase gekennzeichnet ist. In den bisherigen Modellen war unberücksichtigt geblieben, dass kapitalwertneutrale zusätzliche Thesaurierungen zwar in den Investitionszeitpunkten keinen Wertbeitrag hervorrufen, aber bei der weiteren Diskontierung auf den Beginn der Rentenphase eine Wertsteigerung herbeiführen, die in der steuerlichen Begünstigung von Gewinnthesaurierungen gegenüber Ausschüttungen begründet liegt. Die Analogie dieser Wertermittlung zu jener nach dem bereichsdifferenzierenden Modell veranlasste dazu, diese Arbeit mit den Restwertformeln auf der Basis der modifizierten Varianten des FCF und des FtE Verfahrens sowie einer diesbezüglichen Fallstudie abzurunden.

Resümierend sind die Aufarbeitung der wesentlichen Literaturquellen in einer Vor- und einer Nachsteuerrechnung einerseits sowie die Herleitung und Anwendung von Restwertkalkülen auf der Basis des FCF und des FtE Verfahrens andererseits als bedeutsame und in praktischer Hinsicht umsetzungswürdige Zugewinne für die Restwertermittlung zu beurteilen.

Blickt man auf mögliche künftige Arbeiten voraus, so können anknüpfend an diese Schrift z. B. folgende fünf Aspekte Gegenstand der Untersuchungen sein: Gegenwärtig fehlen noch an das Ausschüttungsverhalten angepasste Formeln für die Kapitalkostensätze sowohl in einer Vor- als auch in einer Nachsteuerrechnung, wenn zusätzliche Investitionen mit differenzierter Verzinsung getätigt werden. Es ist erwiesen, dass zusätzliche sich kapitalwertneutral verzinsende Investitionen in einer Vorsteuerrechnung keinen Einfluss auf den Marktwert des zu bewertenden Unternehmens ausüben. Der Fall einer kapitalwerterhöhenden Verzinsung der Zusatzinvestitionen ist jedoch mit einer Marktwertsteigerung verbunden, die den Ansatz eines ausschüttungsangepassten Kapitalkostensatzes erfordert. In einer Nachsteuerrechnung besteht diese Notwendigkeit unabhängig von der Verzinsungsannahme der Zusatzinvestition. Eine erste Aufgabe wird daher sein, Anpassungsformeln für die (bereichsspezifischen) Kapitalkostensätze zu entwickeln, wenn zusätzliche finanzielle Mittel in eine oder sogar mehrere andere Anlagen mit differenzierten Verzinsungen investiert werden.

Zweitens ist zu untersuchen, wie die Ermittlung eines objektivierten Restwertes an das bereichsdifferenzierende Rentenmodell anzuschließen ist. Als problematisch erweisen sich die in der ewigen Rente zwar periodenunabhängigen, aber bereichsindividuell festgelegten Ausschüttungsquoten, die zu einer nicht konstanten Gesamtausschüttungsquote auf der Unternehmensebene führen. In der weiteren Folge ist auch der Anteilssatz der zusätzlichen Gewinnthesaurierung, die eine Angleichung der unternehmensindividuellen Gesamtausschüttungsquote an eine konstante Referenzausschüttungsquote bewirken soll, periodenspezifisch zu bestimmen.

Drittens sind Überlegungen zu Modifikationen der bereichsdifferenzierenden Restwertermittlung anzustellen, wenn von der bereichsübergreifend geltenden Fortführungsprämisse abstrahiert wird.[336] Durch im Bewertungszeitpunkt vorhersehbare Marktveränderungen ausgelöste strukturelle Veränderungsprozesse im Unternehmen, die die Zukunftsfähigkeit der operativen Tätigkeit eines ertragsschwachen Geschäftsbereichs in Frage stellen, sind unter der Annahme der Going-Concern-Prämisse ausgeblendet worden.[337] Die Abbildung derartiger Risiken im Bewertungskalkül kann durch die Integration von Liquidationswahrscheinlichkeiten erfolgen.[338] Hierbei ist bei bestehenden Investitionsbeziehungen zu einem oder mehreren anderen Bereichen zu prüfen, ob und welche Auswirkungen, wie z. B. eine Änderung des Investitionsvolumens, sich bei einer Veränderung des Geschäftsbereichsrisikos auf die angegliederten Bereiche ergeben.

Im Zuge der Restwertermittlung auf der Basis eines Drei-Phasen-Modells ist eine Verbesserung der Prognosegüte durch die Verknüpfung von Theorie und Empirie zu erwarten. So sind viertens auf bereits existierenden und gegebenenfalls eigenen empirischen Untersuchungen basierende Praxisempfehlungen zur Ableitung der unternehmensspezifischen Inflationsrate abzugeben, die hinsichtlich der Markt-, Branchen- und Wettbewerbssituation differenzieren.[339]

---

336 Zum Fall einer Unterrendite zu Beginn der Rentenphase und der damit verbundenen Abwägung zwischen Fortführung und Liquidation siehe *Rabel* (2016), S. 19 f.

337 Kritisch äußern sich auch *Bausch* und *Pape* sowie *Lobe*, inwieweit die Modellierung einer ewigen Rente und die begrenzte Lebensdauer eines Unternehmens konfligieren; siehe *Bausch / Pape* (2005), *Lobe* (2010). Die Problematik verliert an Gewicht, wenn man bedenkt, dass der Einfluss der in der ferneren Zukunft erwarteten Cashflows auf den Restwert geringer ist als der Einfluss der für die nähere Zukunft prognostizierten Cashflows. Zu beachten ist, dass der Abzinsungseffekt von der Höhe des Kapitalkostensatzes abhängig ist. Siehe insbesondere *Frühling* (2009) über die Veränderung des Marktwertes bei Einbeziehung einer vorläufig ermittelten Lebensdauer in die Wertermittlung. Siehe auch *Tinz* (2010), S. 29, *Drefke* (2016), S. 61 f., aber auch 56–59 m. w. N. Bei der hier angestellten Kritik liegt das Augenmerk daher auf der Berücksichtigung von zum Bewertungszeitpunkt gegebenenfalls erkannten Risiken.

338 Siehe zur Berücksichtigung von Insolvenzrisiken im Bewertungskalkül einführend *Lobe* (2010), S. 180 f., weiterführend z. B. *Knabe* (2012) und *Meitner / Streitferdt* (2016). Der Umgang mit Unsicherheiten über die künftige Unternehmensentwicklung bei der Cashflow-Prognose wird z. B. in *Witte* (2016) geschildert.

339 Zu empirischen Studien zum Wachstum von Unternehmensüberschüssen siehe grundlegend den Beitrag *Laun / Mölls* (2018), S. 126–133, in dem die unternehmensspezifische Inflationsrate als eine das Gesamtwachstum determinierende Größe abgeleitet

Fünftens empfiehlt sich eine auf empirischen Erkenntnissen gestützte Modellierung der Grobplanungsphase je Bereich. Hierbei gilt es erweiternd zu *Held* (2013a, b) zwischen branchen-, unternehmens- *und* bereichsspezifischen Einflussfaktoren der Konvergenzgeschwindigkeit und des Zielwertes eines Bewertungsparameters zu differenzieren und etwaige Abhängigkeiten zwischen Geschäftsbereichen konsistent in den Konvergenzprozessen abzubilden.

Ferner sollte die Erarbeitung von Praxishinweisen zur sachgerechten Festlegung des Zeitpunktes des Eintritts in einen stabilen Zustand darauf abstellen, eine detailliertere Bestimmung dieses Zeitpunktes verbunden mit einer diesbezüglich transparenten Berichterstattung in Bewertungsgutachten zu befördern. Die selbst in der Bewertungstheorie noch fortwährende Diskussion hierüber schlägt sich oftmals in vereinfachten Vorgehensweisen in der Bewertungspraxis – wie z. B. in der Modellierung eines direkten Übergangs von der Detailprognosephase in die ewige Rente, in einer nur eine oder wenige Perioden umfassenden Übergangsphase oder in einer an empirische Studien angelehnten pauschalen Festlegung der *unternehmensindividuellen* Wachstumsrate auf rund 1 %[340] – und in der Folge in regelmäßig spärlichen ökonomischen Begründungen des Erreichens eines eingeschwungenen Zustands in Bewertungsgutachten nieder.[341] Mit der Entwicklung von Handlungsempfehlungen für Praktiker dürfte somit auch dem von externen Bewertungsadressaten, z. B. (Minderheits-) Aktionären bei gesell-

---

und mit den Schätzgrößen der Wiederanlagerendite und der Thesaurierungsquote zu einer Gesamtwachstumsrate verdichtet wird.

340 Vgl. diese Verfahrensweisen kritisierend *Karami / Schuster* (2016), S. 2–6. Ein Drei-Phasen-Modell sei der Restwertermittlung in weniger als einem Fünftel der von den Autoren ausgewerteten Bewertungsfälle zugrunde gelegt worden, so die Autoren in *Karami / Schuster* (2016), S. 2. Hinzu kämen Bewertungsfälle, bei denen eine lediglich einperiodige Übergangsphase, ein sogenanntes „technisches Jahr" (*Karami / Schuster* (2016), S. 7, 9, 12), modelliert worden sei. Zudem sei es nicht sachgerecht, Investitionen und Abschreibungsvolumen in der Rentenphase in gleicher Höhe anzusetzen, wenn von einem nominalen Wachstum des Unternehmens ausgegangen wird; vielmehr müsse die Reinvestitionsrate (rein inflationsbedingt bereits) größer als Eins sein. Siehe *Karami / Schuster* (2016), S. 12 f.

341 So bemängeln *Karami* und *Schuster*, dass nach eigenen Analysen einer Vielzahl von Bewertungsgutachten zu gesellschaftsrechtlichen Strukturmaßnahmen bspw. Plan-Rechenwerke und Rentabilitätsverläufe nicht dargestellt würden, sodass sie nicht intersubjektiv nachprüfbar seien; vgl. *Karami / Schuster* (2016), S. 2, 4. Siehe auch *Karami* (2017), S. 164 f.

schaftsrechtlichen Bewertungsanlässen, in Spruchverfahren legitimerweise erhobenen Anspruch auf eine Offenlegung des der Phasenmodellierung zugrunde liegenden spezifischen Annahmengerüsts in Bewertungsgutachten Rechnung getragen werden.

Aus diesen aufgezeigten Erweiterungsmöglichkeiten ist ersichtlich, dass die Theorie der Restwertermittlung in Verbindung mit weiteren Spezialproblemen der Unternehmensbewertung zur Aufnahme einer Reihe von interessanten weiterführenden Forschungsvorhaben veranlasst, die aufschlussreiche Antworten auf strittige und offene Bewertungsfragen erwarten lassen. Im Vorfeld der Integration weiterer bewertungsspezifischer Besonderheiten in die entwickelten Bewertungskalküle wird primär zu eruieren sein, inwieweit die mit dieser Arbeit vorgelegten Forschungsergebnisse in der Bewertungspraxis aufgenommen werden, woraus sich weitere, gezielt anwendungsbezogene Impulse für künftig einzuschlagende Forschungsrichtungen bei der Restwertermittlung in der Unternehmensbewertung ergeben können.

Anhang

A. *Finanzierungstheoretische und modellbezogene Herleitungen*

Der thematisch sortierte Anhang A umfasst zum einen die Herleitung von Kapitalkostensätzen und zum anderen modellbasierte Herleitungen von Formeln anhand der wesentlichen mathematischen Umformungen. Bei längeren rein mathematischen Zwischenschritten wird an entsprechender Stelle auf die in einem zugehörigen Abschnitt in Anhang B.2 vorgenommenen ausführlichen Umformungen verwiesen, welche ergänzend hinzugezogen werden können.

A.1 *Anpassungsformeln für Kapitalkostensätze bei wertabhängiger Finanzierung*

A.1.1 Vorsteuersätze bei residualer Ausschüttung

In einer Vorsteuerrechnung[342] fließen an die Eigenkapitalgeber die Zahlungen[343]

$$\mathrm{E}_\theta\left[\tilde{x}_{t+1} - \widetilde{T}^{\mathrm{u}}_{t+1} - r_{t+1} \cdot \widetilde{D}_{\mathrm{r},t} + \tau \cdot r_{t+1} \cdot \widetilde{D}_{\mathrm{r},t} + \widetilde{\Delta D}_{\mathrm{r},t+1}\right] \quad \forall t \in [0, T-1], \qquad (\mathrm{A}.1)$$

bestehend aus den Erwartungswerten des freien Cashflows $\mathrm{E}_\theta\left[\tilde{x}_{t+1} - \widetilde{T}^{\mathrm{u}}_{t+1}\right]$, der Fremdkapitalzinsen nach Unternehmensteuern

$$r_{t+1} \cdot \mathrm{E}_\theta\left[\widetilde{D}_{\mathrm{r},t}\right] \cdot (1-\tau)$$

und der Veränderung des nominalen Fremdkapitals

$$\mathrm{E}_\theta\left[\widetilde{\Delta D}_{\mathrm{r},t+1}\right] = \mathrm{E}_\theta\left[\widetilde{D}_{\mathrm{r},t+1} - \widetilde{D}_{\mathrm{r},t}\right].$$

342 Eine ähnliche Herleitung mit teilweise variierender Berechnungsfolge findet sich in *Diedrich/Dierkes* (2015), S. 91–96. Der Index „r“ in den folgenden Formeln weist in Abgrenzung zu der in Teil II bedeutsamen gewinnorientierten Ausschüttung auf die hier zugrunde liegende Annahme einer residualen Ausschüttung hin.

343 Vgl. *Diedrich/Dierkes* (2015), S. 85, 92.

Die erwarteten Zahlungen an die Fremdkapitalgeber[344] sind:

$$\mathrm{E}_\theta\left[r_{t+1} \cdot \widetilde{D}_{\mathrm{r},t} - \widetilde{\Delta D}_{\mathrm{r},t+1}\right] \qquad \forall t \in [0, T-1]\,. \quad \text{(A.2)}$$

Die Summe aus den an die Eigen- und die Fremdkapitalgeber fließenden Vorsteuerzahlungen (A.1) und (A.2) bildet den Total Cashflow nach Unternehmensteuern. In einer Vorsteuerrechnung verbleiben nach Summierung der freie Cashflow und der Tax Shield der Fremdfinanzierung. Bei beiden Bewertungsgrößen handelt es sich um Zufallsvariablen. Der beim Informationsstand θ für den Zeitpunkt t erwartete Marktwert des verschuldeten Unternehmens $\mathrm{E}_\theta\left[\widetilde{V}^\ell_{\mathrm{r},t}\right]$ wird durch die Diskontierung dieses Total Cashflows mit einem nachfolgend noch zu spezifizierenden Gesamtkapitalkostensatz vor Unternehmen- und persönlichen Steuern $k_{\mathrm{r},\theta,t+1}$ auf den Zeitpunkt t ermittelt:

$$\mathrm{E}_\theta\left[\widetilde{V}^\ell_{\mathrm{r},t}\right] = \frac{\mathrm{E}_\theta\left[\tilde{x}_{t+1} - \widetilde{T}^{\mathrm{u}}_{t+1} + \tau \cdot r_{t+1} \cdot \widetilde{D}_{\mathrm{r},t} + \widetilde{V}^\ell_{\mathrm{r},t+1}\right]}{1 + k_{\mathrm{r},\theta,t+1}}$$

$$\text{für} \quad 0 \leq \theta \leq t \quad \text{und} \quad \forall t \in [0, T-1]\,. \quad \text{(A.3)}$$

Da das Fremdkapital bei wertabhängiger Finanzierung aufgrund der Abhängigkeit von dem erst noch zu ermittelnden Marktwert des verschuldeten Unternehmens eine unsichere Größe darstellt, sind die Höhe der anfallenden Fremdkapitalzinsen und in der weiteren Folge die Höhe des fremdfinanzierungsbedingten Tax Shields aus der Sicht des Bewertungszeitpunktes ebenfalls unsichere Größen.

Infolge der Abhängigkeit des Fremdkapitals von dem Bewertungsergebnis stellt die Formel (A.3) zudem eine implizite Bewertungsfunktion dar. Löst man diese Zirkularitätsbeziehung auf, indem man den erwarteten Marktwert des Fremdkapitals $\mathrm{E}_\theta\left[\widetilde{D}_{\mathrm{r},t}\right]$ durch das Produkt aus der bei wertabhängiger Finanzierung vom Informationsstand unabhängigen Fremdkapitalquote $\Theta_{\mathrm{r},t}$ und dem Marktwert des verschuldeten Unternehmens $\mathrm{E}_\theta\left[\widetilde{V}^\ell_{\mathrm{r},t}\right]$ gemäß (2.27) ersetzt, folgt aus (A.3) zunächst:

$$\mathrm{E}_\theta\left[\widetilde{V}^\ell_{\mathrm{r},t}\right] \cdot \left(1 + k_{\mathrm{r},\theta,t+1} - \tau \cdot r_{t+1} \cdot \Theta_{\mathrm{r},t}\right) = \mathrm{E}_\theta\left[\tilde{x}_{t+1} - \widetilde{T}^{\mathrm{u}}_{t+1} + \widetilde{V}^\ell_{\mathrm{r},t+1}\right].$$

344 Vgl. *Diedrich/Dierkes* (2015), S. 35.

Die Bewertungsgleichung

$$\mathrm{E}_\theta\left[\widetilde{V}^\ell_{\mathrm{r},t}\right] = \frac{\mathrm{E}_\theta\left[\tilde{x}_{t+1} - \widetilde{T}^{\mathrm{u}}_{t+1} + \widetilde{V}^\ell_{\mathrm{r},t+1}\right]}{1 + k_{\mathrm{r},\theta,t+1} - \tau \cdot r_{t+1} \cdot \Theta_{\mathrm{r},t}} = \frac{\mathrm{E}_\theta\left[\tilde{x}_{t+1} - \widetilde{T}^{\mathrm{u}}_{t+1} + \widetilde{V}^\ell_{\mathrm{r},t+1}\right]}{1 + k^\tau_{\mathrm{r},\theta,t+1}}$$

$$\text{für} \quad 0 \leq \theta \leq t \quad \text{und} \quad \forall t \in [0, T-1] \quad \text{(A.4)}$$

stellt somit einen zirkularitätsfreien Vorsteuerkalkül dar, bei dem der finanzierungsunabhängige freie Cashflow im Zähler mit einem noch zu spezifizierenden modifizierten Gesamtkapitalkostensatz nach Unternehmensteuern

$$k^\tau_{\mathrm{r},\theta,t+1} = k_{\mathrm{r},\theta,t+1} - \tau \cdot r_{t+1} \cdot \Theta_{\mathrm{r},t}$$

$$\text{für} \quad 0 \leq \theta \leq t \quad \text{und} \quad \forall t \in [0, T-1] \quad \text{(A.5)}$$

diskontiert wird. Ausgehend von (A.3) oder (A.4) kann der erwartete Marktwert des Eigenkapitals des verschuldeten Unternehmens $\mathrm{E}_\theta\left[\widetilde{E}^\ell_{\mathrm{r},t}\right]$ mittels

$$\mathrm{E}_\theta\left[\widetilde{E}^\ell_{\mathrm{r},t}\right] = \left(1 - \Theta_{\mathrm{r},t}\right) \cdot \mathrm{E}_\theta\left[\widetilde{V}^\ell_{\mathrm{r},t}\right]$$

$$\text{für} \quad 0 \leq \theta \leq t \quad \text{und} \quad \forall t \in [0, T-1] \quad \text{(A.6)}$$

berechnet werden. Durch Diskontierung der erwarteten Vorsteuerzahlungen an die Eigenkapitalgeber gemäß (A.1) mit einem Eigenkapitalkostensatz des verschuldeten Unternehmens vor persönlichen Steuern $ke^\ell_{\mathrm{r},\theta,t+1}$ lässt sich der Marktwert des Eigenkapitals alternativ auf direktem Wege ermitteln:

$$\mathrm{E}_\theta\left[\widetilde{E}^\ell_{\mathrm{r},t}\right] = \frac{\mathrm{E}_\theta\left[\tilde{x}_{t+1} - \widetilde{T}^{\mathrm{u}}_{t+1} - r_{t+1} \cdot \widetilde{D}_{\mathrm{r},t} + \tau \cdot r_{t+1} \cdot \widetilde{D}_{\mathrm{r},t} + \widetilde{\Delta D}_{\mathrm{r},t+1} + \widetilde{E}^\ell_{\mathrm{r},t+1}\right]}{1 + ke^\ell_{\mathrm{r},\theta,t+1}}$$

$$\text{für} \quad 0 \leq \theta \leq t \quad \text{und} \quad \forall t \in [0, T-1]. \quad \text{(A.7)}$$

Die Zusammenführung der Bewertungsgleichungen (A.3) und (A.7) ermöglicht die Ableitung einer Formel für $k_{\mathrm{r},\theta,t+1}$ in Abhängigkeit von $ke^\ell_{\mathrm{r},\theta,t+1}$. Aus (A.7) folgt:

$$\mathrm{E}_\theta\left[\widetilde{E}^\ell_{\mathrm{r},t} \cdot \left(1 + ke^\ell_{\mathrm{r},\theta,t+1}\right) + \widetilde{D}_{\mathrm{r},t} \cdot (1 + r_{t+1})\right]$$
$$= \mathrm{E}_\theta\left[\tilde{x}_{t+1} - \widetilde{T}^{\mathrm{u}}_{t+1} + \tau \cdot r_{t+1} \cdot \widetilde{D}_{\mathrm{r},t} + \widetilde{V}^\ell_{\mathrm{r},t+1}\right].$$

Einsetzen in (A.3) ergibt:

$$\mathrm{E}_\theta\left[\widetilde{V}^\ell_{\mathrm{r},t}\right] = \frac{\mathrm{E}_\theta\left[\widetilde{E}^\ell_{\mathrm{r},t} \cdot \left(1 + ke^\ell_{\mathrm{r},\theta,t+1}\right) + \widetilde{D}_{\mathrm{r},t} \cdot (1 + r_{t+1})\right]}{1 + k_{\mathrm{r},\theta,t+1}}.$$

Für $k_{\mathrm{r},\theta,t+1}$ gilt somit:

$$k_{\mathrm{r},\theta,t+1} = ke^{\ell}_{\mathrm{r},\theta,t+1} \cdot \frac{\mathrm{E}_\theta\left[\widetilde{E}^{\ell}_{\mathrm{r},t}\right]}{\mathrm{E}_\theta\left[\widetilde{V}^{\ell}_{\mathrm{r},t}\right]} + r_{t+1} \cdot \frac{\mathrm{E}_\theta\left[\widetilde{D}_{\mathrm{r},t}\right]}{\mathrm{E}_\theta\left[\widetilde{V}^{\ell}_{\mathrm{r},t}\right]} = ke^{\ell}_{\mathrm{r},\theta,t+1} \cdot \left(1 - \Theta_{\mathrm{r},t}\right) + r_{t+1} \cdot \Theta_{\mathrm{r},t}$$

$$\text{für} \quad 0 \leq \theta \leq t \quad \text{und} \quad \forall t \in [0, T-1]\,. \quad \text{(A.8)}$$

Setzt man (A.8) wiederum in (A.5) ein, resultiert ein ähnlicher Ausdruck für $k^{\tau}_{\mathrm{r},\theta,t+1}$:

$$k^{\tau}_{\mathrm{r},\theta,t+1} = ke^{\ell}_{\mathrm{r},\theta,t+1} \cdot \left(1 - \Theta_{\mathrm{r},t}\right) + r_{t+1} \cdot (1 - \tau) \cdot \Theta_{\mathrm{r},t}$$

$$\text{für} \quad 0 \leq \theta \leq t \quad \text{und} \quad \forall t \in [0, T-1]\,. \quad \text{(A.9)}$$

Die Gesamtkapitalkostensätze (A.8) und (A.9) bzw. die Bewertungskalküle (A.3) und (A.4) unterscheiden sich hinsichtlich des Ansatzes der Unternehmensteuer. Wird die Unternehmensteuer wie in (A.3) in der Zählergröße berücksichtigt, unterbleibt ihr Ansatz in dem zugehörigen Kapitalkostensatz (A.8). Umgekehrt erfolgt eine Berücksichtigung der Unternehmensteuer im Kapitalkostensatz (A.9) durch den Ansatz des Fremdkapitalkostensatzes nach Unternehmensteuer, weil der Zähler des betreffenden Bewertungskalküls (A.4) mit dem freien Cashflow eine finanzierungsunabhängige Größe darstellt.[345]

Zur Berechnung der Gesamtkapitalkostensätze (A.8) und (A.9) fehlt noch eine Formel für den Eigenkapitalkostensatz des verschuldeten Unternehmens $ke^{\ell}_{\mathrm{r},\theta,t+1}$ in Abhängigkeit von dem Eigenkapitalkostensatz des unverschuldeten Unternehmens $ke^{\mathrm{u}}_{\mathrm{r},\theta,t+1}$ und dem deterministisch festgelegten Verschuldungsgrad bei residualer Ausschüttung

$$L_{\mathrm{r},t} = \frac{\mathrm{E}_\theta\left[\widetilde{D}_{\mathrm{r},t}\right]}{\mathrm{E}_\theta\left[\widetilde{E}^{\ell}_{\mathrm{r},t}\right]} = \frac{\Theta_{\mathrm{r},t}}{1 - \Theta_{\mathrm{r},t}} \qquad \forall t \in [0, T-1]\,. \quad \text{(A.10)}$$

Geht man wie *Miles* und *Ezzell* bei der Bewertung rekursiv vor,[346] lässt sich zeigen, dass (A.3) der Summe aus dem erwarteten Marktwert des unverschul-

345 Siehe auch *Diedrich/Dierkes* (2015), S. 87, 93.
346 Vgl. *Miles/Ezzel* (1980) und *Miles/Ezzel* (1985).

deten Unternehmens $\mathrm{E}_\theta\left[\widetilde{V}^{\mathrm{u}}_{\mathrm{r},t}\right]$ und dem erwarteten Marktwert aller künftigen Tax Shields $\mathrm{E}_\theta\left[\widetilde{VTS}_{\mathrm{r},t}\right]$ gemäß

$$\begin{aligned}
\mathrm{E}_\theta\left[\widetilde{V}^{\ell}_{\mathrm{r},t}\right] &= \mathrm{E}_\theta\left[\widetilde{V}^{\mathrm{u}}_{\mathrm{r},t}\right] + \mathrm{E}_\theta\left[\widetilde{VTS}_{\mathrm{r},t}\right] \\
&= \frac{\mathrm{E}_\theta\left[\tilde{x}_{t+1} - \widetilde{T}^{\mathrm{u}}_{t+1}\right] + \mathrm{E}_\theta\left[\widetilde{V}^{\mathrm{u}}_{\mathrm{r},t+1}\right]}{1 + ke^{\mathrm{u}}_{\mathrm{r},\theta,t+1}} + \frac{\tau \cdot r_{t+1} \cdot \Theta_{\mathrm{r},t} \cdot \mathrm{E}_\theta\left[\widetilde{V}^{\ell}_{\mathrm{r},t}\right]}{1 + r_{t+1}} \\
&\quad + \frac{\mathrm{E}_\theta\left[\widetilde{VTS}_{\mathrm{r},t+1}\right]}{1 + ke^{\mathrm{u}}_{\mathrm{r},\theta,t+1}} \qquad \text{für} \quad 0 \leq \theta \leq t \quad \text{und} \quad \forall t \in [0, T-1]
\end{aligned} \tag{A.11}$$

entspricht. Diese Bewertungsgleichung ist mit (A.7) zusammenzuführen und nach $ke^{\ell}_{\mathrm{r},\theta,t+1}$ aufzulösen. Aus (A.11) folgt:

$$\mathrm{E}_\theta\left[\tilde{x}_{t+1} - \widetilde{T}^{\mathrm{u}}_{t+1} + \widetilde{V}^{\ell}_{\mathrm{r},t+1}\right] = \mathrm{E}_\theta\left[\widetilde{V}^{\ell}_{\mathrm{r},t}\right] \cdot \left(1 + ke^{\mathrm{u}}_{\mathrm{r},\theta,t+1}\right) \cdot \left(1 - \frac{\tau \cdot r_{t+1} \cdot \Theta_{\mathrm{r},t}}{1 + r_{t+1}}\right).$$

Aus (A.7) folgt:

$$\begin{aligned}
&\mathrm{E}_\theta\left[\tilde{x}_{t+1} - \widetilde{T}^{\mathrm{u}}_{t+1} + \widetilde{V}^{\ell}_{\mathrm{r},t+1}\right] \\
&\quad = \mathrm{E}_\theta\left[\widetilde{V}^{\ell}_{\mathrm{r},t}\right] \cdot \left(\left(1 - \Theta_{\mathrm{r},t}\right) \cdot \left(1 + ke^{\ell}_{\mathrm{r},\theta,t+1}\right) + \Theta_{\mathrm{r},t} \cdot \left(1 + r_{t+1} \cdot (1 - \tau)\right)\right).
\end{aligned}$$

Nach Gleichsetzen der Ausdrücke auf der jeweils rechten Seite der letzten beiden Gleichungen und Dividieren durch $1 - \Theta_{\mathrm{r},t}$ resultiert für $ke^{\ell}_{\mathrm{r},\theta,t+1}$:

$$\begin{aligned}
ke^{\ell}_{\mathrm{r},\theta,t+1} &= \left(1 + ke^{\mathrm{u}}_{\mathrm{r},\theta,t+1}\right) \cdot \left(1 + L_{\mathrm{r},t} - \frac{\tau \cdot r_{t+1} \cdot L_{\mathrm{r},t}}{1 + r_{t+1}}\right) \\
&\quad - L_{\mathrm{r},t} \cdot \left(1 + r_{t+1} \cdot (1 - \tau)\right) - 1 \\
&= ke^{\mathrm{u}}_{\mathrm{r},\theta,t+1} + \left(1 + ke^{\mathrm{u}}_{\mathrm{r},\theta,t+1}\right) \cdot L_{\mathrm{r},t} \cdot \left(1 - \frac{\tau \cdot r_{t+1}}{1 + r_{t+1}}\right) \\
&\quad - L_{\mathrm{r},t} \cdot \left(1 + r_{t+1} \cdot (1 - \tau)\right) \\
&= ke^{\mathrm{u}}_{\mathrm{r},\theta,t+1} + \left(\frac{1 + ke^{\mathrm{u}}_{\mathrm{r},\theta,t+1}}{1 + r_{t+1}} - 1\right) \cdot \left(1 + r_{t+1} \cdot (1 - \tau)\right) \cdot L_{\mathrm{r},t}
\end{aligned} \tag{A.12a}$$

mit (A.10) und

$$\frac{1}{1-\Theta_{\mathrm{r},t}} = 1 + L_{\mathrm{r},t} \qquad \forall t \in [0, T-1]\,.$$

Aus (A.12a) ergibt sich schließlich die folgende Formel zur Anpassung des Eigenkapitalkostensatzes an den Verschuldungsgrad bei wertabhängiger Finanzierung und residualer Ausschüttung $L_{\mathrm{r},t}$:

$$ke^{\ell}_{\mathrm{r},\theta,t+1} = ke^{\mathrm{u}}_{\mathrm{r},\theta,t+1} + \left(ke^{\mathrm{u}}_{\mathrm{r},\theta,t+1} - r_{t+1}\right) \cdot \frac{1 + r_{t+1} \cdot (1-\tau)}{1 + r_{t+1}} \cdot L_{\mathrm{r},t}$$

$$\text{für} \quad 0 \leq \theta \leq t \quad \text{und} \quad \forall t \in [0, T-1]\,. \qquad \text{(A.12b)}$$

Setzt man diese in (A.8) ein, lässt sich mit wenigen Umformungen die Anpassungsformel (A.13) für $k_{\mathrm{r},\theta,t+1}$ ableiten:

$$\begin{aligned}
k_{\mathrm{r},\theta,t+1} &= ke^{\mathrm{u}}_{\mathrm{r},\theta,t+1} \cdot \left(1 - \Theta_{\mathrm{r},t}\right) \\
&\quad + \left(ke^{\mathrm{u}}_{\mathrm{r},\theta,t+1} - r_{t+1}\right) \cdot \frac{1 + r_{t+1} \cdot (1-\tau)}{1 + r_{t+1}} \cdot \Theta_{\mathrm{r},t} + r_{t+1} \cdot \Theta_{\mathrm{r},t} \\
&= ke^{\mathrm{u}}_{\mathrm{r},\theta,t+1} - \left(ke^{\mathrm{u}}_{\mathrm{r},\theta,t+1} - \left(ke^{\mathrm{u}}_{\mathrm{r},\theta,t+1} - r_{t+1}\right) \cdot \frac{1 + r_{t+1} \cdot (1-\tau)}{1 + r_{t+1}} - r_{t+1}\right) \cdot \Theta_{\mathrm{r},t} \\
&= ke^{\mathrm{u}}_{\mathrm{r},\theta,t+1} - \left(ke^{\mathrm{u}}_{\mathrm{r},\theta,t+1} - r_{t+1}\right) \cdot \left(1 - \frac{1 + r_{t+1} \cdot (1-\tau)}{1 + r_{t+1}}\right) \cdot \Theta_{\mathrm{r},t} \\
&= ke^{\mathrm{u}}_{\mathrm{r},\theta,t+1} - \tau \cdot r_{t+1} \cdot \Theta_{\mathrm{r},t} \cdot \frac{ke^{\mathrm{u}}_{\mathrm{r},\theta,t+1} - r_{t+1}}{1 + r_{t+1}} \qquad \text{(A.13)}
\end{aligned}$$

$$\text{für} \quad 0 \leq \theta \leq t \quad \text{und} \quad \forall t \in [0, T-1].$$

Eine Anpassungsformel für $k^{\tau}_{\mathrm{r},\theta,t+1}$ kann durch Einsetzen von (A.12b) in (A.9) oder, wie nachstehend gezeigt, durch Einsetzen von (A.13) in (A.5) abgeleitet werden:

$$\begin{aligned}
k^{\tau}_{\mathrm{r},\theta,t+1} &= ke^{\mathrm{u}}_{\mathrm{r},\theta,t+1} - \tau \cdot r_{t+1} \cdot \Theta_{\mathrm{r},t} \cdot \left(1 + \frac{ke^{\mathrm{u}}_{\mathrm{r},\theta,t+1} - r_{t+1}}{1 + r_{t+1}}\right) \\
&= ke^{\mathrm{u}}_{\mathrm{r},\theta,t+1} - \tau \cdot r_{t+1} \cdot \Theta_{\mathrm{r},t} \cdot \frac{1 + ke^{\mathrm{u}}_{\mathrm{r},\theta,t+1}}{1 + r_{t+1}} \qquad \text{(A.14)}
\end{aligned}$$

$$\text{für} \quad 0 \leq \theta \leq t \quad \text{und} \quad \forall t \in [0, T-1].$$

A.1.2 Nachsteuersätze bei residualer Ausschüttung

In einer Nachsteuerrechnung[347] fließen an die Eigenkapitalgeber die Zahlungen

$$\begin{aligned}&\mathrm{E}_\theta\left[\tilde{x}_{t+1} - \widetilde{T}^{\mathrm{u}}_{t+1} - r_{t+1} \cdot \widetilde{D}_{\mathrm{r},t} + \tau \cdot r_{t+1} \cdot \widetilde{D}_{\mathrm{r},t} + \widetilde{\Delta D}_{\mathrm{r},t+1}\right] \cdot (1 - s_\mathrm{d})\\ &\qquad - s_\mathrm{g} \cdot \left(\mathrm{E}_\theta\left[\widetilde{E}^{\ell,\mathrm{s}}_{\mathrm{r},t+1}\right] - \mathrm{E}_\theta\left[\widetilde{E}^{\ell,\mathrm{s}}_{\mathrm{r},t}\right]\right)\\ &\qquad \forall t \in [0, T-1]\,. \qquad \text{(A.15)}\end{aligned}$$

(A.15) unterscheidet sich von (A.1) durch die Besteuerung der Ausschüttung auf privater Ebene mit dem Steuersatz s_d sowie die Besteuerung des Marktwertzuwachses mit dem Steuersatz s_g. Die erwarteten Nachsteuerzahlungen an die Fremdkapitalgeber

$$\mathrm{E}_\theta\left[r_{t+1} \cdot \widetilde{D}_{\mathrm{r},t} \cdot (1 - s_\mathrm{d}) - \widetilde{\Delta D}_{\mathrm{r},t+1}\right] \qquad \forall t \in [0, T-1] \quad \text{(A.16)}$$

berücksichtigen erweiternd zu (A.2) den Abzug der auf die Fremdkapitalzinsen anfallenden persönlichen Steuern.[348] Die Summe aus den an die Eigen- und die Fremdkapitalgeber fließenden Nachsteuerzahlungen (A.15) und (A.16) bildet den Total Cashflow nach Unternehmen- und persönlichen Steuern. Wie im Rahmen der Vorsteuerrechnung kürzen sich die Fremdkapitalzinsen bei der Summierung der Zahlungen an die Kapitalgeber heraus. Aufgrund der unterschiedlichen steuerlichen Behandlung von Ausschüttungsveränderungen bei den Eigenkapitalgebern gegenüber den Fremdkapitalzuführungen und Tilgungszahlungen bei den Fremdkapitalgebern verbleibt jedoch die Größe $\mathrm{E}_\theta\left[\widetilde{\Delta D}_{\mathrm{r},t+1}\right]$ im Bewertungskalkül. Analog zur Vorsteuerrechnung erhält man den beim Informationsstand θ für den Zeitpunkt t erwarteten Marktwert des verschuldeten Unternehmens $\mathrm{E}_\theta\left[\widetilde{V}^{\ell,\mathrm{s}}_{\mathrm{r},t}\right]$ durch Diskontierung dieses Total Cashflows mit einem noch zu spezifizierenden Gesamtkapitalkostensatz $k^{\mathrm{s}}_{\mathrm{r},\theta,t+1}$, in dem im Rahmen einer Nachsteuerrechnung die persönliche Besteuerung berücksichtigt wird, auf den Zeitpunkt t:

$$\mathrm{E}_\theta\left[\widetilde{V}^{\ell,\mathrm{s}}_{\mathrm{r},t}\right] = \frac{\mathrm{E}_\theta\left[\tilde{x}_{t+1} - \widetilde{T}^{\mathrm{u}}_{t+1} - r_{t+1} \cdot \widetilde{D}_{\mathrm{r},t} + \tau \cdot r_{t+1} \cdot \widetilde{D}_{\mathrm{r},t} + \widetilde{\Delta D}_{\mathrm{r},t+1}\right] \cdot (1 - s_\mathrm{d})}{1 + k^{\mathrm{s}}_{\mathrm{r},\theta,t+1}} \;\lrcorner$$

347 Die folgende Herleitung ist angelehnt an die Ausführungen in *Diedrich/Dierkes* (2015), S. 116–123.

348 Vgl. *Diedrich/Dierkes* (2015), S. 109, 116.

$$+\frac{\left(-s_{\mathrm{g}}\cdot\left(\mathrm{E}_\theta\left[\widetilde{E}^{\ell,\mathrm{s}}_{\mathrm{r},t+1}\right]-\mathrm{E}_\theta\left[\widetilde{E}^{\ell,\mathrm{s}}_{\mathrm{r},t}\right]\right)\right)+\mathrm{E}_\theta\left[r_{t+1}\cdot\widetilde{D}_{\mathrm{r},t}\cdot(1-s_{\mathrm{d}})-\widetilde{\Delta D}_{\mathrm{r},t+1}\right]}{1+k^{\mathrm{s}}_{\mathrm{r},\theta,t+1}}$$

$$+\frac{\mathrm{E}_\theta\left[\widetilde{V}^{\ell,\mathrm{s}}_{\mathrm{r},t+1}\right]}{1+k^{\mathrm{s}}_{\mathrm{r},\theta,t+1}}. \qquad \text{(A.17)}$$

Die durch den Eingang des Marktwertes des Eigenkapitals $\mathrm{E}_\theta\left[\widetilde{E}^{\ell,\mathrm{s}}_{\mathrm{r},t}\right]$ in die Bemessungsgrundlage der Kursgewinnsteuer in (A.17) bestehende Zirkularität kann durch Rückgriff auf den in eine Nachsteuerrechnung übertragbaren Zusammenhang (2.52) und Umstellen des Marktwertes des verschuldeten Unternehmens $\mathrm{E}_\theta\left[\widetilde{V}^{\ell,\mathrm{s}}_{\mathrm{r},t}\right]$ auf die linke Seite der Gleichung aufgelöst werden. (A.17) entspricht:

$$\mathrm{E}_\theta\left[\widetilde{V}^{\ell,\mathrm{s}}_{\mathrm{r},t}\right]=\frac{\mathrm{E}_\theta\left[\left(\tilde{x}_{t+1}-\widetilde{T}^{\mathrm{u}}_{t+1}+\tau\cdot r_{t+1}\cdot\widetilde{D}_{\mathrm{r},t}\right)\cdot(1-s_{\mathrm{d}})-\widetilde{\Delta D}_{\mathrm{r},t+1}\cdot s_{\mathrm{d}}\right]}{1+k^{\mathrm{s}}_{\mathrm{r},\theta,t+1}}$$

$$+\frac{\mathrm{E}_\theta\left[-s_{\mathrm{g}}\cdot\left(\left(\widetilde{V}^{\ell,\mathrm{s}}_{\mathrm{r},t+1}-\widetilde{D}_{\mathrm{r},t+1}\right)-\left(\widetilde{V}^{\ell,\mathrm{s}}_{\mathrm{r},t}-\widetilde{D}_{\mathrm{r},t}\right)\right)+\widetilde{V}^{\ell,\mathrm{s}}_{\mathrm{r},t+1}\right]}{1+k^{\mathrm{s}}_{\mathrm{r},\theta,t+1}}$$

$$\text{für}\quad 0\le\theta\le t\quad\text{und}\quad\forall t\in[0,T-1].$$

Hieraus folgt:

$$\mathrm{E}_\theta\left[\widetilde{V}^{\ell,\mathrm{s}}_{\mathrm{r},t}\right]\cdot\left(1+k^{\mathrm{s}}_{\mathrm{r},\theta,t+1}-s_{\mathrm{g}}\right)=\mathrm{E}_\theta\Big[\left(\tilde{x}_{t+1}-\widetilde{T}^{\mathrm{u}}_{t+1}+\tau\cdot r_{t+1}\cdot\widetilde{D}_{\mathrm{r},t}\right)\cdot(1-s_{\mathrm{d}})$$
$$-\widetilde{\Delta D}_{\mathrm{r},t+1}\cdot\left(s_{\mathrm{d}}-s_{\mathrm{g}}\right)+\widetilde{V}^{\ell,\mathrm{s}}_{\mathrm{r},t+1}\cdot\left(1-s_{\mathrm{g}}\right)\Big].$$

Dividieren durch $1-s_{\mathrm{g}}$ und Auflösen nach $\mathrm{E}_\theta\left[\widetilde{V}^{\ell,\mathrm{s}}_{\mathrm{r},t}\right]$ ergibt:

$$\mathrm{E}_\theta\left[\widetilde{V}^{\ell,\mathrm{s}}_{\mathrm{r},t}\right]=\frac{\mathrm{E}_\theta\left[\left(\tilde{x}_{t+1}-\widetilde{T}^{\mathrm{u}}_{t+1}+\tau\cdot r_{t+1}\cdot\widetilde{D}_{\mathrm{r},t}\right)\cdot(1-s_{\mathrm{d}^\star})-\widetilde{\Delta D}_{\mathrm{r},t+1}\cdot s_{\mathrm{d}^\star}+\widetilde{V}^{\ell,\mathrm{s}}_{\mathrm{r},t+1}\right]}{1+k^{\mathrm{s}^\star}_{\mathrm{r},\theta,t+1}}$$

$$\text{für}\quad 0\le\theta\le t\quad\text{und}\quad\forall t\in[0,T-1]. \qquad \text{(A.18)}$$

(A.18) beinhaltet den modifizierten Steuersatz $s_{\mathrm{d}^\star}$ gemäß (2.57) sowie den modifizierten Gesamtkapitalkostensatz

$$k^{\mathrm{s}^\star}_{\mathrm{r},\theta,t+1}=\frac{k^{\mathrm{s}}_{\mathrm{r},\theta,t+1}}{1-s_{\mathrm{g}}}\qquad\text{für}\quad 0\le\theta\le t\quad\text{und}\quad\forall t\in[0,T-1]. \qquad \text{(A.19)}$$

Da das erwartete Fremdkapital $\mathrm{E}_\theta\left[\widetilde{D}_{\mathrm{r},t}\right]$ bei wertabhängiger Finanzierung aus dem Produkt aus der Fremdkapitalquote $\Theta_{\mathrm{r},t}$ und dem Marktwert des verschuldeten Unternehmens $\mathrm{E}_\theta\left[\widetilde{V}_{\mathrm{r},t}^{\ell,\mathrm{s}}\right]$ hervorgeht, gilt für (A.18) nach Berücksichtigung dieses Zusammenhangs:

$$\mathrm{E}_\theta\left[\widetilde{V}_{\mathrm{r},t}^{\ell,\mathrm{s}}\right] = \frac{\mathrm{E}_\theta\left[\left(\tilde{x}_{t+1} - \widetilde{T}_{t+1}^{\mathrm{u}} + \tau \cdot r_{t+1} \cdot \Theta_{\mathrm{r},t} \cdot \widetilde{V}_{\mathrm{r},t}^{\ell,\mathrm{s}}\right) \cdot (1 - s_{\mathrm{d}^\star})\right]}{1 + k_{\mathrm{r},\theta,t+1}^{\mathrm{s}^\star}} + \frac{\mathrm{E}_\theta\left[-\left(\Theta_{\mathrm{r},t+1} \cdot \widetilde{V}_{\mathrm{r},t+1}^{\ell,\mathrm{s}} - \Theta_{\mathrm{r},t} \cdot \widetilde{V}_{\mathrm{r},t}^{\ell,\mathrm{s}}\right) \cdot s_{\mathrm{d}^\star} + \widetilde{V}_{\mathrm{r},t+1}^{\ell,\mathrm{s}}\right]}{1 + k_{\mathrm{r},\theta,t+1}^{\mathrm{s}^\star}}. \tag{A.20}$$

Nach Ausklammern des erwarteten Marktwertes des verschuldeten Unternehmens $\mathrm{E}_\theta\left[\widetilde{V}_{\mathrm{r},t}^{\ell,\mathrm{s}}\right]$ resultiert:

$$\mathrm{E}_\theta\left[\widetilde{V}_{\mathrm{r},t}^{\ell,\mathrm{s}}\right] \cdot \left(1 + k_{\mathrm{r},\theta,t+1}^{\mathrm{s}^\star} - \tau \cdot r_{t+1} \cdot \Theta_{\mathrm{r},t} \cdot (1 - s_{\mathrm{d}^\star}) - \Theta_{\mathrm{r},t} \cdot s_{\mathrm{d}^\star}\right) = \mathrm{E}_\theta\left[\left(\tilde{x}_{t+1} - \widetilde{T}_{t+1}^{\mathrm{u}}\right) \cdot (1 - s_{\mathrm{d}^\star}) + \widetilde{V}_{\mathrm{r},t+1}^{\ell,\mathrm{s}} \cdot \left(1 - \Theta_{\mathrm{r},t+1} \cdot s_{\mathrm{d}^\star}\right)\right].$$

Dividieren durch den mit dem Marktwert des verschuldeten Unternehmens $\mathrm{E}_\theta\left[\widetilde{V}_{\mathrm{r},t+1}^{\ell,\mathrm{s}}\right]$ verbundenen Faktor $1 - \Theta_{\mathrm{r},t+1} \cdot s_{\mathrm{d}^\star}$ ergibt:

$$\mathrm{E}_\theta\left[\widetilde{V}_{\mathrm{r},t}^{\ell,\mathrm{s}}\right] \cdot \frac{1 + k_{\mathrm{r},\theta,t+1}^{\mathrm{s}^\star} - \tau \cdot r_{t+1} \cdot \Theta_{\mathrm{r},t} \cdot (1 - s_{\mathrm{d}^\star}) - \Theta_{\mathrm{r},t} \cdot s_{\mathrm{d}^\star}}{1 - \Theta_{\mathrm{r},t+1} \cdot s_{\mathrm{d}^\star}} = \mathrm{E}_\theta\left[\left(\tilde{x}_{t+1} - \widetilde{T}_{t+1}^{\mathrm{u}}\right) \cdot \frac{1 - s_{\mathrm{d}^\star}}{1 - \Theta_{\mathrm{r},t+1} \cdot s_{\mathrm{d}^\star}} + \widetilde{V}_{\mathrm{r},t+1}^{\ell,\mathrm{s}}\right]. \tag{A.21}$$

Um einen vertrauten Aufbau des Bewertungskalküls zu erhalten, können zwei Umdefinitionen vorgenommen werden. Erstens kann der mit dem erwarteten freien Cashflow verbundene Faktor als $1 - s_{\bar{\mathrm{d}},\mathrm{r},t+1}$ definiert werden. Für den modifizierten Steuersatz $s_{\bar{\mathrm{d}},\mathrm{r},t+1}$ gilt folglich:

$$s_{\bar{\mathrm{d}},\mathrm{r},t+1} = 1 - \frac{1 - s_{\mathrm{d}^\star}}{1 - \Theta_{\mathrm{r},t+1} \cdot s_{\mathrm{d}^\star}} = \frac{s_{\mathrm{d}^\star} \cdot \left(1 - \Theta_{\mathrm{r},t+1}\right)}{1 - \Theta_{\mathrm{r},t+1} \cdot s_{\mathrm{d}^\star}} \qquad \forall t \in [0, T-1]. \tag{A.22}$$

Zweitens kann der mit dem Marktwert verbundene Faktor auf der linken Seite als $1 + k^{\tau,s^\star}_{r,\theta,t+1}$ definiert werden. Unter Nutzung von (A.22) gilt für den modifizierten Gesamtkapitalkostensatz nach Steuern $k^{\tau,s^\star}_{r,\theta,t+1}$:

$$k^{\tau,s^\star}_{r,\theta,t+1} = \frac{1 + k^{s^\star}_{r,\theta,t+1}}{1 - \Theta_{r,t+1} \cdot s_{d^\star}} - \tau \cdot r_{t+1} \cdot \Theta_{r,t} \cdot \left(1 - s_{\bar{d},r,t+1}\right) - \frac{\Theta_{r,t}}{1 - \Theta_{r,t+1}} \cdot s_{\bar{d},r,t+1} - 1$$

$$\text{für} \quad 0 \leq \theta \leq t \quad \text{und} \quad \forall t \in [0, T-1]\,. \qquad \text{(A.23)}$$

Auflösen von (A.21) nach $\mathrm{E}_\theta\left[\widetilde{V}^{\ell,s}_{r,t}\right]$ ergibt unter Berücksichtigung von (A.22) und (A.23):

$$\mathrm{E}_\theta\left[\widetilde{V}^{\ell,s}_{r,t}\right] = \frac{\mathrm{E}_\theta\left[\left(\tilde{x}_{t+1} - \widetilde{T}^{u}_{t+1}\right) \cdot \left(1 - s_{\bar{d},r,t+1}\right) + \widetilde{V}^{\ell,s}_{r,t+1}\right]}{1 + k^{\tau,s^\star}_{r,\theta,t+1}}$$

$$\text{für} \quad 0 \leq \theta \leq t \quad \text{und} \quad \forall t \in [0, T-1]\,. \qquad \text{(A.24)}$$

Im Vergleich zu dem vertrauten Vorsteuerkalkül (A.4) werden gemäß dem modifizierten Nachsteuerkalkül (A.24) die freien Cashflows um modifizierte persönliche Steuern vermindert und mit einem modifizierten Nachsteuersatz diskontiert. Der Bewertungskalkül (A.18) bzw. (A.20) unterscheidet sich von dem Kalkül (A.24) in Bezug auf den Ansatz des fremdfinanzierungsbedingten Steuervorteils in der Zählergröße, während der Tax Shield in letzterem in dem Gesamtkapitalkostensatz $k^{\tau,s^\star}_{r,\theta,t+1}$ enthalten ist.[349] Der Marktwert des Eigenkapitals des verschuldeten Unternehmens $\mathrm{E}_\theta\left[\widetilde{E}^{\ell,s}_{r,t}\right]$ leitet sich aus (A.18) bzw. (A.20) oder (A.24) ab (vgl. (A.6)):

$$\mathrm{E}_\theta\left[\widetilde{E}^{\ell,s}_{r,t}\right] = \left(1 - \Theta_{r,t}\right) \cdot \mathrm{E}_\theta\left[\widetilde{V}^{\ell,s}_{r,t}\right]$$

$$\text{für} \quad 0 \leq \theta \leq t \quad \text{und} \quad \forall t \in [0, T-1]\,. \qquad \text{(A.25)}$$

Als Nächstes ist der Kapitalkostensatz $k^{s^\star}_{r,\theta,t+1}$ in (A.23) mit dem Eigenkapitalkostensatz des verschuldeten Unternehmens nach persönlichen Steuern $ke^{\ell,s}_{r,\theta,t+1}$ in Beziehung zu setzen. Anstatt mittels (A.25) kann der Marktwert des Eigenkapitals durch Diskontierung der erwarteten Nachsteuerzahlungen

349 Siehe hierzu auch *Diedrich/Dierkes* (2015), S. 93.

an die Eigenkapitalgeber gemäß (A.15) mit $ke^{\ell,s}_{r,\theta,t+1}$ auch auf direktem Wege ermittelt werden:

$$\mathrm{E}_\theta\left[\widetilde{E}^{\ell,s}_{r,t}\right] = \frac{\mathrm{E}_\theta\left[\left(\tilde{x}_{t+1} - \widetilde{T}^{u}_{t+1} - r_{t+1}\cdot\widetilde{D}_{r,t} + \tau\cdot r_{t+1}\cdot\widetilde{D}_{r,t} + \widetilde{\Delta D}_{r,t+1}\right)\cdot(1-s_d)\right]}{1+ke^{\ell,s}_{r,\theta,t+1}} + \frac{\mathrm{E}_\theta\left[-s_g\cdot\left(\widetilde{E}^{\ell,s}_{r,t+1} - \widetilde{E}^{\ell,s}_{r,t}\right) + \widetilde{E}^{\ell,s}_{r,t+1}\right]}{1+ke^{\ell,s}_{r,\theta,t+1}} \tag{A.26}$$

$$\text{für}\quad 0\le\theta\le t\quad\text{und}\quad\forall t\in[0,T-1].$$

Da es sich um eine implizite Bewertungsfunktion handelt, ist diese nach dem Marktwert des Eigenkapitals $\mathrm{E}_\theta\left[\widetilde{E}^{\ell,s}_{r,t}\right]$ umzustellen:

$$\mathrm{E}_\theta\left[\widetilde{E}^{\ell,s}_{r,t}\right]\cdot\left(1+ke^{\ell,s}_{r,\theta,t+1}-s_g\right) = \mathrm{E}_\theta\left[\left(\tilde{x}_{t+1} - \widetilde{T}^{u}_{t+1} - r_{t+1}\cdot\widetilde{D}_{r,t} + \tau\cdot r_{t+1}\cdot\widetilde{D}_{r,t} + \widetilde{\Delta D}_{r,t+1}\right)\cdot(1-s_d) + \widetilde{E}^{\ell,s}_{r,t+1}\cdot\left(1-s_g\right)\right].$$

Dividieren durch $1-s_g$ und Auflösen nach $\mathrm{E}_\theta\left[\widetilde{E}^{\ell,s}_{r,t}\right]$ ergibt:

$$\mathrm{E}_\theta\left[\widetilde{E}^{\ell,s}_{r,t}\right] = \frac{\mathrm{E}_\theta\left[\left(\tilde{x}_{t+1} - \widetilde{T}^{u}_{t+1} - r_{t+1}\cdot\widetilde{D}_{r,t} + \tau\cdot r_{t+1}\cdot\widetilde{D}_{r,t} + \widetilde{\Delta D}_{r,t+1}\right)\cdot(1-s_{d^\star}) + \widetilde{E}^{\ell,s}_{r,t+1}\right]}{1+ke^{\ell,s^\star}_{r,\theta,t+1}}$$

$$\text{für}\quad 0\le\theta\le t\quad\text{und}\quad\forall t\in[0,T-1]. \tag{A.27}$$

Für den modifizierten Eigenkapitalkostensatz $ke^{\ell,s^\star}_{r,\theta,t+1}$ in (A.27) gilt:

$$ke^{\ell,s^\star}_{r,\theta,t+1} = \frac{ke^{\ell,s}_{r,\theta,t+1}}{1-s_g}\qquad\text{für}\quad 0\le\theta\le t\quad\text{und}\quad\forall t\in[0,T-1]. \tag{A.28}$$

Durch Zusammenführen der Bewertungsgleichungen (A.18) und (A.27) kann für $k^{s^\star}_{r,\theta,t+1}$ eine Formel in Abhängigkeit von $ke^{\ell,s^\star}_{r,\theta,t+1}$ abgeleitet werden. Löst man (A.27) unter Nutzung der Beziehung (2.27) und des Zusammenhangs

$$r^{s^\star}_{t+1} = \frac{r^{s}_{t+1}}{1-s_g} = r_{t+1}\cdot\frac{1-s_d}{1-s_g} = r_{t+1}\cdot(1-s_{d^\star})\qquad\forall t\in[0,T-1] \tag{A.29}$$

zum Beispiel nach $\mathrm{E}_\theta\left[\tilde{x}_{t+1} - \widetilde{T}^{\mathrm{u}}_{t+1} + \tau \cdot r_{t+1} \cdot \widetilde{D}_{\mathrm{r},t}\right] \cdot (1 - s_{\mathrm{d}^\star})$ auf und setzt den resultierenden Ausdruck in (A.18) ein, vereinfacht sich der Kalkül zu:

$$\begin{aligned}
&\mathrm{E}_\theta\left[\widetilde{V}^{\ell,\mathrm{s}}_{\mathrm{r},t}\right] \\
&= \frac{\mathrm{E}_\theta\left[\widetilde{E}^{\ell,\mathrm{s}}_{\mathrm{r},t} \cdot \left(1 + ke^{\ell,\mathrm{s}^\star}_{\mathrm{r},\theta,t+1}\right) - \widetilde{\Delta D}_{\mathrm{r},t+1} - \widetilde{E}^{\ell,\mathrm{s}}_{\mathrm{r},t+1} + r_{t+1} \cdot \widetilde{D}_{\mathrm{r},t} \cdot (1 - s_{\mathrm{d}^\star}) + \widetilde{V}^{\ell,\mathrm{s}}_{\mathrm{r},t+1}\right]}{1 + k^{\mathrm{s}^\star}_{\mathrm{r},\theta,t+1}} \\
&= \frac{\mathrm{E}_\theta\left[\widetilde{E}^{\ell,\mathrm{s}}_{\mathrm{r},t} \cdot \left(1 + ke^{\ell,\mathrm{s}^\star}_{\mathrm{r},\theta,t+1}\right) + \widetilde{D}_{\mathrm{r},t} \cdot \left(1 + r^{\mathrm{s}^\star}_{t+1}\right)\right]}{1 + k^{\mathrm{s}^\star}_{\mathrm{r},\theta,t+1}}.
\end{aligned}$$

Auflösen nach $k^{\mathrm{s}^\star}_{\mathrm{r},\theta,t+1}$ ergibt (vgl. (A.8)):

$$k^{\mathrm{s}^\star}_{\mathrm{r},\theta,t+1} = ke^{\ell,\mathrm{s}^\star}_{\mathrm{r},\theta,t+1} \cdot \frac{\mathrm{E}_\theta\left[\widetilde{E}^{\ell,\mathrm{s}}_{\mathrm{r},t}\right]}{\mathrm{E}_\theta\left[\widetilde{V}^{\ell,\mathrm{s}}_{\mathrm{r},t}\right]} + r^{\mathrm{s}^\star}_{t+1} \cdot \frac{\mathrm{E}_\theta\left[\widetilde{D}_{\mathrm{r},t}\right]}{\mathrm{E}_\theta\left[\widetilde{V}^{\ell,\mathrm{s}}_{\mathrm{r},t}\right]} = ke^{\ell,\mathrm{s}^\star}_{\mathrm{r},\theta,t+1} \cdot \left(1 - \Theta_{\mathrm{r},t}\right) + r^{\mathrm{s}^\star}_{t+1} \cdot \Theta_{\mathrm{r},t}$$

$$\text{für} \quad 0 \leq \theta \leq t \quad \text{und} \quad \forall t \in [0, T-1]. \tag{A.30}$$

Einsetzen von (A.30) in (A.23) führt zu:

$$\begin{aligned}
k^{\tau,\mathrm{s}^\star}_{\mathrm{r},\theta,t+1} = {} & ke^{\ell,\mathrm{s}^\star}_{\mathrm{r},\theta,t+1} \cdot \frac{1 - \Theta_{\mathrm{r},t}}{1 - \Theta_{\mathrm{r},t+1} \cdot s_{\mathrm{d}^\star}} + \frac{1 + r^{\mathrm{s}^\star}_{t+1} \cdot \Theta_{\mathrm{r},t}}{1 - \Theta_{\mathrm{r},t+1} \cdot s_{\mathrm{d}^\star}} \\
& - \tau \cdot r_{t+1} \cdot \Theta_{\mathrm{r},t} \cdot \frac{1 - s_{\mathrm{d}^\star}}{1 - \Theta_{\mathrm{r},t+1} \cdot s_{\mathrm{d}^\star}} - \frac{\Theta_{\mathrm{r},t} \cdot s_{\mathrm{d}^\star}}{1 - \Theta_{\mathrm{r},t+1} \cdot s_{\mathrm{d}^\star}} - 1.
\end{aligned}$$

Hieraus folgt zunächst

$$\begin{aligned}
k^{\tau,\mathrm{s}^\star}_{\mathrm{r},\theta,t+1} = {} & ke^{\ell,\mathrm{s}^\star}_{\mathrm{r},\theta,t+1} \cdot \frac{1 - \Theta_{\mathrm{r},t}}{1 - \Theta_{\mathrm{r},t+1} \cdot s_{\mathrm{d}^\star}} + r^{\mathrm{s}^\star}_{t+1} \cdot (1 - \tau) \cdot \frac{\Theta_{\mathrm{r},t}}{1 - \Theta_{\mathrm{r},t+1} \cdot s_{\mathrm{d}^\star}} \\
& + \frac{1 - \Theta_{\mathrm{r},t} \cdot s_{\mathrm{d}^\star}}{1 - \Theta_{\mathrm{r},t+1} \cdot s_{\mathrm{d}^\star}} - 1
\end{aligned}$$

und dann

$$\begin{aligned}
k^{\tau,\mathrm{s}^\star}_{\mathrm{r},\theta,t+1} = {} & ke^{\ell,\mathrm{s}^\star}_{\mathrm{r},\theta,t+1} \cdot \frac{1 - \Theta_{\mathrm{r},t}}{1 - \Theta_{\mathrm{r},t+1} \cdot s_{\mathrm{d}^\star}} + r^{\mathrm{s}^\star}_{t+1} \cdot (1 - \tau) \cdot \frac{\Theta_{\mathrm{r},t}}{1 - \Theta_{\mathrm{r},t+1} \cdot s_{\mathrm{d}^\star}} \\
& + s_{\mathrm{d}^\star} \cdot \frac{\Theta_{\mathrm{r},t+1} - \Theta_{\mathrm{r},t}}{1 - \Theta_{\mathrm{r},t+1} \cdot s_{\mathrm{d}^\star}}
\end{aligned} \tag{A.31}$$

$$\text{für} \quad 0 \leq \theta \leq t \quad \text{und} \quad \forall t \in [0, T-1].$$

Zur Anwendung des Bewertungskalküls (A.24) mit (A.31) als Diskontierungssatz und des Bewertungskalküls (A.27) mit (A.28) als Diskontierungssatz steht noch die Herleitung einer Formel für den modifizierten Eigenkapitalkostensatz des verschuldeten Unternehmens nach persönlichen Steuern $ke^{\ell,s^\star}_{r,\theta,t+1}$ aus, in die der modifizierte Eigenkapitalkostensatz des unverschuldeten Unternehmens $ke^{u,s^\star}_{r,\theta,t+1}$ und der deterministisch festgelegte Verschuldungsgrad $L_{r,t}$ gemäß (A.10) eingehen. Auf der Grundlage des Kalküls (A.20), in dem der fremdfinanzierungsbedingte Tax Shield in der Zählergröße enthalten ist, kann die auf *Miles* und *Ezzell* zurückgehende rekursive Bewertung nachvollzogen werden, wonach (A.20) der Summe aus dem erwarteten Marktwert des unverschuldeten Unternehmens $E_\theta\left[\widetilde{V}^{u,s}_{r,t}\right]$ und dem erwarteten Marktwert aller künftigen Tax Shields $E_\theta\left[\widetilde{VTS}^{s}_{r,t}\right]$ gemäß

$$
\begin{aligned}
E_\theta\left[\widetilde{V}^{\ell,s}_{r,t}\right] &= E_\theta\left[\widetilde{V}^{u,s}_{r,t}\right] + E_\theta\left[\widetilde{VTS}^{s}_{r,t}\right] \\
&= \frac{E_\theta\left[\tilde{x}_{t+1} - \widetilde{T}^{u}_{t+1}\right]\cdot(1-s_{d^\star}) + E_\theta\left[\widetilde{V}^{u,s}_{r,t+1}\right]}{1+ke^{u,s^\star}_{r,\theta,t+1}} \\
&\quad + \frac{\tau\cdot r_{t+1}\cdot\Theta_{r,t}\cdot E_\theta\left[\widetilde{V}^{\ell,s}_{r,t}\right]\cdot(1-s_{d^\star})}{1+r^{s^\star}_{t+1}} \\
&\quad - s_{d^\star}\cdot\frac{\Theta_{r,t+1}\cdot E_\theta\left[\widetilde{V}^{\ell,s}_{r,t+1}\right]}{1+ke^{u,s^\star}_{r,\theta,t+1}} + s_{d^\star}\cdot\frac{\Theta_{r,t}\cdot E_\theta\left[\widetilde{V}^{\ell,s}_{r,t}\right]}{1+r^{s^\star}_{t+1}} \\
&\quad + \frac{E_\theta\left[\widetilde{VTS}^{s}_{r,t+1}\right]}{1+ke^{u,s^\star}_{r,\theta,t+1}} \\
&\qquad \text{für} \quad 0\le\theta\le t \quad \text{und} \quad \forall t\in[0,T-1]
\end{aligned}
\tag{A.32}
$$

entspricht. Für den modifizierten Eigenkapitalkostensatz des unverschuldeten Unternehmens $ke^{u,s^\star}_{r,\theta,t+1}$ gilt:

$$
ke^{u,s^\star}_{r,\theta,t+1} = \frac{ke^{u,s}_{r,\theta,t+1}}{1-s_g} \qquad \text{für} \quad 0\le\theta\le t \quad \text{und} \quad \forall t\in[0,T-1]. \tag{A.33}
$$

Die Diskontierung des erwarteten Marktwertes des verschuldeten Unternehmens in $t+1$ einerseits und des erwarteten Marktwertes der Tax Shields in $t+1$ andererseits auf einen früheren Zeitpunkt $0\le\theta\le t$ mit dem Eigenkapitalkostensatz des unverschuldeten Unternehmens nach Steuern folgt aus dem herleitbaren Zusammenhang zwischen dem Marktwert des verschuldeten Unternehmens in t und dem Marktwert des unverschuldeten Unternehmens in t gemäß

$$\mathrm{E}_\theta\left[\widetilde{V}^{\ell,\mathrm{s}}_{\mathrm{r},t}\right] = \frac{1 + r_{t+1}\cdot(1 - s_\mathrm{d}) - s_\mathrm{g}}{1 + r_{t+1}\cdot(1 - s_\mathrm{d}) - \tau\cdot r_{t+1}\cdot\Theta_{\mathrm{r},t}\cdot(1 - s_\mathrm{d}) - \left(s_\mathrm{d} - s_\mathrm{g}\right)\cdot\Theta_{\mathrm{r},t} - s_\mathrm{g}}\cdot\mathrm{E}_\theta\left[\widetilde{V}^{\mathrm{u,s}}_{\mathrm{r},t}\right],$$

nach dem sich die Marktwerte nur durch einen zum Zeitpunkt t bekannten deterministischen Faktor voneinander unterscheiden.[350]

Führt man die Bewertungsgleichung (A.32) mit (A.27) zusammen und löst die resultierende Gleichung nach $ke^{\ell,\mathrm{s}^\star}_{\mathrm{r},\theta,t+1}$ auf, sind alle Kapitalkostensätze hergeleitet, die zur Ermittlung des Marktwertes des (Eigenkapitals des) verschuldeten Unternehmens mittels (A.24) bzw. (A.27) benötigt werden. Zunächst folgt aus (A.32):

$$\begin{aligned}\mathrm{E}_\theta\left[\widetilde{V}^{\ell,\mathrm{s}}_{\mathrm{r},t}\right]\cdot\left(1 + ke^{\mathrm{u,s}^\star}_{\mathrm{r},\theta,t+1}\right) &= \mathrm{E}_\theta\left[\tilde{x}_{t+1} - \widetilde{T}^{\mathrm{u}}_{t+1}\right]\cdot(1 - s_{\mathrm{d}^\star})\\ &+ \mathrm{E}_\theta\left[\widetilde{V}^{\ell,\mathrm{s}}_{\mathrm{r},t+1}\right]\cdot\left(1 - s_{\mathrm{d}^\star}\cdot\Theta_{\mathrm{r},t+1}\right)\\ &+ \Theta_{\mathrm{r},t}\cdot\mathrm{E}_\theta\left[\widetilde{V}^{\ell,\mathrm{s}}_{\mathrm{r},t}\right]\cdot\frac{\left(\tau\cdot r^{\mathrm{s}^\star}_{t+1} + s_{\mathrm{d}^\star}\right)\cdot\left(1 + ke^{\mathrm{u,s}^\star}_{\mathrm{r},\theta,t+1}\right)}{1 + r^{\mathrm{s}^\star}_{t+1}}.\end{aligned} \tag{A.34}$$

Auf analoge Weise kann (A.27) umgeformt werden:

$$\begin{aligned}&\left(1 - \Theta_{\mathrm{r},t}\right)\cdot\mathrm{E}_\theta\left[\widetilde{V}^{\ell,\mathrm{s}}_{\mathrm{r},t}\right]\cdot\left(1 + ke^{\ell,\mathrm{s}^\star}_{\mathrm{r},\theta,t+1}\right)\\ &= \mathrm{E}_\theta\left[\tilde{x}_{t+1} - \widetilde{T}^{\mathrm{u}}_{t+1}\right]\cdot(1 - s_{\mathrm{d}^\star})\\ &\quad + \mathrm{E}_\theta\left[\widetilde{V}^{\ell,\mathrm{s}}_{\mathrm{r},t+1}\right]\cdot\left(1 - s_{\mathrm{d}^\star}\cdot\Theta_{\mathrm{r},t+1}\right) - \Theta_{\mathrm{r},t}\cdot\mathrm{E}_\theta\left[\widetilde{V}^{\ell,\mathrm{s}}_{\mathrm{r},t}\right]\cdot\left(1 - s_{\mathrm{d}^\star} + r^{\mathrm{s}^\star}_{t+1}\cdot(1 - \tau)\right).\end{aligned} \tag{A.35}$$

350 Siehe hierzu auch *Diedrich/Dierkes* (2015), S. 93–95, 119 f., insbesondere bezüglich der Ausgangsgleichungen zur Herleitung des angegebenen Faktors.

Aufgrund der Übereinstimmung der jeweils ersten beiden Summanden auf der rechten Seite der Gleichungen (A.34) und (A.35) folgt durch Einsetzen der erstgenannten Gleichung in die zweite:

$$\left(1 - \Theta_{\mathrm{r},t}\right) \cdot \left(1 + ke^{\ell,\mathrm{s}^\star}_{\mathrm{r},\theta,t+1}\right) =$$

$$\left(1 + ke^{\mathrm{u},\mathrm{s}^\star}_{\mathrm{r},\theta,t+1}\right) \cdot \left(1 - \Theta_{\mathrm{r},t} \cdot \frac{\tau \cdot r^{\mathrm{s}^\star}_{t+1} + s_{\mathrm{d}^\star}}{1 + r^{\mathrm{s}^\star}_{t+1}}\right) - \Theta_{\mathrm{r},t} \cdot \left(1 - s_{\mathrm{d}^\star} + r^{\mathrm{s}^\star}_{t+1} \cdot (1-\tau)\right).$$

Auflösen nach $ke^{\ell,\mathrm{s}^\star}_{\mathrm{r},\theta,t+1}$ führt mit wenigen Umformungen, wie z. B.

$$\begin{aligned}
ke^{\ell,\mathrm{s}^\star}_{\mathrm{r},\theta,t+1} &= \left(1 + ke^{\mathrm{u},\mathrm{s}^\star}_{\mathrm{r},\theta,t+1}\right) \cdot \left(1 + L_{\mathrm{r},t} - L_{\mathrm{r},t} \cdot \frac{\tau \cdot r^{\mathrm{s}^\star}_{t+1} + s_{\mathrm{d}^\star}}{1 + r^{\mathrm{s}^\star}_{t+1}}\right) \\
&\quad - L_{\mathrm{r},t} \cdot \left(1 - s_{\mathrm{d}^\star} + r^{\mathrm{s}^\star}_{t+1} \cdot (1-\tau)\right) - 1 \\
&= ke^{\mathrm{u},\mathrm{s}^\star}_{\mathrm{r},\theta,t+1} + \left(1 + ke^{\mathrm{u},\mathrm{s}^\star}_{\mathrm{r},\theta,t+1}\right) \cdot L_{\mathrm{r},t} \cdot \left(1 - \frac{\tau \cdot r^{\mathrm{s}^\star}_{t+1} + s_{\mathrm{d}^\star}}{1 + r^{\mathrm{s}^\star}_{t+1}}\right) \\
&\quad - L_{\mathrm{r},t} \cdot \left(1 - s_{\mathrm{d}^\star} + r^{\mathrm{s}^\star}_{t+1} \cdot (1-\tau)\right) \\
&= ke^{\mathrm{u},\mathrm{s}^\star}_{\mathrm{r},\theta,t+1} + \left(\frac{1 + ke^{\mathrm{u},\mathrm{s}^\star}_{\mathrm{r},\theta,t+1}}{1 + r^{\mathrm{s}^\star}_{t+1}} - 1\right) \cdot \left(1 - s_{\mathrm{d}^\star} + r^{\mathrm{s}^\star}_{t+1} \cdot (1-\tau)\right) \cdot L_{\mathrm{r},t},
\end{aligned}$$

zu der folgenden Formel zur Anpassung des modifizierten Eigenkapitalkostensatzes an den Verschuldungsgrad bei residualer Ausschüttung $L_{\mathrm{r},t}$:

$$ke^{\ell,\mathrm{s}^\star}_{\mathrm{r},\theta,t+1} = ke^{\mathrm{u},\mathrm{s}^\star}_{\mathrm{r},\theta,t+1} + \left(ke^{\mathrm{u},\mathrm{s}^\star}_{\mathrm{r},\theta,t+1} - r^{\mathrm{s}^\star}_{t+1}\right) \cdot \frac{1 - s_{\mathrm{d}^\star} + r^{\mathrm{s}^\star}_{t+1} \cdot (1-\tau)}{1 + r^{\mathrm{s}^\star}_{t+1}} \cdot L_{\mathrm{r},t}$$

$$\text{für} \quad 0 \leq \theta \leq t \quad \text{und} \quad \forall t \in [0, T-1]. \qquad \text{(A.36)}$$

(A.36) mit $1 - s_{\mathrm{g}}$ multipliziert ergibt die nachstehende Anpassungsformel für $ke^{\ell,\mathrm{s}}_{\mathrm{r},\theta,t+1}$:

$$ke^{\ell,\mathrm{s}}_{\mathrm{r},\theta,t+1} = ke^{\mathrm{u},\mathrm{s}}_{\mathrm{r},\theta,t+1} + \left(ke^{\mathrm{u},\mathrm{s}}_{\mathrm{r},\theta,t+1} - r^{\mathrm{s}}_{t+1}\right) \cdot \frac{1 - s_{\mathrm{d}^\star} + r^{\mathrm{s}^\star}_{t+1} \cdot (1-\tau)}{1 + r^{\mathrm{s}^\star}_{t+1}} \cdot L_{\mathrm{r},t}$$

$$\text{für} \quad 0 \leq \theta \leq t \quad \text{und} \quad \forall t \in [0, T-1] \qquad \text{(A.37)}$$

mit $r^{s}_{t+1} = r_{t+1} \cdot (1 - s_d)$ (vgl. (A.29)). Die Anpassungsformeln (A.36) und (A.37) ähneln der aus der Vorsteuerrechnung bekannten Anpassungsformel (A.12b). Setzt man (A.36) in (A.30) ein, so kann die Anpassungsformel (A.38) für $k^{s^\star}_{r,\theta,t+1}$ abgeleitet werden (vgl. (A.13)):

$$
\begin{aligned}
k^{s^\star}_{r,\theta,t+1} &= ke^{u,s^\star}_{r,\theta,t+1} \cdot \left(1 - \Theta_{r,t}\right) \\
&\quad + \left(ke^{u,s^\star}_{r,\theta,t+1} - r^{s^\star}_{t+1}\right) \cdot \frac{1 - s_{d^\star} + r^{s^\star}_{t+1} \cdot (1-\tau)}{1 + r^{s^\star}_{t+1}} \cdot \Theta_{r,t} + r^{s^\star}_{t+1} \cdot \Theta_{r,t} \\
&= ke^{u,s^\star}_{r,\theta,t+1} \\
&\quad - \left(ke^{u,s^\star}_{r,\theta,t+1} - \left(ke^{u,s^\star}_{r,\theta,t+1} - r^{s^\star}_{t+1}\right) \cdot \frac{1 - s_{d^\star} + r^{s^\star}_{t+1} \cdot (1-\tau)}{1 + r^{s^\star}_{t+1}} - r^{s^\star}_{t+1}\right) \cdot \Theta_{r,t} \\
&= ke^{u,s^\star}_{r,\theta,t+1} - \left(ke^{u,s^\star}_{r,\theta,t+1} - r^{s^\star}_{t+1}\right) \cdot \left(1 - \frac{1 - s_{d^\star} + r^{s^\star}_{t+1} \cdot (1-\tau)}{1 + r^{s^\star}_{t+1}}\right) \cdot \Theta_{r,t} \\
&= ke^{u,s^\star}_{r,\theta,t+1} - \left(\tau \cdot r^{s^\star}_{t+1} + s_{d^\star}\right) \cdot \Theta_{r,t} \cdot \frac{ke^{u,s^\star}_{r,\theta,t+1} - r^{s^\star}_{t+1}}{1 + r^{s^\star}_{t+1}} \qquad \text{(A.38)}
\end{aligned}
$$

$$\text{für} \quad 0 \leq \theta \leq t \quad \text{und} \quad \forall t \in [0, T-1].$$

Einsetzen von (A.36) in (A.31) führt zu der folgenden Anpassungsformel für $k^{\tau,s^\star}_{r,\theta,t+1}$:

$$
\begin{aligned}
k^{\tau,s^\star}_{r,\theta,t+1} &= ke^{u,s^\star}_{r,\theta,t+1} \cdot \frac{1 - \Theta_{r,t}}{1 - \Theta_{r,t+1} \cdot s_{d^\star}} \\
&\quad + \left(1 - s_{d^\star} + r^{s^\star}_{t+1} \cdot (1-\tau)\right) \cdot \frac{\Theta_{r,t}}{1 - \Theta_{r,t+1} \cdot s_{d^\star}} \cdot \frac{ke^{u,s^\star}_{r,\theta,t+1} - r^{s^\star}_{t+1}}{1 + r^{s^\star}_{t+1}} \\
&\quad + r^{s^\star}_{t+1} \cdot (1-\tau) \cdot \frac{\Theta_{r,t}}{1 - \Theta_{r,t+1} \cdot s_{d^\star}} + s_{d^\star} \cdot \frac{\Theta_{r,t+1} - \Theta_{r,t}}{1 - \Theta_{r,t+1} \cdot s_{d^\star}}
\end{aligned}
$$

$$\text{für} \quad 0 \leq \theta \leq t \quad \text{und} \quad \forall t \in [0, T-1]. \qquad \text{(A.39)}$$

A.1.3 Zur Irrelevanz der Ausschüttungspolitik in einer Vorsteuerrechnung bei kapitalwertneutraler zusätzlicher Thesaurierung

Bildet man im Rahmen einer Vorsteuerrechnung eine gewinnorientierte Ausschüttungspolitik ab und geht dabei von einer kapitalwertneutralen Wiederanlage der zusätzlichen Thesaurierung aus, so zeigt sich, dass der Marktwert des (verschuldeten) Unternehmens und die in Anhang A.1.1 hergeleiteten Formeln für die Kapitalkostensätze des Unternehmens hiervon unbeeinflusst bleiben.

Lediglich zwei Änderungen zu Beginn der Herleitung aus Anhang A.1.1 sind vorzunehmen, wenn im Rahmen der Marktwertermittlung von einer gewinnorientierten Ausschüttung mit kapitalwertneutraler Verzinsung der zusätzlichen Thesaurierungen ausgegangen werden soll: Zum Ersten wird nur der Anteil q^{z}_{t+1} des erwarteten entnahmefähigen Cashflows an die Eigenkapitalgeber ausgeschüttet; der Anteil $1 - q^{\mathrm{z}}_{t+1}$ des ausschüttbaren Betrags wird gemäß (3.229) zusätzlich thesauriert und annahmegemäß kapitalwertneutral reinvestiert. Modifizierend zu (A.1) gilt also:[351]

$$q^{\mathrm{z}}_{t+1} \cdot \mathrm{E}_\theta \left[\tilde{x}_{t+1} - \widetilde{T}^{\mathrm{u}}_{t+1} - r_{t+1} \cdot \widetilde{D}_{\mathrm{q}n,t} + \tau \cdot r_{t+1} \cdot \widetilde{D}_{\mathrm{q}n,t} + \widetilde{\Delta D}_{\mathrm{q}n,t+1} \right]$$

$$\forall t \in [0, T-1]. \qquad \text{(A.40)}$$

Die an die Fremdkapitalgeber fließenden Nachsteuerzahlungen entsprechen dahingegen unverändert (A.2).

Zum Zweiten ist bei der Ermittlung des beim Informationsstand θ für den Zeitpunkt t erwarteten Marktwertes des verschuldeten Unternehmens $\mathrm{E}_\theta \left[\widetilde{V}^{\ell}_{\mathrm{q}n,t} \right]$ nun ergänzend die zusätzliche Gewinneinbehaltung

$$\left(1 - q^{\mathrm{z}}_{t+1}\right) \cdot \mathrm{E}_\theta \left[\tilde{x}_{t+1} - \widetilde{T}^{\mathrm{u}}_{t+1} - r_{t+1} \cdot \widetilde{D}_{\mathrm{q}n,t} + \tau \cdot r_{t+1} \cdot \widetilde{D}_{\mathrm{q}n,t} + \widetilde{\Delta D}_{\mathrm{q}n,t+1} \right]$$

$$\forall t \in [0, T-1] \qquad \text{(A.41)}$$

zu berücksichtigen, die aufgrund der getroffenen Annahme der kapitalwertneutralen Verzinsung zu den an die Eigenkapitalgeber fließenden Vorsteu-

351 Die Annahme einer gewinnorientierten Ausschüttung wird mit dem Index „q" gekennzeichnet. Ein „*n*" wird bei dem Marktwert (des Eigenkapitals und des Fremdkapitals) und den Kapitalkostensätzen des Unternehmens angehängt („q*n*"), wenn die zusätzliche Gewinnthesaurierung kapitalwert*n*eutral reinvestiert wird.

erzahlungen (A.40) addiert werden kann. Die Summe aus den Vorsteuerzahlungen an alle Kapitalgeber (A.2) und (A.40) sowie der zusätzlichen Gewinnthesaurierung (A.41) sind dann wie in (A.3) mit einem Gesamtkapitalkostensatz vor Unternehmen- und persönlichen Steuern $k_{\mathrm{q}n,\theta,t+1}$ auf den Zeitpunkt t zu diskontieren:

$$\begin{aligned}\mathrm{E}_\theta\left[\widetilde{V}^{\ell}_{\mathrm{q}n,t}\right] &= \frac{q^{\mathrm{z}}_{t+1}\cdot \mathrm{E}_\theta\left[\tilde{x}_{t+1}-\widetilde{T}^{\mathrm{u}}_{t+1}-r_{t+1}\cdot\widetilde{D}_{\mathrm{q}n,t}+\tau\cdot r_{t+1}\cdot\widetilde{D}_{\mathrm{q}n,t}+\widetilde{\Delta D}_{\mathrm{q}n,t+1}\right]}{1+k_{\mathrm{q}n,\theta,t+1}}\\ &+\frac{\left(1-q^{\mathrm{z}}_{t+1}\right)\cdot \mathrm{E}_\theta\left[\tilde{x}_{t+1}-\widetilde{T}^{\mathrm{u}}_{t+1}-r_{t+1}\cdot\widetilde{D}_{\mathrm{q}n,t}+\tau\cdot r_{t+1}\cdot\widetilde{D}_{\mathrm{q}n,t}+\widetilde{\Delta D}_{\mathrm{q}n,t+1}\right]}{1+k_{\mathrm{q}n,\theta,t+1}}\\ &+\frac{\mathrm{E}_\theta\left[r_{t+1}\cdot\widetilde{D}_{\mathrm{q}n,t}-\widetilde{\Delta D}_{\mathrm{q}n,t+1}\right]+\mathrm{E}_\theta\left[\widetilde{V}^{\ell}_{\mathrm{q}n,t+1}\right]}{1+k_{\mathrm{q}n,\theta,t+1}}. \qquad \text{(A.42a)}\end{aligned}$$

Zusammenfassen der Terme in (A.42a) führt zu:

$$\mathrm{E}_\theta\left[\widetilde{V}^{\ell}_{\mathrm{q}n,t}\right] = \frac{\mathrm{E}_\theta\left[\tilde{x}_{t+1}-\widetilde{T}^{\mathrm{u}}_{t+1}+\tau\cdot r_{t+1}\cdot\widetilde{D}_{\mathrm{q}n,t}+\widetilde{V}^{\ell}_{\mathrm{q}n,t+1}\right]}{1+k_{\mathrm{q}n,\theta,t+1}} = \mathrm{E}_\theta\left[\widetilde{V}^{\ell}_{\mathrm{r},t}\right] \qquad \text{(A.42b)}$$

$$\text{für} \quad 0\le\theta\le t \quad \text{und} \quad \forall t\in[0,T-1].$$

Aufgrund der Unabhängigkeit der Zählergröße des Kalküls (A.42b) von der Ausschüttungsquote q^{z}_{t+1} ist der Kapitalkostensatz $k_{\mathrm{q}n,\theta,t+1}$ identisch mit dem Kapitalkostensatz bei residualer Ausschüttung $k_{\mathrm{r},\theta,t+1}$ gemäß (A.8). In der weiteren Folge stimmen die Bewertungskalküle (A.3) und (A.42b) überein. Hierin zeigt sich die Irrelevanz der Annahme einer gewinnorientierten Ausschüttung für den Marktwert und die Kapitalkostensätze eines Unternehmens in einer Vorsteuerrechnung, wenn bezüglich der zusätzlichen Thesaurierung von einer kapitalwertneutralen Verzinsung ausgegangen wird. Zu demselben Ergebnis gelangt man, wenn im Rahmen einer Nachsteuerrechnung die Ausschüttungen an die Eigenkapitalgeber, die kapitalwertneutralen Thesaurierungen, die Zinszahlungen an die Fremdkapitalgeber und die nicht auf Kapitalzuführungen zurückgehenden Marktwertzuwächse mit einem einheitlichen Steuersatz besteuert werden, sodass zu einer Vorsteuerrechnung übergegangen werden kann. Dahingegen bewirkt eine differenzierte typisierte Besteuerung eine Beeinflussung des Marktwertes und der Kapitalkostensätze des Unternehmens durch die Ausschüttungsquote q^{z}_{t+1}, worauf die Anhänge A.1.4 und A.1.5 hinweisen.

A.1.4 Vereinfachter Ansatz zur Herleitung ausschüttungsabhängiger Nachsteuersätze bei kapitalwertneutraler zusätzlicher Thesaurierung

Veränderungen im Ausschüttungsverhalten bedingen eine Modifikation der Kapitalkostensätze im Bewertungskalkül. Ein vereinfachter Ansatz, der die bei zusätzlicher Thesaurierung auftretenden Finanzierungseffekte nicht abbildet, knüpft an die Ausführungen in den Anhängen A.1.2 und A.1.3 an. Da von den Finanzierungseffekten abstrahiert wird, sind solcherart vereinfachte Anpassungsformeln auf das Modell von *Tschöpel* et al. abgestimmt.

Zur Anpassung der in Anhang A.1.2 hergeleiteten Formeln für die Kapitalkostensätze bei wertabhängiger Finanzierung und residualer Ausschüttung in einer Nachsteuerrechnung an die gewinnorientierte Ausschüttung mit kapitalwertneutraler zusätzlicher Thesaurierung verbliebe an dieser Stelle, die zwei in Anhang A.1.3 aufgezeigten ausschüttungsbedingten Modifikationen – die Verminderung der Ausschüttungen an die Eigenkapitalgeber einerseits und die Erweiterung des Zählers des Bewertungskalküls um die zusätzliche Gewinnthesaurierung andererseits – mit der in Anhang A.1.2 eingeführten differenzierten persönlichen Besteuerung zusammenzuführen.

Für den an die Eigenkapitalgeber ausschüttungsfähigen Cashflow nach typisierten persönlichen Steuern gälte modifizierend zu (A.15) und (A.40) demzufolge:

$$q^{\mathrm{z}}_{t+1} \cdot \mathrm{E}_\theta\left[\tilde{x}_{t+1} - \widetilde{T}^{\mathrm{u}}_{t+1} - r_{t+1} \cdot \widetilde{D}_{\mathrm{q}n,t} + \tau \cdot r_{t+1} \cdot \widetilde{D}_{\mathrm{q}n,t} + \widetilde{\Delta D}_{\mathrm{q}n,t+1}\right] \cdot (1 - s_{\mathrm{d}})$$
$$- s_{\mathrm{g}} \cdot \left(\mathrm{E}_\theta\left[\widetilde{E}^{\ell,\mathrm{s}}_{\mathrm{q}n,t+1}\right] - \mathrm{E}_\theta\left[\widetilde{E}^{\ell,\mathrm{s}}_{\mathrm{q}n,t}\right]\right)$$
$$\forall t \in [0, T-1]. \qquad (A.43)$$

Die an die Fremdkapitalgeber fließenden Nachsteuerzahlungen entsprächen in diesem vereinfachten Ansatz weiterhin (A.16). Die bei der Ermittlung des beim Informationsstand θ für den Zeitpunkt t erwarteten Marktwertes des verschuldeten Unternehmens $\mathrm{E}_\theta\left[\widetilde{V}^{\ell,\mathrm{s}}_{\mathrm{q}n,t}\right]$ additiv im Zähler zu berücksichtigende zusätzliche Gewinneinbehaltung (A.41) beliefe sich nach Abzug der Kursgewinnsteuer auf:

$$\left(1 - q^{\mathrm{z}}_{t+1}\right) \cdot \mathrm{E}_\theta\left[\tilde{x}_{t+1} - \widetilde{T}^{\mathrm{u}}_{t+1} - r_{t+1} \cdot \widetilde{D}_{\mathrm{q}n,t} + \tau \cdot r_{t+1} \cdot \widetilde{D}_{\mathrm{q}n,t} + \widetilde{\Delta D}_{\mathrm{q}n,t+1}\right] \cdot \left(1 - s_{\mathrm{g}}\right)$$
$$\forall t \in [0, T-1]. \qquad (A.44)$$

Die Summe aus den Nachsteuerzahlungen an alle Kapitalgeber (A.16) und (A.43) sowie dem thesaurierungsbedingten Hinzurechnungsbetrag (A.44) wäre dann analog zu (A.42a) mit einem Gesamtkapitalkostensatz vor Unternehmensteuern und nach persönlichen Steuern $k^{\mathrm{s}}_{\mathrm{q}n,\theta,t+1}$ auf den Zeitpunkt t zu diskontieren:

$$\mathrm{E}_\theta\left[\widetilde{V}^{\ell,\mathrm{s}}_{\mathrm{q}n,t}\right] = \frac{q^{\mathrm{z}}_{t+1}\cdot \mathrm{E}_\theta\left[\tilde{x}_{t+1} - \widetilde{T}^{\mathrm{u}}_{t+1} - r_{t+1}\cdot \widetilde{D}_{\mathrm{q}n,t}\cdot(1-\tau) + \widetilde{\Delta D}_{\mathrm{q}n,t+1}\right]\cdot(1-s_{\mathrm{d}})}{1+k^{\mathrm{s}}_{\mathrm{q}n,\theta,t+1}}$$
$$+\frac{\left(1-q^{\mathrm{z}}_{t+1}\right)\cdot \mathrm{E}_\theta\left[\tilde{x}_{t+1} - \widetilde{T}^{\mathrm{u}}_{t+1} - r_{t+1}\cdot \widetilde{D}_{\mathrm{q}n,t}\cdot(1-\tau) + \widetilde{\Delta D}_{\mathrm{q}n,t+1}\right]\cdot\left(1-s_{\mathrm{g}}\right)}{1+k^{\mathrm{s}}_{\mathrm{q}n,\theta,t+1}}$$
$$+\frac{\left(-s_{\mathrm{g}}\cdot\left(\mathrm{E}_\theta\left[\widetilde{E}^{\ell,\mathrm{s}}_{\mathrm{q}n,t+1}\right] - \mathrm{E}_\theta\left[\widetilde{E}^{\ell,\mathrm{s}}_{\mathrm{q}n,t}\right]\right)\right)}{1+k^{\mathrm{s}}_{\mathrm{q}n,\theta,t+1}}$$
$$+\frac{\mathrm{E}_\theta\left[r_{t+1}\cdot \widetilde{D}_{\mathrm{q}n,t}\cdot(1-s_{\mathrm{d}}) - \widetilde{\Delta D}_{\mathrm{q}n,t+1}\right] + \mathrm{E}_\theta\left[\widetilde{V}^{\ell,\mathrm{s}}_{\mathrm{q}n,t+1}\right]}{1+k^{\mathrm{s}}_{\mathrm{q}n,\theta,t+1}}. \qquad \text{(A.45)}$$

Ausgehend von dem Kalkül für den Marktwert des verschuldeten Unternehmens (A.45) wäre nun analog zu der Herleitung in Anhang A.1.2 fortzufahren.[352] Hierbei unterbliebe die Berücksichtigung der erforderlichen Abstimmung von Finanzierungs- und Ausschüttungspolitik in den vor den Investitionszeitpunkten liegenden Perioden. Folglich setzten die weiterführend herzuleitenden Anpassungsformeln die Anwendung des bisherigen praxisüblichen Nachsteuerkalküls (4.89) bzw. (4.91) voraus. Ein vereinfachter Ansatz zur Herleitung ausschüttungsabhängiger Nachsteuersätze eröffnet jedoch den Raum für weitergehende Überlegungen. Für die Anwendung des in Abschnitt 4.2.4.1 dargestellten modifizierten Nachsteuerkalküls von *Diedrich* et al. sind Anpassungsformeln herzuleiten, die eine abgestimmte Finanzierungs- und Ausschüttungspolitik widerspiegeln.[353] Auf die hiermit einhergehenden veränderten Nachsteuerzahlungen und Zirkularitäten weist Anhang A.1.5 hin.

---

352 Die Herleitung und Anwendung dieser vereinfachten Anpassungsformeln wird in *Raths* (2019a) aufgezeigt.

353 Siehe hierzu den Ausblick in Kapitel 5, S. 319 ff.

A.1.5 Nachsteuerzahlungen und Zirkularitäten bei der Berücksichtigung der Finanzierungseffekte in der Herleitung ausschüttungsabhängiger Nachsteuersätze

In die Herleitung von Anpassungsformeln für die Kapitalkostensätze in dem Nachsteuerkalkül von *Diedrich* et al. (2018) sind die Finanzierungseffekte vor den jeweiligen Investitionszeitpunkten einzubeziehen, die aus den mit den zusätzlichen Thesaurierungen verbundenen Marktwertsteigerungen resultieren. Auf diese Weise wird eine Abstimmung zwischen der Finanzierungs- und der Ausschüttungspolitik in allen Perioden der ewigen Rente erreicht.

Der Marktwert des Eigenkapitals kann in einen Marktwert bei „residualer" Ausschüttung und die Wertsteigerung infolge der zusätzlichen Thesaurierung gespalten werden. Für den Marktwert des Eigenkapitals bei „residualer" Ausschüttung $\mathrm{E}_\theta\left[\widetilde{E}^{\ell,\mathrm{s}}_{\mathrm{r'},t}\right]$ gilt im Prinzip (A.26). Dieser stellt jedoch keinen eigenständigen Kalkül dar, sondern ist in den Kontext einer gewinnorientierten Ausschüttung zu übertragen. Demnach sind modifizierend der ausschüttungsangepasste Eigenkapitalkostensatz $ke^{\ell,\mathrm{s}}_{\mathrm{q}n,\theta,t+1}$ und die von der Fremdkapitalquote bei residualer Ausschüttung gegebenenfalls abweichende Fremdkapitalquote bei gewinnorientierter Ausschüttung $\Theta_{\mathrm{q},t}$ anzusetzen:

$$\mathrm{E}_\theta\left[\widetilde{E}^{\ell,\mathrm{s}}_{\mathrm{r'},t}\right] = \frac{\mathrm{E}_\theta\left[\tilde{x}_{t+1} - \widetilde{T}^{\mathrm{u}}_{t+1} - r_{t+1}\cdot\widetilde{D}_{\mathrm{q}n,t}\cdot(1-\tau) + \widetilde{\Delta D}_{\mathrm{q}n,t+1}\right]\cdot(1-s_{\mathrm{d}})}{1+ke^{\ell,\mathrm{s}}_{\mathrm{q}n,\theta,t+1}}$$
$$+\frac{\mathrm{E}_\theta\left[-s_{\mathrm{g}}\cdot\left(\widetilde{E}^{\ell,\mathrm{s}}_{\mathrm{r'},t+1}-\widetilde{E}^{\ell,\mathrm{s}}_{\mathrm{r'},t}\right)+\widetilde{E}^{\ell,\mathrm{s}}_{\mathrm{r'},t+1}\right]}{1+ke^{\ell,\mathrm{s}}_{\mathrm{q}n,\theta,t+1}}.$$

Hieraus folgt der den modifizierten Dividendensteuersatz und den modifizierten Eigenkapitalkostensatz enthaltende Kalkül

$$\mathrm{E}_\theta\left[\widetilde{E}^{\ell,\mathrm{s}}_{\mathrm{r'},t}\right] =$$
$$\frac{\mathrm{E}_\theta\left[\tilde{x}_{t+1} - \widetilde{T}^{\mathrm{u}}_{t+1} - r_{t+1}\cdot\widetilde{D}_{\mathrm{q}n,t}\cdot(1-\tau) + \widetilde{\Delta D}_{\mathrm{q}n,t+1}\right]\cdot(1-s_{\mathrm{d}^\star})+\mathrm{E}_\theta\left[\widetilde{E}^{\ell,\mathrm{s}}_{\mathrm{r'},t+1}\right]}{1+ke^{\ell,\mathrm{s}^\star}_{\mathrm{q}n,\theta,t+1}}$$
$$\text{für} \quad 0\le\theta\le t \quad \text{und} \quad \forall t\in[0,T-1]. \qquad \text{(A.46)}$$

Der bei gewinnorientierter Ausschüttung höhere Marktwert des verschuldeten Unternehmens geht mit einem höheren Marktwert des Fremdkapitals einher. Auf der Basis dieses an den Marktwert des Unternehmens angepassten Fremdkapitals $\mathrm{E}_\theta\left[\widetilde{D}_{\mathrm{q}n,t}\right]$ werden die zu entrichtenden Fremdkapitalzinsen, der Tax Shield und die Fremdkapitalveränderungen berechnet, die die Höhe des ausschüttungsfähigen Betrags im Rahmen einer gewinnorientierten Ausschüttung beeinflussen, wie der Zähler des ersten Quotienten in (A.46) zeigt.

Die aus der zusätzlichen Thesaurierung resultierende erwartete Marktwertsteigerung $\mathrm{E}_\theta\left[\widetilde{\Delta E}^{\ell,\mathrm{s}}_{\mathrm{q}n,t}\right]$ besteht aus den Veränderungen, die eine gewinnorientierte Ausschüttung gegenüber einer residualen Ausschüttung kennzeichnet, mithin aus der Verminderung der Ausschüttung um die zusätzliche Thesaurierung, dem zusätzlichen Thesaurierungsbetrag als Wertbeitrag bei kapitalwertneutraler Verzinsung im jeweiligen Investitionszeitpunkt und dem Abzug der Kursgewinnsteuer auf die Erhöhung der Marktwertsteigerung. Erweiternd sind die folgenden drei Aspekte zu beachten: Die Steigerung des Marktwertes des Eigenkapitals erfordert eine Anpassung des Fremdkapitals nach Maßgabe des Verschuldungsgrades $L_{\mathrm{q},t}$. Infolge dieser Fremdkapitalerhöhung sind zusätzliche Fremdkapitalzinsen zu entrichten:

$$\mathrm{E}_\theta\left[r_{t+1}\cdot L_{\mathrm{q},t}\cdot\widetilde{\Delta E}^{\ell,\mathrm{s}}_{\mathrm{q}n,t}\right]\cdot(1-s_\mathrm{d})\qquad\forall t\in[0,T-1]\,.$$

Zugleich ist der Tax Shield in Bezug auf das zusätzliche Fremdkapital zu berücksichtigen:

$$\mathrm{E}_\theta\left[\tau\cdot r_{t+1}\cdot L_{\mathrm{q},t}\cdot\widetilde{\Delta E}^{\ell,\mathrm{s}}_{\mathrm{q}n,t}\right]\cdot(1-s_\mathrm{d})\qquad\forall t\in[0,T-1]\,.$$

Die Veränderung der Fremdkapitalerhöhungen beläuft sich auf:

$$\mathrm{E}_\theta\left[L_{\mathrm{q},t+1}\cdot\widetilde{\Delta E}^{\ell,\mathrm{s}}_{\mathrm{q}n,t+1}-L_{\mathrm{q},t}\cdot\widetilde{\Delta E}^{\ell,\mathrm{s}}_{\mathrm{q}n,t}\right]\cdot(1-s_\mathrm{d})\qquad\forall t\in[0,T-1]\,.$$

Diese insgesamt sechs Modifikationen führen zu der folgenden erwarteten Marktwertsteigerung:

$$\mathrm{E}_\theta\left[\widetilde{\Delta E}^{\ell,\mathrm{s}}_{\mathrm{q}n,t}\right]$$

$$=\frac{-\left(1-q^{\mathrm{z}}_{t+1}\right)\cdot\mathrm{E}_\theta\left[\tilde{x}_{t+1}-\widetilde{T}^{\mathrm{u}}_{t+1}-r_{t+1}\cdot\widetilde{D}_{\mathrm{q}n,t}\cdot(1-\tau)+\widetilde{\Delta D}_{\mathrm{q}n,t+1}\right]\cdot(1-s_\mathrm{d})}{1+ke^{\ell,\mathrm{s}}_{\mathrm{q}n,\theta,t+1}}$$

¬

$$+\frac{\mathrm{E}_\theta\left[r_{t+1}\cdot L_{\mathrm{q},t}\cdot\widetilde{\Delta E}^{\ell,\mathrm{s}}_{\mathrm{q}n,t}\cdot(1-\tau)\right]\cdot(1-s_\mathrm{d})}{1+ke^{\ell,\mathrm{s}}_{\mathrm{q}n,\theta,t+1}}$$

$$+\frac{\mathrm{E}_\theta\left[L_{\mathrm{q},t+1}\cdot\widetilde{\Delta E}^{\ell,\mathrm{s}}_{\mathrm{q}n,t+1}-L_{\mathrm{q},t}\cdot\widetilde{\Delta E}^{\ell,\mathrm{s}}_{\mathrm{q}n,t}\right]\cdot(1-s_\mathrm{d})}{1+ke^{\ell,\mathrm{s}}_{\mathrm{q}n,\theta,t+1}}$$

$$+\frac{\left(1-q^\mathrm{z}_{t+1}\right)\cdot\mathrm{E}_\theta\left[\tilde{x}_{t+1}-\widetilde{T}^\mathrm{u}_{t+1}-r_{t+1}\cdot\widetilde{D}_{\mathrm{q}n,t}\cdot(1-\tau)+\widetilde{\Delta D}_{\mathrm{q}n,t+1}\right]\cdot\left(1-s_\mathrm{g}\right)}{1+ke^{\ell,\mathrm{s}}_{\mathrm{q}n,\theta,t+1}}$$

$$+\frac{\mathrm{E}_\theta\left[-s_\mathrm{g}\cdot\left(\widetilde{\Delta E}^{\ell,\mathrm{s}}_{\mathrm{q}n,t+1}-\widetilde{\Delta E}^{\ell,\mathrm{s}}_{\mathrm{q}n,t}\right)+\widetilde{\Delta E}^{\ell,\mathrm{s}}_{\mathrm{q}n,t+1}\right]}{1+ke^{\ell,\mathrm{s}}_{\mathrm{q}n,\theta,t+1}}$$

$$\text{für}\quad 0\le\theta\le t\quad\text{und}\quad\forall t\in[0,T-1].$$

Bei der Bemessung der Nachsteuerzahlungen an die Fremdkapitalgeber sind ergänzend die erwarteten zusätzlichen Zinszahlungen nach persönlichen Steuern sowie die Veränderung des erwarteten zusätzlichen Fremdkapitals zu berücksichtigen:

$$\mathrm{E}_\theta\left[r_{t+1}\cdot L_{\mathrm{q},t}\cdot\widetilde{\Delta E}^{\ell,\mathrm{s}}_{\mathrm{q}n,t}\cdot(1-s_\mathrm{d})-\left(L_{\mathrm{q},t+1}\cdot\widetilde{\Delta E}^{\ell,\mathrm{s}}_{\mathrm{q}n,t+1}-L_{\mathrm{q},t}\cdot\widetilde{\Delta E}^{\ell,\mathrm{s}}_{\mathrm{q}n,t}\right)\right]$$

$$\forall t\in[0,T-1].$$

Dieser erweiterte Ansatz zur Herleitung ausschüttungsabhängiger Nachsteuersätze ist damit zum einen durch ein finanzierungsbedingtes Zirkularitätsproblem gekennzeichnet, da die zusätzlich zu berücksichtigenden Fremdkapitalzinsen, Tax Shields und Fremdkapitalveränderungen von der zu ermittelnden Marktwertsteigerung des Eigenkapitals abhängen. Zum anderen tritt ein ausschüttungsbedingtes Zirkularitätsproblem auf, wenn es sich bei der Ausschüttungsquote q^z_{t+1} nicht um eine exogene Eingangsgröße handelt. Bei Einhaltung einer vorgegebenen Gesamtausschüttungsquote werden für die Bestimmung des Ausschüttungsanteils des von den Fremdfinanzierungseffekten beeinflussten Flow to Equity q^z_{t+1} mithin die zusätzlichen Fremdkapitalzinsen, Tax Shields und Fremdkapitalveränderungen benötigt, wodurch q^z_{t+1} ebenfalls von dem Ergebnis der Marktwertsteigerung abhängig ist. Demzufolge sind auch die wiederum von q^z_{t+1} abhängigen Kapitalkostensätze an das Ergebnis der Marktwertsteigerung gebunden, sodass sie iterativ aus der Bewertung hervorgehen.

A.2 Modell nach Koller et al. (2015)

A.2.1 Grenzwertanalysen

Die Formel für die periodenspezifische Wachstumsrate des Gesamtkapitalbestands (3.29) lautet auf der Basis von (3.27) in Verbindung mit (3.28cb):

$$w_{\phi_{\mathrm{II}}}^{\mathrm{IC}} = \frac{\mathrm{E}\left[\widetilde{IC}_{\mathrm{II}}^{\mathrm{k}}\right] + \left(\left(1 + w_{\mathrm{II}}^{\mathrm{z}}\right)^{\phi_{\mathrm{II}}} - 1\right) \cdot \frac{1}{w_{\mathrm{II}}^{\mathrm{z}}} \cdot \mathrm{E}\left[\widetilde{IC}_{\mathrm{II}}^{\mathrm{z}}\right]}{\mathrm{E}\left[\widetilde{IC}_{\mathrm{II}}^{\mathrm{k}}\right] + \left(\left(1 + w_{\mathrm{II}}^{\mathrm{z}}\right)^{\phi_{\mathrm{II}}-1} - 1\right) \cdot \frac{1}{w_{\mathrm{II}}^{\mathrm{z}}} \cdot \mathrm{E}\left[\widetilde{IC}_{\mathrm{II}}^{\mathrm{z}}\right]} - 1. \tag{A.47}$$

Im Rahmen einer Grenzwertanalyse sind Minuend und Subtrahend separat zu betrachten. Die Differenz deren Grenzwerte (A.48) und (A.49) entspricht dem Grenzwert der Differenz (A.47). Der Grenzwert des Minuenden ergibt sich aus der Untersuchung des Grenzverhaltens des aus den ϕ_{II} beinhaltenden Termen konstruierbaren Quotienten

$$\frac{\left(1 + w_{\mathrm{II}}^{\mathrm{z}}\right)^{\phi_{\mathrm{II}}}}{\left(1 + w_{\mathrm{II}}^{\mathrm{z}}\right)^{\phi_{\mathrm{II}}-1}}.$$

Sowohl dessen Zähler als auch dessen Nenner nehmen im Unendlichen beliebig große Zahlenwerte an. Die Anwendung des Potenzgesetzes (B.3e) führt zu:

$$\left(1 + w_{\mathrm{II}}^{\mathrm{z}}\right)^{\phi_{\mathrm{II}}-(\phi_{\mathrm{II}}-1)} = 1 + w_{\mathrm{II}}^{\mathrm{z}}.$$

Die nach Auflösung verbleibende, von dem Periodenindex ϕ_{II} unabhängige Summe $1 + w_{\mathrm{II}}^{\mathrm{z}}$ stellt zugleich deren Grenzwert bzw. den Grenzwert des Minuenden in (A.47) dar:

$$\lim_{\phi_{\mathrm{II}} \to +\infty} 1 + w_{\mathrm{II}}^{\mathrm{z}} = 1 + w_{\mathrm{II}}^{\mathrm{z}}. \tag{A.48}$$

Analog zu (A.48) entspricht der Grenzwert des Subtrahenden dem Wert der Konstanten:

$$\lim_{\phi_{\mathrm{II}} \to +\infty} 1 = 1. \tag{A.49}$$

Aus der Differenz zwischen den Grenzwerten (A.48) und (A.49) geht gemäß (3.30) schließlich w^{z}_{II} als nachhaltige Wachstumsrate des Gesamtkapitalbestands hervor.

Auf analoge Weise lässt sich das Grenzverhalten der periodenspezifischen Wachstumsraten der gesamten NOPLAT und der gesamten freien Cashflows bestimmen:

Für die periodenabhängige Wachstumsrate des gesamten NOPLAT (3.38) gilt auf der Basis von (3.34) in Verbindung mit (3.37):

$$w^{\mathrm{NOPLAT}}_{\phi_{II}} = \frac{\mathrm{E}\left[\widetilde{NOPLAT}^{\mathrm{k}}_{\mathrm{II}}\right] + \left(\left(1 + w^{\mathrm{z}}_{\mathrm{II}}\right)^{\phi_{II}-1} - 1\right) \cdot \frac{1}{w^{\mathrm{z}}_{\mathrm{II}}} \cdot \mathrm{E}\left[\widetilde{NOPLAT}^{\mathrm{z},1}_{\mathrm{II},2}\right]}{\mathrm{E}\left[\widetilde{NOPLAT}^{\mathrm{k}}_{\mathrm{II}}\right] + \left(\left(1 + w^{\mathrm{z}}_{\mathrm{II}}\right)^{\phi_{II}-2} - 1\right) \cdot \frac{1}{w^{\mathrm{z}}_{\mathrm{II}}} \cdot \mathrm{E}\left[\widetilde{NOPLAT}^{\mathrm{z},1}_{\mathrm{II},2}\right]} - 1. \tag{A.50}$$

Der Grenzwert des Minuenden folgt demnach aus der Untersuchung des Grenzverhaltens der Summe $1 + w^{z}_{II}$ gemäß (A.48), wie die auf (B.3e) basierende Umformung zeigt:

$$\frac{\left(1 + w^{\mathrm{z}}_{\mathrm{II}}\right)^{\phi_{II}-1}}{\left(1 + w^{\mathrm{z}}_{\mathrm{II}}\right)^{\phi_{II}-2}} = \left(1 + w^{\mathrm{z}}_{\mathrm{II}}\right)^{\phi_{II}-1-(\phi_{II}-2)} = 1 + w^{\mathrm{z}}_{\mathrm{II}}. \tag{A.51}$$

In Kombination mit (A.49) ergeben sich folglich keine Unterschiede bei der Ermittlung des Grenzwertes. Die Rate w^{z}_{II} stellt somit gemäß (3.39) auch die langfristige Gesamtwachstumsrate der NOPLAT dar.

Die Formel (A.52) gibt die periodenspezifische Gesamtwachstumsrate der freien Cashflows (3.46) auf der Basis von (3.44b) in Verbindung mit (3.45b) wieder:

$$w^{\mathrm{FCF}}_{\phi_{II}} = \frac{\mathrm{E}\left[\widetilde{FCF}^{\bar{\mathrm{k}}}_{\mathrm{II}}\right] + \left(\left(1 + w^{\mathrm{z}}_{\mathrm{II}}\right)^{\phi_{II}-1} - 1\right) \cdot \frac{1}{w^{\mathrm{z}}_{\mathrm{II}}} \cdot \mathrm{E}\left[\widetilde{FCF}^{\mathrm{z},1}_{\mathrm{II},2}\right]}{\mathrm{E}\left[\widetilde{FCF}^{\bar{\mathrm{k}}}_{\mathrm{II}}\right] + \left(\left(1 + w^{\mathrm{z}}_{\mathrm{II}}\right)^{\phi_{II}-2} - 1\right) \cdot \frac{1}{w^{\mathrm{z}}_{\mathrm{II}}} \cdot \mathrm{E}\left[\widetilde{FCF}^{\mathrm{z},1}_{\mathrm{II},2}\right]} - 1. \tag{A.52}$$

Auch in diesem Fall bildet (A.51) die Grundlage der Grenzwertanalyse. Mit (A.48) und (A.49) gelangt man in der weiteren Folge zu der Schlussfolgerung (3.47), wonach auch die Gesamtwachstumsrate der freien Cashflows gegen w^{z}_{II} als Grenzwert konvergiert.

Zusammenfassend liegt dem Restwertansatz nach *Koller* et al. zufolge ein einheitliches Grenzverhalten vor:

$$\lim_{\phi_{\mathrm{II}} \to +\infty} w_{\phi_{\mathrm{II}}}^{\mathrm{IC}} = \lim_{\phi_{\mathrm{II}} \to +\infty} w_{\phi_{\mathrm{II}}}^{\mathrm{NOPLAT}} = \lim_{\phi_{\mathrm{II}} \to +\infty} w_{\phi_{\mathrm{II}}}^{\mathrm{FCF}} = w_{\mathrm{II}}^{\mathrm{z}} = \max\left\{w_{\mathrm{II}}^{\mathrm{k}}, w_{\mathrm{II}}^{\mathrm{z}}\right\}. \qquad \text{(A.53)}$$

Im Unendlichen nähern sich die Gesamtwachstumsraten des Invested Capital, der NOPLAT und der freien Cashflows der Rate (3.25) an.

Bezüglich der Analyse des Konvergenzverhaltens der Gesamtrendite und der Gesamtausschüttungsquote ergänzen nachfolgende Erläuterungen die Ergebnisse (3.49) und (3.51) in Abschnitt 3.1.2.1:[354]

Die periodenspezifische Gesamtrendite (3.48) entspricht dem Ausdruck

$$ROTIC_{\phi_{\mathrm{II}}} = \frac{\mathrm{E}\left[\widetilde{NOPLAT}_{\mathrm{II}}^{\mathrm{k}}\right] + \left(\left(1 + w_{\mathrm{II}}^{\mathrm{z}}\right)^{\phi_{\mathrm{II}}-1} - 1\right) \cdot \frac{1}{w_{\mathrm{II}}^{\mathrm{z}}} \cdot \mathrm{E}\left[\widetilde{NOPLAT}_{\mathrm{II},2}^{\mathrm{z},1}\right]}{\mathrm{E}\left[\widetilde{IC}_{\mathrm{II}}^{\mathrm{k}}\right] + \left(\left(1 + w_{\mathrm{II}}^{\mathrm{z}}\right)^{\phi_{\mathrm{II}}-1} - 1\right) \cdot \frac{1}{w_{\mathrm{II}}^{\mathrm{z}}} \cdot \mathrm{E}\left[\widetilde{IC}_{\mathrm{II}}^{\mathrm{z}}\right]}. \qquad \text{(A.54)}$$

Dessen Grenzwert (3.49) ergibt sich unmittelbar nach Kürzen des aus (A.54) abgespaltenen Quotienten wie folgt:

$$\frac{\left(\left(1 + w_{\mathrm{II}}^{\mathrm{z}}\right)^{\phi_{\mathrm{II}}-1} - 1\right) \cdot \frac{1}{w_{\mathrm{II}}^{\mathrm{z}}} \cdot \mathrm{E}\left[\widetilde{NOPLAT}_{\mathrm{II},2}^{\mathrm{z},1}\right]}{\left(\left(1 + w_{\mathrm{II}}^{\mathrm{z}}\right)^{\phi_{\mathrm{II}}-1} - 1\right) \cdot \frac{1}{w_{\mathrm{II}}^{\mathrm{z}}} \cdot \mathrm{E}\left[\widetilde{IC}_{\mathrm{II}}^{\mathrm{z}}\right]} = \frac{\mathrm{E}\left[\widetilde{NOPLAT}_{\mathrm{II},2}^{\mathrm{z},1}\right]}{\mathrm{E}\left[\widetilde{IC}_{\mathrm{II}}^{\mathrm{z}}\right]} = RONIC_{\mathrm{II}}.$$

Da der Grenzwert einer Konstanten die Konstante selbst ist, folgt sogleich der Limes (3.49).

Da die aus dem (3.51) entsprechenden Ausdruck für die Gesamtausschüttungsquote

$$q_{\mathrm{II}} = \frac{\mathrm{E}\left[\widetilde{FCF}_{\mathrm{II}}^{\mathrm{k}}\right] + \left(\left(1 + w_{\mathrm{II}}^{\mathrm{z}}\right)^{\phi_{\mathrm{II}}-1} - 1\right) \cdot \frac{1}{w_{\mathrm{II}}^{\mathrm{z}}} \cdot \mathrm{E}\left[\widetilde{FCF}_{\mathrm{II},2}^{\mathrm{z},1}\right]}{\mathrm{E}\left[\widetilde{NOPLAT}_{\mathrm{II}}^{\mathrm{k}}\right] + \left(\left(1 + w_{\mathrm{II}}^{\mathrm{z}}\right)^{\phi_{\mathrm{II}}-1} - 1\right) \cdot \frac{1}{w_{\mathrm{II}}^{\mathrm{z}}} \cdot \mathrm{E}\left[\widetilde{NOPLAT}_{\mathrm{II},2}^{\mathrm{z},1}\right]} = q_{\mathrm{II}}^{\mathrm{z}} \qquad \text{(A.55)}$$

354 Siehe S. 125 und S. 126.

isolierbaren Quotienten

$$\frac{\mathrm{E}\left[\widetilde{FCF}_{\mathrm{II}}^{\bar{\mathrm{k}}}\right]}{\mathrm{E}\left[\widetilde{NOPLAT}_{\mathrm{II}}^{\mathrm{k}}\right]} = q_{\mathrm{II}}^{\mathrm{z}} \tag{A.56}$$

und

$$\frac{\left(\left(1+w_{\mathrm{II}}^{\mathrm{z}}\right)^{\phi_{\mathrm{II}}-1}-1\right)\cdot\frac{1}{w_{\mathrm{II}}^{\mathrm{z}}}\cdot\mathrm{E}\left[\widetilde{FCF}_{\mathrm{II},2}^{\mathrm{z},1}\right]}{\left(\left(1+w_{\mathrm{II}}^{\mathrm{z}}\right)^{\phi_{\mathrm{II}}-1}-1\right)\cdot\frac{1}{w_{\mathrm{II}}^{\mathrm{z}}}\cdot\mathrm{E}\left[\widetilde{NOPLAT}_{\mathrm{II},2}^{\mathrm{z},1}\right]} = \frac{\mathrm{E}\left[\widetilde{FCF}_{\mathrm{II},2}^{\mathrm{z},1}\right]}{\mathrm{E}\left[\widetilde{NOPLAT}_{\mathrm{II},2}^{\mathrm{z},1}\right]} = q_{\mathrm{II}}^{\mathrm{z}} \tag{A.57}$$

aufgrund (3.13) und (3.23) identisch und periodenunabhängig sind, ist auch (A.55) in jeder Periode gleich $q_{\mathrm{II}}^{\mathrm{z}}$. Wäre (A.56) ungleich $q_{\mathrm{II}}^{\mathrm{z}}$, würde sich $q_{\mathrm{II}}^{\mathrm{z}}$ unter ansonsten gleichen Annahmen als Grenzwert einer sodann periodenspezifischen Gesamtausschüttungsquote einstellen: Außer in dem betrachteten speziellen Fall $n_{\mathrm{II}}^{\mathrm{k}} = 0$ bzw. $w_{\mathrm{II}}^{\mathrm{k}} = 0$ erhielte man $q_{\mathrm{II}}^{\mathrm{z}}$ als Grenzwert im Allgemeinen bei $w_{\mathrm{II}}^{\mathrm{z}} \geq w_{\mathrm{II}}^{\mathrm{k}}$, da die mit $w_{\mathrm{II}}^{\mathrm{k}}$ verbundenen Terme bei dieser Größenrelation irrelevant sind.

Bei einer positiven Nettoinvestitionsrate $n_{\mathrm{II}}^{\mathrm{k}}$ wäre im Rahmen der Grenzwertbestimmung auch der gegensätzliche Fall $w_{\mathrm{II}}^{\mathrm{k}} > w_{\mathrm{II}}^{\mathrm{z}}$ zu untersuchen. Derartige Fallunterscheidungen werden von *Dierkes* und *Schäfer* vorgenommen, deren Modellansatz darüber hinaus differierende Ausschüttungsquoten (A.56) und (A.57) zulässt. Bei $w_{\mathrm{II}}^{\mathrm{k}} > w_{\mathrm{II}}^{\mathrm{z}}$ fließt dann neben $q_{\mathrm{II}}^{\mathrm{k}}$ und $q_{\mathrm{II}}^{\mathrm{z}}$ auch eine abweichende effektive Ausschüttungsquote (A.56) in die nachhaltige Gesamtausschüttungsquote ein.[355]

A.2.2 Restwertkalkül auf der Basis des Residualgewinn-Ansatzes

Der Wertbeitrag der künftigen Nettoinvestitionen in dem Restwertkalkül nach *Koller* et al. (2015) auf der Basis des Residualgewinn-Ansatzes (3.52) setzt sich aus zwei separat zu ermittelnden Barwerten zusammen, die nachfolgend durch die Bezeichner „(I)“ und „(II)“ voneinander abgegrenzt werden:

$$\mathrm{E}\left[\widetilde{V}_{\mathrm{II},0}^{\ell,Kol}\right] = \mathrm{E}\left[\widetilde{IC}_{\mathrm{II},0}^{\mathrm{k}}\right] + \mathrm{E}\left[\widetilde{MVA}_{\mathrm{II},0}^{(\mathrm{I})}\right] + \mathrm{E}\left[\widetilde{MVA}_{\mathrm{II},0}^{(\mathrm{II})}\right]. \tag{A.58}$$

355 Vgl. *Dierkes/Schäfer* (2017), S. 13 f. und in Anhang A.5.3, S. 380–387.

Bei der Differenz

$$\mathrm{E}\left[\widetilde{RI}^{\mathrm{k}}_{\mathrm{II},1}\right] = \left(ROIC_{\mathrm{II}} - k^{\tau}_{\mathrm{II}}\right) \cdot \mathrm{E}\left[\widetilde{IC}^{\mathrm{k}}_{\mathrm{II},0}\right] \tag{A.59}$$

als Zähler des zweiten Terms in (3.52) handelt es sich um den Residualgewinn in der ersten Periode der Rentenphase. Aufgrund der Konstanz des Kernkapitalbestands gemäß (3.5) bleibt dieser Residualgewinn im Zeitablauf unverändert, sodass in jeder Restwertperiode $\phi_{\mathrm{II}} \in [1, +\infty)$ derselbe Betrag $\mathrm{E}\left[\widetilde{RI}^{\mathrm{k}}_{\mathrm{II}}\right]$ auf den Zeitpunkt $\phi_{\mathrm{II}} = 0$ zu diskontieren ist:

$$\mathrm{E}\left[\widetilde{RI}^{\mathrm{k}}_{\mathrm{II}}\right] = \left(ROIC_{\mathrm{II}} - k^{\tau}_{\mathrm{II}}\right) \cdot \mathrm{E}\left[\widetilde{IC}^{\mathrm{k}}_{\mathrm{II}}\right] = \mathrm{E}\left[\widetilde{RI}^{\mathrm{k}}_{\mathrm{II},1}\right] \qquad \forall \phi_{\mathrm{II}} \in [1, +\infty). \tag{A.60}$$

(A.61) zeigt die Ermittlung des Wertbeitrags der unendlichen Rente dieser gleichbleibenden Residualgewinne zum Zeitpunkt $\phi_{\mathrm{II}} = 0$ $\mathrm{E}\left[\widetilde{MVA}^{(\mathrm{I})}_{\mathrm{II},0}\right]$, des zweiten Terms in (3.52), auf:

$$\begin{aligned}\mathrm{E}\left[\widetilde{MVA}^{(\mathrm{I})}_{\mathrm{II},0}\right] &= \sum_{\phi_{\mathrm{II}}=1}^{+\infty} \frac{\mathrm{E}\left[\widetilde{RI}^{\mathrm{k}}_{\mathrm{II}}\right]}{(1 + k^{\tau}_{\mathrm{II}})^{\phi_{\mathrm{II}}}} = \frac{\mathrm{E}\left[\widetilde{RI}^{\mathrm{k}}_{\mathrm{II},1}\right]}{k^{\tau}_{\mathrm{II}}} \\ &= \frac{\left(ROIC_{\mathrm{II}} - k^{\tau}_{\mathrm{II}}\right) \cdot \mathrm{E}\left[\widetilde{IC}^{\mathrm{k}}_{\mathrm{II},0}\right]}{k^{\tau}_{\mathrm{II}}}.\end{aligned} \tag{A.61}$$

Der Zähler des dritten Terms in (3.52) ist:

$$\mathrm{E}\left[\widetilde{RI}^{\mathrm{z},1}_{\mathrm{II},2}\right] = n^{\mathrm{z}}_{\mathrm{II}} \cdot ROIC_{\mathrm{II}} \cdot \mathrm{E}\left[\widetilde{IC}^{\mathrm{k}}_{\mathrm{II},0}\right] \cdot \left(RONIC_{\mathrm{II}} - k^{\tau}_{\mathrm{II}}\right). \tag{A.62}$$

Dieser gibt den Residualgewinn in der zweiten Periode der Rentenphase wieder, welcher aus der Nettoinvestition in $z_{\mathrm{II}} = 1$ hervorgeht. Dieser steigt aufgrund der Reinvestitionen in allen Folgeperioden $\phi_{\mathrm{II}} > 1$ gemäß (3.22) mit der unter (3.25) definierten Wachstumsrate $w^{\mathrm{z}}_{\mathrm{II}}$ an. Der Wertbeitrag aller auf den Erweiterungsinvestitionen in der ersten Periode beruhenden, zunehmenden Residualgewinne

$$\mathrm{E}\left[\widetilde{RI}^{\mathrm{z},1}_{\mathrm{II},\phi_{\mathrm{II}}}\right] = \mathrm{E}\left[\widetilde{RI}^{\mathrm{z},1}_{\mathrm{II},2}\right] \cdot \left(1 + w^{\mathrm{z}}_{\mathrm{II}}\right)^{\phi_{\mathrm{II}}-2} \qquad \forall \phi_{\mathrm{II}} \in [2, +\infty) \tag{A.63}$$

aus der Sicht des Investitionszeitpunktes $z_{\mathrm{II}} = 1$ $\mathrm{E}\left[\widetilde{MVA}^{(\mathrm{II}),1}_{\mathrm{II},1}\right]$ ist unter Berücksichtigung von (A.62) anhand der Formel (A.64) zu bestimmen:

$$\mathrm{E}\left[\widetilde{MVA}^{(\mathrm{II}),1}_{\mathrm{II},1}\right] = \sum_{\phi_{\mathrm{II}}=2}^{+\infty} \frac{\mathrm{E}\left[\widetilde{RI}^{\mathrm{z},1}_{\mathrm{II},\phi_{\mathrm{II}}}\right]}{(1 + k^{\tau}_{\mathrm{II}})^{\phi_{\mathrm{II}}-1}} = \sum_{\phi_{\mathrm{II}}=2}^{+\infty} \frac{\mathrm{E}\left[\widetilde{RI}^{\mathrm{z},1}_{\mathrm{II},2}\right] \cdot \left(1 + w^{\mathrm{z}}_{\mathrm{II}}\right)^{\phi_{\mathrm{II}}-2}}{(1 + k^{\tau}_{\mathrm{II}})^{\phi_{\mathrm{II}}-1}}$$

$$= \frac{n_{\text{II}}^{\text{z}} \cdot ROIC_{\text{II}} \cdot \text{E}\left[\widetilde{IC}_{\text{II},0}^{\text{k}}\right] \cdot \left(RONIC_{\text{II}} - k_{\text{II}}^{\tau}\right)}{k_{\text{II}}^{\tau} - w_{\text{II}}^{\text{z}}}. \tag{A.64}$$

Analog zu (A.63) entwickelt sich aus den Neuinvestitionen in allen Perioden der Rentenphase gemäß (3.11) jeweils eine ewige Rente ansteigender Residualgewinne ab der auf den Investitionszeitpunkt folgenden Periode. Im Allgemeinen ist zur Ermittlung des aus der Investition zum Zeitpunkt $z_{\text{II}} \in [1, +\infty)$ in der Folgeperiode $\phi_{\text{II}} = z_{\text{II}} + 1$ hervorgehenden Residualgewinns die nachstehende Berechnungsformel anzuwenden:

$$\text{E}\left[\widetilde{RI}_{\text{II},z_{\text{II}}+1}^{\text{z},z_{\text{II}}}\right] = n_{\text{II}}^{\text{z}} \cdot ROIC_{\text{II}} \cdot \text{E}\left[\widetilde{IC}_{\text{II},z_{\text{II}}-1}^{\text{k}}\right] \cdot \left(RONIC_{\text{II}} - k_{\text{II}}^{\tau}\right) \tag{A.65}$$

$$= \text{E}\left[\widetilde{RI}_{\text{II},2}^{\text{z},1}\right] \qquad \forall z_{\text{II}} \in [1, +\infty).$$

Wiederum wegen (3.5) entspricht (A.65) dem Term (A.62). In Analogie zu dem Zusammenhang (A.63) gilt für den Residualgewinn jeder beliebigen Periode $\phi_{\text{II}} > z_{\text{II}}$ unter Berücksichtigung von (3.25) somit im Allgemeinen:

$$\text{E}\left[\widetilde{RI}_{\text{II},\phi_{\text{II}}}^{\text{z},z_{\text{II}}}\right] = \text{E}\left[\widetilde{RI}_{\text{II},z_{\text{II}}+1}^{\text{z},z_{\text{II}}}\right] \cdot \left(1 + w_{\text{II}}^{\text{z}}\right)^{\phi_{\text{II}}-z_{\text{II}}-1} = \text{E}\left[\widetilde{RI}_{\text{II},2}^{\text{z},1}\right] \cdot \left(1 + w_{\text{II}}^{\text{z}}\right)^{\phi_{\text{II}}-z_{\text{II}}-1}$$

$$\forall z_{\text{II}} \in [1, +\infty), \phi_{\text{II}} \in [2, +\infty) \quad \text{und} \quad z_{\text{II}} < \phi_{\text{II}}. \tag{A.66}$$

Die in jeder Restwertperiode $\phi_{\text{II}} \in [2, +\infty)$ beginnenden ewigen Renten ansteigender Residualgewinne gemäß (A.66) sind aufgrund der nach (3.14) unveränderlichen Kapitalbestände $\text{E}\left[\widetilde{IC}_{\text{II},z_{\text{II}}}^{\text{z},z_{\text{II}}}\right]$ infolge der Konstanz des Kapitalanfangsbestands gemäß (3.5) identisch und führen unter Berücksichtigung von (A.65) somit jeweils zu demselben Wertbeitrag zu dem jeweiligen Investitionszeitpunkt $z_{\text{II}} = \phi_{\text{II}} - 1$ wie (A.64):

$$\text{E}\left[\widetilde{MVA}_{\text{II},z_{\text{II}}}^{(\text{II}),z_{\text{II}}}\right] = \sum_{\phi_{\text{II}}=z_{\text{II}}+1}^{+\infty} \frac{\text{E}\left[\widetilde{RI}_{\text{II},\phi_{\text{II}}}^{\text{z},z_{\text{II}}}\right]}{(1 + k_{\text{II}}^{\tau})^{\phi_{\text{II}}-z_{\text{II}}}} = \sum_{\phi_{\text{II}}=z_{\text{II}}+1}^{+\infty} \frac{\text{E}\left[\widetilde{RI}_{\text{II},z_{\text{II}}+1}^{\text{z},z_{\text{II}}}\right] \cdot \left(1 + w_{\text{II}}^{\text{z}}\right)^{\phi_{\text{II}}-z_{\text{II}}-1}}{(1 + k_{\text{II}}^{\tau})^{\phi_{\text{II}}-z_{\text{II}}}}$$

$$= \frac{n_{\text{II}}^{\text{z}} \cdot ROIC_{\text{II}} \cdot \text{E}\left[\widetilde{IC}_{\text{II},z_{\text{II}}-1}^{\text{k}}\right] \cdot \left(RONIC_{\text{II}} - k_{\text{II}}^{\tau}\right)}{k_{\text{II}}^{\tau} - w_{\text{II}}^{\text{z}}}$$

$$= \text{E}\left[\widetilde{MVA}_{\text{II},1}^{(\text{II}),1}\right] \qquad \forall z_{\text{II}} \in [1, +\infty).$$

Der Barwert der unendlichen Rente dieser gleichbleibenden Wertbeiträge aus der Sicht des Zeitpunktes $\phi_{\mathrm{II}} = 0$ $\mathrm{E}\left[\widetilde{MVA}_{\mathrm{II},0}^{(\mathrm{II})}\right]$ ist somit wie folgt zu bestimmen:

$$\begin{aligned}\mathrm{E}\left[\widetilde{MVA}_{\mathrm{II},0}^{(\mathrm{II})}\right] &= \sum_{z_{\mathrm{II}}=1}^{+\infty} \frac{\mathrm{E}\left[\widetilde{MVA}_{\mathrm{II},z_{\mathrm{II}}}^{(\mathrm{II}),z_{\mathrm{II}}}\right]}{(1+k_{\mathrm{II}}^{\tau})^{z_{\mathrm{II}}}} = \frac{\mathrm{E}\left[\widetilde{MVA}_{\mathrm{II},1}^{(\mathrm{II}),1}\right]}{k_{\mathrm{II}}^{\tau}} \\ &= \frac{n_{\mathrm{II}}^{\mathrm{z}} \cdot ROIC_{\mathrm{II}} \cdot \mathrm{E}\left[\widetilde{IC}_{\mathrm{II},0}^{\mathrm{k}}\right] \cdot \left(RONIC_{\mathrm{II}} - k_{\mathrm{II}}^{\tau}\right)}{k_{\mathrm{II}}^{\tau} \cdot (k_{\mathrm{II}}^{\tau} - w_{\mathrm{II}}^{\mathrm{z}})} \\ &= \frac{\mathrm{E}\left[\widetilde{NOPLAT}_{\mathrm{II},1}^{\mathrm{k}}\right] \cdot \dfrac{w_{\mathrm{II}}^{\mathrm{z}}}{RONIC_{\mathrm{II}}} \cdot \left(RONIC_{\mathrm{II}} - k_{\mathrm{II}}^{\tau}\right)}{k_{\mathrm{II}}^{\tau} \cdot (k_{\mathrm{II}}^{\tau} - w_{\mathrm{II}}^{\mathrm{z}})}.\end{aligned} \tag{A.67}$$

Unter Berücksichtigung von (3.6) und (3.25) ergibt sich die in der letzten Zeile von (A.67) aufgeführte Berechnungsweise, wie sie in *Koller* et al. (2015) angegeben ist.[356] Die Summe aus den Wertbeiträgen (A.61) und (A.67) bildet gemeinsam mit dem Kapitalanfangsbestand $\mathrm{E}\left[\widetilde{IC}_{\mathrm{II},0}^{\mathrm{k}}\right]$ den Restwert des verschuldeten Unternehmens (3.52).

A.2.3 Restwertkalkül auf der Basis des FCF Verfahrens

Die Restwertformel auf der Basis des FCF Verfahrens (3.59) verdichtet die Restwerte aller in der Rentenphase erzielbaren freien Cashflows. Nach *Koller* et al. (2015) setzt sich der Restwert des verschuldeten Unternehmens zum Zeitpunkt $\phi_{\mathrm{II}} = 0$ additiv zum einen aus dem Restwert der erwarteten freien Cashflows, die nach Abzug der periodischen Investitionen in neue Projekte verbleiben, und zum anderen aus dem Restwert der finanziellen Überschüsse, die nach anteiliger Reinvestition der erwirtschafteten zusätzlichen NOPLAT zur Ausschüttung zur Verfügung stehen, zusammen. Die Berechnungsformeln dieser beiden Teilrestwerte, (A.71b) und (A.73), werden im Folgenden hergeleitet.

356 Vgl. *Koller* et al. (2015), S. 252.

Der Restwert der konstanten vorläufigen, d. h. unter Vernachlässigung der Investitionen in das Zusatzkapital erzielbaren, freien Cashflows (3.10) ist unter Berücksichtigung von (3.9) mittels

$$\mathrm{E}\left[\widetilde{V}_{\mathrm{II},0}^{\ell,\mathrm{k}}\right] = \sum_{\phi_{\mathrm{II}}=1}^{+\infty} \frac{\mathrm{E}\left[\widetilde{FCF}_{\mathrm{II}}^{\mathrm{k}}\right]}{(1+k_{\mathrm{II}}^{\tau})^{\phi_{\mathrm{II}}}} = \sum_{\phi_{\mathrm{II}}=1}^{+\infty} \frac{q_{\mathrm{II}}^{\mathrm{k}} \cdot \mathrm{E}\left[\widetilde{NOPLAT}_{\mathrm{II}}^{\mathrm{k}}\right]}{(1+k_{\mathrm{II}}^{\tau})^{\phi_{\mathrm{II}}}} = \frac{\mathrm{E}\left[\widetilde{NOPLAT}_{\mathrm{II}}^{\mathrm{k}}\right]}{k_{\mathrm{II}}^{\tau}} \tag{A.68}$$

zu bestimmen. (A.68) entspricht der Summe aus den ersten beiden Termen, (3.5) und (A.61), in dem Restwertkalkül (3.52):

$$\mathrm{E}\left[\widetilde{V}_{\mathrm{II},0}^{\ell,\mathrm{k}}\right] = \mathrm{E}\left[\widetilde{IC}_{\mathrm{II},0}^{\mathrm{k}}\right] + \mathrm{E}\left[\widetilde{MVA}_{\mathrm{II},0}^{(\mathrm{I})}\right]. \tag{A.69}$$

Infolge der Durchführung von Neuinvestitionen ab der ersten Periode der Rentenphase gemäß (3.11) und der mit diesen ab der zweiten Periode erzielbaren finanziellen Überschüsse ist (A.68) um einen wertmindernden und einen werterhöhenden Effekt, die nachfolgend durch die Bezeichner „(I)“ und „(II)“ voneinander abgegrenzt werden, zu korrigieren. Bei (A.67) handelt es sich um die Verdichtung dieser beiden Effekte, wie die weiteren Ausführungen zeigen, die in (A.74) münden.

Der Restwert der konstanten negativen freien Cashflows, bedingt durch die periodisch gleichbleibenden Investitionen in neue Projekte

$$(1 - q_{\mathrm{II}}^{\mathrm{z}}) \cdot \mathrm{E}\left[\widetilde{NOPLAT}_{\mathrm{II}}^{\mathrm{k}}\right],$$

ist mittels

$$\mathrm{E}\left[\widetilde{V}_{\mathrm{II},0}^{\ell,\mathrm{z},(\mathrm{I})}\right] = \sum_{\phi_{\mathrm{II}}=1}^{+\infty} \frac{\mathrm{E}\left[\widetilde{FCF}_{\mathrm{II},\phi_{\mathrm{II}}}^{\mathrm{z},\phi_{\mathrm{II}}}\right]}{(1+k_{\mathrm{II}}^{\tau})^{\phi_{\mathrm{II}}}} = \sum_{\phi_{\mathrm{II}}=1}^{+\infty} \frac{-(1-q_{\mathrm{II}}^{\mathrm{z}}) \cdot \mathrm{E}\left[\widetilde{NOPLAT}_{\mathrm{II}}^{\mathrm{k}}\right]}{(1+k_{\mathrm{II}}^{\tau})^{\phi_{\mathrm{II}}}} = \frac{-(1-q_{\mathrm{II}}^{\mathrm{z}}) \cdot \mathrm{E}\left[\widetilde{NOPLAT}_{\mathrm{II}}^{\mathrm{k}}\right]}{k_{\mathrm{II}}^{\tau}} \tag{A.70}$$

zu berechnen. Die Addition von (A.68) und (A.70) führt zu dem Restwert der verbleibenden freien Cashflows (3.13):

$$\mathrm{E}\left[\widetilde{V}_{\mathrm{II},0}^{\ell,\bar{\mathrm{k}}}\right] = \mathrm{E}\left[\widetilde{V}_{\mathrm{II},0}^{\ell,\mathrm{k}}\right] + \mathrm{E}\left[\widetilde{V}_{\mathrm{II},0}^{\ell,\mathrm{z},(\mathrm{I})}\right] \tag{A.71a}$$

$$= \sum_{\phi_{\mathrm{II}}=1}^{+\infty} \frac{q_{\mathrm{II}}^{\mathrm{z}} \cdot \mathrm{E}\left[\widetilde{NOPLAT}_{\mathrm{II}}^{\mathrm{k}}\right]}{(1+k_{\mathrm{II}}^{\tau})^{\phi_{\mathrm{II}}}} = \frac{q_{\mathrm{II}}^{\mathrm{z}} \cdot \mathrm{E}\left[\widetilde{NOPLAT}_{\mathrm{II}}^{\mathrm{k}}\right]}{k_{\mathrm{II}}^{\tau}}. \tag{A.71b}$$

Der Wertbeitrag der auf die Nettoinvestition in der Periode z_{II} zurückgehenden, mit der Rate $w_{\mathrm{II}}^{\mathrm{z}}$ wachsenden zusätzlichen freien Cashflows (3.23) aus der Sicht des Investitionszeitpunktes z_{II} beläuft sich mit Hilfe von (3.19) und (3.43) auf

$$\mathrm{E}\left[\widetilde{V}_{\mathrm{II},z_{\mathrm{II}}}^{\ell,\mathrm{z},(\mathrm{II}),z_{\mathrm{II}}}\right] = \sum_{\phi_{\mathrm{II}}=z_{\mathrm{II}}+1}^{+\infty} \frac{\mathrm{E}\left[\widetilde{FCF}_{\mathrm{II},\phi_{\mathrm{II}}}^{\mathrm{z},z_{\mathrm{II}}}\right]}{(1+k_{\mathrm{II}}^{\tau})^{\phi_{\mathrm{II}}-z_{\mathrm{II}}}}$$

$$= \sum_{\phi_{\mathrm{II}}=z_{\mathrm{II}}+1}^{+\infty} \frac{q_{\mathrm{II}}^{\mathrm{z}} \cdot \mathrm{E}\left[\widetilde{NOPLAT}_{\mathrm{II},z_{\mathrm{II}}+1}^{\mathrm{z},z_{\mathrm{II}}}\right] \cdot \left(1+w_{\mathrm{II}}^{\mathrm{z}}\right)^{\phi_{\mathrm{II}}-z_{\mathrm{II}}-1}}{(1+k_{\mathrm{II}}^{\tau})^{\phi_{\mathrm{II}}-z_{\mathrm{II}}}},$$

woraus mittels (3.16) und (3.11) der Ausdruck

$$\mathrm{E}\left[\widetilde{V}_{\mathrm{II},z_{\mathrm{II}}}^{\ell,\mathrm{z},(\mathrm{II}),z_{\mathrm{II}}}\right] = \frac{q_{\mathrm{II}}^{\mathrm{z}} \cdot \left(1-q_{\mathrm{II}}^{\mathrm{z}}\right) \cdot \mathrm{E}\left[\widetilde{NOPLAT}_{\mathrm{II}}^{\mathrm{k}}\right] \cdot RONIC_{\mathrm{II}}}{k_{\mathrm{II}}^{\tau} - w_{\mathrm{II}}^{\mathrm{z}}} \tag{A.72}$$

$$= \mathrm{E}\left[\widetilde{V}_{\mathrm{II},1}^{\ell,\mathrm{z},(\mathrm{II}),1}\right] \qquad \forall z_{\mathrm{II}} \in [1,+\infty)$$

resultiert. Da der prognostizierte Wertbeitrag (A.72) in jedem Investitionszeitpunkt $z_{\mathrm{II}} \in [1,+\infty)$ identisch ist, ist der Barwert dieser ewigen Rente konstanter Wertbeiträge zu Beginn der Rentenphase $\mathrm{E}\left[\widetilde{V}_{\mathrm{II},0}^{\ell,\mathrm{z},(\mathrm{II})}\right]$ wie folgt zu bestimmen:

$$\mathrm{E}\left[\widetilde{V}_{\mathrm{II},0}^{\ell,\mathrm{z},(\mathrm{II})}\right] = \sum_{z_{\mathrm{II}}=1}^{+\infty} \frac{\mathrm{E}\left[\widetilde{V}_{\mathrm{II},z_{\mathrm{II}}}^{\ell,\mathrm{z},(\mathrm{II}),z_{\mathrm{II}}}\right]}{(1+k_{\mathrm{II}}^{\tau})^{z_{\mathrm{II}}}} = \frac{\mathrm{E}\left[\widetilde{V}_{\mathrm{II},1}^{\ell,\mathrm{z},(\mathrm{II}),1}\right]}{k_{\mathrm{II}}^{\tau}}$$

$$= \frac{q_{\mathrm{II}}^{\mathrm{z}} \cdot \left(1-q_{\mathrm{II}}^{\mathrm{z}}\right) \cdot \mathrm{E}\left[\widetilde{NOPLAT}_{\mathrm{II}}^{\mathrm{k}}\right] \cdot RONIC_{\mathrm{II}}}{k_{\mathrm{II}}^{\tau} \cdot \left(k_{\mathrm{II}}^{\tau} - w_{\mathrm{II}}^{\mathrm{z}}\right)}. \tag{A.73}$$

Die Summe aus dem wertmindernden Effekt (A.70) und dem werterhöhenden Effekt (A.73) entspricht (A.67), dem dritten Term in (3.52):

$$\mathrm{E}\left[\widetilde{V}_{\mathrm{II},0}^{\ell,\mathrm{z},(\mathrm{I})}\right] + \mathrm{E}\left[\widetilde{V}_{\mathrm{II},0}^{\ell,\mathrm{z},(\mathrm{II})}\right] = \mathrm{E}\left[\widetilde{MVA}_{\mathrm{II},0}^{(\mathrm{II})}\right]. \tag{A.74}$$

Die Addition des Restwertes der verbleibenden freien Cashflows (A.71b) und des Restwertes aller zusätzlichen freien Cashflows (A.73) ergibt schließlich die Formel für den Restwert des verschuldeten Unternehmens auf der Basis des FCF Verfahrens (3.59):

$$\mathrm{E}\left[\widetilde{V}_{\mathrm{II},0}^{\ell,Kol}\right] = \mathrm{E}\left[\widetilde{V}_{\mathrm{II},0}^{\ell,\bar{\mathrm{k}}}\right] + \mathrm{E}\left[\widetilde{V}_{\mathrm{II},0}^{\ell,\mathrm{z},(\mathrm{II})}\right]. \tag{A.75}$$

Auf der Grundlage der drei Teilgleichungen (A.69), (A.71a) und (A.74) ist die Übereinstimmung von (A.58) und (A.75) bzw. von (3.52) und (3.59) evident.

A.3 Restwertkalkül nach Daves et al. (2004) auf der Basis des Residualgewinn-Ansatzes

Der auf dem Residualgewinn-Ansatz basierende Restwertkalkül nach *Daves* et al. (2004) besteht wie jener nach *Koller* et al. (2015), (3.52) bzw. (A.58), aus drei Komponenten:

$$\mathrm{E}\left[\widetilde{V}_{\mathrm{II},0}^{\ell,Dav}\right] = \mathrm{E}\left[\widetilde{IC}_{\mathrm{II},0}^{\mathrm{k}}\right] + \mathrm{E}\left[\widetilde{MVA}_{\mathrm{II},0}^{(\mathrm{I})}\right] + \mathrm{E}\left[\widetilde{MVA}_{\mathrm{II},0}^{(\mathrm{II})}\right]. \tag{A.76}$$

Die Formeln (A.59) bis (A.61) in Anhang A.2.2 behalten in Bezug auf den Restwertkalkül von *Daves* et al. ihre Gültigkeit. Die zugehörigen Erläuterungen auf den Seiten 353 f. können im Wesentlichen auf deren Modell übertragen werden; die Formelbezüge auf (3.52) sind lediglich durch (A.81) zu ersetzen. Die Ermittlung des dritten Summanden in (A.76), des Barwertes der durch die Neu- und Reinvestitionen erzielbaren Residualgewinne, gleicht grundsätzlich der Ermittlung von (A.67). Im Folgenden sei auf die wenigen Änderungen bei Zugrundelegung des Modells von *Daves* et al. hingewiesen.

In jeder Periode $\phi_{\mathrm{II}} \in [2, +\infty)$ wird infolge des konstanten Kernkapitals derselbe Residualgewinn erzielt, der auf die Neuinvestition in der Vorperiode $z_{II} = \phi_{II} - 1$, (3.69), zurückgeht. In Anlehnung an (A.65) beläuft sich dieser im Allgemeinen auf

$$\begin{aligned} \mathrm{E}\left[\widetilde{RI}_{II,\phi_{II}}^{z,\phi_{II}-1}\right] &= w_{II}^{IC} \cdot \mathrm{E}\left[\widetilde{IC}_{II}^{k}\right] \cdot \left(RONIC_{II} - k_{II}^{\tau}\right) \\ &= \mathrm{E}\left[\widetilde{RI}_{II,2}^{z,1}\right] \qquad \forall \phi_{II} \in [2, +\infty). \end{aligned} \tag{A.77}$$

Jeder dieser Residualgewinne steigt aufgrund der Reinvestitionen im Zeitablauf gemäß (3.70) mit der unter (3.76) definierten Wachstumsrate w_{II}^{IC} an. In Analogie zu (A.66) ergibt sich der Residualgewinn einer beliebigen Folgeperiode $\phi_{II} > z_{II}$ ausgehend von $\mathrm{E}\left[\widetilde{RI}_{II,2}^{z,1}\right]$ gemäß (A.77) als

$$\mathrm{E}\left[\widetilde{RI}_{II,\phi_{II}}^{z,z_{II}}\right] = \mathrm{E}\left[\widetilde{RI}_{II,z_{II}+1}^{z,z_{II}}\right] \cdot \left(1 + w_{II}^{IC}\right)^{\phi_{II}-z_{II}-1} = \mathrm{E}\left[\widetilde{RI}_{II,2}^{z,1}\right] \cdot \left(1 + w_{II}^{IC}\right)^{\phi_{II}-z_{II}-1}$$

$$\forall z_{II} \in [1, +\infty), \phi_{II} \in [2, +\infty) \quad \text{und} \quad z_{II} < \phi_{II}. \tag{A.78}$$

Der Marktwertbeitrag einer in der Periode $\phi_{II} = z_{II} + 1$ beginnenden ewigen Rente ansteigender Residualgewinne gemäß (A.78) aus der Sicht des jeweiligen Investitionszeitpunktes z_{II} ist wie folgt zu ermitteln:

$$\begin{aligned} \mathrm{E}\left[\widetilde{MVA}_{II,z_{II}}^{(II),z_{II}}\right] &= \sum_{\phi_{II}=z_{II}+1}^{+\infty} \frac{\mathrm{E}\left[\widetilde{RI}_{II,\phi_{II}}^{z,z_{II}}\right]}{(1 + k_{II}^{\tau})^{\phi_{II}-z_{II}}} = \sum_{\phi_{II}=z_{II}+1}^{+\infty} \frac{\mathrm{E}\left[\widetilde{RI}_{II,2}^{z,1}\right] \cdot \left(1 + w_{II}^{IC}\right)^{\phi_{II}-z_{II}-1}}{(1 + k_{II}^{\tau})^{\phi_{II}-z_{II}}} \\ &= \frac{w_{II}^{IC} \cdot \mathrm{E}\left[\widetilde{IC}_{II,0}^{k}\right] \cdot \left(RONIC_{II} - k_{II}^{\tau}\right)}{k_{II}^{\tau} - w_{II}^{IC}} \\ &= \mathrm{E}\left[\widetilde{MVA}_{II,1}^{(II),1}\right] \qquad \forall z_{II} \in [1, +\infty). \end{aligned} \tag{A.79}$$

Aufgrund der identischen Investitionsketten entsprechen sich die für jeden Investitionszeitpunkt $z_{II} \in [1, +\infty)$ zu ermittelnden Wertbeiträge (A.79). Korrespondierend mit (A.67) ergibt sich für den Barwert der unendlichen Rente dieser Wertbeiträge zum Zeitpunkt $\phi_{II} = 0$:

$$\begin{aligned} \mathrm{E}\left[\widetilde{MVA}_{II,0}^{(II)}\right] &= \sum_{z_{II}=1}^{+\infty} \frac{\mathrm{E}\left[\widetilde{MVA}_{II,z_{II}}^{(II),z_{II}}\right]}{(1 + k_{II}^{\tau})^{z_{II}}} = \frac{\mathrm{E}\left[\widetilde{MVA}_{II,1}^{(II),1}\right]}{k_{II}^{\tau}} \\ &= \frac{w_{II}^{IC} \cdot \mathrm{E}\left[\widetilde{IC}_{II,0}^{k}\right] \cdot \left(RONIC_{II} - k_{II}^{\tau}\right)}{k_{II}^{\tau} \cdot \left(k_{II}^{\tau} - w_{II}^{IC}\right)}. \end{aligned} \tag{A.80}$$

Aus der Addition des Kapitalanfangsbestands $\mathrm{E}\left[\widetilde{IC}_{\mathrm{II},0}^{\mathrm{k}}\right]$ und der mit (A.61) und (A.80) erfassten Wertbeiträge aller künftigen Nettoinvestitionen erhält man den Restwert des verschuldeten Unternehmens. (A.76) konkretisiert sich somit zu dem Kalkül

$$\mathrm{E}\left[\widetilde{V}_{\mathrm{II},0}^{\ell,Dav}\right] = \mathrm{E}\left[\widetilde{IC}_{\mathrm{II},0}^{\mathrm{k}}\right] + \frac{ROIC_{\mathrm{II}} - k_{\mathrm{II}}^{\tau}}{k_{\mathrm{II}}^{\tau}} \cdot \mathrm{E}\left[\widetilde{IC}_{\mathrm{II},0}^{\mathrm{k}}\right]$$
$$+ \frac{RONIC_{\mathrm{II}} - k_{\mathrm{II}}^{\tau}}{k_{\mathrm{II}}^{\tau} \cdot \left(k_{\mathrm{II}}^{\tau} - w_{\mathrm{II}}^{\mathrm{IC}}\right)} \cdot w_{\mathrm{II}}^{\mathrm{IC}} \cdot \mathrm{E}\left[\widetilde{IC}_{\mathrm{II},0}^{\mathrm{k}}\right]. \qquad \text{(A.81)}$$

Wenige mathematische Umformungen leiten von (A.81) zu der entsprechenden, in *Daves* et al. (2004) aufgeführten Restwertformel (3.66) über: Ausklammern des Invested Capital $\mathrm{E}\left[\widetilde{IC}_{\mathrm{II},0}^{\mathrm{k}}\right]$, Erweitern der Brüche auf einen Hauptnenner sowie Einfügen einer nahrhaften Null führen zu dem Ausdruck

$$\left(\frac{k_{\mathrm{II}}^{\tau} \cdot \left(k_{\mathrm{II}}^{\tau} - w_{\mathrm{II}}^{\mathrm{IC}}\right)}{k_{\mathrm{II}}^{\tau} \cdot \left(k_{\mathrm{II}}^{\tau} - w_{\mathrm{II}}^{\mathrm{IC}}\right)} + \frac{\left(ROIC_{\mathrm{II}} - k_{\mathrm{II}}^{\tau}\right) \cdot \left(k_{\mathrm{II}}^{\tau} - w_{\mathrm{II}}^{\mathrm{IC}}\right)}{k_{\mathrm{II}}^{\tau} \cdot \left(k_{\mathrm{II}}^{\tau} - w_{\mathrm{II}}^{\mathrm{IC}}\right)} + \frac{\left(RONIC_{\mathrm{II}} - k_{\mathrm{II}}^{\tau}\right) \cdot w_{\mathrm{II}}^{\mathrm{IC}}}{k_{\mathrm{II}}^{\tau} \cdot \left(k_{\mathrm{II}}^{\tau} - w_{\mathrm{II}}^{\mathrm{IC}}\right)}\right.$$
$$\left. + \frac{RONIC_{\mathrm{II}} \cdot k_{\mathrm{II}}^{\tau}}{k_{\mathrm{II}}^{\tau} \cdot \left(k_{\mathrm{II}}^{\tau} - w_{\mathrm{II}}^{\mathrm{IC}}\right)} - \frac{RONIC_{\mathrm{II}} \cdot k_{\mathrm{II}}^{\tau}}{k_{\mathrm{II}}^{\tau} \cdot \left(k_{\mathrm{II}}^{\tau} - w_{\mathrm{II}}^{\mathrm{IC}}\right)}\right) \cdot \mathrm{E}\left[\widetilde{IC}_{\mathrm{II},0}^{\mathrm{k}}\right].$$

Zusammenfassen der Quotienten in der Klammer ergibt zunächst

$$\left(\frac{\left(RONIC_{\mathrm{II}} - w_{\mathrm{II}}^{\mathrm{IC}}\right) \cdot k_{\mathrm{II}}^{\tau}}{k_{\mathrm{II}}^{\tau} \cdot \left(k_{\mathrm{II}}^{\tau} - w_{\mathrm{II}}^{\mathrm{IC}}\right)} + \frac{ROIC_{\mathrm{II}} \cdot \left(k_{\mathrm{II}}^{\tau} - w_{\mathrm{II}}^{\mathrm{IC}}\right)}{k_{\mathrm{II}}^{\tau} \cdot \left(k_{\mathrm{II}}^{\tau} - w_{\mathrm{II}}^{\mathrm{IC}}\right)} - \frac{RONIC_{\mathrm{II}} \cdot \left(k_{\mathrm{II}}^{\tau} - w_{\mathrm{II}}^{\mathrm{IC}}\right)}{k_{\mathrm{II}}^{\tau} \cdot \left(k_{\mathrm{II}}^{\tau} - w_{\mathrm{II}}^{\mathrm{IC}}\right)}\right)$$
$$\cdot \mathrm{E}\left[\widetilde{IC}_{\mathrm{II},0}^{\mathrm{k}}\right],$$

woraus nach Kürzen der Quotienten schließlich (3.66) folgt. Die Formel (A.81) bietet insofern einen Vorteil gegenüber (3.66), als sie einen direkten Vergleich mit (3.52) erlaubt, durch den unter Hinzuziehung von (3.11) der konzeptionelle Widerspruch bei der Bemessung der Neuinvestitionen in *Daves* et al. (2004) unmittelbar erkennbar ist.[357]

357 Siehe die kritischen Anmerkungen zu dem Ansatz von *Daves* et al. auf den Seiten 139 f.

Dierkes und *Schäfer* gelangen zu (A.81), indem sie von mit der Wachstumsrate $w_{\text{II}}^{\text{IC}}$ ansteigenden Neuinvestitionsvolumina ausgehen.[358] Statt (3.69) gilt nunmehr ausgehend von (3.68):

$$\mathrm{E}\left[\widetilde{NI}_{\text{II},z_{\text{II}}}^{\text{z},z_{\text{II}}}\right] = \mathrm{E}\left[\widetilde{IC}_{\text{II},z_{\text{II}}}^{\text{z},z_{\text{II}}}\right] = w_{\text{II}}^{\text{IC}} \cdot \mathrm{E}\left[\widetilde{IC}_{\text{II}}^{\text{k}}\right] \cdot \left(1 + w_{\text{II}}^{\text{IC}}\right)^{z_{\text{II}}-1} = \mathrm{E}\left[\widetilde{NI}_{\text{II},z_{\text{II}}}^{\text{z}}\right]$$

$$\forall z_{\text{II}} \in [1, +\infty) . \quad \text{(A.82)}$$

Jede dieser periodenspezifischen Neuinvestitionen bleibt in allen künftigen Perioden konstant. Im Gegensatz zu (3.70) ist

$$\mathrm{E}\left[\widetilde{NI}_{\text{II},\phi_{\text{II}}}^{\text{z},z_{\text{II}}}\right] = 0 \qquad \forall z_{\text{II}} \in [1, +\infty), \phi_{\text{II}} \in [2, +\infty) \quad \text{und} \quad z_{\text{II}} < \phi_{\text{II}}, \quad \text{(A.83)}$$

sodass anstelle von (3.71) die Gleichheit

$$\mathrm{E}\left[\widetilde{IC}_{\text{II},\phi_{\text{II}}}^{\text{z},z_{\text{II}}}\right] = \mathrm{E}\left[\widetilde{IC}_{\text{II},z_{\text{II}}}^{\text{z},z_{\text{II}}}\right] \qquad \forall z_{\text{II}} \in [1, +\infty), \phi_{\text{II}} \in [2, +\infty)$$

gilt. (A.82) ist somit gleich den gesamten Nettoinvestitionen in einer Periode (3.67) bzw. (3.72). Aus der in der ersten Periode getätigten Neuinvestition ergeben sich in der zweiten und in allen weiteren Perioden die Residualgewinne

$$\mathrm{E}\left[\widetilde{RI}_{\text{II},2}^{\text{z},1}\right] = \mathrm{E}\left[\widetilde{RI}_{\text{II},\phi_{\text{II}}}^{\text{z},1}\right] = w_{\text{II}}^{\text{IC}} \cdot \mathrm{E}\left[\widetilde{IC}_{\text{II}}^{\text{k}}\right] \cdot \left(RONIC_{\text{II}} - k_{\text{II}}^{\tau}\right)$$

$$\forall \phi_{\text{II}} \in [2, +\infty), \quad \text{(A.84)}$$

die zu dem Marktwertbeitrag

$$\begin{aligned}\mathrm{E}\left[\widetilde{MVA}_{\text{II},1}^{(\text{II}),1}\right] &= \sum_{\phi_{\text{II}}=2}^{+\infty} \frac{\mathrm{E}\left[\widetilde{RI}_{\text{II},2}^{\text{z},1}\right]}{(1+k_{\text{II}}^{\tau})^{\phi_{\text{II}}-1}} = \frac{\mathrm{E}\left[\widetilde{RI}_{\text{II},2}^{\text{z},1}\right]}{k_{\text{II}}^{\tau}} \\ &= \frac{w_{\text{II}}^{\text{IC}} \cdot \mathrm{E}\left[\widetilde{IC}_{\text{II}}^{\text{k}}\right] \cdot \left(RONIC_{\text{II}} - k_{\text{II}}^{\tau}\right)}{k_{\text{II}}^{\tau}}\end{aligned} \quad \text{(A.85)}$$

358 Vgl. *Dierkes/Schäfer* (2017), S. 32 f.

führen. Aufgrund des Anstiegs der Neuinvestitionen gemäß (A.82) wachsen (A.84) und (A.85) mit der Rate $w_{\text{II}}^{\text{IC}}$. Für eine beliebige Investitionsperiode $z_{\text{II}} \in [1, +\infty)$ gilt zum einen

$$\text{E}\left[\widetilde{RI}_{\text{II},\phi_{\text{II}}}^{\text{z},z_{\text{II}}}\right] = \text{E}\left[\widetilde{RI}_{\text{II},z_{\text{II}}+1}^{\text{z},z_{\text{II}}}\right] = \text{E}\left[\widetilde{RI}_{\text{II},2}^{\text{z},1}\right] \cdot \left(1 + w_{\text{II}}^{\text{IC}}\right)^{z_{\text{II}}-1}$$

$$\forall z_{\text{II}} \in [1, +\infty), \phi_{\text{II}} \in [2, +\infty) \quad \text{und} \quad z_{\text{II}} < \phi_{\text{II}}$$

und zum anderen

$$\text{E}\left[\widetilde{MVA}_{\text{II},z_{\text{II}}}^{(\text{II}),z_{\text{II}}}\right] = \sum_{\phi_{\text{II}}=z_{\text{II}}+1}^{+\infty} \frac{\text{E}\left[\widetilde{RI}_{\text{II},z_{\text{II}}+1}^{\text{z},z_{\text{II}}}\right]}{(1 + k_{\text{II}}^{\tau})^{\phi_{\text{II}}-z_{\text{II}}}} = \frac{\text{E}\left[\widetilde{RI}_{\text{II},2}^{\text{z},1}\right] \cdot \left(1 + w_{\text{II}}^{\text{IC}}\right)^{z_{\text{II}}-1}}{k_{\text{II}}^{\tau}} \tag{A.86}$$

$$= \text{E}\left[\widetilde{MVA}_{\text{II},1}^{(\text{II}),1}\right] \cdot \left(1 + w_{\text{II}}^{\text{IC}}\right)^{z_{\text{II}}-1} \qquad z_{\text{II}} \in [1, +\infty).$$

Für den Barwert der unendlichen Rente ansteigender Wertbeiträge (A.86) zu Beginn der Rentenphase ergibt sich:

$$\text{E}\left[\widetilde{MVA}_{\text{II},0}^{(\text{II})}\right] = \sum_{z_{\text{II}}=1}^{+\infty} \frac{\text{E}\left[\widetilde{MVA}_{\text{II},z_{\text{II}}}^{(\text{II}),z_{\text{II}}}\right]}{(1 + k_{\text{II}}^{\tau})^{z_{\text{II}}}} = \frac{\text{E}\left[\widetilde{MVA}_{\text{II},1}^{(\text{II}),1}\right]}{k_{\text{II}}^{\tau} - w_{\text{II}}^{\text{IC}}}$$

$$= \frac{w_{\text{II}}^{\text{IC}} \cdot \text{E}\left[\widetilde{IC}_{\text{II}}^{\text{k}}\right] \cdot \left(RONIC_{\text{II}} - k_{\text{II}}^{\tau}\right)}{k_{\text{II}}^{\tau} \cdot \left(k_{\text{II}}^{\tau} - w_{\text{II}}^{\text{IC}}\right)}.$$

Die Interpretation von *Dierkes* und *Schäfer* basiert demnach auf der Anwendung der Faktoren im Nenner des dritten Summanden von (A.81) in umgekehrter Reihenfolge. Bei dieser Vorgehensweise bleibt aus ökonomischer Sicht zum einen offen, aus welchem Grund (A.83) angenommen wird. Plausibler wäre es, ein Wachstum jeder getätigten Neuinvestition zu modellieren. Zum anderen bleibt aufgrund der fehlenden Aufspaltung der Wachstumsrate $w_{\text{II}}^{\text{IC}}$ gemäß (3.76) in *Dierkes/Schäfer* (2017) wie in den Originalquellen verborgen, dass nach (A.82) der konstante Anteil des Kernkapitals am Gesamtkapital in der Rentenphase gleichermaßen mit $RONIC_{\text{II}}$ verzinst wird wie das durch die Neuinvestitionen ansteigende Zusatzkapital. Aus der in Abschnitt 3.1.2.2 vorgenommenen Erklärung der Restwertformel (3.66) anhand einer unendlichen Investitionskette[359] in Analogie zu dem Restwertansatz von *Koller* et al. ist hingegen ersichtlich, dass beide Ansätze sich im Grunde entsprechen; sie unterscheiden sich nur darin, dass der Restwertkalkül von *Daves* et al. unter ansonsten gleichen Annahmen mit der undifferenzierten Verzinsung des Gesamtkapitals mit $RONIC_{\text{II}}$ einen folgenreichen Bewertungsfehler enthält, durch den die Erweiterungsinvestitionen regelmäßig zu gering bemessen werden. Infolgedessen ist der ermittelte Restwert des verschuldeten Unternehmens im Vergleich mit jenem bei Anwendung des Restwertkalküls von *Koller* et al. niedriger.

A.4 Modell nach Meitner (2013)

A.4.1 Ermittlung der Gesamtwachstumsrate des zusätzlichen Cashflows

In diesem Anhang wird zunächst die Formel (3.85) hinsichtlich der Investitionsfolge verallgemeinert und schließlich eine Formel für das kumulierte Zusatzkapital zu einem Zeitpunkt ϕ_{II} hergeleitet.[360]

Anhand der auf die ersten fünf Perioden der Rentenphase erweiterten Abbildung A–1 (S. 368–369), die die Weiterentwicklung der aus der ersten Zusatzinvestition $\mathrm{E}\left[\widetilde{IC}_{\text{II},1}^{\text{B},(1)}\right]$ hervorgehenden Bewertungsgrößen schematisiert, ist die Zusammensetzung der durch eine Folge von mehr als zwei Investitionszeitpunkten charakterisierten Zusatzinvestitionen nachvollziehbar.[361] Offenkundig ist z. B. eine Zusatzinvestition auf der dritten Ebene, die durch eine aus drei Investitionszeitpunkten bestehende Folge, z. B. $s_1 = (1, 2, z_3)$, spezifiziert ist, gemäß

$$\mathrm{E}\left[\widetilde{IC}_{\text{II},z_3}^{\text{B},(1,z_2,z_3)}\right] = \left(1 - q_{\text{II}}^{\text{BCF}}\right)^2 \cdot \left(IRR_{\text{II}}^{\text{B}} - w_{\text{II}}\right)^2 \cdot \mathrm{E}\left[\widetilde{IC}_{\text{II},1}^{\text{B},(1)}\right] \cdot (1 + w_{\text{II}})^{z_3 - 3}$$

$$\forall z_2 \in [z_1 + 1, +\infty), \ \forall z_3 \in [z_2 + 1, +\infty), \ z_2 < z_3 \quad \text{(A.87)}$$

359 Siehe S. 137–141. Zur Modellierung einer unendlichen Investitionskette siehe *Friedl / Schwetzler* (2013), S. 728–732 sowie ergänzend *Friedl / Schwetzler* (2010), S. 419–430, *Friedl / Schwetzler* (2011a) und *Friedl / Schwetzler* (2011b).

360 Die Herleitung lehnt in Teilen an *Dierkes / Schäfer* (2017), S. 34–38 an.

361 Siehe S. 368–369. Gedanklich ist der zweite Teil unter den ersten Teil der Abbildung zu legen: Die letzte Zeile in dem ersten Teil, S. 368, ist zugleich die erste Zeile in dem zweiten Teil, S. 369.

und damit auf dieselbe Weise zu berechnen wie eine andere Zusatzinvestition auf der dritten Ebene im Zeitpunkt z_3, z. B. mit der Investitionsfolge $s_1 = (1, 3, z_3)$, die sich nur hinsichtlich der Ausprägung des intermediären Investitionszeitpunktes von der oben beispielhaft genannten unterscheidet.[362] Von einer Investitionsfolge $s_1 = (1, \ldots, \phi_{\text{II}})$ als Element der Menge aller $2^{\phi_{\text{II}}-2}$ Folgen in einer Periode ϕ_{II} S_1, $s_1 \in S_1$, gehen demnach zwei Informationen in die Bestimmung einer Zusatzinvestition im Zeitpunkt ϕ_{II} ein: der letzte Investitionszeitpunkt ϕ_{II} und die Investitionsebene in Form der Anzahl der aufeinanderfolgenden intermediären Zeitpunkte n. Die konkreten intermediären Investitionszeitpunkte sind dahingegen irrelevant. (A.87) ist bislang nur von z_3 als dem letzten Investitionszeitpunkt abhängig, variabilisiert jedoch noch nicht die Investitionsebene. Deshalb ist diese Formel auf Zusatzinvestitionen höherer Ebenen zu übertragen: Zusatzinvestitionen mit denselben ersten und denselben letzten Investitionszeitpunkten stimmen überein, wenn deren Folgen $s_{1,n} = (1, z_2, \ldots, z_{n+1}, \phi_{\text{II}}) \in S_{1,n}$ dieselbe Anzahl von intermediären Investitionszeitpunkten n aufweisen, die minimal null und maximal $\phi_{\text{II}} - 2$ beträgt.[363] Die Menge aller Investitionsfolgen in einer Periode ϕ_{II} S_1 ist folglich in $\phi_{\text{II}} - 1$ Teilmengen $S_{1,n}$ zu zerlegen ($S_1 = \cup_{n=0}^{\phi_{\text{II}}-2} S_{1,n}$).[364] Induktiv kann gezeigt werden, dass für eine durch die Folge $s_{1,n}$ charakterisierte Zusatzinvestition in ϕ_{II} im Allgemeinen gilt:

$$\mathrm{E}\left[\widetilde{IC}_{\text{II},\phi_{\text{II}}}^{\text{B},s_{1,n}}\right] = \left(1 - q_{\text{II}}^{\text{BCF}}\right)^{n+1} \cdot \left(IRR_{\text{II}}^{\text{B}} - w_{\text{II}}\right)^{n+1} \cdot \mathrm{E}\left[\widetilde{IC}_{\text{II},1}^{\text{B},(1)}\right] \cdot (1 + w_{\text{II}})^{\phi_{\text{II}}-n-2}$$

$$\forall \phi_{\text{II}} \in [2, +\infty) \quad \text{und} \quad 0 \leq n \leq \phi_{\text{II}} - 2. \qquad \text{(A.88)}$$

Die Summe aller in einer Periode ϕ_{II} getätigten Zusatzinvestitionen beläuft sich auf:

$$\sum_{s_1 \in S_1} \mathrm{E}\left[\widetilde{IC}_{\text{II},\phi_{\text{II}}}^{\text{B},s_1}\right] = \sum_{n=0}^{\phi_{\text{II}}-2} \sum_{s_{1,n} \in S_{1,n}} \mathrm{E}\left[\widetilde{IC}_{\text{II},\phi_{\text{II}}}^{\text{B},s_{1,n}}\right] = \sum_{n=0}^{\phi_{\text{II}}-2} \binom{\phi_{\text{II}} - 2}{n} \cdot \mathrm{E}\left[\widetilde{IC}_{\text{II},\phi_{\text{II}}}^{\text{B},s_{1,n}}\right]$$

$$\forall \phi_{\text{II}} \in [2, +\infty). \qquad \text{(A.89a)}$$

---

362 Hierzu kann anhand der Abbildung A–1 z. B. die Ermittlung der Zusatzinvestitionen mit den Investitionsfolgen $(1, 2, 4)$ und $(1, 3, 4)$ oder mit den Folgen $(1, 2, 5)$, $(1, 3, 5)$ und $(1, 4, 5)$ verglichen werden.

363 Die Leser können dieses in der Abbildung A–1 z. B. anhand der in $\phi_{\text{II}} = 5$ getätigten Zusatzinvestitionen überprüfen: Die Zusatzinvestitionen mit den Investitionsfolgen $(1, 2, 3, 5)$, $(1, 2, 4, 5)$ und $(1, 3, 4, 5)$ stimmen überein.

364 Siehe hierzu auch (B.1c) in Anhang B.1, S. 398.

Gemäß dem dritten Ausdruck unter (A.89a) ist die Summation mit Hilfe des Binomialkoeffizienten durchzuführen, mit dem sich die Anzahl der n-elementigen Teilmengen bestimmen lässt, die aus einer Menge von insgesamt $\phi_{\mathrm{II}} - 2$ Elementen gebildet werden können.[365] Einsetzen von (A.88) in (A.89a) erbringt unter Anwendung von (B.3b):

$$\left(1 - q_{\mathrm{II}}^{\mathrm{BCF}}\right) \cdot \left(IRR_{\mathrm{II}}^{\mathrm{B}} - w_{\mathrm{II}}\right) \cdot \mathrm{E}\left[\widetilde{IC}_{\mathrm{II},1}^{\mathrm{B},(1)}\right]$$
$$\cdot \sum_{n=0}^{\phi_{\mathrm{II}}-2} \binom{\phi_{\mathrm{II}} - 2}{n} \cdot \left(1 - q_{\mathrm{II}}^{\mathrm{BCF}}\right)^{n} \cdot \left(IRR_{\mathrm{II}}^{\mathrm{B}} - w_{\mathrm{II}}\right)^{n} \cdot \left(1 + w_{\mathrm{II}}\right)^{\phi_{\mathrm{II}}-n-2}.$$

Nach Umformung des Terms in der vorstehenden zweiten Zeile mit Hilfe des binomischen Lehrsatzes (B.1b) erhält man:

$$\left(1 - q_{\mathrm{II}}^{\mathrm{BCF}}\right) \cdot \left(IRR_{\mathrm{II}}^{\mathrm{B}} - w_{\mathrm{II}}\right)$$
$$\underbrace{\cdot\, \mathrm{E}\left[\widetilde{IC}_{\mathrm{II},1}^{\mathrm{B},(1)}\right] \cdot \left(1 + w_{\mathrm{II}} + \left(1 - q_{\mathrm{II}}^{\mathrm{BCF}}\right) \cdot \left(IRR_{\mathrm{II}}^{\mathrm{B}} - w_{\mathrm{II}}\right)\right)^{\phi_{\mathrm{II}}-2}}_{\text{Bestand des Zusatzkapitals in } \phi_{\mathrm{II}} - 1}. \quad \text{(A.89b)}$$

Um den Gesamtbestand des Zusatzkapitals in einem Zeitpunkt ϕ_{II} zu erhalten, der aus der ersten zusätzlichen Investition $\mathrm{E}\left[\widetilde{IC}_{\mathrm{II},1}^{\mathrm{B},(1)}\right]$ hervorgeht, ist (A.89) zu dem bis zur Periode ϕ_{II} angestiegenen und zuletzt in der Vorperiode um Zusatzinvestitionen erhöhten Bestand zu addieren:

$$\mathrm{E}\left[\widetilde{IC}_{\mathrm{II},\phi_{\mathrm{II}}}^{\mathrm{B},(1),\mathrm{ges}}\right] = \mathrm{E}\left[\widetilde{IC}_{\mathrm{II},\phi_{\mathrm{II}}-1}^{\mathrm{B},(1),\mathrm{ges}}\right] \cdot \left(1 + w_{\mathrm{II}}\right) + \sum_{s_1 \in S_1} \mathrm{E}\left[\widetilde{IC}_{\mathrm{II},\phi_{\mathrm{II}}}^{\mathrm{B},s_1}\right]$$
$$\forall\, \phi_{\mathrm{II}} \in [1, +\infty). \quad \text{(A.90a)}$$

365 Dem Binomialkoeffizienten liegt die Anweisung „Auswählen ohne Zurücklegen und ohne Beachtung der Reihenfolge“ zugrunde. Aus dem ersten Teil der Anweisung folgt, dass jeder Zeitpunkt höchstens ein Mal je Durchgang gezogen werden kann. Durch die aus mathematischer Sicht nicht beachtete Reihenfolge der Elemente bei der Ziehung ist sichergestellt, dass Mengen mit denselben Elementen, aber in abweichender Reihenfolge, nicht mehrfach in die Zählung eingehen. Die aus inhaltlicher Sicht relevante Menge mit aufsteigend sortierten Elementen und die Mengen mit denselben Elementen in anderer Reihenfolge werden solchermaßen einfach gezählt. Siehe zum Binomialkoeffizienten auch die kurze Erläuterung in den mathematischen Grundlagen, Anhang B.1, S. 397.

Bei dem markierten Term in (A.89b) handelt es sich um den kumulierten Bestand des Zusatzkapitals in der Vorperiode $\mathrm{E}\left[\widetilde{IC}_{\mathrm{II},\phi_{\mathrm{II}}-1}^{\mathrm{B},(1),\mathrm{ges}}\right]$, der in (A.90a) benötigt wird. Dieses liegt aufgrund der ersten beiden Faktoren nahe: Die einzelnen Bestände des auf $\mathrm{E}\left[\widetilde{IC}_{\mathrm{II},1}^{\mathrm{B},(1)}\right]$ zurückgehenden Zusatzkapitals sind jeweils oder wie in (A.89b) in Summe mit $\left(1-q_{\mathrm{II}}^{\mathrm{BCF}}\right)\cdot\left(IRR_{\mathrm{II}}^{\mathrm{B}}-w_{\mathrm{II}}\right)$ zu multiplizieren, um die (Summe der) zusätzlichen Basiscashflows und die (Summe der) mittels dieser finanzierten Zusatzinvestitionen in der Folgeperiode zu erhalten. Zudem steigen sie aufgrund der regulären Reinvestitionen gemäß (3.83) mit der Wachstumsrate w_{II} an, was durch die Multiplikation des kumulierten Bestands der Vorperiode mit $1+w_{\mathrm{II}}$ in (A.90a) berücksichtigt wird. Einsetzen des gesamten Ausdrucks (A.89b) sowie des markierten Terms in die Formel (A.90a) ergibt:

$$\begin{aligned}\mathrm{E}\left[\widetilde{IC}_{\mathrm{II},\phi_{\mathrm{II}}}^{\mathrm{B},(1),\mathrm{ges}}\right] &= \mathrm{E}\left[\widetilde{IC}_{\mathrm{II},1}^{\mathrm{B},(1)}\right]\cdot\left(1+w_{\mathrm{II}}+\left(1-q_{\mathrm{II}}^{\mathrm{BCF}}\right)\cdot\left(IRR_{\mathrm{II}}^{\mathrm{B}}-w_{\mathrm{II}}\right)\right)^{\phi_{\mathrm{II}}-2}\\ &\quad\cdot\left(1+w_{\mathrm{II}}+\left(1-q_{\mathrm{II}}^{\mathrm{BCF}}\right)\cdot\left(IRR_{\mathrm{II}}^{\mathrm{B}}-w_{\mathrm{II}}\right)\right)\\ &= \mathrm{E}\left[\widetilde{IC}_{\mathrm{II},1}^{\mathrm{B},(1)}\right]\cdot\left(1+\underbrace{w_{\mathrm{II}}+\left(1-q_{\mathrm{II}}^{\mathrm{BCF}}\right)\cdot\left(IRR_{\mathrm{II}}^{\mathrm{B}}-w_{\mathrm{II}}\right)}_{\text{Gesamtwachstumsrate } w_{\mathrm{II}}^{\mathrm{B,ges}}}\right)^{\phi_{\mathrm{II}}-1}.\end{aligned} \tag{A.90b}$$

Die in (A.90b) markierte Wachstumsrate $w_{\mathrm{II}}^{\mathrm{B,ges}}$ erfasst das Gesamtwachstum des in einer Periode z_{II} investierten Zusatzkapitals $\mathrm{E}\left[\widetilde{IC}_{\mathrm{II},z_{\mathrm{II}}}^{\mathrm{B},(z_{\mathrm{II}})}\right]$.[366] Unter Berücksichtigung von (3.81) folgt ausgehend von $z_{\mathrm{II}}=1$:

$$\begin{aligned}\mathrm{E}\left[\widetilde{IC}_{\mathrm{II},\phi_{\mathrm{II}}}^{\mathrm{B},(z_{\mathrm{II}}),\mathrm{ges}}\right] &= \mathrm{E}\left[\widetilde{IC}_{\mathrm{II},1}^{\mathrm{B},(1)}\right]\cdot\left(1+w_{\mathrm{II}}+\left(1-q_{\mathrm{II}}^{\mathrm{BCF}}\right)\cdot\left(IRR_{\mathrm{II}}^{\mathrm{B}}-w_{\mathrm{II}}\right)\right)^{\phi_{\mathrm{II}}-z_{\mathrm{II}}}\\ &\quad\cdot\left(1+w_{\mathrm{II}}\right)^{z_{\mathrm{II}}-1}\\ &\qquad\qquad \forall z_{\mathrm{II}}\in[1,+\infty) \quad \text{und} \quad \phi_{\mathrm{II}}\in[z_{\mathrm{II}},+\infty).\end{aligned}$$

In der weiteren Folge trifft dieses Gesamtwachstum auch auf die zusätzlichen Basiscashflows und die tatsächlich zur Ausschüttung gelangenden Cashflows der Projektklasse B zu.

366 Vgl. *Meitner* (2013), S. 346.

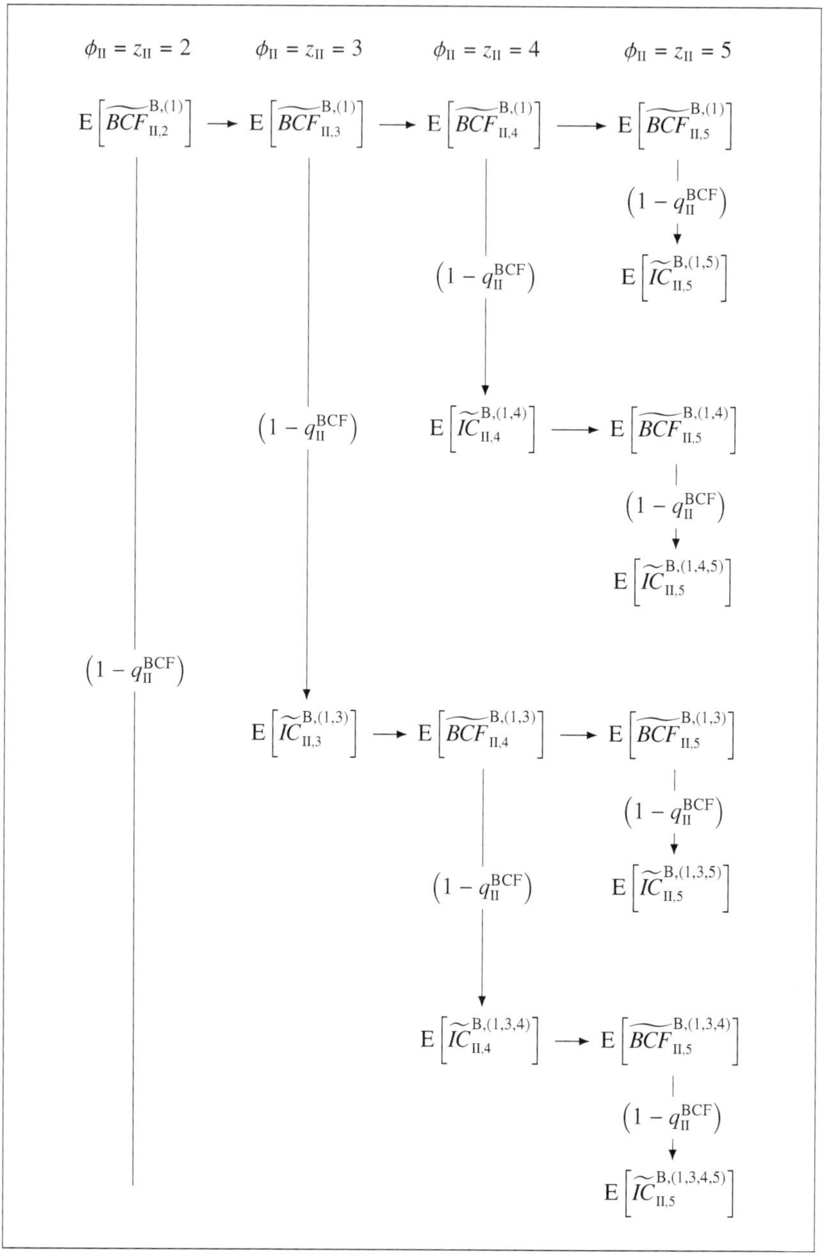

Abb. A–1: Schematisierung der Weiterentwicklung der ersten Zusatzinvestition nach dem Modell von *Meitner* (2013) in den vier Folgeperioden ⌐

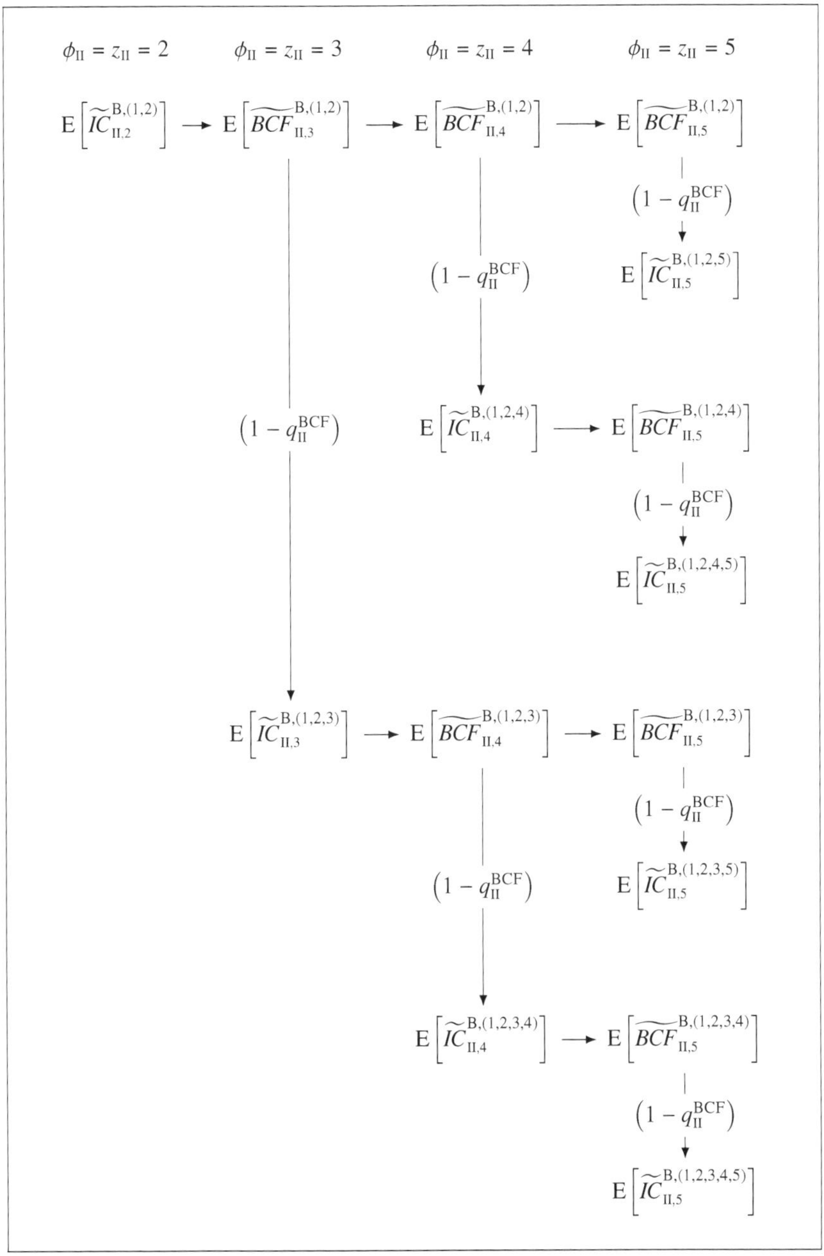

Abb. A–1: Schematisierung der Weiterentwicklung der ersten Zusatzinvestition nach dem Modell von *Meitner* (2013) in den vier Folgeperioden *(Fortsetzung)*

A.4.2 Restwertkalkül auf der Basis des FCF Verfahrens

Der Restwertkalkül nach dem Modell von *Meitner* (3.91) kann wie der Kalkül nach *Koller* et al. (2015) in drei Komponenten gespalten werden:[367]

$$\begin{aligned}
\mathrm{E}\left[\widetilde{V}_{\mathrm{II},0}^{\ell,Mei}\right] &= \mathrm{E}\left[\widetilde{V}_{\mathrm{II},0}^{\ell,\mathrm{A}}\right] + \mathrm{E}\left[\widetilde{V}_{\mathrm{II},0}^{\ell,\mathrm{AB,(I)}}\right] + \mathrm{E}\left[\widetilde{V}_{\mathrm{II},0}^{\ell,\mathrm{AB,(II)}}\right] \\
&= \underbrace{\frac{\mathrm{E}\left[\widetilde{BCF}_{\mathrm{II},1}^{\mathrm{A}}\right]}{k_{\mathrm{II}}^{\tau} - w_{\mathrm{II}}} + \frac{\left(-\left(1 - q_{\mathrm{II}}^{\mathrm{BCF}}\right) \cdot \mathrm{E}\left[\widetilde{BCF}_{\mathrm{II},1}^{\mathrm{A}}\right]\right)}{k_{\mathrm{II}}^{\tau} - w_{\mathrm{II}}}}_{\text{Restwert der verbleibenden Cashflows}} \\
&\quad + \underbrace{\frac{\mathrm{E}\left[\widetilde{CF}_{\mathrm{II},2}^{\mathrm{B},(1)}\right]}{\left(k_{\mathrm{II}}^{\tau} - w_{\mathrm{II}}\right) \cdot \left(k_{\mathrm{II}}^{\tau} - w_{\mathrm{II}} - \left(1 - q_{\mathrm{II}}^{\mathrm{BCF}}\right) \cdot \left(IRR_{\mathrm{II}}^{\mathrm{B}} - w_{\mathrm{II}}\right)\right)}}_{\text{Restwert der zusätzlichen Cashflows}} .
\end{aligned} \tag{A.91}$$

Der erste Term in (A.91) ist der Restwert des verschuldeten Unternehmens bzw. des investierten Kernkapitals ohne Berücksichtigung von zusätzlichen Nettoinvestitionen. Bei dem zweiten Term handelt es sich um eine negative Größe: Der Restwert der negativen Ausschüttungen mindert den erstgenannten Restwert durch die Korrektur des im ersten Term zu hoch angesetzten Basiscashflows um die in der ersten Restwertperiode getätigte Zusatzinvestition gemäß (3.81). Diese beiden Zählergrößen steigen mit der Rate w_{II} an. Die Addition der ersten zwei Terme ergibt den Restwert der Ausschüttungen, die nach den Investitionen für das nominale Ergebniswachstum in der Anlage A und den zusätzlichen Investitionen in die Anlage B verbleiben. Der dritte Term ist der werterhöhend wirkende Marktwertbeitrag der sich aus allen Zusatzinvestitionen (3.81) entwickelnden unendlichen Zahlungsreihen zusätzlicher Cashflows. Dessen Bestandteil

$$\mathrm{E}\left[\widetilde{V}_{\mathrm{II},1}^{\ell,\mathrm{AB,(II)},1}\right] = \frac{\mathrm{E}\left[\widetilde{CF}_{\mathrm{II},2}^{\mathrm{B},(1)}\right]}{k_{\mathrm{II}}^{\tau} - w_{\mathrm{II}} - \left(1 - q_{\mathrm{II}}^{\mathrm{BCF}}\right) \cdot \left(IRR_{\mathrm{II}}^{\mathrm{B}} - w_{\mathrm{II}}\right)} \tag{A.92}$$

gibt den Wertbeitrag aller aus der in $z_{\mathrm{II}} = 1$ getätigten Zusatzinvestition in den Folgeperioden $\phi_{\mathrm{II}} \in [2, +\infty)$ hervorgehenden, aufgrund des Zusammen-

367 Siehe zum Vergleich die Herleitung des Restwertkalküls nach *Koller* et al. (2015) in Anhang A.2.3, S. 356–359.

hangs mit (A.90b) mit $w_{\text{II}}^{\text{B,ges}}$ gemäß (3.89) wachsenden zusätzlichen Ausschüttungen zu diesem Investitionszeitpunkt wieder. Die Wertbeiträge der künftigen Zusatzinvestitionen (3.81) zu den jeweiligen Investitionszeitpunkten $z_{\text{II}} \in [2, +\infty)$ hängen mit (A.92) über die Wachstumsrate w_{II} zusammen:

$$\mathrm{E}\left[\widetilde{V}_{\text{II},z_{\text{II}}}^{\ell,\text{AB},(\text{II}),z_{\text{II}}}\right] = \mathrm{E}\left[\widetilde{V}_{\text{II},1}^{\ell,\text{AB},(\text{II}),1}\right] \cdot (1 + w_{\text{II}})^{z_{\text{II}}-1} \qquad \forall z_{\text{II}} \in [1, +\infty). \quad \text{(A.93)}$$

Der dritte Term in (A.91) folgt aus der Diskontierung aller Wertbeiträge (A.93) auf den Beginn der Rentenphase:

$$\mathrm{E}\left[\widetilde{V}_{\text{II},0}^{\ell,\text{AB},(\text{II})}\right] = \sum_{z_{\text{II}}=1}^{+\infty} \frac{\mathrm{E}\left[\widetilde{V}_{\text{II},1}^{\ell,\text{AB},(\text{II}),1}\right] \cdot (1 + w_{\text{II}})^{z_{\text{II}}-1}}{(1 + k_{\text{II}}^{\tau})^{z_{\text{II}}}} = \frac{\mathrm{E}\left[\widetilde{V}_{\text{II},1}^{\ell,\text{AB},(\text{II}),1}\right]}{k_{\text{II}}^{\tau} - w_{\text{II}}}. \quad \text{(A.94)}$$

Nach Einsetzen von (A.92) sowie (3.81), (3.84) und (3.88) in (A.94) ergibt sich für den Restwertkalkül (A.91) zunächst der Ausdruck

$$\mathrm{E}\left[\widetilde{V}_{\text{II},0}^{\ell,Mei}\right] = \frac{q_{\text{II}}^{\text{BCF}} \cdot \mathrm{E}\left[\widetilde{BCF}_{\text{II},1}^{\text{A}}\right]}{k_{\text{II}}^{\tau} - w_{\text{II}}} + \frac{q_{\text{II}}^{\text{BCF}} \cdot \mathrm{E}\left[\widetilde{BCF}_{\text{II},1}^{\text{A}}\right] \cdot (1 - q_{\text{II}}^{\text{BCF}}) \cdot \left(IRR_{\text{II}}^{\text{B}} - w_{\text{II}}\right)}{(k_{\text{II}}^{\tau} - w_{\text{II}}) \cdot \left(k_{\text{II}}^{\tau} - w_{\text{II}} - (1 - q_{\text{II}}^{\text{BCF}}) \cdot \left(IRR_{\text{II}}^{\text{B}} - w_{\text{II}}\right)\right)}.$$

Macht man die Quotienten gleichnamig, erhält man unter Berücksichtigung von (3.82):

$$\mathrm{E}\left[\widetilde{V}_{\text{II},0}^{\ell,Mei}\right] = \frac{\mathrm{E}\left[\widetilde{CF}_{\text{II},1}^{\text{A}}\right] \cdot (k_{\text{II}}^{\tau} - w_{\text{II}})}{(k_{\text{II}}^{\tau} - w_{\text{II}}) \cdot \left(k_{\text{II}}^{\tau} - w_{\text{II}} - (1 - q_{\text{II}}^{\text{BCF}}) \cdot \left(IRR_{\text{II}}^{\text{B}} - w_{\text{II}}\right)\right)}.$$

Nach Herauskürzen des Terms $k_{\text{II}}^{\tau} - w_{\text{II}}$ ergibt sich (3.91).

A.5 Modell nach Dierkes / Schäfer (2017)

A.5.1 Ermittlung des zusätzlichen NOPLAT

Die Verzinsung des sich anhand des zusätzlichen NOPLAT (3.105) bemessenden Wiederanlagebetrags (3.106) ruft in der zweiten auf eine Investitionsperiode $z_{\text{II}} \in [1, +\infty)$ folgenden Periode $z_{\text{II}} + 2$ einen höheren zusätzlichen

NOPLAT hervor. Dessen erneute Reinvestition führt in $z_{\mathrm{II}} + 3$ zu einem wiederum höheren zusätzlichen NOPLAT. Um die Höhe des auf der Neuinvestition in der Periode z_{II} (3.101) beruhenden zusätzlichen NOPLAT in einer beliebigen Periode $\phi_{\mathrm{II}} \geq z_{\mathrm{II}} + 1$ angeben zu können, ist dieser iterative Vorgang bis zu dessen Erreichen zu wiederholen:

$$
\begin{aligned}
&\mathrm{E}\left[\widetilde{NOPLAT}_{\mathrm{II},\phi_{\mathrm{II}}}^{\mathrm{AB},z_{\mathrm{II}}}\right] = \\
&\left.\begin{aligned}
&\mathrm{E}\left[\widetilde{NOPLAT}_{\mathrm{II},z_{\mathrm{II}}+1}^{\mathrm{AB},z_{\mathrm{II}}}\right] \\
&+ \underbrace{\mathrm{E}\left[\widetilde{NOPLAT}_{\mathrm{II},z_{\mathrm{II}}+1}^{\mathrm{AB},z_{\mathrm{II}}}\right] \cdot \left(1 - q_{\mathrm{II}}^{\mathrm{B}}\right)}_{\text{Wiederanlagebetrag (3.106)}} \cdot ROIC_{\mathrm{II}}^{\mathrm{B}}
\end{aligned}\right\} \mathrm{E}\left[\widetilde{NOPLAT}_{\mathrm{II},z_{\mathrm{II}}+2}^{\mathrm{AB},z_{\mathrm{II}}}\right] \\
&+ \underbrace{\mathrm{E}\left[\widetilde{NOPLAT}_{\mathrm{II},z_{\mathrm{II}}+1}^{\mathrm{AB},z_{\mathrm{II}}}\right] \cdot \left(1 + \left(1 - q_{\mathrm{II}}^{\mathrm{B}}\right) \cdot ROIC_{\mathrm{II}}^{\mathrm{B}}\right)}_{\mathrm{E}\left[\widetilde{NOPLAT}_{\mathrm{II},z_{\mathrm{II}}+2}^{\mathrm{AB},z_{\mathrm{II}}}\right]} \cdot \left(1 - q_{\mathrm{II}}^{\mathrm{B}}\right) \cdot ROIC_{\mathrm{II}}^{\mathrm{B}} \\
&+ \overbrace{\mathrm{E}\left[\widetilde{NOPLAT}_{\mathrm{II},z_{\mathrm{II}}+1}^{\mathrm{AB},z_{\mathrm{II}}}\right] \cdot \left(1 + \left(1 - q_{\mathrm{II}}^{\mathrm{B}}\right) \cdot ROIC_{\mathrm{II}}^{\mathrm{B}}\right) \cdot \left(1 + \left(1 - q_{\mathrm{II}}^{\mathrm{B}}\right) \cdot ROIC_{\mathrm{II}}^{\mathrm{B}}\right)}^{\mathrm{E}\left[\widetilde{NOPLAT}_{\mathrm{II},z_{\mathrm{II}}+3}^{\mathrm{AB},z_{\mathrm{II}}}\right]} \\
&\qquad \cdot \left(1 - q_{\mathrm{II}}^{\mathrm{B}}\right) \cdot ROIC_{\mathrm{II}}^{\mathrm{B}} \\
&+ \ldots \\
&+ \overbrace{\mathrm{E}\left[\widetilde{NOPLAT}_{\mathrm{II},z_{\mathrm{II}}+1}^{\mathrm{AB},z_{\mathrm{II}}}\right] \cdot \left(1 + \left(1 - q_{\mathrm{II}}^{\mathrm{B}}\right) \cdot ROIC_{\mathrm{II}}^{\mathrm{B}}\right)^{\phi_{\mathrm{II}} - (z_{\mathrm{II}}+2)}}^{\mathrm{E}\left[\widetilde{NOPLAT}_{\mathrm{II},\phi_{\mathrm{II}}-1}^{\mathrm{AB},z_{\mathrm{II}}}\right]} \cdot \left(1 - q_{\mathrm{II}}^{\mathrm{B}}\right) \cdot ROIC_{\mathrm{II}}^{\mathrm{B}}.
\end{aligned}
\tag{A.95a}
$$

Bei der Verzinsung des Wiederanlagebetrags in der Periode $\phi_{\mathrm{II}} - 1$ handelt es sich um den letzten Iterationsschritt. Zur Ermittlung des zusätzlichen NOPLAT in der Periode $\phi_{\mathrm{II}} - 1$ ist (3.105) mit dem mit

$$(\phi_{\mathrm{II}} - 1) - (z_{\mathrm{II}} + 1) = \phi_{\mathrm{II}} - (z_{\mathrm{II}} + 2)$$

zu potenzierenden Faktor $1 + w_{\text{II}}^{\text{B}}$ zu multiplizieren. Die aus $\phi_{\text{II}} - z_{\text{II}}$ Summanden bestehende Iterationskette (A.95a) lässt sich zu dem Ausdruck

$$\mathrm{E}\left[\widetilde{NOPLAT}_{\text{II},\phi_{\text{II}}}^{\text{AB},z_{\text{II}}}\right] = \mathrm{E}\left[\widetilde{NOPLAT}_{\text{II},z_{\text{II}}+1}^{\text{AB},z_{\text{II}}}\right] \cdot \left(1 + \left(1 - q_{\text{II}}^{\text{B}}\right) \cdot ROIC_{\text{II}}^{\text{B}} \cdot \sum_{\nu=0}^{\phi_{\text{II}}-(z_{\text{II}}+2)} \left(1 + \left(1 - q_{\text{II}}^{\text{B}}\right) \cdot ROIC_{\text{II}}^{\text{B}}\right)^{\nu}\right) \quad \text{(A.95b)}$$

verdichten.[368] Mit Hilfe von (B.2a) kann der Summenausdruck in (A.95b) durch

$$\frac{1 - \left(1 + \left(1 - q_{\text{II}}^{\text{B}}\right) \cdot ROIC_{\text{II}}^{\text{B}}\right)^{\phi_{\text{II}}-(z_{\text{II}}+1)}}{1 - \left(1 + \left(1 - q_{\text{II}}^{\text{B}}\right) \cdot ROIC_{\text{II}}^{\text{B}}\right)} = \frac{-1 + \left(1 + \left(1 - q_{\text{II}}^{\text{B}}\right) \cdot ROIC_{\text{II}}^{\text{B}}\right)^{\phi_{\text{II}}-z_{\text{II}}-1}}{\left(1 - q_{\text{II}}^{\text{B}}\right) \cdot ROIC_{\text{II}}^{\text{B}}}$$

ersetzt werden, wodurch sich der gesamte Ausdruck (A.95b) zu

$$\mathrm{E}\left[\widetilde{NOPLAT}_{\text{II},\phi_{\text{II}}}^{\text{AB},z_{\text{II}}}\right] = \mathrm{E}\left[\widetilde{NOPLAT}_{\text{II},z_{\text{II}}+1}^{\text{AB},z_{\text{II}}}\right] \cdot \left(1 + \left(1 - q_{\text{II}}^{\text{B}}\right) \cdot ROIC_{\text{II}}^{\text{B}}\right)^{\phi_{\text{II}}-z_{\text{II}}-1} \quad \text{(A.95c)}$$

verkürzt. Einsetzen des Terms (3.105) unter Berücksichtigung von (3.101) und (3.98) in (A.95c) mündet in:[369]

$$\mathrm{E}\left[\widetilde{NOPLAT}_{\text{II},\phi_{\text{II}}}^{\text{AB},z_{\text{II}}}\right] = \left(1 - q_{\text{II}}^{\text{AB}}\right) \cdot q_{\text{II}}^{\text{A}} \cdot \mathrm{E}\left[\widetilde{NOPLAT}_{\text{II},1}^{\text{A}}\right] \cdot ROIC_{\text{II}}^{\text{B}} \cdot \left(1 + w_{\text{II}}^{\text{A}}\right)^{z_{\text{II}}-1} \cdot \left(1 + w_{\text{II}}^{\text{B}}\right)^{\phi_{\text{II}}-z_{\text{II}}-1} \quad \forall \phi_{\text{II}} \in [z_{\text{II}} + 1, +\infty)\,. \quad \text{(A.95d)}$$

Der Rechenausdruck (A.95d) wird zu Beginn des Anhangs A.5.2 zur Herleitung der Berechnungsformel für den gesamten NOPLAT einer Periode in der Rentenphase ϕ_{II} im Zusatzbereich benötigt.

---

368 Vgl. bezüglich (A.95b) und (A.95c) die in *Dierkes/Schäfer* (2017), S. 29, angegebenen Formeln für $z_{\text{II}} = 1$.

369 Vgl. ähnlich *Dierkes/Schäfer* (2017), S. 11, 29.

A.5.2 Ermittlung der Bewertungsgrößen auf Unternehmensebene

Die im Folgenden hergeleiteten Berechnungsformeln[370] für den Gesamt-NOPLAT (A.101), die gesamten Nettoinvestitionen (A.102b), den gesamten freien Cashflow (A.103b) und den Gesamtkapitalbestand (A.104b) zu einem Zeitpunkt ϕ_{II} werden im Rahmen der Grenzwertanalysen in Anhang A.5.3 benötigt.

Der Gesamt-NOPLAT zu einem Zeitpunkt ϕ_{II} setzt sich aus dem Kern-NOPLAT und allen im Zusatzbereich erzielbaren NOPLAT zusammen:

$$\mathrm{E}\left[\widetilde{NOPLAT}_{\mathrm{II},\phi_{\mathrm{II}}}\right] = \mathrm{E}\left[\widetilde{NOPLAT}_{\mathrm{II},\phi_{\mathrm{II}}}^{\mathrm{A}}\right] + \mathrm{E}\left[\widetilde{NOPLAT}_{\mathrm{II},\phi_{\mathrm{II}}}^{\mathrm{B,ges}}\right] \quad \forall \phi_{\mathrm{II}} \in [1,+\infty). \qquad (\mathrm{A.96})$$

Der gesamte NOPLAT einer Periode der ewigen Rente ϕ_{II} im Zusatzbereich $\mathrm{E}\left[\widetilde{NOPLAT}_{\mathrm{II},\phi_{\mathrm{II}}}^{\mathrm{B,ges}}\right]$ entspricht der Summe aus dem originären NOPLAT des Zusatzbereichs gemäß (3.94) und den zusätzlichen NOPLAT, die in der Periode ϕ_{II} aus den vom Kernbereich in allen zurückliegenden Perioden $z_{\mathrm{II}} \in [1, \phi_{\mathrm{II}} - 1]$ getätigten Neuinvestitionen hervorgehen:

$$\mathrm{E}\left[\widetilde{NOPLAT}_{\mathrm{II},\phi_{\mathrm{II}}}^{\mathrm{B,ges}}\right] = \mathrm{E}\left[\widetilde{NOPLAT}_{\mathrm{II},\phi_{\mathrm{II}}}^{\mathrm{B}}\right] + \mathrm{E}\left[\widetilde{NOPLAT}_{\mathrm{II},\phi_{\mathrm{II}}}^{\mathrm{AB}}\right] \quad \forall \phi_{\mathrm{II}} \in [1,+\infty). \qquad (\mathrm{A.97})$$

Der zweite Summand in (A.97),

$$\begin{aligned}\mathrm{E}\left[\widetilde{NOPLAT}_{\mathrm{II},\phi_{\mathrm{II}}}^{\mathrm{AB}}\right] &= \sum_{z_{\mathrm{II}}=1}^{\phi_{\mathrm{II}}-1} \mathrm{E}\left[\widetilde{NOPLAT}_{\mathrm{II},\phi_{\mathrm{II}}}^{\mathrm{AB},z_{\mathrm{II}}}\right] \\ &= \sum_{z_{\mathrm{II}}=1}^{\phi_{\mathrm{II}}-1} \left(\left(1 - q_{\mathrm{II}}^{\mathrm{AB}}\right) \cdot q_{\mathrm{II}}^{\mathrm{A}} \cdot ROIC_{\mathrm{II}}^{\mathrm{A}} \cdot \mathrm{E}\left[\widetilde{IC}_{\mathrm{II},0}^{\mathrm{A}}\right] \cdot ROIC_{\mathrm{II}}^{\mathrm{B}} \cdot \left(1 + w_{\mathrm{II}}^{\mathrm{A}}\right)^{z_{\mathrm{II}}-1} \right. \\ &\qquad \left. \cdot \left(1 + w_{\mathrm{II}}^{\mathrm{B}}\right)^{\phi_{\mathrm{II}}-z_{\mathrm{II}}-1}\right), \qquad (\mathrm{A.98})\end{aligned}$$

370 Vgl. *Dierkes/Schäfer* (2017), S. 30–32.

kann mit Hilfe der Summenformel für die geometrische Reihe (B.2a) in einen einfacheren äquivalenten Ausdruck transformiert werden.[371] Unter Berücksichtigung von (B.7) gilt für (A.97):

$$E\left[\widetilde{NOPLAT}_{\mathrm{II},\phi_{\mathrm{II}}}^{\mathrm{B,ges}}\right] = ROIC_{\mathrm{II}}^{\mathrm{B}} \cdot E\left[\widetilde{IC}_{\mathrm{II},0}^{\mathrm{B}}\right] \cdot \left(1+w_{\mathrm{II}}^{\mathrm{B}}\right)^{\phi_{\mathrm{II}}-1}$$

$$+ \left(1-q_{\mathrm{II}}^{\mathrm{AB}}\right) \cdot q_{\mathrm{II}}^{\mathrm{A}} \cdot ROIC_{\mathrm{II}}^{\mathrm{A}} \cdot E\left[\widetilde{IC}_{\mathrm{II},0}^{\mathrm{A}}\right] \cdot ROIC_{\mathrm{II}}^{\mathrm{B}} \cdot \frac{\left(1+w_{\mathrm{II}}^{\mathrm{B}}\right)^{\phi_{\mathrm{II}}-1} - \left(1+w_{\mathrm{II}}^{\mathrm{A}}\right)^{\phi_{\mathrm{II}}-1}}{w_{\mathrm{II}}^{\mathrm{B}} - w_{\mathrm{II}}^{\mathrm{A}}}.$$

Zusammenfassen der Terme mit dem auf denselben Bereich bezogenen Wachstumsfaktor $\left(1+w_{\mathrm{II}}^{\kappa}\right)^{\phi_{\mathrm{II}}-1}$ führt zu:

$$\begin{aligned} E\left[\widetilde{NOPLAT}_{\mathrm{II},\phi_{\mathrm{II}}}^{\mathrm{B,ges}}\right] &= ROIC_{\mathrm{II}}^{\mathrm{A}} \cdot E\left[\widetilde{IC}_{\mathrm{II},0}^{\mathrm{A}}\right] \cdot \left(\frac{-\left(1-q_{\mathrm{II}}^{\mathrm{AB}}\right) \cdot q_{\mathrm{II}}^{\mathrm{A}} \cdot ROIC_{\mathrm{II}}^{\mathrm{B}}}{w_{\mathrm{II}}^{\mathrm{B}} - w_{\mathrm{II}}^{\mathrm{A}}}\right) \\ &\quad \cdot \left(1+w_{\mathrm{II}}^{\mathrm{A}}\right)^{\phi_{\mathrm{II}}-1} \\ &\quad + ROIC_{\mathrm{II}}^{\mathrm{B}} \cdot \left(E\left[\widetilde{IC}_{\mathrm{II},0}^{\mathrm{B}}\right] + \frac{\left(1-q_{\mathrm{II}}^{\mathrm{AB}}\right) \cdot q_{\mathrm{II}}^{\mathrm{A}} \cdot ROIC_{\mathrm{II}}^{\mathrm{A}} \cdot E\left[\widetilde{IC}_{\mathrm{II},0}^{\mathrm{A}}\right]}{w_{\mathrm{II}}^{\mathrm{B}} - w_{\mathrm{II}}^{\mathrm{A}}}\right) \\ &\quad \cdot \left(1+w_{\mathrm{II}}^{\mathrm{B}}\right)^{\phi_{\mathrm{II}}-1}. \end{aligned} \tag{A.99}$$

Addiert man nun gemäß (A.96) den NOPLAT des Kernbereichs zum Zeitpunkt ϕ_{II},

$$E\left[\widetilde{NOPLAT}_{\mathrm{II},\phi_{\mathrm{II}}}^{\mathrm{A}}\right] = ROIC_{\mathrm{II}}^{\mathrm{A}} \cdot E\left[\widetilde{IC}_{\mathrm{II},0}^{\mathrm{A}}\right] \cdot \left(1+w_{\mathrm{II}}^{\mathrm{A}}\right)^{\phi_{\mathrm{II}}-1} \quad \forall \phi_{\mathrm{II}} \in [1,+\infty), \tag{A.100}$$

zu der Formel (A.99), ändert sich deren erster Summand wie folgt:

$$ROIC_{\mathrm{II}}^{\mathrm{A}} \cdot E\left[\widetilde{IC}_{\mathrm{II},0}^{\mathrm{A}}\right] \cdot \left(1 - \frac{\left(1-q_{\mathrm{II}}^{\mathrm{AB}}\right) \cdot q_{\mathrm{II}}^{\mathrm{A}} \cdot ROIC_{\mathrm{II}}^{\mathrm{B}}}{w_{\mathrm{II}}^{\mathrm{B}} - w_{\mathrm{II}}^{\mathrm{A}}}\right) \cdot \left(1+w_{\mathrm{II}}^{\mathrm{A}}\right)^{\phi_{\mathrm{II}}-1}.$$

371 Siehe den mathematischen Anhang B.3.1, S. 401 f. Bezüglich des Ausdrucks (A.98) siehe die Herleitung von (A.95d) in Anhang A.5.1, S. 371–373.

Nach der Umformung des Klammerausdrucks erhält man schließlich für den Gesamt-NOPLAT des Unternehmens (A.96) die folgende Berechnungsformel:

$$\mathrm{E}\left[\widetilde{NOPLAT}_{\mathrm{II},\phi_{\mathrm{II}}}\right] = ROIC_{\mathrm{II}}^{\mathrm{A}} \cdot \mathrm{E}\left[\widetilde{IC}_{\mathrm{II},0}^{\mathrm{A}}\right]$$

$$\cdot \left(\frac{\left(1 - q_{\mathrm{II}}^{\mathrm{B}} - \left(1 - q_{\mathrm{II}}^{\mathrm{AB}}\right) \cdot q_{\mathrm{II}}^{\mathrm{A}}\right) \cdot ROIC_{\mathrm{II}}^{\mathrm{B}} - \left(1 - q_{\mathrm{II}}^{\mathrm{A}}\right) \cdot ROIC_{\mathrm{II}}^{\mathrm{A}}}{w_{\mathrm{II}}^{\mathrm{B}} - w_{\mathrm{II}}^{\mathrm{A}}} \right) \cdot \left(1 + w_{\mathrm{II}}^{\mathrm{A}}\right)^{\phi_{\mathrm{II}} - 1}$$

$$+ ROIC_{\mathrm{II}}^{\mathrm{B}} \cdot \left(\mathrm{E}\left[\widetilde{IC}_{\mathrm{II},0}^{\mathrm{B}}\right] + \frac{\left(1 - q_{\mathrm{II}}^{\mathrm{AB}}\right) \cdot q_{\mathrm{II}}^{\mathrm{A}} \cdot ROIC_{\mathrm{II}}^{\mathrm{A}} \cdot \mathrm{E}\left[\widetilde{IC}_{\mathrm{II},0}^{\mathrm{A}}\right]}{w_{\mathrm{II}}^{\mathrm{B}} - w_{\mathrm{II}}^{\mathrm{A}}} \right)$$

$$\cdot \left(1 + w_{\mathrm{II}}^{\mathrm{B}}\right)^{\phi_{\mathrm{II}} - 1}. \quad \text{(A.101)}$$

Die gesamten Nettoinvestitionen zu einem Zeitpunkt ϕ_{II} setzen sich aus den mit den jeweiligen Nettoinvestitionsraten multiplizierten Summanden in (A.96) und der in der Periode ϕ_{II} getätigten Neuinvestition (3.101) zusammen:

$$\mathrm{E}\left[\widetilde{NI}_{\mathrm{II},\phi_{\mathrm{II}}}\right] = \left(1 - q_{\mathrm{II}}^{\mathrm{A}}\right) \cdot \mathrm{E}\left[\widetilde{NOPLAT}_{\mathrm{II},\phi_{\mathrm{II}}}^{\mathrm{A}}\right]$$

$$+ \left(1 - q_{\mathrm{II}}^{\mathrm{B}}\right) \cdot \mathrm{E}\left[\widetilde{NOPLAT}_{\mathrm{II},\phi_{\mathrm{II}}}^{\mathrm{B,ges}}\right] \quad \text{(A.102a)}$$

$$+ \left(1 - q_{\mathrm{II}}^{\mathrm{AB}}\right) \cdot q_{\mathrm{II}}^{\mathrm{A}} \cdot \mathrm{E}\left[\widetilde{NOPLAT}_{\mathrm{II},\phi_{\mathrm{II}}}^{\mathrm{A}}\right]$$

$$\forall \phi_{\mathrm{II}} \in [1, +\infty).$$

Unter Berücksichtigung von (A.99) und (A.100) ergibt sich für (A.102a):

$$\mathrm{E}\left[\widetilde{NI}_{\mathrm{II},\phi_{\mathrm{II}}}\right] = ROIC_{\mathrm{II}}^{\mathrm{A}} \cdot \mathrm{E}\left[\widetilde{IC}_{\mathrm{II},0}^{\mathrm{A}}\right]$$

$$\cdot \left(\left(1 - q_{\mathrm{II}}^{\mathrm{A}}\right) - \frac{\left(1 - q_{\mathrm{II}}^{\mathrm{B}}\right) \cdot \left(1 - q_{\mathrm{II}}^{\mathrm{AB}}\right) \cdot q_{\mathrm{II}}^{\mathrm{A}} \cdot ROIC_{\mathrm{II}}^{\mathrm{B}}}{w_{\mathrm{II}}^{\mathrm{B}} - w_{\mathrm{II}}^{\mathrm{A}}} + \left(1 - q_{\mathrm{II}}^{\mathrm{AB}}\right) \cdot q_{\mathrm{II}}^{\mathrm{A}} \right)$$

$$\cdot \left(1 + w_{\mathrm{II}}^{\mathrm{A}}\right)^{\phi_{\mathrm{II}} - 1}$$

↴

$$+\left(1-q_{\text{II}}^{\text{B}}\right)\cdot ROIC_{\text{II}}^{\text{B}}\cdot\left(\mathrm{E}\left[\widetilde{IC}_{\text{II},0}^{\text{B}}\right]+\frac{\left(1-q_{\text{II}}^{\text{AB}}\right)\cdot q_{\text{II}}^{\text{A}}\cdot ROIC_{\text{II}}^{\text{A}}\cdot\mathrm{E}\left[\widetilde{IC}_{\text{II},0}^{\text{A}}\right]}{w_{\text{II}}^{\text{B}}-w_{\text{II}}^{\text{A}}}\right)\cdot\left(1+w_{\text{II}}^{\text{B}}\right)^{\phi_{\text{II}}-1}.$$

Nach Umformen des Klammerausdrucks des ersten Summanden folgt schließlich:

$$\begin{aligned}\mathrm{E}\left[\widetilde{NI}_{\text{II},\phi_{\text{II}}}\right]=\;&ROIC_{\text{II}}^{\text{A}}\cdot\mathrm{E}\left[\widetilde{IC}_{\text{II},0}^{\text{A}}\right]\cdot\frac{\left(1-q_{\text{II}}^{\text{A}}\right)\cdot w_{\text{II}}^{\text{B}}-\left(1-q_{\text{II}}^{\text{AB}}\cdot q_{\text{II}}^{\text{A}}\right)\cdot w_{\text{II}}^{\text{A}}}{w_{\text{II}}^{\text{B}}-w_{\text{II}}^{\text{A}}}\cdot\left(1+w_{\text{II}}^{\text{A}}\right)^{\phi_{\text{II}}-1}\\&+w_{\text{II}}^{\text{B}}\cdot\left(\mathrm{E}\left[\widetilde{IC}_{\text{II},0}^{\text{B}}\right]+\frac{\left(1-q_{\text{II}}^{\text{AB}}\right)\cdot q_{\text{II}}^{\text{A}}\cdot ROIC_{\text{II}}^{\text{A}}\cdot\mathrm{E}\left[\widetilde{IC}_{\text{II},0}^{\text{A}}\right]}{w_{\text{II}}^{\text{B}}-w_{\text{II}}^{\text{A}}}\right)\cdot\left(1+w_{\text{II}}^{\text{B}}\right)^{\phi_{\text{II}}-1}.\end{aligned} \tag{A.102b}$$

Der gesamte freie Cashflow zu einem Zeitpunkt ϕ_{II} setzt sich aus den mit den jeweiligen Ausschüttungsquoten multiplizierten Summanden in (A.96) und dem sich infolge der in der Periode ϕ_{II} getätigten Neuinvestitionen ergebenden negativen freien Cashflow (3.103) zusammen, was der Differenz zwischen (A.96) und (A.102a) entspricht:

$$\begin{aligned}\mathrm{E}\left[\widetilde{FCF}_{\text{II},\phi_{\text{II}}}\right]&=\mathrm{E}\left[\widetilde{NOPLAT}_{\text{II},\phi_{\text{II}}}\right]-\mathrm{E}\left[\widetilde{NI}_{\text{II},\phi_{\text{II}}}\right]\\&=q_{\text{II}}^{\text{A}}\cdot\mathrm{E}\left[\widetilde{NOPLAT}_{\text{II},\phi_{\text{II}}}^{\text{A}}\right]+q_{\text{II}}^{\text{B}}\cdot\mathrm{E}\left[\widetilde{NOPLAT}_{\text{II},\phi_{\text{II}}}^{\text{B,ges}}\right]\\&\quad-\left(1-q_{\text{II}}^{\text{AB}}\right)\cdot q_{\text{II}}^{\text{A}}\cdot\mathrm{E}\left[\widetilde{NOPLAT}_{\text{II},\phi_{\text{II}}}^{\text{A}}\right]\qquad\forall\,\phi_{\text{II}}\in[1,+\infty).\end{aligned} \tag{A.103a}$$

Wiederum unter Berücksichtigung von (A.99) und (A.100) ergibt sich für (A.103a):

$$
\begin{aligned}
\mathrm{E}\left[\widetilde{FCF}_{\mathrm{II},\phi_{\mathrm{II}}}\right] &= ROIC_{\mathrm{II}}^{\mathrm{A}} \cdot \mathrm{E}\left[\widetilde{IC}_{\mathrm{II},0}^{\mathrm{A}}\right] \\
&\cdot \left(q_{\mathrm{II}}^{\mathrm{A}} - \frac{q_{\mathrm{II}}^{\mathrm{B}} \cdot \left(1 - q_{\mathrm{II}}^{\mathrm{AB}}\right) \cdot q_{\mathrm{II}}^{\mathrm{A}} \cdot ROIC_{\mathrm{II}}^{\mathrm{B}}}{w_{\mathrm{II}}^{\mathrm{B}} - w_{\mathrm{II}}^{\mathrm{A}}} - \left(1 - q_{\mathrm{II}}^{\mathrm{AB}}\right) \cdot q_{\mathrm{II}}^{\mathrm{A}}\right) \cdot \left(1 + w_{\mathrm{II}}^{\mathrm{A}}\right)^{\phi_{\mathrm{II}}-1} \\
&+ q_{\mathrm{II}}^{\mathrm{B}} \cdot ROIC_{\mathrm{II}}^{\mathrm{B}} \cdot \left(\mathrm{E}\left[\widetilde{IC}_{\mathrm{II},0}^{\mathrm{B}}\right] + \frac{\left(1 - q_{\mathrm{II}}^{\mathrm{AB}}\right) \cdot q_{\mathrm{II}}^{\mathrm{A}} \cdot ROIC_{\mathrm{II}}^{\mathrm{A}} \cdot \mathrm{E}\left[\widetilde{IC}_{\mathrm{II},0}^{\mathrm{A}}\right]}{w_{\mathrm{II}}^{\mathrm{B}} - w_{\mathrm{II}}^{\mathrm{A}}}\right) \\
&\cdot \left(1 + w_{\mathrm{II}}^{\mathrm{B}}\right)^{\phi_{\mathrm{II}}-1}.
\end{aligned}
$$

Nach Umformen des Klammerausdrucks des ersten Summanden folgt schließlich:

$$
\begin{aligned}
\mathrm{E}\left[\widetilde{FCF}_{\mathrm{II},\phi_{\mathrm{II}}}\right] &= q_{\mathrm{II}}^{\mathrm{A}} \cdot ROIC_{\mathrm{II}}^{\mathrm{A}} \cdot \mathrm{E}\left[\widetilde{IC}_{\mathrm{II},0}^{\mathrm{A}}\right] \cdot \frac{\left(q_{\mathrm{II}}^{\mathrm{AB}} - q_{\mathrm{II}}^{\mathrm{B}}\right) \cdot ROIC_{\mathrm{II}}^{\mathrm{B}} - q_{\mathrm{II}}^{\mathrm{AB}} \cdot w_{\mathrm{II}}^{\mathrm{A}}}{w_{\mathrm{II}}^{\mathrm{B}} - w_{\mathrm{II}}^{\mathrm{A}}} \\
&\cdot \left(1 + w_{\mathrm{II}}^{\mathrm{A}}\right)^{\phi_{\mathrm{II}}-1} \\
&+ q_{\mathrm{II}}^{\mathrm{B}} \cdot ROIC_{\mathrm{II}}^{\mathrm{B}} \cdot \left(\mathrm{E}\left[\widetilde{IC}_{\mathrm{II},0}^{\mathrm{B}}\right] + \frac{\left(1 - q_{\mathrm{II}}^{\mathrm{AB}}\right) \cdot q_{\mathrm{II}}^{\mathrm{A}} \cdot ROIC_{\mathrm{II}}^{\mathrm{A}} \cdot \mathrm{E}\left[\widetilde{IC}_{\mathrm{II},0}^{\mathrm{A}}\right]}{w_{\mathrm{II}}^{\mathrm{B}} - w_{\mathrm{II}}^{\mathrm{A}}}\right) \\
&\cdot \left(1 + w_{\mathrm{II}}^{\mathrm{B}}\right)^{\phi_{\mathrm{II}}-1}. \qquad \text{(A.103b)}
\end{aligned}
$$

Addiert man die gesamten Nettoinvestitionen gemäß (A.102b) aller Perioden $\nu \in \left[1, \phi_{\mathrm{II}}\right]$ zu dem zu Beginn der Rentenphase existierenden Bestand des Gesamtkapitals, erhält man den Gesamtkapitalbestand zu einem Zeitpunkt ϕ_{II}:

$$
\begin{aligned}
\mathrm{E}\left[\widetilde{IC}_{\mathrm{II},\phi_{\mathrm{II}}}\right] &= \mathrm{E}\left[\widetilde{IC}_{\mathrm{II},\phi_{\mathrm{II}}}^{\mathrm{A}}\right] + \mathrm{E}\left[\widetilde{IC}_{\mathrm{II},\phi_{\mathrm{II}}}^{\mathrm{B,ges}}\right] \qquad \forall \phi_{\mathrm{II}} \in [0, +\infty) \\
&= \mathrm{E}\left[\widetilde{IC}_{\mathrm{II},0}^{\mathrm{A}}\right] + \mathrm{E}\left[\widetilde{IC}_{\mathrm{II},0}^{\mathrm{B}}\right] + \sum_{\nu=1}^{\phi_{\mathrm{II}}} \mathrm{E}\left[\widetilde{NI}_{\mathrm{II},\nu}\right]. \qquad \text{(A.104a)}
\end{aligned}
$$

Mit Hilfe der Summenformel für die geometrische Reihe (B.2a) lässt sich für den dritten Summanden in (A.104a) ein einfacher Ausdruck auf der Basis von (A.102b) konstruieren: Blendet man die von ϕ_{II} unabhängigen Faktoren aus, verbleibt sowohl in dem ersten als auch in dem zweiten Summanden jeweils der Term $\left(1 + w_{\text{II}}^{\kappa}\right)^{\phi_{\text{II}}-1}$. In Verbindung mit dem Summenzeichen aus (A.104a) gilt:

$$\sum_{\nu=1}^{\phi_{\text{II}}} \left(1 + w_{\text{II}}^{\kappa}\right)^{\nu-1} = \sum_{\nu=0}^{\phi_{\text{II}}-1} \left(1 + w_{\text{II}}^{\kappa}\right)^{\nu} = \frac{1 - \left(1 + w_{\text{II}}^{\kappa}\right)^{\phi_{\text{II}}}}{1 - \left(1 + w_{\text{II}}^{\kappa}\right)} = \frac{\left(1 + w_{\text{II}}^{\kappa}\right)^{\phi_{\text{II}}} - 1}{w_{\text{II}}^{\kappa}}.$$

In Kombination mit den zunächst ausgeblendeten konstanten Faktoren aus (A.102b) ergibt sich die Formel

$$\begin{aligned} \mathrm{E}\left[\widetilde{IC}_{\text{II},\phi_{\text{II}}}\right] &= \mathrm{E}\left[\widetilde{IC}_{\text{II},0}^{\text{A}}\right] + \mathrm{E}\left[\widetilde{IC}_{\text{II},0}^{\text{B}}\right] \\ &+ ROIC_{\text{II}}^{\text{A}} \cdot \mathrm{E}\left[\widetilde{IC}_{\text{II},0}^{\text{A}}\right] \cdot \frac{\left(1 - q_{\text{II}}^{\text{A}}\right) \cdot w_{\text{II}}^{\text{B}} - \left(1 - q_{\text{II}}^{\text{AB}} \cdot q_{\text{II}}^{\text{A}}\right) \cdot w_{\text{II}}^{\text{A}}}{\left(w_{\text{II}}^{\text{B}} - w_{\text{II}}^{\text{A}}\right) \cdot w_{\text{II}}^{\text{A}}} \cdot \left(\left(1 + w_{\text{II}}^{\text{A}}\right)^{\phi_{\text{II}}} - 1\right) \\ &+ \left(\mathrm{E}\left[\widetilde{IC}_{\text{II},0}^{\text{B}}\right] + \frac{\left(1 - q_{\text{II}}^{\text{AB}}\right) \cdot q_{\text{II}}^{\text{A}} \cdot ROIC_{\text{II}}^{\text{A}} \cdot \mathrm{E}\left[\widetilde{IC}_{\text{II},0}^{\text{A}}\right]}{w_{\text{II}}^{\text{B}} - w_{\text{II}}^{\text{A}}}\right) \cdot \left(\left(1 + w_{\text{II}}^{\text{B}}\right)^{\phi_{\text{II}}} - 1\right) \end{aligned} \tag{A.104b}$$

zur Berechnung des Gesamtkapitalbestands.

A.5.3 Grenzwertanalysen

Ein Vergleich der Ergebnisse der von *Dierkes* und *Schäfer* durchgeführten und im Weiteren erläuterten Grenzwertanalysen[372] mit jenen der Grenzwertanalysen zum Modell von *Koller* et al. in Anhang A.2.1 belegt die Subsumierbarkeit des Ansatzes von *Koller* et al. unter den Ansatz von *Dierkes* und *Schäfer*.[373]

Durch Einsetzen von (A.101) in (3.38), von (A.102b) in

$$w_{\phi_{\text{II}}}^{\text{NI}} = \frac{\mathrm{E}\left[\widetilde{NI}_{\text{II},\phi_{\text{II}}}\right]}{\mathrm{E}\left[\widetilde{NI}_{\text{II},\phi_{\text{II}}-1}\right]} - 1 \tag{A.105}$$

372 Vgl. *Dierkes/Schäfer* (2017), S. 13 f., 30–32.
373 Siehe Anhang A.2.1, S. 350–353.

und von (A.103b) in (3.46) erhält man die Rechenausdrücke für die periodenspezifischen Wachstumsraten des Gesamt-NOPLAT, der gesamten Nettoinvestitionen und des gesamten freien Cashflows, auf deren Basis ihre Grenzwerte bestimmt werden können.

Der erste (zweite) Summand von (A.101), (A.102b) und (A.103b) ist bei der Analyse des Grenzverhaltens zu vernachlässigen, falls die konstante Wachstumsrate des Zusatzbereichs (Kernbereichs) höher als jene des Kernbereichs (Zusatzbereichs) ist. Die Minuenden in (3.38), (3.46) und (A.105) reduzieren sich ferner nach Kürzen aller konstanten Faktoren auf den von der Periode ϕ_{II} letztlich unabhängigen Term

$$\frac{\left(1+w_{\text{II}}^{\kappa}\right)^{\phi_{\text{II}}-1}}{\left(1+w_{\text{II}}^{\kappa}\right)^{\phi_{\text{II}}-2}} = \left(1+w_{\text{II}}^{\kappa}\right)^{\phi_{\text{II}}-1-(\phi_{\text{II}}-2)} = 1+w_{\text{II}}^{\kappa} \tag{A.106}$$

mit κ als dem Bereich mit der höheren Wachstumsrate. Als Grenzwert von (A.106) ergibt sich analog zu (A.48):

$$\lim_{\phi_{\text{II}}\to+\infty} 1+w_{\text{II}}^{\kappa} = 1+w_{\text{II}}^{\kappa} \qquad \text{mit} \quad w_{\text{II}}^{\kappa} = \max\left\{w_{\text{II}}^{\text{A}}, w_{\text{II}}^{\text{B}}\right\}. \tag{A.107}$$

Aus der Differenz zwischen (A.107) und (A.49) geht gemäß (3.110) die höhere der beiden Raten w_{II}^{A} und w_{II}^{B} als nachhaltige Wachstumsrate der oben genannten Bewertungsgrößen hervor.

Durch Einsetzen von (A.104b) in (3.29) kann dessen Minuend der oben beschriebenen Vorgehensweise folgend ebenfalls zu $1+w_{\text{II}}^{\kappa}$ verkürzt werden:

$$\frac{\left(1+w_{\text{II}}^{\kappa}\right)^{\phi_{\text{II}}}}{\left(1+w_{\text{II}}^{\kappa}\right)^{\phi_{\text{II}}-1}} = \left(1+w_{\text{II}}^{\kappa}\right)^{\phi_{\text{II}}-(\phi_{\text{II}}-1)} = 1+w_{\text{II}}^{\kappa}.$$

Die erneute Berufung auf (A.107) und (A.49) bedeutet, dass in obige Interpretation bezüglich der nachhaltigen Wachstumsrate zugleich der Gesamtkapitalbestand einzubeziehen ist.

Bei der Beurteilung der langfristigen Entwicklung der periodenspezifischen Gesamtrendite als Quotient aus (A.101) und dem Gesamtkapitalbestand der Vorperiode gemäß (A.104b),

$$ROTIC_{\phi_{\text{II}}} = \frac{\mathrm{E}\left[\widetilde{NOPLAT}_{\text{II},\phi_{\text{II}}}\right]}{\mathrm{E}\left[\widetilde{IC}_{\text{II},\phi_{\text{II}}-1}\right]} = \frac{\mathrm{E}\left[\widetilde{NOPLAT}_{\text{II},\phi_{\text{II}}}^{\text{A}}\right]+\mathrm{E}\left[\widetilde{NOPLAT}_{\text{II},\phi_{\text{II}}}^{\text{B,ges}}\right]}{\mathrm{E}\left[\widetilde{IC}_{\text{II},\phi_{\text{II}}-1}^{\text{A}}\right]+\mathrm{E}\left[\widetilde{IC}_{\text{II},\phi_{\text{II}}-1}^{\text{B,ges}}\right]}, \tag{A.108}$$

in Analogie zu (3.48) ist wiederum das Größenverhältnis der bereichsbezogenen Wachstumsraten maßgeblich. Ist w_{II}^{B} die höhere Wachstumsrate von beiden, verbleibt nach entsprechender Quotientenbildung aus den jeweils mit $\left(1 + w_{\text{II}}^{\text{B}}\right)^{\phi_{\text{II}}-1}$ multiplikativ verknüpften Termen die Bereichsrendite $ROIC_{\text{II}}^{\text{B}}$ als Konvergenzwert. Ist w_{II}^{A} im Vergleich zu w_{II}^{B} höher, stellt dahingegen das Produkt

$$\frac{\left(1 - q_{\text{II}}^{\text{B}} - \left(1 - q_{\text{II}}^{\text{AB}}\right) \cdot q_{\text{II}}^{\text{A}}\right) \cdot ROIC_{\text{II}}^{\text{B}} - \left(1 - q_{\text{II}}^{\text{A}}\right) \cdot ROIC_{\text{II}}^{\text{A}}}{w_{\text{II}}^{\text{B}} - w_{\text{II}}^{\text{A}}} \cdot \frac{\left(w_{\text{II}}^{\text{B}} - w_{\text{II}}^{\text{A}}\right) \cdot w_{\text{II}}^{\text{A}}}{\left(1 - q_{\text{II}}^{\text{A}}\right) \cdot w_{\text{II}}^{\text{B}} - \left(1 - q_{\text{II}}^{\text{AB}} \cdot q_{\text{II}}^{\text{A}}\right) \cdot w_{\text{II}}^{\text{A}}}$$

den Grenzwert dar. Nach Kürzen der Differenz $w_{\text{II}}^{\text{B}} - w_{\text{II}}^{\text{A}}$ und Division des zweiten Faktors durch $1 - q_{\text{II}}^{\text{A}}$ verbleibt der Ausdruck (A.109b):

$$\left(\left(1 - q_{\text{II}}^{\text{B}} - \left(1 - q_{\text{II}}^{\text{AB}}\right) \cdot q_{\text{II}}^{\text{A}}\right) \cdot ROIC_{\text{II}}^{\text{B}} - \left(1 - q_{\text{II}}^{\text{A}}\right) \cdot ROIC_{\text{II}}^{\text{A}}\right) \cdot \frac{ROIC_{\text{II}}^{\text{A}}}{w_{\text{II}}^{\text{B}} - \left(1 - q_{\text{II}}^{\text{AB}} \cdot q_{\text{II}}^{\text{A}}\right) \cdot ROIC_{\text{II}}^{\text{A}}}.$$

Die Untersuchung des Grenzverhaltens von (A.108) mündet resümierend in der folgenden Fallunterscheidung:[374]

$$\lim_{\phi_{\text{II}} \to +\infty} ROTIC_{\phi_{\text{II}}} = \begin{cases} ROIC_{\text{II}}^{\text{B}}, & w_{\text{II}}^{\text{B}} \geq w_{\text{II}}^{\text{A}} \quad \text{(A.109a)} \\ ROIC_{\text{II}}^{\text{A}} \cdot y, & w_{\text{II}}^{\text{B}} < w_{\text{II}}^{\text{A}} \quad \text{(A.109b)} \end{cases}$$

mit y in (A.109b) gemäß

$$y = \frac{\left(1 - q_{\text{II}}^{\text{B}} - \left(1 - q_{\text{II}}^{\text{AB}}\right) \cdot q_{\text{II}}^{\text{A}}\right) \cdot ROIC_{\text{II}}^{\text{B}} - \left(1 - q_{\text{II}}^{\text{A}}\right) \cdot ROIC_{\text{II}}^{\text{A}}}{\left(1 - q_{\text{II}}^{\text{B}}\right) \cdot ROIC_{\text{II}}^{\text{B}} - \left(1 - q_{\text{II}}^{\text{AB}} \cdot q_{\text{II}}^{\text{A}}\right) \cdot ROIC_{\text{II}}^{\text{A}}}. \tag{A.110}$$

374 Vgl. bezüglich (A.109) und (A.117) *Dierkes/Schäfer* (2017), S. 14. Multipliziert man den Zähler und den Nenner von (A.109b) und (A.117b) mit dem Faktor −1, erhält man die in ebd. angegebenen Terme.

Der Quotient y aus (A.109b), (A.110), ist unter der angegebenen Bedingung echt kleiner als eins. Dies impliziert die positive Differenz zwischen den absoluten Werten des Nenners und des Zählers:[375]

$$\left(1-q_{\mathrm{II}}^{\mathrm{AB}}\cdot q_{\mathrm{II}}^{\mathrm{A}}\right)\cdot ROIC_{\mathrm{II}}^{\mathrm{A}}-\left(1-q_{\mathrm{II}}^{\mathrm{B}}\right)\cdot ROIC_{\mathrm{II}}^{\mathrm{B}}-\left(1-q_{\mathrm{II}}^{\mathrm{A}}\right)\cdot ROIC_{\mathrm{II}}^{\mathrm{A}}$$
$$+\left(1-q_{\mathrm{II}}^{\mathrm{B}}-\left(1-q_{\mathrm{II}}^{\mathrm{AB}}\right)\cdot q_{\mathrm{II}}^{\mathrm{A}}\right)\cdot ROIC_{\mathrm{II}}^{\mathrm{B}}$$
$$=\left(1-q_{\mathrm{II}}^{\mathrm{AB}}\right)\cdot q_{\mathrm{II}}^{\mathrm{A}}\cdot\left(ROIC_{\mathrm{II}}^{\mathrm{A}}-ROIC_{\mathrm{II}}^{\mathrm{B}}\right)>0.$$

Folglich liegt der Grenzwert des ROTIC bei $w_{\mathrm{II}}^{\mathrm{B}}<w_{\mathrm{II}}^{\mathrm{A}}$ unterhalb von $ROIC_{\mathrm{II}}^{\mathrm{A}}$. Setzt man in (A.109b) die Wachstumsraten gleich, ergibt sich nach Auflösen $ROIC_{\mathrm{II}}^{\mathrm{B}}$ als Grenzwert:

$$ROIC_{\mathrm{II}}^{\mathrm{A}}\cdot\frac{\left(1-q_{\mathrm{II}}^{\mathrm{AB}}\right)\cdot q_{\mathrm{II}}^{\mathrm{A}}\cdot ROIC_{\mathrm{II}}^{\mathrm{B}}}{\left(1-q_{\mathrm{II}}^{\mathrm{AB}}\cdot q_{\mathrm{II}}^{\mathrm{A}}\right)\cdot ROIC_{\mathrm{II}}^{\mathrm{A}}-\left(1-q_{\mathrm{II}}^{\mathrm{A}}\right)\cdot ROIC_{\mathrm{II}}^{\mathrm{A}}}$$
$$=\frac{\left(1-q_{\mathrm{II}}^{\mathrm{AB}}\right)\cdot q_{\mathrm{II}}^{\mathrm{A}}\cdot ROIC_{\mathrm{II}}^{\mathrm{B}}}{q_{\mathrm{II}}^{\mathrm{A}}-q_{\mathrm{II}}^{\mathrm{AB}}\cdot q_{\mathrm{II}}^{\mathrm{A}}}=ROIC_{\mathrm{II}}^{\mathrm{B}}.$$

Der Spezialfall der Gleichheit der Wachstumsraten ist deshalb explizit unter (A.109a) berücksichtigt. Zugleich bildet $ROIC_{\mathrm{II}}^{\mathrm{B}}$ die Untergrenze der Grenzrendite aufgrund (A.109a).

Bei übereinstimmenden Bereichsrenditen gemäß (3.124) verkürzt sich der Ausdruck (A.109b) erwartungsgemäß zu $ROIC_{\mathrm{II}}$ und stimmt insofern mit (A.109a) überein. Die Gesamtrendite in diesem Fall $ROTIC_{\mathrm{II}}^{\mathrm{cR}}$ ist somit in jeder Periode der Rentenphase gleich $ROIC_{\mathrm{II}}$ unabhängig von dem Größenverhältnis der Wachstumsraten:

$$ROTIC_{\mathrm{II}}^{\mathrm{cR}}=ROIC_{\mathrm{II}}\qquad\forall\,\phi_{\mathrm{II}}\in[1,+\infty).\qquad\text{(A.111)}$$

Diese Eigenschaft teilen die speziellen Kalküle (3.125) und (3.135).[376]

375 Die Untersuchung beruht auf der Multiplikation des Zählers und des Nenners von (A.109b) mit −1, da diese in der in (A.109b) dargestellten Form jeweils negative Werte annehmen.

376 Siehe die Restwertkalküle auf den Seiten 167 und 171.

Geht man gemäß (3.120) von einer konstanten Ausschüttungspolitik bei differenzierter Verzinsung aus, entspricht (A.109b) dem Konvergenzwert[377]

$$\lim_{\phi_{\text{II}} \to +\infty} ROTIC_{\phi_{\text{II}}}^{\text{cp}} = ROIC_{\text{II}}^{\text{A}} \cdot \frac{1 - q_{\text{II}}^{\text{A}}}{1 - q_{\text{II}}}, \qquad w_{\text{II}}^{\text{B}} < w_{\text{II}}^{\text{A}}. \quad \text{(A.112)}$$

Stimmen $q_{\text{II}}^{\text{AB}}$ und q_{II}^{B} gemäß (3.118) überein, vereinfacht sich (A.109b) zu dem Ausdruck

$$\lim_{\phi_{\text{II}} \to +\infty} ROTIC_{\phi_{\text{II}}}^{\text{qB}} = ROIC_{\text{II}}^{\text{A}} \cdot \frac{\left(1 - q_{\text{II}}^{\text{A}}\right) \cdot \left(ROIC_{\text{II}}^{\text{A}} - w_{\text{II}}^{\text{B}}\right)}{\left(1 - q_{\text{II}}^{\text{B}} \cdot q_{\text{II}}^{\text{A}}\right) \cdot ROIC_{\text{II}}^{\text{A}} - w_{\text{II}}^{\text{B}}}, \qquad w_{\text{II}}^{\text{B}} < w_{\text{II}}^{\text{A}}. \quad \text{(A.113)}$$

Zwischen den bei einer höheren Wachstumsrate im Kernbereich ermittelten Grenzrenditen (A.112) und (A.113) besteht das folgende Größenverhältnis:[378]

$$w_{\text{II}}^{\text{B}} < w_{\text{II}}^{\text{A}}: \quad ROIC_{\text{II}}^{\text{A}} > \lim_{\phi_{\text{II}} \to +\infty} ROTIC_{\phi_{\text{II}}}^{\text{cp}} > \lim_{\phi_{\text{II}} \to +\infty} ROTIC_{\phi_{\text{II}}}^{\text{qB}} > ROIC_{\text{II}}^{\text{B}}. \quad \text{(A.114)}$$

Während bei einer bereichseinheitlichen Verzinsung (A.112) wegen (3.127) nicht definiert ist, verkürzt sich (A.113) erwartungsgemäß zu $ROIC_{\text{II}}$.

377 Vgl. auch *Dierkes/Schäfer* (2017), S. 15.

378 (A.112) ist größer als (A.113), da deren Differenz unter der angegebenen Bedingung $w_{\text{II}}^{\text{B}} < w_{\text{II}}^{\text{A}}$ positiv ist:

$$\frac{w_{\text{II}}^{\text{A}}}{1 - q_{\text{II}}^{\text{B}}} - \frac{w_{\text{II}}^{\text{A}} \cdot \left(ROIC_{\text{II}}^{\text{A}} - w_{\text{II}}^{\text{B}}\right)}{\left(1 - q_{\text{II}}^{\text{B}} \cdot q_{\text{II}}^{\text{A}}\right) \cdot ROIC_{\text{II}}^{\text{A}} - w_{\text{II}}^{\text{B}}} = \frac{w_{\text{II}}^{\text{A}} \cdot q_{\text{II}}^{\text{B}} \cdot \left(w_{\text{II}}^{\text{A}} - w_{\text{II}}^{\text{B}}\right)}{\left(1 - q_{\text{II}}^{\text{B}}\right) \cdot \left(\left(1 - q_{\text{II}}^{\text{B}} \cdot q_{\text{II}}^{\text{A}}\right) \cdot ROIC_{\text{II}}^{\text{A}} - w_{\text{II}}^{\text{B}}\right)} > 0.$$

Die Grenzrendite im Fall der von *Dierkes* und *Schäfer* in Anlehnung an das Modell von *Meitner* untersuchten konstanten Wachstumspolitik bildet (A.109a) zufolge $ROIC_{II}^{B}$ aufgrund der notwendigen Beziehung (3.127):[379]

$$\lim_{\phi_{II} \to +\infty} ROTIC_{\phi_{II}}^{cg} = ROIC_{II}^{B}, \qquad w_{II}^{B} > w_{II}^{A}. \quad \text{(A.115)}$$

Bei einer höheren Wachstumsrate im Zusatzbereich konvergieren gemäß (A.109a) auch die Gesamtrenditen in den beiden zuletzt betrachteten Spezialfällen gegen $ROIC_{II}^{B}$. Resümierend gilt:

$$w_{II}^{B} \geq w_{II}^{A}: \quad \lim_{\phi_{II} \to +\infty} ROTIC_{\phi_{II}}^{cp} = \lim_{\phi_{II} \to +\infty} ROTIC_{\phi_{II}}^{qB} = \lim_{\phi_{II} \to +\infty} ROTIC_{\phi_{II}}^{cg} = ROIC_{II}^{B}. \quad \text{(A.116)}$$

In ähnlicher Weise verallgemeinert die Entwicklung der periodenspezifischen Gesamtausschüttungsquote $q_{\phi_{II}}$ im Unendlichen das nach dem Modell von *Koller* et al. erzielte Ergebnis (3.51). Bei der Analyse des Konvergenzverhaltens des Quotienten aus (A.103b) und (A.101) entfällt der jeweils erste Summand, sofern w_{II}^{A} kleiner als w_{II}^{B} ist. Aus dem verbleibenden Quotienten resultiert q_{II}^{B} als Limes der Gesamtausschüttungsquote. Falls w_{II}^{A} echt größer als w_{II}^{B} ist, zeigt die Quotientenbildung aus den jeweils ersten Summanden, dass sich die Gesamtausschüttungsquote dem von allen drei Nettoinvestitionsraten des Modells beeinflussten Grenzwert (A.117b) annähert:

$$\lim_{\phi_{II} \to +\infty} q_{\phi_{II}} = \begin{cases} q_{II}^{B}, & w_{II}^{B} \geq w_{II}^{A} \quad \text{(A.117a)} \\ q_{II}^{A} \cdot y, & w_{II}^{B} < w_{II}^{A} \quad \text{(A.117b)} \end{cases}$$

mit y in (A.117b) gemäß

$$y = \frac{\left(q_{II}^{AB} - q_{II}^{B}\right) \cdot ROIC_{II}^{B} - q_{II}^{AB} \cdot \left(1 - q_{II}^{A}\right) \cdot ROIC_{II}^{A}}{\left(1 - q_{II}^{B} - \left(1 - q_{II}^{AB}\right) \cdot q_{II}^{A}\right) \cdot ROIC_{II}^{B} - \left(1 - q_{II}^{A}\right) \cdot ROIC_{II}^{A}}. \quad \text{(A.118)}$$

Der Quotient y aus (A.117b), (A.118), ist unter der angegebenen Bedingung echt kleiner als eins, wie die Differenzbildung zwischen dem größeren absolu-

379 Vgl. *Dierkes/Schäfer* (2017), S. 16 f.

ten Nenner und dem kleineren absoluten Zähler nach obiger Vorgehensweise zeigt:

$$(1-q_{\mathrm{II}}^{\mathrm{A}})\cdot ROIC_{\mathrm{II}}^{\mathrm{A}}-\left(1-q_{\mathrm{II}}^{\mathrm{B}}-(1-q_{\mathrm{II}}^{\mathrm{AB}})\cdot q_{\mathrm{II}}^{\mathrm{A}}\right)\cdot ROIC_{\mathrm{II}}^{\mathrm{B}}$$

$$-q_{\mathrm{II}}^{\mathrm{AB}}\cdot(1-q_{\mathrm{II}}^{\mathrm{A}})\cdot ROIC_{\mathrm{II}}^{\mathrm{A}}+(q_{\mathrm{II}}^{\mathrm{AB}}-q_{\mathrm{II}}^{\mathrm{B}})\cdot ROIC_{\mathrm{II}}^{\mathrm{B}}$$

$$=(1-q_{\mathrm{II}}^{\mathrm{AB}})\cdot(1-q_{\mathrm{II}}^{\mathrm{A}})\cdot\left(ROIC_{\mathrm{II}}^{\mathrm{A}}-ROIC_{\mathrm{II}}^{\mathrm{B}}\right)>0.$$

Damit ist bewiesen, dass der Grenzwert der Gesamtausschüttungsquote bei $w_{\mathrm{II}}^{\mathrm{B}}<w_{\mathrm{II}}^{\mathrm{A}}$ kleiner als $q_{\mathrm{II}}^{\mathrm{A}}$ ist. Geht man von der Gleichheit der Wachstumsraten aus, so reduziert sich (A.117b) zu $q_{\mathrm{II}}^{\mathrm{B}}$:

$$q_{\mathrm{II}}^{\mathrm{A}}\cdot\frac{q_{\mathrm{II}}^{\mathrm{AB}}\cdot(1-q_{\mathrm{II}}^{\mathrm{B}})\cdot ROIC_{\mathrm{II}}^{\mathrm{B}}-(q_{\mathrm{II}}^{\mathrm{AB}}-q_{\mathrm{II}}^{\mathrm{B}})\cdot ROIC_{\mathrm{II}}^{\mathrm{B}}}{(1-q_{\mathrm{II}}^{\mathrm{AB}})\cdot q_{\mathrm{II}}^{\mathrm{A}}\cdot ROIC_{\mathrm{II}}^{\mathrm{B}}}=\frac{q_{\mathrm{II}}^{\mathrm{B}}\cdot(1-q_{\mathrm{II}}^{\mathrm{AB}})}{1-q_{\mathrm{II}}^{\mathrm{AB}}}=q_{\mathrm{II}}^{\mathrm{B}}.$$

(A.117a) schließt deshalb explizit die Gleichheitsbedingung ein.

Bei identischen Bereichsrenditen lässt sich $ROIC_{\mathrm{II}}$ aus (A.118) herauskürzen. Weitere Auflösungen von (A.117b) zeigen, dass sich der Zähler und der Nenner entsprechen, sodass schließlich alleinig $q_{\mathrm{II}}^{\mathrm{A}}$ den Grenzwert der Gesamtausschüttungsquote $q_{\phi_{\mathrm{II}}}^{\mathrm{cR}}$ bildet, falls die Wachstumsrate im Kernbereich höher ist. Ansonsten nähert sich die Gesamtausschüttungsquote unverändert $q_{\mathrm{II}}^{\mathrm{B}}$ an:

$$\lim_{\phi_{\mathrm{II}}\to+\infty} q_{\phi_{\mathrm{II}}}^{\mathrm{cR}}=\begin{cases} q_{\mathrm{II}}^{\mathrm{B}}, & w_{\mathrm{II}}^{\mathrm{B}}\geq w_{\mathrm{II}}^{\mathrm{A}} \qquad \text{(A.119a)}\\ q_{\mathrm{II}}^{\mathrm{A}}, & w_{\mathrm{II}}^{\mathrm{B}}<w_{\mathrm{II}}^{\mathrm{A}}. \qquad \text{(A.119b)}\end{cases}$$

Falls $q_{\mathrm{II}}^{\mathrm{AB}}$ und $q_{\mathrm{II}}^{\mathrm{B}}$ übereinstimmen, vereinfacht sich die Fallunterscheidung (A.117) wie folgt:

$$\lim_{\phi_{\mathrm{II}}\to+\infty} q_{\phi_{\mathrm{II}}}^{\mathrm{qB}}=\begin{cases} q_{\mathrm{II}}^{\mathrm{AB}}=q_{\mathrm{II}}^{\mathrm{B}}, & w_{\mathrm{II}}^{\mathrm{B}}\geq w_{\mathrm{II}}^{\mathrm{A}} \qquad \text{(A.120a)}\\ q_{\mathrm{II}}^{\mathrm{AB}}\cdot q_{\mathrm{II}}^{\mathrm{A}}\cdot\dfrac{ROIC_{\mathrm{II}}^{\mathrm{A}}}{ROIC_{\mathrm{II}}^{\mathrm{A}}-w_{\mathrm{II}}^{\mathrm{B}}}, & 0<w_{\mathrm{II}}^{\mathrm{B}}<w_{\mathrm{II}}^{\mathrm{A}} \qquad \text{(A.120b)}\\ q_{\mathrm{II}}^{\mathrm{A}}, & w_{\mathrm{II}}^{\mathrm{B}}=0. \qquad \text{(A.120c)}\end{cases}$$

Demnach konvergiert die Gesamtausschüttungsquote $q_{\phi_{\mathrm{II}}}^{\mathrm{qB}}$ in Abhängigkeit von dem Größenverhältnis der bereichsspezifischen Wachstumsraten entweder gegen $q_{\mathrm{II}}^{\mathrm{AB}}$ bzw. $q_{\mathrm{II}}^{\mathrm{B}}$ oder gegen einen Grenzwert, der höher als die effektive

Ausschüttungsquote im Kernbereich $q_{\mathrm{II}}^{\mathrm{AB}} \cdot q_{\mathrm{II}}^{\mathrm{A}}$ ist, solange der Zusatzbereich ein positives Wachstum aufweist. Falls $w_{\mathrm{II}}^{\mathrm{B}}$ gleich null ist, konvergiert die Gesamtausschüttungsquote mit $q_{\mathrm{II}}^{\mathrm{A}}$ gegen die Ausschüttungsquote des Bereichs mit einer positiven Wachstumsrate.

Bei identischen Bereichsrenditen verkürzt sich (A.120b) zu $q_{\mathrm{II}}^{\mathrm{A}}$, infolge dessen die Fallunterscheidungen (A.119) und (A.120) übereinstimmen.[380]

Einsetzen der Bedingung für eine konstante Ausschüttungspolitik (3.120) in (A.117b) bestätigt die diesen Spezialfall kennzeichnende Periodenkonstanz der Gesamtausschüttungsquote $q_{\mathrm{II}}^{\mathrm{cp}}$ in der Rentenphase gemäß (3.122) unabhängig von dem Größenverhältnis der Wachstumsraten. Im Falle einer zugleich bereichseinheitlichen Verzinsung sind (A.117b) und (A.119b) aufgrund (3.127) nicht definiert.

Im Falle einer konstanten Wachstumspolitik bildet den zwei Limites (A.117a) und (A.119a) zufolge $q_{\mathrm{II}}^{\mathrm{B}}$ unabhängig von der Differenzierung in der Verzinsung den Grenzwert der Gesamtausschüttungsquote $q_{\phi_{\mathrm{II}}}^{\mathrm{cg}}$ aufgrund der Beziehung (3.127):[381]

$$\lim_{\phi_{\mathrm{II}} \to +\infty} q_{\phi_{\mathrm{II}}}^{\mathrm{cg}} = q_{\mathrm{II}}^{\mathrm{B}}, \qquad w_{\mathrm{II}}^{\mathrm{B}} > w_{\mathrm{II}}^{\mathrm{A}}. \quad (\mathrm{A}.121)$$

Bei übereinstimmenden Bereichsrenditen ist die konstante Gesamtausschüttungsquote $q_{\mathrm{II}}^{\mathrm{cg}}$ gemäß dem *Gordon/Shapiro*-Modell in jeder Periode der Rentenphase gleich $q_{\mathrm{II}}^{\mathrm{B}}$, wie aus (3.135) hervorgeht.

In Analogie zu (A.116) konvergieren gemäß (A.117a) bei einer höheren Wachstumsrate im Zusatzbereich die Gesamtausschüttungsquoten in allen Spezialfällen gegen $q_{\mathrm{II}}^{\mathrm{B}}$:

$$w_{\mathrm{II}}^{\mathrm{B}} \geq w_{\mathrm{II}}^{\mathrm{A}}: \quad q_{\mathrm{II}}^{\mathrm{cp}} = \lim_{\phi_{\mathrm{II}} \to +\infty} q_{\phi_{\mathrm{II}}}^{\mathrm{cR}} = \lim_{\phi_{\mathrm{II}} \to +\infty} q_{\phi_{\mathrm{II}}}^{\mathrm{qB}} = \lim_{\phi_{\mathrm{II}} \to +\infty} q_{\phi_{\mathrm{II}}}^{\mathrm{cg}} = q_{\mathrm{II}}^{\mathrm{B}}. \quad (\mathrm{A}.122)$$

Die hergeleiteten Grenzwerte veranschaulichen, wie die Entwicklungen des ROTIC und der Gesamtausschüttungsquote von den bereichsspezifischen Wachstumsraten gelenkt werden. Solange $w_{\mathrm{II}}^{\mathrm{A}}$ nicht größer als $w_{\mathrm{II}}^{\mathrm{B}}$ ist, bilden $ROIC_{\mathrm{II}}^{\mathrm{B}}$ und $q_{\mathrm{II}}^{\mathrm{B}}$ sowohl im allgemeinen Bewertungsfall als auch folglich

380 Auf (A.119a) und (3.122) basiert der Größenvergleich zwischen (3.119) und (3.125) bzw. (3.135) im Falle einer konstanten Gesamtrendite. Siehe (B.13) in Anhang B.3.5, S. 407.

381 Vgl. *Dierkes/Schäfer* (2017), S. 17.

in allen betrachteten Spezialfällen die Limites. Bestimmt die Wachstumsrate w_{II}^{A} die Konvergenzgeschwindigkeit, weil w_{II}^{A} echt größer als w_{II}^{B} ist, werden sowohl $\overset{\text{A}}{ROIC}_{\text{II}}$ als auch q_{II}^{A} noch mit sich aus beiden Bereichsrenditen bzw. den drei Nettoinvestitionsraten zusammensetzenden Termen multipliziert. Anhand der Fallunterscheidungen (A.109) und (A.117) können die Grenzwerte in den Spezialfällen auf einfache Weise bestimmt werden.

A.5.4 Restwertkalkül auf der Basis des FCF Verfahrens

Parallel zum Studium der Herleitung des Restwertkalküls nach *Dierkes/ Schäfer* (2017) auf der Basis des FCF Verfahrens (3.112b) empfiehlt sich ein Vergleich mit der in Anhang A.2.3 dokumentierten Herleitung der Restwertformel nach *Koller* et al. (2015).[382] Die in die folgenden Erläuterungen integrierten Formelverweise erleichtern einen lesebegleitenden Abgleich zur Identifizierung von Gemeinsamkeiten und Unterschieden, die im Rahmen der Modelldiskussion wieder aufgegriffen werden.[383]

Die Summe der mittels (3.99) unabhängig voneinander berechneten bereichsbezogenen Restwerte[384]

$$\sum_{\kappa \in \{\text{A},\text{B}\}} \text{E}\left[\widetilde{V}_{\text{II},0}^{\ell,\kappa}\right] \tag{A.123}$$

ist ähnlich wie bei *Koller* et al. (2015) bedingt durch die periodischen Neuinvestitionen um einen wertvermindernden und einen werterhöhenden Effekt, die weiterhin mit Hilfe der hochgestellten Bezeichner „(I)“ und „(II)“ unterschieden werden, zu korrigieren.

Zum einen ist der Restwert der mit w_{II}^{A} ansteigenden negativen freien Cashflows (3.103) in Analogie zu (A.70) mittels

$$\text{E}\left[\widetilde{V}_{\text{q},\text{II},0}^{\ell,\text{AB},(\text{I})}\right] = \sum_{z_{\text{II}}=1}^{+\infty} \frac{\text{E}\left[\widetilde{FCF}_{\text{II},z_{\text{II}}}^{\text{AB},z_{\text{II}}}\right]}{\left(1+k_{\text{q},\text{II}}^{\tau}\right)^{z_{\text{II}}}} \quad \lrcorner$$

382 Siehe Anhang A.2.3, S. 356–359.

383 Siehe zur Diskussion des Modells von *Dierkes* und *Schäfer* und zur Einordnung des Modells von *Koller* et al. als dessen Spezialfall die Ausführungen auf den Seiten 165 f.

384 Genau genommen wäre der Restwert des Kernbereichs im allgemeinen Bewertungsfall mit $\text{E}\left[\widetilde{V}_{\text{q},\text{II},0}^{\ell,\text{A}}\right]$ zu bezeichnen.

$$= \sum_{z_{II}=1}^{+\infty} \frac{-\left(1 - q_{II}^{AB}\right) \cdot q_{II}^{A} \cdot \mathrm{E}\left[\widetilde{NOPLAT}_{II,1}^{A}\right] \cdot \left(1 + w_{II}^{A}\right)^{z_{II}-1}}{\left(1 + k_{q,II}^{\tau}\right)^{z_{II}}} \tag{A.124a}$$

$$= \frac{-\left(1 - q_{II}^{AB}\right) \cdot q_{II}^{A} \cdot \mathrm{E}\left[\widetilde{NOPLAT}_{II,1}^{A}\right]}{k_{q,II}^{\tau} - w_{II}^{A}} \tag{A.124b}$$

zu bestimmen.[385] Die Addition von $\mathrm{E}\left[\widetilde{V}_{II,0}^{\ell,A}\right]$ gemäß (3.99) und der Restwertminderung (A.124b) führt korrespondierend mit (A.71) zu dem Restwert der mit der Rate w_{II}^{A} ansteigenden verbleibenden freien Cashflows im Kernbereich (3.104):

$$\mathrm{E}\left[\widetilde{V}_{q,II,0}^{\ell,\bar{A}}\right] = \mathrm{E}\left[\widetilde{V}_{q,II,0}^{\ell,A}\right] + \mathrm{E}\left[\widetilde{V}_{q,II,0}^{\ell,AB,(I)}\right]$$

$$= \frac{q_{II}^{AB} \cdot q_{II}^{A} \cdot \mathrm{E}\left[\widetilde{NOPLAT}_{II,1}^{A}\right]}{k_{q,II}^{\tau} - w_{II}^{A}} = \frac{\mathrm{E}\left[\widetilde{FCF}_{II,1}^{\bar{A}}\right]}{k_{q,II}^{\tau} - w_{II}^{A}}. \tag{A.125}$$

Zum anderen ist der Restwert der aus der Neuinvestition in einer Periode z_{II} resultierenden, mit der Rate w_{II}^{B} wachsenden zusätzlichen freien Cashflows (3.109a) aus der Sicht des Investitionszeitpunktes $z_{II} \in [1, +\infty)$ mit Hilfe von (3.108) folgendermaßen zu ermitteln:[386]

$$\mathrm{E}\left[\widetilde{V}_{II,z_{II}}^{\ell,AB,(II),z_{II}}\right] = \sum_{\phi_{II}=z_{II}+1}^{+\infty} \frac{\mathrm{E}\left[\widetilde{FCF}_{II,\phi_{II}}^{AB,z_{II}}\right]}{(1 + k_{II}^{\tau})^{\phi_{II}-z_{II}}} = \sum_{\phi_{II}=z_{II}+1}^{+\infty} \frac{q_{II}^{B} \cdot \mathrm{E}\left[\widetilde{NOPLAT}_{II,\phi_{II}}^{AB,z_{II}}\right]}{(1 + k_{II}^{\tau})^{\phi_{II}-z_{II}}}$$

$$= \sum_{\phi_{II}=z_{II}+1}^{+\infty} \frac{q_{II}^{B} \cdot \mathrm{E}\left[\widetilde{NOPLAT}_{II,z_{II}+1}^{AB,z_{II}}\right] \cdot \left(1 + w_{II}^{B}\right)^{\phi_{II}-z_{II}-1}}{(1 + k_{II}^{\tau})^{\phi_{II}-z_{II}}}.$$

---

385 Der Ausdruck (A.124a) ist in *Dierkes/Schäfer* (2017), S. 11, Bestandteil des ersten Terms des Formelblocks (9).

386 Vgl. bezüglich der Ableitung von (A.126) und (A.128) *Dierkes/Schäfer* (2017), S. 11.

Mittels (3.100), (3.101) und (3.105) ergibt sich in Analogie zu (A.72):

$$\mathrm{E}\left[\widetilde{V}_{\mathrm{II},z_{\mathrm{II}}}^{\ell,\mathrm{AB},(\mathrm{II}),z_{\mathrm{II}}}\right]$$

$$= \sum_{\phi_{\mathrm{II}}=z_{\mathrm{II}}+1}^{+\infty} \frac{q_{\mathrm{II}}^{\mathrm{B}} \cdot \left(1 - q_{\mathrm{II}}^{\mathrm{AB}}\right) \cdot q_{\mathrm{II}}^{\mathrm{A}} \cdot \mathrm{E}\left[\widetilde{NOPLAT}_{\mathrm{II},z_{\mathrm{II}}}^{\mathrm{A}}\right] \cdot ROIC_{\mathrm{II}}^{\mathrm{B}} \cdot \left(1 + w_{\mathrm{II}}^{\mathrm{B}}\right)^{\phi_{\mathrm{II}}-z_{\mathrm{II}}-1}}{\left(1 + k_{\mathrm{II}}^{\tau}\right)^{\phi_{\mathrm{II}}-z_{\mathrm{II}}}}$$

$$= \frac{q_{\mathrm{II}}^{\mathrm{B}} \cdot \left(1 - q_{\mathrm{II}}^{\mathrm{AB}}\right) \cdot q_{\mathrm{II}}^{\mathrm{A}} \cdot \mathrm{E}\left[\widetilde{NOPLAT}_{\mathrm{II},z_{\mathrm{II}}}^{\mathrm{A}}\right] \cdot ROIC_{\mathrm{II}}^{\mathrm{B}}}{k_{\mathrm{II}}^{\tau} - w_{\mathrm{II}}^{\mathrm{B}}}. \qquad (\mathrm{A.126})$$

Da die in (A.126) einzige variable Größe, der NOPLAT des Kernbereichs einer Investitionsperiode z_{II}, mit der Rate $w_{\mathrm{II}}^{\mathrm{A}}$ gemäß

$$\mathrm{E}\left[\widetilde{NOPLAT}_{\mathrm{II},z_{\mathrm{II}}}^{\mathrm{A}}\right] = \mathrm{E}\left[\widetilde{NOPLAT}_{\mathrm{II},1}^{\mathrm{A}}\right] \cdot \left(1 + w_{\mathrm{II}}^{\mathrm{A}}\right)^{z_{\mathrm{II}}-1}$$

$$\forall z_{\mathrm{II}} \in [1, +\infty) \qquad (\mathrm{A.127})$$

ansteigt, sind die in jeder Periode der Rentenphase getätigten zusätzlichen Nettoinvestitionen (3.101) dem Ausdruck (3.103) zufolge um den Wachstumsfaktor $1 + w_{\mathrm{II}}^{\mathrm{A}}$ höher als jene der jeweiligen Vorperiode. In der Folge steigen auch die Restwerte der zusätzlichen freien Cashflows (A.126) von Periode zu Periode mit dieser Rate an. Einsetzen von (A.127) in (A.126) führt zu:

$$\mathrm{E}\left[\widetilde{V}_{\mathrm{II},z_{\mathrm{II}}}^{\ell,\mathrm{AB},(\mathrm{II}),z_{\mathrm{II}}}\right] = \frac{q_{\mathrm{II}}^{\mathrm{B}} \cdot \left(1 - q_{\mathrm{II}}^{\mathrm{AB}}\right) \cdot q_{\mathrm{II}}^{\mathrm{A}} \cdot \mathrm{E}\left[\widetilde{NOPLAT}_{\mathrm{II},1}^{\mathrm{A}}\right] \cdot ROIC_{\mathrm{II}}^{\mathrm{B}}}{k_{\mathrm{II}}^{\tau} - w_{\mathrm{II}}^{\mathrm{B}}} \cdot \left(1 + w_{\mathrm{II}}^{\mathrm{A}}\right)^{z_{\mathrm{II}}-1}$$

$$(\mathrm{A.128})$$

$$= \mathrm{E}\left[\widetilde{V}_{\mathrm{II},1}^{\ell,\mathrm{AB},(\mathrm{II}),1}\right] \cdot \left(1 + w_{\mathrm{II}}^{\mathrm{A}}\right)^{z_{\mathrm{II}}-1} \qquad \forall z_{\mathrm{II}} \in [1, +\infty).$$

Der Barwert dieser ewigen Rente ansteigender Teilrestwerte (A.128) zum Zeitpunkt $\phi_{\text{II}} = 0$ ist in Anlehnung an (A.73) demnach wie folgt zu bestimmen:[387]

$$\mathrm{E}\left[\widetilde{V}_{\text{q,II,0}}^{\ell,\text{AB,(II)}}\right] = \sum_{z_{\text{II}}=1}^{+\infty} \frac{\mathrm{E}\left[\widetilde{V}_{\text{II},z_{\text{II}}}^{\ell,\text{AB,(II)},z_{\text{II}}}\right]}{\left(1+k_{\text{q,II}}^{\tau}\right)^{z_{\text{II}}}} = \sum_{z_{\text{II}}=1}^{+\infty} \frac{\mathrm{E}\left[\widetilde{V}_{\text{II},1}^{\ell,\text{AB,(II)},1}\right]\cdot\left(1+w_{\text{II}}^{\text{A}}\right)^{z_{\text{II}}-1}}{\left(1+k_{\text{q,II}}^{\tau}\right)^{z_{\text{II}}}} \tag{A.129a}$$

$$= \frac{\mathrm{E}\left[\widetilde{V}_{\text{II},1}^{\ell,\text{AB,(II)},1}\right]}{k_{\text{q,II}}^{\tau} - w_{\text{II}}^{\text{A}}}$$

$$= \frac{q_{\text{II}}^{\text{B}}\cdot\left(1-q_{\text{II}}^{\text{AB}}\right)\cdot q_{\text{II}}^{\text{A}}\cdot\mathrm{E}\left[\widetilde{NOPLAT}_{\text{II},1}^{\text{A}}\right]\cdot ROIC_{\text{II}}^{\text{B}}}{\left(k_{\text{q,II}}^{\tau} - w_{\text{II}}^{\text{A}}\right)\cdot\left(k_{\text{II}}^{\tau} - w_{\text{II}}^{\text{B}}\right)}. \tag{A.129b}$$

Der gemäß (3.112a) zu (A.123) zu addierende Korrekturterm ergibt sich aus der Summierung der gesamten Marktwertminderung (A.124b) und der gesamten Marktwerterhöhung (A.129b). Die Formel

$$\mathrm{E}\left[\widetilde{\Delta V}_{\text{q,II,0}}^{\ell,\text{AB}}\right] = \mathrm{E}\left[\widetilde{V}_{\text{q,II,0}}^{\ell,\text{AB,(I)}}\right] + \mathrm{E}\left[\widetilde{V}_{\text{q,II,0}}^{\ell,\text{AB,(II)}}\right]$$

$$= \frac{\left(1-q_{\text{II}}^{\text{AB}}\right)\cdot q_{\text{II}}^{\text{A}}\cdot\mathrm{E}\left[\widetilde{NOPLAT}_{\text{II},1}^{\text{A}}\right]\cdot\left(\left(1-n_{\text{II}}^{\text{B}}\right)\cdot ROIC_{\text{II}}^{\text{B}} - \left(k_{\text{II}}^{\tau} - w_{\text{II}}^{\text{B}}\right)\right)}{\left(k_{\text{q,II}}^{\tau} - w_{\text{II}}^{\text{A}}\right)\cdot\left(k_{\text{II}}^{\tau} - w_{\text{II}}^{\text{B}}\right)} \tag{A.130}$$

entspricht unter Berücksichtigung von (3.98) mit $\kappa = \text{B}$ der Formel (3.111). In Kombination mit (A.123) erhält man den Restwertkalkül (3.112b).

A.6 Vorsteuerkalkül zur Ermittlung der Restwertsteigerung bei kapitalwerterhöhender zusätzlicher Thesaurierung

In der Literatur zur Nachsteuerrechnung findet sich im Kontext der Ermittlung eines objektivierten Restwertes bislang ein Rentenkalkül auf der Basis des

387 Der Ausdruck (A.129a) ist in *Dierkes/Schäfer* (2017), S. 11, Bestandteil des ersten Terms des Formelblocks (9).

FtE Verfahrens, dem zufolge die Steigerung des Restwertes des Eigenkapitals ohne Berücksichtigung der Finanzierungseffekte aus den wertorientierten Fremdkapitalanpassungen, die eine Einhaltung der bei wertabhängiger Finanzierung deterministisch festgelegten Relation von Eigen- und Fremdkapital in jeder Periode gewährleisten, bestimmt wird. Das eigentliche Bewertungsproblem lässt sich ohne Bezug zur Nachsteuerrechnung und zur Objektivierung des Ausschüttungsverhaltens bereits im Rahmen der Vorsteuerrechnung wiederfinden, wenn es um die Kapitalisierung der Market Value Added von werterhöhenden Zusatzinvestitionen in einen anderen Bereich geht. Daher wird im Folgenden von einer Nachsteuerrechnung abgerückt und das Erfordernis der Berücksichtigung der Finanzierungseffekte im Restwertkalkül anhand des Formelverbundes (3.184) erläutert, denn folgte man der Verfahrensweise in der Literatur, so würde der Korrekturterm

$$\left(kd_{\mathrm{II}} \cdot (1-\tau) - w_{\mathrm{II}}^{\kappa}\right) \cdot L_{\mathrm{II}}^{\kappa} \tag{A.131}$$

im Nenner des Rentenkalküls (3.184d) fehlen.[388]

Die Bewertungsformel für die erwartete Restwertsteigerung im Zeitpunkt $\phi_{\mathrm{II}}^{\kappa\lambda} = 0$ (3.184a) ist die Summe aus einzelnen wertsteigernden Beiträgen, die jeweils auf eine zusätzliche Thesaurierung in den Perioden der ewigen Rente $\phi_{\mathrm{II}}^{\kappa\lambda} \in [1, +\infty)$ zurückzuführen sind:

$$\mathrm{E}\left[\widetilde{\Delta E}_{\mathrm{II},0}^{\ell,\kappa\lambda}\right] = \sum_{\phi_{\mathrm{II}}=1}^{+\infty} \mathrm{E}\left[\widetilde{\Delta E}_{\mathrm{II},0}^{\ell,\kappa\lambda,\phi_{\mathrm{II}}}\right]. \tag{A.132}$$

Der Wertbeitrag $\mathrm{E}\left[\widetilde{\Delta E}_{\mathrm{II},0}^{\ell,\kappa\lambda,\phi_{\mathrm{II}}}\right]$ ist der auf den Zeitpunkt $\phi_{\mathrm{II}}^{\kappa\lambda} = 0$ diskontierte Wert des MVA einer Periode $\phi_{\mathrm{II}}^{\kappa\lambda}$ unter Berücksichtigung der fremdfinanzierungsbedingten Effekte, die von der Anpassung des Fremdkapitals in den Perioden $t \in \left[0, \phi_{\mathrm{II}}^{\kappa\lambda}\right]$ an die Wertbeiträge $\mathrm{E}\left[\widetilde{\Delta E}_{\mathrm{II},t}^{\ell,\kappa\lambda,\phi_{\mathrm{II}}}\right]$ ausgehen.

Im Folgenden wird gezeigt, wie die Wertbeiträge der in den beiden Perioden $\phi_{\mathrm{II}}^{\kappa\lambda} = 1$ und $\phi_{\mathrm{II}}^{\kappa\lambda} = 2$ getätigten zusätzlichen Thesaurierungen zum Zeitpunkt $\phi_{\mathrm{II}}^{\kappa\lambda} = 0$ zu ermitteln sind. Anschließend erfolgt eine Verallgemeinerung der aufgestellten Formeln, um den Wertbeitrag des MVA einer

388 Das Fehlen entspricht der Vernachlässigung der Doppelsumme in der Bewertungsgleichung (A.137), wie zu zeigen sein wird.

beliebigen Periode $\phi_{\text{II}}^{\kappa\lambda} \in [1,+\infty)$ bestimmen zu können. Aus der Summierung aller erwarteten Wertbeiträge gemäß (A.132) ergibt sich schließlich die Formel für die gesamte Restwertsteigerung (3.184c).

In dem Investitionszeitpunkt $\phi_{\text{II}}^{\kappa\lambda} = 1$ gibt die Restwertsteigerung den Wert der aus dieser zusätzlichen Thesaurierung ab der Periode $\phi_{\text{II}}^{\kappa\lambda} = 2$ zu erwartenden Flow to Equity an. Folglich gilt:

$$\mathrm{E}\left[\widetilde{\Delta E}_{\text{II},1}^{\ell,\kappa\lambda,1}\right] = \mathrm{E}\left[\widetilde{E}_{\text{II},1}^{\ell,\kappa\lambda,1}\right]. \tag{A.133}$$

Zur Quantifizierung der Restwertsteigerung einen Zeitpunkt zuvor sind der Wertbeitrag (A.133), die negative Ausschüttung des investierenden Bereichs in Höhe der zusätzlichen Thesaurierung sowie die durch die Anreicherung der zu ermittelnden Restwertsteigerung in $\phi_{\text{II}}^{\kappa\lambda} = 0$ mit Fremdkapital nach Maßgabe des konstanten Verschuldungsgrades L_{II}^{κ} in der ersten Periode zu entrichtenden Fremdkapitalzinsen, der zugehörige Tax Shield und die Veränderung der Fremdkapitalerhöhung zu diskontieren. (A.133) und die negative Ausschüttung bilden zusammen den MVA in (A.134):

$$\begin{aligned}\mathrm{E}\left[\widetilde{\Delta E}_{\text{II},0}^{\ell,\kappa\lambda,1}\right] = {} & \frac{\mathrm{E}\left[\widetilde{MVA}_{\text{II},1}^{\kappa\lambda}\right] - kd_{\text{II}} \cdot (1-\tau) \cdot L_{\text{II}}^{\kappa} \cdot \mathrm{E}\left[\widetilde{\Delta E}_{\text{II},0}^{\ell,\kappa\lambda,1}\right]}{1 + ke_{\text{II}}^{\ell,\kappa}} \\ & + \frac{L_{\text{II}}^{\kappa} \cdot \left(\mathrm{E}\left[\widetilde{E}_{\text{II},1}^{\ell,\kappa\lambda,1}\right] - \mathrm{E}\left[\widetilde{\Delta E}_{\text{II},0}^{\ell,\kappa\lambda,1}\right]\right)}{1 + ke_{\text{II}}^{\ell,\kappa}}.\end{aligned} \tag{A.134}$$

Zur Ermittlung der Restwertsteigerung infolge der in $\phi_{\text{II}}^{\kappa\lambda} = 2$ getätigten zusätzlichen Thesaurierung sind der MVA sowie die mit der wertorientierten Fremdkapitalanreicherung verbundenen Fremdkapitalzinsen, Tax Shields und Fremdkapitalveränderungen in den Perioden $\phi_{\text{II}}^{\kappa\lambda} = 2$ und $\phi_{\text{II}}^{\kappa\lambda} = 1$ mit dem Eigenkapitalkostensatz $ke_{\text{II}}^{\ell,\kappa}$ auf den Zeitpunkt $\phi_{\text{II}}^{\kappa\lambda} = 0$ abzuzinsen:

$$\mathrm{E}\left[\widetilde{\Delta E}_{\text{II},0}^{\ell,\kappa\lambda,2}\right] = \frac{\mathrm{E}\left[\widetilde{MVA}_{\text{II},2}^{\kappa\lambda}\right]}{\left(1 + ke_{\text{II}}^{\ell,\kappa}\right)^2}$$

$$+\frac{\left(-kd_{\mathrm{II}}\cdot(1-\tau)\cdot L_{\mathrm{II}}^{\kappa}\cdot\mathrm{E}\left[\widetilde{\Delta E}_{\mathrm{II},1}^{\ell,\kappa\lambda,2}\right]\right)+L_{\mathrm{II}}^{\kappa}\cdot\left(\mathrm{E}\left[\widetilde{E}_{\mathrm{II},2}^{\ell,\kappa\lambda,2}\right]-\mathrm{E}\left[\widetilde{\Delta E}_{\mathrm{II},1}^{\ell,\kappa\lambda,2}\right]\right)}{\left(1+ke_{\mathrm{II}}^{\ell,\kappa}\right)^{2}}$$

$$+\frac{\left(-kd_{\mathrm{II}}\cdot(1-\tau)\cdot L_{\mathrm{II}}^{\kappa}\cdot\mathrm{E}\left[\widetilde{\Delta E}_{\mathrm{II},0}^{\ell,\kappa\lambda,2}\right]\right)+L_{\mathrm{II}}^{\kappa}\cdot\left(\mathrm{E}\left[\widetilde{\Delta E}_{\mathrm{II},1}^{\ell,\kappa\lambda,2}\right]-\mathrm{E}\left[\widetilde{\Delta E}_{\mathrm{II},0}^{\ell,\kappa\lambda,2}\right]\right)}{1+ke_{\mathrm{II}}^{\ell,\kappa}}.$$

Zusammenfassen der Fremdfinanzierungswirkungen in einem Summenausdruck erbringt:

$$\mathrm{E}\left[\widetilde{\Delta E}_{\mathrm{II},0}^{\ell,\kappa\lambda,2}\right]=\frac{\mathrm{E}\left[\widetilde{MVA}_{\mathrm{II},2}^{\kappa\lambda}\right]}{\left(1+ke_{\mathrm{II}}^{\ell,\kappa}\right)^{2}}+\sum_{t=1}^{2}\left(-\frac{kd_{\mathrm{II}}\cdot(1-\tau)\cdot L_{\mathrm{II}}^{\kappa}\cdot\mathrm{E}\left[\widetilde{\Delta E}_{\mathrm{II},t-1}^{\ell,\kappa\lambda,2}\right]}{\left(1+ke_{\mathrm{II}}^{\ell,\kappa}\right)^{t}}+\frac{L_{\mathrm{II}}^{\kappa}\cdot\left(\mathrm{E}\left[\widetilde{\Delta E}_{\mathrm{II},t}^{\ell,\kappa\lambda,2}\right]-\mathrm{E}\left[\widetilde{\Delta E}_{\mathrm{II},t-1}^{\ell,\kappa\lambda,2}\right]\right)}{\left(1+ke_{\mathrm{II}}^{\ell,\kappa}\right)^{t}}\right).\tag{A.135}$$

Für die in (A.135) enthaltene Restwertsteigerung $\mathrm{E}\left[\widetilde{\Delta E}_{\mathrm{II},1}^{\ell,\kappa\lambda,2}\right]$ gilt in Analogie zu (A.134):

$$\mathrm{E}\left[\widetilde{\Delta E}_{\mathrm{II},1}^{\ell,\kappa\lambda,2}\right]=\frac{\mathrm{E}\left[\widetilde{MVA}_{\mathrm{II},2}^{\kappa\lambda}\right]-kd_{\mathrm{II}}\cdot(1-\tau)\cdot L_{\mathrm{II}}^{\kappa}\cdot\mathrm{E}\left[\widetilde{\Delta E}_{\mathrm{II},1}^{\ell,\kappa\lambda,2}\right]}{1+ke_{\mathrm{II}}^{\ell,\kappa}}+\frac{L_{\mathrm{II}}^{\kappa}\cdot\left(\mathrm{E}\left[\widetilde{E}_{\mathrm{II},2}^{\ell,\kappa\lambda,2}\right]-\mathrm{E}\left[\widetilde{\Delta E}_{\mathrm{II},1}^{\ell,\kappa\lambda,2}\right]\right)}{1+ke_{\mathrm{II}}^{\ell,\kappa}}.$$

Aufgrund des Anstiegs der MVA in der Rentenphase mit der Wachstumsrate w_{II}^{κ} besteht folgender Zusammenhang mit (A.134):

$$\mathrm{E}\left[\widetilde{\Delta E}_{\mathrm{II},1}^{\ell,\kappa\lambda,2}\right]=\mathrm{E}\left[\widetilde{\Delta E}_{\mathrm{II},0}^{\ell,\kappa\lambda,1}\right]\cdot\left(1+w_{\mathrm{II}}^{\kappa}\right).$$

Zur Ermittlung der erwarteten Restwertsteigerung aus einer in einer Periode $\phi_{\mathrm{II}}^{\kappa\lambda} \in [1,+\infty)$ vorgenommenen zusätzlichen Thesaurierung sind alle mit den wertorientierten Fremdkapitalanpassungen verbundenen erwarteten Fremdkapitalzinsen, Tax Shields und Fremdkapitalveränderungen im Intervall $\left[1,\phi_{\mathrm{II}}^{\kappa\lambda}\right]$ zu diskontieren. Aus (A.135) folgt im Allgemeinen:

$$\begin{aligned}
\mathrm{E}\left[\widetilde{\Delta E}_{\mathrm{II},0}^{\ell,\kappa\lambda,\phi_{\mathrm{II}}}\right] &= \frac{\mathrm{E}\left[\widetilde{MVA}_{\mathrm{II},1}^{\kappa\lambda}\right]\cdot\left(1+w_{\mathrm{II}}^{\kappa}\right)^{\phi_{\mathrm{II}}-1}}{\left(1+ke_{\mathrm{II}}^{\ell,\kappa}\right)^{\phi_{\mathrm{II}}}} \\
&+\sum_{t=1}^{\phi_{\mathrm{II}}}\left(-\frac{kd_{\mathrm{II}}\cdot(1-\tau)\cdot L_{\mathrm{II}}^{\kappa}\cdot\mathrm{E}\left[\widetilde{\Delta E}_{\mathrm{II},t-1}^{\ell,\kappa\lambda,\phi_{\mathrm{II}}}\right]}{\left(1+ke_{\mathrm{II}}^{\ell,\kappa}\right)^{t}}\right. \\
&\left.+\frac{L_{\mathrm{II}}^{\kappa}\cdot\left(\mathrm{E}\left[\widetilde{\Delta E}_{\mathrm{II},t}^{\ell,\kappa\lambda,\phi_{\mathrm{II}}}\right]-\mathrm{E}\left[\widetilde{\Delta E}_{\mathrm{II},t-1}^{\ell,\kappa\lambda,\phi_{\mathrm{II}}}\right]\right)}{\left(1+ke_{\mathrm{II}}^{\ell,\kappa}\right)^{t}}\right).
\end{aligned} \tag{A.136}$$

Die gesamte Restwertsteigerung aus allen von der Periode $\phi_{\mathrm{II}}^{\kappa\lambda}=1$ an getätigten zusätzlichen Thesaurierungen ergibt sich nach Einsetzen von (A.136) in (A.132):

$$\begin{aligned}
\mathrm{E}\left[\widetilde{\Delta E}_{\mathrm{II},0}^{\ell,\kappa\lambda}\right] &= \sum_{\phi_{\mathrm{II}}=1}^{+\infty}\left(\frac{\mathrm{E}\left[\widetilde{MVA}_{\mathrm{II},1}^{\kappa\lambda}\right]\cdot\left(1+w_{\mathrm{II}}^{\kappa}\right)^{\phi_{\mathrm{II}}-1}}{\left(1+ke_{\mathrm{II}}^{\ell,\kappa}\right)^{\phi_{\mathrm{II}}}}\right. \\
&+\sum_{t=1}^{\phi_{\mathrm{II}}}\left(-\frac{kd_{\mathrm{II}}\cdot(1-\tau)\cdot L_{\mathrm{II}}^{\kappa}\cdot\mathrm{E}\left[\widetilde{\Delta E}_{\mathrm{II},t-1}^{\ell,\kappa\lambda,\phi_{\mathrm{II}}}\right]}{\left(1+ke_{\mathrm{II}}^{\ell,\kappa}\right)^{t}}\right. \\
&\left.\left.+\frac{L_{\mathrm{II}}^{\kappa}\cdot\left(\mathrm{E}\left[\widetilde{\Delta E}_{\mathrm{II},t}^{\ell,\kappa\lambda,\phi_{\mathrm{II}}}\right]-\mathrm{E}\left[\widetilde{\Delta E}_{\mathrm{II},t-1}^{\ell,\kappa\lambda,\phi_{\mathrm{II}}}\right]\right)}{\left(1+ke_{\mathrm{II}}^{\ell,\kappa}\right)^{t}}\right)\right).
\end{aligned}$$

Diese Bewertungsgleichung entspricht:

$$\mathrm{E}\left[\widetilde{\Delta E}_{\mathrm{II},0}^{\ell,\kappa\lambda}\right] = \frac{\mathrm{E}\left[\widetilde{MVA}_{\mathrm{II},1}^{\kappa\lambda}\right]}{ke_{\mathrm{II}}^{\ell,\kappa} - w_{\mathrm{II}}^{\kappa}} + \sum_{\phi_{\mathrm{II}}=1}^{+\infty}\sum_{t=1}^{\phi_{\mathrm{II}}}\left(-\frac{kd_{\mathrm{II}}\cdot(1-\tau)\cdot L_{\mathrm{II}}^{\kappa}\cdot\mathrm{E}\left[\widetilde{\Delta E}_{\mathrm{II},t-1}^{\ell,\kappa\lambda,\phi_{\mathrm{II}}}\right]}{\left(1+ke_{\mathrm{II}}^{\ell,\kappa}\right)^{t}} + \frac{L_{\mathrm{II}}^{\kappa}\cdot\left(\mathrm{E}\left[\widetilde{\Delta E}_{\mathrm{II},t}^{\ell,\kappa\lambda,\phi_{\mathrm{II}}}\right]-\mathrm{E}\left[\widetilde{\Delta E}_{\mathrm{II},t-1}^{\ell,\kappa\lambda,\phi_{\mathrm{II}}}\right]\right)}{\left(1+ke_{\mathrm{II}}^{\ell,\kappa}\right)^{t}}\right). \tag{A.137}$$

Die Doppelsumme in (A.137) vereint alle bei der Kapitalisierung der MVA zu berücksichtigenden Finanzierungseffekte. Bezüglich jedes Investitionszeitpunktes $\phi_{\mathrm{II}}^{\kappa\lambda} \in [1,+\infty)$ werden die in den Perioden $t \in \left[1,\phi_{\mathrm{II}}^{\kappa\lambda}\right]$ aufkommenden zusätzlichen Fremdkapitalzinsen und Tax Shields sowie die Veränderungen des zusätzlichen Fremdkapitals diskontiert. Die Doppelsumme kann wie folgt transformiert werden:

$$\sum_{t=1}^{+\infty}\sum_{\phi_{\mathrm{II}}=t}^{+\infty}\left(-\frac{kd_{\mathrm{II}}\cdot(1-\tau)\cdot L_{\mathrm{II}}^{\kappa}\cdot\mathrm{E}\left[\widetilde{\Delta E}_{\mathrm{II},t-1}^{\ell,\kappa\lambda,\phi_{\mathrm{II}}}\right]}{\left(1+ke_{\mathrm{II}}^{\ell,\kappa}\right)^{t}} + \frac{L_{\mathrm{II}}^{\kappa}\cdot\left(\mathrm{E}\left[\widetilde{\Delta E}_{\mathrm{II},t}^{\ell,\kappa\lambda,\phi_{\mathrm{II}}}\right]-\mathrm{E}\left[\widetilde{\Delta E}_{\mathrm{II},t-1}^{\ell,\kappa\lambda,\phi_{\mathrm{II}}}\right]\right)}{\left(1+ke_{\mathrm{II}}^{\ell,\kappa}\right)^{t}}\right).$$

Hiernach werden alle Perioden der ewigen Rente $t \in [1,+\infty)$ durchlaufen und die jeweils aufkommenden Finanzierungseffekte aus den in den Perioden $\phi_{\mathrm{II}}^{\kappa\lambda} \in [t,+\infty)$ getätigten zusätzlichen Thesaurierungen diskontiert. Die Berechnung der inneren Summe in Analogie zu (A.132) führt zu:

$$\sum_{t=1}^{+\infty}\frac{-kd_{\mathrm{II}}\cdot(1-\tau)\cdot L_{\mathrm{II}}^{\kappa}\cdot\mathrm{E}\left[\widetilde{\Delta E}_{\mathrm{II},t-1}^{\ell,\kappa\lambda}\right] + L_{\mathrm{II}}^{\kappa}\cdot\left(\mathrm{E}\left[\widetilde{\Delta E}_{\mathrm{II},t}^{\ell,\kappa\lambda}\right]-\mathrm{E}\left[\widetilde{\Delta E}_{\mathrm{II},t-1}^{\ell,\kappa\lambda}\right]\right)}{\left(1+ke_{\mathrm{II}}^{\ell,\kappa}\right)^{t}}. \tag{A.138}$$

(A.138) ist Bestandteil von (3.184a), sodass an dieser Stelle auf den Abschnitt 3.2.2.2.2 zurückverwiesen wird.

B. Mathematischer Anhang

Der mathematische Anhang gliedert sich zum einen in den Abschnitt B.1, in dem für diese Schrift notwendige mathematische Grundlagen alphabetisch geordnet in kurzer Form dargestellt werden, und zum anderen in die Abschnitte B.2, B.3 und B.4, die zur Wahrung der Übersichtlichkeit bei der Herleitung modellbasierter Ergebnisgleichungen in kapitelweiser Ordnung die hiermit verbundenen reinen mathematischen Umformungen enthalten.

B.1 Mathematische Grundlagen

Binomialkoeffizient und Binomischer Lehrsatz

Die Definition des Binomialkoeffizienten und der binomische Lehrsatz gehören zu den Grundlagen der Kombinatorik, die in dem Modell nach *Meitner* (2013) zur Anwendung gelangen.

Der *Binomialkoeffizient* $\binom{n}{k}$ gibt die Anzahl der k Elemente enthaltenen Teilmengen an, die aus einer n-elementigen Menge durch Auswählen ohne Zurücklegen und ohne Beachtung der Reihenfolge gebildet werden können. Die Teilmengen stellen somit Kombinationen von k unterschiedlichen Elementen dar. Aufgrund der Irrelevanz der Reihenfolge der Elemente handelt es sich nicht um Anordnungen. Eine k-elementige Kombination gleicht einer aus denselben verschiedenen, aber in einer anderen Reihenfolge gezogenen, Elementen bestehenden Teilmenge; sie gehen nur einfach in die Zählung der konstruierbaren Teilmengen ein. Für $n \geq k$ mit n und k als natürliche Zahlen, d. h. $n, k \in \mathbb{N}_0$, gilt:

$$\binom{n}{k} = \frac{n!}{(n-k)!\cdot k!} \quad \text{mit} \quad n! = \prod_{i=1}^{n} i. \tag{B.1a}$$

Der *binomische Lehrsatz* auf der Basis des Binoms $(a + b)$ und der Koeffizienten n und k lautet:

$$(a+b)^n = \sum_{k=0}^{n} \binom{n}{k} \cdot a^{n-k} \cdot b^k. \tag{B.1b}$$

Bei $a = b = 1$ in (B.1b) erhält man die sich auf 2^n belaufende Anzahl aller Teilmengen mit $k = 0, \ldots, n$ Elementen:

$$\sum_{k=0}^{n} \binom{n}{k} = \binom{n}{0} + \binom{n}{1} + \cdots + \binom{n}{n} = 2^n. \tag{B.1c}$$

Geometrische Reihe

Die *Summenformel für die geometrische Reihe* lautet:

$$\sum_{i=0}^{n} y^i = 1 + y + y^2 + \ldots + y^n = \frac{1 - y^{n+1}}{1 - y} \quad \text{für} \quad y \neq 1. \tag{B.2a}$$

Für $y = 1$ gilt:

$$\sum_{i=0}^{n} y^i = n + 1. \tag{B.2b}$$

Potenzgesetze

Folgende *Potenzgesetze* werden angewandt:

$$a^0 = 1 \tag{B.3a}$$

$$a^m \cdot a^n = a^{m+n} \tag{B.3b}$$

$$a^m \cdot b^m = (a \cdot b)^m \tag{B.3c}$$

$$a^{-n} = \frac{1}{a^n} \tag{B.3d}$$

$$\frac{a^m}{a^n} = a^m \cdot a^{-n} = a^{m-n} \tag{B.3e}$$

$$\frac{a^m}{b^m} = \left(\frac{a}{b}\right)^m \tag{B.3f}$$

B.2 Mathematische Umformungen zu Kapitel 2

B.2.1 Ableitung der nominalen Wachstumsrate (2.10)

Bildet man die Differenz zwischen dem Gesamtkapitalbestand gemäß (2.6) und dem nur inflationsbedingt angestiegenen Kapitalbestand gemäß (2.3), so erhält man die (2.5) entsprechenden Nettoinvestitionen $\mathrm{E}\left[\widetilde{NI}_t^{\mathrm{g}}\right]$, die ein reales Wachstum des Invested Capital induzieren, in Abhängigkeit von den Variablen π_t und g_t:

$$\mathrm{E}\left[\widetilde{NI}_t^{\mathrm{g}}\right] = \mathrm{E}\left[\widetilde{IC}_{t-1}\right] \cdot (1 + \pi_t) \cdot g_t \qquad \forall t \in [1, +\infty).$$

Gleichsetzen mit (2.5) i. V. m. (2.1) erbringt:

$$(1 + \pi_t) \cdot g_t = n_t^{\mathrm{g}} \cdot \left(1 - n_t^{\pi}\right) \cdot ROIC_t \qquad \forall t \in [1, +\infty).$$

Durch Ausmultiplizieren und Hinzufügen von n_t^{π} als eine nahrhafte Null entsteht in der Klammer auf der rechten Seite der Ausdruck (2.7):

$$(1 + \pi_t) \cdot g_t = \left(n_t^{\pi} + n_t^{\mathrm{g}} - n_t^{\pi} \cdot n_t^{\mathrm{g}} - n_t^{\pi}\right) \cdot ROIC_t \qquad \forall t \in [1, +\infty).$$

Umstellen von (2.4) nach der periodenspezifischen inflationsbedingten Nettoinvestitionsrate n_t^{π} und Einsetzen in die vorstehende Gleichung führen unter Berücksichtigung von (2.7) zu:

$$(1 + \pi_t) \cdot g_t = n_t \cdot ROIC_t - \frac{\pi_t}{ROIC_t} \cdot ROIC_t \qquad \forall t \in [1, +\infty).$$

Hieraus lässt sich die nominale Wachstumsrate w_t bilden:

$$w_t = n_t \cdot ROIC_t = (1 + \pi_t) \cdot g_t + \pi_t = \pi_t + g_t + \pi_t \cdot g_t \qquad \forall t \in [1, +\infty). \quad \text{(B.4)}$$

Die letzten beiden Terme unter (B.4) stimmen mit dem zweiten Term unter (2.10) überein.

B.2.2 Umformungen zu Formel (2.71b)

Einsetzen des Zusammenhangs $\mathrm{E}\left[\widetilde{E}_{T+1}^{\ell,\mathrm{s}}\right] = \mathrm{E}\left[\widetilde{E}_{T}^{\ell,\mathrm{s}}\right] \cdot (1+w)$ in den Rentenkalkül (2.71a) ergibt:

$$\mathrm{E}_{\theta}\left[\widetilde{E}_{T}^{\ell,\mathrm{s}}\right] = \frac{\mathrm{E}_{\theta}\left[\widetilde{FTE}_{T+1} \cdot (1-s_{\mathrm{d}}) - s_{\mathrm{g}} \cdot w \cdot \widetilde{E}_{T}^{\ell,\mathrm{s}} + \widetilde{E}_{T}^{\ell,\mathrm{s}} \cdot (1+w)\right]}{1+ke^{\ell,\mathrm{s}}}$$

$$= \frac{\mathrm{E}_{\theta}\left[\widetilde{FTE}_{T+1} \cdot (1-s_{\mathrm{d}}) + \widetilde{E}_{T}^{\ell,\mathrm{s}} \cdot \left(1 + w \cdot \left(1-s_{\mathrm{g}}\right)\right)\right]}{1+ke^{\ell,\mathrm{s}}}$$

$$\text{für} \quad 0 \le \theta \le T.$$

Die Auflösung der Gleichung

$$\mathrm{E}_{\theta}\left[\widetilde{E}_{T}^{\ell,\mathrm{s}}\right] \cdot \left(1 + ke^{\ell,\mathrm{s}} - 1 - w \cdot \left(1-s_{\mathrm{g}}\right)\right) = \mathrm{E}_{\theta}\left[\widetilde{FTE}_{T+1}\right] \cdot (1-s_{\mathrm{d}})$$

nach $\mathrm{E}_{\theta}\left[\widetilde{E}_{T}^{\ell,\mathrm{s}}\right]$ führt schließlich zu dem Kalkül (2.71b).

B.2.3 Umformungen zu Formel (2.72)

Auflösen von (2.70) nach $\mathrm{E}_{\theta}\left[\widetilde{E}_{t}^{\ell,\mathrm{s}}\right]$ führt zunächst zu der Gleichung

$$\mathrm{E}_{\theta}\left[\widetilde{E}_{t}^{\ell,\mathrm{s}}\right] \cdot \left(1 + ke_{\theta,t+1}^{\ell,\mathrm{s}} - s_{\mathrm{g}}\right) = \mathrm{E}_{\theta}\left[\widetilde{FTE}_{t+1} \cdot (1-s_{\mathrm{d}}) + \widetilde{E}_{t+1}^{\ell,\mathrm{s}} \cdot \left(1-s_{\mathrm{g}}\right)\right].$$

Hieraus folgt die Bewertungsformel

$$\mathrm{E}_{\theta}\left[\widetilde{E}_{t}^{\ell,\mathrm{s}}\right] = \frac{\mathrm{E}_{\theta}\left[\widetilde{FTE}_{t+1} \cdot (1-s_{\mathrm{d}}) + \widetilde{E}_{t+1}^{\ell,\mathrm{s}} \cdot \left(1-s_{\mathrm{g}}\right)\right]}{1+ke_{\theta,t+1}^{\ell,\mathrm{s}} - s_{\mathrm{g}}}$$

$$\text{für} \quad 0 \le \theta \le t \quad \text{und} \quad \forall t \in [0,+\infty),$$

die keine kursgewinnsteuerbedingte Zirkularität mehr aufweist. Dividieren durch $1 - s_{\mathrm{g}}$ ergibt den modifizierten Nachsteuerkalkül (2.72).

B.3 Mathematische Umformungen zu Kapitel 3

B.3.1 Umformungen zu Formel (A.98)

Der aus der Formel (A.98) in Anhang A.5.2 isolierbare Summenausdruck

$$\sum_{z_{II}=1}^{\phi_{II}-1} \left(1+w_{II}^{A}\right)^{z_{II}-1} \cdot \left(1+w_{II}^{B}\right)^{\phi_{II}-z_{II}-1} \tag{B.5a}$$

soll in ein rechenfreundliches Äquivalent umgeformt werden. Dessen Faktoren lassen sich unter Anwendung der Potenzregel (B.3b) wie folgt in die von z_{II} abhängigen und unabhängigen Terme aufspalten:

$$\left(1+w_{II}^{A}\right)^{-1} \cdot \left(1+w_{II}^{B}\right)^{\phi_{II}-1} \cdot \sum_{z_{II}=1}^{\phi_{II}-1} \left(1+w_{II}^{A}\right)^{z_{II}} \cdot \left(1+w_{II}^{B}\right)^{-z_{II}}. \tag{B.5b}$$

Die ersten beiden Faktoren in (B.5b) können gemäß dem Potenzgesetz (B.3d) gemeinsam als ein Quotient notiert werden. Zur Anwendung der Summenformel für die geometrische Reihe (B.2a) wird zum einen die untere Summationsgrenze in (B.5b) auf Null herabgesetzt. Diese mathematische Ergänzung wird durch den Abzug von Eins auf der Grundlage des Potenzgesetzes (B.3a) wieder ausgeglichen. Zum anderen werden die beiden Faktoren innerhalb des Summenausdrucks mittels der Potenzgesetze (B.3d) und (B.3f) als ein Quotient dargestellt. Das Ergebnis der geschilderten Umformungen zeigt der Ausdruck (B.5c):[389]

$$\frac{\left(1+w_{II}^{B}\right)^{\phi_{II}-1}}{1+w_{II}^{A}} \cdot \left(\sum_{\nu=0}^{\phi_{II}-1} \left(\frac{1+w_{II}^{A}}{1+w_{II}^{B}} \right)^{\nu} - 1 \right). \tag{B.5c}$$

---

389 Da $z_{II} = 0$ in diesem Kontext nicht interpretierbar ist, wird der Zeitindex z_{II} durch den neutralen Laufparameter ν ersetzt. In diesem Modell ist davon auszugehen, dass die in der letzten Periode der Vorrentenphase (d. h. der Detailprognosephase oder, falls vorhanden, der Grobplanungsphase) getätigten zusätzlichen Nettoinvestitionen dem vorhandenen Kapitalbestand des Zusatzbereichs zugerechnet werden, was zu dessen anfänglichem Bestand zu Beginn der Rentenphase (3.92) führt. Die zu erwartenden zusätzlichen NOPLAT in den Perioden der Rentenphase aufgrund der Investition in das Zusatzkapital in der Übergangsperiode $\mathrm{E}\left[\widetilde{NOPLAT}_{II,\phi_{II}}^{AB,0}\right]$ sind in den folglich höheren originären NOPLAT des Zusatzbereichs $\mathrm{E}\left[\widetilde{NOPLAT}_{II,\phi_{II}}^{B}\right]$ enthalten.

Unter Rückgriff auf (B.2a) mit

$$y = \frac{1 + w_{\mathrm{II}}^{\mathrm{A}}}{1 + w_{\mathrm{II}}^{\mathrm{B}}} \neq 1 \qquad \text{für} \quad w_{\mathrm{II}}^{\mathrm{A}} \neq w_{\mathrm{II}}^{\mathrm{B}}$$

lässt sich nun der äußere Klammerausdruck in (B.5c) durch

$$\frac{1 - \left(\dfrac{1 + w_{\mathrm{II}}^{\mathrm{A}}}{1 + w_{\mathrm{II}}^{\mathrm{B}}}\right)^{\phi_{\mathrm{II}}}}{1 - \dfrac{1 + w_{\mathrm{II}}^{\mathrm{A}}}{1 + w_{\mathrm{II}}^{\mathrm{B}}}} - 1 \tag{B.6a}$$

ersetzen.[390] Erweiterungen des Zählers und des Nenners von (B.6a) sowie die Anwendung von (B.3f) führen zu

$$\frac{1 - \left(\dfrac{1 + w_{\mathrm{II}}^{\mathrm{A}}}{1 + w_{\mathrm{II}}^{\mathrm{B}}}\right)^{\phi_{\mathrm{II}}} - \left(1 - \dfrac{1 + w_{\mathrm{II}}^{\mathrm{A}}}{1 + w_{\mathrm{II}}^{\mathrm{B}}}\right)}{\dfrac{1 + w_{\mathrm{II}}^{\mathrm{B}} - 1 - w_{\mathrm{II}}^{\mathrm{A}}}{1 + w_{\mathrm{II}}^{\mathrm{B}}}} = \left(\frac{1 + w_{\mathrm{II}}^{\mathrm{A}}}{1 + w_{\mathrm{II}}^{\mathrm{B}}} - \frac{\left(1 + w_{\mathrm{II}}^{\mathrm{A}}\right)^{\phi_{\mathrm{II}}}}{\left(1 + w_{\mathrm{II}}^{\mathrm{B}}\right)^{\phi_{\mathrm{II}}}}\right) \cdot \frac{1 + w_{\mathrm{II}}^{\mathrm{B}}}{w_{\mathrm{II}}^{\mathrm{B}} - w_{\mathrm{II}}^{\mathrm{A}}}. \tag{B.6b}$$

Unter Hinzunahme des ersten Quotienten aus (B.5c) zu (B.6b) können mittels der Potenzgesetze (B.3a), (B.3b) und (B.3e) abschließende Vereinfachungen des Ausgangsterms (B.5a) vorgenommen werden:

$$\frac{\left(1 + w_{\mathrm{II}}^{\mathrm{B}}\right)^{\phi_{\mathrm{II}}-1}}{1 + w_{\mathrm{II}}^{\mathrm{A}}} \cdot \left(\frac{1 + w_{\mathrm{II}}^{\mathrm{A}}}{w_{\mathrm{II}}^{\mathrm{B}} - w_{\mathrm{II}}^{\mathrm{A}}} - \frac{\left(1 + w_{\mathrm{II}}^{\mathrm{A}}\right)^{\phi_{\mathrm{II}}} \cdot \left(1 + w_{\mathrm{II}}^{\mathrm{B}}\right)^{1-\phi_{\mathrm{II}}}}{w_{\mathrm{II}}^{\mathrm{B}} - w_{\mathrm{II}}^{\mathrm{A}}}\right)$$

$$= \frac{\left(1 + w_{\mathrm{II}}^{\mathrm{B}}\right)^{\phi_{\mathrm{II}}-1} - \left(1 + w_{\mathrm{II}}^{\mathrm{A}}\right)^{\phi_{\mathrm{II}}-1}}{w_{\mathrm{II}}^{\mathrm{B}} - w_{\mathrm{II}}^{\mathrm{A}}} \qquad \text{für} \quad w_{\mathrm{II}}^{\mathrm{A}} \neq w_{\mathrm{II}}^{\mathrm{B}}. \tag{B.7}$$

Der Term (B.7) lässt sich nunmehr anstelle von (B.5a) für weitere Berechnungen einsetzen.

---

390 Für $w_{\mathrm{II}}^{\mathrm{A}} = w_{\mathrm{II}}^{\mathrm{B}} = w_{\mathrm{II}}$ und folglich $y = 1$ entspricht gemäß (B.2b) der Summenausdruck in (B.5c) der Zeitvariablen ϕ_{II}, sodass sich der gesamte Term (B.5c) unter Berücksichtigung von (B.3e) zu

$$(\phi_{\mathrm{II}} - 1) \cdot (1 + w_{\mathrm{II}})^{\phi_{\mathrm{II}}-2}$$

vereinfacht.

B.3.2 Differenzbildung zwischen (3.123) und (3.128)

In diesem Abschnitt soll die Differenz zwischen (3.123) und (3.128) gebildet werden, die in dem Ausdruck (3.134) mündet.

Ersetzt man $q_{\text{II}}^{\text{AB}}$ in (3.128) auf der Grundlage von (3.130) durch

$$q_{\text{II}}^{\text{AB}} = q_{\text{II}}^{\text{B}} \cdot \frac{\overset{\text{B}}{ROIC_{\text{II}}}}{\overset{\text{B}}{ROIC_{\text{II}}} - w_{\text{II}}^{\text{A}}} \tag{B.8}$$

und q_{II} in (3.123) gemäß (3.120) durch q_{II}^{B}, entfällt bei der Differenzbildung der Term

$$\frac{q_{\text{II}}^{\text{B}} \cdot \mathrm{E}\left[\widetilde{NOPLAT}_{\text{II},1}^{\text{B}}\right]}{k_{\text{II}}^{\tau} - w_{\text{II}}^{\text{B}}}. \tag{B.9}$$

Sodann gelangt man zu folgender Differenz:

$$\mathrm{E}\left[\widetilde{V}_{\text{II},0}^{\ell,\text{cp},DS}\right] - \mathrm{E}\left[\widetilde{V}_{\text{II},0}^{\ell,\text{cg},DS}\right]$$
$$= \frac{q_{\text{II}}^{\text{B}} \cdot \mathrm{E}\left[\widetilde{NOPLAT}_{\text{II},1}^{\text{A}}\right] \cdot \left(k_{\text{II}}^{\tau} - \left(1 - q_{\text{II}}^{\text{A}}\right) \cdot \overset{\text{B}}{ROIC_{\text{II}}}\right)}{\left(k_{\text{II}}^{\tau} - w_{\text{II}}^{\text{A}}\right) \cdot \left(k_{\text{II}}^{\tau} - w_{\text{II}}^{\text{B}}\right)}$$
$$- \frac{q_{\text{II}}^{\text{B}} \cdot \dfrac{\overset{\text{B}}{ROIC_{\text{II}}}}{\overset{\text{B}}{ROIC_{\text{II}}} - w_{\text{II}}^{\text{A}}} \cdot q_{\text{II}}^{\text{A}} \cdot \mathrm{E}\left[\widetilde{NOPLAT}_{\text{II},1}^{\text{A}}\right]}{k_{\text{II}}^{\tau} - w_{\text{II}}^{\text{B}}}.$$

Hieraus folgt nach Erweitern des Subtrahenden um die Differenz $k_{\text{II}}^{\tau} - w_{\text{II}}^{\text{A}}$ und Ausklammern des Produkts $q_{\text{II}}^{\text{B}} \cdot \mathrm{E}\left[\widetilde{NOPLAT}_{\text{II},1}^{\text{A}}\right]$:

$$q_{\text{II}}^{\text{B}} \cdot \mathrm{E}\left[\widetilde{NOPLAT}_{\text{II},1}^{\text{A}}\right]$$
$$\cdot \frac{k_{\text{II}}^{\tau} - \left(1 - q_{\text{II}}^{\text{A}}\right) \cdot \overset{\text{B}}{ROIC_{\text{II}}} - \dfrac{\overset{\text{B}}{ROIC_{\text{II}}}}{\overset{\text{B}}{ROIC_{\text{II}}} - w_{\text{II}}^{\text{A}}} \cdot q_{\text{II}}^{\text{A}} \cdot \left(k_{\text{II}}^{\tau} - w_{\text{II}}^{\text{A}}\right)}{\left(k_{\text{II}}^{\tau} - w_{\text{II}}^{\text{A}}\right) \cdot \left(k_{\text{II}}^{\tau} - w_{\text{II}}^{\text{B}}\right)}.$$

Da im Nenner keine Umformungen mehr vorzunehmen sind, beschränkt sich die weitere Formeldarstellung auf die Wiedergabe des Zählers:

$$q_{\mathrm{II}}^{\mathrm{B}} \cdot \mathrm{E}\left[\widetilde{NOPLAT}_{\mathrm{II},1}^{\mathrm{A}}\right]$$

$$\cdot \left(k_{\mathrm{II}}^{\tau} - ROIC_{\mathrm{II}}^{\mathrm{B}} + \frac{q_{\mathrm{II}}^{\mathrm{A}} \cdot ROIC_{\mathrm{II}}^{\mathrm{B}}}{ROIC_{\mathrm{II}}^{\mathrm{B}} - w_{\mathrm{II}}^{\mathrm{A}}} \cdot \left(\left(ROIC_{\mathrm{II}}^{\mathrm{B}} - w_{\mathrm{II}}^{\mathrm{A}}\right) - \left(k_{\mathrm{II}}^{\tau} - w_{\mathrm{II}}^{\mathrm{A}}\right)\right)\right)$$

$$= q_{\mathrm{II}}^{\mathrm{B}} \cdot \mathrm{E}\left[\widetilde{NOPLAT}_{\mathrm{II},1}^{\mathrm{A}}\right] \cdot \left(\frac{q_{\mathrm{II}}^{\mathrm{A}} \cdot ROIC_{\mathrm{II}}^{\mathrm{B}}}{ROIC_{\mathrm{II}}^{\mathrm{B}} - w_{\mathrm{II}}^{\mathrm{A}}} - 1\right) \cdot \left(ROIC_{\mathrm{II}}^{\mathrm{B}} - k_{\mathrm{II}}^{\tau}\right).$$

Wenige weitere Umformungen führen zu dem Zählerausdruck von (3.134):

$$q_{\mathrm{II}}^{\mathrm{B}} \cdot \mathrm{E}\left[\widetilde{NOPLAT}_{\mathrm{II},1}^{\mathrm{A}}\right]$$

$$\cdot \frac{q_{\mathrm{II}}^{\mathrm{A}} \cdot ROIC_{\mathrm{II}}^{\mathrm{B}} - ROIC_{\mathrm{II}}^{\mathrm{B}} + \left(1 - q_{\mathrm{II}}^{\mathrm{A}}\right) \cdot ROIC_{\mathrm{II}}^{\mathrm{A}}}{ROIC_{\mathrm{II}}^{\mathrm{B}} - w_{\mathrm{II}}^{\mathrm{A}}} \cdot \left(ROIC_{\mathrm{II}}^{\mathrm{B}} - k_{\mathrm{II}}^{\tau}\right)$$

$$= \left(1 - q_{\mathrm{II}}^{\mathrm{A}}\right) \cdot q_{\mathrm{II}}^{\mathrm{B}} \cdot \mathrm{E}\left[\widetilde{NOPLAT}_{\mathrm{II},1}^{\mathrm{A}}\right] \cdot \frac{ROIC_{\mathrm{II}}^{\mathrm{A}} - ROIC_{\mathrm{II}}^{\mathrm{B}}}{ROIC_{\mathrm{II}}^{\mathrm{B}} - w_{\mathrm{II}}^{\mathrm{A}}} \cdot \left(ROIC_{\mathrm{II}}^{\mathrm{B}} - k_{\mathrm{II}}^{\tau}\right). \tag{B.10}$$

Die Größenbeziehungen, auf die im Zusammenhang mit (3.134) auf der Seite 170 verwiesen wird, sind in (B.10) in Form von Differenzen enthalten und ermöglichen die Feststellung des Größenverhältnisses zwischen (3.123) und (3.128).

B.3.3 Differenzbildung zwischen (3.119) und (3.123)

Auch bei der Differenzbildung zwischen (3.119) und (3.123) entfällt der Term (B.9), wenn q_{II} in (3.123) durch $q_{\mathrm{II}}^{\mathrm{B}}$ ersetzt wird. In (3.119) wird dahingegen $q_{\mathrm{II}}^{\mathrm{B}}$ für $q_{\mathrm{II}}^{\mathrm{AB}}$ eingesetzt:

$$\mathrm{E}\left[\widetilde{V}_{\mathrm{II},0}^{\ell,\mathrm{qB},DS}\right] - \mathrm{E}\left[\widetilde{V}_{\mathrm{II},0}^{\ell,\mathrm{cp},DS}\right]$$

$$= q_{\mathrm{II}}^{\mathrm{B}} \cdot \mathrm{E}\left[\widetilde{NOPLAT}_{\mathrm{II},1}^{\mathrm{A}}\right] \cdot \left(\frac{q_{\mathrm{II}}^{\mathrm{A}} \cdot k_{\mathrm{II}}^{\tau}}{\left(k_{\mathrm{II}}^{\tau} - w_{\mathrm{II}}^{\mathrm{A}}\right) \cdot \left(k_{\mathrm{II}}^{\tau} - w_{\mathrm{II}}^{\mathrm{B}}\right)} - \frac{k_{\mathrm{II}}^{\tau} - \left(1 - q_{\mathrm{II}}^{\mathrm{A}}\right) \cdot ROIC_{\mathrm{II}}^{\mathrm{B}}}{\left(k_{\mathrm{II}}^{\tau} - w_{\mathrm{II}}^{\mathrm{A}}\right) \cdot \left(k_{\mathrm{II}}^{\tau} - w_{\mathrm{II}}^{\mathrm{B}}\right)}\right).$$

Durch Ausklammern erhält man den Ausdruck

$$\left(1 - q_{\mathrm{II}}^{\mathrm{A}}\right) \cdot q_{\mathrm{II}}^{\mathrm{B}} \cdot \mathrm{E}\left[\widetilde{NOPLAT}_{\mathrm{II},1}^{\mathrm{A}}\right] \cdot \frac{ROIC_{\mathrm{II}}^{\mathrm{B}} - k_{\mathrm{II}}^{\tau}}{\left(k_{\mathrm{II}}^{\tau} - w_{\mathrm{II}}^{\mathrm{A}}\right) \cdot \left(k_{\mathrm{II}}^{\tau} - w_{\mathrm{II}}^{\mathrm{B}}\right)} \geq 0. \tag{B.11}$$

Dieser ist im Allgemeinen größer als null. Die Kalküle (3.119) und (3.123) führen lediglich bei kapitalwertneutraler Verzinsung entweder nur im Zusatzbereich oder in beiden Bereichen gemäß (3.113) und (3.115) zu demselben Restwert.

B.3.4 Differenzbildung zwischen (3.119) und (3.128)

Nach Ersetzen der Ausschüttungsquote $q_{\mathrm{II}}^{\mathrm{AB}}$ in dem Restwertkalkül (3.128) durch (B.8) gelangt man zu folgender Differenz:

$$\mathrm{E}\left[\widetilde{V}_{\mathrm{II},0}^{\ell,\mathrm{qB},DS}\right] - \mathrm{E}\left[\widetilde{V}_{\mathrm{II},0}^{\ell,\mathrm{cg},DS}\right]$$

$$= \frac{q_{\mathrm{II}}^{\mathrm{B}} \cdot q_{\mathrm{II}}^{\mathrm{A}} \cdot \mathrm{E}\left[\widetilde{NOPLAT}_{\mathrm{II},1}^{\mathrm{A}}\right] \cdot k_{\mathrm{II}}^{\tau}}{\left(k_{\mathrm{II}}^{\tau} - w_{\mathrm{II}}^{\mathrm{A}}\right) \cdot \left(k_{\mathrm{II}}^{\tau} - w_{\mathrm{II}}^{\mathrm{B}}\right)} - \frac{q_{\mathrm{II}}^{\mathrm{B}} \cdot \dfrac{ROIC_{\mathrm{II}}^{\mathrm{B}}}{ROIC_{\mathrm{II}}^{\mathrm{B}} - w_{\mathrm{II}}^{\mathrm{A}}} \cdot q_{\mathrm{II}}^{\mathrm{A}} \cdot \mathrm{E}\left[\widetilde{NOPLAT}_{\mathrm{II},1}^{\mathrm{A}}\right]}{k_{\mathrm{II}}^{\tau} - w_{\mathrm{II}}^{\mathrm{B}}}. \tag{B.12a}$$

Der identische Term (B.9) entfällt bei der Subtraktion. Erweitern des Subtrahenden führt zu dem Ausdruck

$$q_{\text{II}}^{\text{B}} \cdot q_{\text{II}}^{\text{A}} \cdot \mathrm{E}\left[\widetilde{NOPLAT}_{\text{II},1}^{\text{A}}\right] \cdot \frac{k_{\text{II}}^{\tau} - \dfrac{ROIC_{\text{II}}^{\text{B}}}{ROIC_{\text{II}}^{\text{B}} - w_{\text{II}}^{\text{A}}} \cdot \left(k_{\text{II}}^{\tau} - w_{\text{II}}^{\text{A}}\right)}{\left(k_{\text{II}}^{\tau} - w_{\text{II}}^{\text{A}}\right) \cdot \left(k_{\text{II}}^{\tau} - w_{\text{II}}^{\text{B}}\right)}.$$

Ausmultiplizieren und Erweitern des Zählers ergeben in einem Zwischenschritt den Zählerausdruck

$$q_{\text{II}}^{\text{B}} \cdot q_{\text{II}}^{\text{A}} \cdot \mathrm{E}\left[\widetilde{NOPLAT}_{\text{II},1}^{\text{A}}\right]$$

$$\cdot \left(k_{\text{II}}^{\tau} \cdot \frac{ROIC_{\text{II}}^{\text{B}} - w_{\text{II}}^{\text{A}} - ROIC_{\text{II}}^{\text{B}}}{ROIC_{\text{II}}^{\text{B}} - w_{\text{II}}^{\text{A}}} + ROIC_{\text{II}}^{\text{B}} \cdot \frac{w_{\text{II}}^{\text{A}}}{ROIC_{\text{II}}^{\text{B}} - w_{\text{II}}^{\text{A}}}\right),$$

woraufhin sich der zu (B.12a) äquivalente Ausdruck

$$q_{\text{II}}^{\text{B}} \cdot q_{\text{II}}^{\text{A}} \cdot \mathrm{E}\left[\widetilde{NOPLAT}_{\text{II},1}^{\text{A}}\right] \cdot \frac{\dfrac{w_{\text{II}}^{\text{A}}}{ROIC_{\text{II}}^{\text{B}} - w_{\text{II}}^{\text{A}}} \cdot \left(ROIC_{\text{II}}^{\text{B}} - k_{\text{II}}^{\tau}\right)}{\left(k_{\text{II}}^{\tau} - w_{\text{II}}^{\text{A}}\right) \cdot \left(k_{\text{II}}^{\tau} - w_{\text{II}}^{\text{B}}\right)} \geq 0 \tag{B.12b}$$

herausbildet. Dieser ist im Allgemeinen größer als null. Analog zu der Interpretation von (B.11) stimmen die mittels (3.119) und (3.128) berechneten Restwerte in den Spezialfällen kapitalwertneutraler Verzinsung (3.113) oder (3.115) überein.

B.3.5 Differenzbildung zur Erläuterung von (3.137)

Mittels weniger Umformungen erhält man aus der Differenz

$$\mathrm{E}\left[\widetilde{V}_{\text{II},0}^{\ell,\text{qB},\text{cR},DS}\right] - \mathrm{E}\left[\widetilde{V}_{\text{II},0}^{\ell,GS}\right]$$

$$= \frac{q_{\text{II}}^{\text{B}} \cdot q_{\text{II}}^{\text{A}} \cdot \mathrm{E}\left[\widetilde{NOPLAT}_{\text{II},1}^{\text{A}}\right] \cdot k_{\text{II}}^{\tau}}{\left(k_{\text{II}}^{\tau} - w_{\text{II}}^{\text{A}}\right) \cdot \left(k_{\text{II}}^{\tau} - w_{\text{II}}^{\text{B}}\right)} - \frac{q_{\text{II}}^{\text{B}} \cdot \mathrm{E}\left[\widetilde{NOPLAT}_{\text{II},1}^{\text{A}}\right]}{k_{\text{II}}^{\tau} - w_{\text{II}}^{\text{B}}}$$

$$= q_{\text{II}}^{\text{B}} \cdot \mathrm{E}\left[\widetilde{NOPLAT}_{\text{II},1}^{\text{A}}\right] \cdot \frac{q_{\text{II}}^{\text{A}} \cdot k_{\text{II}}^{\tau} - k_{\text{II}}^{\tau} + \left(1 - q_{\text{II}}^{\text{A}}\right) \cdot ROIC_{\text{II}}}{\left(k_{\text{II}}^{\tau} - w_{\text{II}}^{\text{A}}\right) \cdot \left(k_{\text{II}}^{\tau} - w_{\text{II}}^{\text{B}}\right)}$$

den mit (B.11) vergleichbaren Ausdruck

$$\left(1 - q_{\mathrm{II}}^{\mathrm{A}}\right) \cdot q_{\mathrm{II}}^{\mathrm{B}} \cdot \mathrm{E}\left[\widetilde{NOPLAT}_{\mathrm{II},1}^{\mathrm{A}}\right] \cdot \frac{ROIC_{\mathrm{II}} - k_{\mathrm{II}}^{\tau}}{\left(k_{\mathrm{II}}^{\tau} - w_{\mathrm{II}}^{\mathrm{A}}\right) \cdot \left(k_{\mathrm{II}}^{\tau} - w_{\mathrm{II}}^{\mathrm{B}}\right)} \geq 0, \tag{B.13}$$

welcher die Ungleichheitsbeziehung in (3.137) bei nicht kapitalwertneutraler Verzinsung bestätigt.

B.4 Mathematische Umformungen zu Kapitel 4

B.4.1 Ableitung von (4.32)

Diese Herleitung zeigt, wie der rekursive Nachsteuerkalkül auf der Basis des FCF Verfahrens

$$\mathrm{E}\left[\widetilde{\Delta V}_{t}^{\ell,\kappa\lambda,\mathrm{s}}\right] = \frac{\mathrm{E}\left[\widetilde{MVA}_{t+1}^{\mathrm{V},\kappa\lambda,\mathrm{s}}\right] + \mathrm{E}\left[\widetilde{\Delta V}_{t+1}^{\ell,\kappa\lambda,\mathrm{s}}\right]}{1 + k_{t+1}^{\tau,\kappa,\mathrm{s}^{\star}}} \tag{B.14}$$

aus der rekursiven Bewertungsformel des FtE Verfahrens

$$\begin{aligned}\mathrm{E}\left[\widetilde{\Delta E}_{t}^{\ell,\kappa\lambda,\mathrm{s}}\right] = {} & \frac{\left(-\mathrm{E}\left[\widetilde{RE}_{t+1}^{\kappa\lambda,t+1}\right] - kd_{t+1} \cdot (1-\tau) \cdot L_{t}^{\kappa} \cdot \mathrm{E}\left[\widetilde{\Delta E}_{t}^{\ell,\kappa\lambda,\mathrm{s}}\right]\right) \cdot (1 - s_{\mathrm{d}^{\star}})}{1 + ke_{t+1}^{\ell,\kappa,\mathrm{s}^{\star}}} \\ & + \frac{\left(L_{t+1}^{\kappa} \cdot \mathrm{E}\left[\widetilde{\Delta E}_{t+1}^{\ell,\kappa\lambda,\mathrm{s}}\right] - L_{t}^{\kappa} \cdot \mathrm{E}\left[\widetilde{\Delta E}_{t}^{\ell,\kappa\lambda,\mathrm{s}}\right]\right) \cdot (1 - s_{\mathrm{d}^{\star}})}{1 + ke_{t+1}^{\ell,\kappa,\mathrm{s}^{\star}}} \\ & + \frac{\mathrm{E}\left[\widetilde{E}_{t+1}^{\ell,\kappa\lambda,\mathrm{s},t+1}\right] + \mathrm{E}\left[\widetilde{\Delta E}_{t+1}^{\ell,\kappa\lambda,\mathrm{s}}\right]}{1 + ke_{t+1}^{\ell,\kappa,\mathrm{s}^{\star}}}\end{aligned} \tag{B.15}$$

entsteht.[391] Ziel ist es, einen Ausdruck für den MVA in (B.14) bei kapitalwerterhöhender und bei kapitalwertneutraler Verzinsung der zusätzlichen Nettoinvestitionen im Bereich λ zu erhalten. Zunächst sind in (B.15) die Steigerung des Restwertes des Eigenkapitals und der Restwert des zusätzlichen

391 Da sich die Formeln auf den gesamten Planungszeitraum, einschließlich der Detailprognosephase, beziehen, wird der Zeitindex t verwendet.

Fremdkapitals in t und in $t+1$ in Abhängigkeit von der Fremdkapitalquote des investierenden Bereichs κ auszudrücken:

$$
\begin{aligned}
&\left(1-\Theta_t^{\kappa}\right)\cdot \mathrm{E}\left[\widetilde{\Delta V}_t^{\ell,\kappa\lambda,\mathrm{s}}\right] \\
&= \frac{-\mathrm{E}\left[\widetilde{RE}_{t+1}^{\kappa\lambda,t+1}\right]\cdot\left(1-s_{\mathrm{d}^\star}\right)+\mathrm{E}\left[\widetilde{E}_{t+1}^{\ell,\kappa\lambda,\mathrm{s},t+1}\right]}{1+ke_{t+1}^{\ell,\kappa,\mathrm{s}^\star}} \\
&\quad + \frac{\left(-kd_{t+1}^{\mathrm{s}^\star}\cdot(1-\tau)\cdot\Theta_t^{\kappa}\cdot \mathrm{E}\left[\widetilde{\Delta V}_t^{\ell,\kappa\lambda,\mathrm{s}}\right]\right)}{1+ke_{t+1}^{\ell,\kappa,\mathrm{s}^\star}} \\
&\quad + \frac{\left(-\Theta_t^{\kappa}\cdot \mathrm{E}\left[\widetilde{\Delta V}_t^{\ell,\kappa\lambda,\mathrm{s}}\right]\cdot\left(1-s_{\mathrm{d}^\star}\right)\right)+\mathrm{E}\left[\widetilde{\Delta V}_{t+1}^{\ell,\kappa\lambda,\mathrm{s}}\right]\cdot\left(1-s_{\mathrm{d}^\star}\cdot\Theta_{t+1}^{\kappa}\right)}{1+ke_{t+1}^{\ell,\kappa,\mathrm{s}^\star}}.
\end{aligned}
$$

Multiplizieren mit $1+ke_{t+1}^{\ell,\kappa,\mathrm{s}^\star}$, Dividieren durch $1-s_{\mathrm{d}^\star}\cdot\Theta_{t+1}^{\kappa}$ und Ausklammern der Restwertsteigerung des Gesamtkapitals in t führen zu:

$$
\begin{aligned}
&\mathrm{E}\left[\widetilde{\Delta V}_t^{\ell,\kappa\lambda,\mathrm{s}}\right]\cdot\left(\left(1+ke_{t+1}^{\ell,\kappa,\mathrm{s}^\star}\right)\cdot\frac{1-\Theta_t^{\kappa}}{1-s_{\mathrm{d}^\star}\cdot\Theta_{t+1}^{\kappa}}+kd_{t+1}^{\mathrm{s}^\star}\cdot(1-\tau)\cdot\frac{\Theta_t^{\kappa}}{1-s_{\mathrm{d}^\star}\cdot\Theta_{t+1}^{\kappa}}\right. \\
&\left.+\frac{\Theta_t^{\kappa}\cdot\left(1-s_{\mathrm{d}^\star}\right)}{1-s_{\mathrm{d}^\star}\cdot\Theta_{t+1}^{\kappa}}\right) \\
&\qquad = \frac{-\mathrm{E}\left[\widetilde{RE}_{t+1}^{\kappa\lambda,t+1}\right]\cdot\left(1-s_{\mathrm{d}^\star}\right)+\mathrm{E}\left[\widetilde{E}_{t+1}^{\ell,\kappa\lambda,\mathrm{s},t+1}\right]}{1-s_{\mathrm{d}^\star}\cdot\Theta_{t+1}^{\kappa}}+\mathrm{E}\left[\widetilde{\Delta V}_{t+1}^{\ell,\kappa\lambda,\mathrm{s}}\right]. \qquad \text{(B.16)}
\end{aligned}
$$

Der Klammerausdruck auf der linken Seite dieser Gleichung entspricht der Summe $1+k_{t+1}^{\tau,\kappa,\mathrm{s}^\star}$. Auflösen nach dem modifizierten Gesamtkapitalkostensatz führt zu der bekannten Nachsteuerformel:

$$
\begin{aligned}
k_{t+1}^{\tau,\kappa,\mathrm{s}^\star} &= ke_{t+1}^{\ell,\kappa,\mathrm{s}^\star}\cdot\frac{1-\Theta_t^{\kappa}}{1-s_{\mathrm{d}^\star}\cdot\Theta_{t+1}^{\kappa}}+kd_{t+1}^{\mathrm{s}^\star}\cdot(1-\tau)\cdot\frac{\Theta_t^{\kappa}}{1-s_{\mathrm{d}^\star}\cdot\Theta_{t+1}^{\kappa}} \\
&\quad +\frac{1-s_{\mathrm{d}^\star}\cdot\Theta_t^{\kappa}}{1-s_{\mathrm{d}^\star}\cdot\Theta_{t+1}^{\kappa}}-1
\end{aligned}
$$

⌐

$$= ke_{t+1}^{\ell,\kappa,s^\star} \cdot \frac{1-\Theta_t^\kappa}{1-s_{d^\star}\cdot\Theta_{t+1}^\kappa} + kd_{t+1}^{s^\star}\cdot(1-\tau)\cdot\frac{\Theta_t^\kappa}{1-s_{d^\star}\cdot\Theta_{t+1}^\kappa}$$
$$+ s_{d^\star}\cdot\frac{\Theta_{t+1}^\kappa-\Theta_t^\kappa}{1-s_{d^\star}\cdot\Theta_{t+1}^\kappa}.$$

Der Quotient auf der rechten Seite der Gleichung (B.16) entspricht dem gesuchten MVA. Subtrahieren und Addieren von $\mathrm{E}\left[\widetilde{D}_{t+1}^{\kappa\lambda,s,t+1}\right]\cdot(1-s_{d^\star})$ im Zähler gemäß der Methode der „nahrhaften Null“ ergeben:

$$\mathrm{E}\left[\widetilde{MVA}_{t+1}^{V,\kappa\lambda,s}\right] = \frac{-\mathrm{E}\left[\widetilde{RE}_{t+1}^{\kappa\lambda,t+1}\right]\cdot(1-s_{d^\star})-\Theta_{t+1}^\lambda\cdot\mathrm{E}\left[\widetilde{V}_{t+1}^{\ell,\kappa\lambda,s,t+1}\right]\cdot(1-s_{d^\star})}{1-s_{d^\star}\cdot\Theta_{t+1}^\kappa}$$
$$+\frac{\Theta_{t+1}^\lambda\cdot\mathrm{E}\left[\widetilde{V}_{t+1}^{\ell,\kappa\lambda,s,t+1}\right]\cdot(1-s_{d^\star})+\left(1-\Theta_{t+1}^\lambda\right)\cdot\mathrm{E}\left[\widetilde{V}_{t+1}^{\ell,\kappa\lambda,s,t+1}\right]}{1-s_{d^\star}\cdot\Theta_{t+1}^\kappa}.$$

Diese beiden Summanden können wie folgt umgeformt werden:

$$\begin{aligned}\mathrm{E}\left[\widetilde{MVA}_{t+1}^{V,\kappa\lambda,s}\right] &= -\mathrm{E}\left[\widetilde{IC}_{t+1}^{\kappa\lambda,t+1}\right]\cdot\frac{1-s_{d^\star}}{1-s_{d^\star}\cdot\Theta_{t+1}^\kappa}\\ &\quad+\mathrm{E}\left[\widetilde{V}_{t+1}^{\ell,\kappa\lambda,s,t+1}\right]\cdot\frac{1-s_{d^\star}\cdot\Theta_{t+1}^\lambda}{1-s_{d^\star}\cdot\Theta_{t+1}^\kappa}.\end{aligned} \tag{B.17}$$

Nach Berücksichtigung einer „nahrhaften Null“ in dem zweiten Summanden folgt aus

$$\begin{aligned}\mathrm{E}\left[\widetilde{MVA}_{t+1}^{V,\kappa\lambda,s}\right] &= -\mathrm{E}\left[\widetilde{IC}_{t+1}^{\kappa\lambda,t+1}\right]\cdot\left(1-s_{\bar{d},t+1}^\kappa\right)\\ &\quad+\mathrm{E}\left[\widetilde{V}_{t+1}^{\ell,\kappa\lambda,s,t+1}\right]\cdot\left(1-1+\frac{1-s_{d^\star}\cdot\Theta_{t+1}^\lambda}{1-s_{d^\star}\cdot\Theta_{t+1}^\kappa}\right)\end{aligned}$$

die nachstehende Formel für den MVA:

$$\begin{aligned}\mathrm{E}\left[\widetilde{MVA}_{t+1}^{V,\kappa\lambda,s}\right] &= -\mathrm{E}\left[\widetilde{IC}_{t+1}^{\kappa\lambda,t+1}\right]\cdot\left(1-s_{\bar{d},t+1}^\kappa\right)\\ &\quad+\mathrm{E}\left[\widetilde{V}_{t+1}^{\ell,\kappa\lambda,s,t+1}\right]\cdot\left(1-s_{d^\star}\cdot\frac{\Theta_{t+1}^\lambda-\Theta_{t+1}^\kappa}{1-s_{d^\star}\cdot\Theta_{t+1}^\kappa}\right).\end{aligned}$$

Bei Kapitalwertneutralität im Bereich λ stimmen die Bewertungsgrößen $\mathrm{E}\left[\widetilde{IC}_{t+1}^{\kappa\lambda,t+1}\right]$ und $\mathrm{E}\left[\widetilde{V}_{t+1}^{\ell,\kappa\lambda,s,t+1}\right]$ betragsmäßig überein. Der MVA reduziert sich in diesem Fall auf die mit Hilfe eines modifizierten persönlichen Steuersatzes $s_{\bar{\mathrm{d}},t+1}^{\kappa\lambda}$ zu ermittelnde modifizierte Steuerbegünstigung aufgrund der Zusatzinvestition. Aus (B.17) kann durch Addition der beiden Quotienten der vereinfachte Ausdruck

$$\mathrm{E}\left[\widetilde{MVA}_{t+1}^{\mathrm{V},\kappa\lambda,\mathrm{s}}\right] = \mathrm{E}\left[\widetilde{IC}_{t+1}^{\kappa\lambda,t+1}\right] \cdot s_{\bar{\mathrm{d}},t+1}^{\kappa\lambda} = \mathrm{E}\left[\widetilde{IC}_{t+1}^{\kappa\lambda,t+1}\right] \cdot \frac{s_{\mathrm{d}^\star} \cdot \left(1 - \Theta_{t+1}^{\lambda}\right)}{1 - s_{\mathrm{d}^\star} \cdot \Theta_{t+1}^{\kappa}}$$

abgeleitet werden. Der auf die differenzierten bereichsspezifischen Fremdkapitalquoten zurückzuführende modifizierte Steuersatz $s_{\bar{\mathrm{d}},t+1}^{\kappa\lambda}$ unterscheidet sich von dem auf den freien Cashflow eines Bereichs κ zu beziehenden Steuersatz $s_{\bar{\mathrm{d}},t+1}^{\kappa}$ lediglich durch den Ansatz der Fremdkapitalquote Θ_{t+1}^{λ} im Zähler anstelle von Θ_{t+1}^{κ}.

B.4.2 Ableitung von (4.85a)

Der Buchwert und der Marktwert des Eigenkapitals sollen sich *Tschöpel* et al. (2010) zufolge in jeder Periode der ewigen Rente entsprechen. Der Nachsteuerkalkül (4.84) sei insofern inflations- und steuerneutral, wenn auf der Basis von (4.74b) gelte:

$$\mathrm{E}\left[\widetilde{IE}_0^{\mathrm{A}}\right] = \frac{q^{\pi,\mathrm{d}} \cdot (1 - s_{\mathrm{d}}) + \left(1 - q^{\pi,\mathrm{d}}\right) \cdot \left(1 - s_{\mathrm{g}}\right)}{ke^{\ell,\mathrm{s}} - \pi \cdot \left(1 - s_{\mathrm{g}}\right)} \cdot \left(ROE^\star - \pi\right) \cdot \mathrm{E}\left[\widetilde{IE}_0^{\mathrm{A}}\right].$$

Herauskürzen des Buchwertes des Eigenkapitals und Auflösen nach der kritischen Eigenkapitalrendite $ROE^\star$ erbringen:

$$\begin{aligned} ROE^\star &= \frac{ke^{\ell,\mathrm{s}} - \pi \cdot \left(1 - s_{\mathrm{g}}\right)}{1 - q^{\pi,\mathrm{d}} \cdot s_{\mathrm{d}} - \left(1 - q^{\pi,\mathrm{d}}\right) \cdot s_{\mathrm{g}}} + \pi \\ &= \frac{ke^{\ell,\mathrm{s}} - \pi \cdot \left(1 - s_{\mathrm{g}}\right) + \pi \cdot \left(1 - q^{\pi,\mathrm{d}} \cdot s_{\mathrm{d}} - \left(1 - q^{\pi,\mathrm{d}}\right) \cdot s_{\mathrm{g}}\right)}{1 - q^{\pi,\mathrm{d}} \cdot s_{\mathrm{d}} - \left(1 - q^{\pi,\mathrm{d}}\right) \cdot s_{\mathrm{g}}}. \end{aligned}$$

Nach Zusammenfassen der Terme im Zähler resultiert der Ausdruck (4.85a).

B.4.3 Äquivalenz von (4.85a) und (4.85b)

Einsetzen des Ausdrucks für q gemäß (4.80) in (4.85b) ergibt:

$$
\begin{aligned}
ke^{\ell} &= \frac{ke^{\ell,\mathrm{s}}}{1 - q^{\pi,\mathrm{d}} \cdot \left(1 - \frac{\pi}{ke^{\ell}}\right) \cdot s_{\mathrm{d}} - \left(1 - q^{\pi,\mathrm{d}} \cdot \left(1 - \frac{\pi}{ke^{\ell}}\right)\right) \cdot s_{\mathrm{g}}} \\
&= \frac{ke^{\ell,\mathrm{s}}}{1 - q^{\pi,\mathrm{d}} \cdot s_{\mathrm{d}} - \left(1 - q^{\pi,\mathrm{d}}\right) \cdot s_{\mathrm{g}} + \frac{\pi \cdot q^{\pi,\mathrm{d}} \cdot \left(s_{\mathrm{d}} - s_{\mathrm{g}}\right)}{ke^{\ell}}} .
\end{aligned}
$$

Auflösen der Rekursivität bezüglich ke^{ℓ} führt zunächst zu

$$
ke^{\ell,\mathrm{s}} = ke^{\ell} \cdot \left(1 - q^{\pi,\mathrm{d}} \cdot s_{\mathrm{d}} - \left(1 - q^{\pi,\mathrm{d}}\right) \cdot s_{\mathrm{g}}\right) + \pi \cdot q^{\pi,\mathrm{d}} \cdot \left(s_{\mathrm{d}} - s_{\mathrm{g}}\right)
$$

und schließlich zu (4.85a).

B.4.4 Nachweis der Inflations- und Steuerneutralität von (4.87)

Die Umformung des Zählers und des Nenners von (4.87a) bestätigt die Inflations- und Steuerneutralität der äquivalenten Restwertkalküle (4.87a) und (4.87b). Für den Zähler gilt:

$$
\begin{aligned}
&\mathrm{E}\left[\tilde{x}_2^{\pi,\mathrm{d},1}\right] \cdot \left(q^{\pi,\mathrm{d}} \cdot (1 - s_{\mathrm{d}}) + \left(1 - q^{\pi,\mathrm{d}}\right) \cdot \left(1 - s_{\mathrm{g}}\right)\right) \\
&\qquad = \mathrm{E}\left[\tilde{x}_2^{\pi,\mathrm{d},1}\right] \cdot \left(1 - q^{\pi,\mathrm{d}} \cdot s_{\mathrm{d}} - \left(1 - q^{\pi,\mathrm{d}}\right) \cdot s_{\mathrm{g}}\right) . \qquad \text{(B.18)}
\end{aligned}
$$

Für den Nenner gilt unter Berücksichtigung von (4.85a):

$$
\begin{aligned}
ke^{\ell,\mathrm{s}} - \pi \cdot \left(1 - s_{\mathrm{g}}\right) &= ke^{\ell} \cdot \left(1 - q^{\pi,\mathrm{d}} \cdot s_{\mathrm{d}} - \left(1 - q^{\pi,\mathrm{d}}\right) \cdot s_{\mathrm{g}}\right) \\
&\quad + \pi \cdot q^{\pi,\mathrm{d}} \cdot \left(s_{\mathrm{d}} - s_{\mathrm{g}}\right) - \pi \cdot \left(1 - s_{\mathrm{g}}\right) \\
&= \left(ke^{\ell} - \pi\right) \cdot \left(1 - q^{\pi,\mathrm{d}} \cdot s_{\mathrm{d}} - \left(1 - q^{\pi,\mathrm{d}}\right) \cdot s_{\mathrm{g}}\right) . \qquad \text{(B.19)}
\end{aligned}
$$

Folglich führen die Vor- und die Nachsteuerrechnung zu demselben, mit der zusätzlichen Gewinnthesaurierung übereinstimmenden Restwert:

$$
\mathrm{E}\left[\widetilde{E}_1^{\ell,\pi,\mathrm{d},\mathrm{s},1}\right] = \mathrm{E}\left[\widetilde{E}_1^{\ell,\pi,\mathrm{d},1}\right] = \frac{\mathrm{E}\left[\tilde{x}_2^{\pi,\mathrm{d},1}\right]}{ke^{\ell} - \pi} = \frac{q^{\pi} \cdot \mathrm{E}\left[\widetilde{IE}_1^{\pi,\mathrm{d},1}\right] \cdot ke^{\ell}}{ke^{\ell} - \pi} = \mathrm{E}\left[\widetilde{IE}_1^{\pi,\mathrm{d},1}\right] .
$$

Die Ermittlung des Flow to Equity der Zusatzanlage D erfolgt analog zu (4.74).

B.4.5 Äquivalenz von (4.87a) und (4.87b)

Einsetzen von (4.88) in (4.87b) und Erweitern mit $ke^{\ell,\mathrm{s}} - \pi \cdot \left(1 - s_{\mathrm{g}}\right)$ führen zu:

$$\mathrm{E}\left[\widetilde{E}_1^{\ell,\pi,\mathrm{d,s},1}\right] = \left(ke^{\ell,\mathrm{s}} - \pi \cdot \left(1 - s_{\mathrm{g}}\right)\right) \cdot \frac{\dfrac{q^{\pi,\mathrm{d}} \cdot \mathrm{E}\left[\tilde{x}_2^{\pi,\mathrm{d},1}\right] \cdot (1 - s_{\mathrm{d}})}{ke^{\ell,\mathrm{s}} - \left(ke^{\ell} - \pi\right) \cdot \left(1 - q^{\pi,\mathrm{d}}\right) \cdot \left(1 - s_{\mathrm{g}}\right) - \pi \cdot \left(1 - s_{\mathrm{g}}\right)}}{ke^{\ell,\mathrm{s}} - \pi \cdot \left(1 - s_{\mathrm{g}}\right)}.$$

Für den Nenner des im Zähler stehenden Quotienten gilt unter Berücksichtigung von (B.19):

$$\left(ke^{\ell} - \pi\right) \cdot \left(1 - q^{\pi,\mathrm{d}} \cdot s_{\mathrm{d}} - \left(1 - q^{\pi,\mathrm{d}}\right) \cdot s_{\mathrm{g}} - \left(1 - q^{\pi,\mathrm{d}}\right) \cdot \left(1 - s_{\mathrm{g}}\right)\right) = \left(ke^{\ell} - \pi\right) \cdot q^{\pi,\mathrm{d}} \cdot (1 - s_{\mathrm{d}}).$$

Dieser Term kürzt sich vollständig heraus, wenn, wieder unter Berücksichtigung von (B.19), der gesamte Zählerausdruck betrachtet wird. Folglich verbleibt:

$$\mathrm{E}\left[\widetilde{E}_1^{\ell,\pi,\mathrm{d,s},1}\right] = \frac{\mathrm{E}\left[\tilde{x}_2^{\pi,\mathrm{d},1}\right] \cdot \left(1 - q^{\pi,\mathrm{d}} \cdot s_{\mathrm{d}} - \left(1 - q^{\pi,\mathrm{d}}\right) \cdot s_{\mathrm{g}}\right)}{ke^{\ell,\mathrm{s}} - \pi \cdot \left(1 - s_{\mathrm{g}}\right)}. \tag{B.20}$$

(B.20) entspricht (4.87a), wie sich durch einen Blick auf (B.18) bestätigt.

B.4.6 Ableitung von (4.82) und (4.88)

Der gemäß dem Tax-CAPM bestehende Zusammenhang zwischen der nominalen Vor- und Nachsteuerrendite mit d als erwarteter Dividendenanteil und k als erwarteter Kurssteigerungsanteil[392]

$$
\begin{aligned}
ke^{\ell,\mathrm{s}} = ke^{\ell} - s_{\mathrm{d}} \cdot d - s_{\mathrm{g}} \cdot k &= ke^{\ell} - s_{\mathrm{d}} \cdot \left(ke^{\ell} - k\right) - s_{\mathrm{g}} \cdot k \\
&= ke^{\ell} \cdot (1 - s_{\mathrm{d}}) + k \cdot \left(s_{\mathrm{d}} - s_{\mathrm{g}}\right) \qquad \text{(B.21)}
\end{aligned}
$$

ist entweder in (4.85a) oder in (4.85b) einzusetzen. Einsetzen in (4.85a) führt zu:

$$
\begin{aligned}
ke^{\ell} \cdot \left(1 - q^{\pi,\mathrm{d}} \cdot s_{\mathrm{d}} - \left(1 - q^{\pi,\mathrm{d}}\right) \cdot s_{\mathrm{g}} - 1 + s_{\mathrm{d}}\right) &= k \cdot \left(s_{\mathrm{d}} - s_{\mathrm{g}}\right) \\
&\quad - \pi \cdot q^{\pi,\mathrm{d}} \cdot \left(s_{\mathrm{d}} - s_{\mathrm{g}}\right) \\
\Leftrightarrow \qquad ke^{\ell} \cdot \left(1 - q^{\pi,\mathrm{d}}\right) \cdot \left(s_{\mathrm{d}} - s_{\mathrm{g}}\right) &= \left(k - \pi \cdot q^{\pi,\mathrm{d}}\right) \cdot \left(s_{\mathrm{d}} - s_{\mathrm{g}}\right).
\end{aligned}
$$

Auflösen nach der Kursrendite k liefert (4.88). Alternativ kann der Ausdruck (B.21) in (4.85b) eingesetzt werden:

$$
\begin{aligned}
k \cdot \left(s_{\mathrm{d}} - s_{\mathrm{g}}\right) &= ke^{\ell} \cdot \left(1 - q \cdot s_{\mathrm{d}} - (1 - q) \cdot s_{\mathrm{g}} - 1 + s_{\mathrm{d}}\right) \\
&= ke^{\ell} \cdot (1 - q) \cdot \left(s_{\mathrm{d}} - s_{\mathrm{g}}\right).
\end{aligned}
$$

Hieraus folgt die Kursrendite gemäß (4.82).

392 Vgl. *Knoll* (2018), S. 1933.

B.4.7 Umformungen zu Formel (4.95)

Einsetzen von (4.94) in (4.92) erbringt folgende Gleichung:

$$\mathrm{E}\left[\widetilde{\Delta E}_0^{\ell,\mathrm{AD,s}}\right] \cdot \left(ke_{\mathrm{q}}^{\ell,\mathrm{A,s}} - w^{\mathrm{A}} \cdot \left(1 - s_{\mathrm{g}}\right) + \left(kd \cdot (1 - \tau) - w^{\mathrm{A}}\right) \cdot L \cdot (1 - s_{\mathrm{d}})\right)$$

$$= -\left(\mathrm{E}\left[\widetilde{FTE}_1^{\mathrm{A}}\right] - q^{\mathrm{Ref}} \cdot \mathrm{E}\left[\widetilde{OP}_1^{\mathrm{A}}\right]\right.$$

$$\left. - \left(kd \cdot (1 - \tau) \cdot \left(1 - q^{\mathrm{Ref}}\right) - w^{\mathrm{A}}\right) \cdot L \cdot \mathrm{E}\left[\widetilde{\Delta E}_0^{\ell,\mathrm{AD,s}}\right]\right) \cdot (1 - s_{\mathrm{d}})$$

$$+ \mathrm{E}\left[\widetilde{E}_1^{\ell,\mathrm{D,s,1}}\right] \cdot \left(1 - s_{\mathrm{g}}\right).$$

Hieraus folgt nach Umstellung zunächst

$$\mathrm{E}\left[\widetilde{\Delta E}_0^{\ell,\mathrm{AD,s}}\right] \cdot \left(ke_{\mathrm{q}}^{\ell,\mathrm{A,s}} - w^{\mathrm{A}} \cdot \left(1 - s_{\mathrm{g}}\right) + kd \cdot (1 - \tau) \cdot q^{\mathrm{Ref}} \cdot L \cdot (1 - s_{\mathrm{d}})\right)$$

$$= -\left(\mathrm{E}\left[\widetilde{FTE}_1^{\mathrm{A}}\right] - q^{\mathrm{Ref}} \cdot \mathrm{E}\left[\widetilde{OP}_1^{\mathrm{A}}\right]\right) \cdot (1 - s_{\mathrm{d}}) + \mathrm{E}\left[\widetilde{E}_1^{\ell,\mathrm{D,s,1}}\right] \cdot \left(1 - s_{\mathrm{g}}\right)$$

und schließlich (4.95).

B.4.8 Umformungen zu Formel (4.98b)

Einsetzen von (4.94) in (4.98a) führt zu folgender Gleichung:

$$\mathrm{E}\left[\widetilde{\Delta E}_0^{\ell,\mathrm{AD,s}}\right] \cdot \left(ke_{\mathrm{q}}^{\ell,\mathrm{A,s}} - w^{\mathrm{A}} \cdot \left(1 - s_{\mathrm{g}}\right) + \left(kd \cdot (1 - \tau) - w^{\mathrm{A}}\right) \cdot L \cdot (1 - s_{\mathrm{d}})\right)$$

$$= \left(\mathrm{E}\left[\widetilde{FTE}_1^{\mathrm{A}}\right] - q^{\mathrm{Ref}} \cdot \mathrm{E}\left[\widetilde{OP}_1^{\mathrm{A}}\right]\right.$$

$$\left. - \left(kd \cdot (1 - \tau) \cdot \left(1 - q^{\mathrm{Ref}}\right) - w^{\mathrm{A}}\right) \cdot L \cdot \mathrm{E}\left[\widetilde{\Delta E}_0^{\ell,\mathrm{AD,s}}\right]\right) \cdot \left(s_{\mathrm{d}} - s_{\mathrm{g}}\right).$$

Hieraus folgt nach Umstellung:

$$\begin{aligned}
&\mathrm{E}\left[\widetilde{\Delta E}_0^{\ell,\mathrm{AD,s}}\right] \cdot \Big(ke_{\mathrm{q}}^{\ell,\mathrm{A,s}} - w^{\mathrm{A}} \cdot (1 - s_{\mathrm{g}})\\
&\quad + \Big(kd \cdot (1-\tau) \cdot \big(1 - s_{\mathrm{d}} + \big(1 - q^{\mathrm{Ref}}\big) \cdot \big(s_{\mathrm{d}} - s_{\mathrm{g}}\big)\big) - w^{\mathrm{A}} \cdot (1 - s_{\mathrm{d}})\\
&\quad\quad - w^{\mathrm{A}} \cdot \big(s_{\mathrm{d}} - s_{\mathrm{g}}\big)\Big) \cdot L\Big)\\
&\qquad\qquad = \left(\mathrm{E}\left[\widetilde{FTE}_1^{\mathrm{A}}\right] - q^{\mathrm{Ref}} \cdot \mathrm{E}\left[\widetilde{OP}_1^{\mathrm{A}}\right]\right) \cdot \big(s_{\mathrm{d}} - s_{\mathrm{g}}\big).
\end{aligned}$$

Nach Zusammenfassen der Terme auf der linken Seite des Gleichheitszeichens erhält man:

$$\begin{aligned}
&\mathrm{E}\left[\widetilde{\Delta E}_0^{\ell,\mathrm{AD,s}}\right] \cdot \Big(ke_{\mathrm{q}}^{\ell,\mathrm{A,s}} - w^{\mathrm{A}} \cdot (1 - s_{\mathrm{g}})\\
&\quad + \Big(kd \cdot (1-\tau) \cdot \big(1 - q^{\mathrm{Ref}} \cdot s_{\mathrm{d}} - \big(1 - q^{\mathrm{Ref}}\big) \cdot s_{\mathrm{g}}\big) - w^{\mathrm{A}} \cdot \big(1 - s_{\mathrm{g}}\big)\Big) \cdot L\Big)\\
&\qquad\qquad = \left(\mathrm{E}\left[\widetilde{FTE}_1^{\mathrm{A}}\right] - q^{\mathrm{Ref}} \cdot \mathrm{E}\left[\widetilde{OP}_1^{\mathrm{A}}\right]\right) \cdot \big(s_{\mathrm{d}} - s_{\mathrm{g}}\big).
\end{aligned}$$

Schließlich ergibt sich der Kalkül (4.98b).

C. Übersichten und Berechnungen zu den Fallstudien

Der Abschnitt C.1 dieses Anhangs beinhaltet tabellarische Übersichten und exemplarische Berechnungen zu den Fallstudien in einer Vorsteuerrechnung. In Abschnitt C.2 ab der Seite 463 befinden sich Tabellen und Berechnungen zu den Fallstudien in einer Nachsteuerrechnung. In der jeweils ersten Spalte der Tabellen wird auf die Angabe des Erwartungswertoperators verzichtet. Ein Pfeil unterhalb einer Tabelle (⤵) weist auf die Fortsetzung auf der Folgeseite oder nachstehend auf derselben Seite hin.

C.1 Fallstudien zur Vorsteuerrechnung

C.1.1 Tabellen und Berechnungen zu den Fallstudien 1a und 2a

Tab. C–1: Fallstudie 1 / 2: Prognostizierte Entwicklungen der bereichsspezifischen Nettoinvestitionsraten, ROIC und Fremdkapitalquoten im Restwertzeitraum

ϕ	0	1	2	3	4
n_ϕ^A		50,0000 %	36,0000 %	31,8000 %	30,5400 %
$ROIC_\phi^A$		17,2000 %	16,2400 %	16,0480 %	16,0096 %
Θ_ϕ^A	33,0000 %	31,5000 %	30,7500 %	30,3750 %	30,1875 %
n_ϕ^B		60,0000 %	56,0000 %	54,0000 %	53,0000 %
$ROIC_\phi^B$		15,0000 %	14,2000 %	13,7200 %	13,4320 %
Θ_ϕ^B	22,0000 %	23,8000 %	24,5200 %	24,8080 %	24,9232 %
n_ϕ^C		40,0000 %	40,0000 %	40,0000 %	40,0000 %
$ROIC_\phi^C$		13,0000 %	10,9000 %	10,2700 %	10,0810 %
Θ_ϕ^C	26,0000 %	28,8000 %	29,6400 %	29,8920 %	29,9676 %

⤵

Tab. C–1: Fallstudie 1 / 2: Prognostizierte Entwicklungen der bereichsspezifischen Nettoinvestitionsraten, ROIC und Fremdkapitalquoten im Restwertzeitraum *(Fortsetzung)*

ϕ	5	6	7	8	9
n_{ϕ}^{A}	30,1620 %	30,0486 %	30,0146 %	30,0044 %	30,0013 %
$ROIC_{\phi}^{A}$	16,0019 %	16,0004 %	16,0001 %	16,0000 %	16,0000 %
Θ_{ϕ}^{A}	30,0938 %	30,0469 %	30,0234 %	30,0117 %	30,0059 %
n_{ϕ}^{B}	52,5000 %	52,2500 %	52,1250 %	52,0625 %	52,0313 %
$ROIC_{\phi}^{B}$	13,2592 %	13,1555 %	13,0933 %	13,0560 %	13,0336 %
Θ_{ϕ}^{B}	24,9693 %	24,9877 %	24,9951 %	24,9980 %	24,9992 %
n_{ϕ}^{C}	40,0000 %	40,0000 %	40,0000 %	40,0000 %	40,0000 %
$ROIC_{\phi}^{C}$	10,0243 %	10,0073 %	10,0022 %	10,0007 %	10,0002 %
Θ_{ϕ}^{C}	29,9903 %	29,9971 %	29,9991 %	29,9997 %	29,9999 %

Tab. C–2: Wertetabelle für den Kernbereich

ϕ	0	1	2	3	4	5	6	7 ff.
n_{ϕ}^{A}		50,0000 %	36,0000 %	31,8000 %	30,5400 %	30,1620 %	30,0486 %	30,0000 %
q_{ϕ}^{A}		50,0000 %	64,0000 %	68,2000 %	69,4600 %	69,8380 %	69,9514 %	70,0000 %
$ROIC_{\phi}^{A}$		17,2000 %	16,2400 %	16,0480 %	16,0096 %	16,0019 %	16,0004 %	16,0000 %
Θ_{ϕ}^{A}	33,0000 %	31,5000 %	30,7500 %	30,3750 %	30,1875 %	30,0938 %	30,0000 %	30,0000 %
L_{ϕ}^{A}	49,2537 %	45,9854 %	44,4043 %	43,6266 %	43,2408 %	43,0487 %	42,8571 %	42,8571 %
$ke_{\phi}^{\ell,A}$		16,3892 %	16,1643 %	16,0555 %	16,0020 %	15,9755 %	15,9622 %	15,9491 %
$k_{\phi}^{\tau,A}$		12,3668 %	12,3956 %	12,4099 %	12,4171 %	12,4207 %	12,4225 %	12,4243 %

Tab. C–3: Wertetabelle für den Bereich B

ϕ	0	1	2	3	4
n_{ϕ}^{B}		60,0000 %	56,0000 %	54,0000 %	53,0000 %
q_{ϕ}^{B}		40,0000 %	44,0000 %	46,0000 %	47,0000 %
$ROIC_{\phi}^{B}$		15,0000 %	14,2000 %	13,7200 %	13,4320 %
Θ_{ϕ}^{B}	22,0000 %	23,8000 %	24,5200 %	24,8080 %	24,9232 %
L_{ϕ}^{B}	28,2051 %	31,2336 %	32,4854 %	32,9929 %	33,1969 %
$ke_{\phi}^{\ell,B}$		13,6636 %	13,8422 %	13,9160 %	13,9460 %
$k_{\phi}^{\tau,B}$		11,5816 %	11,5474 %	11,5337 %	11,5282 %

Tab. C–3: Wertetabelle für den Bereich B *(Fortsetzung)*

ϕ	5	6	7	8	9 ff.
n_{ϕ}^{B}	52,5000 %	52,2500 %	52,1250 %	52,0625 %	52,0000 %
q_{ϕ}^{B}	47,5000 %	47,7500 %	47,8750 %	47,9375 %	48,0000 %
$ROIC_{\phi}^{B}$	13,2592 %	13,1555 %	13,0933 %	13,0560 %	13,0000 %
Θ_{ϕ}^{B}	24,9693 %	24,9877 %	24,9951 %	25,0000 %	25,0000 %
L_{ϕ}^{B}	33,2787 %	33,3115 %	33,3246 %	33,3333 %	33,3333 %
$ke_{\phi}^{\ell,B}$	13,9580 %	13,9628 %	13,9647 %	13,9655 %	13,9660 %
$k_{\phi}^{\tau,B}$	11,5260 %	11,5251 %	11,5248 %	11,5246 %	11,5245 %

Tab. C–4: Wertetabelle für den Bereich C

ϕ	0	1	2	3	4	5	6	7 ff.
n_{ϕ}^{C}		40,0000 %	40,0000 %	40,0000 %	40,0000 %	40,0000 %	40,0000 %	40,0000 %
q_{ϕ}^{C}		60,0000 %	60,0000 %	60,0000 %	60,0000 %	60,0000 %	60,0000 %	60,0000 %
$ROIC_{\phi}^{C}$		13,0000 %	10,9000 %	10,2700 %	10,0810 %	10,0243 %	10,0073 %	10,0000 %
Θ_{ϕ}^{C}	26,0000 %	28,8000 %	29,6400 %	29,8920 %	29,9676 %	29,9903 %	30,0000 %	30,0000 %
L_{ϕ}^{C}	35,1351 %	40,4494 %	42,1262 %	42,6371 %	42,7911 %	42,8373 %	42,8571 %	42,8571 %
$ke_{\phi}^{\ell,C}$		11,3815 %	11,5905 %	11,6564 %	11,6765 %	11,6826 %	11,6844 %	11,6852 %
$k_{\phi}^{\tau,C}$		9,5143 %	9,4620 %	9,4463 %	9,4416 %	9,4402 %	9,4398 %	9,4396 %

Tab. C–5: Fallstudie 1a / 2a: Restwertermittlung im Kernbereich mit dem FCF und dem FtE Verfahren ohne Berücksichtigung der zusätzlichen Nettoinvestitionen

ϕ	0	1	2	3	4
$\widetilde{NOPLAT}_{\phi}^{A}$		8.600, 00	8.818, 32	9.223, 52	9.671, 03
$\widetilde{NI}_{\phi}^{A}$		4.300, 00	3.174, 60	2.933, 08	2.953, 53
$\widetilde{IC}_{\phi}^{A}$	50.000, 00	54.300, 00	57.474, 60	60.407, 68	63.361, 21
$\widetilde{FCF}_{\phi}^{A}$		4.300, 00	5.643, 72	6.290, 44	6.717, 50
$\widetilde{V}_{\phi}^{\ell,A}$	75.264, 14	80.271, 88	84.578, 31	88.783, 99	93.090, 93
$\widetilde{E}_{\phi}^{\ell,A}$	50.426, 97 [a]	54.986, 24 [a]	58.570, 48 [a]	61.815, 85 [a]	64.989, 10 [a]
$\widetilde{D}_{\phi}^{A}$	24.837, 17	25.285, 64	26.007, 83	26.968, 14	28.101, 82
$\widetilde{I}_{\phi}^{A}$		1.490, 23	1.517, 14	1.560, 47	1.618, 09
$\widetilde{TS}_{\phi}^{A}$		447, 07	455, 14	468, 14	485, 43
$\widetilde{\Delta D}_{\phi}^{A}$		448, 48	722, 19	960, 31	1.133, 69
$\widetilde{OP}_{\phi}^{A}$		7.556, 84	7.756, 32	8.131, 19	8.538, 37
$\widetilde{RE}_{\phi}^{A}$		3.851, 52	2.452, 41	1.972, 77	1.819, 84
$\widetilde{IE}_{\phi}^{A}$	25.162, 83	29.014, 36	31.466, 77	33.439, 54	35.259, 38
$\widetilde{FTE}_{\phi}^{A}$		3.705, 32	5.303, 91	6.158, 42	6.718, 52

[a] Berechnung mit dem FtE Verfahren auf den Seiten 423 f.

Tab. C–5: Fallstudie 1a / 2a: Restwertermittlung im Kernbereich mit dem FCF und dem FtE Verfahren ohne Berücksichtigung der zusätzlichen Nettoinvestitionen *(Fortsetzung)*

ϕ	5	6	7	8	9
$\widetilde{NOPLAT}_{\phi}^{A}$	10.139, 01	10.627, 35	11.138, 03	11.672, 66	12.232, 95
$\widetilde{NI}_{\phi}^{A}$	3.058, 13	3.193, 37	3.341, 41	3.501, 80	3.669, 88
$\widetilde{IC}_{\phi}^{A}$	66.419, 34	69.612, 70	72.954, 11	76.455, 91	80.125, 80
$\widetilde{FCF}_{\phi}^{A}$	7.080, 88	7.433, 98	7.796, 62	8.170, 86	8.563, 06
$\widetilde{V}_{\phi}^{\ell,A}$	97.572, 63	102.259, 65	107.168, 11	112.312, 18	117.703, 17
$\widetilde{E}_{\phi}^{\ell,A}$	68.209, 37 [b]	71.581, 75	75.017, 68	78.618, 53	82.392, 22
$\widetilde{D}_{\phi}^{A}$	29.363, 26	30.677, 89	32.150, 43	33.693, 65	35.310, 95
$\tilde{I}_{\phi}^{A}$	1.686, 11	1.761, 80	1.840, 67	1.929, 03	2.021, 62
$\widetilde{TS}_{\phi}^{A}$	505, 83	528, 54	552, 20	578, 71	606, 49
$\widetilde{\Delta D}_{\phi}^{A}$	1.261, 44	1.314, 63	1.472, 54	1.543, 22	1.617, 30
$\widetilde{OP}_{\phi}^{A}$	8.958, 73	9.394, 09	9.849, 56	10.322, 34	10.817, 81
$\widetilde{RE}_{\phi}^{A}$	1.796, 69	1.878, 74	1.868, 87	1.958, 58	2.052, 59
$\widetilde{IE}_{\phi}^{A}$	37.056, 07	38.934, 81	40.803, 68	42.762, 26	44.814, 85
$\widetilde{FTE}_{\phi}^{A}$	7.162, 04	7.515, 35	7.980, 69	8.363, 76	8.765, 22

[b] Siehe (3.205).

Ergänzung zu Tab. C–5

Ermittlung der mit [a] markierten Restwerte mit dem FtE Verfahren

$$\begin{aligned}
\mathrm{E}\left[\widetilde{E}_{\mathrm{I},4}^{\ell,\mathrm{A}}\right] &= \frac{7.080,88 - 6\,\% \cdot (1 - 30\,\%) \cdot 43,2408\,\% \cdot 64.989,10}{1 + 15,9755\,\%} \\
&\quad + \frac{43,0487\,\% \cdot 68.209,37 - 43,2408\,\% \cdot 64.989,10}{1 + 15,9755\,\%} \\
&\quad + \frac{68.209,37}{1 + 15,9755\,\%} \\
&= (1 - 30,1875\,\%) \cdot 93.090,93 \\
&= 64.989,10.
\end{aligned}$$

$$\begin{aligned}
\mathrm{E}\left[\widetilde{E}_{\mathrm{I},3}^{\ell,\mathrm{A}}\right] &= \frac{6.717,50 - 6\,\% \cdot (1 - 30\,\%) \cdot 43,6266\,\% \cdot 61.815,85}{1 + 16,0020\,\%} \\
&\quad + \frac{43,2408\,\% \cdot 64.989,10 - 43,6266\,\% \cdot 61.815,85}{1 + 16,0020\,\%} \\
&\quad + \frac{64.989,10}{1 + 16,0020\,\%} \\
&= (1 - 30,375\,\%) \cdot 88.783,99 \\
&= 61.815,85.
\end{aligned}$$

$$\begin{aligned}
\mathrm{E}\left[\widetilde{E}_{\mathrm{I},2}^{\ell,\mathrm{A}}\right] &= \frac{6.290,44 - 6\,\% \cdot (1 - 30\,\%) \cdot 44,4043\,\% \cdot 58.570,48}{1 + 16,0555\,\%} \\
&\quad + \frac{43,6266\,\% \cdot 61.815,85 - 44,4043\,\% \cdot 58.570,48}{1 + 16,0555\,\%} \\
&\quad + \frac{61.815,85}{1 + 16,0555\,\%} \\
&= (1 - 30,75\,\%) \cdot 84.578,31 \\
&= 58.570,48.
\end{aligned}$$

$$
\begin{aligned}
\mathrm{E}\left[\widetilde{E}_{\mathrm{I},1}^{\ell,\mathrm{A}}\right] &= \frac{5.643,72 - 6\,\% \cdot (1 - 30\,\%) \cdot 45,9854\,\% \cdot 54.986,24}{1 + 16,1643\,\%} \\
&\quad + \frac{44,4043\,\% \cdot 58.570,48 - 45,9854\,\% \cdot 54.986,24}{1 + 16,1643\,\%} \\
&\quad + \frac{58.570,48}{1 + 16,1643\,\%} \\
&= (1 - 31,5\,\%) \cdot 80.271,88 \\
&= 54.986,24.
\end{aligned}
$$

$$
\begin{aligned}
\mathrm{E}\left[\widetilde{E}_{\mathrm{I},0}^{\ell,\mathrm{A}}\right] &= \frac{4.300,00 - 6\,\% \cdot (1 - 30\,\%) \cdot 49,2537\,\% \cdot 50.426,97}{1 + 16,3892\,\%} \\
&\quad + \frac{45,9854\,\% \cdot 54.986,24 - 49,2537\,\% \cdot 50.426,97}{1 + 16,3892\,\%} \\
&\quad + \frac{54.986,24}{1 + 16,3892\,\%} \\
&= (1 - 33\,\%) \cdot 75.264,14 \\
&= 50.426,97.
\end{aligned}
$$

Tab. C–6: Fallstudie 1a / 2a: Restwertermittlung im Bereich B mit dem FCF und dem FtE Verfahren ohne Berücksichtigung der zusätzlichen Nettoinvestitionen

ϕ	0	1	2	3	4
$\widetilde{NOPLAT}_{\phi}^{B}$		3.000,00	3.095,60	3.228,80	3.395,22
$\widetilde{NI}_{\phi}^{B}$		1.800,00	1.733,54	1.743,55	1.799,47
$\widetilde{IC}_{\phi}^{B}$	20.000,00	21.800,00	23.533,54	25.277,09	27.076,55
$\widetilde{FCF}_{\phi}^{B}$		1.200,00	1.362,06	1.485,25	1.595,75
$\widetilde{V}_{\phi}^{\ell,B}$	27.278,86	29.238,19	31.252,36	33.371,65	35.623,04
$\widetilde{E}_{\phi}^{\ell,B}$	21.277,51	22.279,50	23.589,28	25.092,81	26.744,64
$\widetilde{D}_{\phi}^{B}$	6.001,35	6.958,69	7.663,08	8.278,84	8.878,40
$\tilde{I}_{\phi}^{B}$		360,08	417,52	459,78	496,73
$\widetilde{TS}_{\phi}^{B}$		108,02	125,26	137,94	149,02
$\widetilde{\Delta D}_{\phi}^{B}$		957,34	704,39	615,76	599,56
$\widetilde{OP}_{\phi}^{B}$		2.747,94	2.803,34	2.906,95	3.047,51
$\widetilde{RE}_{\phi}^{B}$		842,66	1.029,15	1.127,79	1.199,90
$\widetilde{IE}_{\phi}^{B}$	13.998,65	14.841,31	15.870,46	16.998,25	18.198,15
$\widetilde{FTE}_{\phi}^{B}$		1.905,28	1.774,19	1.779,16	1.847,60

Tab. C–6: Fallstudie 1a / 2a: Restwertermittlung im Bereich B mit dem FCF und dem FtE Verfahren ohne Berücksichtigung der zusätzlichen Nettoinvestitionen *(Fortsetzung)*

ϕ	5	6	7	8	9
$\widetilde{NOPLAT}_{\phi}^{\mathrm{B}}$	3.590, 13	3.810, 02	4.052, 66	4.316, 90	4.590, 57
$\widetilde{NI}_{\phi}^{\mathrm{B}}$	1.884, 82	1.990, 74	2.112, 45	2.247, 49	2.387, 09
$\widetilde{IC}_{\phi}^{\mathrm{B}}$	28.961, 38	30.952, 11	33.064, 56	35.312, 05	37.699, 14
$\widetilde{FCF}_{\phi}^{\mathrm{B}}$	1.705, 31	1.819, 28	1.940, 21	2.069, 42	2.203, 47
$\widetilde{V}_{\phi}^{\ell,\mathrm{B}}$	38.023, 64	40.586, 62	43.323, 92	46.247, 42	49.373, 75
$\widetilde{E}_{\phi}^{\ell,\mathrm{B}}$	28.529, 41	30.444, 95	32.495, 07	34.685, 57	37.030, 31
$\widetilde{D}_{\phi}^{\mathrm{B}}$	9.494, 23	10.141, 67	10.828, 85	11.561, 86	12.343, 44
$\widetilde{I}_{\phi}^{\mathrm{B}}$	532, 70	569, 65	608, 50	649, 73	693, 71
$\widetilde{TS}_{\phi}^{\mathrm{B}}$	159, 81	170, 90	182, 55	194, 92	208, 11
$\widetilde{\Delta D}_{\phi}^{\mathrm{B}}$	615, 83	647, 44	687, 18	733, 01	781, 58
$\widetilde{OP}_{\phi}^{\mathrm{B}}$	3.217, 24	3.411, 26	3.626, 71	3.862, 09	4.104, 97
$\widetilde{RE}_{\phi}^{\mathrm{B}}$	1.268, 99	1.343, 30	1.425, 26	1.514, 48	1.605, 51
$\widetilde{IE}_{\phi}^{\mathrm{B}}$	19.467, 15	20.810, 44	22.235, 71	23.750, 19	25.355, 70
$\widetilde{FTE}_{\phi}^{\mathrm{B}}$	1.948, 25	2.067, 97	2.201, 44	2.347, 61	2.499, 46

Tab. C–7: Fallstudie 1a / 2a: Restwertermittlung im Bereich C mit dem FCF und dem FtE Verfahren bei kapitalwerterhöhender Verzinsung des Invested Capital in der Rentenphase

ϕ	0	1	2	3	4
$\widetilde{NOPLAT}_{\phi}^{C}$		1.300, 00	1.146, 68	1.127, 51	1.152, 23
$\widetilde{NI}_{\phi}^{C}$		520, 00	458, 67	451, 00	460, 89
$\widetilde{IC}_{\phi}^{C}$	10.000, 00	10.520, 00	10.978, 67	11.429, 68	11.890, 57
$\widetilde{FCF}_{\phi}^{C}$		780, 00	688, 01	676, 51	691, 34
$\widetilde{V}_{\phi}^{\ell,C}$	11.419, 78	11.726, 29	12.147, 83	12.618, 85	13.118, 94
$\widetilde{E}_{\phi}^{\ell,C}$	8.450, 64	8.349, 12	8.547, 21	8.846, 83	9.187, 51
$\widetilde{D}_{\phi}^{C}$	2.969, 14	3.377, 17	3.600, 62	3.772, 03	3.931, 43
$\widetilde{I}_{\phi}^{C}$		178, 15	202, 63	216, 04	226, 32
$\widetilde{TS}_{\phi}^{C}$		53, 44	60, 79	64, 81	67, 90
$\widetilde{\Delta D}_{\phi}^{C}$		408, 03	223, 44	171, 41	159, 41
$\widetilde{OP}_{\phi}^{C}$		1.175, 30	1.004, 84	976, 28	993, 80
$\widetilde{RE}_{\phi}^{C}$		111, 97	235, 23	279, 59	301, 49
$\widetilde{IE}_{\phi}^{C}$	7.030, 86	7.142, 83	7.378, 05	7.657, 65	7.959, 13
$\widetilde{FTE}_{\phi}^{C}$		1.063, 33	769, 61	696, 69	692, 32

Tab. C–7: Fallstudie 1a / 2a: Restwertermittlung im Bereich C mit dem FCF und dem FtE Verfahren bei kapitalwerterhöhender Verzinsung des Invested Capital in der Rentenphase *(Fortsetzung)*

ϕ	5	6	7	8	9
$\widetilde{NOPLAT}_{\phi}^{C}$	1.191,95	1.237,64	1.286,24	1.337,69	1.391,20
$\widetilde{NI}_{\phi}^{C}$	476,78	495,05	514,50	535,08	556,48
$\widetilde{IC}_{\phi}^{C}$	12.367,34	12.862,40	13.376,89	13.911,97	14.468,45
$\widetilde{FCF}_{\phi}^{C}$	715,17	742,58	771,74	802,61	834,72
$\widetilde{V}_{\phi}^{\ell,C}$	13.642,23	14.187,45	14.754,95	15.345,15	15.958,96
$\widetilde{E}_{\phi}^{\ell,C}$	9.550,89	9.931,22	10.328,47	10.741,60	11.171,27
$\widetilde{D}_{\phi}^{C}$	4.091,34	4.256,24	4.426,49	4.603,54	4.787,69
$\tilde{I}_{\phi}^{C}$	235,89	245,48	255,37	265,59	276,21
$\widetilde{TS}_{\phi}^{C}$	70,77	73,64	76,61	79,68	82,86
$\widetilde{\Delta D}_{\phi}^{C}$	159,91	164,89	170,25	177,06	184,14
$\widetilde{OP}_{\phi}^{C}$	1.026,83	1.065,80	1.107,48	1.151,78	1.197,85
$\widetilde{RE}_{\phi}^{C}$	316,87	330,16	344,25	358,02	372,34
$\widetilde{IE}_{\phi}^{C}$	8.276,00	8.606,16	8.950,41	9.308,43	9.680,76
$\widetilde{FTE}_{\phi}^{C}$	709,96	735,64	763,23	793,76	825,51

↵

Tab. C–8: Fallstudie 1a: Ermittlung der Restwertsteigerung aufgrund der zusätzlichen Nettoinvestitionen des Kernbereichs in den Bereich C mit dem FCF und dem FtE Verfahren

ϕ	0	1	2	3	4
$\widetilde{IC}_{\phi}^{AC,\phi}$		1.720,00	2.172,83	2.327,46	2.485,47
$\widetilde{V}_{\phi}^{\ell,AC,\phi}$		1.917,23	2.404,23	2.569,62	2.742,24
$\widetilde{MVA}_{\phi}^{AC}$		197,23	231,39	242,16	256,77
$\widetilde{\Delta V}_{\phi}^{\ell,AC}$	2.846,43	3.001,22	3.141,84	3.289,59	3.441,29
$\widetilde{\Delta E}_{\phi}^{\ell,AC}$	1.907,11 [a]	2.055,84 [b]	2.175,73 [b]	2.290,38 [b]	2.402,45 [b]
$\widetilde{\Delta D}_{\phi}^{AC}$	939,32	945,38	966,12	999,21	1.038,84
$\widetilde{D}_{\phi}^{AC,\phi}$		552,16	712,61	768,11	821,78
$\widetilde{IE}_{\phi}^{AC,\phi}$		1.167,84	1.460,22	1.559,35	1.663,69
n_{ϕ}^{ac}		31,8045 %	27,6299 %	25,3515 %	24,7714 %
$\widetilde{E}_{\phi}^{\ell,AC,\phi}$		1.365,07	1.691,61	1.801,51	1.920,46
$\widetilde{\Delta I}_{\phi}^{AC}$		56,36	56,72	57,97	59,95
$\widetilde{\Delta TS}_{\phi}^{AC}$		16,91	17,02	17,39	17,99

[a] Siehe (3.220), (3.219) und (3.217). [b] Berechnung mit dem FtE Verfahren auf den Seiten 431 f.

Tab. C–8: Fallstudie 1a: Ermittlung der Restwertsteigerung aufgrund der zusätzlichen Nettoinvestitionen des Kernbereichs in den Bereich C mit dem FCF und dem FtE Verfahren *(Fortsetzung)*

ϕ	5	6	7	8	9
$\widetilde{IC}^{\mathrm{AC},\phi}_{\phi}$	2.619, 93	2.750, 57	2.784, 51	2.918, 16	3.058, 24
$\widetilde{V}^{\ell,\mathrm{AC},\phi}_{\phi}$	2.890, 00	3.033, 93	3.071, 36	3.218, 79	3.373, 29
$\widetilde{MVA}^{\mathrm{AC}}_{\phi}$	270, 08	283, 36	286, 85	300, 62	315, 05
$\widetilde{\Delta V}^{\ell,\mathrm{AC}}_{\phi}$	3.598, 65	3.762, 34	3.942, 93	4.132, 19	4.330, 54
$\widetilde{\Delta E}^{\ell,\mathrm{AC}}_{\phi}$	2.515, 68 [a]	2.633, 64 [a]	2.760, 05 [c]	2.892, 54 [c]	3.031, 38 [c]
$\widetilde{\Delta D}^{\mathrm{AC}}_{\phi}$	1.082, 97	1.128, 70	1.182, 88	1.239, 66	1.299, 16
$\widetilde{D}^{\mathrm{AC},\phi}_{\phi}$	866, 72	910, 18	921, 41	965, 64	1.011, 99
$\widetilde{IE}^{\mathrm{AC},\phi}_{\phi}$	1.753, 21	1.840, 39	1.863, 10	1.952, 53	2.046, 25
n^{ac}_{ϕ}	24, 4774 %	24, 4876 %	23, 3253 %	23, 3253 %	23, 3253 %
$\widetilde{E}^{\ell,\mathrm{AC},\phi}_{\phi}$	2.023, 28	2.123, 75	2.149, 95	2.253, 15	2.361, 30
$\widetilde{\Delta I}^{\mathrm{AC}}_{\phi}$	62, 33	64, 98	67, 72	70, 97	74, 38
$\widetilde{\Delta TS}^{\mathrm{AC}}_{\phi}$	18, 70	19, 49	20, 32	21, 29	22, 31

[a] Siehe (3.220), (3.219) und (3.217). [c] Anstieg mit der Wachstumsrate des Kernbereichs.

Ergänzung zu Tab. C–8

Ermittlung der mit [a] markierten Restwertsteigerungen mit dem FtE Verfahren

$$\mathrm{E}\left[\widetilde{\Delta E}_{\mathrm{I},4}^{\ell,\mathrm{AC}}\right] = \frac{270,08 - 6\,\% \cdot (1 - 30\,\%) \cdot 43,2408\,\% \cdot 2.402,45}{1 + 15,9755\,\%} + \frac{43,0487\,\% \cdot 2.515,68 - 43,2408\,\% \cdot 2.402,45}{1 + 15,9755\,\%} + \frac{2.515,68}{1 + 15,9755\,\%}$$

$$= (1 - 30,1875\,\%) \cdot 3.441,29$$

$$= 2.402,45.$$

$$\mathrm{E}\left[\widetilde{\Delta E}_{\mathrm{I},3}^{\ell,\mathrm{AC}}\right] = \frac{256,77 - 6\,\% \cdot (1 - 30\,\%) \cdot 43,6266\,\% \cdot 2.290,38}{1 + 16,0020\,\%} + \frac{43,2408\,\% \cdot 2.402,45 - 43,6266\,\% \cdot 2.290,38}{1 + 16,0020\,\%} + \frac{2.402,45}{1 + 16,0020\,\%}$$

$$= (1 - 30,375\,\%) \cdot 3.289,59$$

$$= 2.290,38.$$

$$\mathrm{E}\left[\widetilde{\Delta E}_{\mathrm{I},2}^{\ell,\mathrm{AC}}\right] = \frac{242,16 - 6\,\% \cdot (1 - 30\,\%) \cdot 44,4043\,\% \cdot 2.175,73}{1 + 16,0555\,\%} + \frac{43,6266\,\% \cdot 2.290,38 - 44,4043\,\% \cdot 2.175,73}{1 + 16,0555\,\%} + \frac{2.290,38}{1 + 16,0555\,\%}$$

$$= (1 - 30,75\,\%) \cdot 3.141,84$$

$$= 2.175,73.$$

$$\mathrm{E}\left[\widetilde{\Delta E}_{\mathrm{I},1}^{\ell,\mathrm{AC}}\right] = \frac{231,39 - 6\,\% \cdot (1 - 30\,\%) \cdot 45,9854\,\% \cdot 2.055,84}{1 + 16,1643\,\%}$$

$$+ \frac{44,4043\,\% \cdot 2.175,73 - 45,9854\,\% \cdot 2.055,84}{1 + 16,1643\,\%}$$

$$+ \frac{2.175,73}{1 + 16,1643\,\%}$$

$$= (1 - 31,5\,\%) \cdot 3.001,22$$

$$= 2.055,84.$$

Tab. C–9: Fallstudie 1a: Ermittlung der Marktwerte der zusätzlichen Nettoinvestitionen des Kernbereichs in den Bereich C mit dem FCF Verfahren

ϕ	1	2	3	4	5	6	7	8	9
$\widetilde{NOPLAT}_{\phi}^{AC,1}$		187,48	184,35	188,39	194,88	202,35	210,30	218,71	227,46
$\widetilde{NI}_{\phi}^{AC,1}$		74,99	73,74	75,35	77,95	80,94	84,12	87,48	90,98
$\widetilde{IC}_{\phi}^{AC,1}$	1.720,00	1.794,99	1.868,73	1.944,08	2.022,04	2.102,98	2.187,10	2.274,58	2.365,56
$\widetilde{FCF}_{\phi}^{AC,1}$		112,49	110,61	113,03	116,93	121,41	126,18	131,23	136,47
$\widetilde{V}_{\phi}^{\ell,AC,1}$	1.917,23	1.986,15	2.063,16	2.144,92	2.230,48	2.319,62	2.412,41	2.508,90	2.609,26
$\widetilde{NOPLAT}_{\phi}^{AC,2}$			223,15	228,04	235,90	244,95	254,57	264,75	275,34
$\widetilde{NI}_{\phi}^{AC,2}$			89,26	91,22	94,36	97,98	101,83	105,90	110,14
$\widetilde{IC}_{\phi}^{AC,2}$		2.172,83	2.262,09	2.353,31	2.447,67	2.545,65	2.647,48	2.753,38	2.863,51
$\widetilde{FCF}_{\phi}^{AC,2}$			133,89	136,83	141,54	146,97	152,74	158,85	165,20
$\widetilde{V}_{\phi}^{\ell,AC,2}$		2.404,23	2.497,45	2.596,42	2.699,99	2.807,90	2.920,21	3.037,02	3.158,50

↱

Tab. C–9: Fallstudie 1a: Ermittlung der Marktwerte der zusätzlichen Nettoinvestitionen des Kernbereichs in den Bereich C mit dem FCF Verfahren *(Fortsetzung)*

ϕ	1	2	3	4	5	6	7	8	9
$\widetilde{NOPLAT}_{\phi}^{AC,3}$				234, 63	242, 72	252, 02	261, 92	272, 40	283, 29
$\widetilde{NI}_{\phi}^{AC,3}$				93, 85	97, 09	100, 81	104, 77	108, 96	113, 32
$\widetilde{IC}_{\phi}^{AC,3}$			2.327, 46	2.421, 32	2.518, 40	2.619, 21	2.723, 98	2.832, 94	2.946, 26
$\widetilde{FCF}_{\phi}^{AC,3}$				140, 78	145, 63	151, 21	157, 15	163, 44	169, 98
$\widetilde{V}_{\phi}^{\ell,AC,3}$			2.569, 62	2.671, 46	2.778, 01	2.889, 04	3.004, 60	3.124, 79	3.249, 78
$\widetilde{NOPLAT}_{\phi}^{AC,4}$					249, 15	258, 70	268, 86	279, 62	290, 80
$\widetilde{NI}_{\phi}^{AC,4}$					99, 66	103, 48	107, 54	111, 85	116, 32
$\widetilde{IC}_{\phi}^{AC,4}$				2.485, 47	2.585, 13	2.688, 61	2.796, 16	2.908, 01	3.024, 33
$\widetilde{FCF}_{\phi}^{AC,4}$					149, 49	155, 22	161, 32	167, 77	174, 48
$\widetilde{V}_{\phi}^{\ell,AC,4}$				2.742, 24	2.851, 62	2.965, 59	3.084, 21	3.207, 58	3.335, 88

Tab. C–9: Fallstudie 1a: Ermittlung der Marktwerte der zusätzlichen Nettoinvestitionen des Kernbereichs in den Bereich C mit dem FCF Verfahren *(Fortsetzung)*

ϕ	1	2	3	4	5	6	7	8	9
$\widetilde{NOPLAT}_{\phi}^{AC,5}$						$262,18$	$272,48$	$283,38$	$294,71$
$\widetilde{NI}_{\phi}^{AC,5}$						$104,87$	$108,99$	$113,35$	$117,89$
$\widetilde{IC}_{\phi}^{AC,5}$					$2.619,93$	$2.724,80$	$2.833,79$	$2.947,14$	$3.065,03$
$\widetilde{FCF}_{\phi}^{AC,5}$						$157,31$	$163,49$	$170,03$	$176,83$
$\widetilde{V}_{\phi}^{\ell,AC,5}$					$2.890,00$	$3.005,50$	$3.125,72$	$3.250,75$	$3.380,78$
$\widetilde{V}_{\phi}^{\ell,AC,6}$						$3.033,93$	$3.155,29$	$3.281,50$	$3.412,76$
$\widetilde{V}_{\phi}^{\ell,AC,7}$							$3.071,36$	$3.194,22$	$3.321,98$
$\widetilde{V}_{\phi}^{\ell,AC,8}$								$3.218,79$	$3.347,54$
$\widetilde{V}_{\phi}^{\ell,AC,9}$									$3.373,29$

Tab. C–10: Fallstudie 1a: Ermittlung der Restwertsteigerung aufgrund der zusätzlichen Nettoinvestitionen des Bereichs B in den Bereich C mit dem FCF und dem FtE Verfahren

ϕ	0	1	2	3	4
$\widetilde{IC}_{\phi}^{BC,\phi}$		420,00	476,72	519,84	558,51
$\widetilde{V}_{\phi}^{\ell,BC,\phi}$		468,16	527,49	573,92	616,21
$\widetilde{MVA}_{\phi}^{BC}$		48,16	50,77	54,09	57,70
$\widetilde{\Delta V}_{\phi}^{\ell,BC}$	1.039,53	1.111,76	1.189,37	1.272,47	1.361,46
$\widetilde{\Delta E}_{\phi}^{\ell,BC}$	810,83	847,16	897,74	956,79	1.022,14
$\widetilde{\Delta D}_{\phi}^{BC}$	228,70	264,60	291,63	315,67	339,32
$\widetilde{D}_{\phi}^{BC,\phi}$		134,83	156,35	171,56	184,66
$\widetilde{IE}_{\phi}^{BC,\phi}$		285,17	320,37	348,28	373,85
n_{ϕ}^{bc}		14,7636 %	17,8969 %	19,4467 %	20,1212 %
$\widetilde{E}_{\phi}^{\ell,BC,\phi}$		333,33	371,14	402,37	431,55
$\widetilde{\Delta I}_{\phi}^{BC}$		13,72	15,88	17,50	18,94
$\widetilde{\Delta TS}_{\phi}^{BC}$		4,12	4,76	5,25	5,68

Tab. C–10: Fallstudie 1a: Ermittlung der Restwertsteigerung aufgrund der zusätzlichen Nettoinvestitionen des Bereichs B in den Bereich C mit dem FCF und dem FtE Verfahren *(Fortsetzung)*

ϕ	5	6	7	8	9
$\widetilde{IC}_{\phi}^{BC,\phi}$	596,86	636,75	679,07	724,30	826,30
$\widetilde{V}_{\phi}^{\ell,BC,\phi}$	658,39	702,35	749,03	798,91	911,43
$\widetilde{MVA}_{\phi}^{BC}$	61,53	65,60	69,96	74,62	85,12
$\widetilde{\Delta V}_{\phi}^{\ell,BC}$	1.456,85	1.559,16	1.668,90	1.786,61	1.907,39
$\widetilde{\Delta E}_{\phi}^{\ell,BC}$	1.093,09	1.169,56	1.251,75	1.339,96	1.430,54
$\widetilde{\Delta D}_{\phi}^{BC}$	363,77	389,60	417,14	446,65	476,85
$\widetilde{D}_{\phi}^{BC,\phi}$	197,45	210,70	224,71	239,67	273,43
$\widetilde{IE}_{\phi}^{BC,\phi}$	399,41	426,05	454,36	484,62	552,87
n_{ϕ}^{bc}	20,3941 %	20,4975 %	20,5351 %	20,5383 %	22,0191 %
$\widetilde{E}_{\phi}^{\ell,BC,\phi}$	460,94	491,64	524,32	559,24	638,00
$\widetilde{\Delta I}_{\phi}^{BC}$	20,36	21,83	23,38	25,03	26,80
$\widetilde{\Delta TS}_{\phi}^{BC}$	6,11	6,55	7,01	7,51	8,04

↲

Tab. C–11: Fallstudie 1a: Ermittlung der Marktwerte der zusätzlichen Nettoinvestitionen des Bereichs B in den Bereich C mit dem FCF Verfahren

ϕ	1	2	3	4	5	6	7	8	9
$\widetilde{NOPLAT}_{\phi}^{BC,1}$		45,78	45,01	46,00	47,59	49,41	51,35	53,41	55,54
$\widetilde{NI}_{\phi}^{BC,1}$		18,31	18,01	18,40	19,03	19,76	20,54	21,36	22,22
$\widetilde{IC}_{\phi}^{BC,1}$	420,00	438,31	456,32	474,72	493,75	513,52	534,06	555,42	577,64
$\widetilde{FCF}_{\phi}^{BC,1}$		27,47	27,01	27,60	28,55	29,65	30,81	32,04	33,33
$\widetilde{V}_{\phi}^{\ell,BC,1}$	468,16	484,99	503,79	523,76	544,65	566,42	589,08	612,64	637,14
$\widetilde{NOPLAT}_{\phi}^{BC,2}$			48,96	50,03	51,76	53,74	55,85	58,09	60,41
$\widetilde{NI}_{\phi}^{BC,2}$			19,58	20,01	20,70	21,50	22,34	23,23	24,16
$\widetilde{IC}_{\phi}^{BC,2}$		476,72	496,31	516,32	537,02	558,52	580,86	604,09	628,26
$\widetilde{FCF}_{\phi}^{BC,2}$			29,38	30,02	31,05	32,24	33,51	34,85	36,25
$\widetilde{V}_{\phi}^{\ell,BC,2}$		527,49	547,94	569,66	592,38	616,06	640,70	666,33	692,98

↵

Tab. C–11: Fallstudie 1a: Ermittlung der Marktwerte der zusätzlichen Nettoinvestitionen des Bereichs B in den Bereich C mit dem FCF Verfahren *(Fortsetzung)*

ϕ	1	2	3	4	5	6	7	8	9
$\widetilde{NOPLAT}_{\phi}^{BC,3}$				52,40	54,21	56,29	58,50	60,84	63,27
$\widetilde{NI}_{\phi}^{BC,3}$				20,96	21,68	22,52	23,40	24,34	25,31
$\widetilde{IC}_{\phi}^{BC,3}$			519,84	540,80	562,48	585,00	608,40	632,74	658,04
$\widetilde{FCF}_{\phi}^{BC,3}$				31,44	32,53	33,77	35,10	36,50	37,96
$\widetilde{V}_{\phi}^{\ell,BC,3}$			573,92	596,67	620,47	645,26	671,07	697,92	725,83
$\widetilde{NOPLAT}_{\phi}^{BC,4}$					55,99	58,13	60,42	62,83	65,35
$\widetilde{NI}_{\phi}^{BC,4}$					22,39	23,25	24,17	25,13	26,14
$\widetilde{IC}_{\phi}^{BC,4}$				558,51	580,91	604,16	628,33	653,46	679,60
$\widetilde{FCF}_{\phi}^{BC,4}$					33,59	34,88	36,25	37,70	39,21
$\widetilde{V}_{\phi}^{\ell,BC,4}$				616,21	640,79	666,40	693,06	720,78	749,61

Tab. C–11: Fallstudie 1a: Ermittlung der Marktwerte der zusätzlichen Nettoinvestitionen des Bereichs B in den Bereich C mit dem FCF Verfahren *(Fortsetzung)*

ϕ	1	2	3	4	5	6	7	8	9
$\widetilde{NOPLAT}_{\phi}^{BC,5}$						59,73	62,08	64,56	67,14
$\widetilde{NI}_{\phi}^{BC,5}$						23,89	24,83	25,82	26,86
$\widetilde{IC}_{\phi}^{BC,5}$					596,86	620,75	645,58	671,40	698,26
$\widetilde{FCF}_{\phi}^{BC,5}$						35,84	37,25	38,73	40,28
$\widetilde{V}_{\phi}^{\ell,BC,5}$					658,39	684,70	712,09	740,57	770,19
$\widetilde{V}_{\phi}^{\ell,BC,6}$						702,35	730,44	759,66	790,04
$\widetilde{V}_{\phi}^{\ell,BC,7}$							749,03	778,99	810,15
$\widetilde{V}_{\phi}^{\ell,BC,8}$								798,91	830,87
$\widetilde{V}_{\phi}^{\ell,BC,9}$									911,43

Tab. C–12: Fallstudie 1a: Bereichsspezifische ROE, Thesaurierungsquoten und Gesamtausschüttungsquoten im Restwertzeitraum

ϕ	1	2	3	4	5	6	7	8	9 ff.
ROE_{ϕ}^{A}	30,0317 %	26,7327 %	25,8406 %	25,5337 %	25,4081 %	25,3510 %	25,2976 %	25,2976 %	25,2976 %
n_{ϕ}^{a}	50,9674 %	31,6182 %	24,2618 %	21,3137 %	20,0552 %	19,9991 %	18,9742 %	18,9742 %	18,9742 %
q_{ϕ}^{a}	49,0326 %	68,3818 %	75,7382 %	78,6863 %	79,9448 %	80,0009 %	81,0258 %	81,0258 %	81,0258 %
$q_{\phi}^{A,ges}$	30,0000 %	39,3600 %	42,9660 %	43,7598 %	43,9979 %	44,0694 %	45,0000 %	45,0000 %	45,0000 %
$q_{\phi}^{a,ges}$	33,3106 %	49,5647 %	56,7520 %	59,4663 %	60,6761 %	60,7065 %	62,4798 %	62,4798 %	62,4798 %
ROE_{ϕ}^{B}	19,6301 %	18,8887 %	18,3167 %	17,9284 %	17,6789 %	17,5232 %	17,4273 %	17,3689 %	17,2839 %
n_{ϕ}^{b}	30,6652 %	36,7115 %	38,7964 %	39,3733 %	39,4436 %	39,3783 %	39,2991 %	39,2141 %	39,1115 %
q_{ϕ}^{b}	69,3348 %	63,2885 %	61,2036 %	60,6267 %	60,5564 %	60,6217 %	60,7009 %	60,7859 %	60,8885 %
$q_{\phi}^{B,ges}$	26,0000 %	28,6000 %	29,9000 %	30,5500 %	30,8750 %	31,0375 %	31,1188 %	31,1594 %	30,0000 %
$q_{\phi}^{b,ges}$	60,1244 %	52,6368 %	49,8383 %	48,9130 %	48,6744 %	48,6597 %	48,7006 %	48,7695 %	47,9177 %
ROE_{ϕ}^{C}	16,7163 %	14,0678 %	13,2323 %	12,9779 %	12,9012 %	12,8782 %	12,8684 %	12,8684 %	12,8684 %
n_{ϕ}^{c}	9,5269 %	23,4094 %	28,6386 %	30,3366 %	30,8589 %	30,9779 %	31,0838 %	31,0838 %	31,0838 %
q_{ϕ}^{c}	90,4731 %	76,5906 %	71,3614 %	69,6634 %	69,1411 %	69,0221 %	68,9162 %	68,9162 %	68,9162 %

Tab. C–13: Fallstudie 1a: Aggregation der Bewertungsgrößen im Bereich C aufgrund der zusätzlichen Nettoinvestitionen vom Kernbereich

ϕ	1	2	3	4	5	6	7	8	9
$\widetilde{NOPLAT}_{\phi}^{AC}$		187, 48	407, 50	651, 06	922, 66	1.220, 21	1.543, 18	1.883, 36	2.250, 51
$\widetilde{NI}_{\phi}^{AC}$		74, 99	163, 00	260, 42	369, 06	488, 08	617, 27	753, 34	900, 20
$\widetilde{IC}_{\phi}^{AC,\phi}$	1.720, 00	2.172, 83	2.327, 46	2.485, 47	2.619, 93	2.750, 57	2.784, 51	2.918, 16	3.058, 24
$\widetilde{IC}_{\phi}^{AC}$	1.720, 00	3.967, 83	6.458, 29	9.204, 19	12.193, 17	15.431, 83	18.833, 61	22.505, 12	26.463, 56
$\widetilde{FCF}_{\phi}^{AC}$		112, 49	244, 50	390, 64	553, 59	732, 12	925, 91	1.130, 02	1.350, 31
$\widetilde{OP}_{\phi}^{AC}$		164, 29	352, 84	561, 54	794, 84	1.050, 79	1.328, 71	1.621, 61	1.937, 74
$\widetilde{RE}_{\phi}^{AC}$		38, 46	101, 05	170, 35	245, 28	325, 51	413, 01	504, 06	602, 32
$\widetilde{IE}_{\phi}^{AC,\phi}$	1.167, 84	1.460, 22	1.559, 35	1.663, 69	1.753, 21	1.840, 39	1.863, 10	1.952, 53	2.046, 25
$\widetilde{IE}_{\phi}^{AC}$	1.167, 84	2.666, 52	4.326, 92	6.160, 96	8.159, 45	10.325, 35	12.601, 47	15.058, 06	17.706, 63
$\widetilde{FTE}_{\phi}^{AC}$		125, 83	251, 79	391, 19	549, 56	725, 28	915, 70	1.117, 55	1.335, 41

Tab. C–15: Fallstudie 1a: Aggregation der Bewertungsgrößen auf Unternehmensebene *(Fortsetzung)*

ϕ	5	6	7	8	9
$\widetilde{NOPLAT}_\phi$	16.053,29	17.172,52	18.371,98	19.644,47	20.988,86
$\widetilde{NI}_\phi$	9.089,39	9.665,49	10.189,96	10.853,71	11.607,65
$\widetilde{IC}_\phi$	124.158,99	133.896,04	144.167,72	155.107,71	166.805,07
$\widetilde{FCF}_\phi$	6.963,90	7.507,03	8.182,03	8.790,76	9.381,20
q_ϕ^{NOPLAT}	43,3799 %	43,7154 %	44,5353 %	44,7493 %	44,6961 %
n_ϕ^{NOPLAT}	56,6201 %	56,2846 %	55,4647 %	55,2507 %	55,3039 %
$ROIC_\phi$	13,9593 %	13,8311 %	13,7211 %	13,6261 %	13,5318 %
$\widetilde{OP}_\phi$	14.120,27	15.099,98	16.151,65	17.264,18	18.438,40
$\widetilde{RE}_\phi$	5.836,15	6.218,12	6.463,03	6.888,40	7.372,03
$\widetilde{IE}_\phi$	74.812,99	81.031,11	87.494,15	94.382,55	101.754,58
$\widetilde{Div}_\phi$	8.352,70	8.953,42	9.770,34	10.462,06	11.156,07
q_ϕ^{OP}	59,1540 %	59,2943 %	60,4913 %	60,5998 %	60,5045 %
ROE_ϕ	20,4710 %	20,1836 %	19,9327 %	19,7318 %	19,5358 %
$\widetilde{V}_\phi^\ell$	170.800,80	183.257,99	196.418,08	210.422,90	225.381,83
$\widetilde{E}_\phi^\ell$	121.454,79	130.393,06	139.744,51	149.697,73	160.331,34
$\widetilde{D}_\phi$	49.346,00	52.864,93	56.673,57	60.725,17	65.050,49
Θ_ϕ	28,8910 %	28,8473 %	28,8535 %	28,8586 %	28,8623 %
L_ϕ	40,6291 %	40,5427 %	40,5551 %	40,5652 %	40,5725 %
$\widetilde{I}_\phi$	2.761,45	2.960,76	3.171,90	3.400,41	3.643,51
$\widetilde{TS}_\phi$	828,44	888,23	951,57	1.020,12	1.093,05
$\widetilde{\Delta D}_\phi$	3.321,82	3.518,93	3.808,64	4.051,60	4.325,32

Tab. C–16: Fallstudie 2a: Ermittlung der Restwertsteigerung aufgrund der zusätzlichen Nettoinvestitionen des Kernbereichs in den Bereich B mit dem FCF und dem FtE Verfahren

ϕ	0	1	2	3	4
$\widetilde{IC}_{\phi}^{\mathrm{AB},\phi}$		1.505,00	1.975,30	2.201,65	2.351,12
$\widetilde{V}_{\phi}^{\ell,\mathrm{AB},\phi}$		2.018,51	2.623,19	2.906,70	3.093,24
$\widetilde{MVA}_{\phi}^{\mathrm{AB}}$		513,51	647,88	705,04	742,11
$\widetilde{\Delta V}_{\phi}^{\ell,\mathrm{AB}}$	8.260,95	8.769,06	9.208,14	9.645,83	10.101,45
$\widetilde{\Delta E}_{\phi}^{\ell,\mathrm{AB}}$	5.534,84	6.006,80	6.376,64	6.715,91	7.052,07
$\widetilde{\Delta D}_{\phi}^{\mathrm{AB}}$	2.726,11	2.762,25	2.831,50	2.929,92	3.049,38
$\widetilde{D}_{\phi}^{\mathrm{AB},\phi}$		480,40	643,21	721,09	770,93
$\widetilde{IE}_{\phi}^{\mathrm{AB},\phi}$		1.024,60	1.332,10	1.480,56	1.580,19
n_{ϕ}^{ab}		28,2494 %	25,3388 %	24,1216 %	23,5325 %
$\widetilde{E}_{\phi}^{\ell,\mathrm{AB},\phi}$		1.538,10	1.979,98	2.185,60	2.322,30
$\widetilde{\Delta I}_{\phi}^{\mathrm{AB}}$		163,57	165,74	169,89	175,80
$\widetilde{\Delta TS}_{\phi}^{\mathrm{AB}}$		49,07	49,72	50,97	52,74

Tab. C–16: Fallstudie 2a: Ermittlung der Restwertsteigerung aufgrund der zusätzlichen Nettoinvestitionen des Kernbereichs in den Bereich B mit dem FCF und dem FtE Verfahren *(Fortsetzung)*

ϕ	5	6	7	8	9
$\widetilde{IC}_{\phi}^{AB,\phi}$	2.478,31	2.601,89	2.728,82	2.859,80	2.997,07
$\widetilde{V}_{\phi}^{\ell,AB,\phi}$	3.253,79	3.411,79	3.575,52	3.745,42	3.925,20
$\widetilde{MVA}_{\phi}^{AB}$	775,48	809,90	846,71	885,62	928,13
$\widetilde{\Delta V}_{\phi}^{\ell,AB}$	10.580,64	11.085,13	11.615,68	12.173,23	12.757,55
$\widetilde{\Delta E}_{\phi}^{\ell,AB}$	7.396,53	7.759,59	8.130,98	8.521,26	8.930,28
$\widetilde{\Delta D}_{\phi}^{AB}$	3.184,11	3.325,54	3.484,70	3.651,97	3.827,26
$\widetilde{D}_{\phi}^{AB,\phi}$	812,45	852,53	893,71	936,36	981,30
$\widetilde{IE}_{\phi}^{AB,\phi}$	1.665,86	1.749,37	1.835,11	1.923,45	2.015,77
n_{ϕ}^{ab}	23,2379 %	23,2534 %	22,9384 %	22,9400 %	22,9400 %
$\widetilde{E}_{\phi}^{\ell,AB,\phi}$	2.441,34	2.559,26	2.681,82	2.809,07	2.943,90
$\widetilde{\Delta I}_{\phi}^{AB}$	182,96	191,05	199,53	209,08	219,12
$\widetilde{\Delta TS}_{\phi}^{AB}$	54,89	57,31	59,86	62,72	65,74

Tab. C–17: Fallstudie 2a: Ermittlung der Restwertsteigerung aufgrund der zusätzlichen Nettoinvestitionen des Kernbereichs in den Bereich C mit dem FCF und dem FtE Verfahren bei kapitalwerterhöhender Verzinsung des Invested Capital in der Rentenphase

ϕ	0	1	2	3	4
$\widetilde{IC}_{\phi}^{AC,\phi}$		1.720,00	2.172,83	2.327,46	2.485,47
$\widetilde{V}_{\phi}^{\ell,AC,\phi}$		1.917,23	2.404,23	2.569,62	2.742,24
$\widetilde{MVA}_{\phi}^{AC}$		197,23	231,39	242,16	256,77
$\widetilde{\Delta V}_{\phi}^{\ell,AC}$	2.883,74	3.043,14	3.188,96	3.342,55	3.500,83
$\widetilde{\Delta E}_{\phi}^{\ell,AC}$	1.932,10	2.084,55	2.208,35	2.327,25	2.444,02
$\widetilde{\Delta D}_{\phi}^{AC}$	951,63	958,59	980,60	1.015,30	1.056,81
$\widetilde{D}_{\phi}^{AC,\phi}$		552,16	712,61	768,11	821,78
$\widetilde{IE}_{\phi}^{AC,\phi}$		1.167,84	1.460,22	1.559,35	1.663,69
n_{ϕ}^{ac}		31,8013 %	27,6260 %	25,3474 %	24,7669 %
$\widetilde{E}_{\phi}^{\ell,AC,\phi}$		1.365,07	1.691,61	1.801,51	1.920,46
$\widetilde{\Delta I}_{\phi}^{AC}$		57,10	57,52	58,84	60,92
$\widetilde{\Delta TS}_{\phi}^{AC}$		17,13	17,25	17,65	18,28

↴

Tab. C–17: Fallstudie 2a: Ermittlung der Restwertsteigerung aufgrund der zusätzlichen Nettoinvestitionen des Kernbereichs in den Bereich C mit dem FCF und dem FtE Verfahren bei kapitalwerterhöhender Verzinsung des Invested Capital in der Rentenphase *(Fortsetzung)*

ϕ	5	6	7	8	9
$\widetilde{IC}_{\phi}^{\mathrm{AC},\phi}$	2.619,93	2.750,57	2.840,20	2.976,53	3.119,40
$\widetilde{V}_{\phi}^{\ell,\mathrm{AC},\phi}$	2.890,00	3.033,93	3.132,79	3.283,16	3.440,75
$\widetilde{MVA}_{\phi}^{\mathrm{AC}}$	270,08	283,36	292,59	306,64	321,35
$\widetilde{\Delta V}_{\phi}^{\ell,\mathrm{AC}}$	3.665,59	3.837,59	4.021,79	4.214,84	4.417,15
$\widetilde{\Delta E}_{\phi}^{\ell,\mathrm{AC}}$	2.562,47	2.686,31	2.815,25	2.950,39	3.092,00
$\widetilde{\Delta D}_{\phi}^{\mathrm{AC}}$	1.103,11	1.151,28	1.206,54	1.264,45	1.325,14
$\widetilde{D}_{\phi}^{\mathrm{AC},\phi}$	866,72	910,18	939,84	984,95	1.032,23
$\widetilde{IE}_{\phi}^{\mathrm{AC},\phi}$	1.753,21	1.840,39	1.900,36	1.991,58	2.087,17
n_{ϕ}^{ac}	24,4726 %	24,4825 %	23,7914 %	23,7914 %	23,7914 %
$\widetilde{E}_{\phi}^{\ell,\mathrm{AC},\phi}$	2.023,28	2.123,75	2.192,95	2.298,21	2.408,53
$\widetilde{\Delta I}_{\phi}^{\mathrm{AC}}$	63,41	66,19	69,08	72,39	75,87
$\widetilde{\Delta TS}_{\phi}^{\mathrm{AC}}$	19,02	19,86	20,72	21,72	22,76

Tab. C–18: Fallstudie 2a: Aggregation der Bewertungsgrößen im Bereich B aufgrund der zusätzlichen Nettoinvestitionen vom Kernbereich

ϕ	1	2	3	4	5	6	7	8	9
$\widetilde{NOPLAT}_{\phi}^{AB}$		213,71	493,92	815,10	1.173,64	1.571,55	2.012,31	2.499,79	3.030,04
$\widetilde{NI}_{\phi}^{AB}$		119,68	266,72	432,00	616,16	821,14	1.048,92	1.301,45	1.575,62
$\widetilde{IC}_{\phi}^{AB,\phi}$	1.505,00	1.975,30	2.201,65	2.351,12	2.478,31	2.601,89	2.728,82	2.859,80	2.997,07
$\widetilde{IC}_{\phi}^{AB}$	1.505,00	3.599,98	6.068,35	8.851,48	11.945,95	15.368,97	19.146,71	23.307,96	27.880,65
$\widetilde{FCF}_{\phi}^{AB}$		94,03	227,20	383,10	557,48	750,42	963,39	1.198,34	1.454,42
$\widetilde{OP}_{\phi}^{AB}$		193,53	444,68	731,62	1.051,73	1.407,07	1.800,81	2.236,42	2.709,51
$\widetilde{RE}_{\phi}^{AB}$		71,05	172,52	288,06	414,84	554,08	707,70	876,99	1.059,73
$\widetilde{IE}_{\phi}^{AB,\phi}$	1.024,60	1.332,10	1.480,56	1.580,19	1.665,86	1.749,37	1.835,11	1.923,45	2.015,77
$\widetilde{IE}_{\phi}^{AB}$	1.024,60	2.427,74	4.080,82	5.949,08	8.029,78	10.333,23	12.876,04	15.676,48	18.751,98
$\widetilde{FTE}_{\phi}^{AB}$		122,48	272,16	443,56	636,89	852,99	1.093,11	1.359,43	1.649,78

Tab. C–19: Fallstudie 2a: Aggregation der Bewertungsgrößen im Bereich C aufgrund der zusätzlichen Nettoinvestitionen vom Kernbereich

ϕ	1	2	3	4	5	6	7	8	9
$\widetilde{NOPLAT}_{\phi}^{AC}$		187,48	407,50	651,06	922,66	1.220,21	1.543,18	1.888,93	2.262,14
$\widetilde{NI}_{\phi}^{AC}$		74,99	163,00	260,42	369,06	488,08	617,27	755,57	904,86
$\widetilde{IC}_{\phi}^{AC,\phi}$	1.720,00	2.172,83	2.327,46	2.485,47	2.619,93	2.750,57	2.840,20	2.976,53	3.119,40
$\widetilde{IC}_{\phi}^{AC}$	1.720,00	3.967,83	6.458,29	9.204,19	12.193,17	15.431,83	18.889,30	22.621,40	26.645,66
$\widetilde{FCF}_{\phi}^{AC}$		112,49	244,50	390,64	553,59	732,12	925,91	1.133,36	1.357,28
$\widetilde{OP}_{\phi}^{AC}$		164,29	352,84	561,54	794,84	1.050,79	1.328,71	1.626,41	1.947,75
$\widetilde{RE}_{\phi}^{AC}$		38,46	101,05	170,35	245,28	325,51	413,01	505,55	605,43
$\widetilde{IE}_{\phi}^{AC,\phi}$	1.167,84	1.460,22	1.559,35	1.663,69	1.753,21	1.840,39	1.900,36	1.991,58	2.087,17
$\widetilde{IE}_{\phi}^{AC}$	1.167,84	2.666,52	4.326,92	6.160,96	8.159,45	10.325,35	12.638,73	15.135,86	17.828,47
$\widetilde{FTE}_{\phi}^{AC}$		125,83	251,79	391,19	549,56	725,28	915,70	1.120,86	1.342,31

Tab. C–20: Fallstudie 2a: Aggregation der Bewertungsgrößen auf Unternehmensebene

ϕ	0	1	2	3	4
$\widetilde{NOPLAT}_\phi$		12.900,00	13.461,79	14.481,25	15.684,63
$\widetilde{NI}_\phi$		9.845,00	9.709,61	10.086,47	10.742,91
$\widetilde{IC}_\phi$	83.677,75	93.565,84	103.366,72	113.586,30	124.490,18
$\widetilde{FCF}_\phi$		3.055,00	3.752,18	4.394,78	4.941,72
q_ϕ^{NOPLAT}		23,6822 %	27,8728 %	30,3481 %	31,5068 %
$ROIC_\phi$		15,4163 %	14,3875 %	14,0096 %	13,8086 %
$\widetilde{OP}_\phi$		11.325,61	11.766,04	12.651,85	13.707,14
$\widetilde{RE}_\phi$		6.998,59	6.618,61	6.693,64	7.023,53
$\widetilde{IE}_\phi$	46.192,34	53.190,93	59.809,54	66.503,18	73.526,71
$\widetilde{Div}_\phi$		4.370,12	5.238,70	6.091,31	6.844,58
q_ϕ^{OP}		38,5862 %	44,5239 %	48,1456 %	49,9344 %
ROE_ϕ		24,5184 %	22,1204 %	21,1536 %	20,6113 %
$\widetilde{V}_\phi^\ell$	125.107,47	136.984,29	149.546,72	162.904,73	177.235,61
$\widetilde{E}_\phi^\ell$	87.622,06	96.609,38	105.989,54	115.821,62	126.272,14
$\widetilde{D}_\phi$	37.485,41	40.374,91	43.557,18	47.083,12	50.963,47
Θ_ϕ	29,9626 %	29,4741 %	29,1261 %	28,9022 %	28,7546 %
L_ϕ	42,7808 %	41,7919 %	41,0957 %	40,6514 %	40,3600 %
$\tilde{I}_\phi$		2.249,12	2.422,49	2.613,43	2.824,99
$\widetilde{TS}_\phi$		674,74	726,75	784,03	847,50
$\widetilde{\Delta D}_\phi$		2.889,51	3.182,27	3.525,94	3.880,35

Tab. C–20: Fallstudie 2a: Aggregation der Bewertungsgrößen auf Unternehmensebene *(Fortsetzung)*

ϕ	5	6	7	8	9
$\widetilde{NOPLAT}_\phi$	17.017,38	18.466,76	20.032,42	21.715,97	23.506,88
$\widetilde{NI}_\phi$	11.503,18	12.340,84	13.203,56	14.177,72	15.210,40
$\widetilde{IC}_\phi$	136.174,40	148.704,83	162.122,82	176.525,71	191.972,10
$\widetilde{FCF}_\phi$	5.514,20	6.125,92	6.828,86	7.538,26	8.296,48
q_ϕ^{NOPLAT}	32,4033 %	33,1727 %	34,0891 %	34,7130 %	35,2938 %
$ROIC_\phi$	13,6697 %	13,5611 %	13,4713 %	13,3948 %	13,3164 %
$\widetilde{OP}_\phi$	14.876,91	16.148,95	17.525,24	19.002,01	20.571,40
$\widetilde{RE}_\phi$	7.461,74	8.021,55	8.494,57	9.128,64	9.798,55
$\widetilde{IE}_\phi$	80.988,45	89.010,00	97.504,57	106.633,21	116.431,76
$\widetilde{Div}_\phi$	7.596,21	8.316,99	9.245,09	10.098,54	11.008,84
q_ϕ^{OP}	51,0604 %	51,5018 %	52,7530 %	53,1446 %	53,5153 %
ROE_ϕ	20,2333 %	19,9398 %	19,6891 %	19,4883 %	19,2917 %
$\widetilde{V}_\phi^\ell$	192.618,77	209.130,92	226.807,29	245.770,57	266.115,89
$\widetilde{E}_\phi^\ell$	137.432,82	149.436,08	162.189,04	175.878,06	190.575,55
$\widetilde{D}_\phi$	55.185,95	59.694,84	64.618,25	69.892,50	75.540,34
Θ_ϕ	28,6503 %	28,5442 %	28,4904 %	28,4381 %	28,3863 %
L_ϕ	40,1549 %	39,9467 %	39,8413 %	39,7392 %	39,6380 %
$\tilde{I}_\phi$	3.057,81	3.311,16	3.581,69	3.877,09	4.193,55
$\widetilde{TS}_\phi$	917,34	993,35	1.074,51	1.163,13	1.258,07
$\widetilde{\Delta D}_\phi$	4.222,48	4.508,88	4.923,41	5.274,25	5.647,84

Tab. C–21: Fallstudie 2a: Restwertermittlung im Bereich C mit dem FCF und dem FtE Verfahren bei kapitalwertneutraler Verzinsung des Invested Capital in der Rentenphase

ϕ	0	1	2	3	4
$\widetilde{NOPLAT}_{\phi}^{C}$		1.300, 00	1.105, 41	1.069, 91	1.086, 13
$\widetilde{NI}_{\phi}^{C}$		520, 00	442, 17	427, 97	434, 45
$\widetilde{IC}_{\phi}^{C}$	10.000, 00	10.520, 00	10.962, 17	11.390, 13	11.824, 58
$\widetilde{FCF}_{\phi}^{C}$		780, 00	663, 25	641, 95	651, 68
$\widetilde{V}_{\phi}^{\ell,C}$	10.446, 46	10.660, 37	11.005, 81	11.403, 51	11.828, 50
$\widetilde{E}_{\phi}^{\ell,C}$	7.730, 38	7.590, 18	7.743, 69	7.994, 77	8.283, 78
$\widetilde{D}_{\phi}^{C}$	2.716, 08	3.070, 19	3.262, 12	3.408, 74	3.544, 72
$\widetilde{I}_{\phi}^{C}$		162, 96	184, 21	195, 73	204, 52
$\widetilde{TS}_{\phi}^{C}$		48, 89	55, 26	58, 72	61, 36
$\widetilde{\Delta D}_{\phi}^{C}$		354, 11	191, 94	146, 61	135, 98
$\widetilde{OP}_{\phi}^{C}$		1.185, 92	976, 47	932, 90	942, 97
$\widetilde{RE}_{\phi}^{C}$		165, 89	250, 23	281, 35	298, 47
$\widetilde{IE}_{\phi}^{C}$	7.283, 92	7.449, 81	7.700, 04	7.981, 39	8.279, 87
$\widetilde{FTE}_{\phi}^{C}$		1.020, 03	726, 24	651, 55	644, 50

Tab. C–21: Fallstudie 2a: Restwertermittlung im Bereich C mit dem FCF und dem FtE Verfahren bei kapitalwertneutraler Verzinsung des Invested Capital in der Rentenphase *(Fortsetzung)*

ϕ	5	6	7	8	9
$\widetilde{NOPLAT}_{\phi}^{C}$	1.119,61	1.159,53	1.202,25	1.247,65	1.294,76
$\widetilde{NI}_{\phi}^{C}$	447,84	463,81	480,90	499,06	517,90
$\widetilde{IC}_{\phi}^{C}$	12.272,43	12.736,24	13.217,14	13.716,20	14.234,10
$\widetilde{FCF}_{\phi}^{C}$	671,76	695,72	721,35	748,59	776,85
$\widetilde{V}_{\phi}^{\ell,C}$	12.273,38	12.736,24	13.217,14	13.716,20	14.234,10
$\widetilde{E}_{\phi}^{\ell,C}$	8.592,56	8.915,37	9.252,00	9.601,34	9.963,87
$\widetilde{D}_{\phi}^{C}$	3.680,82	3.820,87	3.965,14	4.114,86	4.270,23
$\widetilde{I}_{\phi}^{C}$	212,68	220,85	229,25	237,91	246,89
$\widetilde{TS}_{\phi}^{C}$	63,80	66,25	68,78	71,37	74,07
$\widetilde{\Delta D}_{\phi}^{C}$	136,10	140,05	144,27	149,72	155,37
$\widetilde{OP}_{\phi}^{C}$	970,73	1.004,94	1.041,78	1.081,11	1.121,93
$\widetilde{RE}_{\phi}^{C}$	311,74	323,76	336,63	349,34	362,53
$\widetilde{IE}_{\phi}^{C}$	8.591,61	8.915,37	9.252,00	9.601,34	9.963,87
$\widetilde{FTE}_{\phi}^{C}$	658,99	681,18	705,15	731,77	759,40

Tab. C–22: Fallstudie 2a: Ermittlung der Restwertsteigerung aufgrund der zusätzlichen Nettoinvestitionen des Kernbereichs in den Bereich C mit dem FCF und dem FtE Verfahren bei kapitalwertneutraler Verzinsung des Invested Capital in der Rentenphase

ϕ	0	1	2	3	4
$\widetilde{IC}_{\phi}^{AC,\phi}$		1.720,00	2.172,83	2.327,46	2.485,47
$\widetilde{V}_{\phi}^{\ell,AC,\phi}$		1.742,95	2.181,48	2.330,20	2.486,30
$\widetilde{MVA}_{\phi}^{AC}$		22,95	8,65	2,73	0,82
$\widetilde{\Delta V}_{\phi}^{\ell,AC}$	29,83	10,57	3,23	0,89	0,18
$\widetilde{\Delta E}_{\phi}^{\ell,AC}$	19,98	7,24	2,23	0,62	0,13
$\widetilde{\Delta D}_{\phi}^{AC}$	9,84	3,33	0,99	0,27	0,05
$\widetilde{D}_{\phi}^{AC,\phi}$		501,97	646,59	696,54	745,08
$\widetilde{IE}_{\phi}^{AC,\phi}$		1.218,03	1.526,24	1.630,92	1.740,39
n_{ϕ}^{ac}		32,9341 %	28,7892 %	26,4861 %	25,9052 %
$\widetilde{E}_{\phi}^{\ell,AC,\phi}$		1.240,98	1.534,89	1.633,65	1.741,21
$\widetilde{\Delta I}_{\phi}^{AC}$		0,59	0,20	0,06	0,02
$\widetilde{\Delta TS}_{\phi}^{AC}$		0,18	0,06	0,02	0,00

Tab. C–22: Fallstudie 2a: Ermittlung der Restwertsteigerung aufgrund der zusätzlichen Nettoinvestitionen des Kernbereichs in den Bereich C mit dem FCF und dem FtE Verfahren bei kapitalwertneutraler Verzinsung des Invested Capital in der Rentenphase *(Fortsetzung)*

ϕ	5	6	7	8	9
$\widetilde{IC}_{\phi}^{AC,\phi}$	2.619, 93	2.750, 57	2.840, 20	2.976, 53	3.119, 40
$\widetilde{V}_{\phi}^{\ell,AC,\phi}$	2.620, 13	2.750, 57	2.840, 20	2.976, 53	3.119, 40
$\widetilde{MVA}_{\phi}^{AC}$	0, 20	0, 00	0, 00	0, 00	0, 00
$\widetilde{\Delta V}_{\phi}^{\ell,AC}$	0, 00	0, 00	0, 00	0, 00	0, 00
$\widetilde{\Delta E}_{\phi}^{\ell,AC}$	0, 00	0, 00	0, 00	0, 00	0, 00
$\widetilde{\Delta D}_{\phi}^{AC}$	0, 00	0, 00	0, 00	0, 00	0, 00
$\widetilde{D}_{\phi}^{AC,\phi}$	785, 78	825, 17	852, 06	892, 96	935, 82
$\widetilde{IE}_{\phi}^{AC,\phi}$	1.834, 14	1.925, 40	1.988, 14	2.083, 57	2.183, 58
n_{ϕ}^{ac}	25, 6094 %	25, 6196 %	24, 9119 %	24, 9119 %	24, 9119 %
$\widetilde{E}_{\phi}^{\ell,AC,\phi}$	1.834, 34	1.925, 40	1.988, 14	2.083, 57	2.183, 58
$\widetilde{\Delta I}_{\phi}^{AC}$	0, 00	0, 00	0, 00	0, 00	0, 00
$\widetilde{\Delta TS}_{\phi}^{AC}$	0, 00	0, 00	0, 00	0, 00	0, 00

C.1.2 Tabellen zur Fallstudie 3a

Tab. C–23: Fallstudie 3a: Restwertermittlung im Kernbereich bei residualer Ausschüttung mit dem FCF und dem FtE Verfahren

ϕ_{II}	0	1	2	3
$\widetilde{NOPLAT}_{\phi}^{\text{A}}$		13.120,00	13.749,76	14.409,75
$\widetilde{NI}_{\phi}^{\text{A}}$		3.936,00	4.124,93	4.322,92
$\widetilde{IC}_{\phi}^{\text{A}}$	82.000,00	85.936,00	90.060,93	94.383,85
$\widetilde{FCF}_{\phi}^{\text{A}}$		9.184,00	9.624,83	10.086,82
$\widetilde{V}_{\phi}^{\ell,\text{A}}$	120.456,33	126.238,24	132.297,67	138.647,96
$\widetilde{E}_{\phi}^{\ell,\text{A}}$	84.319,43	88.366,77	92.608,37	97.053,57
$\widetilde{D}_{\phi}^{\text{A}}$	36.136,90	37.871,47	39.689,30	41.594,39
$\tilde{I}_{\phi}^{\text{A}}$		2.168,21	2.272,29	2.381,36
$\widetilde{TS}_{\phi}^{\text{A}}$		650,46	681,69	714,41
$\widetilde{\Delta D}_{\phi}^{\text{A}}$		1.734,57	1.817,83	1.905,09
$\widetilde{OP}_{\phi}^{\text{A}}$		11.602,25	12.159,16	12.742,80
$\widetilde{RE}_{\phi}^{\text{A}}$		2.201,43	2.307,10	2.417,84
$\widetilde{IE}_{\phi}^{\text{A}}$	45.863,10	48.064,53	50.371,63	52.789,46
$\widetilde{FTE}_{\phi}^{\text{A}}$		9.400,82	9.852,06	10.324,96

Tab. C–24: Fallstudie 3a: Ermittlung der Restwertsteigerung aufgrund der zusätzlichen Nettoinvestitionen des Kernbereichs mit dem FCF und dem FtE Verfahren

ϕ_{II}	0	1	2	3
$\widetilde{IE}_{\phi}^{\text{AD},\phi}$		2.627,55	2.753,67	2.885,85
n^{ad}		27,9502 %	27,9502 %	27,9502 %
$\widetilde{E}_{\phi}^{\ell,\text{AD},\phi}$		4.159,58	4.359,24	4.568,49
$\widetilde{D}_{\phi}^{\text{AD},\phi}$		1.782,68	1.868,25	1.957,92
$\widetilde{IC}_{\phi}^{\text{AD},\phi}$		4.410,23	4.621,92	4.843,77
$\widetilde{V}_{\phi}^{\ell,\text{AD},\phi}$		5.942,26	6.227,49	6.526,41
$\widetilde{MVA}_{\phi}^{\text{AD}}$		1.532,03	1.605,57	1.682,64
$\widetilde{\Delta V}_{\phi}^{\ell,\text{AD}}$	20.093,96	21.058,47	22.069,28	23.128,61
$\widetilde{\Delta E}_{\phi}^{\ell,\text{AD}}$	14.065,77	14.740,93	15.448,50	16.190,02
$\widetilde{\Delta D}_{\phi}^{\text{AD}}$	6.028,19	6.317,54	6.620,78	6.938,58
$\widetilde{\Delta I}_{\phi}^{\text{AD}}$		361,69	379,05	397,25
$\widetilde{\Delta TS}_{\phi}^{\text{AD}}$		108,51	113,72	119,17

Tab. C–25: Fallstudie 3a: Ermittlung der Marktwerte der zusätzlichen Nettoinvestitionen mit dem FtE und dem FCF Verfahren

ϕ_{II}	1	2	3
$\widetilde{OP}_{\phi}^{AD,1}$		394,13	417,78
$\widetilde{RE}_{\phi}^{AD,1}$		157,65	167,11
$\widetilde{IE}_{\phi}^{AD,1}$	2.627,55	2.785,20	2.952,32
$\widetilde{FTE}_{\phi}^{AD,1}$		236,48	250,67
$\widetilde{E}_{\phi}^{\ell,AD,1}$	4.159,58	4.409,16	4.673,71
$\widetilde{V}_{\phi}^{\ell,AD,1}$	5.942,26	6.298,80	6.676,72
$\widetilde{D}_{\phi}^{AD,1}$	1.782,68	1.889,64	2.003,02
$\tilde{I}_{\phi}^{AD,1}$		106,96	113,38
$\widetilde{TS}_{\phi}^{AD,1}$		32,09	34,01
$\widetilde{\Delta D}_{\phi}^{AD,1}$		106,96	113,38
$\widetilde{NOPLAT}_{\phi}^{AD,1}$		469,01	497,15
$\widetilde{NI}_{\phi}^{AD,1}$		264,61	280,49
$\widetilde{IC}_{\phi}^{AD,1}$	4.410,23	4.674,84	4.955,33
$\widetilde{FCF}_{\phi}^{AD,1}$		204,39	216,65
$\widetilde{V}_{\phi}^{\ell,AD,2}$		6.227,49	6.601,14
$\widetilde{V}_{\phi}^{\ell,AD,3}$			6.526,41

Tab. C–26: Fallstudie 3a: Aggregation der Bewertungsgrößen der Zusatzanlage D aufgrund der zusätzlichen Nettoinvestitionen vom Kernbereich

ϕ_{II}	1	2	3
$\widetilde{NOPLAT}_{\phi}^{\mathrm{AD}}$		$469,01$	$988,66$
$\widetilde{NI}_{\phi}^{\mathrm{AD}}$		$264,61$	$557,81$
$\widetilde{IC}_{\phi}^{\mathrm{AD},\phi}$	$4.410,23$	$4.621,92$	$4.843,77$
$\widetilde{IC}_{\phi}^{\mathrm{AD}}$	$4.410,23$	$9.296,76$	$14.698,34$
$\widetilde{FCF}_{\phi}^{\mathrm{AD}}$		$204,39$	$430,86$
$\widetilde{OP}_{\phi}^{\mathrm{AD}}$		$394,13$	$830,83$
$\widetilde{RE}_{\phi}^{\mathrm{AD}}$		$157,65$	$332,33$
$\widetilde{IE}_{\phi}^{\mathrm{AD},\phi}$	$2.627,55$	$2.753,67$	$2.885,85$
$\widetilde{IE}_{\phi}^{\mathrm{AD}}$	$2.627,55$	$5.538,88$	$8.757,06$
$\widetilde{FTE}_{\phi}^{\mathrm{AD}}$		$236,48$	$498,50$

Tab. C–27: Fallstudie 3a: Aggregation der Bewertungsgrößen auf Unternehmensebene

ϕ_{II}	0	1	2	3
$\widetilde{NOPLAT}_{\phi}$		13.120, 00	14.218, 77	15.398, 41
$\widetilde{NI}_{\phi}$		8.346, 23	9.011, 46	9.724, 50
$\widetilde{IC}_{\phi}$	88.028, 19	96.663, 77	105.978, 48	116.020, 78
$\widetilde{FCF}_{\phi}$		4.773, 77	5.207, 30	5.673, 91
q_{ϕ}^{NOPLAT}		36, 3854 %	36, 6228 %	36, 8474 %
$ROIC_{\phi}$		14, 9043 %	14, 7095 %	14, 5298 %
$\widetilde{OP}_{\phi}$		11.349, 07	12.287, 95	13.295, 56
$\widetilde{RE}_{\phi}$		4.828, 98	5.218, 42	5.636, 02
$\widetilde{IE}_{\phi}$	45.863, 10	50.692, 08	55.910, 50	61.546, 52
$\widetilde{Div}_{\phi}$		6.809, 44	7.372, 77	7.977, 33
q^{OP}		60, 0000 %	60, 0000 %	60, 0000 %
ROE_{ϕ}		24, 7455 %	24, 2404 %	23, 7801 %
$\widetilde{V}_{\phi}^{\ell}$	140.550, 30	153.238, 97	166.893, 24	181.580, 84
$\widetilde{E}_{\phi}^{\ell}$	98.385, 21	107.267, 28	116.825, 27	127.106, 59
$\widetilde{D}_{\phi}$	42.165, 09	45.971, 69	50.067, 97	54.474, 25
$\widetilde{I}_{\phi}$		2.529, 91	2.758, 30	3.004, 08
$\widetilde{TS}_{\phi}$		758, 97	827, 49	901, 22
$\widetilde{\Delta D}_{\phi}$		3.806, 60	4.096, 28	4.406, 28

C.2 Fallstudien zur Nachsteuerrechnung

C.2.1 Tabellen und Berechnungen zu den Fallstudien 1b und 2b

Tab. C–28: Fallstudie 1b / 2b: Kapitalkostensätze und modifizierter Steuersatz des Kernbereichs in einer Nachsteuerrechnung

ϕ	1	2	3	4
$ke_{\phi}^{\ell,A,s}$	13,7264 %	13,5455 %	13,4579 %	13,4149 %
$ke_{\phi}^{\ell,A,s^{\star}}$	15,8115 %	15,6031 %	15,5023 %	15,4527 %
$k_{\phi}^{\tau,A,s}$	10,5228 %	10,6513 %	10,7155 %	10,7475 %
$k_{\phi}^{\tau,A,s^{\star}}$	12,1213 %	12,2694 %	12,3432 %	12,3801 %
$s_{\bar{d},\phi}^{A}$	10,9286 %	11,0351 %	11,0882 %	11,1148 %

Tab. C–28: Fallstudie 1b / 2b: Kapitalkostensätze und modifizierter Steuersatz des Kernbereichs in einer Nachsteuerrechnung *(Fortsetzung)*

ϕ	5	6	7 ff.
$ke_{\phi}^{\ell,A,s}$	13,3935 %	13,3829 %	13,3723 %
$ke_{\phi}^{\ell,A,s^{\star}}$	15,4281 %	15,4159 %	15,4037 %
$k_{\phi}^{\tau,A,s}$	10,7635 %	10,7642 %	10,7795 %
$k_{\phi}^{\tau,A,s^{\star}}$	12,3986 %	12,3994 %	12,4170 %
$s_{\bar{d},\phi}^{A}$	11,1280 %	11,1413 %	11,1413 %

Tab. C–29: Fallstudie 1b / 2b: Kapitalkostensätze und modifizierter Steuersatz des Bereichs B in einer Nachsteuerrechnung

ϕ	1	2	3	4	5	6	7	8	9 ff.
$ke_{\phi}^{\ell,B,s}$	11,3241 %	11,4662 %	11,5250 %	11,5488 %	11,5584 %	11,5623 %	11,5638 %	11,5644 %	11,5648 %
$ke_{\phi}^{\ell,B,s^{\star}}$	13,0443 %	13,2081 %	13,2757 %	13,3032 %	13,3142 %	13,3186 %	13,3204 %	13,3211 %	13,3216 %
$k_{\phi}^{\tau,B,s}$	10,1162 %	9,9384 %	9,8671 %	9,8386 %	9,8272 %	9,8226 %	9,8208 %	9,8204 %	9,8196 %
$k_{\phi}^{\tau,B,s^{\star}}$	11,6529 %	11,4481 %	11,3660 %	11,3332 %	11,3200 %	11,3148 %	11,3127 %	11,3122 %	11,3113 %
$s_{d,\phi}^{B}$	12,0096 %	11,9096 %	11,8696 %	11,8535 %	11,8471 %	11,8446 %	11,8435 %	11,8428 %	11,8428 %

Tab. C–30: Fallstudie 1b / 2b: Kapitalkostensätze und modifizierter Steuersatz des Bereichs C in einer Nachsteuerrechnung

ϕ	1	2	3	4	5	6	7 ff.
$ke_{\phi}^{\ell,\mathrm{C,s}}$	9, 0585 %	9, 2186 %	9, 2691 %	9, 2845 %	9, 2891 %	9, 2905 %	9, 2911 %
$ke_{\phi}^{\ell,\mathrm{C,s}^{\star}}$	10, 4345 %	10, 6190 %	10, 6771 %	10, 6949 %	10, 7002 %	10, 7018 %	10, 7025 %
$k_{\phi}^{\tau,\mathrm{C,s}}$	8, 2369 %	7, 9216 %	7, 8269 %	7, 7985 %	7, 7900 %	7, 7878 %	7, 7863 %
$k_{\phi}^{\tau,\mathrm{C,s}^{\star}}$	9, 4881 %	9, 1250 %	9, 0159 %	8, 9831 %	8, 9733 %	8, 9709 %	8, 9691 %
$s_{\bar{\mathrm{d}},\phi}^{\mathrm{C}}$	11, 3107 %	11, 1922 %	11, 1566 %	11, 1459 %	11, 1427 %	11, 1413 %	11, 1413 %

Tab. C–31: Fallstudie 1b / 2b: Restwertermittlung im Kernbereich mit dem FCF und dem FtE Verfahren ohne Berücksichtigung der zusätzlichen Nettoinvestitionen

ϕ	0	1	2	3
$s^{\mathrm{A}}_{\bar{\mathrm{d}},\phi} \cdot \widetilde{FCF}^{\mathrm{A}}_{\phi}$		469,93	622,79	697,50
$\widetilde{FCF}^{\mathrm{A}}_{\phi} \cdot \left(1 - s^{\mathrm{A}}_{\bar{\mathrm{d}},\phi}\right)$		3.830,07	5.020,93	5.592,94
$\widetilde{V}^{\ell,\mathrm{A,s}}_{\phi}$	67.231,09	71.550,32	75.308,15	79.010,67
$\widetilde{E}^{\ell,\mathrm{A,s}}_{\phi}$	45.044,83 [a]	49.011,97 [a]	52.150,89 [a]	55.011,18 [a]
$\widetilde{D}^{\mathrm{A,s}}_{\phi}$	22.186,26	22.538,35	23.157,26	23.999,49
$\tilde{I}^{\mathrm{A}}_{\phi}$		1.331,18	1.352,30	1.389,44
$\widetilde{TS}^{\mathrm{A}}_{\phi}$		399,35	405,69	416,83
$\widetilde{\Delta D}^{\mathrm{A,s}}_{\phi}$		352,09	618,90	842,23
$\widetilde{OP}^{\mathrm{A}}_{\phi}$		7.668,18	7.871,71	8.250,92
$\widetilde{RE}^{\mathrm{A}}_{\phi}$		3.947,91	2.555,69	2.090,85
$\widetilde{IE}^{\mathrm{A}}_{\phi}$	27.813,74	31.761,65	34.317,34	36.408,18
$\widetilde{FTE}^{\mathrm{A}}_{\phi}$		3.720,27	5.316,02	6.160,07
$s_{\mathrm{d}^\star} \cdot \widetilde{FTE}^{\mathrm{A}}_{\phi}$		565,14	807,54	935,76
$\widetilde{FTE}^{\mathrm{A}}_{\phi} \cdot (1 - s_{\mathrm{d}^\star})$		3.155,13	4.508,47	5.224,31

[a] Berechnung mit dem FtE Verfahren auf den Seiten 469 f.

Tab. C–31: Fallstudie 1b / 2b: Restwertermittlung im Kernbereich mit dem FCF und dem FtE Verfahren ohne Berücksichtigung der zusätzlichen Nettoinvestitionen *(Fortsetzung)*

ϕ	4	5	6	7
$s^{A}_{\bar{d},\phi} \cdot \widetilde{FCF}^{A}_{\phi}$	746,63	787,96	828,24	868,64
$\widetilde{FCF}^{A}_{\phi} \cdot \left(1 - s^{A}_{\bar{d},\phi}\right)$	5.970,86	6.292,92	6.605,74	6.927,98
$\widetilde{V}^{\ell,A,s}_{\phi}$	82.821,44	86.797,21	90.953,83	95.319,61
$\widetilde{E}^{\ell,A,s}_{\phi}$	57.819,72 [a]	60.676,68 [b]	63.667,68	66.723,73
$\widetilde{D}^{A,s}_{\phi}$	25.001,72	26.120,54	27.286,15	28.595,88
$\tilde{I}^{A}_{\phi}$	1.439,97	1.500,10	1.567,23	1.637,17
$\widetilde{TS}^{A}_{\phi}$	431,99	450,03	470,17	491,15
$\widetilde{\Delta D}^{A,s}_{\phi}$	1.002,23	1.118,81	1.165,61	1.309,74
$\widetilde{OP}^{A}_{\phi}$	8.663,05	9.088,94	9.530,29	9.992,01
$\widetilde{RE}^{A}_{\phi}$	1.951,30	1.939,31	2.027,76	2.031,67
$\widetilde{IE}^{A}_{\phi}$	38.359,48	40.298,80	42.326,56	44.358,23
$\widetilde{FTE}^{A}_{\phi}$	6.711,75	7.149,62	7.502,53	7.960,34
$s_{d^\star} \cdot \widetilde{FTE}^{A}_{\phi}$	1.019,57	1.086,08	1.139,69	1.209,24
$\widetilde{FTE}^{A}_{\phi} \cdot (1 - s_{d^\star})$	5.692,18	6.063,54	6.362,84	6.751,10

[a] Berechnung mit dem FtE Verfahren auf den Seiten 469 f. [b] Siehe (4.57). ⌝

Tab. C–31: Fallstudie 1b / 2b: Restwertermittlung im Kernbereich mit dem FCF und dem FtE Verfahren ohne Berücksichtigung der zusätzlichen Nettoinvestitionen *(Fortsetzung)*

ϕ	8	9
$s_{\bar{d},\phi}^{A} \cdot \widetilde{FCF}_{\phi}^{A}$	910, 34	954, 04
$\widetilde{FCF}_{\phi}^{A} \cdot \left(1 - s_{\bar{d},\phi}^{A}\right)$	7.260, 52	7.609, 03
$\widetilde{V}_{\phi}^{\ell,A,s}$	99.894, 95	104.689, 91
$\widetilde{E}_{\phi}^{\ell,A,s}$	69.926, 47	73.282, 94
$\widetilde{D}_{\phi}^{A,s}$	29.968, 49	31.406, 97
$\tilde{I}_{\phi}^{A}$	1.715, 75	1.798, 11
$\widetilde{TS}_{\phi}^{A}$	514, 73	539, 43
$\widetilde{\Delta D}_{\phi}^{A,s}$	1.372, 60	1.438, 49
$\widetilde{OP}_{\phi}^{A}$	10.471, 63	10.974, 27
$\widetilde{RE}_{\phi}^{A}$	2.129, 20	2.231, 40
$\widetilde{IE}_{\phi}^{A}$	46.487, 43	48.718, 82
$\widetilde{FTE}_{\phi}^{A}$	8.342, 44	8.742, 87
$s_{d^\star} \cdot \widetilde{FTE}_{\phi}^{A}$	1.267, 28	1.328, 11
$\widetilde{FTE}_{\phi}^{A} \cdot (1 - s_{d^\star})$	7.075, 15	7.414, 76

Ergänzung zu Tab. C–31

Ermittlung der mit [a] markierten Restwerte mit dem FtE Verfahren

$$\mathrm{E}\left[\widetilde{E}_{\mathrm{I},4}^{\ell,\mathrm{A,s}}\right] =$$

$$\frac{(7.080,88 - 6\,\% \cdot (1 - 30\,\%) \cdot 43,2408\,\% \cdot 57.819,72) \cdot (1 - 15,1908\,\%)}{1 + 15,4281\,\%}$$

$$+ \frac{(43,0487\,\% \cdot 60.676,68 - 43,2408\,\% \cdot 57.819,72) \cdot (1 - 15,1908\,\%)}{1 + 15,4281\,\%}$$

$$+ \frac{60.676,68}{1 + 15,4281\,\%}$$

$$= (1 - 30,1875\,\%) \cdot 82.821,44$$

$$= 57.819,72.$$

$$\mathrm{E}\left[\widetilde{E}_{\mathrm{I},3}^{\ell,\mathrm{A,s}}\right] =$$

$$\frac{(6.717,50 - 6\,\% \cdot (1 - 30\,\%) \cdot 43,6266\,\% \cdot 55.011,18) \cdot (1 - 15,1908\,\%)}{1 + 15,4527\,\%}$$

$$+ \frac{(43,2408\,\% \cdot 57.819,72 - 43,6266\,\% \cdot 55.011,18) \cdot (1 - 15,1908\,\%)}{1 + 15,4527\,\%}$$

$$+ \frac{57.819,72}{1 + 15,4527\,\%}$$

$$= (1 - 30,375\,\%) \cdot 79.010,67$$

$$= 55.011,18.$$

$$\mathrm{E}\left[\widetilde{E}_{\mathrm{I},2}^{\ell,\mathrm{A,s}}\right] =$$

$$\frac{(6.290,44 - 6\,\% \cdot (1 - 30\,\%) \cdot 44,4043\,\% \cdot 52.150,89) \cdot (1 - 15,1908\,\%)}{1 + 15,5023\,\%}$$

↴

$$+\frac{(43{,}6266\,\% \cdot 55.011{,}18 - 44{,}4043\,\% \cdot 52.150{,}89) \cdot (1 - 15{,}1908\,\%)}{1 + 15{,}5023\,\%}$$

$$+\frac{55.011{,}18}{1 + 15{,}5023\,\%}$$

$$= (1 - 30{,}75\,\%) \cdot 75.308{,}15$$

$$= 52.150{,}89.$$

$$\mathrm{E}\left[\widetilde{E}_{\mathrm{I},1}^{\ell,\mathrm{A,s}}\right] =$$

$$\frac{(5.643{,}72 - 6\,\% \cdot (1 - 30\,\%) \cdot 45{,}9854\,\% \cdot 49.011{,}97) \cdot (1 - 15{,}1908\,\%)}{1 + 15{,}6031\,\%}$$

$$+\frac{(44{,}4043\,\% \cdot 52.150{,}89 - 45{,}9854\,\% \cdot 49.011{,}97) \cdot (1 - 15{,}1908\,\%)}{1 + 15{,}6031\,\%}$$

$$+\frac{52.150{,}89}{1 + 15{,}6031\,\%}$$

$$= (1 - 31{,}5\,\%) \cdot 71.550{,}32$$

$$= 49.011{,}97.$$

$$\mathrm{E}\left[\widetilde{E}_{\mathrm{I},0}^{\ell,\mathrm{A,s}}\right] =$$

$$\frac{(4.300{,}00 - 6\,\% \cdot (1 - 30\,\%) \cdot 49{,}2537\,\% \cdot 45.044{,}83) \cdot (1 - 15{,}1908\,\%)}{1 + 15{,}8115\,\%}$$

$$+\frac{(45{,}9854\,\% \cdot 49.011{,}97 - 49{,}2537\,\% \cdot 45.044{,}83) \cdot (1 - 15{,}1908\,\%)}{1 + 15{,}8115\,\%}$$

$$+\frac{49.011{,}97}{1 + 15{,}8115\,\%}$$

$$= (1 - 33\,\%) \cdot 67.231{,}09$$

$$= 45.044{,}83.$$

Tab. C–32: Fallstudie 1b / 2b: Restwertermittlung im Bereich B mit dem FCF und dem FtE Verfahren ohne Berücksichtigung der zusätzlichen Nettoinvestitionen

ϕ	0	1	2	3
$s^{B}_{\bar{d},\phi} \cdot \widetilde{FCF}^{B}_{\phi}$		144, 11	162, 22	176, 29
$\widetilde{FCF}^{B}_{\phi} \cdot \left(1 - s^{B}_{\bar{d},\phi}\right)$		1.055, 89	1.199, 85	1.308, 96
$\widetilde{V}^{\ell,B,s}_{\phi}$	25.071, 94	26.937, 67	28.821, 67	30.788, 58
$\widetilde{E}^{\ell,B,s}_{\phi}$	19.556, 11	20.526, 50	21.754, 59	23.150, 55
$\widetilde{D}^{B,s}_{\phi}$	5.515, 83	6.411, 16	7.067, 07	7.638, 03
$\tilde{I}^{B}_{\phi}$		330, 95	384, 67	424, 02
$\widetilde{TS}^{B}_{\phi}$		99, 28	115, 40	127, 21
$\widetilde{\Delta D}^{B,s}_{\phi}$		895, 34	655, 91	570, 96
$\widetilde{OP}^{B}_{\phi}$		2.768, 34	2.826, 33	2.931, 98
$\widetilde{RE}^{B}_{\phi}$		904, 66	1.077, 63	1.172, 59
$\widetilde{IE}^{B}_{\phi}$	14.484, 17	15.388, 84	16.466, 46	17.639, 06
$\widetilde{FTE}^{B}_{\phi}$		1.863, 67	1.748, 70	1.759, 39
$s_{d^{\star}} \cdot \widetilde{FTE}^{B}_{\phi}$		283, 11	265, 64	267, 27
$\widetilde{FTE}^{B}_{\phi} \cdot (1 - s_{d^{\star}})$		1.580, 57	1.483, 06	1.492, 13

Tab. C–32: Fallstudie 1b / 2b: Restwertermittlung im Bereich B mit dem FCF und dem FtE Verfahren ohne Berücksichtigung der zusätzlichen Nettoinvestitionen *(Fortsetzung)*

ϕ	4	5	6	7
$s^{B}_{\bar{d},\phi} \cdot \widetilde{FCF}^{B}_{\phi}$	189,15	202,03	215,49	229,79
$\widetilde{FCF}^{B}_{\phi} \cdot \left(1 - s^{B}_{\bar{d},\phi}\right)$	1.406,60	1.503,28	1.603,80	1.710,42
$\widetilde{V}^{\ell,B,s}_{\phi}$	32.871,31	35.089,07	37.455,51	39.982,31
$\widetilde{E}^{\ell,B,s}_{\phi}$	24.678,73	26.327,58	28.096,24	29.988,70
$\widetilde{D}^{B,s}_{\phi}$	8.192,58	8.761,49	9.359,28	9.993,61
$\tilde{I}^{B}_{\phi}$	458,28	491,55	525,69	561,56
$\widetilde{TS}^{B}_{\phi}$	137,48	147,47	157,71	168,47
$\widetilde{\Delta D}^{B,s}_{\phi}$	554,55	568,91	597,79	634,34
$\widetilde{OP}^{B}_{\phi}$	3.074,42	3.246,05	3.442,04	3.659,57
$\widetilde{RE}^{B}_{\phi}$	1.244,92	1.315,92	1.392,95	1.478,11
$\widetilde{IE}^{B}_{\phi}$	18.883,97	20.199,89	21.592,83	23.070,94
$\widetilde{FTE}^{B}_{\phi}$	1.829,50	1.930,13	2.049,09	2.181,46
$s_{d^{\star}} \cdot \widetilde{FTE}^{B}_{\phi}$	277,92	293,20	311,27	331,38
$\widetilde{FTE}^{B}_{\phi} \cdot (1 - s_{d^{\star}})$	1.551,59	1.636,93	1.737,82	1.850,08

Tab. C–32: Fallstudie 1b / 2b: Restwertermittlung im Bereich B mit dem FCF und dem FtE Verfahren ohne Berücksichtigung der zusätzlichen Nettoinvestitionen *(Fortsetzung)*

ϕ	8	9
$s^{B}_{\bar{d},\phi} \cdot \widetilde{FCF}^{B}_{\phi}$	245,08	260,95
$\widetilde{FCF}^{B}_{\phi} \cdot \left(1 - s^{B}_{\bar{d},\phi}\right)$	1.824,34	1.942,52
$\widetilde{V}^{\ell,B,s}_{\phi}$	42.680,84	45.566,06
$\widetilde{E}^{\ell,B,s}_{\phi}$	32.010,63	34.174,55
$\widetilde{D}^{B,s}_{\phi}$	10.670,21	11.391,52
$\widetilde{I}^{B}_{\phi}$	599,62	640,21
$\widetilde{TS}^{B}_{\phi}$	179,89	192,06
$\widetilde{\Delta D}^{B,s}_{\phi}$	676,60	721,31
$\widetilde{OP}^{B}_{\phi}$	3.897,17	4.142,42
$\widetilde{RE}^{B}_{\phi}$	1.570,89	1.665,79
$\widetilde{IE}^{B}_{\phi}$	24.641,84	26.307,62
$\widetilde{FTE}^{B}_{\phi}$	2.326,28	2.476,63
$s_{d^{\star}} \cdot \widetilde{FTE}^{B}_{\phi}$	353,38	376,22
$\widetilde{FTE}^{B}_{\phi} \cdot (1 - s_{d^{\star}})$	1.972,90	2.100,41

Tab. C–33: Fallstudie 1b / 2b: Restwertermittlung im Bereich C mit dem FCF und dem FtE Verfahren bei kapitalwerterhöhender Verzinsung des Invested Capital in der Rentenphase

ϕ	0	1	2	3
$s^{C}_{\bar{d},\phi} \cdot \widetilde{FCF}^{C}_{\phi}$		88,22	77,00	75,47
$\widetilde{FCF}^{C}_{\phi} \cdot \left(1 - s^{C}_{\bar{d},\phi}\right)$		691,78	611,00	601,03
$\widetilde{V}^{\ell,C,s}_{\phi}$	11.026,66	11.381,11	11.808,63	12.272,25
$\widetilde{E}^{\ell,C,s}_{\phi}$	8.159,73	8.103,35	8.308,55	8.603,83
$\widetilde{D}^{C,s}_{\phi}$	2.866,93	3.277,76	3.500,08	3.668,42
$\widetilde{I}^{C}_{\phi}$		172,02	196,67	210,00
$\widetilde{TS}^{C}_{\phi}$		51,60	59,00	63,00
$\widetilde{\Delta D}^{C,s}_{\phi}$		410,83	222,32	168,34
$\widetilde{OP}^{C}_{\phi}$		1.179,59	1.009,01	980,51
$\widetilde{RE}^{C}_{\phi}$		109,17	236,35	282,66
$\widetilde{IE}^{C}_{\phi}$	7.133,07	7.242,24	7.478,59	7.761,25
$\widetilde{FTE}^{C}_{\phi}$		1.070,42	772,66	697,85
$s_{d^{\star}} \cdot \widetilde{FTE}^{C}_{\phi}$		162,60	117,37	106,01
$\widetilde{FTE}^{C}_{\phi} \cdot (1 - s_{d^{\star}})$		907,81	655,29	591,84

↴

Tab. C–33: Fallstudie 1b / 2b: Restwertermittlung im Bereich C mit dem FCF und dem FtE Verfahren bei kapitalwerterhöhender Verzinsung des Invested Capital in der Rentenphase *(Fortsetzung)*

ϕ	4	5	6	7
$s^{C}_{\bar{d},\phi} \cdot \widetilde{FCF}^{C}_{\phi}$	77,06	79,69	82,73	85,98
$\widetilde{FCF}^{C}_{\phi} \cdot \left(1 - s^{C}_{\bar{d},\phi}\right)$	614,28	635,48	659,85	685,76
$\widetilde{V}^{\ell,C,s}_{\phi}$	12.760,41	13.269,96	13.800,54	14.352,56
$\widetilde{E}^{\ell,C,s}_{\phi}$	8.936,42	9.290,26	9.660,38	10.046,79
$\widetilde{D}^{C,s}_{\phi}$	3.823,99	3.979,70	4.140,16	4.305,77
$\tilde{I}^{C}_{\phi}$	220,11	229,44	238,78	248,41
$\widetilde{TS}^{C}_{\phi}$	66,03	68,83	71,63	74,52
$\widetilde{\Delta D}^{C,s}_{\phi}$	155,57	155,71	160,46	165,61
$\widetilde{OP}^{C}_{\phi}$	998,15	1.031,34	1.070,49	1.112,35
$\widetilde{RE}^{C}_{\phi}$	305,32	321,07	334,59	348,89
$\widetilde{IE}^{C}_{\phi}$	8.066,58	8.387,65	8.722,24	9.071,13
$\widetilde{FTE}^{C}_{\phi}$	692,83	710,27	735,90	763,46
$s_{d^\star} \cdot \widetilde{FTE}^{C}_{\phi}$	105,25	107,90	111,79	115,98
$\widetilde{FTE}^{C}_{\phi} \cdot (1 - s_{d^\star})$	587,58	602,37	624,11	647,49

Tab. C–33: Fallstudie 1b / 2b: Restwertermittlung im Bereich C mit dem FCF und dem FtE Verfahren bei kapitalwerterhöhender Verzinsung des Invested Capital in der Rentenphase *(Fortsetzung)*

ϕ	8	9
$s_{\bar{d},\phi}^{C} \cdot \widetilde{FCF}_{\phi}^{C}$	89,42	93,00
$\widetilde{FCF}_{\phi}^{C} \cdot \left(1 - s_{\bar{d},\phi}^{C}\right)$	713,19	741,72
$\widetilde{V}_{\phi}^{\ell,C,s}$	14.926,66	15.523,73
$\widetilde{E}_{\phi}^{\ell,C,s}$	10.448,66	10.866,61
$\widetilde{D}_{\phi}^{C,s}$	4.478,00	4.657,12
$\tilde{I}_{\phi}^{C}$	258,35	268,68
$\widetilde{TS}_{\phi}^{C}$	77,50	80,60
$\widetilde{\Delta D}_{\phi}^{C,s}$	172,23	179,12
$\widetilde{OP}_{\phi}^{C}$	1.156,85	1.203,12
$\widetilde{RE}_{\phi}^{C}$	362,85	377,36
$\widetilde{IE}_{\phi}^{C}$	9.433,97	9.811,33
$\widetilde{FTE}_{\phi}^{C}$	794,00	825,76
$s_{d^{\star}} \cdot \widetilde{FTE}_{\phi}^{C}$	120,62	125,44
$\widetilde{FTE}_{\phi}^{C} \cdot (1 - s_{d^{\star}})$	673,39	700,32

Tab. C–34: Fallstudie 1b: Ermittlung der Restwertsteigerung aufgrund der zusätzlichen Nettoinvestitionen des Kernbereichs in den Bereich C mit dem FCF und dem FtE Verfahren

ϕ	0	1	2	3	4
$\widetilde{IC}_{\phi}^{\text{AC},\phi}$		1.720, 00	2.172, 83	2.327, 46	2.485, 47
$\widetilde{V}_{\phi}^{\ell,\text{AC,s},\phi}$		1.860, 79	2.337, 09	2.499, 04	2.667, 30
$\widetilde{MVA}_{\phi}^{\text{V,AC,s}}$		336, 78	408, 17	431, 57	459, 01
$\widetilde{\Delta V}_{\phi}^{\ell,\text{AC,s}}$	5.098, 26	5.379, 46	5.631, 32	5.894, 83	6.165, 61
$\widetilde{\Delta E}_{\phi}^{\ell,\text{AC,s}}$	3.415, 84 [a]	3.684, 93 [b]	3.899, 69 [b]	4.104, 28 [b]	4.304, 37 [b]
$\widetilde{\Delta D}_{\phi}^{\text{AC,s}}$	1.682, 43	1.694, 53	1.731, 63	1.790, 56	1.861, 24
$\widetilde{D}_{\phi}^{\text{AC,s},\phi}$		535, 91	692, 71	747, 01	799, 32
$\widetilde{IE}_{\phi}^{\text{AC},\phi}$		1.184, 09	1.480, 12	1.580, 45	1.686, 15
n_{ϕ}^{ac}		32, 3371 %	28, 0222 %	25, 7140 %	25, 1393 %
$\widetilde{E}_{\phi}^{\ell,\text{AC,s},\phi}$		1.324, 88	1.644, 38	1.752, 03	1.867, 97
$\widetilde{MVA}_{\phi}^{\text{E,AC,s}}$		320, 66	389, 10	411, 66	437, 96
$\widetilde{\Delta I}_{\phi}^{\text{AC}}$		100, 95	101, 67	103, 90	107, 43
$\widetilde{\Delta TS}_{\phi}^{\text{AC}}$		30, 28	30, 50	31, 17	32, 23

[a] Siehe (4.66) und (4.67). [b] Berechnung auf den Seiten 479 f. ↴

Tab. C–34: Fallstudie 1b: Ermittlung der Restwertsteigerung aufgrund der zusätzlichen Nettoinvestitionen des Kernbereichs in den Bereich C mit dem FCF und dem FtE Verfahren *(Fortsetzung)*

ϕ	5	6	7	8	9
$\widetilde{IC}_{\phi}^{\mathrm{AC},\phi}$	2.619,93	2.750,57	2.784,51	2.918,16	3.058,24
$\widetilde{V}_{\phi}^{\ell,\mathrm{AC,s},\phi}$	2.811,14	2.951,19	2.987,60	3.131,01	3.281,29
$\widetilde{MVA}_{\phi}^{\mathrm{V,AC,s}}$	483,22	507,07	513,32	537,96	563,78
$\widetilde{\Delta V}_{\phi}^{\ell,\mathrm{AC,s}}$	6.446,84	6.739,14	7.062,62	7.401,63	7.756,91
$\widetilde{\Delta E}_{\phi}^{\ell,\mathrm{AC,s}}$	4.506,74 [b]	4.717,40 [a]	4.943,84 [c]	5.181,14 [c]	5.429,83 [c]
$\widetilde{\Delta D}_{\phi}^{\mathrm{AC,s}}$	1.940,10	2.021,74	2.118,79	2.220,49	2.327,07
$\widetilde{D}_{\phi}^{\mathrm{AC,s},\phi}$	843,07	885,36	896,28	939,30	984,39
$\widetilde{IE}_{\phi}^{\mathrm{AC},\phi}$	1.776,86	1.865,22	1.888,23	1.978,86	2.073,85
n_{ϕ}^{ac}	24,8501 %	24,8606 %	23,6844 %	23,6844 %	23,6844 %
$\widetilde{E}_{\phi}^{\ell,\mathrm{AC,s},\phi}$	1.968,07	2.065,83	2.091,32	2.191,70	2.296,91
$\widetilde{MVA}_{\phi}^{\mathrm{E,AC,s}}$	461,13	483,96	489,93	513,45	538,09
$\widetilde{\Delta I}_{\phi}^{\mathrm{AC}}$	111,67	116,41	121,30	127,13	133,23
$\widetilde{\Delta TS}_{\phi}^{\mathrm{AC}}$	33,50	34,92	36,39	38,14	39,97

[a] Siehe (4.66) und (4.67). [b] Berechnung auf den Seiten 479 f. [c] Anstieg mit der Wachstumsrate des Kernbereichs. ⮥

Ergänzung zu Tab. C–34

Ermittlung der mit [a] markierten Restwertsteigerungen mit dem FtE Verfahren

$$\mathrm{E}\left[\widetilde{\Delta E}_{\mathrm{I},5}^{\ell,\mathrm{AC,s}}\right] =$$

$$\frac{483,96 - 6\,\% \cdot (1 - 30\,\%) \cdot 43,0487\,\% \cdot 4.506,74 \cdot (1 - 15,1908\,\%)}{1 + 15,4159\,\%}$$

$$+ \frac{(42,8571\,\% \cdot 4.717,40 - 43,0487\,\% \cdot 4.506,74) \cdot (1 - 15,1908\,\%)}{1 + 15,4159\,\%}$$

$$+ \frac{4.717,40}{1 + 15,4159\,\%}$$

$$= (1 - 30,0938\,\%) \cdot 6.446,84$$

$$= 4.506,74.$$

$$\mathrm{E}\left[\widetilde{\Delta E}_{\mathrm{I},4}^{\ell,\mathrm{AC,s}}\right] =$$

$$\frac{461,13 - 6\,\% \cdot (1 - 30\,\%) \cdot 43,2408\,\% \cdot 4.304,37 \cdot (1 - 15,1908\,\%)}{1 + 15,4281\,\%}$$

$$+ \frac{(43,0487\,\% \cdot 4.506,74 - 43,2408\,\% \cdot 4.304,37) \cdot (1 - 15,1908\,\%)}{1 + 15,4281\,\%}$$

$$+ \frac{4.506,74}{1 + 15,4281\,\%}$$

$$= (1 - 30,1875\,\%) \cdot 6.165,61$$

$$= 4.304,37.$$

$$\mathrm{E}\left[\widetilde{\Delta E}_{\mathrm{I},3}^{\ell,\mathrm{AC,s}}\right] =$$

$$\frac{437,96 - 6\,\% \cdot (1 - 30\,\%) \cdot 43,6266\,\% \cdot 4.104,28 \cdot (1 - 15,1908\,\%)}{1 + 15,4527\,\%}$$

$$+\frac{(43,2408\,\% \cdot 4.304,37 - 43,6266\,\% \cdot 4.104,28) \cdot (1 - 15,1908\,\%)}{1 + 15,4527\,\%}$$

$$+\frac{4.304,37}{1 + 15,4527\,\%}$$

$$= (1 - 30,375\,\%) \cdot 5.894,83$$
$$= 4.104,28.$$

$$\mathrm{E}\left[\widetilde{\Delta E}_{\mathrm{I},2}^{\ell,\mathrm{AC,s}}\right] =$$

$$\frac{411,66 - 6\,\% \cdot (1 - 30\,\%) \cdot 44,4043\,\% \cdot 3.899,69 \cdot (1 - 15,1908\,\%)}{1 + 15,5023\,\%}$$

$$+\frac{(43,6266\,\% \cdot 4.104,28 - 44,4043\,\% \cdot 3.899,69) \cdot (1 - 15,1908\,\%)}{1 + 15,5023\,\%}$$

$$+\frac{4.104,28}{1 + 15,5023\,\%}$$

$$= (1 - 30,75\,\%) \cdot 5.631,32$$
$$= 3.899,69.$$

$$\mathrm{E}\left[\widetilde{\Delta E}_{\mathrm{I},1}^{\ell,\mathrm{AC,s}}\right] =$$

$$\frac{389,10 - 6\,\% \cdot (1 - 30\,\%) \cdot 45,9854\,\% \cdot 3.684,93 \cdot (1 - 15,1908\,\%)}{1 + 15,6031\,\%}$$

$$+\frac{(44,4043\,\% \cdot 3.899,69 - 45,9854\,\% \cdot 3.684,93) \cdot (1 - 15,1908\,\%)}{1 + 15,6031\,\%}$$

$$+\frac{3.899,69}{1 + 15,6031\,\%}$$

$$= (1 - 31,5\,\%) \cdot 5.379,46$$
$$= 3.684,93.$$

Tab. C–35: Fallstudie 1b: Ermittlung der Restwertsteigerung aufgrund der zusätzlichen Nettoinvestitionen des Bereichs B in den Bereich C mit dem FCF und dem FtE Verfahren

ϕ	0	1	2	3	4
$\widetilde{IC}_{\phi}^{BC,\phi}$		420,00	476,72	519,84	558,51
$\widetilde{V}_{\phi}^{\ell,BC,s,\phi}$		454,38	512,76	558,16	599,37
$\widetilde{MVA}_{\phi}^{V,BC,s}$		81,24	88,67	95,54	102,29
$\widetilde{\Delta V}_{\phi}^{\ell,BC,s}$	1.919,80	2.062,27	2.209,69	2.365,30	2.531,07
$\widetilde{\Delta E}_{\phi}^{\ell,BC,s}$	1.497,44	1.571,45	1.667,87	1.778,51	1.900,25
$\widetilde{\Delta D}_{\phi}^{BC,s}$	422,35	490,82	541,82	586,78	630,82
$\widetilde{D}_{\phi}^{BC,s,\phi}$		130,86	151,98	166,84	179,62
$\widetilde{IE}_{\phi}^{BC,\phi}$		289,14	324,74	352,99	378,90
n_{ϕ}^{bc}		15,1034 %	18,2532 %	19,8132 %	20,4931 %
$\widetilde{E}_{\phi}^{\ell,BC,s,\phi}$		323,52	360,78	391,31	419,75
$\widetilde{MVA}_{\phi}^{E,BC,s}$		78,30	85,37	91,94	98,41
$\widetilde{\Delta I}_{\phi}^{BC}$		25,34	29,45	32,51	35,21
$\widetilde{\Delta TS}_{\phi}^{BC}$		7,60	8,83	9,75	10,56

Tab. C–35: Fallstudie 1b: Ermittlung der Restwertsteigerung aufgrund der zusätzlichen Nettoinvestitionen des Bereichs B in den Bereich C mit dem FCF und dem FtE Verfahren *(Fortsetzung)*

ϕ	5	6	7	8	9
$\widetilde{IC}_{\phi}^{BC,\phi}$	596,86	636,75	679,07	724,30	826,30
$\widetilde{V}_{\phi}^{\ell,BC,s,\phi}$	640,42	683,19	728,60	777,12	886,57
$\widetilde{MVA}_{\phi}^{V,BC,s}$	109,19	116,46	124,20	132,47	151,13
$\widetilde{\Delta V}_{\phi}^{\ell,BC,s}$	2.708,40	2.898,39	3.102,08	3.320,52	3.544,99
$\widetilde{\Delta E}_{\phi}^{\ell,BC,s}$	2.032,13	2.174,15	2.326,71	2.490,39	2.658,74
$\widetilde{\Delta D}_{\phi}^{BC,s}$	676,27	724,24	775,37	830,13	886,25
$\widetilde{D}_{\phi}^{BC,s,\phi}$	192,06	204,96	218,58	233,14	265,97
$\widetilde{IE}_{\phi}^{BC,\phi}$	404,80	431,79	460,49	491,16	560,33
n_{ϕ}^{bc}	20,7686 %	20,8730 %	20,9109 %	20,9139 %	22,4323 %
$\widetilde{E}_{\phi}^{\ell,BC,s,\phi}$	448,36	478,23	510,02	543,99	620,60
$\widetilde{MVA}_{\phi}^{E,BC,s}$	105,05	112,03	119,48	127,44	145,39
$\widetilde{\Delta I}_{\phi}^{BC}$	37,85	40,58	43,45	46,52	49,81
$\widetilde{\Delta TS}_{\phi}^{BC}$	11,35	12,17	13,04	13,96	14,94

Tab. C–36: Fallstudie 1b: Bereichsspezifische ROE, Thesaurierungsquoten und Gesamtausschüttungsquoten im Restwertzeitraum

ϕ	1	2	3	4	5	6	7	8	9 ff.
ROE_{ϕ}^{A}	27, 5697 %	24, 7837 %	24, 0430 %	23, 7942 %	23, 6941 %	23, 6491 %	23, 6070 %	23, 6070 %	23, 6070 %
n_{ϕ}^{a}	51, 4843 %	32, 4668 %	25, 3408 %	22, 5244 %	21, 3371 %	21, 2770 %	20, 3330 %	20, 3330 %	20, 3330 %
q_{ϕ}^{a}	48, 5157 %	67, 5332 %	74, 6592 %	77, 4756 %	78, 6629 %	78, 7230 %	79, 6670 %	79, 6670 %	79, 6670 %
$q_{\phi}^{A,ges}$	30, 0000 %	39, 3600 %	42, 9660 %	43, 7598 %	43, 9979 %	44, 0694 %	45, 0000 %	45, 0000 %	45, 0000 %
$q_{\phi}^{a,ges}$	32, 6109 %	48, 7380 %	55, 8292 %	58, 4673 %	59, 6336 %	59, 6634 %	61, 4129 %	61, 4129 %	61, 4129 %
ROE_{ϕ}^{B}	19, 1128 %	18, 3661 %	17, 8058 %	17, 4296 %	17, 1894 %	17, 0399 %	16, 9481 %	16, 8921 %	16, 8105 %
n_{ϕ}^{b}	32, 6789 %	38, 1282 %	39, 9932 %	40, 4927 %	40, 5390 %	40, 4687 %	40, 3903 %	40, 3085 %	40, 2129 %
q_{ϕ}^{b}	67, 3211 %	61, 8718 %	60, 0068 %	59, 5073 %	59, 4610 %	59, 5313 %	59, 6097 %	59, 6915 %	59, 7871 %
$q_{\phi}^{B,ges}$	26, 0000 %	28, 6000 %	29, 9000 %	30, 5500 %	30, 8750 %	31, 0375 %	31, 1188 %	31, 1594 %	30, 0000 %
$q_{\phi}^{b,ges}$	59, 0876 %	51, 8350 %	49, 1062 %	48, 2004 %	47, 9658 %	47, 9510 %	47, 9912 %	48, 0598 %	47, 1704 %
ROE_{ϕ}^{C}	16, 5369 %	13, 9323 %	13, 1108 %	12, 8607 %	12, 7853 %	12, 7627 %	12, 7531 %	12, 7531 %	12, 7531 %
n_{ϕ}^{c}	9, 2552 %	23, 4242 %	28, 8280 %	30, 5890 %	31, 1312 %	31, 2558 %	31, 3650 %	31, 3650 %	31, 3650 %
q_{ϕ}^{c}	90, 7448 %	76, 5758 %	71, 1720 %	69, 4110 %	68, 8688 %	68, 7442 %	68, 6350 %	68, 6350 %	68, 6350 %

Tab. C–37: Fallstudie 1b: Aggregation der Bewertungsgrößen im Bereich C aufgrund der zusätzlichen Thesaurierungen

ϕ	1	2	3	4	5	6	7	8	9
$\widetilde{OP}_{\phi}^{AC}$		164, 97	354, 37	564, 00	798, 33	1.055, 41	1.334, 56	1.628, 75	1.946, 27
$\widetilde{RE}_{\phi}^{AC}$		38, 64	102, 16	172, 52	248, 53	329, 88	418, 58	510, 86	610, 45
$\widetilde{IE}_{\phi}^{AC,\phi}$	1.184, 09	1.480, 12	1.580, 45	1.686, 15	1.776, 86	1.865, 22	1.888, 23	1.978, 86	2.073, 85
$\widetilde{IE}_{\phi}^{AC}$	1.184, 09	2.702, 86	4.385, 46	6.244, 13	8.269, 52	10.464, 62	12.771, 43	15.261, 15	17.945, 44
$\widetilde{FTE}_{\phi}^{AC}$		126, 33	252, 21	391, 48	549, 80	725, 53	915, 98	1.117, 89	1.335, 82
$\widetilde{OP}_{\phi}^{BC}$		40, 28	81, 72	128, 59	181, 31	239, 85	304, 30	375, 20	452, 85
$\widetilde{RE}_{\phi}^{BC}$		9, 44	23, 56	39, 33	56, 44	74, 97	95, 44	117, 68	142, 03
$\widetilde{IE}_{\phi}^{BC,\phi}$	289, 14	324, 74	352, 99	378, 90	404, 80	431, 79	460, 49	491, 16	560, 33
$\widetilde{IE}_{\phi}^{BC}$	289, 14	623, 31	999, 87	1.418, 10	1.879, 34	2.386, 10	2.942, 03	3.550, 87	4.253, 24
$\widetilde{FTE}_{\phi}^{BC}$		30, 85	58, 16	89, 26	124, 86	164, 89	208, 86	257, 52	310, 81

Tab. C–38: Fallstudie 1b: Aggregation der Bewertungsgrößen auf Unternehmensebene

ϕ	0	1	2	3	4
$\widetilde{NOPLAT}_\phi$		12.900,00	13.293,86	14.081,30	15.017,97
$\widetilde{NI}_\phi$		8.760,00	8.109,66	8.175,53	8.577,67
$\widetilde{IC}_\phi$	82.104,78	90.945,35	99.143,11	107.422,53	116.114,93
$\widetilde{FCF}_\phi$		4.140,00	5.184,20	5.905,78	6.440,30
q_ϕ^{NOPLAT}		32,0930 %	38,9969 %	41,9406 %	42,8839 %
n_ϕ^{NOPLAT}		67,9070 %	61,0031 %	58,0594 %	57,1161 %
$ROIC_\phi$		15,7116 %	14,6174 %	14,2030 %	13,9803 %
$\widetilde{OP}_\phi$		11.527,70	11.820,53	12.504,01	13.328,36
$\widetilde{RE}_\phi$		6.434,97	5.722,61	5.605,26	5.778,44
$\widetilde{IE}_\phi$	49.430,98	55.865,96	61.588,57	67.193,82	72.972,27
$\widetilde{Div}_\phi$		5.173,29	6.186,01	7.002,65	7.664,65
q_ϕ^{OP}		44,8771 %	52,3328 %	56,0032 %	57,5063 %
ROE_ϕ		23,3208 %	21,1587 %	20,3025 %	19,8357 %
$\widetilde{V}_\phi^{\ell,\text{s}}$	110.347,75	119.626,00	129.031,44	138.847,02	149.270,61
$\widetilde{E}_\phi^{\ell,\text{s}}$	77.673,95	84.546,60	91.476,90	98.618,32	106.127,95
$\widetilde{D}_\phi^{\text{s}}$	32.673,80	35.079,39	37.554,54	40.228,70	43.142,66
Θ_ϕ	29,6098 %	29,3242 %	29,1050 %	28,9734 %	28,9023 %
L_ϕ	42,0653 %	41,4912 %	41,0536 %	40,7923 %	40,6516 %
$\tilde{I}_\phi$		1.960,43	2.104,76	2.253,27	2.413,72
$\widetilde{TS}_\phi$		588,13	631,43	675,98	724,12
$\widetilde{\Delta D}_\phi^{\text{s}}$		2.405,59	2.475,15	2.674,16	2.913,96

Tab. C–38: Fallstudie 1b: Aggregation der Bewertungsgrößen auf Unternehmensebene *(Fortsetzung)*

ϕ	5	6	7	8	9
$\widetilde{NOPLAT}_\phi$	16.053,29	17.172,52	18.371,98	19.644,47	20.988,86
$\widetilde{NI}_\phi$	9.089,39	9.665,49	10.189,96	10.853,71	11.607,65
$\widetilde{IC}_\phi$	125.328,62	135.123,72	145.461,85	156.472,02	168.242,38
$\widetilde{FCF}_\phi$	6.963,90	7.507,03	8.182,03	8.790,76	9.381,20
q_ϕ^{NOPLAT}	43,3799 %	43,7154 %	44,5353 %	44,7493 %	44,6961 %
n_ϕ^{NOPLAT}	56,6201 %	56,2846 %	55,4647 %	55,2507 %	55,3039 %
$ROIC_\phi$	13,8253 %	13,7020 %	13,5964 %	13,5049 %	13,4138 %
$\widetilde{OP}_\phi$	14.241,30	15.228,19	16.287,46	17.408,05	18.590,79
$\widetilde{RE}_\phi$	6.062,93	6.457,15	6.721,42	7.161,49	7.661,20
$\widetilde{IE}_\phi$	79.035,19	85.492,34	92.213,77	99.375,26	107.036,46
$\widetilde{Div}_\phi$	8.302,66	8.900,67	9.714,21	10.403,02	11.092,29
q_ϕ^{OP}	58,2999 %	58,4486 %	59,6422 %	59,7598 %	59,6655 %
ROE_ϕ	19,5160 %	19,2676 %	19,0514 %	18,8779 %	18,7077 %
$\widetilde{V}_\phi^{\ell,\text{s}}$	160.367,81	172.180,12	184.681,40	197.989,44	212.204,89
$\widetilde{E}_\phi^{\ell,\text{s}}$	114.074,38	122.548,74	131.433,32	140.892,68	150.998,98
$\widetilde{D}_\phi^{\text{s}}$	46.293,42	49.631,38	53.248,08	57.096,76	61.205,92
Θ_ϕ	28,8670 %	28,8253 %	28,8324 %	28,8383 %	28,8428 %
L_ϕ	40,5818 %	40,4993 %	40,5134 %	40,5250 %	40,5340 %
$\tilde{I}_\phi$	2.588,56	2.777,61	2.977,88	3.194,89	3.425,81
$\widetilde{TS}_\phi$	776,57	833,28	893,36	958,47	1.027,74
$\widetilde{\Delta D}_\phi^{\text{s}}$	3.150,76	3.337,96	3.616,70	3.848,68	4.109,15

Tab. C–39: Fallstudie 2b: Ermittlung der Restwertsteigerung aufgrund der zusätzlichen Nettoinvestitionen des Kernbereichs in den Bereich B mit dem FCF und dem FtE Verfahren

ϕ	0	1	2	3	4
$\widetilde{IC}_{\phi}^{AB,\phi}$		1.505,00	1.975,30	2.201,65	2.351,12
$\widetilde{V}_{\phi}^{\ell,AB,s,\phi}$		1.859,69	2.419,17	2.681,71	2.854,30
$\widetilde{MVA}_{\phi}^{V,AB,s}$		542,01	685,86	747,96	788,42
$\widetilde{\Delta V}_{\phi}^{\ell,AB,s}$	8.827,91	9.355,96	9.818,02	10.281,93	10.766,43
$\widetilde{\Delta E}_{\phi}^{\ell,AB,s}$	5.914,70	6.408,83	6.798,98	7.158,79	7.516,31
$\widetilde{\Delta D}_{\phi}^{AB,s}$	2.913,21	2.947,13	3.019,04	3.123,14	3.250,12
$\widetilde{D}_{\phi}^{AB,s,\phi}$		442,61	593,18	665,28	711,38
$\widetilde{IE}_{\phi}^{AB,\phi}$		1.062,39	1.382,12	1.536,38	1.639,74
n_{ϕ}^{ab}		29,2523 %	26,2554 %	25,0332 %	24,4462 %
$\widetilde{E}_{\phi}^{\ell,AB,s,\phi}$		1.417,08	1.825,99	2.016,43	2.142,91
$\widetilde{MVA}_{\phi}^{E,AB,s}$		516,07	653,82	713,44	752,26
$\widetilde{\Delta I}_{\phi}^{AB}$		174,79	176,83	181,14	187,39
$\widetilde{\Delta TS}_{\phi}^{AB}$		52,44	53,05	54,34	56,22

↴

Tab. C–39: Fallstudie 2b: Ermittlung der Restwertsteigerung aufgrund der zusätzlichen Nettoinvestitionen des Kernbereichs in den Bereich B mit dem FCF und dem FtE Verfahren *(Fortsetzung)*

ϕ	5	6	7	8	9
$\widetilde{IC}_{\phi}^{AB,\phi}$	2.478,31	2.601,89	2.728,82	2.859,80	2.997,07
$\widetilde{V}_{\phi}^{\ell,AB,s,\phi}$	3.002,67	3.148,58	3.299,74	3.456,57	3.622,49
$\widetilde{MVA}_{\phi}^{V,AB,s}$	824,64	861,69	901,23	942,90	988,16
$\widetilde{\Delta V}_{\phi}^{\ell,AB,s}$	11.276,67	11.813,22	12.378,84	12.973,02	13.595,73
$\widetilde{\Delta E}_{\phi}^{\ell,AB,s}$	7.883,10	8.269,25	8.665,19	9.081,11	9.517,01
$\widetilde{\Delta D}_{\phi}^{AB,s}$	3.393,57	3.543,97	3.713,65	3.891,91	4.078,72
$\widetilde{D}_{\phi}^{AB,s,\phi}$	749,75	786,76	824,77	864,14	905,62
$\widetilde{IE}_{\phi}^{AB,\phi}$	1.728,56	1.815,13	1.904,05	1.995,66	2.091,45
n_{ϕ}^{ab}	24,1535 %	24,1683 %	23,8567 %	23,8580 %	23,8580 %
$\widetilde{E}_{\phi}^{\ell,AB,s,\phi}$	2.252,93	2.361,82	2.474,97	2.592,43	2.716,87
$\widetilde{MVA}_{\phi}^{E,AB,s}$	786,95	822,42	860,16	899,93	943,13
$\widetilde{\Delta I}_{\phi}^{AB}$	195,01	203,61	212,64	222,82	233,51
$\widetilde{\Delta TS}_{\phi}^{AB}$	58,50	61,08	63,79	66,85	70,05

⤴

Tab. C–40: Fallstudie 2b: Ermittlung der Restwertsteigerung aufgrund der zusätzlichen Nettoinvestitionen des Kernbereichs in den Bereich C mit dem FCF und dem FtE Verfahren bei kapitalwerterhöhender Verzinsung des Invested Capital in der Rentenphase

ϕ	0	1	2	3	4
$\widetilde{IC}_{\phi}^{AC,\phi}$		1.720,00	2.172,83	2.327,46	2.485,47
$\widetilde{V}_{\phi}^{\ell,AC,s,\phi}$		1.860,79	2.337,09	2.499,04	2.667,30
$\widetilde{MVA}_{\phi}^{V,AC,s}$		336,78	408,17	431,57	459,01
$\widetilde{\Delta V}_{\phi}^{\ell,AC,s}$	5.165,39	5.454,73	5.715,82	5.989,77	6.272,30
$\widetilde{\Delta E}_{\phi}^{\ell,AC,s}$	3.460,81	3.736,49	3.958,21	4.170,37	4.378,85
$\widetilde{\Delta D}_{\phi}^{AC,s}$	1.704,58	1.718,24	1.757,62	1.819,39	1.893,45
$\widetilde{D}_{\phi}^{AC,s,\phi}$		535,91	692,71	747,01	799,32
$\widetilde{IE}_{\phi}^{AC,\phi}$		1.184,09	1.480,12	1.580,45	1.686,15
n_{ϕ}^{ac}		32,3316 %	28,0154 %	25,7066 %	25,1312 %
$\widetilde{E}_{\phi}^{\ell,AC,s,\phi}$		1.324,88	1.644,38	1.752,03	1.867,97
$\widetilde{MVA}_{\phi}^{E,AC,s}$		320,66	389,10	411,66	437,96
$\widetilde{\Delta I}_{\phi}^{AC}$		102,27	103,09	105,46	109,16
$\widetilde{\Delta TS}_{\phi}^{AC}$		30,68	30,93	31,64	32,75

Tab. C–40: Fallstudie 2b: Ermittlung der Restwertsteigerung aufgrund der zusätzlichen Nettoinvestitionen des Kernbereichs in den Bereich C mit dem FCF und dem FtE Verfahren bei kapitalwerterhöhender Verzinsung des Invested Capital in der Rentenphase *(Fortsetzung)*

ϕ	5	6	7	8	9
$\widetilde{IC}_{\phi}^{\text{AC},\phi}$	2.619, 93	2.750, 57	2.840, 20	2.976, 53	3.119, 40
$\widetilde{V}_{\phi}^{\ell,\text{AC,s},\phi}$	2.811, 14	2.951, 19	3.047, 35	3.193, 63	3.346, 92
$\widetilde{MVA}_{\phi}^{\text{V,AC,s}}$	483, 22	507, 07	523, 59	548, 72	575, 06
$\widetilde{\Delta V}_{\phi}^{\ell,\text{AC,s}}$	6.566, 75	6.873, 93	7.203, 87	7.549, 66	7.912, 04
$\widetilde{\Delta E}_{\phi}^{\ell,\text{AC,s}}$	4.590, 57	4.811, 75	5.042, 71	5.284, 76	5.538, 43
$\widetilde{\Delta D}_{\phi}^{\text{AC,s}}$	1.976, 18	2.062, 18	2.161, 16	2.264, 90	2.373, 61
$\widetilde{D}_{\phi}^{\text{AC,s},\phi}$	843, 07	885, 36	914, 21	958, 09	1.004, 08
$\widetilde{IE}_{\phi}^{\text{AC},\phi}$	1.776, 86	1.865, 22	1.925, 99	2.018, 44	2.115, 33
n_{ϕ}^{ac}	24, 8413 %	24, 8512 %	24, 1573 %	24, 1573 %	24, 1573 %
$\widetilde{E}_{\phi}^{\ell,\text{AC,s},\phi}$	1.968, 07	2.065, 83	2.133, 15	2.235, 54	2.342, 84
$\widetilde{MVA}_{\phi}^{\text{E,AC,s}}$	461, 13	483, 96	499, 73	523, 71	548, 85
$\widetilde{\Delta I}_{\phi}^{\text{AC}}$	113, 61	118, 57	123, 73	129, 67	135, 89
$\widetilde{\Delta TS}_{\phi}^{\text{AC}}$	34, 08	35, 57	37, 12	38, 90	40, 77

↵

Tab. C–41: Fallstudie 2b: Aggregation der Bewertungsgrößen in den Bereichen B und C aufgrund der zusätzlichen Thesaurierungen

ϕ	1	2	3	4	5	6	7	8	9
$\widetilde{OP}_{\phi}^{AB}$		195,12	448,51	738,09	1.061,15	1.419,77	1.817,12	2.256,74	2.734,23
$\widetilde{RE}_{\phi}^{AB}$		74,40	179,37	298,87	430,18	574,56	733,94	909,66	1.099,52
$\widetilde{IE}_{\phi}^{AB,\phi}$	1.062,39	1.382,12	1.536,38	1.639,74	1.728,56	1.815,13	1.904,05	1.995,66	2.091,45
$\widetilde{IE}_{\phi}^{AB}$	1.062,39	2.518,91	4.234,66	6.173,28	8.332,02	10.721,72	13.359,70	16.265,02	19.455,98
$\widetilde{FTE}_{\phi}^{AB}$		120,72	269,14	439,22	630,97	845,21	1.083,18	1.347,08	1.634,72
$\widetilde{OP}_{\phi}^{AC}$		164,97	354,37	564,00	798,33	1.055,41	1.334,56	1.633,57	1.956,32
$\widetilde{RE}_{\phi}^{AC}$		38,64	102,16	172,52	248,53	329,88	418,58	512,37	613,60
$\widetilde{IE}_{\phi}^{AC,\phi}$	1.184,09	1.480,12	1.580,45	1.686,15	1.776,86	1.865,22	1.925,99	2.018,44	2.115,33
$\widetilde{IE}_{\phi}^{AC}$	1.184,09	2.702,86	4.385,46	6.244,13	8.269,52	10.464,62	12.809,19	15.340,00	18.068,93
$\widetilde{FTE}_{\phi}^{AC}$		126,33	252,21	391,48	549,80	725,53	915,98	1.121,20	1.342,72

Tab. C–42: Fallstudie 2b: Aggregation der Bewertungsgrößen auf Unternehmensebene

ϕ	0	1	2	3	4
$\widetilde{NOPLAT}_{\phi}$		12.900,00	13.461,79	14.481,25	15.684,63
$\widetilde{NI}_{\phi}$		9.845,00	9.709,61	10.086,47	10.742,91
$\widetilde{IC}_{\phi}$	84.617,79	94.510,37	104.331,27	114.583,61	125.527,56
$\widetilde{FCF}_{\phi}$		3.055,00	3.752,18	4.394,78	4.941,72
q_{ϕ}^{NOPLAT}		23,6822 %	27,8728 %	30,3481 %	31,5068 %
$ROIC_{\phi}$		15,2450 %	14,2437 %	13,8801 %	13,6884 %
$\widetilde{OP}_{\phi}$		11.422,15	11.871,20	12.765,67	13.830,12
$\widetilde{RE}_{\phi}$		7.208,23	6.844,95	6.944,46	7.298,82
$\widetilde{IE}_{\phi}$	49.430,98	56.639,21	63.484,17	70.428,62	77.727,45
$\widetilde{Div}_{\phi}$		4.261,50	5.137,54	5.987,08	6.732,34
q_{ϕ}^{OP}		37,3091 %	43,2773 %	46,8999 %	48,6788 %
ROE_{ϕ}		23,1073 %	20,9593 %	20,1084 %	19,6371 %
$\widetilde{V}_{\phi}^{\ell,\text{s}}$	117.323,00	128.400,27	140.148,99	152.669,10	166.115,20
$\widetilde{E}_{\phi}^{\ell,\text{s}}$	82.136,19	90.529,11	99.301,89	108.514,11	118.315,09
$\widetilde{D}_{\phi}^{\text{s}}$	35.186,81	37.871,16	40.847,10	44.154,98	47.800,11
Θ_{ϕ}	29,9914 %	29,4946 %	29,1455 %	28,9220 %	28,7753 %
L_{ϕ}	42,8396 %	41,8331 %	41,1343 %	40,6905 %	40,4007 %
$\tilde{I}_{\phi}$		2.111,21	2.272,27	2.450,83	2.649,30
$\widetilde{TS}_{\phi}$		633,36	681,68	735,25	794,79
$\widetilde{\Delta D}_{\phi}^{\text{s}}$		2.684,35	2.975,95	3.307,88	3.645,13

↴

Tab. C–42: Fallstudie 2b: Aggregation der Bewertungsgrößen auf Unternehmensebene *(Fortsetzung)*

ϕ	5	6	7	8	9
$\widetilde{NOPLAT}_{\phi}$	17.017,38	18.466,76	20.032,42	21.715,97	23.506,88
$\widetilde{NI}_{\phi}$	11.503,18	12.340,84	13.203,56	14.177,72	15.210,40
$\widetilde{IC}_{\phi}$	137.256,93	149.834,16	163.306,39	177.766,10	193.272,03
$\widetilde{FCF}_{\phi}$	5.514,20	6.125,92	6.828,86	7.538,26	8.296,48
q_{ϕ}^{NOPLAT}	32,4033 %	33,1727 %	34,0891 %	34,7130 %	35,2938 %
$ROIC_{\phi}$	13,5567 %	13,4542 %	13,3697 %	13,2977 %	13,2235 %
$\widetilde{OP}_{\phi}$	15.009,78	16.292,46	17.680,16	19.169,21	20.751,77
$\widetilde{RE}_{\phi}$	7.760,43	8.340,08	8.841,24	9.499,05	10.194,43
$\widetilde{IE}_{\phi}$	85.487,88	93.827,96	102.669,20	112.168,25	122.362,69
$\widetilde{Div}_{\phi}$	7.475,53	8.188,77	9.107,59	9.952,15	10.852,87
q_{ϕ}^{OP}	49,8044 %	50,2611 %	51,5131 %	51,9174 %	52,2985 %
ROE_{ϕ}	19,3108 %	19,0582 %	18,8432 %	18,6708 %	18,5006 %
$\widetilde{V}_{\phi}^{\ell,\text{s}}$	180.556,22	196.052,57	212.656,79	230.468,25	249.575,26
$\widetilde{E}_{\phi}^{\ell,\text{s}}$	128.787,16	140.046,37	152.019,60	164.870,41	178.665,92
$\widetilde{D}_{\phi}^{\text{s}}$	51.769,05	56.006,20	60.637,19	65.597,84	70.909,34
Θ_{ϕ}	28,6720 %	28,5669 %	28,5141 %	28,4629 %	28,4120 %
L_{ϕ}	40,1974 %	39,9912 %	39,8877 %	39,7875 %	39,6882 %
$\tilde{I}_{\phi}$	2.868,01	3.106,14	3.360,37	3.638,23	3.935,87
$\widetilde{TS}_{\phi}$	860,40	931,84	1.008,11	1.091,47	1.180,76
$\widetilde{\Delta D}_{\phi}^{\text{s}}$	3.968,94	4.237,15	4.630,99	4.960,65	5.311,50

↵

Tab. C–43: Fallstudie 2b: Restwertermittlung im Bereich C mit dem FCF und dem FtE Verfahren bei kapitalwertneutraler Verzinsung des Invested Capital in der Rentenphase

ϕ	0	1	2	3
$s^{C}_{\bar{d},\phi} \cdot \widetilde{FCF}^{C}_{\phi}$		88,22	75,08	72,80
$\widetilde{FCF}^{C}_{\phi} \cdot \left(1 - s^{C}_{\bar{d},\phi}\right)$		691,78	595,76	579,74
$\widetilde{V}^{\ell,C,s}_{\phi}$	10.337,40	10.626,45	11.000,35	11.412,38
$\widetilde{E}^{\ell,C,s}_{\phi}$	7.649,68	7.566,03	7.739,84	8.000,99
$\widetilde{D}^{C,s}_{\phi}$	2.687,72	3.060,42	3.260,50	3.411,39
$\tilde{I}^{C}_{\phi}$		161,26	183,63	195,63
$\widetilde{TS}^{C}_{\phi}$		48,38	55,09	58,69
$\widetilde{\Delta D}^{C,s}_{\phi}$		372,69	200,09	150,89
$\widetilde{OP}^{C}_{\phi}$		1.187,12	989,54	950,63
$\widetilde{RE}^{C}_{\phi}$		147,31	247,15	284,14
$\widetilde{IE}^{C}_{\phi}$	7.312,28	7.459,58	7.706,73	7.990,87
$\widetilde{FTE}^{C}_{\phi}$		1.039,81	742,40	666,49
$s_{d^{\star}} \cdot \widetilde{FTE}^{C}_{\phi}$		157,96	112,78	101,24
$\widetilde{FTE}^{C}_{\phi} \cdot (1 - s_{d^{\star}})$		881,85	629,62	565,24

Tab. C–43: Fallstudie 2b: Restwertermittlung im Bereich C mit dem FCF und dem FtE Verfahren bei kapitalwertneutraler Verzinsung des Invested Capital in der Rentenphase *(Fortsetzung)*

ϕ	4	5	6	7
$s^{C}_{\bar{d},\phi} \cdot \widetilde{FCF}^{C}_{\phi}$	73,99	76,33	79,11	82,08
$\widetilde{FCF}^{C}_{\phi} \cdot \left(1 - s^{C}_{\bar{d},\phi}\right)$	589,83	608,71	630,92	654,64
$\widetilde{V}^{\ell,C,s}_{\phi}$	11.847,74	12.302,17	12.774,85	13.266,00
$\widetilde{E}^{\ell,C,s}_{\phi}$	8.297,26	8.612,71	8.942,40	9.286,20
$\widetilde{D}^{C,s}_{\phi}$	3.550,48	3.689,45	3.832,46	3.979,80
$\widetilde{I}^{C}_{\phi}$	204,68	213,03	221,37	229,95
$\widetilde{TS}^{C}_{\phi}$	61,41	63,91	66,41	68,98
$\widetilde{\Delta D}^{C,s}_{\phi}$	139,09	138,97	143,00	147,34
$\widetilde{OP}^{C}_{\phi}$	963,09	992,61	1.028,43	1.066,91
$\widetilde{RE}^{C}_{\phi}$	303,46	317,72	330,35	343,80
$\widetilde{IE}^{C}_{\phi}$	8.294,33	8.612,05	8.942,40	9.286,20
$\widetilde{FTE}^{C}_{\phi}$	659,64	674,89	698,08	723,10
$s_{d^{\star}} \cdot \widetilde{FTE}^{C}_{\phi}$	100,20	102,52	106,04	109,84
$\widetilde{FTE}^{C}_{\phi} \cdot (1 - s_{d^{\star}})$	559,43	572,37	592,03	613,26

Tab. C–43: Fallstudie 2b: Restwertermittlung im Bereich C mit dem FCF und dem FtE Verfahren bei kapitalwertneutraler Verzinsung des Invested Capital in der Rentenphase *(Fortsetzung)*

ϕ	8	9
$s^{C}_{\bar{d},\phi} \cdot \widetilde{FCF}^{C}_{\phi}$	85,24	88,51
$\widetilde{FCF}^{C}_{\phi} \cdot \left(1 - s^{C}_{\bar{d},\phi}\right)$	679,81	705,95
$\widetilde{V}^{\ell,C,s}_{\phi}$	13.776,03	14.305,67
$\widetilde{E}^{\ell,C,s}_{\phi}$	9.643,22	10.013,97
$\widetilde{D}^{C,s}_{\phi}$	4.132,81	4.291,70
$\widetilde{I}^{C}_{\phi}$	238,79	247,97
$\widetilde{TS}^{C}_{\phi}$	71,64	74,39
$\widetilde{\Delta D}^{C,s}_{\phi}$	153,01	158,89
$\widetilde{OP}^{C}_{\phi}$	1.107,92	1.150,52
$\widetilde{RE}^{C}_{\phi}$	357,02	370,75
$\widetilde{IE}^{C}_{\phi}$	9.643,22	10.013,97
$\widetilde{FTE}^{C}_{\phi}$	750,90	779,77
$s_{d^{\star}} \cdot \widetilde{FTE}^{C}_{\phi}$	114,07	118,45
$\widetilde{FTE}^{C}_{\phi} \cdot (1 - s_{d^{\star}})$	636,84	661,32

Tab. C–44: Fallstudie 2b: Ermittlung der Restwertsteigerung aufgrund der zusätzlichen Nettoinvestitionen des Kernbereichs in den Bereich C mit dem FCF und dem FtE Verfahren bei kapitalwertneutraler Verzinsung des Invested Capital in der Rentenphase

ϕ	0	1	2	3	4
$\widetilde{IC}_{\phi}^{AC,\phi}$		1.720,00	2.172,83	2.327,46	2.485,47
$\widetilde{V}_{\phi}^{\ell,AC,s,\phi}$		1.737,40	2.179,39	2.329,53	2.486,09
$\widetilde{MVA}_{\phi}^{V,AC,s}$		212,86	250,19	261,93	277,74
$\widetilde{\Delta V}_{\phi}^{\ell,AC,s}$	3.133,89	3.300,90	3.455,70	3.620,32	3.790,78
$\widetilde{\Delta E}_{\phi}^{\ell,AC,s}$	2.099,70	2.261,11	2.393,08	2.520,65	2.646,44
$\widetilde{\Delta D}_{\phi}^{AC,s}$	1.034,18	1.039,78	1.062,63	1.099,67	1.144,34
$\widetilde{D}_{\phi}^{AC,s,\phi}$		500,37	645,97	696,34	745,02
$\widetilde{IE}_{\phi}^{AC,\phi}$		1.219,63	1.526,86	1.631,12	1.740,45
n_{ϕ}^{ac}		33,1202 %	28,8348 %	26,5116 %	25,9373 %
$\widetilde{E}_{\phi}^{\ell,AC,s,\phi}$		1.237,03	1.533,42	1.633,19	1.741,07
$\widetilde{MVA}_{\phi}^{E,AC,s}$		202,68	238,50	249,85	265,00
$\widetilde{\Delta I}_{\phi}^{AC}$		62,05	62,39	63,76	65,98
$\widetilde{\Delta TS}_{\phi}^{AC}$		18,62	18,72	19,13	19,79

↴

Tab. C–44: Fallstudie 2b: Ermittlung der Restwertsteigerung aufgrund der zusätzlichen Nettoinvestitionen des Kernbereichs in den Bereich C mit dem FCF und dem FtE Verfahren bei kapitalwertneutraler Verzinsung des Invested Capital in der Rentenphase *(Fortsetzung)*

ϕ	5	6	7	8	9
$\widetilde{IC}_{\phi}^{AC,\phi}$	2.619, 93	2.750, 57	2.840, 20	2.976, 53	3.119, 40
$\widetilde{V}_{\phi}^{\ell,AC,s,\phi}$	2.620, 07	2.750, 57	2.840, 20	2.976, 53	3.119, 40
$\widetilde{MVA}_{\phi}^{V,AC,s}$	292, 12	306, 45	316, 43	331, 62	347, 54
$\widetilde{\Delta V}_{\phi}^{\ell,AC,s}$	3.968, 66	4.154, 30	4.353, 71	4.562, 69	4.781, 70
$\widetilde{\Delta E}_{\phi}^{\ell,AC,s}$	2.774, 34	2.908, 01	3.047, 60	3.193, 88	3.347, 19
$\widetilde{\Delta D}_{\phi}^{AC,s}$	1.194, 32	1.246, 29	1.306, 11	1.368, 81	1.434, 51
$\widetilde{D}_{\phi}^{AC,s,\phi}$	785, 77	825, 17	852, 06	892, 96	935, 82
$\widetilde{IE}_{\phi}^{AC,\phi}$	1.834, 16	1.925, 40	1.988, 14	2.083, 57	2.183, 58
n_{ϕ}^{ac}	25, 6471 %	25, 6572 %	24, 9521 %	24, 9521 %	24, 9521 %
$\widetilde{E}_{\phi}^{\ell,AC,s,\phi}$	1.834, 30	1.925, 40	1.988, 14	2.083, 57	2.183, 58
$\widetilde{MVA}_{\phi}^{E,AC,s}$	278, 77	292, 48	302, 01	316, 51	331, 70
$\widetilde{\Delta I}_{\phi}^{AC}$	68, 66	71, 66	74, 78	78, 37	82, 13
$\widetilde{\Delta TS}_{\phi}^{AC}$	20, 60	21, 50	22, 43	23, 51	24, 64

C.2.2 Tabellen zur Fallstudie 3b

Tab. C–45: Fallstudie 3b: Restwertermittlung im Kernbereich bei residualer Ausschüttung mit dem FCF und dem FtE Verfahren

ϕ_{II}	0	1	2	3
$s_{\bar{d}}^{A} \cdot \widetilde{FCF}_{\phi}^{A}$		1.023,22	1.072,33	1.123,80
$\widetilde{FCF}_{\phi}^{A} \cdot \left(1 - s_{\bar{d}}^{A}\right)$		8.160,78	8.552,50	8.963,02
$\widetilde{V}_{\phi}^{\ell,A,s}$	107.138,69	112.281,34	117.670,85	123.319,05
$\widetilde{E}_{\phi}^{\ell,A,s}$	74.997,08	78.596,94	82.369,59	86.323,33
$\widetilde{D}_{\phi}^{A,s}$	32.141,61	33.684,40	35.301,25	36.995,71
$\tilde{I}_{\phi}^{A}$		1.928,50	2.021,06	2.118,08
$\widetilde{TS}_{\phi}^{A}$		578,55	606,32	635,42
$\widetilde{\Delta D}_{\phi}^{A,s}$		1.542,80	1.616,85	1.694,46
$\widetilde{OP}_{\phi}^{A}$		11.770,05	12.335,02	12.927,10
$\widetilde{RE}_{\phi}^{A}$		2.393,20	2.508,08	2.628,46
$\widetilde{IE}_{\phi}^{A}$	49.858,39	52.251,60	54.759,67	57.388,14
$\widetilde{FTE}_{\phi}^{A}$		9.376,85	9.826,94	10.298,63
$s_{d^{\star}} \cdot \widetilde{FTE}_{\phi}^{A}$		1.424,42	1.492,79	1.564,44
$\widetilde{FTE}_{\phi}^{A} \cdot (1 - s_{d^{\star}})$		7.952,43	8.334,15	8.734,19

Tab. C–46: Fallstudie 3b: Ermittlung der Restwertsteigerung aufgrund der zusätzlichen Nettoinvestitionen des Kernbereichs mit dem FCF und dem FtE Verfahren

ϕ_{II}	0	1	2	3
$\widetilde{IE}_{\phi}^{\mathrm{AD},\phi}$		2.571, 41	2.694, 84	2.824, 19
n^{ad}		27, 4230 %	27, 4230 %	27, 4230 %
$\widetilde{E}_{\phi}^{\ell,\mathrm{AD,s},\phi}$		4.173, 76	4.374, 10	4.584, 06
$\widetilde{MVA}_{\phi}^{\mathrm{E,AD,s}}$		1.992, 97	2.088, 63	2.188, 89
$\widetilde{D}_{\phi}^{\mathrm{AD,s},\phi}$		1.788, 76	1.874, 62	1.964, 60
$\widetilde{IC}_{\phi}^{\mathrm{AD},\phi}$		4.360, 17	4.569, 46	4.788, 79
$\widetilde{V}_{\phi}^{\ell,\mathrm{AD,s},\phi}$		5.962, 52	6.248, 72	6.548, 66
$\widetilde{MVA}_{\phi}^{\mathrm{V,AD,s}}$		2.088, 13	2.188, 36	2.293, 40
$\widetilde{\Delta V}_{\phi}^{\ell,\mathrm{AD,s}}$	27.413, 96	28.729, 83	30.108, 87	31.554, 09
$\widetilde{\Delta E}_{\phi}^{\ell,\mathrm{AD,s}}$	19.189, 77	20.110, 88	21.076, 21	22.087, 86
$\widetilde{\Delta D}_{\phi}^{\mathrm{AD,s}}$	8.224, 19	8.618, 95	9.032, 66	9.466, 23
$\widetilde{\Delta I}_{\phi}^{\mathrm{AD}}$		493, 45	517, 14	541, 96
$\widetilde{\Delta TS}_{\phi}^{\mathrm{AD}}$		148, 04	155, 14	162, 59

Tab. C–47: Fallstudie 3b: Aggregation der Bewertungsgrößen der Zusatzanlage D aufgrund der zusätzlichen Nettoinvestitionen vom Kernbereich

ϕ_{II}	1	2	3
$\widetilde{NOPLAT}_{\phi}^{AD}$		460,84	971,45
$\widetilde{NI}_{\phi}^{AD}$		261,61	551,47
$\widetilde{IC}_{\phi}^{AD,\phi}$	4.360,17	4.569,46	4.788,79
$\widetilde{IC}_{\phi}^{AD}$	4.360,17	9.191,24	14.531,50
$\widetilde{FCF}_{\phi}^{AD}$		199,23	419,98
$\widetilde{OP}_{\phi}^{AD}$		385,71	813,08
$\widetilde{RE}_{\phi}^{AD}$		154,28	325,23
$\widetilde{IE}_{\phi}^{AD,\phi}$	2.571,41	2.694,84	2.824,19
$\widetilde{IE}_{\phi}^{AD}$	2.571,41	5.420,54	8.569,96
$\widetilde{FTE}_{\phi}^{AD}$		231,43	487,85

Tab. C–48: Fallstudie 3b: Aggregation der Bewertungsgrößen auf Unternehmensebene

ϕ_{II}	0	1	2	3
$\widetilde{NOPLAT}_{\phi}$		13.120, 00	14.210, 60	15.381, 20
$\widetilde{NI}_{\phi}$		8.296, 17	8.955, 99	9.663, 19
$\widetilde{IC}_{\phi}$	90.224, 19	98.915, 12	108.284, 82	118.381, 58
$\widetilde{FCF}_{\phi}$		4.823, 83	5.254, 60	5.718, 01
q_{ϕ}^{NOPLAT}		36, 7670 %	36, 9767 %	37, 1753 %
$ROIC_{\phi}$		14, 5416 %	14, 3665 %	14, 2044 %
$\widetilde{OP}_{\phi}$		11.424, 64	12.358, 73	13.360, 80
$\widetilde{RE}_{\phi}$		4.964, 62	5.357, 20	5.777, 89
$\widetilde{IE}_{\phi}$	49.858, 39	54.823, 01	60.180, 21	65.958, 10
$\widetilde{Div}_{\phi}$		6.854, 78	7.415, 24	8.016, 48
q^{OP}		60, 0000 %	60, 0000 %	60, 0000 %
ROE_{ϕ}		22, 9142 %	22, 5430 %	22, 2013 %
$\widetilde{V}_{\phi}^{\ell,\text{s}}$	134.552, 65	146.973, 70	160.348, 70	174.744, 93
$\widetilde{E}_{\phi}^{\ell,\text{s}}$	94.186, 86	102.881, 59	112.244, 09	122.321, 45
$\widetilde{D}_{\phi}^{\text{s}}$	40.365, 80	44.092, 11	48.104, 61	52.423, 48
$\tilde{I}_{\phi}$		2.421, 95	2.645, 53	2.886, 28
$\widetilde{TS}_{\phi}$		726, 58	793, 66	865, 88
$\widetilde{\Delta D}_{\phi}^{\text{s}}$		3.726, 31	4.012, 50	4.318, 87

D. Formelübersichten

D.1 Allgemeine Formeln

– Zusammenhang zwischen Verschuldungsgrad und Fremdkapitalquote

$$L_{\phi}^{\kappa} = \frac{\Theta_{\phi}^{\kappa}}{1 - \Theta_{\phi}^{\kappa}} \tag{D.1}$$

$$\Theta_{\phi}^{\kappa} = \frac{L_{\phi}^{\kappa}}{1 + L_{\phi}^{\kappa}} \tag{D.2}$$

– Modellierung eines Konvergenzverlaufs der Nettoinvestitionsrate, des ROIC und der Fremdkapitalquote des Bereichs κ

$$n_{\mathrm{I},\phi_{\mathrm{I}}+1}^{\kappa} = n_{\mathrm{I},\phi_{\mathrm{I}}}^{\kappa} - \left(n_{\mathrm{I},\phi_{\mathrm{I}}}^{\kappa} - n_{\mathrm{II}}^{\kappa}\right) \cdot \alpha^{\mathrm{n},\kappa} \tag{D.3}$$

$$ROIC_{\mathrm{I},\phi_{\mathrm{I}}+1}^{\kappa} = ROIC_{\mathrm{I},\phi_{\mathrm{I}}}^{\kappa} - \left(ROIC_{\mathrm{I},\phi_{\mathrm{I}}}^{\kappa} - ROIC_{\mathrm{II}}^{\kappa}\right) \cdot \alpha^{\mathrm{ROIC},\kappa} \tag{D.4}$$

$$\Theta_{\mathrm{I},\phi_{\mathrm{I}}+1}^{\kappa} = \Theta_{\mathrm{I},\phi_{\mathrm{I}}}^{\kappa} - \left(\Theta_{\mathrm{I},\phi_{\mathrm{I}}}^{\kappa} - \Theta_{\mathrm{II}}^{\kappa}\right) \cdot \alpha^{\Theta,\kappa} \tag{D.5}$$

– Modifizierte persönliche Steuersätze

$$s_{\mathrm{d}^{\star}} = \frac{s_{\mathrm{d}} - s_{\mathrm{g}}}{1 - s_{\mathrm{g}}}$$

$$s_{\bar{\mathrm{d}},\mathrm{I},\phi_{\mathrm{I}}+1}^{\kappa} = \frac{s_{\mathrm{d}^{\star}} \cdot \left(1 - \Theta_{\mathrm{I},\phi_{\mathrm{I}}+1}^{\kappa}\right)}{1 - s_{\mathrm{d}^{\star}} \cdot \Theta_{\mathrm{I},\phi_{\mathrm{I}}+1}^{\kappa}}$$

$$s_{\bar{\mathrm{d}},\mathrm{I}}^{\kappa} = \frac{s_{\mathrm{d}^{\star}} \cdot \left(1 - \Theta_{\mathrm{I}}^{\kappa}\right)}{1 - s_{\mathrm{d}^{\star}} \cdot \Theta_{\mathrm{I}}^{\kappa}}, \qquad s_{\bar{\mathrm{d}},\mathrm{II}}^{\kappa} = \frac{s_{\mathrm{d}^{\star}} \cdot \left(1 - \Theta_{\mathrm{II}}^{\kappa}\right)}{1 - s_{\mathrm{d}^{\star}} \cdot \Theta_{\mathrm{II}}^{\kappa}}$$

$$s_{\bar{\mathrm{d}},\mathrm{I}}^{\kappa\lambda} = \frac{s_{\mathrm{d}^{\star}} \cdot \left(1 - \Theta_{\mathrm{I}}^{\lambda}\right)}{1 - s_{\mathrm{d}^{\star}} \cdot \Theta_{\mathrm{I}}^{\kappa}}, \qquad s_{\bar{\mathrm{d}},\mathrm{II}}^{\kappa\lambda} = \frac{s_{\mathrm{d}^{\star}} \cdot \left(1 - \Theta_{\mathrm{II}}^{\lambda}\right)}{1 - s_{\mathrm{d}^{\star}} \cdot \Theta_{\mathrm{II}}^{\kappa}}$$

D.2 *Formeln zur Anpassung der Kapitalkostensätze an den Verschuldungsgrad bei wertabhängiger Finanzierung*

D.2.1 Vorsteuerrechnung

I. Allgemeiner Fall

$$ke^{\ell,\kappa}_{\theta,\mathrm{I},\phi_\mathrm{I}+1} = ke^{\mathrm{u},\kappa}_{\theta,\mathrm{I},\phi_\mathrm{I}+1} + \left(ke^{\mathrm{u},\kappa}_{\theta,\mathrm{I},\phi_\mathrm{I}+1} - kd_{\theta,\mathrm{I},\phi_\mathrm{I}+1}\right) \cdot \frac{1 + kd_{\theta,\mathrm{I},\phi_\mathrm{I}+1} \cdot (1-\tau)}{1 + kd_{\theta,\mathrm{I},\phi_\mathrm{I}+1}} \cdot L^{\kappa}_{\mathrm{I},\phi_\mathrm{I}} \quad \text{(D.6)}$$

$$k^{\tau,\kappa}_{\theta,\mathrm{I},\phi_\mathrm{I}+1} = ke^{\ell,\kappa}_{\theta,\mathrm{I},\phi_\mathrm{I}+1} \cdot \left(1 - \Theta^{\kappa}_{\mathrm{I},\phi_\mathrm{I}}\right) + kd_{\theta,\mathrm{I},\phi_\mathrm{I}+1} \cdot (1-\tau) \cdot \Theta^{\kappa}_{\mathrm{I},\phi_\mathrm{I}} \quad \text{(D.7)}$$

jeweils für $0 \le \theta \le \phi^{\kappa}_{\mathrm{I}}$ und $\forall \phi^{\kappa}_{\mathrm{I}} \in \left[0, \Phi^{\kappa}_{\mathrm{I}} - 1\right]$

II. Rentenfall

Die Formeln (D.8) und (D.9) unterscheiden sich von den Formeln (D.10) und (D.11) nur durch die Phasenindizes „I" und „II".

<u>Begrenzte Rente</u>

$$ke^{\ell,\kappa}_{\mathrm{I}} = ke^{\mathrm{u},\kappa}_{\mathrm{I}} + \left(ke^{\mathrm{u},\kappa}_{\mathrm{I}} - kd_{\mathrm{I}}\right) \cdot \frac{1 + kd_{\mathrm{I}} \cdot (1-\tau)}{1 + kd_{\mathrm{I}}} \cdot L^{\kappa}_{\mathrm{I}} \quad \text{(D.8)}$$

$$k^{\tau,\kappa}_{\mathrm{I}} = ke^{\ell,\kappa}_{\mathrm{I}} \cdot \left(1 - \Theta^{\kappa}_{\mathrm{I}}\right) + kd_{\mathrm{I}} \cdot (1-\tau) \cdot \Theta^{\kappa}_{\mathrm{I}} \quad \text{(D.9)}$$

<u>Ewige Rente</u>

$$ke^{\ell,\kappa}_{\mathrm{II}} = ke^{\mathrm{u},\kappa}_{\mathrm{II}} + \left(ke^{\mathrm{u},\kappa}_{\mathrm{II}} - kd_{\mathrm{II}}\right) \cdot \frac{1 + kd_{\mathrm{II}} \cdot (1-\tau)}{1 + kd_{\mathrm{II}}} \cdot L^{\kappa}_{\mathrm{II}} \quad \text{(D.10)}$$

$$k^{\tau,\kappa}_{\mathrm{II}} = ke^{\ell,\kappa}_{\mathrm{II}} \cdot \left(1 - \Theta^{\kappa}_{\mathrm{II}}\right) + kd_{\mathrm{II}} \cdot (1-\tau) \cdot \Theta^{\kappa}_{\mathrm{II}} \quad \text{(D.11)}$$

D.2.2 Nachsteuerrechnung

I. Allgemeiner Fall

$$ke^{\ell,\kappa,\mathrm{s}}_{\theta,\mathrm{I},\phi_\mathrm{I}+1} = ke^{\mathrm{u},\kappa,\mathrm{s}}_{\theta,\mathrm{I},\phi_\mathrm{I}+1} + \left(ke^{\mathrm{u},\kappa,\mathrm{s}}_{\theta,\mathrm{I},\phi_\mathrm{I}+1} - kd_{\theta,\mathrm{I},\phi_\mathrm{I}+1} \cdot (1 - s_\mathrm{d})\right) \cdot \frac{1 - s_{\mathrm{d}^\star} + kd^{\mathrm{s}^\star}_{\theta,\mathrm{I},\phi_\mathrm{I}+1} \cdot (1-\tau)}{1 + kd^{\mathrm{s}^\star}_{\theta,\mathrm{I},\phi_\mathrm{I}+1}} \cdot L^\kappa_{\mathrm{I},\phi_\mathrm{I}} \tag{D.12}$$

$$ke^{\ell,\kappa,\mathrm{s}^\star}_{\theta,\mathrm{I},\phi_\mathrm{I}+1} = \frac{ke^{\ell,\kappa,\mathrm{s}}_{\theta,\mathrm{I},\phi_\mathrm{I}+1}}{1 - s_\mathrm{g}} = ke^{\mathrm{u},\kappa,\mathrm{s}^\star}_{\theta,\mathrm{I},\phi_\mathrm{I}+1} + \left(ke^{\mathrm{u},\kappa,\mathrm{s}^\star}_{\theta,\mathrm{I},\phi_\mathrm{I}+1} - kd^{\mathrm{s}^\star}_{\theta,\mathrm{I},\phi_\mathrm{I}+1}\right) \cdot \frac{1 - s_{\mathrm{d}^\star} + kd^{\mathrm{s}^\star}_{\theta,\mathrm{I},\phi_\mathrm{I}+1} \cdot (1-\tau)}{1 + kd^{\mathrm{s}^\star}_{\theta,\mathrm{I},\phi_\mathrm{I}+1}} \cdot L^\kappa_{\mathrm{I},\phi_\mathrm{I}} \tag{D.13}$$

$$k^{\tau,\kappa,\mathrm{s}}_{\theta,\mathrm{I},\phi_\mathrm{I}+1} = ke^{\ell,\kappa,\mathrm{s}}_{\theta,\mathrm{I},\phi_\mathrm{I}+1} \cdot \frac{1 - \Theta^\kappa_{\mathrm{I},\phi_\mathrm{I}}}{1 - s_{\mathrm{d}^\star} \cdot \Theta^\kappa_{\mathrm{I},\phi_\mathrm{I}+1}} + kd^{\mathrm{s}}_{\theta,\mathrm{I},\phi_\mathrm{I}+1} \cdot (1-\tau) \cdot \frac{\Theta^\kappa_{\mathrm{I},\phi_\mathrm{I}}}{1 - s_{\mathrm{d}^\star} \cdot \Theta^\kappa_{\mathrm{I},\phi_\mathrm{I}+1}} + \left(s_\mathrm{d} - s_\mathrm{g}\right) \cdot \frac{\Theta^\kappa_{\mathrm{I},\phi_\mathrm{I}+1} - \Theta^\kappa_{\mathrm{I},\phi_\mathrm{I}}}{1 - s_{\mathrm{d}^\star} \cdot \Theta^\kappa_{\mathrm{I},\phi_\mathrm{I}+1}} \tag{D.14}$$

$$k^{\tau,\kappa,\mathrm{s}^\star}_{\theta,\mathrm{I},\phi_\mathrm{I}+1} = ke^{\ell,\kappa,\mathrm{s}^\star}_{\theta,\mathrm{I},\phi_\mathrm{I}+1} \cdot \frac{1 - \Theta^\kappa_{\mathrm{I},\phi_\mathrm{I}}}{1 - s_{\mathrm{d}^\star} \cdot \Theta^\kappa_{\mathrm{I},\phi_\mathrm{I}+1}} + kd^{\mathrm{s}^\star}_{\theta,\mathrm{I},\phi_\mathrm{I}+1} \cdot (1-\tau) \cdot \frac{\Theta^\kappa_{\mathrm{I},\phi_\mathrm{I}}}{1 - s_{\mathrm{d}^\star} \cdot \Theta^\kappa_{\mathrm{I},\phi_\mathrm{I}+1}} + s_{\mathrm{d}^\star} \cdot \frac{\Theta^\kappa_{\mathrm{I},\phi_\mathrm{I}+1} - \Theta^\kappa_{\mathrm{I},\phi_\mathrm{I}}}{1 - s_{\mathrm{d}^\star} \cdot \Theta^\kappa_{\mathrm{I},\phi_\mathrm{I}+1}} \tag{D.15}$$

mit

$$ke^{\mathrm{u},\kappa,\mathrm{s}^\star}_{\theta,\mathrm{I},\phi_\mathrm{I}+1} = \frac{ke^{\mathrm{u},\kappa,\mathrm{s}}_{\theta,\mathrm{I},\phi_\mathrm{I}+1}}{1 - s_\mathrm{g}} \tag{D.16}$$

$$kd^{\mathrm{s}^\star}_{\theta,\mathrm{I},\phi_\mathrm{I}+1} = \frac{kd^{\mathrm{s}}_{\theta,\mathrm{I},\phi_\mathrm{I}+1}}{1 - s_\mathrm{g}} = \frac{kd_{\theta,\mathrm{I},\phi_\mathrm{I}+1} \cdot (1 - s_\mathrm{d})}{1 - s_\mathrm{g}} = kd_{\theta,\mathrm{I},\phi_\mathrm{I}+1} \cdot (1 - s_{\mathrm{d}^\star}) \tag{D.17}$$

jeweils für $0 \le \theta \le \phi^\kappa_\mathrm{I}$ und $\forall \phi^\kappa_\mathrm{I} \in \left[0, \Phi^\kappa_\mathrm{I} - 1\right]$

II. Rentenfall

Die Formeln (D.18) bis (D.22) unterscheiden sich von den Formeln (D.23) bis (D.28) nur durch die Phasenindizes „I" und „II".

Begrenzte Rente

$$ke_{\mathrm{I}}^{\ell,\kappa,\mathrm{s}} = ke_{\mathrm{I}}^{\mathrm{u},\kappa,\mathrm{s}} + \left(ke_{\mathrm{I}}^{\mathrm{u},\kappa,\mathrm{s}} - kd_{\mathrm{I}} \cdot (1 - s_{\mathrm{d}})\right) \cdot \frac{1 - s_{\mathrm{d}^\star} + kd_{\mathrm{I}}^{\mathrm{s}^\star} \cdot (1-\tau)}{1 + kd_{\mathrm{I}}^{\mathrm{s}^\star}} \cdot L_{\mathrm{I}}^{\kappa} \quad (D.18)$$

$$ke_{\mathrm{I}}^{\ell,\kappa,\mathrm{s}^\star} = \frac{ke_{\mathrm{I}}^{\ell,\kappa,\mathrm{s}}}{1 - s_{\mathrm{g}}} = ke_{\mathrm{I}}^{\mathrm{u},\kappa,\mathrm{s}^\star} + \left(ke_{\mathrm{I}}^{\mathrm{u},\kappa,\mathrm{s}^\star} - kd_{\mathrm{I}}^{\mathrm{s}^\star}\right) \cdot \frac{1 - s_{\mathrm{d}^\star} + kd_{\mathrm{I}}^{\mathrm{s}^\star} \cdot (1-\tau)}{1 + kd_{\mathrm{I}}^{\mathrm{s}^\star}} \cdot L_{\mathrm{I}}^{\kappa} \quad (D.19)$$

$$k_{\mathrm{I}}^{\tau,\kappa,\mathrm{s}^\star} = ke_{\mathrm{I}}^{\ell,\kappa,\mathrm{s}^\star} \cdot \frac{1 - \Theta_{\mathrm{I}}^{\kappa}}{1 - s_{\mathrm{d}^\star} \cdot \Theta_{\mathrm{I}}^{\kappa}} + kd_{\mathrm{I}}^{\mathrm{s}^\star} \cdot (1-\tau) \cdot \frac{\Theta_{\mathrm{I}}^{\kappa}}{1 - s_{\mathrm{d}^\star} \cdot \Theta_{\mathrm{I}}^{\kappa}} \quad (D.20)$$

mit

$$ke_{\mathrm{I}}^{\mathrm{u},\kappa,\mathrm{s}^\star} = \frac{ke_{\mathrm{I}}^{\mathrm{u},\kappa,\mathrm{s}}}{1 - s_{\mathrm{g}}} \quad (D.21)$$

$$kd_{\mathrm{I}}^{\mathrm{s}^\star} = \frac{kd_{\mathrm{I}}^{\mathrm{s}}}{1 - s_{\mathrm{g}}} = \frac{kd_{\mathrm{I}} \cdot (1 - s_{\mathrm{d}})}{1 - s_{\mathrm{g}}} = kd_{\mathrm{I}} \cdot (1 - s_{\mathrm{d}^\star}) \quad (D.22)$$

Ewige Rente

$$ke_{\mathrm{II}}^{\ell,\kappa,\mathrm{s}} = ke_{\mathrm{II}}^{\mathrm{u},\kappa,\mathrm{s}} + \left(ke_{\mathrm{II}}^{\mathrm{u},\kappa,\mathrm{s}} - kd_{\mathrm{II}} \cdot (1 - s_{\mathrm{d}})\right) \cdot \frac{1 - s_{\mathrm{d}^\star} + kd_{\mathrm{II}}^{\mathrm{s}^\star} \cdot (1-\tau)}{1 + kd_{\mathrm{II}}^{\mathrm{s}^\star}} \cdot L_{\mathrm{II}}^{\kappa} \quad (D.23)$$

$$ke_{\mathrm{II}}^{\ell,\kappa,\mathrm{s}^\star} = \frac{ke_{\mathrm{II}}^{\ell,\kappa,\mathrm{s}}}{1 - s_\mathrm{g}} = ke_{\mathrm{II}}^{\mathrm{u},\kappa,\mathrm{s}^\star} + \left(ke_{\mathrm{II}}^{\mathrm{u},\kappa,\mathrm{s}^\star} - kd_{\mathrm{II}}^{\mathrm{s}^\star}\right) \cdot \frac{1 - s_{\mathrm{d}^\star} + kd_{\mathrm{II}}^{\mathrm{s}^\star} \cdot (1-\tau)}{1 + kd_{\mathrm{II}}^{\mathrm{s}^\star}} \cdot L_{\mathrm{II}}^{\kappa} \tag{D.24}$$

$$k_{\mathrm{II}}^{\tau,\kappa,\mathrm{s}} = ke_{\mathrm{II}}^{\ell,\kappa,\mathrm{s}} \cdot \frac{1 - \Theta_{\mathrm{II}}^{\kappa}}{1 - s_{\mathrm{d}^\star} \cdot \Theta_{\mathrm{II}}^{\kappa}} + kd_{\mathrm{II}}^{\mathrm{s}} \cdot (1-\tau) \cdot \frac{\Theta_{\mathrm{II}}^{\kappa}}{1 - s_{\mathrm{d}^\star} \cdot \Theta_{\mathrm{II}}^{\kappa}} \tag{D.25}$$

$$k_{\mathrm{II}}^{\tau,\kappa,\mathrm{s}^\star} = ke_{\mathrm{II}}^{\ell,\kappa,\mathrm{s}^\star} \cdot \frac{1 - \Theta_{\mathrm{II}}^{\kappa}}{1 - s_{\mathrm{d}^\star} \cdot \Theta_{\mathrm{II}}^{\kappa}} + kd_{\mathrm{II}}^{\mathrm{s}^\star} \cdot (1-\tau) \cdot \frac{\Theta_{\mathrm{II}}^{\kappa}}{1 - s_{\mathrm{d}^\star} \cdot \Theta_{\mathrm{II}}^{\kappa}} \tag{D.26}$$

mit

$$ke_{\mathrm{II}}^{\mathrm{u},\kappa,\mathrm{s}^\star} = \frac{ke_{\mathrm{II}}^{\mathrm{u},\kappa,\mathrm{s}}}{1 - s_\mathrm{g}} \tag{D.27}$$

$$kd_{\mathrm{II}}^{\mathrm{s}^\star} = \frac{kd_{\mathrm{II}}^{\mathrm{s}}}{1 - s_\mathrm{g}} = \frac{kd_{\mathrm{II}} \cdot (1 - s_\mathrm{d})}{1 - s_\mathrm{g}} = kd_{\mathrm{II}} \cdot (1 - s_{\mathrm{d}^\star}) \tag{D.28}$$

D.3 Restwertkalküle

D.3.1 Gliederung

Die Abschnitte D.3.2 (Vorsteuerrechnung) und D.3.3 (Nachsteuerrechnung) sind jeweils wie folgt untergliedert:

1. Restwertermittlung im Bereich κ ohne Berücksichtigung von zusätzlichen Nettoinvestitionen
   a) FCF Verfahren
      I. Grobplanungsphase
      II. Rentenphase
   b) FtE Verfahren
      I. Grobplanungsphase
      II. Rentenphase
2. Ermittlung der Restwertsteigerung im Bereich κ infolge zusätzlicher Nettoinvestitionen in einen Bereich λ
   a) FCF Verfahren
      I. Grobplanungsphase
      II. Rentenphase
   b) FtE Verfahren
      I. Grobplanungsphase
      II. Rentenphase
3. Ermittlung des Restwertes (des Eigenkapitals) des verschuldeten Unternehmens

D.3.2 Vorsteuerrechnung

1. Restwertermittlung im Bereich κ ohne Berücksichtigung von zusätzlichen Nettoinvestitionen

   a) FCF Verfahren

      I. Grobplanungsphase

<u>Rekursiver Vorsteuerkalkül</u>

Für einen Zeitpunkt $\phi_{\mathrm{I}}^{\kappa} \in \left[0, \Phi_{\mathrm{I}}^{\kappa} - 1\right]$:

$$\mathrm{E}\left[\widetilde{V}_{\mathrm{I},\phi_{\mathrm{I}}}^{\ell,\kappa}\right] = \frac{\mathrm{E}\left[\widetilde{FCF}_{\mathrm{I},\phi_{\mathrm{I}}+1}^{\kappa}\right] + \mathrm{E}\left[\widetilde{V}_{\mathrm{I},\phi_{\mathrm{I}}+1}^{\ell,\kappa}\right]}{1 + k_{\mathrm{I},\phi_{\mathrm{I}}+1}^{\tau,\kappa}}$$

<u>Nicht-rekursiver Vorsteuerkalkül</u>

Für einen Zeitpunkt $\phi_{\mathrm{I}}^{\kappa} \in \left[0, \Phi_{\mathrm{I}}^{\kappa} - 1\right]$:

$$\mathrm{E}\left[\widetilde{V}_{\mathrm{I},\phi_{\mathrm{I}}}^{\ell,\kappa}\right] = \sum_{r=\phi_{\mathrm{I}}+1}^{\Phi_{\mathrm{I}}} \frac{\mathrm{E}\left[\widetilde{FCF}_{\mathrm{I},r}^{\kappa}\right]}{\prod_{t=\phi_{\mathrm{I}}+1}^{r}\left(1 + k_{\mathrm{I},t}^{\tau,\kappa}\right)} + \frac{\mathrm{E}\left[\widetilde{V}_{\mathrm{II},0}^{\ell,\kappa}\right]}{\prod_{t=\phi_{\mathrm{I}}+1}^{\Phi_{\mathrm{I}}}\left(1 + k_{\mathrm{I},t}^{\tau,\kappa}\right)}$$

oder, falls $k_{\mathrm{I},\phi_{\mathrm{I}}}^{\tau,\kappa} = k_{\mathrm{I}}^{\tau,\kappa} \quad \forall \phi_{\mathrm{I}} \in \left[1, \Phi_{\mathrm{I}}^{\kappa}\right]$:

$$\mathrm{E}\left[\widetilde{V}_{\mathrm{I},\phi_{\mathrm{I}}}^{\ell,\kappa}\right] = \sum_{r=\phi_{\mathrm{I}}+1}^{\Phi_{\mathrm{I}}} \frac{\mathrm{E}\left[\widetilde{FCF}_{\mathrm{I},r}^{\kappa}\right]}{\left(1 + k_{\mathrm{I}}^{\tau,\kappa}\right)^{r-\phi_{\mathrm{I}}}} + \frac{\mathrm{E}\left[\widetilde{V}_{\mathrm{II},0}^{\ell,\kappa}\right]}{\left(1 + k_{\mathrm{I}}^{\tau,\kappa}\right)^{\Phi_{\mathrm{I}}-\phi_{\mathrm{I}}}}$$

Für $\phi_{\mathrm{I}}^{\kappa} = 0$:

$$\mathrm{E}\left[\widetilde{V}_{\mathrm{I},0}^{\ell,\kappa}\right] = \sum_{\phi_{\mathrm{I}}=1}^{\Phi_{\mathrm{I}}} \frac{\mathrm{E}\left[\widetilde{FCF}_{\mathrm{I},\phi_{\mathrm{I}}}^{\kappa}\right]}{\prod_{t=1}^{\phi_{\mathrm{I}}}\left(1 + k_{\mathrm{I},t}^{\tau,\kappa}\right)} + \frac{\mathrm{E}\left[\widetilde{V}_{\mathrm{II},0}^{\ell,\kappa}\right]}{\prod_{t=1}^{\Phi_{\mathrm{I}}}\left(1 + k_{\mathrm{I},t}^{\tau,\kappa}\right)}$$

oder, falls $k_{\mathrm{I},\phi_{\mathrm{I}}}^{\tau,\kappa} = k_{\mathrm{I}}^{\tau,\kappa} \quad \forall \phi_{\mathrm{I}} \in \left[1, \Phi_{\mathrm{I}}^{\kappa}\right]$:

$$\mathrm{E}\left[\widetilde{V}_{\mathrm{I},0}^{\ell,\kappa}\right] = \sum_{\phi_{\mathrm{I}}=1}^{\Phi_{\mathrm{I}}} \frac{\mathrm{E}\left[\widetilde{FCF}_{\mathrm{I},\phi_{\mathrm{I}}}^{\kappa}\right]}{\left(1 + k_{\mathrm{I}}^{\tau,\kappa}\right)^{\phi_{\mathrm{I}}}} + \frac{\mathrm{E}\left[\widetilde{V}_{\mathrm{II},0}^{\ell,\kappa}\right]}{\left(1 + k_{\mathrm{I}}^{\tau,\kappa}\right)^{\Phi_{\mathrm{I}}}}$$

(bezüglich $\mathrm{E}\left[\widetilde{V}_{\mathrm{II},0}^{\ell,\kappa}\right]$ siehe 1. a) II. Rentenphase)

II. Rentenphase

$$\mathrm{E}\left[\widetilde{V}_{\mathrm{II},0}^{\ell,\kappa}\right] = \frac{\mathrm{E}\left[\widetilde{FCF}_{\mathrm{II},1}^{\kappa}\right]}{k_{\mathrm{II}}^{\tau,\kappa} - w_{\mathrm{II}}^{\kappa}}$$

In jeder Periode des Restwertzeitraums gilt:

$$\mathrm{E}\left[\widetilde{E}_{\phi}^{\ell,\kappa}\right] = \left(1 - \Theta_{\phi}^{\kappa}\right) \cdot \mathrm{E}\left[\widetilde{V}_{\phi}^{\ell,\kappa}\right] \qquad \forall \phi \in [1, +\infty)$$

$$\mathrm{E}\left[\widetilde{D}_{\phi}^{\kappa}\right] = \mathrm{E}\left[\widetilde{V}_{\phi}^{\ell,\kappa}\right] - \mathrm{E}\left[\widetilde{E}_{\phi}^{\ell,\kappa}\right] = \Theta_{\phi}^{\kappa} \cdot \mathrm{E}\left[\widetilde{V}_{\phi}^{\ell,\kappa}\right] \qquad \forall \phi \in [1, +\infty)$$

b) FtE Verfahren

I. Grobplanungsphase

<u>Rekursiver Vorsteuerkalkül</u>

Für einen Zeitpunkt $\phi_{\mathrm{I}}^{\kappa} \in \left[0, \Phi_{\mathrm{I}}^{\kappa} - 1\right]$:

$$\mathrm{E}\left[\widetilde{E}_{\mathrm{I},\phi_1}^{\ell,\kappa}\right] = \frac{\mathrm{E}\left[\widetilde{FTE}_{\mathrm{I},\phi_1+1}^{\kappa}\right] + \mathrm{E}\left[\widetilde{E}_{\mathrm{I},\phi_1+1}^{\ell,\kappa}\right]}{1 + ke_{\mathrm{I},\phi_1+1}^{\ell,\kappa}}$$

$$= \frac{\mathrm{E}\left[\widetilde{FCF}_{\mathrm{I},\phi_1+1}^{\kappa}\right] - kd_{\mathrm{I},\phi_1+1} \cdot (1 - \tau) \cdot L_{\mathrm{I},\phi_1}^{\kappa} \cdot \mathrm{E}\left[\widetilde{E}_{\mathrm{I},\phi_1}^{\ell,\kappa}\right]}{1 + ke_{\mathrm{I},\phi_1+1}^{\ell,\kappa}}$$

$$+ \frac{\left(L_{\mathrm{I},\phi_1+1}^{\kappa} \cdot \mathrm{E}\left[\widetilde{E}_{\mathrm{I},\phi_1+1}^{\ell,\kappa}\right] - L_{\mathrm{I},\phi_1}^{\kappa} \cdot \mathrm{E}\left[\widetilde{E}_{\mathrm{I},\phi_1}^{\ell,\kappa}\right]\right) + \mathrm{E}\left[\widetilde{E}_{\mathrm{I},\phi_1+1}^{\ell,\kappa}\right]}{1 + ke_{\mathrm{I},\phi_1+1}^{\ell,\kappa}}$$

Für $\phi_{\mathrm{I}}^{\kappa} = \Phi_{\mathrm{I}}^{\kappa} - 1$:

$$\mathrm{E}\left[\widetilde{E}_{\mathrm{I},\Phi_1-1}^{\ell,\kappa}\right] = \frac{\mathrm{E}\left[\widetilde{FTE}_{\mathrm{II},0}^{\kappa}\right] + \mathrm{E}\left[\widetilde{E}_{\mathrm{II},0}^{\ell,\kappa}\right]}{1 + ke_{\mathrm{II},0}^{\ell,\kappa}}$$

↴

$$= \frac{\mathrm{E}\left[\widetilde{FCF}^{\kappa}_{\mathrm{II},0}\right] - kd_{\mathrm{II},0} \cdot (1-\tau) \cdot L^{\kappa}_{\mathrm{I},\Phi_{\mathrm{I}}-1} \cdot \mathrm{E}\left[\widetilde{E}^{\ell,\kappa}_{\mathrm{I},\Phi_{\mathrm{I}}-1}\right]}{1 + ke^{\ell,\kappa}_{\mathrm{II},0}}$$

$$+ \frac{\left(L^{\kappa}_{\mathrm{II}} \cdot \mathrm{E}\left[\widetilde{E}^{\ell,\kappa}_{\mathrm{II},0}\right] - L^{\kappa}_{\mathrm{I},\Phi_{\mathrm{I}}-1} \cdot \mathrm{E}\left[\widetilde{E}^{\ell,\kappa}_{\mathrm{I},\Phi_{\mathrm{I}}-1}\right]\right) + \mathrm{E}\left[\widetilde{E}^{\ell,\kappa}_{\mathrm{II},0}\right]}{1 + ke^{\ell,\kappa}_{\mathrm{II},0}}$$

II. Rentenphase

$$\mathrm{E}\left[\widetilde{E}^{\ell,\kappa}_{\mathrm{II},0}\right] = \frac{\mathrm{E}\left[\widetilde{FTE}^{\kappa}_{\mathrm{II},1}\right]}{ke^{\ell,\kappa}_{\mathrm{II}} - w^{\kappa}_{\mathrm{II}}}$$

$$= \frac{\mathrm{E}\left[\widetilde{FCF}^{\kappa}_{\mathrm{II},1}\right] - \left(kd_{\mathrm{II}} \cdot (1-\tau) - w^{\kappa}_{\mathrm{II}}\right) \cdot L^{\kappa}_{\mathrm{II}} \cdot \mathrm{E}\left[\widetilde{E}^{\ell,\kappa}_{\mathrm{II},0}\right]}{ke^{\ell,\kappa}_{\mathrm{II}} - w^{\kappa}_{\mathrm{II}}}$$

$$= \frac{\mathrm{E}\left[\widetilde{FCF}^{\kappa}_{\mathrm{II},1}\right]}{ke^{\ell,\kappa}_{\mathrm{II}} - w^{\kappa}_{\mathrm{II}} + (kd_{\mathrm{II}} \cdot (1-\tau) - w^{\kappa}_{\mathrm{II}}) \cdot L^{\kappa}_{\mathrm{II}}}$$

In jeder Periode des Restwertzeitraums gilt:

$$\mathrm{E}\left[\widetilde{V}^{\ell,\kappa}_{\phi}\right] = \left(1 + L^{\kappa}_{\phi}\right) \cdot \mathrm{E}\left[\widetilde{E}^{\ell,\kappa}_{\phi}\right] \qquad \forall \phi \in [1, +\infty)$$

$$\mathrm{E}\left[\widetilde{D}^{\kappa}_{\phi}\right] = \mathrm{E}\left[\widetilde{V}^{\ell,\kappa}_{\phi}\right] - \mathrm{E}\left[\widetilde{E}^{\ell,\kappa}_{\phi}\right] = L^{\kappa}_{\phi} \cdot \mathrm{E}\left[\widetilde{E}^{\ell,\kappa}_{\phi}\right] \qquad \forall \phi \in [1, +\infty)$$

2. Ermittlung der Restwertsteigerung im Bereich κ infolge zusätzlicher Nettoinvestitionen in einen Bereich λ

   a) FCF Verfahren

      I. Grobplanungsphase

Rekursiver Vorsteuerkalkül

Für einen Zeitpunkt $\phi^{\kappa\lambda}_{\mathrm{I}} \in \left[0, \Phi^{\kappa\lambda}_{\mathrm{I}} - 1\right]$

mit $\Phi^{\kappa\lambda}_{\mathrm{I}} = \max\left\{\Phi^{\kappa}_{\mathrm{I}}, \Phi^{\lambda}_{\mathrm{I}}\right\}$:

$$\mathrm{E}\left[\widetilde{\Delta V}^{\ell,\kappa\lambda}_{\mathrm{I},\phi_{\mathrm{I}}}\right] = \frac{\mathrm{E}\left[\widetilde{MVA}^{\kappa\lambda}_{\mathrm{I},\phi_{\mathrm{I}}+1}\right] + \mathrm{E}\left[\widetilde{\Delta V}^{\ell,\kappa\lambda}_{\mathrm{I},\phi_{\mathrm{I}}+1}\right]}{1 + k^{\tau,\kappa}_{\mathrm{I},\phi_{\mathrm{I}}+1}}$$

Nicht-rekursiver Vorsteuerkalkül

Für einen Zeitpunkt $\phi_{\text{I}}^{\kappa\lambda} \in \left[0, \Phi_{\text{I}}^{\kappa\lambda} - 1\right]$:

$$\text{E}\left[\widetilde{\Delta V}_{\text{I},\phi_{\text{I}}}^{\ell,\kappa\lambda}\right] = \sum_{r=\phi_{\text{I}}^{\kappa\lambda}+1}^{\Phi_{\text{I}}^{\kappa}} \frac{\text{E}\left[\widetilde{MVA}_{\text{I},r}^{\kappa\lambda}\right]}{\prod_{t=\phi_{\text{I}}^{\kappa\lambda}+1}^{r}\left(1 + k_{\text{I},t}^{\tau,\kappa}\right)}$$

$$+ \sum_{r=\Phi_{\text{I}}^{\kappa}+1}^{\Phi_{\text{I}}^{\kappa\lambda}} \frac{\text{E}\left[\widetilde{MVA}_{\text{I},r}^{\kappa\lambda}\right]}{\prod_{t=\phi_{\text{I}}^{\kappa\lambda}+1}^{\Phi_{\text{I}}^{\kappa}}\left(1 + k_{\text{I},t}^{\tau,\kappa}\right) \cdot \left(1 + k_{\text{II}}^{\tau,\kappa}\right)^{r-\Phi_{\text{I}}^{\kappa}}} \qquad \text{(D.29)}$$

$$+ \frac{\text{E}\left[\widetilde{\Delta V}_{\text{II},0}^{\ell,\kappa\lambda}\right]}{\prod_{t=\phi_{\text{I}}^{\kappa\lambda}+1}^{\Phi_{\text{I}}^{\kappa}}\left(1 + k_{\text{I},t}^{\tau,\kappa}\right) \cdot \left(1 + k_{\text{II}}^{\tau,\kappa}\right)^{\Phi_{\text{I}}^{\kappa\lambda}-\Phi_{\text{I}}^{\kappa}}},$$

falls $\Phi_{\text{I}}^{\kappa} < \Phi_{\text{I}}^{\kappa\lambda}$

oder

$$\text{E}\left[\widetilde{\Delta V}_{\text{I},\phi_{\text{I}}}^{\ell,\kappa\lambda}\right] = \sum_{r=\phi_{\text{I}}^{\kappa\lambda}+1}^{\Phi_{\text{I}}^{\kappa\lambda}} \frac{\text{E}\left[\widetilde{MVA}_{\text{I},r}^{\kappa\lambda}\right]}{\prod_{t=\phi_{\text{I}}^{\kappa\lambda}+1}^{r}\left(1 + k_{\text{I},t}^{\tau,\kappa}\right)} + \frac{\text{E}\left[\widetilde{\Delta V}_{\text{II},0}^{\ell,\kappa\lambda}\right]}{\prod_{t=\phi_{\text{I}}^{\kappa\lambda}+1}^{\Phi_{\text{I}}^{\kappa\lambda}}\left(1 + k_{\text{I},t}^{\tau,\kappa}\right)},$$

falls $\Phi_{\text{I}}^{\kappa} = \Phi_{\text{I}}^{\kappa\lambda}$ (D.30)

(bezüglich $\text{E}\left[\widetilde{\Delta V}_{\text{II},0}^{\ell,\kappa\lambda}\right]$ siehe 2. a) II. Rentenphase)

Für $\phi_{\text{I}}^{\kappa\lambda} = 0$:

$$\text{E}\left[\widetilde{\Delta V}_{\text{I},0}^{\ell,\kappa\lambda}\right] = \sum_{\phi_{\text{I}}^{\kappa\lambda}=1}^{\Phi_{\text{I}}^{\kappa}} \frac{\text{E}\left[\widetilde{MVA}_{\text{I},\phi_{\text{I}}}^{\kappa\lambda}\right]}{\prod_{t=1}^{\phi_{\text{I}}^{\kappa\lambda}}\left(1 + k_{\text{I},t}^{\tau,\kappa}\right)}$$

$$+ \sum_{\phi_{\text{I}}^{\kappa\lambda}=\Phi_{\text{I}}^{\kappa}+1}^{\Phi_{\text{I}}^{\kappa\lambda}} \frac{\text{E}\left[\widetilde{MVA}_{\text{I},\phi_{\text{I}}}^{\kappa\lambda}\right]}{\prod_{t=1}^{\Phi_{\text{I}}^{\kappa}}\left(1 + k_{\text{I},t}^{\tau,\kappa}\right) \cdot \left(1 + k_{\text{II}}^{\tau,\kappa}\right)^{\phi_{\text{I}}^{\kappa\lambda}-\Phi_{\text{I}}^{\kappa}}} \quad ⌐$$

$$+ \frac{\mathrm{E}\left[\widetilde{\Delta V}_{\mathrm{II},0}^{\ell,\kappa\lambda}\right]}{\prod_{t=1}^{\Phi_{\mathrm{I}}^{\kappa}}\left(1+k_{\mathrm{I},t}^{\tau,\kappa}\right)\cdot\left(1+k_{\mathrm{II}}^{\tau,\kappa}\right)^{\Phi_{\mathrm{I}}^{\kappa\lambda}-\Phi_{\mathrm{I}}^{\kappa}}},$$

falls $\Phi_{\mathrm{I}}^{\kappa} < \Phi_{\mathrm{I}}^{\kappa\lambda}$

oder

$$\mathrm{E}\left[\widetilde{\Delta V}_{\mathrm{I},0}^{\ell,\kappa\lambda}\right] = \sum_{\phi_{\mathrm{I}}^{\kappa\lambda}=1}^{\Phi_{\mathrm{I}}^{\kappa\lambda}} \frac{\mathrm{E}\left[\widetilde{MVA}_{\mathrm{I},\phi_{\mathrm{I}}}^{\kappa\lambda}\right]}{\prod_{t=1}^{\phi_{\mathrm{I}}^{\kappa\lambda}}\left(1+k_{\mathrm{I},t}^{\tau,\kappa}\right)} + \frac{\mathrm{E}\left[\widetilde{\Delta V}_{\mathrm{II},0}^{\ell,\kappa\lambda}\right]}{\prod_{t=1}^{\Phi_{\mathrm{I}}^{\kappa\lambda}}\left(1+k_{\mathrm{I},t}^{\tau,\kappa}\right)},$$

falls $\Phi_{\mathrm{I}}^{\kappa} = \Phi_{\mathrm{I}}^{\kappa\lambda}$

Jeweils mit den MVA gemäß

$$\mathrm{E}\left[\widetilde{MVA}_{\mathrm{I},\phi_{\mathrm{I}}}^{\kappa\lambda}\right] = -\mathrm{E}\left[\widetilde{IC}_{\mathrm{I},\phi_{\mathrm{I}}}^{\kappa\lambda,\phi_{\mathrm{I}}}\right] + \mathrm{E}\left[\widetilde{V}_{\mathrm{I},\phi_{\mathrm{I}}}^{\ell,\kappa\lambda,\phi_{\mathrm{I}}}\right] \qquad \forall\, \phi_{\mathrm{I}}^{\kappa\lambda} \in \left[1, \Phi_{\mathrm{I}}^{\kappa\lambda}\right]$$

und den Wertbeiträgen des investierten Kapitals $\mathrm{E}\left[\widetilde{V}_{\mathrm{I},\phi_{\mathrm{I}}}^{\ell,\kappa\lambda,\phi_{\mathrm{I}}}\right]$ gemäß folgender Fallunterscheidung:

$$\mathrm{E}\left[\widetilde{V}_{\mathrm{I},\phi_{\mathrm{I}}}^{\ell,\kappa\lambda,\phi_{\mathrm{I}}}\right] = \sum_{r=\phi_{\mathrm{I}}^{\lambda}}^{\Phi_{\mathrm{I}}^{\lambda}-1} \frac{\mathrm{E}\left[\widetilde{FCF}_{\mathrm{I},r+1}^{\kappa\lambda,\phi_{\mathrm{I}}}\right]}{\prod_{t=\phi_{\mathrm{I}}^{\lambda}+1}^{r+1}\left(1+k_{\mathrm{I},t}^{\tau,\lambda}\right)}$$

$$+ \frac{\mathrm{E}\left[\widetilde{FCF}_{\mathrm{II},1}^{\kappa\lambda,\phi_{\mathrm{I}}}\right]}{\prod_{t=\phi_{\mathrm{I}}^{\lambda}+1}^{\Phi_{\mathrm{I}}^{\lambda}}\left(1+k_{\mathrm{I},t}^{\tau,\lambda}\right)\cdot\left(k_{\mathrm{II}}^{\tau,\lambda}-w_{\mathrm{II}}^{\lambda}\right)}$$

$\forall\, \phi_{\mathrm{I}}^{\kappa\lambda} \in \left[1, \Phi_{\mathrm{I}}^{\lambda}-1\right]$

oder

$$\mathrm{E}\left[\widetilde{V}_{\mathrm{I},\phi_{\mathrm{I}}}^{\ell,\kappa\lambda,\phi_{\mathrm{I}}}\right] = \frac{q_{\mathrm{II}}^{\lambda}\cdot\mathrm{E}\left[\widetilde{IC}_{\mathrm{I},\phi_{\mathrm{I}}}^{\kappa\lambda,\phi_{\mathrm{I}}}\right]\cdot ROIC_{\mathrm{II}}^{\lambda}}{k_{\mathrm{II}}^{\tau,\lambda}-w_{\mathrm{II}}^{\lambda}} = \frac{\mathrm{E}\left[\widetilde{FCF}_{\mathrm{I},\phi_{\mathrm{I}}+1}^{\kappa\lambda,\phi_{\mathrm{I}}}\right]}{k_{\mathrm{II}}^{\tau,\lambda}-w_{\mathrm{II}}^{\lambda}}$$

$\forall\, \phi_{\mathrm{I}}^{\kappa\lambda} \in \left[\Phi_{\mathrm{I}}^{\lambda}, \Phi_{\mathrm{I}}^{\kappa\lambda}\right]$

II. Rentenphase

$$\mathrm{E}\left[\widetilde{\Delta V}_{\mathrm{II},0}^{\ell,\kappa\lambda}\right] = \sum_{\phi_{\mathrm{II}}=1}^{+\infty} \frac{\mathrm{E}\left[\widetilde{MVA}_{\mathrm{II},\phi_{\mathrm{II}}}^{\kappa\lambda}\right]}{\left(1 + k_{\mathrm{II}}^{\tau,\kappa}\right)^{\phi_{\mathrm{II}}}} = \sum_{\phi_{\mathrm{II}}=1}^{+\infty} \frac{\mathrm{E}\left[\widetilde{MVA}_{\mathrm{II},1}^{\kappa\lambda}\right] \cdot \left(1 + w_{\mathrm{II}}^{\kappa}\right)^{\phi_{\mathrm{II}}-1}}{\left(1 + k_{\mathrm{II}}^{\tau,\kappa}\right)^{\phi_{\mathrm{II}}}}$$

$$= \frac{\mathrm{E}\left[\widetilde{MVA}_{\mathrm{II},1}^{\kappa\lambda}\right]}{k_{\mathrm{II}}^{\tau,\kappa} - w_{\mathrm{II}}^{\kappa}}$$

mit

$$\mathrm{E}\left[\widetilde{MVA}_{\mathrm{II},1}^{\kappa\lambda}\right] = -\mathrm{E}\left[\widetilde{IC}_{\mathrm{II},1}^{\kappa\lambda,1}\right] + \mathrm{E}\left[\widetilde{V}_{\mathrm{II},1}^{\ell,\kappa\lambda,1}\right]$$

und

$$\mathrm{E}\left[\widetilde{V}_{\mathrm{II},1}^{\ell,\kappa\lambda,1}\right] = \frac{q_{\mathrm{II}}^{\lambda} \cdot \mathrm{E}\left[\widetilde{IC}_{\mathrm{II},1}^{\kappa\lambda,1}\right] \cdot ROIC_{\mathrm{II}}^{\lambda}}{k_{\mathrm{II}}^{\tau,\lambda} - w_{\mathrm{II}}^{\lambda}}$$

b) FtE Verfahren

I. Grobplanungsphase

<u>Rekursiver Vorsteuerkalkül</u>

Für einen Zeitpunkt $\phi_{\mathrm{I}}^{\kappa\lambda} \in \left[0, \Phi_{\mathrm{I}}^{\kappa\lambda} - 1\right]$

mit $\Phi_{\mathrm{I}}^{\kappa\lambda} = \max\left\{\Phi_{\mathrm{I}}^{\kappa}, \Phi_{\mathrm{I}}^{\lambda}\right\}$:

$$\mathrm{E}\left[\widetilde{\Delta E}_{\mathrm{I},\phi_{\mathrm{I}}}^{\ell,\kappa\lambda}\right] = \frac{\mathrm{E}\left[\widetilde{MVA}_{\mathrm{I},\phi_{\mathrm{I}}+1}^{\kappa\lambda}\right] - kd_{\mathrm{I},\phi_{\mathrm{I}}+1} \cdot (1-\tau) \cdot L_{\mathrm{I},\phi_{\mathrm{I}}}^{\kappa} \cdot \mathrm{E}\left[\widetilde{\Delta E}_{\mathrm{I},\phi_{\mathrm{I}}}^{\ell,\kappa\lambda}\right]}{1 + ke_{\mathrm{I},\phi_{\mathrm{I}}+1}^{\ell,\kappa}}$$

$$+ \frac{L_{\mathrm{I},\phi_{\mathrm{I}}+1}^{\kappa} \cdot \mathrm{E}\left[\widetilde{\Delta E}_{\mathrm{I},\phi_{\mathrm{I}}+1}^{\ell,\kappa\lambda}\right] - L_{\mathrm{I},\phi_{\mathrm{I}}}^{\kappa} \cdot \mathrm{E}\left[\widetilde{\Delta E}_{\mathrm{I},\phi_{\mathrm{I}}}^{\ell,\kappa\lambda}\right]}{1 + ke_{\mathrm{I},\phi_{\mathrm{I}}+1}^{\ell,\kappa}}$$

$$+ \frac{\mathrm{E}\left[\widetilde{\Delta E}_{\mathrm{I},\phi_{\mathrm{I}}+1}^{\ell,\kappa\lambda}\right]}{1 + ke_{\mathrm{I},\phi_{\mathrm{I}}+1}^{\ell,\kappa}}$$

mit

$$\mathrm{E}\left[\widetilde{MVA}_{\mathrm{I},\phi_{\mathrm{I}}}^{\kappa\lambda}\right] = -\mathrm{E}\left[\widetilde{IE}_{\mathrm{I},\phi_{\mathrm{I}}}^{\kappa\lambda,\phi_{\mathrm{I}}}\right] + \mathrm{E}\left[\widetilde{E}_{\mathrm{I},\phi_{\mathrm{I}}}^{\ell,\kappa\lambda,\phi_{\mathrm{I}}}\right]$$

und rekursiver Ermittlung des Wertbeitrags des Eigenkapitals $\mathrm{E}\left[\widetilde{E}_{\mathrm{I},\phi_{\mathrm{I}}}^{\ell,\kappa\lambda,\phi_{\mathrm{I}}}\right]$:

$$\mathrm{E}\left[\widetilde{E}_{\mathrm{II},0}^{\ell,\kappa\lambda,\phi_{\mathrm{I}}}\right] = \frac{\mathrm{E}\left[\widetilde{FTE}_{\mathrm{II},1}^{\kappa\lambda,\phi_{\mathrm{I}}}\right]}{ke_{\mathrm{II}}^{\ell,\lambda} - w_{\mathrm{II}}^{\lambda}}$$

$$= \frac{\mathrm{E}\left[\widetilde{FCF}_{\mathrm{II},1}^{\kappa\lambda,\phi_{\mathrm{I}}}\right]}{ke_{\mathrm{II}}^{\ell,\lambda} - w_{\mathrm{II}}^{\lambda}} - \frac{\left(kd_{\mathrm{II}} \cdot (1-\tau) - w_{\mathrm{II}}^{\lambda}\right) \cdot L_{\mathrm{II}}^{\lambda} \cdot \mathrm{E}\left[\widetilde{E}_{\mathrm{II},0}^{\ell,\kappa\lambda,\phi_{\mathrm{I}}}\right]}{ke_{\mathrm{II}}^{\ell,\lambda} - w_{\mathrm{II}}^{\lambda}}$$

$$= \frac{\mathrm{E}\left[\widetilde{FCF}_{\mathrm{II},1}^{\kappa\lambda,\phi_{\mathrm{I}}}\right]}{ke_{\mathrm{II}}^{\ell,\lambda} - w_{\mathrm{II}}^{\lambda} + \left(kd_{\mathrm{II}} \cdot (1-\tau) - w_{\mathrm{II}}^{\lambda}\right) \cdot L_{\mathrm{II}}^{\lambda}}$$

$$\forall \phi_{\mathrm{I}}^{\kappa\lambda} \in \left[1, \Phi_{\mathrm{I}}^{\lambda} - 1\right]$$

$$\mathrm{E}\left[\widetilde{E}_{\mathrm{I},t}^{\ell,\kappa\lambda,\phi_{\mathrm{I}}}\right] = \frac{\mathrm{E}\left[\widetilde{FTE}_{\mathrm{I},t+1}^{\kappa\lambda,\phi_{\mathrm{I}}}\right] + \mathrm{E}\left[\widetilde{E}_{\mathrm{I},t+1}^{\ell,\kappa\lambda,\phi_{\mathrm{I}}}\right]}{1 + ke_{\mathrm{I},t+1}^{\ell,\lambda}}$$

$$= \frac{\mathrm{E}\left[\widetilde{FCF}_{\mathrm{I},t+1}^{\kappa\lambda,\phi_{\mathrm{I}}}\right] - kd_{\mathrm{I},t+1} \cdot (1-\tau) \cdot L_{\mathrm{I},t}^{\lambda} \cdot \mathrm{E}\left[\widetilde{E}_{\mathrm{I},t}^{\ell,\kappa\lambda,\phi_{\mathrm{I}}}\right]}{1 + ke_{\mathrm{I},t+1}^{\ell,\lambda}} + \frac{\left(L_{\mathrm{I},t+1}^{\lambda} \cdot \mathrm{E}\left[\widetilde{E}_{\mathrm{I},t+1}^{\ell,\kappa\lambda,\phi_{\mathrm{I}}}\right] - L_{\mathrm{I},t}^{\lambda} \cdot \mathrm{E}\left[\widetilde{E}_{\mathrm{I},t}^{\ell,\kappa\lambda,\phi_{\mathrm{I}}}\right]\right)}{1 + ke_{\mathrm{I},t+1}^{\ell,\lambda}} + \frac{\mathrm{E}\left[\widetilde{E}_{\mathrm{I},t+1}^{\ell,\kappa\lambda,\phi_{\mathrm{I}}}\right]}{1 + ke_{\mathrm{I},t+1}^{\ell,\lambda}}$$

$$\forall \phi_{\mathrm{I}}^{\kappa\lambda} \in \left[1, \Phi_{\mathrm{I}}^{\lambda} - 1\right], \quad \forall t \in \left[\phi_{\mathrm{I}}^{\kappa\lambda}, \Phi_{\mathrm{I}}^{\lambda} - 1\right]$$

$$\mathrm{E}\left[\widetilde{E}^{\ell,\kappa\lambda,\phi_{\mathrm{I}}}_{\mathrm{I},\Phi_{\mathrm{I}}-1}\right] = \frac{\mathrm{E}\left[\widetilde{FTE}^{\kappa\lambda,\phi_{\mathrm{I}}}_{\mathrm{II},0}\right] + \mathrm{E}\left[\widetilde{E}^{\ell,\kappa\lambda,\phi_{\mathrm{I}}}_{\mathrm{II},0}\right]}{1 + ke^{\ell,\lambda}_{\mathrm{II},0}}$$

$$= \frac{\mathrm{E}\left[\widetilde{FCF}^{\kappa\lambda,\phi_{\mathrm{I}}}_{\mathrm{II},0}\right] - kd_{\mathrm{II},0} \cdot (1-\tau) \cdot L^{\lambda}_{\mathrm{I},\Phi_{\mathrm{I}}-1} \cdot \mathrm{E}\left[\widetilde{E}^{\ell,\kappa\lambda,\phi_{\mathrm{I}}}_{\mathrm{I},\Phi_{\mathrm{I}}-1}\right]}{1 + ke^{\ell,\lambda}_{\mathrm{II},0}}$$

$$+ \frac{\left(L^{\lambda}_{\mathrm{II}} \cdot \mathrm{E}\left[\widetilde{E}^{\ell,\kappa\lambda,\phi_{\mathrm{I}}}_{\mathrm{II},0}\right] - L^{\lambda}_{\mathrm{I},\Phi_{\mathrm{I}}-1} \cdot \mathrm{E}\left[\widetilde{E}^{\ell,\kappa\lambda,\phi_{\mathrm{I}}}_{\mathrm{I},\Phi_{\mathrm{I}}-1}\right]\right)}{1 + ke^{\ell,\lambda}_{\mathrm{II},0}}$$

$$+ \frac{\mathrm{E}\left[\widetilde{E}^{\ell,\kappa\lambda,\phi_{\mathrm{I}}}_{\mathrm{II},0}\right]}{1 + ke^{\ell,\lambda}_{\mathrm{II},0}} \qquad \forall\, \phi^{\kappa\lambda}_{\mathrm{I}} \in \left[1, \Phi^{\lambda}_{\mathrm{I}} - 1\right]$$

Für $\phi^{\kappa\lambda}_{\mathrm{I}} = \Phi^{\kappa\lambda}_{\mathrm{I}} - 1$:

$$\mathrm{E}\left[\widetilde{\Delta E}^{\ell,\kappa\lambda}_{\mathrm{I},\Phi_{\mathrm{I}}-1}\right]$$

$$= \frac{\mathrm{E}\left[\widetilde{MVA}^{\kappa\lambda}_{\mathrm{II},0}\right] - kd_{\mathrm{II},0} \cdot (1-\tau) \cdot L^{\kappa}_{\mathrm{I},\Phi_{\mathrm{I}}-1} \cdot \mathrm{E}\left[\widetilde{\Delta E}^{\ell,\kappa\lambda}_{\mathrm{I},\Phi_{\mathrm{I}}-1}\right]}{1 + ke^{\ell,\kappa}_{\mathrm{II},0}}$$

$$+ \frac{\left(L^{\kappa}_{\mathrm{II}} \cdot \mathrm{E}\left[\widetilde{\Delta E}^{\ell,\kappa\lambda}_{\mathrm{II},0}\right] - L^{\kappa}_{\mathrm{I},\Phi_{\mathrm{I}}-1} \cdot \mathrm{E}\left[\widetilde{\Delta E}^{\ell,\kappa\lambda}_{\mathrm{I},\Phi_{\mathrm{I}}-1}\right]\right)}{1 + ke^{\ell,\kappa}_{\mathrm{II},0}}$$

$$+ \frac{\mathrm{E}\left[\widetilde{\Delta E}^{\ell,\kappa\lambda}_{\mathrm{II},0}\right]}{1 + ke^{\ell,\kappa}_{\mathrm{II},0}} \tag{D.31}$$

mit

$$\mathrm{E}\left[\widetilde{MVA}^{\kappa\lambda}_{\mathrm{II},0}\right] = -\mathrm{E}\left[\widetilde{IE}^{\kappa\lambda,0}_{\mathrm{II},0}\right] + \mathrm{E}\left[\widetilde{E}^{\ell,\kappa\lambda,0}_{\mathrm{II},0}\right]$$

und

$$\mathrm{E}\left[\widetilde{E}_{\mathrm{II},0}^{\ell,\kappa\lambda,0}\right] = \frac{\mathrm{E}\left[\widetilde{FTE}_{\mathrm{II},1}^{\kappa\lambda,0}\right]}{ke_{\mathrm{II}}^{\ell,\lambda} - w_{\mathrm{II}}^{\lambda}}$$

$$= \frac{\mathrm{E}\left[\widetilde{FCF}_{\mathrm{II},1}^{\kappa\lambda,0}\right] - \left(kd_{\mathrm{II}} \cdot (1-\tau) - w_{\mathrm{II}}^{\lambda}\right) \cdot L_{\mathrm{II}}^{\lambda} \cdot \mathrm{E}\left[\widetilde{E}_{\mathrm{II},0}^{\ell,\kappa\lambda,0}\right]}{ke_{\mathrm{II}}^{\ell,\lambda} - w_{\mathrm{II}}^{\lambda}}$$

$$= \frac{\mathrm{E}\left[\widetilde{FCF}_{\mathrm{II},1}^{\kappa\lambda,0}\right]}{ke_{\mathrm{II}}^{\ell,\lambda} - w_{\mathrm{II}}^{\lambda} + \left(kd_{\mathrm{II}} \cdot (1-\tau) - w_{\mathrm{II}}^{\lambda}\right) \cdot L_{\mathrm{II}}^{\lambda}}$$

II. Rentenphase

$$\mathrm{E}\left[\widetilde{\Delta E}_{\mathrm{II},0}^{\ell,\kappa\lambda}\right] = \frac{\mathrm{E}\left[\widetilde{MVA}_{\mathrm{II},1}^{\kappa\lambda}\right]}{ke_{\mathrm{II}}^{\ell,\kappa} - w_{\mathrm{II}}^{\kappa}}$$

$$- \frac{\left(kd_{\mathrm{II}} \cdot (1-\tau) - w_{\mathrm{II}}^{\kappa}\right) \cdot L_{\mathrm{II}}^{\kappa} \cdot \mathrm{E}\left[\widetilde{\Delta E}_{\mathrm{II},0}^{\ell,\kappa\lambda}\right]}{ke_{\mathrm{II}}^{\ell,\kappa} - w_{\mathrm{II}}^{\kappa}}$$

$$= \frac{\mathrm{E}\left[\widetilde{MVA}_{\mathrm{II},1}^{\kappa\lambda}\right]}{ke_{\mathrm{II}}^{\ell,\kappa} - w_{\mathrm{II}}^{\kappa} + (kd_{\mathrm{II}} \cdot (1-\tau) - w_{\mathrm{II}}^{\kappa}) \cdot L_{\mathrm{II}}^{\kappa}}$$

mit

$$\mathrm{E}\left[\widetilde{MVA}_{\mathrm{II},1}^{\kappa\lambda}\right] = -\mathrm{E}\left[\widetilde{IE}_{\mathrm{II},1}^{\kappa\lambda,1}\right] + \mathrm{E}\left[\widetilde{E}_{\mathrm{II},1}^{\ell,\kappa\lambda,1}\right]$$

und

$$\mathrm{E}\left[\widetilde{E}_{\mathrm{II},1}^{\ell,\kappa\lambda,1}\right] = \frac{\mathrm{E}\left[\widetilde{FTE}_{\mathrm{II},2}^{\kappa\lambda,1}\right]}{ke_{\mathrm{II}}^{\ell,\lambda} - w_{\mathrm{II}}^{\lambda}}$$

$$= \frac{\mathrm{E}\left[\widetilde{FCF}_{\mathrm{II},2}^{\kappa\lambda,1}\right] - \left(kd_{\mathrm{II}} \cdot (1-\tau) - w_{\mathrm{II}}^{\lambda}\right) \cdot L_{\mathrm{II}}^{\lambda} \cdot \mathrm{E}\left[\widetilde{E}_{\mathrm{II},1}^{\ell,\kappa\lambda,1}\right]}{ke_{\mathrm{II}}^{\ell,\lambda} - w_{\mathrm{II}}^{\lambda}}$$

$$= \frac{\mathrm{E}\left[\widetilde{FCF}_{\mathrm{II},2}^{\kappa\lambda,1}\right]}{ke_{\mathrm{II}}^{\ell,\lambda} - w_{\mathrm{II}}^{\lambda} + \left(kd_{\mathrm{II}} \cdot (1-\tau) - w_{\mathrm{II}}^{\lambda}\right) \cdot L_{\mathrm{II}}^{\lambda}}$$

3. Ermittlung des Restwertes (des Eigenkapitals) des verschuldeten Unternehmens

   In $\phi_{\mathrm{I}} = 0$:

$$\mathrm{E}\left[\widetilde{V}_{\mathrm{I},0}^{\ell}\right] = \sum_{\kappa} \left(\mathrm{E}\left[\widetilde{V}_{\mathrm{I},0}^{\ell,\kappa}\right] + \sum_{\substack{\lambda \\ \lambda \neq \kappa}} \mathrm{E}\left[\widetilde{\Delta V}_{\mathrm{I},0}^{\ell,\kappa\lambda}\right] \right)$$

$$\mathrm{E}\left[\widetilde{E}_{\mathrm{I},0}^{\ell}\right] = \sum_{\kappa} \left(\mathrm{E}\left[\widetilde{E}_{\mathrm{I},0}^{\ell,\kappa}\right] + \sum_{\substack{\lambda \\ \lambda \neq \kappa}} \mathrm{E}\left[\widetilde{\Delta E}_{\mathrm{I},0}^{\ell,\kappa\lambda}\right] \right)$$

   In einem Zeitpunkt $\phi \in [1, +\infty)$:

$$\mathrm{E}\left[\widetilde{V}_{\phi}^{\ell}\right] = \sum_{\kappa} \left(\mathrm{E}\left[\widetilde{V}_{\phi}^{\ell,\kappa}\right] + \sum_{\substack{\lambda \\ \lambda \neq \kappa}} \mathrm{E}\left[\widetilde{\Delta V}_{\phi}^{\ell,\kappa\lambda}\right] \right) + \sum_{\kappa} \sum_{\substack{\lambda \\ \lambda \neq \kappa}} \sum_{z=1}^{\phi} \mathrm{E}\left[\widetilde{V}_{\phi}^{\ell,\kappa\lambda,z}\right]$$

$$\mathrm{E}\left[\widetilde{E}_{\phi}^{\ell}\right] = \sum_{\kappa} \left(\mathrm{E}\left[\widetilde{E}_{\phi}^{\ell,\kappa}\right] + \sum_{\substack{\lambda \\ \lambda \neq \kappa}} \mathrm{E}\left[\widetilde{\Delta E}_{\phi}^{\ell,\kappa\lambda}\right] \right) + \sum_{\kappa} \sum_{\substack{\lambda \\ \lambda \neq \kappa}} \sum_{z=1}^{\phi} \mathrm{E}\left[\widetilde{E}_{\phi}^{\ell,\kappa\lambda,z}\right]$$

D.3.3 Nachsteuerrechnung

1. Restwertermittlung im Bereich κ ohne Berücksichtigung von zusätzlichen Nettoinvestitionen

   a) FCF Verfahren

      I. Grobplanungsphase

      Rekursiver Nachsteuerkalkül

      Für einen Zeitpunkt $\phi_{\mathrm{I}}^{\kappa} \in \left[0, \Phi_{\mathrm{I}}^{\kappa} - 1\right]$:

$$\mathrm{E}\left[\widetilde{V}_{\mathrm{I},\phi_{\mathrm{I}}}^{\ell,\kappa,\mathrm{s}}\right] = \frac{\mathrm{E}\left[\widetilde{FCF}_{\mathrm{I},\phi_{\mathrm{I}}+1}^{\kappa}\right] \cdot \left(1 - s_{\bar{\mathrm{d}},\mathrm{I},\phi_{\mathrm{I}}+1}^{\kappa}\right) + \mathrm{E}\left[\widetilde{V}_{\mathrm{I},\phi_{\mathrm{I}}+1}^{\ell,\kappa,\mathrm{s}}\right]}{1 + k_{\mathrm{I},\phi_{\mathrm{I}}+1}^{\tau,\kappa,\mathrm{s}^{\star}}}$$

Nicht-rekursiver Nachsteuerkalkül

Für einen Zeitpunkt $\phi_{\mathrm{I}}^{\kappa} \in \left[0, \Phi_{\mathrm{I}}^{\kappa} - 1\right]$:

$$\mathrm{E}\left[\widetilde{V}_{\mathrm{I},\phi_{\mathrm{I}}}^{\ell,\kappa,\mathrm{s}}\right] = \sum_{r=\phi_{\mathrm{I}}+1}^{\Phi_{\mathrm{I}}} \frac{\mathrm{E}\left[\widetilde{FCF}_{\mathrm{I},r}^{\kappa}\right] \cdot \left(1 - s_{\bar{\mathrm{d}},\mathrm{I},r}^{\kappa}\right)}{\prod_{t=\phi_{\mathrm{I}}+1}^{r}\left(1 + k_{\mathrm{I},t}^{\tau,\kappa,\mathrm{s}^{\star}}\right)} + \frac{\mathrm{E}\left[\widetilde{V}_{\mathrm{II},0}^{\ell,\kappa,\mathrm{s}}\right]}{\prod_{t=\phi_{\mathrm{I}}+1}^{\Phi_{\mathrm{I}}}\left(1 + k_{\mathrm{I},t}^{\tau,\kappa,\mathrm{s}^{\star}}\right)}$$

oder, falls $k_{\mathrm{I},\phi_{\mathrm{I}}}^{\tau,\kappa,\mathrm{s}^{\star}} = k_{\mathrm{I}}^{\tau,\kappa,\mathrm{s}^{\star}} \quad \forall \phi_{\mathrm{I}} \in \left[1, \Phi_{\mathrm{I}}^{\kappa}\right]$:

$$\mathrm{E}\left[\widetilde{V}_{\mathrm{I},\phi_{\mathrm{I}}}^{\ell,\kappa,\mathrm{s}}\right] = \sum_{r=\phi_{\mathrm{I}}+1}^{\Phi_{\mathrm{I}}} \frac{\mathrm{E}\left[\widetilde{FCF}_{\mathrm{I},r}^{\kappa}\right] \cdot \left(1 - s_{\bar{\mathrm{d}},\mathrm{I}}^{\kappa}\right)}{\left(1 + k_{\mathrm{I}}^{\tau,\kappa,\mathrm{s}^{\star}}\right)^{r-\phi_{\mathrm{I}}}} + \frac{\mathrm{E}\left[\widetilde{V}_{\mathrm{II},0}^{\ell,\kappa,\mathrm{s}}\right]}{\left(1 + k_{\mathrm{I}}^{\tau,\kappa,\mathrm{s}^{\star}}\right)^{\Phi_{\mathrm{I}}-\phi_{\mathrm{I}}}}$$

Für $\phi_{\mathrm{I}}^{\kappa} = 0$:

$$\mathrm{E}\left[\widetilde{V}_{\mathrm{I},0}^{\ell,\kappa,\mathrm{s}}\right] = \sum_{\phi_{\mathrm{I}}=1}^{\Phi_{\mathrm{I}}} \frac{\mathrm{E}\left[\widetilde{FCF}_{\mathrm{I},\phi_{\mathrm{I}}}^{\kappa}\right] \cdot \left(1 - s_{\bar{\mathrm{d}},\mathrm{I},\phi_{\mathrm{I}}}^{\kappa}\right)}{\prod_{t=1}^{\phi_{\mathrm{I}}}\left(1 + k_{\mathrm{I},t}^{\tau,\kappa,\mathrm{s}^{\star}}\right)} + \frac{\mathrm{E}\left[\widetilde{V}_{\mathrm{II},0}^{\ell,\kappa,\mathrm{s}}\right]}{\prod_{t=1}^{\Phi_{\mathrm{I}}}\left(1 + k_{\mathrm{I},t}^{\tau,\kappa,\mathrm{s}^{\star}}\right)}$$

oder, falls $k_{\mathrm{I},\phi_{\mathrm{I}}}^{\tau,\kappa,\mathrm{s}^{\star}} = k_{\mathrm{I}}^{\tau,\kappa,\mathrm{s}^{\star}} \quad \forall \phi_{\mathrm{I}} \in \left[1, \Phi_{\mathrm{I}}^{\kappa}\right]$:

$$\mathrm{E}\left[\widetilde{V}_{\mathrm{I},0}^{\ell,\kappa,\mathrm{s}}\right] = \sum_{\phi_{\mathrm{I}}=1}^{\Phi_{\mathrm{I}}} \frac{\mathrm{E}\left[\widetilde{FCF}_{\mathrm{I},\phi_{\mathrm{I}}}^{\kappa}\right] \cdot \left(1 - s_{\bar{\mathrm{d}},\mathrm{I}}^{\kappa}\right)}{\left(1 + k_{\mathrm{I}}^{\tau,\kappa,\mathrm{s}^{\star}}\right)^{\phi_{\mathrm{I}}}} + \frac{\mathrm{E}\left[\widetilde{V}_{\mathrm{II},0}^{\ell,\kappa,\mathrm{s}}\right]}{\left(1 + k_{\mathrm{I}}^{\tau,\kappa,\mathrm{s}^{\star}}\right)^{\Phi_{\mathrm{I}}}}$$

(bezüglich $\mathrm{E}\left[\widetilde{V}_{\mathrm{II},0}^{\ell,\kappa,\mathrm{s}}\right]$ siehe 1. a) II. Rentenphase)

II. Rentenphase

$$\mathrm{E}\left[\widetilde{V}_{\mathrm{II},0}^{\ell,\kappa,\mathrm{s}}\right] = \frac{\mathrm{E}\left[\widetilde{FCF}_{\mathrm{II},1}^{\kappa}\right] \cdot \left(1 - s_{\bar{\mathrm{d}},\mathrm{II}}^{\kappa}\right)}{k_{\mathrm{II}}^{\tau,\kappa,\mathrm{s}^{\star}} - w_{\mathrm{II}}^{\kappa}}$$

In jeder Periode des Restwertzeitraums gilt:

$$\mathrm{E}\left[\widetilde{E}_{\phi}^{\ell,\kappa,\mathrm{s}}\right] = \left(1 - \Theta_{\phi}^{\kappa}\right) \cdot \mathrm{E}\left[\widetilde{V}_{\phi}^{\ell,\kappa,\mathrm{s}}\right] \qquad \forall \phi \in [1, +\infty)$$

$$\mathrm{E}\left[\widetilde{D}_{\phi}^{\kappa,\mathrm{s}}\right] = \mathrm{E}\left[\widetilde{V}_{\phi}^{\ell,\kappa,\mathrm{s}}\right] - \mathrm{E}\left[\widetilde{E}_{\phi}^{\ell,\kappa,\mathrm{s}}\right] = \Theta_{\phi}^{\kappa} \cdot \mathrm{E}\left[\widetilde{V}_{\phi}^{\ell,\kappa,\mathrm{s}}\right] \qquad \forall \phi \in [1,+\infty)$$

b) FtE Verfahren

I. Grobplanungsphase

Nicht-modifizierter rekursiver Nachsteuerkalkül

Für einen Zeitpunkt $\phi_{\mathrm{I}}^{\kappa} \in \left[0, \Phi_{\mathrm{I}}^{\kappa} - 1\right]$:

$$\begin{aligned}
&\mathrm{E}\left[\widetilde{E}_{\mathrm{I},\phi_{\mathrm{I}}}^{\ell,\kappa,\mathrm{s}}\right] \\
&= \frac{\mathrm{E}\left[\widetilde{FTE}_{\mathrm{I},\phi_{\mathrm{I}}+1}^{\kappa}\right] \cdot (1 - s_{\mathrm{d}}) - s_{\mathrm{g}} \cdot \left(\mathrm{E}\left[\widetilde{E}_{\mathrm{I},\phi_{\mathrm{I}}+1}^{\ell,\kappa,\mathrm{s}}\right] - \mathrm{E}\left[\widetilde{E}_{\mathrm{I},\phi_{\mathrm{I}}}^{\ell,\kappa,\mathrm{s}}\right]\right)}{1 + ke_{\mathrm{I},\phi_{\mathrm{I}}+1}^{\ell,\kappa,\mathrm{s}}} \\
&\quad + \frac{\mathrm{E}\left[\widetilde{E}_{\mathrm{I},\phi_{\mathrm{I}}+1}^{\ell,\kappa,\mathrm{s}}\right]}{1 + ke_{\mathrm{I},\phi_{\mathrm{I}}+1}^{\ell,\kappa,\mathrm{s}}} \\
&= \frac{\left(\mathrm{E}\left[\widetilde{FCF}_{\mathrm{I},\phi_{\mathrm{I}}+1}^{\kappa}\right] - kd_{\mathrm{I},\phi_{\mathrm{I}}+1} \cdot (1-\tau) \cdot L_{\mathrm{I},\phi_{\mathrm{I}}}^{\kappa} \cdot \mathrm{E}\left[\widetilde{E}_{\mathrm{I},\phi_{\mathrm{I}}}^{\ell,\kappa,\mathrm{s}}\right]\right) \cdot (1 - s_{\mathrm{d}})}{1 + ke_{\mathrm{I},\phi_{\mathrm{I}}+1}^{\ell,\kappa,\mathrm{s}}} \\
&\quad + \frac{\left(L_{\mathrm{I},\phi_{\mathrm{I}}+1}^{\kappa} \cdot \mathrm{E}\left[\widetilde{E}_{\mathrm{I},\phi_{\mathrm{I}}+1}^{\ell,\kappa,\mathrm{s}}\right] - L_{\mathrm{I},\phi_{\mathrm{I}}}^{\kappa} \cdot \mathrm{E}\left[\widetilde{E}_{\mathrm{I},\phi_{\mathrm{I}}}^{\ell,\kappa,\mathrm{s}}\right]\right) \cdot (1 - s_{\mathrm{d}})}{1 + ke_{\mathrm{I},\phi_{\mathrm{I}}+1}^{\ell,\kappa,\mathrm{s}}} \\
&\quad + \frac{\left(-s_{\mathrm{g}} \cdot \left(\mathrm{E}\left[\widetilde{E}_{\mathrm{I},\phi_{\mathrm{I}}+1}^{\ell,\kappa,\mathrm{s}}\right] - \mathrm{E}\left[\widetilde{E}_{\mathrm{I},\phi_{\mathrm{I}}}^{\ell,\kappa,\mathrm{s}}\right]\right)\right) + \mathrm{E}\left[\widetilde{E}_{\mathrm{I},\phi_{\mathrm{I}}+1}^{\ell,\kappa,\mathrm{s}}\right]}{1 + ke_{\mathrm{I},\phi_{\mathrm{I}}+1}^{\ell,\kappa,\mathrm{s}}} \qquad \text{(D.32)}
\end{aligned}$$

Modifizierter rekursiver Nachsteuerkalkül

Für einen Zeitpunkt $\phi_{\mathrm{I}}^{\kappa} \in \left[0, \Phi_{\mathrm{I}}^{\kappa} - 1\right]$:

$$\begin{aligned}
\mathrm{E}\left[\widetilde{E}_{\mathrm{I},\phi_{\mathrm{I}}}^{\ell,\kappa,\mathrm{s}}\right] &= \frac{\mathrm{E}\left[\widetilde{FTE}_{\mathrm{I},\phi_{\mathrm{I}}+1}^{\kappa}\right] \cdot (1 - s_{\mathrm{d}^{\star}}) + \mathrm{E}\left[\widetilde{E}_{\mathrm{I},\phi_{\mathrm{I}}+1}^{\ell,\kappa,\mathrm{s}}\right]}{1 + ke_{\mathrm{I},\phi_{\mathrm{I}}+1}^{\ell,\kappa,\mathrm{s}^{\star}}} \\
&= \frac{\left(\mathrm{E}\left[\widetilde{FCF}_{\mathrm{I},\phi_{\mathrm{I}}+1}^{\kappa}\right] - kd_{\mathrm{I},\phi_{\mathrm{I}}+1} \cdot (1-\tau) \cdot L_{\mathrm{I},\phi_{\mathrm{I}}}^{\kappa} \cdot \mathrm{E}\left[\widetilde{E}_{\mathrm{I},\phi_{\mathrm{I}}}^{\ell,\kappa,\mathrm{s}}\right]\right) \cdot (1 - s_{\mathrm{d}^{\star}})}{1 + ke_{\mathrm{I},\phi_{\mathrm{I}}+1}^{\ell,\kappa,\mathrm{s}^{\star}}}
\end{aligned}$$

↴

$$+\frac{\left(L^{\kappa}_{\mathrm{I},\phi_\mathrm{I}+1}\cdot \mathrm{E}\left[\widetilde{E}^{\ell,\kappa,\mathrm{s}}_{\mathrm{I},\phi_\mathrm{I}+1}\right]-L^{\kappa}_{\mathrm{I},\phi_\mathrm{I}}\cdot \mathrm{E}\left[\widetilde{E}^{\ell,\kappa,\mathrm{s}}_{\mathrm{I},\phi_\mathrm{I}}\right]\right)\cdot(1-s_{\mathrm{d}^\star})}{1+ke^{\ell,\kappa,\mathrm{s}^\star}_{\mathrm{I},\phi_\mathrm{I}+1}}$$

$$+\frac{\mathrm{E}\left[\widetilde{E}^{\ell,\kappa,\mathrm{s}}_{\mathrm{I},\phi_\mathrm{I}+1}\right]}{1+ke^{\ell,\kappa,\mathrm{s}^\star}_{\mathrm{I},\phi_\mathrm{I}+1}}$$

Für $\phi^{\kappa}_{\mathrm{I}}=\Phi^{\kappa}_{\mathrm{I}}-1$:

$$\mathrm{E}\left[\widetilde{E}^{\ell,\kappa,\mathrm{s}}_{\mathrm{I},\Phi_\mathrm{I}-1}\right]=\frac{\mathrm{E}\left[\widetilde{FTE}^{\kappa}_{\mathrm{II},0}\right]\cdot(1-s_{\mathrm{d}^\star})+\mathrm{E}\left[\widetilde{E}^{\ell,\kappa,\mathrm{s}}_{\mathrm{II},0}\right]}{1+ke^{\ell,\kappa,\mathrm{s}^\star}_{\mathrm{II},0}}$$

$$=\frac{\left(\mathrm{E}\left[\widetilde{FCF}^{\kappa}_{\mathrm{II},0}\right]-kd_{\mathrm{II},0}\cdot(1-\tau)\cdot L^{\kappa}_{\mathrm{I},\Phi_\mathrm{I}-1}\cdot \mathrm{E}\left[\widetilde{E}^{\ell,\kappa,\mathrm{s}}_{\mathrm{I},\Phi_\mathrm{I}-1}\right]\right)\cdot(1-s_{\mathrm{d}^\star})}{1+ke^{\ell,\kappa,\mathrm{s}^\star}_{\mathrm{II},0}}$$

$$+\frac{\left(L^{\kappa}_{\mathrm{II}}\cdot \mathrm{E}\left[\widetilde{E}^{\ell,\kappa,\mathrm{s}}_{\mathrm{II},0}\right]-L^{\kappa}_{\mathrm{I},\Phi_\mathrm{I}-1}\cdot \mathrm{E}\left[\widetilde{E}^{\ell,\kappa,\mathrm{s}}_{\mathrm{I},\Phi_\mathrm{I}-1}\right]\right)\cdot(1-s_{\mathrm{d}^\star})}{1+ke^{\ell,\kappa,\mathrm{s}^\star}_{\mathrm{II},0}}$$

$$+\frac{\mathrm{E}\left[\widetilde{E}^{\ell,\kappa,\mathrm{s}}_{\mathrm{II},0}\right]}{1+ke^{\ell,\kappa,\mathrm{s}^\star}_{\mathrm{II},0}}$$

II. Rentenphase

Nicht-modifizierter Nachsteuerkalkül

$$\mathrm{E}\left[\widetilde{E}^{\ell,\kappa,\mathrm{s}}_{\mathrm{II},0}\right]=\frac{\mathrm{E}\left[\widetilde{FTE}^{\kappa}_{\mathrm{II},1}\right]\cdot(1-s_\mathrm{d})}{ke^{\ell,\kappa,\mathrm{s}}_{\mathrm{II}}-w^{\kappa}_{\mathrm{II}}\cdot\left(1-s_\mathrm{g}\right)}$$

$$=\frac{\left(\mathrm{E}\left[\widetilde{FCF}^{\kappa}_{\mathrm{II},1}\right]-\left(kd_{\mathrm{II}}\cdot(1-\tau)-w^{\kappa}_{\mathrm{II}}\right)\cdot L^{\kappa}_{\mathrm{II}}\cdot \mathrm{E}\left[\widetilde{E}^{\ell,\kappa,\mathrm{s}}_{\mathrm{II},0}\right]\right)\cdot(1-s_\mathrm{d})}{ke^{\ell,\kappa,\mathrm{s}}_{\mathrm{II}}-w^{\kappa}_{\mathrm{II}}\cdot\left(1-s_\mathrm{g}\right)}$$

$$=\frac{\mathrm{E}\left[\widetilde{FCF}^{\kappa}_{\mathrm{II},1}\right]\cdot(1-s_\mathrm{d})}{ke^{\ell,\kappa,\mathrm{s}}_{\mathrm{II}}-w^{\kappa}_{\mathrm{II}}\cdot\left(1-s_\mathrm{g}\right)+(kd_{\mathrm{II}}\cdot(1-\tau)-w^{\kappa}_{\mathrm{II}})\cdot L^{\kappa}_{\mathrm{II}}\cdot(1-s_\mathrm{d})} \tag{D.33}$$

Modifizierter Nachsteuerkalkül

$$\mathrm{E}\left[\widetilde{E}_{\mathrm{II},0}^{\ell,\kappa,\mathrm{s}}\right] = \frac{\mathrm{E}\left[\widetilde{FTE}_{\mathrm{II},1}^{\kappa}\right]\cdot(1-s_{\mathrm{d}^\star})}{ke_{\mathrm{II}}^{\ell,\kappa,\mathrm{s}^\star} - w_{\mathrm{II}}^{\kappa}} =$$

$$\frac{\left(\mathrm{E}\left[\widetilde{FCF}_{\mathrm{II},1}^{\kappa}\right] - \left(kd_{\mathrm{II}}\cdot(1-\tau) - w_{\mathrm{II}}^{\kappa}\right)\cdot L_{\mathrm{II}}^{\kappa}\cdot \mathrm{E}\left[\widetilde{E}_{\mathrm{II},0}^{\ell,\kappa,\mathrm{s}}\right]\right)\cdot(1-s_{\mathrm{d}^\star})}{ke_{\mathrm{II}}^{\ell,\kappa,\mathrm{s}^\star} - w_{\mathrm{II}}^{\kappa}}$$

$$= \frac{\mathrm{E}\left[\widetilde{FCF}_{\mathrm{II},1}^{\kappa}\right]\cdot(1-s_{\mathrm{d}^\star})}{ke_{\mathrm{II}}^{\ell,\kappa,\mathrm{s}^\star} - w_{\mathrm{II}}^{\kappa} + (kd_{\mathrm{II}}\cdot(1-\tau) - w_{\mathrm{II}}^{\kappa})\cdot L_{\mathrm{II}}^{\kappa}\cdot(1-s_{\mathrm{d}^\star})}$$

In jeder Periode des Restwertzeitraums gilt:

$$\mathrm{E}\left[\widetilde{V}_{\phi}^{\ell,\kappa,\mathrm{s}}\right] = \left(1+L_{\phi}^{\kappa}\right)\cdot \mathrm{E}\left[\widetilde{E}_{\phi}^{\ell,\kappa,\mathrm{s}}\right] \qquad \forall\phi\in[1,+\infty)$$

$$\mathrm{E}\left[\widetilde{D}_{\phi}^{\kappa,\mathrm{s}}\right] = \mathrm{E}\left[\widetilde{V}_{\phi}^{\ell,\kappa,\mathrm{s}}\right] - \mathrm{E}\left[\widetilde{E}_{\phi}^{\ell,\kappa,\mathrm{s}}\right] = L_{\phi}^{\kappa}\cdot \mathrm{E}\left[\widetilde{E}_{\phi}^{\ell,\kappa,\mathrm{s}}\right] \qquad \forall\phi\in[1,+\infty)$$

2. Ermittlung der Restwertsteigerung im Bereich κ infolge zusätzlicher Nettoinvestitionen in einen Bereich λ

   a) FCF Verfahren

      I. Grobplanungsphase

Rekursiver Nachsteuerkalkül

Für einen Zeitpunkt $\phi_{\mathrm{I}}^{\kappa\lambda}\in\left[0,\Phi_{\mathrm{I}}^{\kappa\lambda}-1\right]$

mit $\quad \Phi_{\mathrm{I}}^{\kappa\lambda} = \max\left\{\Phi_{\mathrm{I}}^{\kappa},\Phi_{\mathrm{I}}^{\lambda}\right\}$:

$$\mathrm{E}\left[\widetilde{\Delta V}_{\mathrm{I},\phi_{\mathrm{I}}}^{\ell,\kappa\lambda,\mathrm{s}}\right] = \frac{\mathrm{E}\left[\widetilde{MVA}_{\mathrm{I},\phi_{\mathrm{I}}+1}^{\mathrm{V},\kappa\lambda,\mathrm{s}}\right] + \mathrm{E}\left[\widetilde{\Delta V}_{\mathrm{I},\phi_{\mathrm{I}}+1}^{\ell,\kappa\lambda,\mathrm{s}}\right]}{1+k_{\mathrm{I},\phi_{\mathrm{I}}+1}^{\tau,\kappa,\mathrm{s}^\star}}$$

Nicht-rekursiver Nachsteuerkalkül

Für einen Zeitpunkt $\phi_{\mathrm{I}}^{\kappa\lambda} \in \left[0, \Phi_{\mathrm{I}}^{\kappa\lambda} - 1\right]$:

$$\mathrm{E}\left[\widetilde{\Delta V}_{\mathrm{I},\phi_{\mathrm{I}}}^{\ell,\kappa\lambda,\mathrm{s}}\right] = \sum_{r=\phi_{\mathrm{I}}^{\kappa\lambda}+1}^{\Phi_{\mathrm{I}}^{\kappa}} \frac{\mathrm{E}\left[\widetilde{MVA}_{\mathrm{I},r}^{\mathrm{V},\kappa\lambda,\mathrm{s}}\right]}{\prod_{t=\phi_{\mathrm{I}}^{\kappa\lambda}+1}^{r}\left(1+k_{\mathrm{I},t}^{\tau,\kappa,\mathrm{s}\star}\right)} \qquad \text{falls} \quad \Phi_{\mathrm{I}}^{\kappa} < \Phi_{\mathrm{I}}^{\kappa\lambda}$$

$$+ \sum_{r=\Phi_{\mathrm{I}}^{\kappa}+1}^{\Phi_{\mathrm{I}}^{\kappa\lambda}} \frac{\mathrm{E}\left[\widetilde{MVA}_{\mathrm{I},r}^{\mathrm{V},\kappa\lambda,\mathrm{s}}\right]}{\prod_{t=\phi_{\mathrm{I}}^{\kappa\lambda}+1}^{\Phi_{\mathrm{I}}^{\kappa}}\left(1+k_{\mathrm{I},t}^{\tau,\kappa,\mathrm{s}\star}\right)\cdot\left(1+k_{\mathrm{II}}^{\tau,\kappa,\mathrm{s}\star}\right)^{r-\Phi_{\mathrm{I}}^{\kappa}}}$$

$$+ \frac{\mathrm{E}\left[\widetilde{\Delta V}_{\mathrm{II},0}^{\ell,\kappa\lambda,\mathrm{s}}\right]}{\prod_{t=\phi_{\mathrm{I}}^{\kappa\lambda}+1}^{\Phi_{\mathrm{I}}^{\kappa}}\left(1+k_{\mathrm{I},t}^{\tau,\kappa,\mathrm{s}\star}\right)\cdot\left(1+k_{\mathrm{II}}^{\tau,\kappa,\mathrm{s}\star}\right)^{\Phi_{\mathrm{I}}^{\kappa\lambda}-\Phi_{\mathrm{I}}^{\kappa}}}, \qquad \text{(D.34)}$$

oder

$$\mathrm{E}\left[\widetilde{\Delta V}_{\mathrm{I},\phi_{\mathrm{I}}}^{\ell,\kappa\lambda,\mathrm{s}}\right] = \sum_{r=\phi_{\mathrm{I}}^{\kappa\lambda}+1}^{\Phi_{\mathrm{I}}^{\kappa\lambda}} \frac{\mathrm{E}\left[\widetilde{MVA}_{\mathrm{I},r}^{\mathrm{V},\kappa\lambda,\mathrm{s}}\right]}{\prod_{t=\phi_{\mathrm{I}}^{\kappa\lambda}+1}^{r}\left(1+k_{\mathrm{I},t}^{\tau,\kappa,\mathrm{s}\star}\right)} + \frac{\mathrm{E}\left[\widetilde{\Delta V}_{\mathrm{II},0}^{\ell,\kappa\lambda,\mathrm{s}}\right]}{\prod_{t=\phi_{\mathrm{I}}^{\kappa\lambda}+1}^{\Phi_{\mathrm{I}}^{\kappa\lambda}}\left(1+k_{\mathrm{I},t}^{\tau,\kappa,\mathrm{s}\star}\right)},$$

$$\text{falls} \quad \Phi_{\mathrm{I}}^{\kappa} = \Phi_{\mathrm{I}}^{\kappa\lambda} \qquad \text{(D.35)}$$

(bezüglich $\mathrm{E}\left[\widetilde{\Delta V}_{\mathrm{II},0}^{\ell,\kappa\lambda,\mathrm{s}}\right]$ siehe 2. a) II. Rentenphase)

Für $\phi_{\mathrm{I}}^{\kappa\lambda} = 0$:

$$\mathrm{E}\left[\widetilde{\Delta V}_{\mathrm{I},0}^{\ell,\kappa\lambda,\mathrm{s}}\right] = \sum_{\phi_{\mathrm{I}}^{\kappa\lambda}=1}^{\Phi_{\mathrm{I}}^{\kappa}} \frac{\mathrm{E}\left[\widetilde{MVA}_{\mathrm{I},\phi_{\mathrm{I}}}^{\mathrm{V},\kappa\lambda,\mathrm{s}}\right]}{\prod_{t=1}^{\phi_{\mathrm{I}}^{\kappa\lambda}}\left(1+k_{\mathrm{I},t}^{\tau,\kappa,\mathrm{s}\star}\right)}$$

$$+ \sum_{\phi_{\mathrm{I}}^{\kappa\lambda}=\Phi_{\mathrm{I}}^{\kappa}+1}^{\Phi_{\mathrm{I}}^{\kappa\lambda}} \frac{\mathrm{E}\left[\widetilde{MVA}_{\mathrm{I},\phi_{\mathrm{I}}}^{\mathrm{V},\kappa\lambda,\mathrm{s}}\right]}{\prod_{t=1}^{\Phi_{\mathrm{I}}^{\kappa}}\left(1+k_{\mathrm{I},t}^{\tau,\kappa,\mathrm{s}\star}\right)\cdot\left(1+k_{\mathrm{II}}^{\tau,\kappa,\mathrm{s}\star}\right)^{\phi_{\mathrm{I}}^{\kappa\lambda}-\Phi_{\mathrm{I}}^{\kappa}}}$$

¬

$$+ \frac{\mathrm{E}\left[\widetilde{\Delta V}_{\mathrm{II},0}^{\ell,\kappa\lambda,\mathrm{s}}\right]}{\prod_{t=1}^{\Phi_{\mathrm{I}}^{\kappa}} \left(1 + k_{\mathrm{I},t}^{\tau,\kappa,\mathrm{s}^{\star}}\right) \cdot \left(1 + k_{\mathrm{II}}^{\tau,\kappa,\mathrm{s}^{\star}}\right)^{\Phi_{\mathrm{I}}^{\kappa\lambda} - \Phi_{\mathrm{I}}^{\kappa}}},$$

$$\text{falls} \quad \Phi_{\mathrm{I}}^{\kappa} < \Phi_{\mathrm{I}}^{\kappa\lambda}$$

oder

$$\mathrm{E}\left[\widetilde{\Delta V}_{\mathrm{I},0}^{\ell,\kappa\lambda,\mathrm{s}}\right] = \sum_{\phi_{\mathrm{I}}^{\kappa\lambda}=1}^{\Phi_{\mathrm{I}}^{\kappa\lambda}} \frac{\mathrm{E}\left[\widetilde{MVA}_{\mathrm{I},\phi_{\mathrm{I}}}^{\mathrm{V},\kappa\lambda,\mathrm{s}}\right]}{\prod_{t=1}^{\phi_{\mathrm{I}}^{\kappa\lambda}} \left(1 + k_{\mathrm{I},t}^{\tau,\kappa,\mathrm{s}^{\star}}\right)} + \frac{\mathrm{E}\left[\widetilde{\Delta V}_{\mathrm{II},0}^{\ell,\kappa\lambda,\mathrm{s}}\right]}{\prod_{t=1}^{\Phi_{\mathrm{I}}^{\kappa\lambda}} \left(1 + k_{\mathrm{I},t}^{\tau,\kappa,\mathrm{s}^{\star}}\right)},$$

$$\text{falls} \quad \Phi_{\mathrm{I}}^{\kappa} = \Phi_{\mathrm{I}}^{\kappa\lambda}$$

Jeweils mit den MVA gemäß

$$\mathrm{E}\left[\widetilde{MVA}_{\mathrm{I},\phi_{\mathrm{I}}}^{\mathrm{V},\kappa\lambda,\mathrm{s}}\right] = -\mathrm{E}\left[\widetilde{IC}_{\mathrm{I},\phi_{\mathrm{I}}}^{\kappa\lambda,\phi_{\mathrm{I}}}\right] \cdot \left(1 - s_{\bar{\mathrm{d}},\mathrm{I},\phi_{\mathrm{I}}}^{\kappa}\right)$$

$$+ \mathrm{E}\left[\widetilde{V}_{\mathrm{I},\phi_{\mathrm{I}}}^{\ell,\kappa\lambda,\mathrm{s},\phi_{\mathrm{I}}}\right] \cdot \left(1 - s_{\mathrm{d}^{\star}} \cdot \frac{\Theta_{\mathrm{I},\phi_{\mathrm{I}}}^{\lambda} - \Theta_{\mathrm{I},\phi_{\mathrm{I}}}^{\kappa}}{1 - s_{\mathrm{d}^{\star}} \cdot \Theta_{\mathrm{I},\phi_{\mathrm{I}}}^{\kappa}}\right)$$

$$\forall\, \phi_{\mathrm{I}}^{\kappa\lambda} \in \left[1, \Phi_{\mathrm{I}}^{\kappa\lambda}\right]$$

und den Wertbeiträgen des investierten Kapitals $\mathrm{E}\left[\widetilde{V}_{\mathrm{I},\phi_{\mathrm{I}}}^{\ell,\kappa\lambda,\mathrm{s},\phi_{\mathrm{I}}}\right]$ gemäß folgender Fallunterscheidung:

$$\mathrm{E}\left[\widetilde{V}_{\mathrm{I},\phi_{\mathrm{I}}}^{\ell,\kappa\lambda,\mathrm{s},\phi_{\mathrm{I}}}\right] = \sum_{r=\phi_{\mathrm{I}}^{\lambda}}^{\Phi_{\mathrm{I}}^{\lambda}-1} \frac{\mathrm{E}\left[\widetilde{FCF}_{\mathrm{I},r+1}^{\kappa\lambda,\phi_{\mathrm{I}}}\right] \cdot \left(1 - s_{\bar{\mathrm{d}},\mathrm{I},r+1}^{\lambda}\right)}{\prod_{t=\phi_{\mathrm{I}}^{\lambda}+1}^{r+1} \left(1 + k_{\mathrm{I},t}^{\tau,\lambda,\mathrm{s}^{\star}}\right)}$$

$$+ \frac{\mathrm{E}\left[\widetilde{FCF}_{\mathrm{II},1}^{\kappa\lambda,\phi_{\mathrm{I}}}\right] \cdot \left(1 - s_{\bar{\mathrm{d}},\mathrm{II}}^{\lambda}\right)}{\prod_{t=\phi_{\mathrm{I}}^{\lambda}+1}^{\Phi_{\mathrm{I}}^{\lambda}} \left(1 + k_{\mathrm{I},t}^{\tau,\lambda,\mathrm{s}^{\star}}\right) \cdot \left(k_{\mathrm{II}}^{\tau,\lambda,\mathrm{s}^{\star}} - w_{\mathrm{II}}^{\lambda}\right)}$$

$$\forall\, \phi_{\mathrm{I}}^{\kappa\lambda} \in \left[1, \Phi_{\mathrm{I}}^{\lambda} - 1\right]$$

oder

$$\mathrm{E}\left[\widetilde{V}_{\mathrm{I},\phi_{\mathrm{I}}}^{\ell,\kappa\lambda,\mathrm{s},\phi_{\mathrm{I}}}\right] = \frac{q_{\mathrm{II}}^{\lambda} \cdot \mathrm{E}\left[\widetilde{IC}_{\mathrm{I},\phi_{\mathrm{I}}}^{\kappa\lambda,\phi_{\mathrm{I}}}\right] \cdot ROIC_{\mathrm{II}}^{\lambda} \cdot \left(1 - s_{\bar{\mathrm{d}},\mathrm{II}}^{\lambda}\right)}{k_{\mathrm{II}}^{\tau,\lambda,\mathrm{s}^{\star}} - w_{\mathrm{II}}^{\lambda}}$$

$$\forall \phi_{\mathrm{I}}^{\kappa\lambda} \in \left[\Phi_{\mathrm{I}}^{\lambda}, \Phi_{\mathrm{I}}^{\kappa\lambda}\right]$$

II. Rentenphase

$$\mathrm{E}\left[\widetilde{\Delta V}_{\mathrm{II},0}^{\ell,\kappa\lambda,\mathrm{s}}\right] = \sum_{\phi_{\mathrm{II}}=1}^{+\infty} \frac{\mathrm{E}\left[\widetilde{MVA}_{\mathrm{II},\phi_{\mathrm{II}}}^{\mathrm{V},\kappa\lambda,\mathrm{s}}\right]}{\left(1 + k_{\mathrm{II}}^{\tau,\kappa,\mathrm{s}^{\star}}\right)^{\phi_{\mathrm{II}}}}$$

$$= \sum_{\phi_{\mathrm{II}}=1}^{+\infty} \frac{\mathrm{E}\left[\widetilde{MVA}_{\mathrm{II},1}^{\mathrm{V},\kappa\lambda,\mathrm{s}}\right] \cdot \left(1 + w_{\mathrm{II}}^{\kappa}\right)^{\phi_{\mathrm{II}}-1}}{\left(1 + k_{\mathrm{II}}^{\tau,\kappa,\mathrm{s}^{\star}}\right)^{\phi_{\mathrm{II}}}}$$

$$= \frac{\mathrm{E}\left[\widetilde{MVA}_{\mathrm{II},1}^{\mathrm{V},\kappa\lambda,\mathrm{s}}\right]}{k_{\mathrm{II}}^{\tau,\kappa,\mathrm{s}^{\star}} - w_{\mathrm{II}}^{\kappa}}$$

mit

$$\mathrm{E}\left[\widetilde{MVA}_{\mathrm{II},1}^{\mathrm{V},\kappa\lambda,\mathrm{s}}\right] = -\mathrm{E}\left[\widetilde{IC}_{\mathrm{II},1}^{\kappa\lambda,1}\right] \cdot \left(1 - s_{\bar{\mathrm{d}},\mathrm{II}}^{\kappa}\right) + \mathrm{E}\left[\widetilde{V}_{\mathrm{II},1}^{\ell,\kappa\lambda,\mathrm{s},1}\right] \cdot \left(1 - s_{\mathrm{d}^{\star}} \cdot \frac{\Theta_{\mathrm{II}}^{\lambda} - \Theta_{\mathrm{II}}^{\kappa}}{1 - s_{\mathrm{d}^{\star}} \cdot \Theta_{\mathrm{II}}^{\kappa}}\right)$$

und

$$\mathrm{E}\left[\widetilde{V}_{\mathrm{II},1}^{\ell,\kappa\lambda,\mathrm{s},1}\right] = \frac{q_{\mathrm{II}}^{\lambda} \cdot \mathrm{E}\left[\widetilde{IC}_{\mathrm{II},1}^{\kappa\lambda,1}\right] \cdot ROIC_{\mathrm{II}}^{\lambda} \cdot \left(1 - s_{\bar{\mathrm{d}},\mathrm{II}}^{\lambda}\right)}{k_{\mathrm{II}}^{\tau,\lambda,\mathrm{s}^{\star}} - w_{\mathrm{II}}^{\lambda}}$$

b) FtE Verfahren

I. Grobplanungsphase

Rekursiver Nachsteuerkalkül

Für einen Zeitpunkt $\phi_{\mathrm{I}}^{\kappa\lambda} \in \left[0, \Phi_{\mathrm{I}}^{\kappa\lambda} - 1\right]$

mit $\quad \Phi_{\mathrm{I}}^{\kappa\lambda} = \max\left\{\Phi_{\mathrm{I}}^{\kappa}, \Phi_{\mathrm{I}}^{\lambda}\right\}$:

$$\mathrm{E}\left[\widetilde{\Delta E}_{\mathrm{I},\phi_{\mathrm{I}}}^{\ell,\kappa\lambda,\mathrm{s}}\right] =$$

$$\frac{\mathrm{E}\left[\widetilde{MVA}_{\mathrm{I},\phi_{\mathrm{I}}+1}^{\mathrm{E},\kappa\lambda,\mathrm{s}}\right] - kd_{\mathrm{I},\phi_{\mathrm{I}}+1} \cdot (1-\tau) \cdot L_{\mathrm{I},\phi_{\mathrm{I}}}^{\kappa} \cdot \mathrm{E}\left[\widetilde{\Delta E}_{\mathrm{I},\phi_{\mathrm{I}}}^{\ell,\kappa\lambda,\mathrm{s}}\right] \cdot (1 - s_{\mathrm{d}^\star})}{1 + ke_{\mathrm{I},\phi_{\mathrm{I}}+1}^{\ell,\kappa,\mathrm{s}^\star}}$$

$$+ \frac{\left(L_{\mathrm{I},\phi_{\mathrm{I}}+1}^{\kappa} \cdot \mathrm{E}\left[\widetilde{\Delta E}_{\mathrm{I},\phi_{\mathrm{I}}+1}^{\ell,\kappa\lambda,\mathrm{s}}\right] - L_{\mathrm{I},\phi_{\mathrm{I}}}^{\kappa} \cdot \mathrm{E}\left[\widetilde{\Delta E}_{\mathrm{I},\phi_{\mathrm{I}}}^{\ell,\kappa\lambda,\mathrm{s}}\right]\right) \cdot (1 - s_{\mathrm{d}^\star})}{1 + ke_{\mathrm{I},\phi_{\mathrm{I}}+1}^{\ell,\kappa,\mathrm{s}^\star}}$$

$$+ \frac{\mathrm{E}\left[\widetilde{\Delta E}_{\mathrm{I},\phi_{\mathrm{I}}+1}^{\ell,\kappa\lambda,\mathrm{s}}\right]}{1 + ke_{\mathrm{I},\phi_{\mathrm{I}}+1}^{\ell,\kappa,\mathrm{s}^\star}}$$

mit

$$\mathrm{E}\left[\widetilde{MVA}_{\mathrm{I},\phi_{\mathrm{I}}}^{\mathrm{E},\kappa\lambda,\mathrm{s}}\right] = -\mathrm{E}\left[\widetilde{IE}_{\mathrm{I},\phi_{\mathrm{I}}}^{\kappa\lambda,\phi_{\mathrm{I}}}\right] \cdot (1 - s_{\mathrm{d}^\star}) + \mathrm{E}\left[\widetilde{E}_{\mathrm{I},\phi_{\mathrm{I}}}^{\ell,\kappa\lambda,\mathrm{s},\phi_{\mathrm{I}}}\right]$$

und rekursiver Ermittlung des Wertbeitrags des Eigenkapitals $\mathrm{E}\left[\widetilde{E}_{\mathrm{I},\phi_{\mathrm{I}}}^{\ell,\kappa\lambda,\mathrm{s},\phi_{\mathrm{I}}}\right]$:

$$\mathrm{E}\left[\widetilde{E}_{\mathrm{II},0}^{\ell,\kappa\lambda,\mathrm{s},\phi_{\mathrm{I}}}\right] = \frac{\mathrm{E}\left[\widetilde{FTE}_{\mathrm{II},1}^{\kappa\lambda,\phi_{\mathrm{I}}}\right] \cdot (1 - s_{\mathrm{d}^\star})}{ke_{\mathrm{II}}^{\ell,\lambda,\mathrm{s}^\star} - w_{\mathrm{II}}^{\lambda}}$$

$$= \frac{\mathrm{E}\left[\widetilde{FCF}_{\mathrm{II},1}^{\kappa\lambda,\phi_{\mathrm{I}}}\right] \cdot (1 - s_{\mathrm{d}^\star})}{ke_{\mathrm{II}}^{\ell,\lambda,\mathrm{s}^\star} - w_{\mathrm{II}}^{\lambda}}$$

$$- \frac{\left(kd_{\mathrm{II}} \cdot (1-\tau) - w_{\mathrm{II}}^{\lambda}\right) \cdot L_{\mathrm{II}}^{\lambda} \cdot \mathrm{E}\left[\widetilde{E}_{\mathrm{II},0}^{\ell,\kappa\lambda,\mathrm{s},\phi_{\mathrm{I}}}\right] \cdot (1 - s_{\mathrm{d}^\star})}{ke_{\mathrm{II}}^{\ell,\lambda,\mathrm{s}^\star} - w_{\mathrm{II}}^{\lambda}}$$

↴

$$= \frac{\mathrm{E}\left[\widetilde{FCF}^{\kappa\lambda,\phi_\mathrm{I}}_{\mathrm{II},1}\right] \cdot (1 - s_{\mathrm{d}^\star})}{ke^{\ell,\lambda,\mathrm{s}^\star}_{\mathrm{II}} - w^\lambda_{\mathrm{II}} + \left(kd_{\mathrm{II}} \cdot (1-\tau) - w^\lambda_{\mathrm{II}}\right) \cdot L^\lambda_{\mathrm{II}} \cdot (1 - s_{\mathrm{d}^\star})}$$

$$\forall\, \phi^{\kappa\lambda}_\mathrm{I} \in \left[1, \Phi^\lambda_\mathrm{I} - 1\right]$$

$$\mathrm{E}\left[\widetilde{E}^{\ell,\kappa\lambda,\mathrm{s},\phi_\mathrm{I}}_{\mathrm{I},t}\right] = \frac{\mathrm{E}\left[\widetilde{FTE}^{\kappa\lambda,\phi_\mathrm{I}}_{\mathrm{I},t+1}\right] \cdot (1 - s_{\mathrm{d}^\star}) + \mathrm{E}\left[\widetilde{E}^{\ell,\kappa\lambda,\mathrm{s},\phi_\mathrm{I}}_{\mathrm{I},t+1}\right]}{1 + ke^{\ell,\lambda,\mathrm{s}^\star}_{\mathrm{I},t+1}} =$$

$$\frac{\left(\mathrm{E}\left[\widetilde{FCF}^{\kappa\lambda,\phi_\mathrm{I}}_{\mathrm{I},t+1}\right] - kd_{\mathrm{I},t+1} \cdot (1-\tau) \cdot L^\lambda_{\mathrm{I},t} \cdot \mathrm{E}\left[\widetilde{E}^{\ell,\kappa\lambda,\mathrm{s},\phi_\mathrm{I}}_{\mathrm{I},t}\right]\right) \cdot (1 - s_{\mathrm{d}^\star})}{1 + ke^{\ell,\lambda,\mathrm{s}^\star}_{\mathrm{I},t+1}}$$

$$+ \frac{\left(L^\lambda_{\mathrm{I},t+1} \cdot \mathrm{E}\left[\widetilde{E}^{\ell,\kappa\lambda,\mathrm{s},\phi_\mathrm{I}}_{\mathrm{I},t+1}\right] - L^\lambda_{\mathrm{I},t} \cdot \mathrm{E}\left[\widetilde{E}^{\ell,\kappa\lambda,\mathrm{s},\phi_\mathrm{I}}_{\mathrm{I},t}\right]\right) \cdot (1 - s_{\mathrm{d}^\star})}{1 + ke^{\ell,\lambda,\mathrm{s}^\star}_{\mathrm{I},t+1}}$$

$$+ \frac{\mathrm{E}\left[\widetilde{E}^{\ell,\kappa\lambda,\mathrm{s},\phi_\mathrm{I}}_{\mathrm{I},t+1}\right]}{1 + ke^{\ell,\lambda,\mathrm{s}^\star}_{\mathrm{I},t+1}} \qquad \forall\, \phi^{\kappa\lambda}_\mathrm{I} \in \left[1, \Phi^\lambda_\mathrm{I} - 1\right], \quad \forall\, t \in \left[\phi^{\kappa\lambda}_\mathrm{I}, \Phi^\lambda_\mathrm{I} - 1\right]$$

$$\mathrm{E}\left[\widetilde{E}^{\ell,\kappa\lambda,\mathrm{s},\phi_\mathrm{I}}_{\mathrm{I},\Phi_\mathrm{I}-1}\right] = \frac{\mathrm{E}\left[\widetilde{FTE}^{\kappa\lambda,\phi_\mathrm{I}}_{\mathrm{II},0}\right] \cdot (1 - s_{\mathrm{d}^\star}) + \mathrm{E}\left[\widetilde{E}^{\ell,\kappa\lambda,\mathrm{s},\phi_\mathrm{I}}_{\mathrm{II},0}\right]}{1 + ke^{\ell,\lambda,\mathrm{s}^\star}_{\mathrm{II},0}}$$

$$= \frac{\mathrm{E}\left[\widetilde{FCF}^{\kappa\lambda,\phi_\mathrm{I}}_{\mathrm{II},0}\right] \cdot (1 - s_{\mathrm{d}^\star})}{1 + ke^{\ell,\lambda,\mathrm{s}^\star}_{\mathrm{II},0}}$$

$$- \frac{kd_{\mathrm{II},0} \cdot (1-\tau) \cdot L^\lambda_{\mathrm{I},\Phi_\mathrm{I}-1} \cdot \mathrm{E}\left[\widetilde{E}^{\ell,\kappa\lambda,\mathrm{s},\phi_\mathrm{I}}_{\mathrm{I},\Phi_\mathrm{I}-1}\right] \cdot (1 - s_{\mathrm{d}^\star})}{1 + ke^{\ell,\lambda,\mathrm{s}^\star}_{\mathrm{II},0}}$$

$$+ \frac{\left(L^\lambda_{\mathrm{II}} \cdot \mathrm{E}\left[\widetilde{E}^{\ell,\kappa\lambda,\mathrm{s},\phi_\mathrm{I}}_{\mathrm{II},0}\right] - L^\lambda_{\mathrm{I},\Phi_\mathrm{I}-1} \cdot \mathrm{E}\left[\widetilde{E}^{\ell,\kappa\lambda,\mathrm{s},\phi_\mathrm{I}}_{\mathrm{I},\Phi_\mathrm{I}-1}\right]\right) \cdot (1 - s_{\mathrm{d}^\star})}{1 + ke^{\ell,\lambda,\mathrm{s}^\star}_{\mathrm{II},0}}$$

$$+ \frac{\mathrm{E}\left[\widetilde{E}^{\ell,\kappa\lambda,\mathrm{s},\phi_\mathrm{I}}_{\mathrm{II},0}\right]}{1 + ke^{\ell,\lambda,\mathrm{s}^\star}_{\mathrm{II},0}} \qquad \forall\, \phi^{\kappa\lambda}_\mathrm{I} \in \left[1, \Phi^\lambda_\mathrm{I} - 1\right]$$

Für $\phi_{\mathrm{I}}^{\kappa\lambda} = \Phi_{\mathrm{I}}^{\kappa\lambda} - 1$:

$$\mathrm{E}\left[\widetilde{\Delta E}_{\mathrm{I},\Phi_{\mathrm{I}}-1}^{\ell,\kappa\lambda,\mathrm{s}}\right] =$$

$$\frac{\mathrm{E}\left[\widetilde{MVA}_{\mathrm{II},0}^{\mathrm{E},\kappa\lambda,\mathrm{s}}\right] - kd_{\mathrm{II},0} \cdot (1-\tau) \cdot L_{\mathrm{I},\Phi_{\mathrm{I}}-1}^{\kappa} \cdot \mathrm{E}\left[\widetilde{\Delta E}_{\mathrm{I},\Phi_{\mathrm{I}}-1}^{\ell,\kappa\lambda,\mathrm{s}}\right] \cdot (1-s_{\mathrm{d}^\star})}{1 + ke_{\mathrm{II},0}^{\ell,\kappa,\mathrm{s}^\star}}$$

$$+ \frac{\left(L_{\mathrm{II}}^{\kappa} \cdot \mathrm{E}\left[\widetilde{\Delta E}_{\mathrm{II},0}^{\ell,\kappa\lambda,\mathrm{s}}\right] - L_{\mathrm{I},\Phi_{\mathrm{I}}-1}^{\kappa} \cdot \mathrm{E}\left[\widetilde{\Delta E}_{\mathrm{I},\Phi_{\mathrm{I}}-1}^{\ell,\kappa\lambda,\mathrm{s}}\right]\right) \cdot (1-s_{\mathrm{d}^\star})}{1 + ke_{\mathrm{II},0}^{\ell,\kappa,\mathrm{s}^\star}}$$

$$+ \frac{\mathrm{E}\left[\widetilde{\Delta E}_{\mathrm{II},0}^{\ell,\kappa\lambda,\mathrm{s}}\right]}{1 + ke_{\mathrm{II},0}^{\ell,\kappa,\mathrm{s}^\star}}$$

mit

$$\mathrm{E}\left[\widetilde{MVA}_{\mathrm{II},0}^{\mathrm{E},\kappa\lambda,\mathrm{s}}\right] = -\mathrm{E}\left[\widetilde{IE}_{\mathrm{II},0}^{\kappa\lambda,0}\right] \cdot (1-s_{\mathrm{d}^\star}) + \mathrm{E}\left[\widetilde{E}_{\mathrm{II},0}^{\ell,\kappa\lambda,\mathrm{s},0}\right]$$

und

$$\mathrm{E}\left[\widetilde{E}_{\mathrm{II},0}^{\ell,\kappa\lambda,\mathrm{s},0}\right] = \frac{\mathrm{E}\left[\widetilde{FTE}_{\mathrm{II},1}^{\kappa\lambda,0}\right] \cdot (1-s_{\mathrm{d}^\star})}{ke_{\mathrm{II}}^{\ell,\lambda,\mathrm{s}^\star} - w_{\mathrm{II}}^{\lambda}}$$

$$= \frac{\mathrm{E}\left[\widetilde{FCF}_{\mathrm{II},1}^{\kappa\lambda,0}\right] \cdot (1-s_{\mathrm{d}^\star})}{ke_{\mathrm{II}}^{\ell,\lambda,\mathrm{s}^\star} - w_{\mathrm{II}}^{\lambda}}$$

$$- \frac{\left(kd_{\mathrm{II}} \cdot (1-\tau) - w_{\mathrm{II}}^{\lambda}\right) \cdot L_{\mathrm{II}}^{\lambda} \cdot \mathrm{E}\left[\widetilde{E}_{\mathrm{II},0}^{\ell,\kappa\lambda,\mathrm{s},0}\right] \cdot (1-s_{\mathrm{d}^\star})}{ke_{\mathrm{II}}^{\ell,\lambda,\mathrm{s}^\star} - w_{\mathrm{II}}^{\lambda}}$$

$$= \frac{\mathrm{E}\left[\widetilde{FCF}_{\mathrm{II},1}^{\kappa\lambda,0}\right] \cdot (1-s_{\mathrm{d}^\star})}{ke_{\mathrm{II}}^{\ell,\lambda,\mathrm{s}^\star} - w_{\mathrm{II}}^{\lambda} + \left(kd_{\mathrm{II}} \cdot (1-\tau) - w_{\mathrm{II}}^{\lambda}\right) \cdot L_{\mathrm{II}}^{\lambda} \cdot (1-s_{\mathrm{d}^\star})}$$

II. Rentenphase

$$\mathrm{E}\left[\widetilde{\Delta E}_{\mathrm{II},0}^{\ell,\kappa\lambda,\mathrm{s}}\right] =$$

$$\frac{\mathrm{E}\left[\widetilde{MVA}_{\mathrm{II},1}^{\mathrm{E},\kappa\lambda,\mathrm{s}}\right] - \left(kd_{\mathrm{II}} \cdot (1-\tau) - w_{\mathrm{II}}^{\kappa}\right) \cdot L_{\mathrm{II}}^{\kappa} \cdot \mathrm{E}\left[\widetilde{\Delta E}_{\mathrm{II},0}^{\ell,\kappa\lambda,\mathrm{s}}\right] \cdot (1 - s_{\mathrm{d}^\star})}{ke_{\mathrm{II}}^{\ell,\kappa,\mathrm{s}^\star} - w_{\mathrm{II}}^{\kappa}}$$

$$= \frac{\mathrm{E}\left[\widetilde{MVA}_{\mathrm{II},1}^{\mathrm{E},\kappa\lambda,\mathrm{s}}\right]}{ke_{\mathrm{II}}^{\ell,\kappa,\mathrm{s}^\star} - w_{\mathrm{II}}^{\kappa} + (kd_{\mathrm{II}} \cdot (1-\tau) - w_{\mathrm{II}}^{\kappa}) \cdot L_{\mathrm{II}}^{\kappa} \cdot (1 - s_{\mathrm{d}^\star})}$$

mit

$$\mathrm{E}\left[\widetilde{MVA}_{\mathrm{II},1}^{\mathrm{E},\kappa\lambda,\mathrm{s}}\right] = -\mathrm{E}\left[\widetilde{IE}_{\mathrm{II},1}^{\kappa\lambda,1}\right] \cdot (1 - s_{\mathrm{d}^\star}) + \mathrm{E}\left[\widetilde{E}_{\mathrm{II},1}^{\ell,\kappa\lambda,\mathrm{s},1}\right]$$

und

$$\mathrm{E}\left[\widetilde{E}_{\mathrm{II},1}^{\ell,\kappa\lambda,\mathrm{s},1}\right] = \frac{\mathrm{E}\left[\widetilde{FTE}_{\mathrm{II},2}^{\kappa\lambda,1}\right] \cdot (1 - s_{\mathrm{d}^\star})}{ke_{\mathrm{II}}^{\ell,\lambda,\mathrm{s}^\star} - w_{\mathrm{II}}^{\lambda}}$$

$$= \frac{\mathrm{E}\left[\widetilde{FCF}_{\mathrm{II},2}^{\kappa\lambda,1}\right] \cdot (1 - s_{\mathrm{d}^\star})}{ke_{\mathrm{II}}^{\ell,\lambda,\mathrm{s}^\star} - w_{\mathrm{II}}^{\lambda}}$$

$$- \frac{\left(kd_{\mathrm{II}} \cdot (1-\tau) - w_{\mathrm{II}}^{\lambda}\right) \cdot L_{\mathrm{II}}^{\lambda} \cdot \mathrm{E}\left[\widetilde{E}_{\mathrm{II},1}^{\ell,\kappa\lambda,\mathrm{s},1}\right] \cdot (1 - s_{\mathrm{d}^\star})}{ke_{\mathrm{II}}^{\ell,\lambda,\mathrm{s}^\star} - w_{\mathrm{II}}^{\lambda}}$$

$$= \frac{\mathrm{E}\left[\widetilde{FCF}_{\mathrm{II},2}^{\kappa\lambda,1}\right] \cdot (1 - s_{\mathrm{d}^\star})}{ke_{\mathrm{II}}^{\ell,\lambda,\mathrm{s}^\star} - w_{\mathrm{II}}^{\lambda} + \left(kd_{\mathrm{II}} \cdot (1-\tau) - w_{\mathrm{II}}^{\lambda}\right) \cdot L_{\mathrm{II}}^{\lambda} \cdot (1 - s_{\mathrm{d}^\star})}$$

3. Ermittlung des Restwertes (des Eigenkapitals) des verschuldeten Unternehmens

In $\phi_{\mathrm{I}} = 0$:

$$\mathrm{E}\left[\widetilde{V}_{\mathrm{I},0}^{\ell,\mathrm{s}}\right] = \sum_{\kappa} \left(\mathrm{E}\left[\widetilde{V}_{\mathrm{I},0}^{\ell,\kappa,\mathrm{s}}\right] + \sum_{\substack{\lambda \\ \lambda \neq \kappa}} \mathrm{E}\left[\widetilde{\Delta V}_{\mathrm{I},0}^{\ell,\kappa\lambda,\mathrm{s}}\right] \right)$$

$$\mathrm{E}\left[\widetilde{E}_{\mathrm{I},0}^{\ell,\mathrm{s}}\right] = \sum_{\kappa}\left(\mathrm{E}\left[\widetilde{E}_{\mathrm{I},0}^{\ell,\kappa,\mathrm{s}}\right] + \sum_{\substack{\lambda \\ \lambda\neq\kappa}} \mathrm{E}\left[\widetilde{\Delta E}_{\mathrm{I},0}^{\ell,\kappa\lambda,\mathrm{s}}\right]\right)$$

In einem Zeitpunkt $\phi \in [1, +\infty)$:

$$\mathrm{E}\left[\widetilde{V}_{\phi}^{\ell,\mathrm{s}}\right] = \sum_{\kappa}\left(\mathrm{E}\left[\widetilde{V}_{\phi}^{\ell,\kappa,\mathrm{s}}\right] + \sum_{\substack{\lambda \\ \lambda\neq\kappa}} \mathrm{E}\left[\widetilde{\Delta V}_{\phi}^{\ell,\kappa\lambda,\mathrm{s}}\right]\right) + \sum_{\kappa}\sum_{\substack{\lambda \\ \lambda\neq\kappa}}\sum_{z=1}^{\phi} \mathrm{E}\left[\widetilde{V}_{\phi}^{\ell,\kappa\lambda,\mathrm{s},z}\right]$$

$$\mathrm{E}\left[\widetilde{E}_{\phi}^{\ell,\mathrm{s}}\right] = \sum_{\kappa}\left(\mathrm{E}\left[\widetilde{E}_{\phi}^{\ell,\kappa,\mathrm{s}}\right] + \sum_{\substack{\lambda \\ \lambda\neq\kappa}} \mathrm{E}\left[\widetilde{\Delta E}_{\phi}^{\ell,\kappa\lambda,\mathrm{s}}\right]\right) + \sum_{\kappa}\sum_{\substack{\lambda \\ \lambda\neq\kappa}}\sum_{z=1}^{\phi} \mathrm{E}\left[\widetilde{E}_{\phi}^{\ell,\kappa\lambda,\mathrm{s},z}\right]$$

D.3.4 Systematisierung der Spezialfälle nach *Dierkes / Schäfer* (2017)

(Tabelle auf der nächsten Seite) ⌐

Tab. D–1: Systematisierung der Spezialfälle nach *Dierkes / Schäfer* (2017)

	Allgemeines Modell	$q_{\text{II}}^{\text{AB}} = q_{\text{II}}^{\text{B}}$ (3.118)	$q_{\text{II}} = q_{\text{II}}^{\text{AB}} \cdot q_{\text{II}}^{\text{A}} = q_{\text{II}}^{\text{B}}$ (3.120)	$w_{\text{II}}^{\text{FCF}}$ (3.132)
$ROIC_{\text{II}}^{\text{A}} > ROIC_{\text{II}}^{\text{B}} > k_{\text{II}}^{\tau}$	$\text{E}\left[\widetilde{V}_{\text{II},0}^{\ell,DS}\right]$ (3.112b)	$\text{E}\left[\widetilde{V}_{\text{II},0}^{\ell,\text{qB},DS}\right]$ (3.119)	$\text{E}\left[\widetilde{V}_{\text{II},0}^{\ell,\text{cp},DS}\right]$ (3.123)	$\text{E}\left[\widetilde{V}_{\text{II},0}^{\ell,\text{cg},DS}\right]$ (3.128)
$ROIC_{\text{II}}^{\text{A}} = ROIC_{\text{II}}^{\text{B}} > k_{\text{II}}^{\tau}$	$\text{E}\left[\widetilde{V}_{\text{II},0}^{\ell,\text{cR},DS}\right]$ (n. a.)	$\text{E}\left[\widetilde{V}_{\text{II},0}^{\ell,\text{qB},\text{cR},DS}\right]$ (n. a.)	$\text{E}\left[\widetilde{V}_{\text{II},0}^{\ell,GS}\right]$ (2.50), (3.125), (3.135)	
$ROIC_{\text{II}}^{\text{A}} > ROIC_{\text{II}}^{\text{B}} = k_{\text{II}}^{\tau}$	$\text{E}\left[\widetilde{V}_{\text{II},0}^{\ell,\text{KNB},DS}\right]$ (3.114)			
$ROIC_{\text{II}}^{\text{A}} = ROIC_{\text{II}}^{\text{B}} = k_{\text{II}}^{\tau}$	$\text{E}\left[\widetilde{V}_{\text{II},0}^{\ell,\text{KN},GS}\right]$ (2.54), (3.116)			

Literaturverzeichnis

Aders, Christian; Schröder, Jakob. Konsistente Ermittlung des Fortführungswertes bei nominellem Wachstum. In: Richter, Frank; Timmreck, Christian (Hrsg.), *Unternehmensbewertung. Moderne Instrumente und Lösungsansätze*, 99–116, Stuttgart 2004.

Baetge, Jörg; Niemeyer, Kai; Kümmel, Jens; Schulz, Roland. Darstellung der Discounted Cashflow-Verfahren (DCF-Verfahren) mit Beispiel. In: Peemöller, Volker H. (Hrsg.), *Praxishandbuch der Unternehmensbewertung. Grundlagen und Methoden – Bewertungsverfahren – Besonderheiten bei der Bewertung*, 353–508, 6. Aufl., Herne 2015.

Ballwieser, Wolfgang. Unternehmensbewertung mit Discounted Cash Flow-Verfahren. *Die Wirtschaftsprüfung*, 51: 81–91, 1998.

Ballwieser, Wolfgang; Hachmeister, Dirk. Unternehmensbewertung. Prozess, Methoden und Probleme, 5. Aufl., Stuttgart 2016.

Bausch, Andreas; Pape, Ulrich. Ermittlung von Restwerten – eine vergleichende Gegenüberstellung von Ausstiegs- und Fortführungswerten. *Finanz-Betrieb*, 7: 474–484, 2005.

Bäzner, Bernd; Timmreck, Christian. Die DCF-Methode im Überblick. In: Richter, Frank; Timmreck, Christian (Hrsg.), *Unternehmensbewertung. Moderne Instrumente und Lösungsansätze*, 3–19, Stuttgart 2004.

Behringer, Stefan. Verfahren der Unternehmensbewertung. In: Becker, Wolfgang; Ulrich, Patrick (Hrsg.), *Handbuch Controlling*, 491–507, Wiesbaden 2016.

Berk, Jonathan B.; DeMarzo, Peter M. Corporate Finance, 4th edn., Harlow u. a. 2017.

Beyer, Sven. Unternehmensbewertung, Wachstum und Abgeltungsteuer. *Finanz-Betrieb*, 10: 256–267, 2008.

Bradley, Michael H.; Jarrell, Gregg A. Inflation and the Constant-Growth Valuation Model: A Clarification. Diskussionsbeiträge der University of Rochester, William E. Simon Graduate School of Business Administration, Working Paper No. FR 03-04 mit Stand vom 10. 02. 2003, Rochester, NY 2003. URL: http://ssrn.com/abstract=356540.

______ Expected Inflation and the Constant-Growth Valuation Model. *Journal of Applied Corporate Finance*, 20: 66–78, 2008.

______ Comment on «Terminal Value, Accounting Numbers, and Inflation» by Gunther Friedl and Bernhard Schwetzler. *Journal of Applied Corporate Finance*, 23: 113–115, 2011.

Brauneis, Alexander. Zur stochastischen Modellierung von Cashflows in der Unternehmensbewertung. In: Brauneis, Alexander; Fritz-Schmied, Gudrun; Kanduth-Kristen, Sabine; Schuschnig, Tanja; Schwarz, Reinhard (Hrsg.), *Bewertung von Unternehmen. Festschrift für Wolfgang Nadvornik*, 1–16, Wien 2016.

Brealey, Richard A.; Myers, Stewart C.; Allen, Franklin. Principles of Corporate Finance, 12th edn., New York, NY 2017.

Cheridito, Yves; Schneller, Thomas. Der Residualwert in der Unternehmensbewertung. Verschiedene Formeln im Vergleich. *Der Schweizer Treuhänder*, 78: 735–741, 2004.

Creutzmann, Andreas. Einflussfaktoren bei der Ermittlung des Wachstumsabschlags. *Der Betrieb*, 64: 24–27, 2011.

Daves, Phillip R.; Ehrhardt, Michael C.; Shrieves, Ronald E. Corporate Valuation. A Guide for Managers and Investors, Mason, Ohio u. a. 2004.

Dehmel, Inga; Hommel, Michael. Äquivalenzanforderungen in der Unternehmensbewertung. In: Petersen, Karl; Zwirner, Christian; Brösel, Gerrit (Hrsg.), *Handbuch Unternehmensbewertung. Funktionen – Moderne Verfahren – Branchen – Rechnungslegung*, 119–136, Köln 2013.

Diedrich, Ralf. Vor- und Nachsteuerrechnungen bei der Unternehmensbewertung im Lichte der Ausschüttungspolitik. *Betriebswirtschaftliche Forschung und Praxis*, 65: 55–71, 2013.

Diedrich, Ralf; Dierkes, Stefan. Kapitalmarktorientierte Unternehmensbewertung, Stuttgart 2015.

——— Equity-Verfahren der Unternehmensbewertung – Problemfelder einer Nachsteuerrechnung. *Die Wirtschaftsprüfung*, 70: 204–212, 2017.

Diedrich, Ralf; Dierkes, Stefan; Raths, Evelyn; Sümpelmann, Johannes. Terminal value calculation with constant payout ratio and active debt management. Diskussionspapier mit Stand vom 11. 10. 2018, Leipzig / Göttingen 2018.

Diedrich, Ralf; Stier, Carolin. Zur Berücksichtigung einer realisationsorientierten Kursgewinnbesteuerung bei der Unternehmensbewertung – Anmerkungen zum Haltedauerproblem. *Die Wirtschaftsprüfung*, 66: 29–36, 2013.

Dierkes, Stefan; Diedrich, Ralf; Gröger, Hans-Christian. Unternehmensbewertung bei wertabhängiger und autonomer Finanzierungspolitik unter Berücksichtigung einer Kursgewinnbesteuerung. *Zeitschrift für Betriebswirtschaft*, 79: 275–301, 2009.

Dierkes, Stefan; Schäfer, Ulrich. Terminal Value for Firms with Multiple Business Units and Heterogeneous Return on Investment. Diskussionspapier (SSRN) mit Stand vom 22. 12. 2017, Göttingen 2017. URL: http://ssrn.com/abstract=3100058.

Drefke, Stefan. Der Fortführungswert in der Unternehmensbewertung. Ansätze zur Operationalisierung des Gleichgewichtszustandes. Dissertation Universität Duisburg-Essen, 2015, Wiesbaden 2016.

Drukarczyk, Jochen; Schüler, Andreas. Unternehmensbewertung, 7. Aufl., München 2016.

Ehrhardt, Michael C. Derivation of Horizon Value Formulas in the Presence of Competition, 2005a. – Eine vom Autor bezogene Beilage zu *Daves* et al. (2004) und *Ehrhardt* (2005b).

——— Incorporating Competition into the APV Technique for Valuing Leveraged Transactions. *Journal of Applied Corporate Finance*, 17: 79–87, 2005b.

Fisher, Irving. Appreciation and Interest. *Publications of the American Economic Association*, 11: 337–446, 1896.

Friedl, Gunther; Schwetzler, Bernhard. Inflation, Wachstum und Unternehmensbewertung. *Die Wirtschaftsprüfung*, 62: 152–158, 2009.

______ Unternehmensbewertung bei Inflation und Wachstum. *Zeitschrift für Betriebswirtschaft*, 80: 417–440, 2010.

______ Terminal Value, Accounting Numbers, and Inflation. *Journal of Applied Corporate Finance*, 23: 104–112, 2011a.

______ Unternehmensbewertung bei Wachstum und Inflation – Eine Kritik am Modell von Bradley / Jarrell. *Corporate Finance biz*, 2: 352–358, 2011b.

______ Unternehmensbewertung bei Wachstum und Inflation – Erwiderung zum Beitrag «Grundsätze ordnungsmäßiger Unternehmensbewertungs-Lehre» von Pawelzik, CF biz 2012 S. 35 (39). *Corporate Finance biz*, 3: 40–42, 2012.

______ Wachstum und Inflation im Rahmen der Unternehmensbewertung. In: Petersen, Karl; Zwirner, Christian; Brösel, Gerrit (Hrsg.), *Handbuch Unternehmensbewertung. Funktionen – Moderne Verfahren – Branchen – Rechnungslegung*, 722–740, Köln 2013.

______ Homogenitätsprinzip, Unternehmensbewertung und Erfolgsmessung. *Zeitschrift für Recht und Rechnungswesen*, 25: 193–197, 2015.

Frühling, Volker. Unternehmensbewertung und ewige Rente. *Finanz-Betrieb*, 11: 200–203, 2009.

Fuller, Russell J.; Hsia, Chi-Cheng. A Simplified Common Stock Valuation Model. *Financial Analysts Journal*, 40: 49–56, 1984.

Gordon, Myron J.; Shapiro, Eli. Capital Equipment Analysis: The Required Rate of Profit. *Management Science*, 3: 102–110, 1956.

Götz, Alexander; Deister, Benjamin. Unternehmensbewertung im Lichte der Abgeltungssteuer – alte Probleme, neue Lösungen. *Die Wirtschaftsprüfung*, 64: 25–31, 2011.

Gröger, Hans-Christian. Mehrperiodiges Nachsteuer-CAPM mit Thesaurierung. *Zeitschrift für Betriebswirtschaft*, 77: 1263–1291, 2007.

Hachmeister, Dirk. Methoden der Unternehmensbewertung im Überblick. *Zeitschrift für Controlling & Management*, 53: 64–74, Sonderheft, 2009.

Hachmeister, Dirk; Ruthardt, Frederik. Eigenkapitalkosten in der Unternehmensbewertungspraxis. In: Becker, Wolfgang; Ulrich, Patrick (Hrsg.), *Handbuch Controlling*, 509–528, Wiesbaden 2016.

Hachmeister, Dirk; Ruthardt, Frederik; Mager, Christopher. Unendlichkeit als Problem der Unternehmensbewertung – eine empirische Analyse von Bewertungsgutachten. *Der Betrieb*, 67: 1209–1214, 2014.

Held, Thomas. Implementierung von empirisch ermittelten Konvergenzprozessen in die Unternehmensbewertung. *BewertungsPraktiker*, 8: 125–131, 2013a.

——— Konvergenzprozesse in der Unternehmensbewertung. Nutzung empirischer Erkenntnisse zur Steigerung der Prognosequalität. Dissertation Friedrich-Alexander-Universität Erlangen-Nürnberg, 2013, Aachen 2013b.

Henke, Michael; Siebert, Hilmar; Söffge, Fabian. Personal Taxes in Business Valuation and its Constraints in Adaption – From a theoretical analysis to the question of the Tax-CAPM's empirical evidence. *Corporate Finance*, 1: 188–196, 2010.

Henselmann, Klaus. Der Restwert in der Unternehmensbewertung – eine «Kleinigkeit»? *Finanz-Betrieb*, 2: 151–157, 2000.

Henselmann, Klaus; Weiler, Axel. Empirische Erkenntnisse zu Restwertverläufen in der Unternehmensbewertung. *Finanz-Betrieb*, 9: 354–362, 2007.

Homburg, Carsten; Lorenz, Michael; Nasev, Julia. Wachstum oder Profitabilität: Welche Strategie maximiert den Unternehmenswert? *Der Betrieb*, 64: 1067–1072, 2011.

Institut der Wirtschaftsprüfer (Hrsg.). IDW Standard – Grundsätze zur Durchführung von Unternehmensbewertungen (IDW S 1 i. d. F. 2008) vom 2. April 2008. *Die Wirtschaftsprüfung*, 58: 68–89, Supplement, 2008.

——— WP Handbuch 2014. Wirtschaftsprüfung, Rechnungslegung, Beratung, Band II, 14. Aufl., Düsseldorf 2014.

——— WPH Edition. Bewertung und Transaktionsberatung, Düsseldorf 2018.

Jonas, Martin. Relevanz persönlicher Steuern? – Mittelbare und unmittelbare Typisierung der Einkommensteuer in der Unternehmensbewertung. *Die Wirtschaftsprüfung*, 61: 826–833, 2008.

Karami, Behzad. Theorie und Praxis der Restwertermittlung im Lichte einer Marktwert-Buchwert-Lücke. Implikationen für die Unternehmensbewertung. *Corporate Finance*, 8: 164–171, 2017.

Karami, Behzad; Schuster, René. Transparente und konsistente Abbildung von Konvergenzprozessen in der Unternehmensbewertung – zugleich kritische Anmerkungen zur aktuellen Bewertungspraxis am Beispiel der Wertermittlung der Wincor Nixdorf AG. Diskussionspapier mit Stand vom 07. 09. 2016, Frankfurt am Main 2016. URL: http://hbfm.link/1944.

Keiber, Karl Ludwig. Dividenden-Bewertungsmodelle. Eigenkapitalbewertung. In: Schacht, Ulrich; Fackler, Matthias (Hrsg.), *Praxishandbuch Unternehmensbewertung. Grundlagen, Methoden, Fallbeispiele*, 335–358, 2. Aufl., Wiesbaden 2009.

Kiechle, Daniel. Inflation, Capital Maintenance and Valuation. Dissertation Universität Hohenheim, 2013.

Kiechle, Daniel; Lampenius, Niklas. Inflation and the Constant Growth Model: Reconciling the Literature. *Abacus*, 48: 518–538, 2012a.

——— The Terminal Value and Inflation Controversy. *Journal of Applied Corporate Finance*, 24: 101–107, 2012b.

Knabe, Matthias. Die Berücksichtigung von Insolvenzrisiken in der Unternehmensbewertung. Dissertation Westfälische Wilhelms-Universität Münster, 2012, Lohmar u. a. 2012.

Knoll, Leonhard. Wachstum und Ausschüttungsverhalten in der ewigen Rente – Probleme des IDW ES 1 n. F.? – Anmerkungen zu Schwetzler, WPg 2005, S. 601 ff., und Wiese, WPg 2005, S. 617 ff. *Die Wirtschaftsprüfung*, 58: 1120–1125, 2005.

______ Ewige Rente und Wachstum – the Final Cut? *Zeitschrift für Recht und Rechnungswesen*, 24: 271–277, 2014a.

______ Inflationsüberwälzung in der ewigen Rente: Eingeschwungener Zustand und Unternehmensschrumpfung. *Corporate Finance*, 5: 3–6, 2014b.

______ Wertrelevanz des Ausschüttungsverhaltens bei objektivierter Unternehmensbewertung – Anmerkungen zum Beitrag von Schultze / Fischer, WPg 2013, S. 421–436. *Die Wirtschaftsprüfung*, 68: 327–331, 2015.

______ Continuing Value in Disunion: Steady State or Value Neutrality? *Corporate Finance*, 7: 33–34, 2016a.

______ Unternehmensbewertung: Bis zur Ewigkeit dauert's länger! *Der Betrieb*, 69: 544–548, 2016b.

______ Abschreibungen, Reinvestitionsraten und Wachstumsthesaurierung: Vorsicht Doppelfehler! *BewertungsPraktiker*, 12: 88–91, 2017.

______ Ausschüttungsquote und IDW-Vorgaben – oder: von der Kunst des Unmöglichen. *Der Betrieb*, 71: 1933–1936, 2018.

Knoll, Leonhard; Lobe, Sebastian; Tartler, Thomas. Langfristiges Ergebniswachstum: Was sagt die Empirie? *BewertungsPraktiker*, 4: 12–19, 2009.

Koller, Tim; Goedhart, Marc; Wessels, David. Valuation. Measuring and Managing the Value of Companies, 6th edn., Hoboken, NJ 2015.

Kreyer, Felix. Strategieorientierte Restwertbestimmung in der Unternehmensbewertung. Eine Untersuchung des langfristigen Rentabilitätsverlaufs europäischer Unternehmen. Dissertation Europäische Wirtschaftshochschule Berlin, 2009, Wiesbaden 2009.

Kruschwitz, Lutz; Löffler, Andreas. Discounted cash flow. A Theory of the Valuation of Firms, Chichester 2006.

Kuhner, Christoph; Maltry, Helmut. Der Restwert (Terminal Value) in der Unternehmensbewertung. In: Petersen, Karl; Zwirner, Christian; Brösel, Gerrit (Hrsg.), *Handbuch Unternehmensbewertung. Funktionen – Moderne Verfahren – Branchen – Rechnungslegung*, 747–762, Köln 2013.

______ Unternehmensbewertung, 2. Aufl., Berlin 2017.

Langguth, Heike. Kapitalmarktorientiertes Wertmanagement. Unternehmensbewertung, Unternehmenssteuerung und Berichterstattung, München 2008.

Laun, Stefan; Mölls, Sascha H. Konsistente Abbildung von Wachstum im Terminal Value – Wachstumsraten deutscher Unternehmen im Branchenvergleich. In: Crasselt, Nils; Lukas, Elmar; Mölls, Sascha H.; Timmreck, Christian (Hrsg.), *Handbuch Kapitalmarktorientierte Unternehmensbewertung. Grundlagen, Methoden, Regulierung und Branchentrends*, 121–136, Stuttgart 2018.

Lobe, Sebastian. Unternehmensbewertung und Terminal Value. Operative Planung, Steuern und Kapitalstruktur. Dissertation Universität Regensburg, 2004, Frankfurt am Main u. a. 2006.

——— Lebensdauer von Firmen und ewige Rente: Ein Widerspruch? *Corporate Finance biz*, 1: 179–182, 2010.

Matschke, Manfred J.; Brösel, Gerrit. Unternehmensbewertung. Funktionen – Methoden – Grundsätze, 4. Aufl., Wiesbaden 2013.

Meitner, Matthias. Die Berücksichtigung von Inflation in der Unternehmensbewertung – Terminal-Value-Überlegungen (nicht nur) zu IDW ES 1 i. d. F. 2007. *Die Wirtschaftsprüfung*, 61: 248–255, 2008a.

——— Die Kombination von Wachstumskomponenten im Terminal Value Modell. *Finanz-Betrieb*, 10: 10–14, 2008b.

——— Multi-period Asset Lifetimes and Accounting-based Equity Valuation: Take Care with Constant-growth Terminal Value Models! *Abacus*, 49: 340–366, 2013.

——— Der Terminal Value in der Unternehmensbewertung. In: Peemöller, Volker H. (Hrsg.), *Praxishandbuch der Unternehmensbewertung. Grundlagen und Methoden – Bewertungsverfahren – Besonderheiten bei der Bewertung*, 647–697, 6. Aufl., Herne 2015.

Meitner, Matthias; Streitferdt, Felix. Zahlungsstrombezogene Insolvenzrisiken und ihre Abbildung in der Unternehmensbewertung. *Corporate Finance*, 7: 68–79, 2016.

Miles, James A.; Ezzell, John R. The Weighted Average Cost of Capital, Perfect Capital Markets, and Project Life – A Clarification. *Journal of Financial and Quantitative Analysis*, 15: 719–730, 1980.

——— Reformulating Tax Shield Valuation – A Note. *Journal of Finance*, 40: 1485–1492, 1985.

Miller, Merton H.; Modigliani, Franco. Dividend Policy, Growth and the Valuation of Shares. *Journal of Business*, 34: 411–433, 1961.

Mugler, Jörg; Zwirner, Christian. DCF-Verfahren. In: Petersen, Karl; Zwirner, Christian; Brösel, Gerrit (Hrsg.), *Handbuch Unternehmensbewertung. Funktionen – Moderne Verfahren – Branchen – Rechnungslegung*, 293–312, Köln 2013.

Nieswandt, Holger; Seibert, Daniel. Prognose der bewertungsrelevanten Cash Flows. In: Richter, Frank; Timmreck, Christian (Hrsg.), *Unternehmensbewertung. Moderne Instrumente und Lösungsansätze*, 21–39, Stuttgart 2004.

Nissim, Doron. Terminal Value. Columbia Business School Research Paper No. 18-12 mit Stand vom 31. 12. 2017, New York, NY 2017. URL: http://ssrn.com/abstract=3095564.

Nölle, Jens-Uwe. Grundlagen der Unternehmensbewertung. Anlässe, Funktionen, Verfahren und Grundsätze. In: Schacht, Ulrich; Fackler, Matthias (Hrsg.), *Praxishandbuch Unternehmensbewertung. Grundlagen, Methoden, Fallbeispiele*, 9–29, 2. Aufl., Wiesbaden 2009.

O'Brien, Thomas J. A Simple and Flexible DCF Valuation Formula. *Journal of Applied Finance*, 13: 54–62, 2003.

Pape, Ulrich; Kreyer, Felix. Differenzierte Ermittlung von Restwerten in der Unternehmensbewertung. *Wirtschaftswissenschaftliches Studium*, 38: 282–288, 2009.

Pawelzik, Kai U. Die Entwicklung der Konzepte zur Unternehmensbewertung bei inflations- und thesaurierungsbedingtem Wachstum. *Die Wirtschaftsprüfung*, 63: 964–977, 2010.

______ Grundsätze «ordnungsmäßiger» Unternehmensbewertungs-Lehre – Nicht nur eine Replik auf Friedl / Schwetzler, CF biz 2011 S. 352 (358). *Corporate Finance biz*, 3: 35–39, 2012.

Peemöller, Volker H. Anlässe der Unternehmensbewertung. In: Peemöller, Volker H. (Hrsg.), *Praxishandbuch der Unternehmensbewertung. Grundlagen und Methoden – Bewertungsverfahren – Besonderheiten bei der Bewertung*, 17–29, 6. Aufl., Herne 2015.

Penman, Stephen H. Financial Statement Analysis and Security Valuation, 5th edn., New York, NY u. a. 2013.

Purtscher, Victor; Sylle, Fabian. Grobplanungsphase und Konvergenz – Anmerkungen für die Umsetzung in der Praxis. *Zeitschrift für Recht und Rechnungswesen*, 25: 178–188, 2015.

Rabel, Klaus. Grobplanungsphase und Rentenphase nach dem Fachgutachten KFS / BW 1. *BewertungsPraktiker*, 11: 15–21, 2016.

Rapp, Marc S.; Schwetzler, Bernhard. Das Nachsteuer-CAPM im Mehrperiodenkontext. Stellungnahme zum Beitrag von Dr. Jörg Wiese, FB 2006 S. 242 ff. *Finanz-Betrieb*, 9: 108–116, 2007.

Rappaport, Alfred. Shareholder Value. Ein Handbuch für Manager und Investoren, 2. Aufl., Stuttgart 1999.

Raths, Evelyn. Ausschüttungsabhängige Kapitalkostensätze bei der objektivierten Restwertermittlung in einer Nachsteuerrechnung. Replik zu den Beiträgen von Tschöpel et al., WPg 2010, S. 349 ff. und Pawelzik, WPg 2010, S. 964 ff. Diskussionspapier mit Stand vom 21. 01. 2019, Hannover 2019a.

______ Unternehmensbewertung mit dem Flow-to-Equity-Verfahren unter Berücksichtigung interner Finanzierungsbeziehungen. Diskussionspapier mit Stand vom 21. 01. 2019, Hannover 2019b.

Röder, Klaus; Müller, Sarah. Mehrperiodige Anwendung des CAPM im Rahmen von DCF-Verfahren. *Finanz-Betrieb*, 3: 225–233, 2001.

Ruthardt, Frederik; Hachmeister, Dirk. Unendlichkeit als Problem der Unternehmensbewertung aus theoretischer, praktischer und rechtlicher Sicht. *Der Betrieb*, 67: 193–202, 2014.

Saur, Gerhard; Tschöpel, Andreas; Wiese, Jörg; Willershausen, Timo. Finanzieller Überschuss und Wachstumsabschlag im Kalkül der ewigen Rente – Ein Beitrag zur Umsetzung aktueller Erkenntnisse in die Praxis der Unternehmensbewertung. *Die Wirtschaftsprüfung*, 64: 1017–1027, 2011.

Schacht, Ulrich; Fackler, Matthias. Discounted-Cash-flow-Verfahren. Eine Einführung. In: Schacht, Ulrich; Fackler, Matthias (Hrsg.), *Praxishandbuch Unternehmensbewertung. Grundlagen, Methoden, Fallbeispiele*, 205–232, 2. Aufl., Wiesbaden 2009.

Schieszl, Sven; Bachmann, Mark; Amann, Thomas. Das Wachstum der finanziellen Überschüsse in der Unternehmensbewertung – Eine empirisch gestützte Bestandsaufnahme. In: Peemöller, Volker H. (Hrsg.), *Praxishandbuch der Unternehmensbewertung. Grundlagen und Methoden – Bewertungsverfahren – Besonderheiten bei der Bewertung*, 699–724, 6. Aufl., Herne 2015.

Schmitt, Dirk; Dausend, Florian. Unternehmensbewertung mit dem Tax CAPM. *Finanz-Betrieb*, 8: 233–242, 2006.

Schultze, Wolfgang; Fischer, Hans. Ausschüttungsquoten, kapitalwertneutrale Wiederanlage und Vollausschüttungsannahme – Eine kritische Analyse der Wertrelevanz des Ausschüttungsverhaltens im Rahmen der objektivierten Unternehmensbewertung. *Die Wirtschaftsprüfung*, 66: 421–436, 2013.

——— Zur Wertrelevanz des Ausschüttungsverhaltens im Rahmen der objektivierten Unternehmensbewertung – Anmerkungen zum Beitrag von Knoll, WPg 2015, S. 327–331. *Die Wirtschaftsprüfung*, 68: 332–341, 2015.

Schüler, Andreas; Lampenius, Niklas. Wachstumsannahmen in der Bewertungspraxis: eine empirische Untersuchung ihrer Implikationen. *Betriebswirtschaftliche Forschung und Praxis*, 59: 233–248, 2007.

Schwetzler, Bernhard. Ausschüttungsäquivalenz, inflationsbedingtes Wachstum und Nominalrechnung in IDW ES 1 n. F. – Replik zum Beitrag von Knoll, WPg 2005, S. 1120 ff. *Die Wirtschaftsprüfung*, 58: 1125–1128, 2005.

——— «Nebeneinander» von organischem und thesaurierungsbedingtem Wachstum in der Unternehmensbewertung? *BewertungsPraktiker*, 2: 2–6, 2007.

——— Steady State und Wachstum in der Terminal Value Ermittlung. *Corporate Finance*, 9: 80–86, 2018.

Seicht, Gerhard. Risikoabschlag und Mehrphasenmethode bei der Unternehmensbewertung. In: Seicht, Gerhard (Hrsg.), *Jahrbuch für Controlling und Rechnungswesen*, 267–272, Wien 2004.

Sievers, Sönke. Company Valuation and Growth. Theory, Empirical Evidence and Practical Implementation Issues. Dissertation Universität Köln, 2009, Münster 2009.

Stellbrink, Jörn. Der Restwert in der Unternehmensbewertung. Dissertation Westfälische Wilhelms-Universität Münster, 2004, Düsseldorf 2005.

Tinz, Oliver. Die Abbildung von Wachstum in der Unternehmensbewertung. Eine theoretische und empirische Analyse der Möglichkeiten und Grenzen einer objektivierten und transparenten Abbildung von Wachstum nach IDW S 1. Dissertation Westfälische Wilhelms-Universität Münster, 2010, Lohmar u. a. 2010.

Tschöpel, Andreas; Wiese, Jörg; Willershausen, Timo. Unternehmensbewertung und Wachstum bei Inflation, persönlicher Besteuerung und Verschuldung (Teil 1). *Die Wirtschaftsprüfung*, 63: 349–357, 2010a.

______ Unternehmensbewertung und Wachstum bei Inflation, persönlicher Besteuerung und Verschuldung (Teil 2). *Die Wirtschaftsprüfung*, 63: 405–412, 2010b.

Wagner, Wolfgang; Jonas, Martin; Ballwieser, Wolfgang; Tschöpel, Andreas. Weiterentwicklung der Grundsätze zur Durchführung von Unternehmensbewertungen (IDW S 1). *Die Wirtschaftsprüfung*, 57: 889–897, 2004.

______ Unternehmensbewertung in der Praxis – Empfehlungen und Hinweise zur Anwendung von IDW S 1. *Die Wirtschaftsprüfung*, 59: 1005–1027, 2006.

Wagner, Wolfgang; Saur, Gerhard; Willershausen, Timo. Zur Anwendung der Neuerungen der Unternehmensbewertungsgrundsätze des IDW S 1 i. d. F. 2008 in der Praxis. *Die Wirtschaftsprüfung*, 61: 731–747, 2008.

Wala, Thomas; Knoll, Leonhard; Krump, Franz. Das Residualgewinn-Konzept – Darstellung und praktische Anwendungsmöglichkeiten. *Zeitschrift für Recht und Rechnungswesen*, 12: 357–364, 2002.

Weiler, Axel. Verbesserung der Prognosegüte bei der Unternehmensbewertung. Konvergenzprozesse in der Restwertperiode. Dissertation Technische Universität Chemnitz, 2005, Aachen 2005.

Welfonder, Julian; Bensch, Tino. Status Quo der Unternehmensbewertungsverfahren in der Praxis. *Corporate Finance*, 8: 175–179, 2017.

Wiese, Jörg. Wachstum und Ausschüttungsannahmen im Halbeinkünfteverfahren. *Die Wirtschaftsprüfung*, 58: 617–623, 2005.

______ Das Nachsteuer-CAPM im Mehrperiodenkontext. *Finanz-Betrieb*, 8: 242–248, 2006.

______ Das Nachsteuer-CAPM im Mehrperiodenkontext. Replik zu der Stellungnahme von Rapp / Schwetzler auf den Beitrag aus FB 2006 S. 242 ff. *Finanz-Betrieb*, 9: 116–120, 2007a.

______ Steuerinduziertes und / oder inflationsbedingtes Wachstum in der Unternehmensbewertung? – Zur konsistenten Anwendung des Gordon / Shapiro-Modells bei Inflation und persönlicher Besteuerung. Münchener Wirtschaftswissenschaftliche Beiträge (BWL) 2007 – 11 mit Stand vom 07. 05. 2008, München 2007b. URL: http://epub.ub.uni-muenchen.de/3767.

______ Unternehmensbewertung und Abgeltungssteuer. *Die Wirtschaftsprüfung*, 60: 368–375, 2007c.

Wiesner, Tim; Wobbe, Christian. Das Zinsniveau sowie weitere Parameter der Unternehmensbewertung im aktuellen Niedrigzinsumfeld. *Der Betrieb*, 70: 1725–1732, 2017.

Witte, Nina N. Unternehmensbewertung in der Unternehmenskrise: Möglichkeiten zur Berücksichtigung der erhöhten Unsicherheit. *Corporate Finance*, 7: 374–380, 2016.

Zeidler, Gernot W.; Schöniger, Stefan; Tschöpel, Andreas. Auswirkungen der Unternehmensteuerreform 2008 auf Unternehmensbewertungskalküle. *Finanz-Betrieb*, 10: 276–288, 2008.

Zimmermann, Jochen; Meser, Michael. Kapitalkosten in der Krise – Krise der Kapitalkosten? CAPM und Barwertmodelle im Langzeitvergleich. *Corporate Finance biz*, 4: 3–9, 2013.

Stichwortverzeichnis